기독교와 퀴어,

제4의 답변

기독교와 퀴어, 제4의 답변

오지훈

홍성사.

머리말 9

1 기독교와 퀴어(동성애), 갈등과 공존 사이

1. 성적지향은 선천적인가 26
2. 성경은 동성애를 정죄하는가, 하지 않는가 35
    (1) 레위기, 규약과 도덕의 이분법을 넘어서 37
    (2) 스토아철학의 자연법사상과 바울 45
    (3) 간과되는 고린도전서 6:11~20 54
3. 동성애자들도 크리스천이며 좋은 시민이라는 옹호 60
4. 동성결혼, 서로 헌신하고 정절을 지키며 사랑의 관계를 유지하는 동성커플은? 68
    (1) 일부일처제적 동성결혼 주장이 갖는 논리적 난점 68
    (2) 폴리 앨라이 주장의 문제점 71
    (3) 모노 앨라이 주장의 문제점 74

[보론] 결혼에 관한 기독교적 고찰 79

5. 반동성애 운동의 문제점 104
    (1) 반동성애 그룹과 그들의 신념 104
    (2) 반동성애 그룹의 심리 109
    (3) 이성애의 특권화와 동성애에 대한 희생제의 115
    (4) 아담과 스티브가 아닌 아담과 하와? 121
    (5) 가짜뉴스와 세계관 전쟁으로 극우화되는 반동성애 운동 125
6. 교회는 LGBT를 어떻게 수용할 것인가 136
    (1) 먼저 회개하자 136
    (2) 그리스도인 LGBT 형제자매들을 찾아야 한다 138
    (3) 탈동성애? 오해를 걷어내자 146
    (4) LGBT의 목회적 수용을 위한 길잡이 152
    (5) 근원적인 복음으로부터 시작한 공동체 생태계의 변화 필요 159

7. 기독교와 퀴어, 사회적인 공존의 방법은?—정치적인 문제에 관하여 163
(1) 앨라이 크리스천의 비난은 과도하다 163
(2) 긍정하지 않는 것(죄로 인식하는것)이 곧 혐오는 아니다 168
(3) 기독교와 퀴어의 수평적 공존이 불가능해 보이는 이유 175
(4) 지혜로운 분리주의가 필요하다 182
(5) 마무리하며 186

2 차이소멸, 퀴어이론에 대한 비판적 고찰

1. 퀴어와 차이소멸 195
(1) 삼각형의 욕망, "사람들은 서로에게 신으로 비칠 것이다" 195
(2) 차이의 체계로서의 문화 199
(3) 금기란 무엇인가? 203
(4) 퀴어이론, 차이생성 또는 차이소멸 210
[보론] 차이소멸은 왜 문제인가? 224
(1) 차이소멸의 미시적 분석, '짝패' 224
(2) 차이소멸의 거시적 분석, 제도와 관습 228
(3) 뒤섞임과 기준criteria의 사라짐 234
2. 버틀러의 퀴어이론에 대한 비판적 고찰—《젠더 트러블》 읽기 243
(1) 버틀러: 생물학적 성별은 없다? 243
(2) 젠더는 수행이고 패러디이다 249
(3) 권력의 전복적이고 패러디적인 재배치가 필요하다 258
(4) 종합 및 소결 263
3. 오이디푸스 콤플렉스와 퀴어 268
(1) 오이디푸스oedipus에 대하여 268
(2) 프로이트의 오이디푸스 콤플렉스 273
(3) 들뢰즈와 《안티 오이디푸스》 280
(4) 버틀러, 오이디푸스의 억압된 동성애? 287

(5) 소포클레스의 오이디푸스, 소피스트 철학에 대한 불안 296
(6) 지라르의 오이디푸스, '성'이 아닌 '폭력'의 코드로 읽기 302

3 희생양 근심, 점증하는 폭력

1. 폭력과 진정성, 진정성의 폭력 318
(1) 진정성에 대하여 318
(2) 진정성의 애매함 325
(3) 진정성의 공허와 우울 333
(4) 소결: 도덕적 이슈에서 충돌할 수밖에 없는 진정성의 문제 340
2. 도덕적 불안 346
(1) 《살인출산》의 세계 346
(2) 《살인출산》이 던지는 질문 355
(3) 변화하는 도덕적 가치관 359
(4) 매킨타이어가 분석한 도덕적 불안의 근본원인 363
(5) 도덕에 대한 '정의주의emotivism'적 관점의 문제점 375
(6) 살인출산과 서바이벌 로터리Survival Lottery—공리주의에 대한 비판 385
(7) 김현경의 《사람, 장소, 환대》, 매력적이지만 여전히 자의적인 도덕담론 400
(8) 결국 의심해야 할 것은 금기가 아니라 오늘날의 가치관이다 423
3. 윤리적 문제로서의 성 426
(1) "성윤리로서의 정의론"으로부터 426
(2) 억압으로부터의 해방? 434
(3) 현대사회 성의 현상학 442
① 앤서니 기든스, 제도적 성찰성의 맥락 442
② 에바 일루즈, 소비자본주의와 프리섹스의 그늘 444
③ 분석적 환원주의를 지양하고 성이 지닌 복잡성을 직시해야 449

(4) 푸코, "고대 현인들, 성에 대한 금욕적 절제가 윤리적 주체화의 핵심" 452
① BC 5~4세기, 소크라테스와 그 제자들 453
② AD 1~2세기의 스토아주의 철학자들 457
③ 새로운 성찰, '욕망의 해석'으로부터 '욕망으로부터의 자유'로 461
4. 희생양의 전체주의 468
(1) 이데올로기에 관하여 468
(2) 기만과 폭력의 드라마: 일본 연합적군 사건 471
(3) 이데올로기가 유발하는 인지기능의 오류 479
(4) 이데올로기, 권력의 매개 485
(5) 새로운 전체주의를 형성하는 이데올로기 491
(6) 권력의 속성 494
(7) 권력의 매개가 된 PC와 퀴어 이데올로기 499
① PC는 자본주의에 최적화된 진보적 이념이다 500
② 비판의 성역이 된 PC와 퀴어 이데올로기 503
(8) 희생양의 전체주의 511
① 희생양에 대한 근심을 혐오했던 니체와 나치 512
② "희생양에 대한 근심"을 명분으로 한 새로운 희생제의 519
[보론] 차별금지법인가 동성결혼 합법화인가 529
(1) 차별금지법의 문제들 529
(2) 동성결혼 합법화 또는 생활동반자법 제정 544

후기 전투가 아니라 대화가 시급하다 오성민(유튜브 〈Damascus TV〉) 554

머리말

2017년 가을 어느 날, 홍콩계 캐나다 친구의 결혼식에 참석했다. 예식이 끝나고 이 커플의 캐나다 친구들과 합석했는데 아는 사람은 알 것이다. 원어민과의 일대일 대화가 아니라 원어민들이 모인 자리에서 그들끼리 주고받는 대화를 알아들으며 분위기에 적응하는 건 쉬운 일이 아니라는 것을. 캐나다에서 지낼 때 대충 대화 분위기를 파악하는 눈치가 늘어 적당히 맞장구치면서 낄 수 있었지만 많이 웃고 되도록 말은 적게 하고 있었다. 그런 상황에서 내 옆자리에 앉은 사람이 말을 걸었다. 20대 초반으로 보이는 백인 여성이었다. 영국식 액센트가 약간 느껴졌는데, 발음이 또렷한 편이어서 잠시나마 편하게 대화를 할 수 있었다. 낯선 사람들 사이에서 내가 소외되지 않을까 생각하여 말을 건 것 같았고, 그 배려가 고마웠다. 기억에 남는 건 그분의 용모였다. 머리가 스포츠 스타일이었고, 깔끔한 남성 수트 차림이었다. 그렇게 좋은 시간을 보내고 돌아오는 길에 사촌동생과 이야기를 나눴는데 그분도 다음 달에 결혼을 한다고 했다. 그런데 결혼 상대 역시 여성이라고 한다. 그렇다. 나를 배려하며 편하게 대화했던 그 20대 캐나다 여성은 레즈비언이었고, 내가 부지중에 처음 만난 성소수자였다. 사실 이 사람이 처음이 아닐지 모른다. 커밍아웃을 하지 않았을 뿐, 내가 알거나 마주친 사람 중에 성소수자가 분명히 있었을 것이다. 이 경험은 주변에서 얼마든지 마주칠 수 있는 성소수자의 존재를 다시 생각하는 계기가 되었다.

이듬해인 2018년 봄, 나는 아내와 함께 약 열흘간 미국 포틀랜드로 여행을 떠났다. 포틀랜드에 대해 아는 거라곤 '트레일 블레이저스'라는 NBA 농구팀 외에는 없었다. 아내는 오리건 주 포틀랜드는 미국 힙스터들의 성지이며 젊은 은퇴자들의 도시라고 했다. 실제로 거리는 활기가 넘쳤고, 사람들은 대부분 친절했다. 내가 탔던 시내버스 기사는 휠체어를 탄 장애인의 승차를 차를 세우고 직접 도와줄 정도였다. 예전에 시카고 뒷골목을 돌아다니다가 아시아인이라고 시비를 당했던 경험이 있었지만 포틀랜드는 분위기가 많이 달랐다. 그중 기억에 남는 건 노스 러셀 스트리트North Russell Street에 있는 어느 도예품 가게였다. 정확한 문구는 기억나지 않지만 무지개 마크와 함께 "당신을 환영합니다. 당신의 인종, 성적 지향, 종교, 장애와 상관없이"라는 팻말이 현관에 붙어 있었다. 무지개 마크와 함께 걸린 그 팻말을 보며 나는 이 도시의 전반적 분위기를 느끼고 깊이 안심했다. 그건 순간적 느낌이었다. 영어가 서툰 이방인으로서 부지중에 긴장과 불안감이 스며들어 있었던 것이다. 어쨌든 미국에서 가장 힙하고 진보적인 북서부 태평양 연안 도시 포틀랜드는 마치 어떤 혐오와 차별도 없는 듯 보였다.

캐나다인의 결혼식에서 성소수자를 만났던 경험, 다문화주의가 잘 정착되고 존중과 환대의 분위기가 지배적이었던 도시를 여행한 경험. 짧은 두 경험이기에 그렇게 깊이 있다고 할 수는 없다. 하지만 무작위로 겪는 일상의 단면으로 전체를 가늠할 수도 있다. 이 두 경험은 내게 인상적이고도 긍정적으로 남아 있다. 그러고 보니 내가 가장 존경하는 철학자 비트겐슈타인 역시 동성애자였다. 그러나 그는 스스로에게 누구보다 엄격하고 금욕적이었으며, 성자처럼 살았던 사람이었다. 오스트리아에서 잠시 초등학교 교사로 일할 때 당국의 종교교육 금지에 아랑곳하지 않고 아이들과 함께 성경을 읽고 기도문을 아이들에게 가르칠 정도로 신앙심도 깊었다. 물론 그의 신앙은 제도종교보다는 키르케고르 타입의 실존적인 신앙에 기반했음을 기억하자. 수학자 앨런 튜링도 동성애자였다. 그가 개발한 봄Bombe이라는 기계 덕분에 영국은 독일군의 이니그마Enigma 암호를 해독했고, 연합군은 2차 대전에서 승리할 수 있었다. 오늘날 컴퓨터의 효시가 된 튜링머신을 고안한 사람도 그였다. 그러나 영국 정부는 전환치료라는 명목으로 튜링의 몸에 강제로 남성 호르몬을 주사했고, 그는 수치심을 견디지 못하고 청산가리가 든 사과를 삼킴으로써 생을 마감했다. 애플의 '한 입 베어 먹은 사과' 마크는 수학자 튜링을 기리는 것이라는 이야기도 있다. 그러고 보니 현재 애플의 CEO인 팀 쿡 역시 유명한 게이다. 이런 사람들을 동성애자라고 혐오하는 것이 과연 가능한가? 일단, 나로서는 불가능하다.

한국 개신교 반동성애 운동가들은 동성애를 공산주의 등 정치적 이데올로기와 관련시키고, 동성애가 결국 사회를 무너뜨린다고 말한다. 가령 낙태와 동성결혼이 합법화되면 출산율이 더 떨어지고 가정이 파괴되고 사회가 무너진다는 식이다. 그러나 동성결혼과 낙태가 합법화된 유럽의 출산율은 우리보다 훨씬 높다. 세계은행 통계에 따르면 2019년 기준 한국은 여성 1인당 합계

출산율이 0.92명인 반면, 프랑스 1.87명, 덴마크 1.70명, 스웨덴 1.70명이다. 저출산보다 더 심각한 문제는 자살이다. 2021년 기준 한국의 자살률은 10만 명당 26.9명으로 2020년 현재 OECD 국가 중 1위를 차지한다. 대한민국에서 하루 평균 36.1명이 스스로 목숨을 끊고 있는데, 이것도 전년에 비해 4.4퍼센트 감소한 수치라고 한다. 여기에 성소수자의 높은 자살률이 포함된다는 점은 말할 것도 없다. 반면 유럽 국가들은 이 불명예스러운 지표에서 대체로 10위권 밖에 있다. 이 통계는 무엇을 말하는가? 자유분방한 성이나 낙태, 동성애가 아니라 경제적 문제가 더 직접적으로 가정을 해체하고 생명을 파괴한다는 뜻이다. 여기에 혼외출산 등을 부정적으로 보는 보수적 성문화는 오히려 낙태를 가속화한다. 성소수자를 향한 편견과 차별 또한 성소수자의 자존감을 망가뜨리고 자살을 부추긴다. 오해하지 마시라. 반동성애 그룹 혹은 보수 개신교가 성소수자들을 죽인다는 말이 아니다. 어떤 문제가 되었든 복잡하게 엮이고 꼬인 문제를 단순한 인과관계로 환원하고, 특정집단에 모든 책임을 돌리는 것을 나는 무엇보다도 경계한다. 다만 진지하게 묻고 싶다. 이런 상황에서 반동성애 그룹, 아니 보수 개신교가 내세우는 "동성애를 긍정하지는 않지만 동성애자는 환대한다는 입장"이 진정한 설득력을 지닐 수 있을까? 이 책은 이러한 물음을 두고 오랫동안 고민하며 쓴 책이다.

동성애와 성소수자를 보는 내 견해는 보수 개신교의 일반적 시각과 동일한 부분도 있고 다른 부분도 있다. 어쨌든 앨라이(성소수자를 지지하는 입장)는 아니다. 더 정확히 말하면 앨라이 그룹은 나를 앨라이(앨라이의 범주에 대해서는 본문에서 다룬다)에 끼워주지 않을 것이다. 그렇다면 나는 앨라이들이 흔히 '헛소리'이자 '젠틀혐오'라고 말하는 "죄는 미워하되 죄인은 미워하지 말라"는 그룹(온건한 반동성애 그룹)에 속하는 걸까? 그럴 수도 있고 아닐 수도 있다. 그건 이 책을 다 읽고 판단해 주었으면 한다.

이와 관련해서 독자들이 '인지적 종결 욕구'에 빠지지 않기를 당부드린다. '인지적 종결 욕구'는 미국의 사회심리학자 에어리 쿠르글란스키Arie Kruglanski가 제시한 개념이다. 우리의 뇌가 어떤 사안에 대해 복잡한 정보를 대량으로 접할 때 최종적이고도 확실한, 심플한 결론을 내리고 싶어 하는 욕구를 말한다. 여기엔 '빠른 결정'을 원하는 심리가 함께 작용한다. 가령 2011년 동일본 대지진 이후 일본에서는 혼인율과 이혼율이 동시에 상승했다고 한다. 평소 상대와의 관계를 고민하던 사람들이 큰 재난이 발생하자 고민의 과정을 끝내고 빨리 안정을 찾기 원했고, 그 결과 결혼과 이혼 모두 증가했다는 것이다. 이처럼 어떤 문제나 이슈에 대해 상반되는 팩트와 정보가 쏟아지고 그걸 헤아리는 과정에서의 인지과부하를 뇌가 견디지 못할 때, 사람은 어느 쪽이든 결론을 내려고 한다. 퀴어 이슈도 마찬가지다. 퀴어와 관련한 복잡다단한 정보의 인지 과부하를 견디지 못할 때, 사람들은 결국 어떤 방향이든 결정하고자 한다. 그리고 일반적으로 자신이 속한 피어그룹peer group의 의견에 동조하는 쪽으로 결론을 내린다. 이어서 확증편향confirmation bias과 체리피킹cherry picking[1]으로 자신이 믿는 것을 부단하고도 견고하게 강화시키는데 여기

1 케이크에 얹어진 체리만 집어먹는 행위에서 유래한 말로서, 자신이 믿는 바에 대한 유리한 근거만을 취사선택하고 불리한 근거를 은폐하거나 무시함으로써 기존의 믿음과 주장을 고수하려고 하는 논리적 오류를 말한다.

서 오류 가능성이 높아진다. 그렇지만 이 책을 읽는 독자라면 부단한 인내심을 갖기 원하며, 상반되는 의견과 견해들을 검토하고 지속적으로 고민하면서 결국 스스로 입장을 정하기를 바란다. 그렇게 할 때 비록 의견이 서로 다르다 하더라도 최소한 상호이해와 공감, 공존의 길은 열릴 수 있다.

요즘 퀴어 이슈를 둘러싼 개신교 안팎의 논란을 보면서 내가 갖는 느낌은 대략적으로 이렇다. 일단 기독교 내에서 앨라이 그룹과 반동성애 그룹이 각각 '동성애'라는 말에 갖는 이미지가 완전히 다르다. 앨라이가 '동성애'를 호모필리아homo-philia로만 보려 한다면 반동성애 그룹은 호모섹슈얼리티homo-sexuality로만 보려 한다. '필리아philia'는 그리스어로 '사랑'을 뜻하는데, "두 사람이 서로를 향해 좋은 마음을 품고 있고, 상대방이 잘 되기를 바라는 고귀한 품성의 감정을 지닌 상태"를 뜻한다.[2] 즉 앨라이 그룹은 동성애자들의 사랑을 로맨틱하고 아름다운 것으로 보고자 하며, 그들의 섹슈얼리티는 가급적 언급하지 않으려 한다. 그렇기 때문에 반동성애 그룹이 동성애자들의 사랑을 섹슈얼리티로 환원하고 성적으로 문란한 사람들로 묘사하는 것에 분노한다. 반면 반동성애 그룹은 동성애자들의 사랑을 '사랑'으로 보지 않고 '도착된 성욕'과 '왜곡된 감정'으로만 보려 한다. 이 부분에서 양 그룹은 서로 갈등하고 비난하지만, 전위적인 퀴어가 볼 때 이는

2 물론 필리아는 도착적 '성애(性愛)'의 의미도 지니고 있어 소아성애를 페도필리아(pedophilia), 시체성애를 네크로필리아(necrophilia)라 부르기도 한다. 하지만 여기서 내가 언급한 '호모필리아'라는 말은 동성애를 도착적 성격으로 말하는 것이 아닌 아리스토텔레스가《니코마코스 윤리학》에서 정의한 의미로서의 '필리아', 즉 '고귀한 사랑'으로 보는 것을 말한다.

오히려 씁쓸하고 한심한 광경이다. 왜냐면 오늘날 퀴어 운동의 본령은 주류사회가 음란하고 도착되었다고 보는 성소수자의 섹슈얼리티를 오히려 드러내고 긍정함으로써 기존의 성적 규범을 전복하는 데 있기 때문이다.[3] 이러한 퀴어 운동의 본령에 충실한 입장에서는, 동성애를 호모필리아로만 보려 하는 앨라이도 그리 탐탁지 않다. 이들 역시 퀴어의 섹슈얼리티 양식에 근본적으로 혐오를 내재한 것으로 보이기 때문이다.[4]

이런 상황에서 내가 우려하는 건 앨라이가 그리스도인들을 향해 날리는 무차별적인 '혐오자' 낙인이다. 앨라이의 시각에서는 나도 혐오자에 해당할 것이다. 나는 '동성 간 성행위'를 긍정하지 않지만, LGBT 성소수자에 대한 교회공동체의 환대와 지혜로운 목회적 수용이 필요하다고 본다. 실제로 뉴욕을 비롯한 미국의 많은 도시 속 복음주의 교회들은 이런 입장을 취하며, 이런 교회에도 성소수자들이 출석한다. 하지만 앨라이의 관점에서는 '동성 성행위'를 죄로 인식하는 건 '동성애' 그 자체를 죄로 인식하는 것이고, 따라서 동성애자라는 존재를 부정하는 것이기 때문에 제아무리 사랑과 공감을 말한다 해도 결국 '동성애자 혐오자'라는 비난을 피할 수 없다. '특정 행위에 대한 부정적 견해'가 '존재에 대한 부정'으로 이어질 가능성이 없는 것은 아니다. 그러나 이는 개연성으로 보아야 할 일이지 필연성으로 규정해서는 안 된다. 그럼에도 이런 사고가 앨라이들에게는 하나의 이데올

3 성소수자인 사회학자 서동진은 이러한 맥락에서, 성소수자의 사랑을 그린 박상영의 소설《대도시의 사랑법》과 루카 구아다니노 감독의《콜 미 바이 유어 네임》이란 영화가 퀴어를 재현하는 방식을 비판적으로 고찰한다. https://url.kr/6plu8w

4 텍사스 대학교 독문학과 교수인 페터 레베르크의 견해다. 이에 대해서는 본문에서 자세히 알아본다.

로기처럼 기능하고 있다. 실제로 성소수자들이 출석하는 갈보리 채플의 이요나 목사의 경우 목회적 상담을 통해 '탈동성애' 사역을 한다는 이유로 앨라이들로부터 혐오자라는 비난을 받고 있다. '동성애 비긍정'이라는 하나의 입장을 곧장 '존재 혐오'라는 '부정어'로 대체하는 퀴어의 언어전략이 시민사회 공론장에서도 별 저항 없이 통용되고 있는 것이다.

게다가 앨라이들은 자신들이 부패하고 타락한 기독교 안에서 소금과도 같은 '의로운 소수'라는 자의식이 있다. 물론 기독교 내에서 이들은 실제로 소수이다. 하지만 사회 전체로 시각을 넓히면 다르다. 기독교라는 작은 원이 아니라 사회적 공론장이라는 더 큰 원으로 확장하면 앨라이는 다수에 속하고 보수 개신교는 소수에 속한다. 혐오자로 낙인이 찍힌 보수 그리스도인들은 앨라이가 진리를 떠나 세속의 이데올로기에 영합하여 기독교인의 신앙을 억압한다고 생각할 수 있으며, 행위가 아닌 인식 자체를 문제 삼는 것에 신앙의 자유가 위축되는 느낌을 받을 수도 있다. 하지만 이렇게 상황이 흘러가면 퀴어 운동이 진전될수록 동성애에서 '필리아'적인 요소만 강조하는 앨라이들 역시 궁극적으로는 '혐오자'라는 비난을 받을 것이다. '혐오'가 상대를 궁지로 몰아넣는 마법의 단어가 되면, '혐오'에 해당하는 말과 행위의 범위는 넓어지고 이는 누구에게든 부메랑으로 돌아올 수 있기 때문이다.

또 하나, 이 갈등이 자꾸 정치적 성격으로 비화된다는 점이 우려스럽다. 성경을 진리로 믿고 말씀대로 살고자 하는 순수한 그리스도인들의 경우, 동성애뿐 아니라 성윤리 전반에 대해 '정결'과 '거룩'의 가치를 중시할 것이다. 이런 성 관념을 가리켜 단순히 '보수적'이라고 말하지 않는 것은 '보수적'이라는 말 자체가 지나치게 정치적 뉘앙스를 띠기 때문이다. 자유주의는 개인의 몸을 당사자의 소유물로 보지만, 기독교에서 몸은 성령이 거하는 공간, 즉 '성전(聖殿)'이다. 따라서 믿는 자의 몸은 자신의 것이 아니라 그리스도의 것이기 때문에 단지 자기의 욕망대로 다루어서는 안 된다는 윤리가 도출된다. 이런 믿음에 근거한 '동성애'와 '동성 성행위'에 대한 신앙적인 가치판단을 단순히 '혐오'로 간주해서도 안 되고, '정치적 우파'의 진영논리로 환원해서도 안 된다. 따라서 기독교 내에서 정치적 우파운동을 하는 사람들은 순수한 신앙의 문제를 정치적 이데올로기와 문화전쟁 프레임으로 바꾸어 특정정당 지지 또는 비난을 선동하는 못된 행태를 멈춰야 한다. 특히 목회자들은 선거 국면에서 일부러라도 정치적 발언을 자제할 필요가 있다. 실제로 제리 폴웰Jerry Falwell로 대표되는 미국의 '도덕적 다수 운동'은 내부 부조리와 모순으로 몰락했고, 이 운동이 미국 사회에서 신실한 기독교인들의 입지를 오히려 좁혔음을 기억해야 한다. 아울러 앨라이를 비롯한 진보진영 또한 우파가 선동하는 프레임에 휘둘려 단지 자신의 신앙에 신실한 이들을 한낱 정치적 우익의 지지세력이자 혐오세력으로 단순화하지 말아야 한다. 즉 이 문제를 성급히 정치적 좌우의 좌표축에 놓아서는 안 된다.

이 책은 이와 같은 문제의식에서 출발했다. 퀴어 이슈는 결코 단순하지 않다. 퀴어는 성별이분법을 비판하는데, 나는 그보다 앞서 퀴어 문제에 대한 이분법적 시각도 벗어날 필요가 있다고 강조한다. 동성애적 성향이 있는 사람임에도 그리스도의 온전한 제자로 살기 위해 성욕을 절제하는 사람이 있고, 퀴어 이데올로기와 교회의 동성결혼 승인을 반대하는 신실한 성소수자 크리스천도 있다. 물론 반대의 경우도 있다. 스탠포드 대학 생물학과 교수이자 성전환(트랜스젠더) 여성인 조앤 러프가든Joan Roughgarden은 진화론자이면서도 기존 진화론에서 자신의 성 정체성을 인정받지 못하다가, 그리스도의 복음의 빛 안에서 자신의 존재가 받아들여지는 것을 경험하면서 크리스천이 되었다. 그녀는 도킨스(R.Dawkins, 1941~)에 맞서 기독교를 옹호하는 한편, 전통적 진화론의 '성 선택 이론' 대신 '사회적 선택social selection' 이론을 내세우면서 젠더다양성을 과학이론으로 뒷받침하는 연구를 지속하고 있다. 아이러니하게도 스스로를 신실한 그리스도인으로 규정하는 러프가든은 현재 퀴어 진영이 가장 강력하게 참고하는 과학자이다. 그렇기 때문에 이 책을 읽는 독자들은 '인지적 종결 욕구'와 '단순한 결론'에 빠지지 않기를 바란다. 이런 복잡성을 인정하면서, 이 책이 제시하는 입장과 결론이 아니라 그 입장과 결론에 이르는 논리적 과정에 더 주목해주기를 바란다.

이 책은 총 3부로 구성되어 있다. 1부는 앞에서 말한 우려를 반영하여, 기독교적 관점에서 퀴어/동성애를 어떻게 바라볼 것인가를 다룬다. 기독교 신학이나 신앙과 관련된 쟁점들은 여기서만 다루며, 2부와 3부에서는 기독교적 관점을 배제한다. 그러니까 이 책은 크게 보면 1부와 2-3부로 나뉜다.

2부에서는 현대 퀴어이론을 현대철학의 '차이생성'과 '차이소멸' 맥락에서 비판적으로 고찰한다. 현재 반동성애 운동 진영 지식인들이 수행하는 퀴어이론 비판은 이론 그 자체를 면밀히 독해한 후 비판하기보다 단지 이론가들의 결함을 드러내거나, 그 이론이 '네오마르크스주의'에 속하고 결국 공산주의의 연장일 뿐이라고 선동하는 식이다. 그렇지만 이런 비판은 감정적 수사학에 그치며, 제대로 된 논리적 비판이 될 수 없다. 나는 시민사회에서 자유주의적 가치에 근거해 성소수자의 시민적 권익을 증진하는 것에는 동의하지만, 후기구조주의 철학에 근거한 퀴어 이론과 그 이데올로기적 성격에는 비판적이다. 2부에서는 퀴어 이론 자체에 내재한 논리적 모순과 함께 그 이론의 실제적 효과가 야기하는 '차이소멸'의 위험을 철학적으로 분석한다.

3부에서는 퀴어의 정치적 담론이 자리한 더 넓은 맥락으로서 '정치적 올바름PC, Political Correctness' 이데올로기를 살피되, 그 근본에 있는 인간의 도덕적 관념과 그 불완전함에서 비롯되는 혼란스러움과 불안을 사회학과 철학에 근거해 분석한다. 특히 현대의 지배적 현상으로서 '희생양에 대한 근심'을 살피면서 그것이 가져올 역효과와 부작용을 생각해 보았다.

이제 이 책의 타이틀 《기독교와 퀴어, 제4의 답변》에 대해 설명해야 할 것 같다. '제4의 답변'이라면 이 앞에 세 가지 답변이 있다는 뜻인가? 그렇다. 여기서 '답변'이란 말은 틀림없는 정답이라기보다 하나의 '입장'이나 '의견'을 뜻한다. 내가 보는 현재 기독교의 세 가지 답변은 일반적으로 다음과 같다.

(1) 반동성애의 입장: 성경에 따라 동성애는 죄다. 동성애를 긍정하며 확산시키는 차별금지법과 동성결혼 합법화에 반대한다.—(3)의 입장에 비해 적지만 그래도 많은

그리스도인이 속한 입장이다.

(2) 퀴어 앨라이의 입장: 성경은 새롭게 해석되어야 하며, 사랑은 죄가 아니므로 동성애 역시 죄가 아니다. 차별 없이 사랑하신 예수님을 따라 성소수자 혐오를 막기 위해선 차별금지법이 제정되어야 하고, 동성결혼도 합법화되어야 한다.—가장 소수의 그리스도인이 여기에 속한다.

(3) 온건한 중도적 입장: 동성애를 죄로 보는 성경의 가르침을 무시할 수 없다. 그러나 성소수자에 대한 이해와 공감이 먼저이며, 그들을 부당하게 혐오하고 차별해서는 안 된다. 따라서 차별금지법 제정은 필요하지만, 동성결혼의 합법화는 지나치다.—대다수 그리스도인이 여기에 속한다.

그렇다면 이와 다른 "제4의 답변"이 있다는 말인가? 그렇다. 내가 이 책에서 제시하는 입장이 이에 해당한다. 그러나 서두에서 이를 요약해서 간단하게 밝히면 오해와 편견을 불러일으킬 수 있어 그 설명은 생략하려고 한다. 당신이 "인지적 종결 욕구"를 절제하면서 끝까지 이 책을 읽는다면 자연스럽게 알 수 있을 것이다. 중요한 것은 네 번째 답변의 내용이 무엇이냐 하는 것보다 그런 답변을 제시하게 된 논리적인 근거와 맥락을 이해하고 고민의 과정을 함께 통과하는 것이다. 이 책의 2부와 3부는 그러한 고민을 뒷받침했던 철학적 사유들을 통과하고 있는데, 이 부분은 다른 세 가지 답변에서 잘 다루지 않는 것들을 끈질기게 붙들고 씨름하고 있다. 그렇기에 1부보다 분량도 훨씬 많다. 따라서 2부와 3부의 내용을 아우르지 않고서는 제대로 된 "제4의 답변"이라 할 수 없다고 감히 말하고 싶다.

무엇보다 "제4의 답변"은 서로의 자유를 존중하는 터 위에서 공존의 원리를 모색한다. 성경에는 "진리가 너희를 자유케 하리라"는 예수의 말씀이 있는데, 마광수 교수는 이를 비틀어 "자유가 너희를 진리케 하리라"고 말한 바 있다. 이전에는 마 교수의 이 말이 비꼼이자 도발이라고 생각했다. 실제로 그런 의도였을지도 모른다. 그런데 마 교수의 의도와 상관없이 이 말은 예수의 가르침과 통할 수밖에 없다는 생각이 든다. 진리 없는 자유는 방종과 무책임으로 흐른다. 그러나 자유 없는 진리는 억압과 폭력으로 흐른다. 스토아주의자들의 통찰처럼 자유 없이는 진리를 참된 진리로 인식할 수 없으며, 진리에 근거하지 않는 자유는 자칫 자유를 파괴할 수 있다. 이 책에서 나는 공동체주의적 관점과 비슷한 논조로 '자유'와 '진정성'이 현대의 지배적 가치로 추구되는 양상을 비판했지만, 그럼에도 상충하는 진리주장들이 서로 경쟁하면서 공존하는 플랫폼을 '자유'라는 가치가 근본적으로 제공한다는 점에서 자유의 우선성을 강조하였다. 이 말이 다소 추상적으로 들리겠지만, 책을 다 읽고 나면 내가 말하고자 하는 바가 무엇인지 더 명확히 이해할 것이다.

끝으로 민감한 주제를 다루는 이 책에 추천사를 써주신 로고스 서원의 김기현 목사님과 추천사와 함께 후기를 써주시고 깊은 관심과 지지를 보여주신 유튜브 채널 'On The Road To Damascus'의 대표 오성민 선생님, 그리고 부담스러울 수 있는 내용임에도 원고 행간의 의미에 공감하며 부족한 저자의 책을 만드느라 수고하신 홍성사 가족 여러분께 깊이 감사드린다.

일러두기

글 중간에 나오는 대괄호([ ])는 주로 즉각적인 반론과 반박이다. 간혹 앞의 내용을 보완설명하기도 한다. 흐름을 흐트러뜨리지 않으면서도 짚고 넘어가려는 용도이다.

1

기독교와 퀴어(동성애), 갈등과 공존 사이

1부에서는 동성애/퀴어 이슈를 기독교와 관련해서 살펴본다. 2부와 3부에서는 철학과 사회학 맥락에서만 다루기 때문에 신학 논쟁을 비롯해 기독교 관련 내용을 파악하려면 1부를 봐야 한다. 1부는 크게 세 부분으로 나뉜다.

1장은 '동성애가 죄인가 아닌가'를 판단하는 기준으로 가장 많이 활용하는 '성적지향의 선천성' 논의로 시작한다. 성적 정체성이나 성적 지향이 선천적인가 후천적인가는 잘라 말할 수 없다. 선천성은 증명될 수도 반증될 수도 없으며, 사실 중요한 문제도 아니다. 여기서는 선천성 문제가 퀴어이론 존립에 영향을 미치지 않고, 기독교 주류의 입장을 수정하게 만들 수도 없음을 보인다. 2장에서는 동성애를 옹호하는 사람들이 동성애 관련 성경구절을 신학적으로 어떻게 바라보고 해석하는지 살펴본다. 그리고 이에 반론을 제시하며 성경이 동성애를 부정하지 않는다는 관점이 타당하지 않음을 주장한다.

그럼에도 우리 곁에 존재하는 동성애자들이 좋은 시민이며, 신실한 크리스천 가운데에도 동성애자가 존재한다는 사실을 어떻게 봐야 하는가? 3, 4장은 이 문제를 다룬다. 성적 지향만 빼면 다를 바 없이 착하고 덕 있는 동성애자 시민들이 존재한다는 사실을 볼 때 동성애는 기독교가 긍정할 수 있지 않을까? 나아가 서로 헌신하며 정절을 지키는 성소수자 커플이 일부일처제적 틀 안에서 관계를 아름답게 가꾸어 나간다면 긍정하고 축복할 수 있는 것 아닐까? 안타깝게도 이는 간단한 문제가 아니며 결혼에 관한 기독교 신학은 동성결혼을 긍정할 수 없다. 그렇지만 동성애적 성향과 동성 간 성행위는 구분해야 하며, 오직 후자만을 문제 삼아야 한다.

5, 6장에서는 교회 공동체가 LGBT 성소수자들을 어떻게 환대할 것인가를 고민한다. 먼저 현재 전개되는 반동성애 운동의 문제점을 다각도로 살펴보고 비판한다. 그리고 이 문제점들을 어떻게 고칠 것이며 실제로 LGBT 성소수자들을 진심으로 환대하는 목회적/공동체적 수용 방법은 무엇인지 모색한다. 나는 성소수자의 '성적 지향'을 바꾸지 않고 근본적인 십자가 복음을 제대로 전하는 것에 초점을 두자고 제안한다.

마지막으로 7장에서는 시민사회 맥락에서 기독교와 퀴어의 바람직한 공존은 어떻게 가능한지 살펴본다. "죄는 미워하되 죄인은 미워하지 말라"는 기독교적 관용의 자세가 원천적으로 불가능하며, 이는 오히려 성소수자 혐오를 은폐하는 위선적 레토릭이라는 앨라이 그룹의 비판을 진지하게 고찰한다. 그리고 특정한 행위를 '죄로 인식하는 것' 자체가 곧 '혐오'가 되지 않으며, 동성애를 죄로 인식하는 기준/교리 자체를 바꾸어야 한다는 앨라이의 요구가 오히려 폭력적이라는 점을 논증한다. 누구보다 퀴어 성소수자를 옹호하는 서구 지식인들이 오히려 이것을 강조하고 있다. 한편 기독교인들이 동성애나 동성 간 성행위를 죄로 인식하고 동성결혼을 긍정하지 않을 수 있지만, 세속 시민사회의 법적 맥락에서 '동성결혼'에 찬성하는 것은 그런 가치관과 별개이며, 기독교인 또한 시민사회 층위에서는 동성결혼에 찬성할 수 있음을 논증한다. 기독교와 퀴어가 사회적으로 평화롭게 공존하는 길은 자유주의적 윤리원칙에 서로 동의하면서 교회의 영역과 사회의 영역을 다르게 바라보는 분리주의적 접근법임을 제안한다.

1
성적지향은 선천적인가

진보적인 기독교 미디어 〈뉴스앤조이〉에 어느 장신대 신대원생이 "나는 왜 성소수자를 지지하는가"[1]라는 글을 기고했다. 2018년 장신대가 '성소수자 혐오 반대의 날'에 무지개 옷을 입고(성소수자 연대의 뜻에서) 채플에 참석한 신대원생들에게 중징계를 내리자 피해학생들이 소송을 내어 진행되던 때였다. 실제로 이는 절차적 합리성이 전혀 지켜지지 않은 부당한 징계였다. 예배 시간에 퀴어 지지 퍼포먼스를 하거나 시위를 한 것이 아니라 예배가 끝나고 채플 장소 뒤편에서 기념사진을 찍었을 뿐이었기 때문이다. 그러나 장신대는 매우 강경했다. 교수들보다 교단에서 더욱 민감하게 반응했는데 아무튼 소송 결과 피고 측인 장신대는 패소하고 말았다. 그럼에도 학생들은 목사고시에 응시할 수 있는 기회를 박탈당했다. 한마디로 신학생들의 진로를 막은 것이다. 이런 내홍 속에서 "이 신대원생은" 위와 같은 글을 기고한 것이었다.

이 징계가 부당하다는 사실은 명백하므로 징계 자체는 일단 논외로 하자. 성소수자를 옹호하는 기독교인(성소수자와 연대한다는 의미에서 이들을 앨라이 크리스천Ally Christain이라고도 한다)의 마음, 그 진정성 또한 매우 기독교인다운 모습이다. 하지만 이 글의 필자가 성소수자를 옹호하며 내세우는 논리는 짚고 넘어갈 필요가

1 한승연, "나는 왜 성소수자를 지지하는가", 〈뉴스앤조이〉, 2019.10.25, http://www.newsnjoy.or.kr/news/articleView.html?idxno=225618

있다. 그는 다음과 같이 말한다.

> 동성애는 선천적인가, 아니면 후천적 요인에 의한 정신 질환 또는 장애인가. 동성애 문제를 판단할 때 이 질문은 정말 중요하다. 만약 동성을 향한 성적 지향이 자신이 선택하지 않은 것이라면, 또는 치료하거나 교정할 수 있는 대상이 아니라면 어떻게 죄라고 말할 수 있을까.

물론 위 말은 성적지향에 대한 전환치료가 폭력임을 먼저 말하려는 것이다. 그는 "성적지향의 원인이 선천적인지 후천적인지 아직 명확히 알 수 없지만, 세계적인 정신의학적 권위를 지니고 있는 APA(미국정신의학협회)와 WHO(세계보건기구)가 성적지향을 질병이나 장애가 아닌 것으로 분류했다는 점"을 강조한다. 전체 맥락에서 볼 때 성적지향은 장애나 질병이 아니며, 스스로 선택한 것이 아님을 강조하는 듯하다. 스스로 선택하지 않았다는 이야기는 자연적으로 주어졌을 확률, 즉 선천적일 확률이 높음을 말하려는 것이다. 사실 기독교인들을 설득하기 위해서 앨라이 크리스천들이 1차적으로 기대는 근거는 '하나님이 그렇게 창조하셨다'는 내용이다. 나 역시 물리화학적/의학적 전환치료가 폭력이라는 점에 완전히 동의한다. 동성애적 지향은 분명히 질병이나 장애가 아니다.

그렇지만 전환치료와 관련해 일단 팩트 하나만 짚고 넘어가자. 토론토대 정신의학과 교수이자 정신과 의사인 노먼 도이지Norman Doidge는 《기적을 부르는 뇌》에서 뇌가소성(腦可塑性, neuro-plasticity)의 놀라움을 설명하면서 성적인 기호조차도 변화할 수 있음을 사례를 들어 설명한다.[2] 도이지는 '전환치료가 가능하다'는 논리를 뒷받침하려는 것이 아니다. 그는 이성애자가 양성애자가 되었다가 동성애자가 되기도 매우 쉽다고 한다. 그 반대도 마찬가지다. 신경회로 배선을 바꿀 수 있다는 이야기다. 분명히 하자. 동성애자의 의사에 반하여 전환치료를 요구하거나 강제하면 잘못이다. 성정체성 전환이 근본적으로 불가능함에도 밀어붙여서가 아니라, 자율적 의지에 반하여 밀어붙이는 것 자체가 폭력이므로 잘못인 것이다. 퀴어이론가들에게 이성애자가 동성애자가 되는 것을 반대하는지 물어보면 과연 반대할까? 그들은 이성애자에게 동성애 정체성을 강제적으로 주입하는 것은 문제지만, 이성애자가 스스로 자신의 본질적 정체성을 전복하면서 젠더를 이리저리 바꾸는 놀이를 하는 것은 진정 급진적인 퀴어 실천이라며 환영할 것이다.

따라서 이 선천성은 좀 더 깊이 생각할 필요가 있다. '동성간 성관계'를 죄로 보지 않고 성소수자의 편에 서는 기독교인인 앨라이 크리스천이 성소수자를 옹호할 때 사용하는 저 선천성 논리는 대략 이렇게 정리된다.

(1) 선천적으로 타고나는 것은 하나님의 뜻에 따른 창조이자 선물이다.
(2) 성적지향은 선천적이다.
(3) 따라서 성적지향은 하나님의 창조이자 선물이다.

2 노먼 도이지, 《기적을 부르는 뇌》(김미선 옮김, 지호, 2008), 131쪽.

이 도식은 크게 두 가지 질문에 직면한다. 첫 번째 질문은 (2)와 관련되는데 '모든 사람의 성적인 정체성이 다 선천적인가?' 하는 물음이다. 둘째 질문은 (1)과 관련되며 '선천적인 모든 것은 하나님 앞에 선한가?'라는 물음이다.

물론 그 외에도 여러 질문을 할 수 있다. 성적지향 Sexual orientation의 선천성은 입증될 수 있는지 따질 수도 있다. 그러나 입증가능성은 일단 따지지 않겠다. 최소한 '성적인 지향, 성적인 정체성은 한 번 형성되면 쉽게 바뀌기 힘든 고정성이 있다'는 명제로 완화해서 이해하면 동성애에 대해 어떤 입장이든 인정할 수 있을 것이다.

문제는 기독교인들이 성소수자를 옹호하려 사용하는 논리인 '성적지향의 선천성 논제'가 퀴어이론으로 오히려 부정된다는 점이다. 퀴어이론가 주디스 버틀러(Judith Butler, 1956~)의 저서《젠더 트러블》에 따르면 성적인 정체성은 타고나거나 고정되지 않고 수행을 통해 형성된다.[3] 간단히 말하면 '성적지향의 수행성 논제'이다. 버틀러의 이론 전체에 동의하든 안 하든 '성적지향의 수행성' 주장 자체는 분명히 설득력이 있다. 그것은 반복되는 수행을 통해 성적지향이 습관적인 선호처럼 형성된다는 의미이다. 한때 성적지향의 선천성을 입증하기 위해 그런 유전자가 있는 것은 아닌지 생물학자들이 연구한 적이 있다. 아직까지 그런 유전자를 발견했다는 소식은 들리지 않는다. 이러한 연구는 어떻게든 동성애자를 이해하려는 시도에서 비롯되었지만, 퀴어

3 이에 대한 내용은 2부에서 좀더 자세히 다룬다. 249쪽, "젠더는 수행이고 패러디이다" 부분을 참고하라.

이론에 입각하면 연구의 출발가설 자체가 오류다. '성적지향' 자체가 문화적 맥락에서 생긴 말인데 그것을 자연적 맥락에서 규명하려 했기 때문이다. 성소수자들을 옹호하기 위해 '선천성'(또는 고정성)을 지나치게 강조하면 그들의 자유로운 선호에 따른 행위와 그 해방적 성격이 지워진다. 선천성에 구속된 성적 행위는 그 선천성을 이해받음으로써 사회적으로 허용되는 것일 뿐, 본질적으로 '해방'적 행위라고 할 수 없기 때문이다. 게다가 선천성 주장은 경험적으로도 부정된다. 후천적으로 그런 정체성을 형성한 사람들도 있기 때문이다.

문화평론가 김성윤은 90년대 후반 이후 등장한 팬픽fan-fic이 10대 여성들의 하위문화 텍스트로 자리 잡으면서 동성애에 대한 10대 여성들의 심리적 거부감이 낮아졌음[4]을 지적한다. 팬픽이란 팬픽션fan fiction의 줄임말로 유명인을 주인공으로 삼은 소설이다. 한국의 10대 소녀들은 특히 남자 아이돌 멤버들을 주인공으로 삼았는데 그 멤버들끼리의 로맨스를 그렸던 것이다. 당시 10대 팬들은 "H.O.T의 '톤혁(토니-장우혁)'이나 '준혁(문희준-장우혁)' 같은 식으로 맺어진 '커플링'을 보면서 가슴 설레 밤잠을 설치곤 했다."[5] 이는 성소수자 커뮤니티 내에서 논란을 낳기도 했다. 2000년대 초반, 성인 레즈비언이 아지트 삼아 모이는 카페나 클럽에 10대 소녀들이 손을 잡고 들어오기 시작했는데 당시 레즈비언들은 이 10대 아이들을 목도하면서 혼란스러워했다고 한다. 즉 자기들처럼 본래부터 동성애 감정이나 정체

4 김성윤, 《덕후감》(북인더갭, 2016), 26~28쪽.

5 위의 책, 27쪽.

성을 가진 게 아니라, 아이돌 그룹을 좋아하고 그들을 캐릭터 삼은 팬픽에 빠져들면서 동성애적 로맨스를 따라한다는 것을 발견했기 때문이다. "손잡은 10대 중 하나는 문희준 머리를, 나머지 하나는 강타 머리를 하고 있는 식"[6]이었다. 이런 10대들의 출현으로 레즈비언들은 자신들이 태어날 때부터 다르다는 내러티브, 즉 정체성이 선천적이라는 항변의 논리가 약화될까 염려하였다. 이를테면 "우리는 온갖 편견과 차별에 맞서 비장한 감정으로 존재론적 숙명을 짊어지고 가는데, 너희들은 이런 사랑이 그저 장난으로 보이냐?"는 식으로 생각했던 것이다. 하지만 김성윤은 그것이 당시 성정치 담론의 한계였다며 그 이후의 분위기는 10대 팬픽을 포용하는 쪽으로 기울었다고 말한다. 즉 "이들을 거부하고 동성애를 본질화하는 것은 이성애주의가 전제하는 본질주의 프레임에 동의하는 것과 마찬가지라는 문제의식이 공유되었기 때문이다."[7]

위 사례에서 보듯 동성애적 정체성이나 성적지향이 꼭 선천적일 필요는 없다. 선천성 강조는 68혁명 이후 도래한 성정치 전략에도 배치된다. 더 나아가《사람, 장소, 환대》의 저자인 인류학자 김현경은 현대사회의 '정체성 정치'에서 정체성이 갖는 의미가 진화하고 있음을 잘 설명한다. "국적이나 출신 계급이나 인종이나 성별, 심지어 언어와 문화는 개인의 정체성 서사에 통합되는 한에서만 중요하고, 그렇지 않으면 우연하고 부수적인 요소로 간주되어야 한다는 생각이 널리 받아들여지고 있다. 이는

6 위의 책, 28쪽.

7 위의 책, 29쪽.

개인의 정체성의 핵이 더 이상 이런 요소들이 아니라, 그것들을 바탕으로 정체성 서사를 써나가는 주체의 저자성authorship 자체임을 뜻한다. 정체성에 대한 인정은 특정한 서사 내용('나는 레즈비언이다')에 대한 인정이 아니라, 서사의 편집권에 대한 인정이다."[8] 따라서 "네가 레즈비언인지 아닌지는 중요하지 않다. 네가 오늘은 레즈비언이라고 고백하고 내일은 그것을 부인해도 상관없다. 나는 너에 대해서 가장 잘 말할 수 있는 사람이 너 자신임을 인정한다"[9]는 발화가 가능해진다.

급진적인 퀴어이론에 따르면 모든 인간은 자신의 욕망과 수행에 따라 성관계 상대를 바꾸는 젠더 플루이드gender fluid일 수 있다. 실제로 퀴어를 적극 지지하는 캐시 루디(Kathy Rudy, 《섹스 앤 더 처치》 저자)나 레즈비언 문학평론가였으며 퀴어운동가로 활동하다가 후에 그리스도인으로 회심한 로자리아 버터필드(Rosaria Butterfield, 《뜻밖의 회심》 저자) 모두 성적지향이라는 말이 '그릇된 범주'라는 인식에 동의한다. 퀴어 신학자인 루디가 볼 때 미국의 주류 자유주의 교회들은 성적 지향의 선천성을 강조하며 그것이 하나님의 창조임을 역설하고 있다. 물론 주류 자유주의 교회들이 성소수자를 옹호하고, 포용하려 내세우는 주장이다. 하지만 루디는 그러한 의도와는 별개로 그 내용 자체는 오류라며 성정체성 개념 자체가 19세기 이후에 만들어진 문화적 구성물이라고 설명한다. 더 급진적으로 신학이 퀴어를 포용하도록 하려는 루디의 입장에서는 성정체성이나 성적지향의 선천성만

8 김현경, 《사람, 장소, 환대》(문학과지성사, 2015), 215쪽.

9 위의 책, 215쪽.

을 강조하면 좋은(선천적인) 성소수자와 나쁜(후천적인, 자의로 선택한) 성소수자라는 새로운 구분선이 만들어지며 또다시 누군가는 배제하고 낙인을 찍게 된다. 배제와 혐오를 피하려는 전략이 새로운 배제와 혐오를 만드는 모순이 생기는 것이다.

한편 루디와 정반대 입장에 있는 버터필드는 그리스도인으로 회심하기 전, 자신이 레즈비언으로서 퀴어운동을 하던 시절에도 '성적지향' 개념은 낯설었다고 이야기한다. 그가 볼 때 성적지향은 그릇된 범주라서 심지어 회개도 불가능하다. 게다가 이 지향-정체성 시스템은 매우 해로운 측면이 있는데 이성애에 부당한 특권을 부여한다는 점이다. 다시 말해 성적지향을 내세우면 '이성애'라는 이유만으로 도덕적 평가를 면제해 주고, 동성애적 죄에만 초점을 맞춤으로써 다른 심각한 죄들을 가볍게 여기게 만든다. 버터필드는 "성적 지향은 구속된redeemed 욕망보다 자연적 욕망을 우위"[10]에 두는 것이라고 강조한다. 이 말은 "선천적인 모든 것은 하나님 앞에 선한가?"라는 두 번째 질문의 답이기도 하다. 진화심리학적 관점에 따르면 남성이 많은 여성과 성관계를 하고 싶은 욕망은 많은 자손을 낳고 싶은 본능이 유전자에 새겨진 결과다. 즉 이것 역시 자연적이고 선천적이다. 앨라이 크리스천들은 성적 정체성과 지향의 측면에서 성애적 욕망이 동성을 향하느냐 이성을 향하느냐만 따지는 경향이 있다. 그러나 선천성을 이야기하자면 더 많은 상대와 성관계를 갖고자 하는 욕망 역시 자연적이고 선천적이다. 게다가 하나님이 창조하셨으니 그 욕망도 하나님이 주신 것이다. 그런데 왜 우리는 그

10 로자리아 버터필드, 《뜻밖의 사랑》(홍병룡 옮김, 아바서원, 2017), 168쪽.

것을 '결혼'이라는 제도 안에서 평생 한 사람에게만 허락된 것으로 한정하고 좁히는가? 즉 '선천적'이라는 점이 무조건 면책되는 근거는 아니다.

물론 성적지향의 선천성 논제가 오류라고 해서 성적인 끌림의 감정이 후천적이자 쉽게 바뀔 수 있다는 뜻은 아니다. 이 성향은 강하고 끈질기며 견고하다. 그렇지만 전혀 바뀔 수 없는 것도 아니다. 급진적 퀴어이론은 심지어 자신의 성정체성을 얼마든지 원하는 대로 바꿔가며 즐기고 향유하는 자유를 누리라고 권장하기도 한다. 게다가 선천성 논제는 곧바로 후천성 논제를 끌어들이며, 이로 인해 형성된 선천성 – 후천성 논쟁은 성소수자가 그리스도 안에서 진리를 따라 걷는 것을 단지 성적지향을 바꾸는 문제로, 즉 성관계 상대방의 성을 바꾸는 문제로 환원하는 오류를 범한다. 이와 같이 성소수자를 옹호하려는 성적지향의 선천성 논제는 한계가 있으며, 이에 입각하여 성소수자를 신학적으로 옹호하는 논리적 기획은 실패할 수밖에 없다.

2
성경은 동성애를 정죄하는가, 하지 않는가

동성애에 관해 성서주석과 해석 차원에서 학자들 간에 벌이는 논쟁지형은 구체적으로 다루지 않으려고 한다. 내가 이 분야의 전문가가 아니기도 하고 시중의 많은 책들이 이미 이 부분을 자세하게 다루기 때문이다. 게다가 역사적 맥락을 자세하게 고찰하면서 세밀하게 주해작업을 한 책들은 놀랍게도 대부분 동성애를 신학적으로 옹호하는 입장이다.[1] 이런 책들의 주장은 세부사항에서는 차이가 있겠지만 큰 틀에서 볼 때 이렇게 요약된다. "성경의 저자들은 오늘날의 '동성애'를 알지 못했으며, 그들이 비난하는 건 성적인 착취와 폭력으로 표상되는 동성 간 성관계이다." 또한 "우리가 지키며 따라야 할 것은 성서의 문자 자체가 아니라 성경의 핵심적이고 근원적인 가르침이며, 그 가르침은 소외된 자에 대한 '사랑'이며 억압의 사슬을 끊는 '해방' 또는 '정의'이다." 이런 책들은 이처럼 크게 두 방향의 성서해석을 통해 오늘날 억압받고 소외받는 성소수자를 정죄하거나 비난하는 행위를 그만두는 한편, 이들의 성 정체성 또한 하나님의 창조임을 인정하고 있는 모습 그대로 받아들이라고 주장한다.

위와 같은 주장을 하는 신학자나 목회자 대부분이 인품으

1 전통적 입장에서 여전히 동성애가 죄라고 보는 학자들도 많지만 이들의 기본적 태도는 점잖을 수밖에 없고 이 주제만 갖고 심도 있는 내용을 담은 책을 쓰는 경향은 없는 것 같다. 게다가 동성애를 반대하는 입장에 서 있는 시중의 책들은 다분히 거친 호흡이고 선동적이기 때문에 이들과 한 부류로 엮이고 싶지 않은 심리도 있을 것 같다. 개인적인 추측임을 일러둔다.

로나 학식으로나 존경할 만한 분들이기에 단순히 내칠 수 없는 주장이다. 그랬기에 동성애에 대한 나의 입장 역시 여러 차례 상반되는 입장을 오락가락했고, 판단중지 상태에 한참 있기도 했다. 그렇지만 해소되지 않는 질문과 궁금증이 있었는데, 이러한 책들에서도 그 부분은 쉽게 간과되고 있었다. 여기서는 그 대표적인 책으로 박경미 교수의 《성서, 퀴어를 옹호하다》를 참고하려고 한다.[2]

성경에서 동성애와 직접 관련되는 구절은 대략 6곳 정도이다. ① 창세기 19장의 소돔 이야기, ② 사사기 19장의 베냐민 지파 사람들이 어느 레위인의 첩을 끔찍하게 강간하고 살해한 이야기, ③ 레위기 18장 ④ 레위기 20장 등의 정결법, ⑤ 로마서 1:26~27, ⑥ 고린도전서 6:9의 바울의 권고. 여기서 구약시대의 ①, ②는 중요하게 다룰 필요가 없다고 본다. '남색'을 뜻하는 '소도미sodomy'가 창세기 19장 이야기와 관련되지만 이미 에스겔서에서 소돔의 죄를 가난한 자와 약자에 대한 억압과 착취, 그리고 나그네 박해로 이야기(겔 16:49)하기 때문이다. 롯의 집 앞에 몰려든 폭도들이 천사와 성관계하려는 모습도 사실상 폭력적 충동으로 나타나기 때문에 우리가 관심을 가진 '동성애'와 관련해 중요하게 다룰 본문은 아니다. 이 본문은 '폭력'과 관련되었다고 보는 게 더 정확하다. 사사기 19장 역시 창세기 19장과

2 물론 이와 관련된 주제의 책은 이외에도 많이 나와 있지만 동성애와 직접적으로 관련된 성서구절들은 불과 예닐곱 군데밖에 되지 않기 때문에 내용들은 대부분 비슷하다고 할 수 있다. 박경미 교수의 이 책은 최근에 나온 책으로서 관련 성서구절에 대한 여러 의견들을 잘 종합해서 소개하고 있고, 꽤 설득력 있는 주석을 바탕으로 본인의 논지를 전개해나가는 훌륭한 책이라서 논의의 발판으로 삼기에 적합하다고 생각하였다.

판박이처럼 비슷해서 더 언급할 필요는 없다. 이 본문들은 당대의 뿌리 깊은 가부장제와 여성혐오를 드러내는 구절로 봐야 한다. 한편 ③, ④에 해당하는 레위기 본문은 동성 간 성관계를 명시적으로 금한다는 점에서 오늘날 우리가 생각하는 동성애 개념과 직접 관련해서 보기 어려운 측면이 있다. 하지만 '정결함'과 '거룩함'이라는 레위기의 핵심주제와 관련해 내칠 수 없는 특징이 있으며 또한 레위기의 정결 규정은 신학적 차원을 넘어 인류학적, 심리학적 문제와 연결되기 때문에 더 짚어봐야 한다. 가장 중요하게 다룰 부분은 ⑤, ⑥, 즉 신약의 바울서신이라고 할 수 있다. 이제 레위기부터 살펴보자.

(1) 레위기, 규약과 도덕의 이분법을 넘어서

레위기는 일차적으로 이스라엘 백성을 대상으로 쓰인 것이다. 이 책이 문헌으로 정리된 시기는 바빌론 포로기 이후라고 본다. 유대인들에게 출애굽과 바빌론 포로 귀환은 성격이 겹치는 부분이 있다. 두 시기 모두 약속의 땅에 대한 비전을 바탕으로 하나님이 택한 백성으로서 타민족과 구별된 거룩한 정체성을 회복할 과제가 있었기 때문이다. 따라서 이집트를 탈출한 광야의 이스라엘 백성뿐 아니라, 포로 귀환 후 옛 약속의 땅에 성전을 재건하던 유대인에게도 레위기 규정은 중요했을 것이다. 그런데 레위기에 나오는 음식물 규정, 가령 어떤 동물은 정결하고 어떤 동물은 부정하다는 세세한 규정들은 오늘 우리가 이해하기 힘든 규정이다. 할례 역시 매우 중요하게 여겨지지만 현대인의 사고로는 이해할 수 없는 규정이며, 오늘날에도 할례를 지켜야 한다고 주장하는 사람은 거의 없다.

물론 학자들은 음식물 규정, 나아가 피부병과 유출병을 비롯해 여성의 월경까지 관리방법을 상세히 담은 규정은 광야에서 집단생활을 하는 유대종족이 청결함을 유지하여 전염병을 예방하는 차원에서 필요했음을 인정한다. 그럼에도 예수님은 "사람의 입으로 들어가는 것이 아니라 사람의 입에서 나오는 것이 더럽다"(마 15:11)고 말씀하시며, 세리와 창녀들과 거리낌없이 어울리셨다. 심지어 예수님은 제4계명과 관련되는 안식일 규정도 때로 파격적으로 깨뜨리셨다. 이를 통해 안식일의 본질적 의미를 깨우치기도 하셨으며, 자신에게 손을 댄 혈루증 앓는 여인의 믿음을 사람들의 예상과 달리 크게 칭찬하시기도 했다(막 5:25~34). 사도행전에서 사도들은 할례를 말할 때 '마음의 할례'가 더욱 중요함을 강조하며, 이방인에게 힘든 멍에를 지우지 말라고 천명한다. 신약시대에 이미 이러했다면, 하물며 21세기를 사는 우리가 굳이 레위기를 중요하게 참고할 필요가 있을까?

박경미 교수는《성서, 퀴어를 옹호하다》에서 레위기의 이러한 성격을 잘 설명한다. 그렇다면 동성애, 더 정확히 말해 '남자와 남자의 성관계'를 금하는 레위기의 규정 역시 음식물 규정이나 할례 규정의 연장선에 있다고 볼 수 있지 않을까? 박경미 교수(이하 '저자')는 그렇다고 본다. 저자는 특히 대니얼 헬미니악Daniel A. Helminiak의 저서《성서가 말하는 동성애》를 중심으로 레위기의 성격을 설명한다. 헬미니악에 따르면, 레위기의 '동성 간 성관계 금지 규정'은 음식물 규정과 같은 성격으로 '도덕'이라기보다는 '규약(規約, protocol)'이다. 규약은 정하기 나름이다. 대표적인 규약은 교통 신호체계를 들 수 있다. 적색에서 멈추고, 녹색에서 주행하며, 중앙선을 중심으로 우측으로 차를 주행하는 것은 규약이다. 반대로 영국과 호주, 인도에서는 좌측으로 주행해야 한다. 이런 것들이 사회적 약속, 즉 규약이다.

물론 레위기는 나그네와 외국인들을 환대하고, 노인을 공경하고, 가난한 자들을 도우며, 희년을 통해 노예의 해방과 채무자의 자유를 선포하는 등 오늘날에도 수용할 수 있는 정의롭고 도덕적인 내용을 포함한다. 즉, 우리에게 급진적 정의를 상상하게 하는 도덕규정 역시 포함되어 있다. 또 여기에는 근친상간 금지나 짐승과의 교합 금지, 외도와 불륜을 금지하는 성도덕 규정도 포함되어 있다. 방금 말한 성도덕 규정들은 그 엄격함이 다소 완화되긴 했지만, 여전히 우리가 동의하는 내용들이다. 하지만 '동성 간 성관계' 규정은 어떻게 봐야 하는가? 이것은 도덕인가 규약인가 하는 문제가 대두된다. 저자는 헬미니악의 관점처럼 규약으로 봐야 한다는 입장이다.[3]

저자에 따르면 레위기 문헌이 동시대의 다른 고대문헌에 비해 상당히 진보적이고 정의로운 내용을 포함한 것은 사실이라 하더라도 레위기 역시 가부장적 남성우월주의를 전제한다. 특히 남성 간 성관계에서 여성의 역할을 맡는 자, 즉 성기 삽입을 당하는 자는 남성다움에서 벗어나는 수치와 모욕을 당했다고 여겨지는데, 이러한 인식에는 여성을 열등하게 보는 관점을 내재하고 있다. 이런 인식이 시대적 한계임을 이해하지만 동성 간 성행위에 대한 죄악시가 가부장적 남성우월주의와 한통속임은 부인할 수 없다. 따라서 이러한 구절을 근거로 동성애를 죄악시하는 것은 용납될 수 없다는 것이다.[4]

3 박경미, 《성서, 퀴어를 옹호하다》(한티재, 2020), 272~273쪽.

레위기가 가부장적 남성우월주의에 입각했다는 주장 자체는 굳이 반박할 필요 없는 팩트로 여겨진다. 그렇지만 몇몇 부분은 생각을 달리해 볼 점도 있다. 우선, 도덕과 규약의 구별이라는 사고방식 자체가 서구에서 출발한 합리주의와 개인주의 세계관에서 나왔음을 알 필요가 있다. 여기에 필요한 건 인류학적 관점을 반영한 도덕심리학이다. 물론 저자도 책에서 인류학적 연구성과를 잘 반영하였다. 레위기를 연구하는 학자 치고, 인류학자 메리 더글러스(Mary Douglas, 1921~2007)의 금기 연구를 모르는 사람은 없을 것이다. 메리 더글러스는 레위기의 정결규정뿐 아니라 여러 토속문화권에서 보이는 금기가 "차이의 체계"에 근거함을 그의 저서《순수와 위험》에서 잘 설명하였다.[5] 가령 예쁘게 장식한 먹음직스러운 케이크라 하더라도 흙길 땅바닥에 놓여 있다면 혐오감을 일으킬 것이다. 이처럼 사람도 사물도 각자 어울리는 맥락이 있고, 그러한 맥락의 체계는 어떤 형이상학적인 질서를 반영한다는 생각은 많은 문화권에서 광범위하게 발견된다. 따라서 그 질서의 경계를 유지하고 서로 다른 것들 사이에 분명한 차이와 구별을 두는 것이 중요한데, 여기에서 금기(터부)가 나온다는 것이 더글러스의 이론적 발견이었다. 물론 그런 질서에 관한 세부내용은 문화권마다 공통되기도 하고 다르기도 하지만 그러한 질서를 형성한 원리는 "차이의 체계"인 셈이다. 박경미 교수도 이를 잘 알고 있고, 이런 관점을 반영하여 레위기가 강조하는 '거룩' 역시 이러한 구별됨과 관련됨을 설명하고 있다.

4 위의 책, 264쪽.

5 금기와 차이의 체계에 대해서는 2부 〈퀴어와 차이소멸〉에서 보다 자세히 다루었다.

내가 문제 삼는 것은 그런 인류학적 시각을 단순히 '규약'으로만 간주하는 관성이다. 가령, 도덕심리학자 조너선 하이트(Jonathan Haidt, 1963~)는 《바른 마음》에서 정밀하게 설계한 여러 심리학 실험을 통해, 규약과 도덕을 구별하는 사고가 서구의 개인주의적 "문화가 인위적으로 만들어내는 것"이며, "개인과 집단 간 문제를 개인주의적 틀에서 답하며 나온 필연적 부산물"[6]임을 보여준다. 그러니까 "사회보다 개인을 우선하는 사고에서는 개인의 자유를 제한하는 규칙이나 사회적 관습에는 모두 다 의문을 품을 것이다. 어떤 사람을 피해에서 보호해주지 못하는 규칙이나 사회적 관습은 내게 도덕적으로 정당화되지 못하며, 그런 것은 사회적 규약일 뿐이라고 말이다."[7] 하이트가 정리한 바에 따르면 이와 같은 현대 서구 도덕관념은 '세계가 별개의 사물들로 가득 차 있다고 보는 관념의 영향'하에서 만들어진 원자적 개인주의 세계관에 입각해 있으며, 이는 결국 '피해와 공평성'의 원칙으로 환원된다. 하이트에 따르면 이런 식의 도덕개념은 도덕을 너무 좁게 보는 것이다.

하이트는 '무해한 금기 위반', 즉 역겨움과 경멸감을 주지만 누구에게도 피해를 주지 않는 행위에 관해 질문한다. 예를 들면 "콘돔을 착용하고, 피임약을 복용한 친남매가 합의해서 맺는 성관계는 도덕적으로 잘못됐는가?"[8]와 같은 질문이 있다. 이런 종류의 다양한 질문을 받는 피험자들은 당황해하면서도 대부분 도덕적으로 잘못되었다고 말한다. 이 실험에서 하이

6 조너선 하이트, 《바른 마음》(왕수민 옮김, 웅진지식하우스, 2014), 54~55쪽.

7 위의 책, 55쪽.

8 위의 책, 90쪽.

트가 특이하게 본 것은 그것이 도덕적으로 잘못이라는 대답 자체보다는 피험자들이 대부분 부도덕의 이유를 설명하기 위해 모종의 '희생자'를 찾으려고 노력했다는 점이었다(하이트는 그 실험에서 피해자가 없다는 사실을 반복적으로 주지시켰고, 결국 피험자들은 말문이 막히곤 했다고 한다). 하지만 피험자 집단을 다른 범주, 즉 가난한 노동자 계층 혹은 아시아나 남아메리카 등으로 확대하면 결과가 달라진다. 이들도 같은 질문에 대해 도덕적으로 잘못이라고 한다. 하지만 그 이유를 되물으면 말문이 막혔고 그걸 묻는 행위 자체를 이상하게 봤다. 이들에게는 그러한 행위들이 잘못인 이유를 설명할 필요도 피해자를 찾을 필요도 없이 그 자체로 자명한 부도덕이었던 셈이다. 다시 말해 이들은 도덕을 '피해'와 '공평성'의 문제로 축소하지 않았으며, 규약과 도덕을 따로따로 구별하는 사고도 없었다.[9] 이런 정밀한 실험결과를 통해 하이트는 도덕이 피해와 공평성을 넘어 '신성함'이나 '깨끗함', '고귀함', '충성심'과 같은 가치와도 깊이 관련됨을 매우 설득력 있게 설명한다.

이에 더해 백석대 김진규 교수가 〈뉴스앤조이〉에 기고한 글[10]은 레위기의 동성 성관계 금지 규정이 그리 간단하지 않음을 밝히고 있다. 김진규 교수는 레위기 18~20장 내용이 대부분 도덕법에 속한 것임을 강조한다. 실제로 레위기를 보면 11~15장은 정한 짐승과 부정한 짐승으로 시작해, 나병이나 유출병 환자 대

9 이와 관련한 자세한 분석은, 하이트의 《바른 마음》, 제5장 '편협한 도덕성을 넘어'를 참고하라.

10 〈뉴스앤조이〉, 2016.06.26. 기사, 김진규, "레위기의 동성애 금지, 오늘날 상황에도 적용 가능"https://www.newsnjoy.or.kr/news/articleView.html?idxno=204258

응법과 이를 정결하게 하는 규례 등을 담고 있다. 16장과 17장은 제사 규례이다. 이어서 18~20장은 근친상간 금기와 불륜 금기 등의 성도덕과 이웃을 사랑하고 가난한 자와 고아와 과부를 선대하라는 도덕적 명령이 이어진다. 특히 동성 성관계를 금하는 내용은 성도덕 내용이 열거되는 맥락에 배치되었다. 이것은 무엇을 의미하는가? 왜 레위기가 금하는 근친상간이나 동물과의 교합을 오늘날의 우리도 해서는 안 될 행동으로 인식하는가? 여기서 동성 성관계만 달리 볼 이유는 무엇인가?

하지만 저자 박경미 교수는 동성애와 수간/소아성애를 같은 층위에서 말할 수 없다고 하며, 동성애를 그런 것들과 비교하며 말하는 데에 "악의와 폭력이 느껴진다"[11] 고 한다. 저자의 논의를 종합해볼 때 이런 것들을 같은 층위에서 말할 수 없는 이유는 크게 두 가지로 요약된다. 첫째, 동성애는 성서가 죄악시하는 동성 간 성관계 형태로 단순히 환원되지 않는다. 오늘날 동성애는 서로에게 진실하고 헌신된 사랑과 애정의 관계를 말하기 때문이다. 둘째, 동물이나 어린이와는 사랑과 합의에 근거한 성행위가 불가능하기 때문에 전혀 다른 성격을 지닌다.

그러나 이는 충분한 답변이 되지 못한다. 이에 대해서는 뒤에서 더 자세히 다루겠지만 간략하게 반론해본다. 먼저, 동성애를 이성애 규범성, 즉 일부일처제의 형태에 부합한 헌신과 충실성의 방식으로 형상화하면서 그 핵심에 있는 성적인 관계를 비가시화하는 방식은 오히려 퀴어그룹에서 비판하고 있다. 그런 식의 옹호나 관용 자체가 심지어 동성애 혐오의 연장이라는

11 박경미, 위의 책, 275쪽.

지적까지 있다. 왜냐하면 이는 퀴어의 본질적 존재양식과 행동양식을 사실상 부정하기 때문이다. 퀴어는 근본적으로 일대일의 사랑으로 형상화되는 이성애 규범성 자체를 의문시하며, 이것을 전복하는 실천을 꾀한다. 따라서 이런 식의 옹호는 받아들일 만한 동성애와 그렇지 않은 동성애를 구분하는 구분선을 새롭게 만들어 또 다른 배제를 낳는다는 것이 이들의 주장이다.

둘째, 동성애가 사랑과 합의에 근거하기 때문에 도덕적으로 정당하다고 보는 시각은 앞에서 본 것처럼 기독교가 아니라 피해 여부와 절차적 정당성만을 따지는 자유주의의 최소주의적 도덕 개념에 기초한다. 무신론자인 하이트도 도덕 개념의 범주가 그보다 넓음을 효과적으로 보여주었는데, 하물며 기독교의 도덕이 현대의 자유주의적 도덕으로 환원될 수 있을까? 레위기의 맥락에서 문제가 되는 성행위들은 그것이 다른 사람에게 피해를 주어서가 아니라 그 자체로 악하다고 보기 때문에 금지된다. 성도덕에 대한 기독교적 관점은 합의 없는 폭력적 성관계만 문제로 보지 않는다. 자율적 의지를 지닌 성인들이 자발적 합의하에 쾌락을 즐기더라도 하나님 앞에서는 죄일 수 있다. 가령, 아무에게도 피해를 주지 않는 당사자의 합의에 기초한 폴리아모리(비독점 다자연애)나 스와핑(부부교환섹스)은 자유주의 도덕에 근거하면 문제가 아니지만, 기독교 신앙은 이를 긍정할 수 없다.

나 역시 개인적으로는 동성애를 수간이나 소아성애에 비교하는 현 반동성애 진영의 선동을 비판적으로 바라본다. 저자의 말처럼 동성애는 성인 간의 합의된 성관계이므로 그 속성이 다르다고 생각해서가 아니다. 그런 식의 비유가 혐오감을 증폭시키고, 동성애자들을 고통스럽게만 만듦으로 아무 효과가 없기 때문이다. 하지만 그렇다고 성서적 맥락에서 나오는 논리적 질문 자체를 원천봉쇄할 수는 없는 일이다. 그럼에도 "악의와 폭력이 느껴진다"고 말하며, 상대의 말문을 막는 것은 논리적 오류의 전형인 '우물에 독 풀기' 오류에 해당한다. '우물에 독 풀기' 오류는 특정 주장에 대한 반론이 일어나는 유일한 원천 유원지를 비판하면서 반박 자체를 막아 자신의 주장을 옹호하려는 오류로서 명확한 사실 판단이나 규정을 위한 건전한 논의조차 막아 문제가 된다. 가령 "동성을 사랑한다는 이유로 차별하는 것은 옳지 않다"는 주장에 대해 "너 동성애자냐?"라고 묻는 것이나, 정부의 포용적 대북정책의 문제점을 비판하면 "그럼 전쟁하자는 것이냐?"라고 묻는 것도 똑같은 오류다. "동성애와 수간의 차이를 묻는 사람은 악의적인 동성애 혐오자다"라는 주장도 마찬가지다. 동성애를 옹호하고자 하는 사람들은 이런 질문 자체에 악의가 있든 없든 상관없이, 성서적 배경에서 당연히 나옴직한 질문이므로 그 의도나 태도 자체를 추궁하거나 상대를 악의적 혐오자로 매도해서는 안 된다. 동성애에 관해 중립적이자 순수한 무지 상태에 있는 사람을 가르친다고 생각하고 논리적으로 답하면 된다.

(2) 스토아철학의 자연법사상과 바울

이제 신약으로 넘어오자. 박경미 교수는 바울이 고린도전서를 쓴 배경과 당시 고린도 공동체의 상황 등을 설명한 후, 고린도전서 6:9의 의미를 자세히 풀어낸다.

> 불의한 자가 하느님의 나라를 상속받지 못하리라는 것을,

> 여러분은 알지 못합니까? 착각하지 마십시오. 음란한 자나, 우상을 숭배하는 자나, 간음하는 자나, 남창노릇을 하는 자malakoi나 동성연애를 하는 남자arsenokoitai나 (고전 6:9, 새번역).

저자는 위 구절에서 남창노릇을 하는 자로 번역된 'malakoi'와 동성연애를 하는 남자로 번역된 'arsenokoitai'의 뜻이 정확히 무엇인지 합의된 견해가 없음을 먼저 지적한 후, 두 단어가 고대 문헌에서 어떤 식으로 사용되었는지 풀어내는 데 집중한다. 저자의 결론만 이야기하면 'malakoi'는 'malakos'의 복수형으로서 'malakos'는 대상이 동성이든 이성이든 성행위에 집착을 보이며 자제심이 약하다고 여겨졌던 남자들에게 널리 적용되었다(실제로 개역개정 성경은 '탐색하는 자'로 번역한다). 따라서 이 말은 동성애자나 동성 간 성행위를 하는 사람을 가리킨다고 볼 수 없다. 이 말을 근거로 동성애를 비난할 수도 없다.

한편, 'arsenokoitai'는 남성 간 성행위에서 능동적 파트너 역할을 하는 사람을 가리킨다. 저자는 동성애를 성서적으로 옹호하고자 하는 야마구치 사토코(山口里子)를 비롯한 많은 학자들이 'arsenokoitai'를 동성 간 성행위라는 측면보다 계급적 또는 사회경제적 착취라는 측면에 주목하고 있음을 소개하면서도, 이러한 견해의 한계를 지적한다(이런 점이 이 책의 장점이기도 하다. 저자의 입장을 지지하는 논거라 하더라도 무턱대고 수용하지 않는다). 저자는 여기서 한 발 더 나아가 키케로(Marcus Tullius Cicero, BC 106~43)와 세네카(Lucius Annaeus Seneca, BC 4~AD 65) 등 스토아철학자들의 자연법사상과 이 사상에 영향을 받은 유대 저술가인 요세푸스

(Flavius Josephus, AD 37~100?)와 알렉산드리아의 필로(Philo Judaeus, BC 25?~AD 40?)의 견해를 검토한다. 특히, 바울과 동시대인이었던 헬레니즘 유대교 저술가인 필로는 동성애적 성행위를 하나님의 창조질서에 어긋난다고 보고 비난했는데, 그가 이해하는 창조질서 속에서 여성은 남성보다 열등하므로 남성이 동료남성과의 성관계에서 여성 역할을 맡는 것이 수치스럽다고 받아들였다는 것이다. 저자는 로마서 1:26~27에 나오는 바울의 견해를 종합적으로 고려할 때 바울 역시 동성 간 성관계에 대해 이들과 비슷한 견해를 공유했으리라 예상한다. "그럼에도 동성 간 성행위에 대한 바울의 비판은 스토아 철학자들이나 필로에게서 나타나는 것과 같은 장광설이 없으며, 혐오감이 훨씬 약하다"[12]고 저자는 덧붙인다.

이어서 저자는 결혼에 관한 제언을 담은 고린도전서 7장을 검토한다. 바울은 로마제국으로 대표되는 옛 질서 전체의 임박한 종말을 기대했고 그러한 상황에서 전통적 결혼관계를 상대화시켰다. 그럼에도 바울은 남자들이 자신의 욕망을 다스리지 못할까 불안했기 때문에 결혼관계 안에서 성관계를 요구할 때 계속해서 들어주라고 여성들에게 호소했고, 이렇게 함으로써 "바울은 전통적인 가부장적 결혼관계를 영속시켰다."[13] 저자는 바울 역시 시대의 한계 안에서 생각했다고 할 수 있기에 오늘날 그 입장을 그대로 따를 필요는 없다고 한다. 동시에 "바울이 비난하고 있는 문제의 행동arsenokoitai이 오늘날의 동성애에 해당하는

12 위의 책, 314쪽.

13 위의 책, 319쪽.

고대의 행동이 아니었다"는 점을 강조하고, 오늘날 우리가 동성애라 부르는 "지속적이고 독점적인 동성 간 성적 관계"라는 개념에 해당하지 않음을 재차 확인한다.

그리고 이어지는 챕터에서 저자는 로마서 1:26~27에 나오는 "순리가 아닌 역리"라는 표현에 착안하여 그 구절이 다시 한 번 스토아철학의 자연법사상에 영향을 받은 것으로 해석한다. 스토아주의는 오직 출산을 위한 성관계만을 자연법에 부합한다고 인식하기 때문에 보다 과학적인 지식으로 업데이트된 오늘날의 성관념에 미치지 못한다. 저자는 그렇기에 유대인이나 이방인이나, 남자나 여자나, 노예나 노예 주인이나, 동성애자나 이성애자나 다 하나님의 보편적인 은혜의 자장 안에 있으며, 하나님의 의와 심판 역시 동성애자나 이성애자 모두에게 임할 수 있음을 강조한다. 이에 기초해 우리는 바울보다 더 철저하게 바울적인 입장을 지닐 수 있다. 그러니까 로마서 1:26~27에 근거해 성소수자를 거부하면 오히려 로마서의 핵심메시지를 왜곡한다는 것이 저자의 견해다.

이제 반론을 해보겠다. 'malakos'와 'arsenkoitai'의 개념에 대한 저자의 해설 자체는 다 맞다고 본다. 나는 다른 방면에서 문제를 제기하고 싶다. 먼저 스토아철학과 자연법사상을 비판적으로 보는 견해를 따져보자. 헬레니즘 유대교 철학자들과 마찬가지로 바울 역시 스토아철학의 자연법사상이 하나님의 창조질서를 (어렴풋하게나마) 인식하고 반영한다고 보았다. 하지만 저자(박경미 교수)가 볼 때 자연법은 지배 이데올로기로도 기능하는데, 그것은 "자연의 질서가 곧 올바른 질서"라는 믿음이다. 다시 말하면, 이 믿음은 자연의 질서가 어디서나 동일하게 나타나듯 무릇 사회의 올바른 질서도 어디서나 동일해야 한다는 믿음을 말한다. 따라서 각 민족과 언어를 초월하여 모두가 따라야 하는 보편적 규범이 존재하고, 그 규범은 결국 제국 로마의 법으로 귀결된다. 이런 논리에 근거하여 제국의 지배질서는 보편적이고 자연적인 것, 나아가 신적인 로고스의 위치까지 격상된다. 결국 스토아철학의 자연법사상은 로마제국의 지배질서를 정당화한다. 그런데 이 지배질서 규범에는 남녀의 위계질서, 특히 여성을 열등하게 보는 세계관이 내재한다. 이 지배규범은 남자에게 남자다움을 강조하며 성관계에서 여성 역할을 수치로 여기도록 만드는 한편, 성욕의 격정에 사로잡히는 것은 남성이 여성화된 것이라고 해석한다. 저자에 따르면, 이처럼 스토아주의의 논리 안에서 가부장적 남성우월주의와 여성혐오가 겹쳐져 나타나는 게 동성애에 대한 비난이다.

하지만 미셸 푸코(M. Foucault, 1926~1984)가 《성의 역사 3: 자기배려》에서 스토아 철학자들의 문헌을 자세히 추적하며 분석한 바에 따르면 스토아철학은 오히려 진보적이다.[14] 본래 스토아철학이 제대로 자리 잡기 전의 고대 그리스와 제정(帝政)시대 이전의 로마(주로 기원전 시기에 해당하는 공화정 로마)에서 결혼은 그 자체로 가부장적 공동체, 즉 오이코스oikos의 형성을 의미했다. 아내는 남편의 재산이자, 자식을 낳아 유산을 상속시켜 주는 존재였다. 당연히 아내에게는 엄격한 정절의 의무가 있었다. 하지

14 잘 알려져 있다시피, 푸코는 동성애자이다. 그런 그가 동성 성관계를 부정적으로 보는 스토아철학을 굳이 좋게 해석하려 노력할 필요는 없었다는 점을 일러두어야 하겠다.

만 남편과 아내의 관계는 비대칭적이었다. 남편은 다른 자유시민의 아내가 아닌 한 애인을 두는 것이 금지되지 않았다. 하지만 기원후 제정 로마 시기에 오면 결혼에 대한 관점은 서서히 바뀐다. 단순히 가문을 형성하는 수단이 아니라, 국가가 공인하는 남편과 아내, 두 파트너 간의 독립된 법적 관계라는 의미가 더욱 강해졌다. 정절의 의무는 이제 남편에게도 요구되기 시작한다. 여기에는 스토아철학의 영향도 있다. 에픽테토스(Epictetus, AD 55~135), 세네카(Seneca, BC 4~AD 65), 무소니우스 루푸스(Musonius Rufus, AD 95~175) 같은 스토아철학자들 모두 남편에게도 정절의 의무가 있음을 강조하였다. 심지어 무소니우스는 남편들이 집안의 노예와도 성관계를 가져서는 안 된다고 주장한다. 당시 노예들은 사실상 주인의 소유물이었고 남성이든 여성이든 노예들은 주인이 원하면 성관계에 응해야 했다. 고대 시대 성관계가 일정부분 권력의 위계를 반영했음은 당시의 이런 관습에서도 발견된다. 물론 무소니우스 루푸스가 남편에게 아내와 동일한 정절을 요구하는 것은 도덕적 지배의 차원에서 남자의 우월성을 드러내고자 함이다. "실제로 아내에게 노예와 행하지 말라고 요구한 것을 남편에게는 하녀와 하도록 허용한다면, 그것은 여자가 남자보다 더 강하게 자신을 지배하고 자기의 욕망들을 통제할 수 있다고 전제하는 것이리라. 가정 안에서 관리되어야 할 여자가 그녀를 관리할 남자보다 더 강해지는 것이다. 따라서 남자가 실제로 우월한 사람이 되려면 그는 여자에게 금하는 것을 행하지 말아야 한다."[15]

15 미셸 푸코, 《성의 역사 3: 자기배려》(이혜숙·이영목 옮김, 나남출판, 2011), 198~199쪽.

무소니우스의 권고처럼 남편이 도덕적 권위를 지니고 아내에게 본을 보이려면 남편 역시 정절의 의무를 지켜야 한다는 도덕적 요구는 오늘의 페미니즘 시각으로는 물론 성이 차지 않는다. 이마저도 여전히 여성혐오적 시각을 전제하기 때문이다. 그러나 스토아 철학자들이 남성들의 정절을 동일하게 강조하며 아내에게 충실하라고 요구한 점은 그 이전 시대가 여성을 그저 소유물과 재산으로 취급한 점, 진실한 사랑은 여성과의 사랑이 아니라 남자와의 사랑이라고 떠들며 소년애를 찬양한 점(그러면서 여인과의 사랑을 비하한 점)에 비해 훨씬 성숙했다고 할 수 있다.

뿐만 아니라, 고대 그리스와 로마에서 소년애를 옹호하는 논리에는 ―나이든 남자와 청(소)년 사이의 사랑이라는 점에서 현대의 동성애와 다르기는 하지만―오늘날 성애적 내용을 비가시화하면서 동성애를 옹호하는 논리 이상으로 훨씬 고급스러운 이미지를 강조하는 수사학이 동원되었다. 가령, 여성에 대한 욕망은 출산과 재생산을 위해 자연이 부여한 본능에 불과하지만 소년에 대한 사랑은 그런 짐승 같은 본능을 초월한 사랑이며 오직 '관계 그 자체'에 가치를 부여하기에 고상하다는 주장이 그 예다.[16] 이 주장은 우선 여성과의 사랑을 천하다고 보는 시각을 내포한다. 게다가 여성에 대한 성애적 욕망은 출산을 위해 자연이 부여한 것이라는 사고에서, 아이러니하게도 스토아철학의 자연주의 전제에 동의하면서도 이 철학에 대해 반발하는 심리를 엿볼 수 있다. 다시 말해, 동성애에 대한 현대적 관념―두 사람 사이의 아름답고 성숙한 사랑이라는 관념―이 이전에 전혀 없다가 20세기 이후에야 인식

16 위의 책, 246쪽. 여기에서 푸코가 소개하는 칼리크라티다스의 주장이 그렇다.

된 것은 아니다. 로마 시대 스토아철학자들은 오히려 저런 종류의 담론들—자손증식의 육욕을 초월한 소년애 자체의 아름다움을 찬양하는 담론들—을 논박하면서 자신들이 생각하는 바람직한 성애의 관념을 정비하고 발전시켰다. 이를 가부장적 남성우월주의, 여성 혐오, 제국의 지배질서를 정당화하는 논리로만 폄하할 수 있을까? 또 1세기 헬레니즘 유대교 철학자들과 사도바울이 스토아철학의 부정적 영향에서 자유롭지 않기에 동성애를 비난했다는 주장은 과연 설득력이 있을까?

한편, '지배', '질서', '권력' 같은 단어에 부정적 이미지를 덧씌우면서 논리를 전개하는 것은 전형적인 '언더도그마under-dogma의 오류'라 할 수 있다. '언더도그마'란 힘의 차이를 근거로 선악을 판단하려는 오류이다. 약자는 선하고 강자는 악하다는 관점, 권력과 지배자는 악하고 피지배자는 선하다는 사고방식의 오류를 말한다. 물론 스토아철학에 자연주의적 성격이 없지는 않다. 그러나 특정 철학이나 이론에 자연주의적 성격이 있거나 그것이 결과적으로 제국의 지배를 정당화하는 기능을 했다는 자체가 문제는 아니다. 그 지배규범의 내용에는 긍정적인 것과 부정적인 것이 뒤섞여 있기 때문이다. 가령 유교적 충효 관념이 조선왕조 지배질서를 정당화하고 사농공상 위계를 강화했다고 해서, 충효 관념 자체가 잘못됐다고 볼 수 없는 것이나 마찬가지다(이를 논리학에서는 '발생학적 오류'라고 한다). 스토아철학에서 여성을 열등하게 보는 시각은 분명 부정적 요소다. 그러나 그런 시각의 한계 속에서 철학자들이 남성들에게 요구하는 윤리의 내용 자체는 긍정적으로 평가해야 한다. 또한 스토아철학의 자연법 사상을 내칠 수만은 없다. 스토아철학과 기독교가 공유하는 자연법사상의 유산에서 근대 계몽주의와 자유주의, 민주주의 혁명이 탄생했기 때문이다.

다른 문제도 있다. 저자는 바울의 한계를 언급할 때는 스토아철학의 자연법사상과 창조질서 관념에 영향을 받은 수동적 존재로 간주한다. 하지만 다른 곳에서는 율법과 구습에 붙들린 유대 전통의 사고를 과감하게 비판하고 이방인을 그리스도의 지체로 받아들인 변혁적 사고의 주체로 간주한다. 그런데 왜 바울은 특정 부분에서는 수동적이고 다른 부분에서는 주체적인가? "가부장제 문화로부터 자유롭지 못하고 그 시대의 한계를 벗어나지 못했기 때문"이라는 저자의 답변은 사실 답이 아니다. 그렇다면 왜 그 부분에서 자유롭지 못했냐는 물음이 다시 따라오기 때문이다. 순환논리다.

기독교인들이 성도덕에 대한 바울의 권면을 쉽게 무시할 수 없는 이유는 성서 무오류를 주장하는 문자주의 때문이 아니다. 시종일관 '문자주의'와 '극우 개신교'만 탓하는 논리를 보노라면 오히려 그 논리의 게으름이 느껴진다. 카를 바르트(Karl Barth, 1886~1968)나 볼프하르트 판넨베르크(Wolfhart Pannenberg, 1928~2014), 알리스터 맥그래스(Alister McGrath, 1953~) 같은 현대 신학자들이 성서무오류의 문자주의나 극우주의에 빠져 동성애를 죄로 보았겠는가? 지금도 신학자들 다수는 동성애를 죄로 보고 있는데, 이들이 가부장적 남성우월주의나 문자주의, 극우주의에 빠져 그런 것인가? 고린도전서 6:9 목록에서 동성애 관련 부분만 콕 집어서 '이건 예외'라고 하려면 보다 깊고 엄밀한 방식에서 신학적 논증이 이뤄져야 한다. 이 부분이 아직 미흡하기에 저자의 논리는 서구 세속사회가 확립한 진보적인 성과학과 성도덕의 컨센서스를 기독교가 쿨하게 받아들이라는 주장 이상으로 보기는 힘들다.

(3) 간과되는 고린도전서 6:11~20

동성애를 기독교 신앙이 긍정할 수 있는가 없는가는 관련된 성경구절의 의미나 당대의 맥락을 살핀다고 바른 답이 나오는 게 아니다. 이렇게 따지고 들어가면 "원래 의미는 그게 아니다"라는 장황한 설명만 추가된다. 이런 식의 접근을 보면 세습을 정당화하는 교회들이 생각난다. 세습을 금지하기 위해 교단에서 만든 법의 취지를 무시하고 문장과 단어를 재해석하고 불리한 함의들을 피하여 세습을 해놓고는 법에 어긋나지 않았다고 항변하는 교회들 말이다. 실제로 저자 박경미 교수는 고린도전서의 개론적 설명과 동성애와 관련된 것으로 보이는 6장, 결혼에 관한 제언을 담은 7장 내용을 자세하게 분석하였지만 정말 설명이 필요한 부분은 빼 놓았다. 그것은 고린도전서 6장의 후반부, 11절에서 20절까지의 내용이다. 그 부분에서도 핵심은 다음 구절이 아닐까?

> 음행을 피하십시오. 사람이 짓는 다른 모든 죄는 자기 몸 밖에 있는 것이지만, 음행을 하는 자는 자기 몸에다가 죄를 짓는 것입니다. 여러분의 몸은 여러분 안에 계신 성령의 성전이라는 것을 알지 못합니까? 여러분은 성령을 하나님으로부터 받아서 모시고 있습니다. 여러분은 여러분 자신의 것이 아닙니다(고전 6:18~19, 새번역).

사람이 기본적으로 소유한 것이 자기 몸이라는 생각은 존 로크(John Locke, 1632~1704) 이래 자유주의적 사고에서 비롯되었다. 그 몸으로 일해서 얻은 자연물 역시 그 사람 소유가 된다. 여기서 유명한 노동가치설이 나온다. 즉 근대 자유주의는 근본적으로 '소유의 자유'라는 개념—물론 당시 상황에서는 진보적인 개념이었다—과 연결됨을 기억해야 한다. 한편, 기독교 신학이 말하는 자유는 소유의 자유가 아니라 죄와 욕망으로부터의 자유, 에고ego로부터의 자유이다. 똑같이 '자유'를 쓰고 있지만 개념의 근원을 따지면 둘은 맥락이 다르다. 즉 바울이 권면하는 성도덕의 근본 대전제는 "우리의 몸은 우리의 것이 아니다"라는 인식에 있다. 그리스도인들은 "우리 몸은 성령이 거하는 성전이며, 우리 몸의 주인도 주님이기 때문에 우리 몸을 우리 마음대로 해서는 안 된다"는 기본적인 믿음을 갖는다.

모든 인간은 하나님의 피조물이기 때문에—예수를 믿든지 믿지 않든지—다 하나님의 것이다. 이를 믿느냐 믿지 않느냐는 개인의 자유이므로 믿으라고 강요할 수는 없다. 따라서 동성애자에게 동성 간 성관계를 하지 말라고 강요할 수는 없다. 하지만 그리스도인이라면 이 엄중한 가르침을 부정하거나 무시할 수 없다. 다시 말해 성소수자의 몸도 이들이 하나님의 피조물인 한 결국 하나님의 것이며 성령의 전이다. 이 대원칙에 근거해 성윤리가 도출된다. 그리고 기독교 신앙에서 동성애가 하나님 앞에서 죄가 아니라는 주장 역시 궁극적으로는 이 대전제에 부합함을 입증해야 한다. 하지만 대부분의 옹호론은 이 부분을 지나치고, 동성애와 직접 관련돼 보이는 구절에만 천착한다.

아무리 성적 지향이나 성향이 선천적이고, 자신이 선택한 것이 아니라 하더라도 그 성애적 행위를 위와 같은 전제에 근거할 때 정당화하기 어렵다면, 그리스도인은 그것이 음행이고 자기 몸에 죄를 짓는 행위라고 볼 수밖에 없다.[17] 심지어 이성애 성행위조차도 혼인 바깥에서는 모두 죄이기 때문이다. 게다가 그리스도인의 정체성, 제자도의 핵심은 '자기를 부인함'과 '자기 십자가를 짐'에 있다. 사랑은 그저 달콤하고 아름다운 것만은 아니다. 저자는 '약자중심성'과 '민중해방'이 성서를 해석하는 원리라고 하지만 그것은 엄밀히 말해 십자가 복음이 수반하는 선의 작용이자 긍정적인 부산물일 뿐, 그것 자체가 핵심은 아니다. 즉 약자중심성과 민중해방이라는 가치에 성서의 가르침 전체가 환원되지 않는다.[18] 굳이 성서에 근거하지 않아도 그런 약자중심성과 민중해방은 누구나 긍정하고 추구할 수 있는 가치이다. 기독교에서 이웃사랑은 핵심계명이지만, 그리스도 안에서의 회심과 성화는 '하나님을 사랑하는' 믿음의 증거이기도 하다. 이웃사랑과 하나님사랑, 둘 중 어느 것도 놓쳐서는 안 된다. 게다가 자기를 부인하는 행위는 사람마다 다르겠지만 결국 내려놓기 힘든 무언가를 포기하는 것을 의미한다. 이런 원리를 동성애에 적용하면 어떻게 될까? 물론 왜 그토록 엄격한 요구를 동성애자에게만 요구하느냐는 반론이 있을 수 있는데, 이는 곧 살펴보게 될 것이다.

성관계를 하지 않는 동성애자들에게 동성을 사랑하는 그 마음, 동성을 원하는 그 욕망 자체가 죄라고 말하는 것은 신중해

17 즉, 이 구절에 근거해 입증책임이 있는 쪽은 "동성 간 성관계가 음행이 아니다"라는 쪽에 있다. 통계학에 비유하자면 대립가설(H1)의 유의성을 제시하지 못하면 귀무가설(H0)을 채택하는 원리와 같다고 할 수 있다.

18 '사랑'과 '해방'이 성서 윤리의 핵심 이미지가 될 수 없다는 내용은 리처드 헤이스의《신약의 윤리적 비전》(IVP, 1997) 참조.

야 한다. 그 욕망의 내용이 구체적으로 어떤 것인지 정확하게 규명할 수 없다. 게다가 죄로 말할 것 같으면 타인을 정죄하는 것도 죄이다. 그렇다고 죄를 규정하는 엄격한 기준이 사라지는 것도 아니다. 예수님은 음욕을 품기만 해도 간음한 것이라고 말씀하셨다. 바울 역시 율법주의를 비난하지만 율법 자체는 선한 것임을 인정한다. 따라서 죄를 분별하는 계명과 율법의 기준을 폐하지 않되 그 율법으로 타인을 정죄하는 죄를 범해서도 안 된다. 동성을 향한 성적 욕망과 싸우며 괴로워하는 성소수자들도 있고, 그 싸움 속에서 은혜로 자신의 욕망을 절제하는 신실한 형제자매들도 분명히 있다. 이들을 생각해서라도 그런 욕망을 전혀 느끼지 못하는 사람들이 함부로 말하는 것은 삼가야 한다. 신학적 죄의 개념은 타인이 아닌, 자기 자신을 성찰하고 회개할 때 적용하는 게 바람직하다.

그러나 동성애에서 성애적 관계는 결코 가볍거나 주변적인 요소가 아니다. "성애를 비가시화하고 이성애의 모범적인 규범성—일대일의 배타적인 상호관계—에 동성애자의 삶의 양식을 맞추는 것은 동성애 혐오의 연장선"이라는 퀴어이론가들의 지적은 가볍게 넘길 것이 아니다. 성적 지향의 커밍아웃은 성애적 성향의 커밍아웃이기도 하다. 그리고 그 성애가 정당한 혼인의 자리 바깥에서 이루어지는 행위일 경우 기독교는 그것을 죄라고 보지 않을 수 없다. 이것은 동성 간의 관계만이 아니라 이성 간의 관계에도 해당한다. 기독교인은 내 몸이라고 해서 내 마음대로 할 수 없기 때문이다. 게다가 기독교의 가르침이 아니라 하더라도 사람들은 성을 진지한 도덕적 관점에서 생각한다. 이를 조금 더 깊게 생각해보자.

성은 사랑의 행위이지만 조금만 어긋나도 폭력이 된다. 완전히 동일한 행위임에도 그 행위가 자리한 맥락에 따라 사랑과 기쁨/쾌락의 행위일 수도 있고, 폭력과 고통의 행위일 수도 있는데, '성행위' 외에 이런 것은 없을 것이다. 예컨대 '사랑의 매'라고 보기 좋은 이름을 붙이더라도 일단 구타나 체벌 자체는 폭력이며 고통을 유발한다. 정상적인 사고를 지닌 사람이라면 이유 없이 매질을 하고 싶지도, 매를 맞고 싶지도 않을 것이다. 이런 것은 훈육을 위한 일종의 필요악처럼 느껴진다. 반면 사람은 '성욕'을 지녔다. 성은 생식과 출산을 위한 필요악의 고통이 아니라 그 자체로 즐거움을 안겨주기도 한다. 성행위 자체가 고통스러운 것이 아니라 그 행위가 놓인 맥락과 그 행위의 성격이 행위를 고통스럽고 수치스럽게 만든다. 수많은 언어권에서 욕설이 '성'과 관련된 것은 우연이 아니다. 저자의 말대로 "인간에게 성은 생식만이 아니라 삶의 전 차원과 관련된다. 성은 지극히 육체적이면서 지극히 정신적이다."[19] 게다가 성경에서 우상숭배를 비롯해 많은 죄들이 '음행'으로 비유되곤 한다. 거룩과 정결함은 일차적으로 몸의 문제이며, 성적인 문제는 여기서 예외일 수가 없다.

따라서 성경이 동성애를 전혀 언급하지 않았다 하더라도 결국 역사 속에서 교회는 동성애를 죄로 생각했을 것이다. 창조질서나 자연법 사상, 가부장적 남성우월주의 때문이 아니다. 인용한 구절 그대로 우리의 몸은 성령의 전이기 때문이다. 그리고 성경에서 동성 간 성관계에 대한 명시적 승인은 전혀 발견할 수

19 박경미, 위의 책, 187쪽.

없다. 이것이 단순히 문자주의적 믿음에서 비롯되는 게 아님은 앞에서 충분히 설명했다. 하지만 동성애자들도 좋은 시민들이며, 이 중 신실하고 모범적인 그리스도인들이 많은 것도 분명한 사실이다. 이들의 성적지향이 정말 선천적이고, 이들이 그리스도 안에서 서로 사랑하고 헌신한다면 그 모습은 축복받아 마땅하지 않을까? 퀴어 이론의 전위적인(문란한) 성해방론과 선을 그으면서 서로에게 배타적으로 신실한 동성의 커플이 서로를 향해 충실하다면 이런 동성애 관계는 신앙 안에서 축복할 수 있지 않을까? 이 부분에 대해서 알아보도록 하자.

3
동성애자들도 크리스천이며 좋은 시민이라는 옹호

앨라이 크리스천들은 동성애자들도 사회적 규범을 잘 지키는 좋은 시민이며, 그리스도인 중에도 이런 동성애자 혹은 성소수자가 많다고 주장한다. 단지 성적인 지향, 습관, 정체성이 다를 뿐이라는 것이다. 그러므로 초대교회가 할례와 관련하여 이방인의 수용문제를 놓고 논쟁하는 과정에서 할례를 강요하지 않고 수용하였던 것처럼, 성소수자들도 그들 고유의 행위를 인정하며 수용해야 한다고 말한다. 동성애자를 목회적 차원에서 내치지 말고 포용해야 한다는 주장은 분명히 옳다고 본다. 뒤에 이야기하겠지만 나는 이것을 강력하게 주장할 것이다.[1] 하지만 동성애를 옹호하는 앨라이 크리스천이 주장하는 내용은 사실상 목회적 수용의 차원만이 아니다. 동성애자의 성적인 행위양식과 그들의 관계를 신학적으로 정죄하는 인식론이나 교리적 기준도 수정해서, 그들 고유의 행위양식 그대로 존중하고 포용해야 한다는 주장이다. 이 주장을 어떻게 보아야 할까?

우선, 성소수자가 좋은 시민이고, 마음씨 좋은 그리스도인들이 많다는 앨라이 크리스천들의 진술은 상당부분 사실에 부합한다. 반동성애 운동가들이 성소수자들을 온갖 음란한 욕망과

1 목회적 수용의 방법이라고 해서 소극적인 차원이라고 단정 짓지 않기를 바란다. 그것은 오히려 동성애를 죄로 바라보는 편견을 버리는 인식론적 전환, 즉 동시에 사실상 그들에게 무관심한 채 비개입 방임주의로 일관하는 자유주의 방식 이상의 적극적 행위임을 보일 것이다.

쾌락에 혈안이 된 괴물처럼 묘사하는 것은 명백히 왜곡이며 그들 존재에 대한 부당한 폭력이다. 머리말에서 언급했듯이 거의 수도승처럼 생활했던 위대한 언어철학자 루트비히 비트겐슈타인(Ludwig Wittgenstein, 1889~1951)이나, 튜링머신으로 컴퓨터의 기초를 놓았던 천재수학자 앨런 튜링(Alan Turing, 1912~1954) 모두 동성애자였다. 우리는 이들 동성애자들이 이룬 학문적 업적의 혜택을 누리고 있다. 너무나 당연하게도 동성애자들 역시 우리 사회에 여러 기여를 하고 있으며, 그들 대다수는 훌륭한 시민이다. 그렇지만 일상의 다른 측면에서 착하고 아름다운 덕이 드러나므로 동성애의 성적 관계 역시 문제가 아니라는 결론은 성서에 기초한 기독교 신앙 안에서 과연 가능한가? 이를 '덕 있는 동성애자' 논증이라고 하자. 이제 다음과 같은 상황을 생각해보겠다.

교회에서 믿음 좋고 유능하기로 이름난 40대 비혼 남성 A는 대기업 부장으로 근무하고 있다. 업무능력이 뛰어나고 리더십도 훌륭하다. 부하직원들에게 친절하고 상사와의 관계도 좋다. 베푸는 데도 인색하지 않고, 동료들의 경조사도 곧잘 챙긴다. 업무능력으로 상사와 부하에게 모두 인정과 존경을 받기에 회사 내 여성들에게도 인기가 많다. 게다가 그는 회사 내 여성동료들과 적정한 거리를 두기에 구설수가 없고 신뢰도 받는다. 그런데 사실 그는 자신만의 은밀한 성적인 쾌락을 누리고 있다. 그는 일주일에 세 번 이상 클럽에 가서 모르는 여자들을 만나 원나잇 스탠드를 즐긴다. 또 가끔씩 남자 부하직원들과 함께 클럽에 가고 그곳에서 만난 여성들과 질펀한 섹스파티를 벌이기도 한다. 단, A는 불법 성매매는 하지 않는다. 게다가 A는 이런 생활을 즐기기 위해 앞으로도 결혼을 할 계획이 없다.

자, 이러한 A는 기독교적 관점에서 볼 때 문제가 없는가? 자유주의 윤리 범주로 따져보면 그는 별 문제가 없다. 다른 사람에게 피해를 주지 않으며, 일과 관계 모두에서 성실하고 탁월하다. 그의 성적인 편력은 고유한 취향이자 취미생활일 뿐이다. 그 역시 남에게 피해를 주지 않는 범위 내에서 자신의 즐거움을 추구하고 누릴 자유가 있다. 그렇지만 기독교의 윤리적 범주로 따져보면 다르다. 그는 습관적으로 죄를 짓고 있는 사람이다. 앞서 본 것처럼 신앙인에게 '내 몸의 주인'은 '나'일 수 없다. 몸은 그리스도의 것이다. 자기 몸과 영혼의 주인이 자기라는 사실을 그리스도 앞에서 부인하는 게 기독교적 회심의 핵심이다. 몸은 그리스도의 영이 거하는 거룩한 성전이다. 따라서 다른 사람에게 피해를 끼치지 않는다 하더라도, 자기 몸을 하나님의 뜻에 부합하지 않는 방식으로 향유한다면 선하지 않다. 그것은 성령이 거하는 전인 몸을 함부로 하는 것이다. 꼭 기독교가 아니더라도 사람들은 이를 분별한다. 어머니에게 효도하는 조폭이 있다 하더라도 그는 여전히 조폭이다. '도덕적인 조폭'은 형용모순이다. 이처럼 다른 부분에서 선한 모습이 있다 해도 그것이 특정한 부분의 문제를 사라지게 하지는 않는다. 이런 논리적인 규칙은 기독교의 도덕 맥락에도 적용된다. 교회에서 착하고 성실한 사람이라 하더라도 집에서 가족을 학대하거나 직장에서 자신의 임무와 책임에 충실하지 않다면 좋은 기독교인이라 할 수 없다. 예로 든 A도 마찬가지다. 다른 모든 영역, 모든 범주에서 훌륭한 사람이지만 그의 반복적인 성적 습관은 죄다. 다른 영역의 훌륭함이 특정 영역의 죄와 그에 따른 책임을 면제해주지 않는다.

이러한 원리는 동성애라 하더라도 예외가 아니다. 앨라이 크리스천들도 '어머니에게 효도하는 조폭'이나 '성적 편력을 지녔지만 훌륭한 직장인이자 교회에서 모범적인 성도인 A'를 변호하려 하지 않을 것이다. 마찬가지로 어떤 동성애자가 좋은 시민이자 예수를 구주로 고백하며 예배에 힘쓰는 크리스천이라 하더라도, 기독교 신학 안에서 '동성애는 죄가 아니다'라는 명제를 정당화하지는 못한다. 즉 '동성애가 신학적으로 죄가 아니다'라는 주장은 다른 범주에서 보여주는 의로움이나 덕과 상관없다. 이는 기독교 성윤리의 범주 안에서 그 자체로 입증되어야 하는 별개의 명제이다.

그런데 위와 같은 '동성애자의 덕 있음'을 근거로 한 옹호론은 더욱 풀기 힘든 난점에 봉착한다. 앞에서 말했던 '성애의 비가시화' 문제다. 퀴어운동가들 입장에서는 성소수자의 편에 서겠다는 앨라이 크리스천의 마음과 동기는 고맙겠으나, 이렇게 '덕 있는 동성애자'의 전형을 강조하면 이들의 정체성을 규정하는 핵심인 '성애/섹슈얼리티' 언급을 의도적으로 회피하게 된다. 퀴어 운동의 입장에서 이 부분이 달갑지는 않을 것이다. 이렇게 성애를 비가시화하면 전통적인 성도덕과 그 규범에 의문을 제기하는 퀴어 이론의 급진적 맥락이 제거되기 때문이다. 퀴어소설 《대도시의 사랑법》을 쓴 작가 박상영도 노골적인 섹스신이 편견을 강화한다는 일부 반응에 대해 이렇게 말한 바 있다. "섹슈얼리티는 퀴어와 비퀴어를 구분하는 가장 중요한 요소이고 강조돼 보이는 게 당연해요. 그렇게 안 하면 어떤 독자들은 애써 남성 간의 우애나 연대로 해석하기도 해요. 그걸 막기 위해서라도 제대로 보여주고 싶었어요."[2]

이처럼 퀴어적 정치가 제도화된 가치와 규범을 급진적으로 전복하는 데까지 나아가고자 한다는 사실을 간과해서는 안 된다. 기독교인이자 퀴어 페미니스트인 시우는 이 부분을 분명히 언급하고 있다. 퀴어 연구자 헤더 러브Heather Love가 동성 간 관계를 비극적으로 재현하는 지배 서사에 맞서 건강하고 행복한 삶을 강조하는 방식을 '감정적 순응주의emotional conformism'라고 비판한 것을 시우 역시 강조한다. 즉, "반퀴어 집단이 퀴어 집단을 비규범적인 종으로 분류한다는 점을 고려할 때, 퀴어집단을 긍정적으로 묘사하는 것만으로는 효과적인 저항이 이루어지기 어렵다."[3] 따라서 "퀴어 정치학을 추구하는 이들은 차별과 폭력에 맞서는 직접적인 대응방법을 마련하는 일과 젠더와 섹슈얼리티에 대한 규범적 전제에 질문을 던지고 이를 새롭게 구성하는 일을 동시에 요청받는다."[4] 그러니까 이성애적 연인 혹은 결혼 관계에 준하는 사랑과 정절, 헌신을 보여주는 퀴어 커플이 없는 것은 아니지만 이 타입만 강조하는 것은 퀴어의 적절한 정치적 전략이 될 수 없다는 이야기다. 다시 말해 HIV 감염으로 고통 받는 사람들, 집단난교에 빠지는 사람들, BDSM 섹스에 몰입하는 사람들, 게이클럽과 게이찜질방을 수시로 들락거리는 사람들 역시 긍정할 수 있어야 하고, 오히려 이들의 존재와 다채로운 행위야말로 제도화된 성윤리와 규범의 체계 자체를 도발하고 질

2 "'옆집 사는 퀴어' 제대로 보여주다", 〈시사IN〉 619호, 임지영 기자, 2019.08.02. 기사, https://www.sisain.co.kr/news/articleView.html?idxno=35176

3 시우, 《퀴어 아포칼립스》(현실문화, 2018), 129쪽.

4 위의 책, 132쪽.

문한다는 뜻이다.

즉 '덕 있는 동성애자'의 전형을 강조할수록 성소수자들의 솔직한 성생활과 그 과정에서 이들이 경험하는 즐거움과 쾌락 또는 어려움과 고통을 비가시화하고, 사회질서에 순응하는 성소수자 이미지를 구성하게 된다. 텍사스 대학교 독문학과 교수인 페터 레베르크Peter Rehberg 역시 '신은 동성애자(송곳니)를 혐오한다'라는 글에서 "동성애 담론에서 성애 문제에 침묵하는 것은 동성애 혐오를 계속 유지시키는 것과 연관이 있다"[5]고 주장한다. 특히, 레베르크는 종교 우파의 반동성애 운동에서 그 비판의 핵심이 "레즈비언이나 게이의 시민권 운동이 아니라 '포르노그래피화와 성 일반화라는 포괄적 문화현상'에 대한 대항에 맞춰져 있다"[6]고 말하는데, 레베르크의 이 같은 시각은 정확한 것이다.

실제로 앨라이 크리스천은 이러한 급진적 퀴어 정치학 언급을 회피하는 편이다. 이들은 교회의 혐오는 말하지만, 반동성애 운동이 우려하는 것이 궁극적으로 이런 비규범적 섹슈얼리티라는 점을 잘 인정하려 하지 않는다. 물론 급진적인 퀴어 그룹도 앨라이 크리스천을 향해 이러한 비규범적 섹슈얼리티의 명시

5 페터 레베르크Peter Rehrberg는 이렇게 말한다. "만약 레즈비언과 게이가 성적 소수자가 아니라 인종적 소수자와 유사한 방식의 사회적 소수자라는 의미에서의 주체로만 이해된다면 동성애 혐오의 문제는 어떤 의미에서 전혀 거론될 필요가 없다. 그렇다면 동성애 혐오에 대한 물음은 주제가 되지 않을 것이며, 이 물음은 레즈비언과 게이의 시민권 논의에 국한될 것이다. 따라서 나는 동성애 담론에서 성애 문제에 침묵하는 것은 동성애 혐오를 계속 유지시키는 것과 연관이 있다고 주장한다." 페터 레베르크, "'신은 동성애자(송곳니)를 혐오한다!' — 동성애 혐오, 종교적 우파 그리고 성의 미래", 《호모포비아—베스텐트 한국판 6호》(연구모임 사회비판과 대안 엮음, 사월의책, 2019) 86쪽에 수록.

6 위의 책, 86쪽.

적 긍정을 요구하지는 않는 듯하다. 하지만 둘 사이에도 근본적인 차이는 있을 수밖에 없다. 어쨌든 현재로서는 앨라이 크리스천이 이러한 비규범성과 급진성에 비판적 거리두기를 하는 모습은 발견하기 어렵다. 그렇다면 BDSM 섹스와 그룹 섹스를 즐기는 LGBT 성소수자들이 교회를 찾아왔을 때, 현재의 앨라이 크리스천은 과연 이들에게 복음에 입각한 성윤리를 제대로 가르칠 수 있을까? 그나마 미국에서는 이러한 논의가 있다. 가령, 미국 성공회의 주교였던 존 셸비 스퐁(John Shelby Spong, 1931~) 신부는 교회의 편협함과 폭력을 강도 높게 비판한 논쟁적 성직자로 알려졌지만, 그 역시도 동성애자들에게 배타적인 일대일 관계를 가져야 한다고 권고한다.[7] "반면," 가장 급진적인 퀴어 성윤리의 모델을 기독교 윤리체계 안에서 정립하고자 하는 캐시 루디Kathy Rudy는 스퐁 주교 방식의 성소수자 옹호론을 비판한다. 이에 대한 논의는 바로 뒤에서 다룰 것이다.

물론 한국 개신교의 극렬한 반동성애 운동진영은 성소수자의 기본적인 시민권을 보장하는 내용마저 거부하는 듯하다. 그래도 이들의 우려가 궁극적으로 겨냥하는 것은 레베르크가 잘 보았듯 바로 퀴어가 주도하는 '섹슈얼리티 문화와 행위양식 일반'이다. 따라서 앨라이 크리스천들은 (a) "시민사회에서 성소수자의 기본적인 시민권과 인권의 영역에서 차별을 철폐하는 것"과 (b) "기독교적 성윤리와 근본적으로 대립하는 퀴어 섹슈얼리티의 행위양식과 문화적 특수성을 신학적으로 긍정하는 것"이 차원이 다른 문제임을 인식할 필요가 있다. 나아가 앨라이

7 캐시 루디, 《섹스 앤 더 처치》(박광호 옮김, 한울아카데미, 2012), 134쪽.

는 기독교 신앙 안에서 (b)를 과연 긍정할 수 있는지, 이와 관련해 향후 퀴어그룹이 "너희도 (사실상) 똑같은 혐오주의자들"이라는 비판을 가할 때도 그 믿음을 유지할 수 있겠는지 스스로 되물어봐야 한다.

4
동성결혼, 서로 헌신하고 정절을 지키며 사랑의 관계를 유지하는 동성커플은?

(1) 일부일처제적 동성결혼 주장이 갖는 논리적 난점

그렇다면 다음과 같은 질문이 제기될 수 있다. 성관계의 상대가 동성일 뿐, 그들이 언약 안에서 헌신과 정절을 지키고, 서로 아름답게 사랑하며 한 가정을 구성해 나가는 관계라면? 이것은 앞에서 논한 '덕 있는 동성애자' 논증, 다시 말해 성애적 행위 양식이 이성애자와 다를 뿐 이들 역시 덕을 지닌 좋은 시민이라는 논리와는 조금 다르다. 일부일처제적 동성결혼은 단 하나의 사항, 즉 '성애적 행위를 함께하는 배우자가 동성'이라는 점만 다를 뿐이다. 만약 게이 커플이 배우자를 향해 충실하여 정절을 지킨다면? 즉 이들 커플이 성적으로 외도하지 않으며, 문란하고 난잡한 성생활을 하지도 않는다면? 이성애 부부를 닮은 그런 동성 부부관계는 신학과 교회 안에서 정당한 자리를 차지할 수 있지 않을까? 퀴어가 주장하는 자유와 해방의 섹슈얼리티 문화 일반을 긍정하지는 않더라도 일대일의 동성애 커플 결혼은 수용할 수 있지 않을까?

이제 여기서 앨라이 크리스천을 좀더 세분화할 필요가 생기는데 그전에 '앨라이 크리스천'부터 보다 명확하게 정의해보자. 우선 대다수의 그리스도인들, 즉 "반동성애 운동의 폭력적인 방식은 비판받아야 하며, 동성애자를 혐오해서는 안 되고, 동성애적 성행위가 죄인 것은 맞지만 우선은 그들을 사랑으로 포용해야 한다"라고 주장하는 대다수 그리스도인들은 실질적으로 앨라이가 아니다. 여기서 말하는 앨라이는 기본적으로 "동성애적 성행위가 그 자체로, 신학(신앙)적으로도 죄가 아니다"라는 명제를 인정하고 지지하는 그리스도인을 말한다. 즉 반동성애 운동에 비판적 문제의식을 느끼고, 동성애자를 혐오해선 안 된다고 생각했다 할지라도, 심지어 세속의 자유주의적 시민사회의 틀에서 동성애자들의 결혼을 허용해야 한다고 생각할지라도, "기독교 신앙에서 동성애적 성행위는 죄이며, 동성결혼은 하나님이 인정하는 결혼이 아니다"라는 인식을 유지한다면[1] 그는 앨라이가 아니다. 왜냐하면 현실적으로 퀴어이론가들은 이러한 인식론을 두고 "선량한 차별주의" 혹은 "젠틀한 혐오"로 규정하기 때문이다. 퀴어그룹뿐 아니라 동성애를 좀더 강력하게 옹호하는 그리스도인들 역시 "죄는 미워하되, 사람은 사랑하는" 온건한 그리스도인들의 스탠스가 충분하지 않다고 비판한다. 따라서 논의를 명확히 하려면 앨라이의 개념을 모호하게 규정해서도, 지나치게 넓혀서도 안 된다. 퀴어이론가들 혹은 성소수자와 연대하는 그리스도인들도 이러한 개념 정의에 대개 동의할 것이라고 믿는다.

그러면 한 걸음 더 들어가보자. '동성애적 성행위는 신학적으로 죄가 아니'라는 대전제에서도 앨라이 크리스천들의 입장은 미묘하게 갈라질 수 있다. 먼저 마이클 샌델(Michael J. Sandel, 1953~) 같은 공동체주의자들의 주장처럼 "동성애자들도 서로를 향한 정절과 헌신의 사랑을 결혼관계 안에서 가꿔가야 한다"고 주장하는 사람들이 있다. 일대일의 동성애 관계 혹은 일부일처

1 이 책을 쓰는 나의 견해가 그렇다.

제 방식의 동성결혼 관계를 요구하는 그룹이다. 앞에서 봤듯 존 쉘비 스퐁 신부가 대표적으로 이 그룹에 해당한다. 이 그룹을 일부일처제라는 뜻의 '모노가미monogamy'에서 이름을 따 '모노 앨라이mono-ally' 또는 줄여서 '모노'라고 하자.

한편 동성애자를 비롯한 다양한 성적지향의 퀴어 성소수자들에게는 그들만의 고유하고 다채로운 섹슈얼리티 양식이 있으므로 그것을 존중하자고 주장하는 이들이 있다. 이들은 성소수자들에게 이성애적 일대일 관계를 요구하는 것은 또 다른 억압의 시작이며, 이성애 중심의 질서를 단순히 연장시키는 것일 뿐이라고 비판하는데 대다수 퀴어이론가들이 여기에 해당한다. 뿐만 아니라 퀴어신학을 연구하거나 퀴어운동을 하는 적잖은 그리스도인들도 이러한 입장을 지지하는데, 듀크 대학교의 기독교 윤리학 교수 캐시 루디가 대표적이다. 이 그룹을 다자연애라는 뜻의 '폴리아모리polyamory'에서 이름을 따 '폴리 앨라이poly-ally' 또는 줄여서 '폴리'라고 하자.

요약하면 다음과 같이 정리할 수 있겠다.

— 앨라이 크리스천: 동성애적 성행위가 신학적으로 죄가 아니라고 보는 그리스도인
— 모노 앨라이: 동성애자들도 일대일의 배타적인 혼인관계 안에서 헌신하고 정절을 지켜야 한다는 입장
— 폴리 앨라이: 동성애자들은 그들의 자유의지에 따라 퀴어의 급진적인 섹슈얼리티를 누릴 수 있다는 입장

(2) 폴리 앨라이 주장의 문제점

먼저 폴리 앨라이의 주장은 이른바 '퀴어신학'이라는 이름으로 신학을 새롭게 재구성하고 그 토대에서 자신들의 주장을 연역해내기 때문에 이들을 신학적으로 반박하는 것은 의미가 없다. 같은 전제를 공유해야 그 안에서 비판과 논박도 가능하기 때문이다. 성서에 대한 해석은 물론 해석학적 방법론과 그 토대 자체가 다른 상황에서 내 해석이 옳다고 주장해봐야 "그건 네 생각이고"라는 답이 돌아올 뿐이다.[2] 오히려 폴리의 주장은 다음과 같은 도전에 직면한다. "체계 내적인 일관성과 정합성 조건이 충족되면 그것으로 진리라는 것이 보증되는가?"라는 도전이다. 이에 대한 분석철학의 답은 '아니오'이다.

쉽게 비유해보자. 조지 마틴(George Raymond Richard Martin, 1948~)의 판타지 소설《왕좌의 게임》에서 대너리스는 용을 타고 날아다닌다. 야경대 사령관이었던 존 스노우는 부하들에게 살해당했으나 부활한다. 상식으로는 말도 안 되는 황당한 세계이다. 그러나 그 세계의 법칙 안에서는 가능한 일이다. 이렇게 하나의 정합적 체계에 다른 정합적 체계를 새롭게 제시할 수 있는 것을 대안체계alternative systems 반론이라고 부른다. 즉 하나의 정합적 체계가 주장하는 진리에 경쟁하는 다른 정합적 체계를 구성하는 것은 얼마든지 가능하다. 아리스토텔레스(Aristoteles, BC 384~324)의 삼단논법인 'P→Q이고 R→P이므로 R→Q'의 도식은 논리

2 알레스데어 매킨타이어는, 현대의 도덕논쟁이 실은 서로 다른 전제에 기반해 있기에 상대를 논리적으로 설득하는 것이 원천적으로 불가능하며, 그저 일방적인 주장들의 각축임을 이야기한다. 그는 이를 도덕의 불가공약성의 문제와 '정의주의emotivism'적 성격을 통해 규명한다. 자세한 내용은 뒷부분 3부 363쪽 이하를 참조할 것.

적 일관성을 지닌 정합적인 도식이다. 하지만 이 도식 안에서는 전제인 'P→Q'가 참인지 알 수 없다. 전작《희생되는 진리》(홍성사, 2017)에서도 예를 들었던 내용인데, '① 모든 사람은 죽지 않는다 → ② 소크라테스는 사람이다 → ③ 그러므로 소크라테스는 죽지 않는다'는 도식도 정합성은 있기 때문이다. 하지만 ①이 참이 아닐 경우 ③의 결론 역시 참일 수 없다.

다시 폴리 앨라이의 입장을 주장하는 퀴어신학으로 돌아가보자. 가령, 캐시 루디는《섹스 앤 더 처치》에서 꽤 일관되고 정합적인 기독교적 성윤리의 새로운 모델을 제시한다. 루디는[3] 집단적인 성관계, 자기 몸을 서로에게 내어주는 방식으로 한 몸이 되는 것을 게이 커뮤니티의 고유한 양식으로만 보고 옆으로 치워둘 것이 아니라, 성적 지향에 상관없이 이성애자들도 이런 관계를 보고 배워야 한다고 한다. 아이러니하게도 루디가 보기에 핵가족 모델은 교회 공동체에 대한 성도 개인의 헌신을 가로막는 기능을 한다. 우리는 어느 가족의 구성원이기에 앞서 그리스도의 것이고, 따라서 기독교인은 가족보다 우선적으로 교회에 속한 존재다. 현대 미국 기독교인들은 가족가치에 너무 중심을 둔 나머지 교회공동체를 등한히 하고 있다. 이것을 극복하려면 가족에 국한된 부부의 성관계를 뛰어넘는 보다 열린 관계를 상상해야 한다. 결국 루디에 따르면, 게이 커뮤니티의 배타적 독점이 없는 그룹섹스는 서로가 서로에게 자기 몸을 내어주는 교회공동체를 가시화하는 하나의 방식으로서 동성애자만이 아닌 다

3 이하는 캐시 루디의《섹스 앤 더 처치》, 제4장 '동성애자 공동체와 가족의 가치'의 주요 부분을 요약한 것이다.

른 성적지향의 사람들에게도 서로 어떻게 성관계를 가질 것인지 하나의 모델을 제시해준다.

[물론 복음의 진리 앞에서 가족과 친족마저 상대화하는 시각은 분명 예수님의 급진적인 가르침이다. 하지만 성소수자 커뮤니티의 파격적인 집단 성행위 양식을 교회공동체, 그리스도 안에서의 하나됨의 행위로 받아들일 수 있을까? 이런 인식은 기본적으로 부부관계와 성, 출산에 대한 성경의 기본적인 가르침과 부합하지 않는다. "네 이웃을 네 몸처럼 사랑하라"는 계명이 과연 "이웃과의 자유로운 섹스를 통한 연합"이라는 개념을 포함하고 있을까? 그렇다면 왜 성경에서는 우상숭배를 비롯한 많은 죄를 음행이나 불륜에 비유할까? "질투하는 하나님"이라는 개념은 어떻게 봐야 하는 것인가? 상호 간 배타적 독점으로서의 사랑과 결혼의 개념 없이 교회가 "그리스도의 순결한 신부"라는 비유를 우리가 이해할 수 있을까?]

한편, 퀴어신학자 패트릭 쳉Patrick S. Cheng에 따르면, "예수 그리스도는 경계선들 소멸의 살아 있는 화신"[4]이다. 그는 이렇게 말한다. "성육신과 공생애, 십자가 처형, 부활, 승천 이야기는 계몽주의 시대 이후의 관점으로는 이해하기 힘들 것이다. 합리적이자 교육받은 인간이 어떻게 동정녀의 수태와 기적들과 부활을 믿을 수 있겠는가? 그러나 이 사건들을 어떻게 예수 그리스도라는 사람 안에서 신과 인간 사이의 경계선들이 영원히 녹았는지를 보여주는 것으로 이해한다면, 그 사건들은 완벽히 말이 된다고 나는 믿는다." 이렇게 오늘날 가장 급진적인 퀴어신학은 심지어 자유주의 신학이 부정해왔던 예수님의 성육신과 부활까지도

4 패트릭 쳉, 《급진적인 사랑—퀴어신학개론》(임유경·강주원 옮김, 무지개신학연구소, 2019), 133쪽.

긍정한다. (이를 반가워해야만 할까?) 즉 쳉에게 있어 퀴어신학의 핵심은 경계를 소멸시키는 데 있고, 성별이분법의 경계 또한 그리스도 앞에서 소멸할 수밖에 없다.

[그러나 2부에서 살펴보겠지만 이런 무차별적 경계 허물기와 차이소멸 양상은 사회에 위험한 측면이 있다. 뿐만 아니라 그리스도교에서 핵심의 하나를 차지하는 하나님 앞에서의 '거룩함'과 '순결함'은 '구별됨'을 분명히 함축한다. 무차별적인 '경계 허물기'가 아니다. 경계를 허물면서 동시에 없던 경계를 세워야 하는 영역도 있게 마련이다. 게다가 1세기 초대교회 성도들은 그리스와 로마의 성적인 타락에 영합하지 않았으며 오히려 그러한 성문화에 분명히 선을 그었고, 성적인 정결을 지키는 행위는 회심 후 변화된 행동의 결정적 증거가 되기도 했다. 이런 점을 간과한 루디와 쳉의 퀴어신학은 성서의 특정한 원리를 맥락과 사안을 따지지 않고 유비적으로 과도하게 확대하는 경향이 있다. 성소의 휘장이 찢어지고, 유대인과 이방인이 그리스도 안에서 하나가 됐다는 의미를 성별과 섹슈얼리티에 그대로 적용하는 것은 말 그대로 퀴어신학의 자의적인 방식이다. 그런 자의성에 근거해 하나의 정합적인 체계를 구성한다고 해서, 기독교 전통의 성도덕 체계가 재구성되는 것은 아니다.]

(3) 모노 앨라이 주장의 문제점

모노 앨라이는 동성애자들은 '성적지향'이 다를 뿐이므로 성관계 상대의 성이 무엇인지는 문제 삼지 말고 그들의 사랑을 인정해주어야 한다고 주장한다. 이들 모노의 대다수는 미국의 주류 자유주의 교회 전략을 따르고 있으며, 앞에서 살펴본 것처럼 주로 '성적지향의 선천성 논제'를 수용하고 있다. 선천성 논제는 여기서 더 언급하지 않겠다. 하지만 선천성 논제에 오류가 있다고 해서 모노가 주장하는 내용이 곧바로 기각되지는 않기에 조금 더 따져볼 필요는 있다.

사실 모노 앨라이의 주장은 사회적으로도 가장 광범위하게 수용될 수 있는 온건한 진보적 주장일 것이다. 하지만 오늘날 대중의 인식수준에 비춰 절충되고 타협된 주장일 뿐, 이 주장 자체는 논리적으로 엄밀하지도 않고 일관되지도 않다. 기독교 신학적 차원만이 아니라 퀴어이론의 논리적 차원에서도 그렇다. "모든 차별에 반대한다"는 퀴어이론에 입각하면 "헌신된 동성애적 관계"만 옳다는 주장은 다른 형식의 동성애 퀴어 관계를 다시 배제하고 차별하기에 기각된다.

기독교 윤리에 기반한 모노의 입장은 단지 성적인 상호결합의 두 주체가 꼭 이성(異性)이어야 한다는 조건에 한해서 동성(同性) 간의 결합도 포함하는 방향으로 규범을 완화한 것에 불과하다. 그 외의 일반적인 기독교적 성윤리 규범은 유지된다. 즉 동성애 커플도 혼인관계(혹은 혼인에 준하는 관계) 안에서 서로의 몸을 향유해야 하며, 동시에 서로에 대한 사랑 역시 제3자가 끼어들지 못하는 배타적인 충실성을 서약해야 한다. 하지만 왜 꼭 둘이어야 하는가? "성적 결합의 상대가 이성이 아니라 동성도 가능하다는 방향"으로 완화할 수 있다면, "성과 사랑으로 결속된 상호관계는 일대일의 관계를 넘어 다자간의 관계도 가능하다는 방향"으로 왜 완화할 수 없는 것인가? 이러한 질문은 퀴어신학과 보수신학 양쪽 모두에서—질문을 하는 이유는 양쪽이 정반대일지라도—동시에 나올 수 있다. 그렇게 일부일처제적인 동성애 관계만 허용하는 것이 과연 논리적 일관성이 있느냐는 것이다.

다시 말해 3명 이상 혹은 n명의 혼인관계는 왜 안 되는 건가? 이러한 형식의 반문(反問)은 사실 앨라이 크리스천이 개신교 반동성애 운동가들의 성경 해석이 문자주의적이고 자의적이며 편의적이라고 공격하면서 사용했던 방법이다. 실제로 성경이 동성애를 정죄한다고 생각하는 사람들에게 앨라이들은 레위기의 "돼지고기를 먹지 말라"는 규정을 예로 들며 "지금은 돼지고기를 왜 먹느냐?"고 따져 묻곤 했었다. 즉 어떤 것은 되고, 어떤 것은 안 된다는 기준 자체가 자의적이지 않으냐는 되물음이다. 그런데 모노 앨라이도 동일한 방식으로 "혼인 혹은 파트너십의 당사자가 꼭 둘이어야 한다는 기준도 실은 자의적인 것 아닌가?"라는 질문에 직면한다. 실제로 퀴어이론가들은 "그러므로 결혼이 꼭 두 사람에 한정될 필요는 없으며 자발적으로 상호합의된 관계라면 3명 이상의 혼인도 가능하며, 혼인하지 않은 상황에서 섹스만 즐기는 사이도 가능하다"고 주장한다. 반면, 보수신학의 입장에서는 일부일처제적 동성결혼만 예외적으로 허용하는 방향으로 성서해석을 수정한다면 퀴어이론이 주장하는 n명 이상으로 구성된 혼인관계, 혼인 없는 다자 섹슈얼리티도 긍정하는 것도 허용하게 될 거라고 말할 수 있다. 퀴어이론과 보수신학 모두 기독교의 모노 앨라이가 일부일처제적 동성결혼만 예외를 두는 것은 논리적으로 허약하다는 진단에서 동일한 셈이다.[5]

한편, 모노는 혐오와 차별을 반대한다면서 동성애를 '정죄'(죄라고 인식)하는 것 역시 혐오라고 규정한다. "죄는 미워하되 사람은 미워하지 말라"는 권면은 위선이며, 그러한 '정죄' 역시 '젠

5 그렇기에 《섹스 앤 더 처치》의 저자 캐시 루디가 신학적으로 재구성한 퀴어 성윤리가 차라리 논리적으로는 일관되다고 할 수 있다. 캐시 루디는 일부일처제적 동성결혼에 반대하지 않으나, 용납의 범위가 거기서 멈춰야 한다는 주장에는 강하게 반대한다.

틀한 혐오'와 '선량한 차별'이라는 것이다. 그렇게 해서 이들은 "동성애적 성관계가 신학적으로 죄가 아니라는 인식"까지 나아갔다. 그러나 앞에서 말한 것처럼 이들은 여전히 바람직한 동성애 관계와 그렇지 않은 관계를 구분하면서, 후자를 정죄하는 스탠스를 유지하게 된다. 급진적인 퀴어이론가들이 볼 때 모노의 이러한 정죄 또한 과연 혐오와 차별이 아니라고 할 수 있을까? 보수신학자들 역시 "왜 우리의 판단은 '혐오'이고 너희 모노의 판단은 '혐오'가 아닌가?"라고 동일하게 반문할 수 있다. 정죄와 혐오, 즉 인식론적 분별(정죄)과 감정적인 반사(혐오)를 구분[6]하지 않은 채 동성애를 신앙적으로 용인하지 못하는 그리스도인들에 혐오자 낙인을 찍었던 모노의 행위는 급진적인 퀴어이론가들이나 퀴어신학자에 의해—그리고 보수신학자들의 억울한 항변과 함께—동일하게 혐오 낙인으로 돌아올 수 있다. 물론 퀴어이론가 혹은 퀴어신학자들이 이러한 비판을 곧장 강하게 제기하는 것은 아니다. 하지만 성소수자에 대한 사회적 인식과 법적인 대우가 달라지면 이제 좋은 섹슈얼리티와 나쁜 섹슈얼리티를 구분하는 기독교적 기준은 다시금 도전을 받을 수 있다. 앞에서 언급했듯이 이미 '선천성'에 기대는 동성애 옹호론에 퀴어 내부에서 비판이 제기됨을 봐도 알 수 있다.

이를 종합해보자. 모노 앨라이는 자신들 주장의 논리적 엄밀성과 일관성을 충분히 따지지 않고, 세속의 현실적 요구에 응

6 인식론적 정죄에 감정적(반사적) 혐오가 동반되는 것이 아니라는 점은 성소수자를 적극적으로 옹호하는 법철학자인 마사 누스바움이 이미 그의 저서 《혐오와 수치심》에서 제대로 보여준 바 있다. 뒷부분 168쪽 이하에서 이 내용을 다시 다룰 것이다.

답하고자 적당히 타협하여 '동성애적 성관계' 옹호에 급급했던 건 아닐까? 쉽게 말하면 모노의 입장은 신학적이라기보다 정치적인 것이 아니었을까? 모노 앨라이의 입장은 성경을 존중하는 태도를 보여주면서도 현재의 정치적 지형에서 적당히 쿨한 스탠스이긴 하지만 논리적 정합성과 일관성은 확실히 떨어진다.

지금까지 서로 헌신하고 정절을 지키는 일부일처제적 동성애 관계 혹은 동성혼 관계는 죄가 아니라는 모노 앨라이의 주장이 논리적으로 허약함을 살펴보았다. 그렇다면 성경은 결혼에 관해 구체적으로 어떻게 정의하고 있을까? 또 동성혼이 가능하다고 주장하는 견해는 구체적으로 어떤 신학적 근거에서 나오며, 그러한 견해는 구체적으로 어떻게 반박되는 것일까? 이에 대한 상세한 고찰을 이어지는 [보론]에서 다루었다. [보론] 이후에는 이제 반대로 현재 전개되는 반동성애 운동의 문제점들을 짚어보기로 하겠다.

[보론]

결혼에 관한 기독교적 고찰

결혼을 신학적 또는 성서학적으로 엄밀하게 고찰하는 작업은 내 역량을 넘어선다. 여기저기서 읽은 내용들은 있지만 일목요연하게 정리하기란 꽤 어려운 일이다. 게다가 결혼에 관해서 기독교(개신교 교파뿐 아니라 가톨릭과 동방정교에 이르기까지)가 한 목소리를 내는 것도 아니다. 그렇다고 동성결혼의 신앙적 혹은 신학적 정당성 문제를 그냥 넘겨서도 안 된다. 다행히 좋은 책이 있다. 2018년 IVP에서 번역 출간한《동성애에 대한 두 가지 견해 *Two views on Homosexuality, the Bible, and the Church*》이다.

이 책은 신학적으로 동성애(및 동성결혼)를 "긍정할 수 있다"와 "긍정할 수 없다"는 두 입장[1]으로 나누어 각 입장별로 두 사람씩, 총 4인의 학자가 의견을 개진하고 다른 3인이 논평한다. 긍정할 수 있다(이하 "가능")는 입장의 학자는 호주 머독대학교 석좌교수인 윌리엄 로더W. Loader, 보스턴대학교 신학대학 초빙연구원인 메건 드프란자M. K. DeFranza이다. 긍정할 수 없다(이하 "불가능")는 입장은 미국 트리니티 신학교Trinity School For Ministry 성서학 교수인 웨슬리 힐W. Hill과 스코틀랜드 세인트앤드루스University

1 동성애에 대한 찬성과 반대라는 식으로 소개하지 않는 이유가 있다. 먼저 "동성애 반대"라는 용어 자체가 최근 우리 사회에서 성소수자의 "존재 자체를 반대"하는 폭력으로 받아들여지고 있기 때문이다. 게다가 긍정할 수 없다는 입장을 지닌 2명의 신학자 역시 동성애에 대한 신학적 인식론을 주장하기에 앞서 성소수자들을 이해하고 그들을 목회적으로 수용하고자 하는 적극적인 의지를 지니고 있다. 이들을 단순히 "반동성애"라는 다분히 정치적인 입장으로 소개하면, 오해의 소지가 있기에 신학적으로 '긍정할 수 있음'과 '긍정할 수 없음'이라는 용어로 고쳐 썼다.

of St Andrews 조직신학교수 스티븐 홈스S. R. Holmes이다. 눈여겨볼 점은 동성애를 성경적으로 긍정할 수 없다는 입장의 웨슬리 힐이 스스로 게이임을 밝힌다는 점이다. 자신의 동성애 성향에도 불구하고 힐은 동성애는 물론 동성결혼이 기독교 신학 안에서 용납될 수 없다고 분명히 말하고 있다. 어쨌든 이들의 논의를 모두 소개하기엔 분량이 너무 방대하지만 결혼에 대해서 이 네 학자들이 어떻게 말하고 있는지 요약하면서 어떤 입장이 더 논리적으로 설득력 있는지 알아보고자 한다. 그전에 우선 짚어두어야 할 것은—적어도 이 책을 통해 나타나는 내용만을 놓고 보면—동성애를 기독교 신앙 안에서 긍정할 수 있다는 윌리엄 로더와 메건 드프란자는 일부일처제적 동성결혼 방식만을 지지하는 모노 앨라이라는 점이다. 적어도 이 책에서 이들은 폴리 앨라이 입장을 간접적이지만 배격하고 있는 듯하다. 이런 점을 감안하고 차례로 한번 살펴보겠다.

① (가능) 윌리엄 로더: 성경과 경험을 함께 사유하면, 서로 헌신된 동성애적 혼인은 긍정할 수 있다

윌리엄 로더는 전체적으로 동성애를 말할 때는 성경을 제쳐두는 편이 낫다고 한다. 예컨대 로마서 1장의 바울의 동성 성관계 비판을 우상숭배적 풍습 혹은 동성 간의 성폭력을 비판한 것이라고 하거나 존 보스웰(John Boswell, 1947~1994)이나 월터 윙크(Walter Wink, 1935~2012)의 해석[2]처럼 자신의 이성애적 성향을

2 월터 윙크 엮음, 《동성애와 기독교 신앙》(한성수 옮김, 무지개신학연구소, 2018), 57쪽.

거슬러 동성과 성행위를 하는 사람들에 대한 비판이라고 해석하지 말라는 것이다. 로더에 의하면 그것이 성폭력이든 동성 간의 상호 애정이든 바울은 동성 간 성관계를 실제로 죄로 보았다. 그런 면에서 성경 해석만 두고 본다면 로더 역시 보수적 입장이다. 단, 로더에 의하면 바울은 오늘날 우리가 이해하는 동성애적 지향이나 정체성이 있다는 것을 알지 못했으므로, 바울의 권고를 그대로 따를 필요는 없다.

로더는 "매우 존경받는 시민들과 깊이 헌신된 그리스도인들 가운데 서로 사랑하는 동성 파트너들을 많이 볼 수 있다"[3]고 말한다. 그리고 "그들이 성적 오르가즘에 집착한다거나 계속해서 항문 성교를 한다고 생각하는 것은 그들에게 매우 불쾌한 일"이며 "실제로 항문성교를 전혀 하지 않는 사람들도 많다"고 역설한다. 따라서 로더에 의하면 이들 관계의 합법성을 인정하는 가장 강력한 논거가 바로 "이런 사람들의 존재 자체"이다.[4] 로더는 또한 "전통적으로 기독교는 새로운 이해로 성경의 명령을 재고해야 하는 경우와 늘 씨름해왔다"는 사실을 기억해야 한다고 말한다. 즉 성경이 우선적인 기준일 때에도 성경의 윤리적 적용은 늘 경험에 근거해 쇄신될 수 있고, 또 실제로 쇄신되어 왔다는 것이다. 예수님이 "안식일 규정"을 의도적으로 위반했던 점과 이방인에게 "할례규정"을 강요하는 것을 바울이 강력히 반대했던 사례, 그리고 우주가 수십억 년이 되었다는 현대과학의 설명을 인정한다고 해서 그것이 성경을 버리는 것이 아님을 예로 들면서,

3 윌리엄 로더 외, 《동성애에 대한 두 가지 견해》(양혜원 옮김, IVP, 2018), 76쪽.

4 이러한 논리 또한 "덕 있는 동성애자 논증"의 전형이며, 그 논증의 한계는 앞에서 직접 살펴본 바 있다.

로더는 성경의 가르침과 별도로 동성애자들의 선한 관계 역시 포용할 수 있다고 주장한다. 이런 주장은 꽤 설득력 있어 보인다. 그런데 듀크대 신학교수 리처드 헤이스(Richard B. Hays, 1948~)는《신약의 윤리적 비전》에서 이런 주장을 더욱 면밀하게 검토할 수 있게 돕는다.

헤이스 역시 성경과 다른 권위의 원천으로서 전통, 이성, 경험을 들며, 이 세 요소가 기독교 신자들에게 윤리적 가르침에서 권위를 가질 수 있다는 점을 인정한다. 그러면서도 그것이 성경을 제치고 더 우선적인 권위로 기능하려면 어떤 원리 혹은 조건을 만족시켜야만 한다고 주장하는데, 그중 "경험"에 대해서는 다음과 같이 말한다. "성경의 증거에 모순되지만 신적으로 영감 받은 경험이라고 주장되는 것들은, 오직 신실한 자들의 합의에 의한 지속적이고도 고뇌하는 심사숙고를 거친 뒤에 교회에서 규범적 위치를 갖는 것으로 인정되어야 한다."[5]

즉 경험을 권위의 원천으로 고려할 때는 "신실한 자들의 합의에 의한 지속적이고도 고뇌하는 심사숙고가 필요"하다는 것이다. 특히 헤이스는 동성애적 욕망과 투쟁하며 성경에 더 신실하고자 하는 자신의 친구 게리의 예를 들며, "교회가 '포괄적inclusive'이기 위해 서두르고 있는 상태에서 게리처럼 동성애적 욕망과 투쟁하면서 그 욕망이 하나님을 섬기려는 헌신의 삶을 사는 데 장애가 되는 것을 느끼는 그리스도인들이 보고하는 경험들을 교회가 간과해서는 안 된다. 이것은 복잡한 문제이다. 그

5 《신약의 윤리적 비전》, 605쪽.

리고 우리는 그 결국에 대해서 아직 듣지 못했다"고 말한다.

여기서 성경과 경험을 윤리의 원천으로 함께 숙고할 때 꼭 헤이스가 제시하는 룰을 지켜야만 하는가 반론이 있을 수 있다.[6] 하지만 최소한 "그 욕망과 싸우며 투쟁하는 신실한 성소수자 그리스도인들의 삶과 증언이 간과돼서는 안 된다"는 점은 분명해 보인다. 이 문제를 대할 때 동성애에 대해 신학적으로 어떤 입장이든지, (내 입장을 강화시켜주는 것 같은 경험적 근거에 대한) 편향적이고 선택적인 인지와 (내 입장을 약화시키는 것 같은 경험적 근거에 대한) 의도적 인지회피 또는 인지거부 둘 다 경계해야 한다. 우리의 현대적인 경험은 성경을 비판적으로 바라보게 하지만, 동시에 성경 또한 우리에게 익숙한 사고방식과 문화를 비판적으로 보게 해준다는 점도 기억해야 할 것이다. 따라서 성경과 경험을 함께 고찰함으로써 동성애자들을 긍정할 수 있다는 로더의 논증은 충분하지 않다.

② (가능) 메건 드프란자: 성경이 제시하는 결혼은 고대 가부장제하에서의 결혼에 관한 이미지이다

메건 드프란자는 여러 예시를 통해 성경에서 우리가 볼 수 있는 결혼의 가르침과 은유는 고대의 가부장제적 결혼에 근거한 것이지, 현대의 평등한 남녀의 수평적 결혼이 아니라고 말한다. 게다가 "하나님과 하나님 백성 사이의 바른 관계를 가르치기 위

6 예컨대, 이런 반론이 가능할 것이다. 신실한 자들의 합의와 지속적이고도 고뇌하는 심사숙고가 필요하다는 것은 그만큼 신중해야 한다는 뜻이기도 하지만 동시에 그 신중함이 지속되는 시간 동안 잘못된 윤리적 기준에 의해 희생당하는 억울한 이들을 방치할 수도 있다. 이런 문제를 어떻게 풀어야 하는가?

해서 사용된 고대의 법 구조는 가부장적 결혼만이 아니"며, "왕권 제도와 노예 제도도 그와 비슷하게 사용"[7] 되었다고 드프란자는 강조한다. 실제로 우리는 예수님을 "대통령"이라기보다 "왕"이라고 자주 호칭한다. 우리는 그분의 "자녀"이기도 하지만 또한 동시에 "종(노예)"이기도 하며, 십자가의 '대속(代贖, redeem)'이라는 개념도 당시의 '노예제도'에서 비롯된 것이다. 바울은 우리에게 하나님이 주신 자유를 도구로 서로에게 "종노릇"하라고 권하기도 했다. 이처럼 성경의 많은 표현은 당대 문화가 배경이며, 결혼에 대한 가르침도 어느 정도는 고대 가부장제와 노예제 이미지에 기반한다.

드프란자는 이러한 내용들을 검토하며 현대의 기독교 결혼도 엄밀히 말하면 신약성경의 '성경적 결혼'이 아니라고 단호하게 말한다. 그녀의 말대로 "신구약의 '이성애' 결혼은 하나님의 언약적 신실함, 주권, '자신의' 피조물인 '신부'를 위해 자신을 낮추시는 사랑을 설명하기 위해, 고대의 가부장 결혼에서 빌려온 유비로서 기능한다."[8] 드프란자의 관점에 따르면 여기에서 우리가 주목해야 할 것은 유비의 근거로 기능하는 당대의 결혼문화가 아니라 그 문화를 관통하며 흐르는 결혼의 본질, 즉 상대를 향한 '신실함'과 자기낮춤의 '겸손', 그리고 상대를 위해 목숨까지도 던지는 '사랑'이다. 그런데 드프란자의 관점으로는, 결혼에서 "이성애냐 동성애냐"를 따지는 것도 본질보다는 문화와 관습의 문제다. 그녀는 할례받지 않은 이방인들을 교회의 구성원으

7 《동성애에 대한 두 가지 견해》, 141쪽.

8 위의 책, 147쪽.

로 받아들였던 사도행전의 예를 들면서, "게이-레즈비언-양성애자를 기독교의 일부일처제 전통에 포함시키는 것이 '돌감람나무'인 이방인을 이스라엘이라는 '좋은 감람나무'에 접붙인 사건"과 비슷하다고, 그리고 오늘날 일부 그리스도인들이 그렇게 보기 시작했다고 말한다.

이어 드프란자는 독특한 방식으로 기독교의 보수적 성윤리를 강조한다. 그녀는 게이 신학자 유진 로저스E. Rogers를 인용하면서, "결혼 역시 독신과 마찬가지로 금욕을 훈련하고 성화를 위한 것"임을 역설한다. 그러므로 성소수자들 역시 이러한 결혼의 틀 안으로 들어와 금욕과 성화를 통해 하나님께 더 가까이 나아갈 수 있는 기회를 제공받아야 한다. 이들이 사랑 안에서 서로 자라갈 수 있는 근본적인 기회, 곧 결혼할 권리 자체를 박탈하며 독신을 강요하는 것은 그들에 대한 억압과 폭력일 수 있다는 것이 드프란자의 견해다.

[이 견해는 상당히 설득력이 있는 것 같다. 그렇지만 여전히 엄밀한 검증이 필요하다. 우선 드프란자의 논의에서 핵심이 되는 명시적인 전제는 "그리스도교의 결혼에 있어 남자와 여자, 두 성별의 결합은 본질이라기보다는 문화적이고 제도적인 요소이다"라는 명제이다. 이 명제는 과연 참일까? 대다수의 신학자들은 결혼이 주로 아담과 이브를 짝지으신 하나님의 창조질서를 반영하고 오직 남녀의 결합을 통해 자녀의 출산이 가능한 것이므로, 결혼에서 두 남녀의 결합은 본질이자 핵심이라고 말한다. 예컨대 그 자신도 동성애적 성향을 지닌 신학자 샘 올베리Sam Allberry는 동성 간의 결혼은 "그리스도와 교회의 연합을 예표할 수 없으며, 그리스도와 그리스도 혹은 교회와 교회의 혼인과 같은 것"이라고 반박한다. 존 스토트(John. R. W. Stott, 1921~2011) 역시 성별에 관해 말할 때, 동성결혼 논쟁이 여성 성직자 안수 논

쟁과 비슷한 원리와 궤적을 지녔다는 일각의 주장에 동의하지 않는다. 스토트 역시 "결혼의 문제에서 성별은 사역에서의 성별보다 훨씬 더 근본적인 것"이라고 강조한다.]

위와 같은 반론[9]에 대해 드프란자는 자신의 신학적 인류학은 아우구스티누스보다 이레니우스와 동방교회의 영향을 더 많이 받았음을 언급하며, 동방교회의 전통에 따르면 아담과 하와는 우리가 돌아가야 할 이상이 아니라 단지 이야기의 시작을 살았던 존재라고 말한다. 그리고 성서학자 톰 라이트(N. T. Wright, 1948~)나 윌리엄 웹William Webb의 통찰을 따라 "정경이 역사적 조건의 영향을 받는 아직은 끝나지 않은 드라마로서, 우리가 기대하는 것처럼 정확하게 하나님의 궁극적 윤리가 명시된 게 아니"[10]라고 말한다.

[하지만 드프란자의 응답은—그 응답에 대한 동의 여부를 떠나—사실상 하나의 신학적 입장에 자신의 신학적 입장은 다르다는 주장, 즉 하나의 주장에 평행한 다른 주장을 내놓은 것(대안체계반론)에 불과하며 그 자체가 효과적인 논박이라고는 볼 수 없다. 게다가 그리스도교에서든 그리스도교 밖에서든 사람들이 결혼에서—동성애가 됐든 이성애가 됐든, 또는 동성결혼을 지지하든 반대하든—성별이 매우 중요한 요소라고 생각하는 것은 상식적이다. 드프란자 역시 동성애자에게 이성과의 결혼을 강요한다면 그의 성적지향을 도외시하는 억압과 폭력이라는 주장에 동의할 것이다. 그것이 억압과 폭력인 이유

9 나는 여기서 같은 책(두 가지 견해)에서 드프란자의 의견에 반론을 내놓은 웨슬리 힐과 스티븐 홈스의 견해를 덧붙이지 않았다. 그보다는 드프란자 주장에서 핵심이 되는 전제는 "그리스도교 결혼에 있어 두 남녀의 결합은 본질적인 속성이 아닌 문화와 제도적인 속성에 속한다"는 명제라는 것을 보인 후 그것에 대한 의미 있는 반론을 다른 신학자들의 견해를 통해 가져왔다.

10 위의 책, 151쪽.

는 이성애자뿐 아니라 동성애자에게도 결혼에 있어 성별은 매우 중요한 요소이기 때문이다.

드프란자는 이렇게 반론할지 모르겠다. 자신은 "남녀 두 성별의 결합이 문화적인 것이라고 말했을 뿐, 성별 중시 자체를 도외시한 것은 아니"라고. 물론 이러한 형식적 반론이 불가능하지는 않다. 하지만 기독교를 제쳐두더라도 현대 결혼에서 여전히 "성별"이 근본적이고도 핵심적인 요소로 기능한다면, 기독교 결혼에서 "남녀 두 성별의 결합"이라는 내용이 단지 문화적이자 제도적 요소라고 간단히 넘길 수 있을까? 즉 성별이 핵심적인 요소일 때, 최소한 기독교 결혼에서 성별문제는 자동적으로 '남녀 두 성별의 결합'이라는 내용을 가질 수밖에 없지 않을까? 드프란자가 말하는 문화적/제도적 내용은 결혼할 때 신부의 지참금이나 신혼생활의 충실한 보장을 위해 새 신랑에게 각종 의무를 면제하던 전통, 또는 결혼 연령이나 혼인예식 등과 같은 것들이지 '남녀 두 성별의 결합'이라는 내용은 아니다. 이런 점들을 고려할 때, 드프란자 주장의 핵심전제는 아무래도 의심스럽다.]

그런데 동성결혼을 긍정하는 논리적이고도 신학적 근거를 만드는 작업에는 더욱 근본적인 문화적 신념이 숨어 있다. 그것은 인간의 행복에 있어 성적 만족은 핵심적이며, 모든 사람은 결혼할 "권리"가 있다고 보는 것이다. 이제 반대되는 입장을 지닌 스티븐 홈스와 웨슬리 힐의 주장들을 살펴보며 이러한 암묵적 전제의 타당성을 따져보자.[11]

11 《동성애에 대한 두 가지 견해》에서 순서는 웨슬리 힐이 먼저지만 이 책은 논리적 짜임새를 위해 스티븐 홈스의 주장부터 먼저 정리해보기로 한다.

③ (불가능) 스티븐 홈스: '결혼할 권리'의 주장은 '결혼은 허용되어야 한다'는 결론을 이미 내리고 있다

스티븐 홈스는 자신의 논지를 전개하기 위해 우선 신학의 임무를 "성경의 증언을 인내하면서 듣"고 "성경의 가르침에 조건을 달거나 회피하지 않"으면서 세상을 이해하도록 개념적 작업을 하는 것이라고 정리한다. 또한 그렇게 듣고 이해하고자 한 여러 사람들의 누적된 작업을 통해 형성된 "전통"은 궁극적 권위까지는 아니더라도 비중 있는 지도guide를 할 수 있다는 원리 혹은 방법론적 토대를 제시한다고 본다.[12] 이처럼 기독교 전통이 견지해 온 신학에 비춰볼 때, 바람직한 목회 방법은 LGBT에게 느슨한 기준을 제시하는 게 아니라 이성애자들에게 더 엄격한 기준을 제시하는 방향이라고 홈스는 역설한다.

홈스는 그런 가이드를 할 수 있는 전통으로서 아우구스티누스의 결혼 신학을 주의 깊게 참고한다. 이는 단순히 아우구스티누스의 권위에 호소하는 것이 아니다. 그보다는 아우구스티누스가 성과 결혼에 대한 성경의 가르침을 토대로 매우 진지하게 이론적 작업을 했기 때문이다. 예컨대 아우구스티누스는 구약에서 모세가 율법에 근거하여 허용한 이혼을 예수님이 오히려 더 완고한 기준을 내세우며 결혼의 해소불가능성을 제시한 일화에 주목했다. 그럼에도 그는 인간으로서는 지키기 힘든 어려운 명령을 하나님의 은혜로 성취할 수 있다고 생각했다. 이런 사유를 거쳐 아우구스티누스는 결혼의 세 가지 유익을 '자녀', '정절', '성례'로 정리하였다. 즉 결혼은 남녀가 한 몸이 되어 자녀를 낳고

12 위의 책, 263쪽.

양육하는 자리이고(자녀), 배타적으로 서로를 향해 헌신하면서 그릇된 방향으로 차고 넘칠 수 있는 욕망을 훈련으로 제어하고 성화하는 자리이며(정절), 이런 배타적 상호 헌신과 정절은 우상숭배를 금하는 하나님의 명령과 교회를 향한 그리스도의 사랑을 보여주는 이미지(성례)가 되기도 한다.

그렇다면 배타적 결속 안에서 헌신과 정절을 훈련하며 교회를 향한 그리스도의 사랑을 보여주는 이미지의 결혼이 동성 커플에게는 허락될 수 없는 이유는 무엇인가? 이들이 성적인 결합을 통해 아이를 낳을 수 없기 때문인가? 그러나 모든 부부가 출산을 하는 것은 아니며, 신체적 불임인 사람들도 제법 있다. 그런데 왜 이들에게는 결혼이 허용되는가? 오직 "출산"의 문제로 남녀 결합만이 가능하다고 보는 것은 별로 설득력이 없어 보인다. 그렇기에 앞에서 봤듯 드프란자는 게이 신학자 로저스의 말을 인용하여 서로 사랑하는 동성 파트너도 욕망에 탐닉하기 위해서가 아니라 스스로의 욕망을 훈련하고 제어하며 상호헌신과 정절을 지킴으로써 더욱 그리스도를 닮아가기 위해 동일하게 결혼의 자리가 허락되어야 한다고 주장했다. 그렇지만 드프란자의 이와 같은 주장은 "기독교 결혼에서 성별(남녀의 결합)의 문제는 본질이 아닌 문화적-제도적 요소이다"라는 명제를 핵심 전제로 하며, 이 전제가 일단 논리적으로 허약함을 우리는 앞에서 확인했다.

그런데 동성결혼이 허용되어야 한다는 주장들이 암묵적으로 전제하는 것은 "인간의 행복에 있어 성적인 만족은 핵심적이며, 모든 사람은 결혼할 권리가 있다"는 믿음이다. 스티븐 홈스는 오늘날의 이 믿음은 다음과 같은 네 가지 전제를 깔고 있다

고 분석한다.[13]

1. '지향' 전제: 사람들은 실제로 이성애자이거나 양성애자이거나 게이이거나 레즈비언이다.
2. '결혼할 권리' 전제: 사람이(결격 사유가 없고 서로 동의하는 성인들이) 결혼하길 원한다면 결혼할 수 있어야 한다는 것은 정의의 문제다.
3. '명백한 덕' 전제: 게이와 레즈비언 관계에는 실제로 자명한 덕들이 많이 나타난다.
4. '합법화(정당화, justification)' 전제: 특정한 인간 관습의 많은/대부분의/모든 예들에서 덕이 확실하게 나타난다면 그 관습은 도덕적으로 수용할 수 있다.

우선 홈스가 제시한 3번 "명백한 덕" 전제와 4번 "합법화(정당화)" 전제에 해당하는 부분은 앞에서 분석한 바 있다. 즉 동성애자도 좋은 시민이자 바람직한 크리스천이라는 점과 "덕 있는 동성애자"들이 존재한다는 점이 '기독교 성윤리의 범주에서도 동성애가 좋은 것'이라는 결론을 곧바로 이끌어내지 못한다는 것이다. 따라서 여기서는 1번과 2번의 전제가 과연 맞는지 더 따져보고자 한다.

[1] 홈스는 1번 '지향orientation' 개념이 성소수자들의 감정과 경험을 뒷받침하는 서사를 제공하는 문화적 구성물로서 중요하지만, 어쨌든 그것이 현대 서구에 들어와 등장한 이례적인 '문화적'

13 위의 책, 284쪽.

구성물이며 수행성을 강조하는 퀴어이론에서도 이러한 '지향'이론을 근본적으로 회의한다는 점을 지적한다. 홈스는 오히려 "인간의 다양한 성규범을 역사적-문화적으로 연구하면 할수록 현대 서구를 제외하고는 어디에서나 남자와 여자 모두에게 끌리는 것, 그리고 어쩌면 남자와 여자 모두와 성관계를 하는 것은 정상"이라고 말한다. 이 말은 이성애적 성향 자체를 자연적인 것으로만 보려 하는 보수 개신교 입장과는 다른 이야기다. 홈스에 따르면 인간의 모든 욕망은 이미 타락했고 오도되었으며, 성욕도 그것이 동성을 향한 끌림이든 이성을 향한 끌림이든, 심지어 아무런 성적 끌림이 없는 무성애 성향이라 할지라도 전부 다 하나님의 의도에서 이탈했다는 것이 바른 신학적 진단이다. 그리스도교 전통에서 결혼은 이처럼 무차별적으로 확대되며 오도되는 성욕을 통제하고 재배치하는 훈련 장소였다. 그렇기에 성관계도 오직 결혼 안에서만 허락된다. 예컨대 고대 가부장제-노예제 사회의 어느 자유인 계급의 남성이 상대의 성을 가리지 않고, 또 심지어 배우자 이외의 여성과의 관계를 통해서도 자기의 성욕을 채울 수 있었다면, 그가 회심하고 기독교인이 될 경우에는 오직 혼인한 자기의 아내와만 관계해야 했다. 따라서 단지 '이성애'라고 해서 동성애보다 특별히 더 나을 것도 없고, 어떤 특권을 주장할 수도 없다. 그렇기 때문에 지향이라는 개념에 근거해 결혼의 범위를 동성의 연인에도 확장하는 것은, 기독교적 결혼이 오직 이성애적 성적지향에 근거하고 있다고 그 기원을 오해하는 것이다.

[2] 또한 홈스는 2번의 전제, 동성결혼을 '결혼할 권리'의 관점에서 지지하는 것은 유효한 결혼이 무엇이라는 가정이 이미 들어가 있으며, 동성 간 결혼은 허용되어야 한다는 가정에서

만 가능하다고 언급한다. 즉 '결혼할 권리' 주장은 논리적으로 입증되는 결론이 아니라 일방적으로 선언되는 것에 불과하다는 뜻이다. 반복하건대 결혼은 기독교에서 유일하게 인정하는 성관계의 자리이다. 사실 기독교 바깥에서는 '결혼'에 연연하지 않는다. 폭력이나 기만이 없는 자발적 합의에 기초한 성관계는 자유주의적인 현대사회에서 윤리적으로 전혀 문제가 되지 않기 때문이다. 다만 대다수 현대인들은 "개인의 진정하고 온전한 행복을 위해서는 만족스러운 성생활이 반드시 필요하다"고 생각할 뿐이다.[14]

그렇다면 결혼은 왜 여전히 중요하게 여겨질까? 간단히 말해 결혼은 경제적 기초단위인 가계를 형성하기 때문이다. 즉 사랑하는 두 사람이 가정을 이룰 권리를 보장하는 측면만이 아니라, 자본주의 사회의 경제적 기초단위라는 측면과 행정적 측면에서 중요하다. 대다수 시민들은 결혼을 기초로 재산공유와 합법적인 상속 등 각종 법률적 제도에 접근이 가능하다. 당장 은행에서 주택담보대출을 받을 때 혼인여부가 중요한 것만 봐도 알 수 있다. 따라서 기독교 전통에서는 정당한 성의 자리로서, 사회적으로는 자본주의 경제의 기초단위로서 결혼이 여전히 중요하기 때문에 앨라이 크리스천들은 동성결혼을 제도로서 시급히 도입해야 한다고 보는 것이다. 실제로 이런 부분의 차별을 시정하려면 가족법 개정 내지 생활동반자법 등의 입법이 필

14 물론 최근 영페미들은 비혼, 비섹스, 비출산, 비연애 등 4B 운동을 전개하고 있고, 여기에 동의하는 사람들도 많기 때문에 행복을 위해서는 성생활이 필수불가결하다는 믿음에 금이 가고 있기는 하다. 그래도 현재 가장 영향력 있는 퀴어 페미니즘에서는 개인의 행복을 넘어 아예 개인을 규정하는 핵심정체성의 요소가 될 정도로 섹스나 섹슈얼리티는 더욱 중요해진다.

요하긴 하다.[15]

그러나 '결혼할 권리'라는 개념은 여러 모로 생경하다. 첫째, 기독교 전통만 놓고 보자면 결혼은 '권리' 같은 것이 아니다. 심지어 가톨릭에서 결혼은 성사(聖事)에 해당한다. 결혼은 성욕을 해소하기보다는 차라리 금욕하는 자리이며 하나님 앞에서 상대에 대한 헌신과 정절과 끝없는 인내를 맹세하는 자리다.

둘째, 사회적 차원에서도 '결혼'을 권리로 보는 것은 조금 낯설다. 만일 당신이 결혼을 원한다면 우선 결혼에 합의하는 배우자를 찾아야만 한다. 찾지 못하면 결혼할 수 없다. 국가는 단지 혼인신고를 사후에 접수할 뿐이다. 과거에도 대부분은 결혼을 했지만, 그때도 '권리'라서 한 것이 아니라 통과의례였기 때문에 별 의문을 갖지 않았던 것이다. 이런 것을 두고 '권리'라고 표현하는 것은 어울리지 않는다. 굳이 권리라고 한다면 어떤 조건을 만족시킴으로써 '획득'하는 것일 뿐, 자동적으로 '부여'되는 것이 아니다.

셋째, 백번 양보해서 '결혼할 권리'라는 개념이 실제로 있다고 하더라도, 지금까지 그것은 "누구나 이성의 상대와 결혼해서 가족을 형성할 기회가 주어진다"는 뜻으로 이해했다고 보는 게 자연스럽다. "결혼할 권리"라는 개념에 "배우자의 성별에 상관없이 누구나 결혼할 수 있다"는 내용을 추가로 집어넣어 정의(定意)하지 않은 채, 원래 '결혼할 권리'가 동성의 커플에게도 당

15 후에 밝히겠지만, 나는 개인적으로 동성혼인법 제정에 반대하지 않는 입장이다. 반대하지 않는다는 것이지, 열렬히 찬성하고 지지한다는 뜻은 아니다. 그리스도인으로서 개인적으로 동성혼이 하나님의 뜻에 부합하지 않음을 알지만, 자유주의 사회에서 내 신앙에 근거한 입장을 타인들에게 강요할 수는 없는 일이다. 이 점은 다른 장에서 더 자세히 이야기할 것이다.

연히 주어질 수 있었던 것처럼 말하는 것은 일상에서 경험하는 진실을 호도하는 것이다. 따라서 "동성애자도 결혼할 권리가 있다"는 말은, 이제부터는 "동성애자도 결혼할 권리가 있다고 생각하자"는 제안인 것이지, 그것 자체가 필연적인 논리로 도출되는 내용이 아니다.

종합해 보자. "결혼할 권리"라는 개념에 기초해 동성커플의 결혼을 허용해야 한다는 논리는 신학적으로든 법적으로든 설득력이 없다. 나는 지금 동성결혼법 제정을 반대하는 것이 아니다. 다만 이 법을 만드는 근거를 '결혼할 권리'라는 개념에 기초하는 것이 부실하다는 것이다. 동성결혼법 제정을 주장하기 위해서는 이들의 행복추구권과 합법적인 가족으로 경제적 단위를 구성할 수 있어야 시민으로서의 권익을 제대로 누릴 수 있다는 동등한 참여의 원리[16], 혹은 평등권 개념에 입각하는 게 낫다는 이야기다. 하지만 이것은 어디까지나 세속 시민사회 차원의 이야기이고, 그 결혼을 기독교 내에서도 승인하느냐는 별개의 문제이며 승인할 수 없다는 것이 그 결론이다. 지금까지 '결혼할 권리'를 자세히 따져봤는데 이번에는 "인간이 온전히 행복하려면 성적인 만족이 꼭 필요하다"는 주장을 따져볼 차례다. 웨슬리 힐의 견해를

16 낸시 프레이저, 악셀 호네트, 《분배냐 인정이냐》(김원식·문성훈 옮김, 사월의 책, 2014). 이 책에서 낸시 프레이저는 "'무시'는 정체성에 대한 평가절하가 아니라 신분종속으로 간주되어야 하고, 이러한 종속을 통해서 제도화된 문화적 가치유형들은 특정한 사람들의 동등한 참여를 방해한다"라고 말한다. 제도화된 문화적 가치유형은 이성애 문화와 이성애결혼이고, 그로 인해 동성애자들은 신분적으로 낮은 위계로 간주될 수밖에 없다. 따라서 이들이 신분적 종속으로 인해 겪는 무시를 해결하려면 결혼제도 대해서도 동등한 참여가 가능하도록 동성결혼을 허용할 필요가 있다는 결론이 나온다.

통해 이를 고찰해보기로 하자.

④ (불가능) 웨슬리 힐, 헌신된 사랑과 친밀함은 반드시 성행위를 수반해야 한다는 신화가 존재한다

앞서 말했듯이, 힐은 그 스스로가 게이임에도 기독교 내에서 동성결혼을 승인할 수 없다는 입장이다. 힐이 성경과 기독교 전통 내에서의 '결혼'의 의미를 정리한 내용은 스티븐 홈스의 설명과 대부분 비슷하므로 생략하겠다. 다만, 힐은 성공회 윤리신학자 로버트 송Robert Song이 동성결혼을 지지하는 신학적 변증을 소개하고 이를 반박하는데 여기서는 그 내용을 살펴보겠다.

힐이 볼 때, 송은 "아우구스티누스의 결혼과 섹슈얼리티에 대한 전통적 관점을 수정해야 하는 신학적으로 건강한 근거를 제시한다."[17] 힐이 요약하는 송의 신학적 견해는 대략 이렇다. 그리스도를 통한 세계의 구원이라는 서사에 의하면 교회는 이제 궁극적으로 종의 번식이나 사회의 무한한 존속에 얽매이지 않는다. 부활을 통해 그리스도께서 죽음을 이미 정복하셨기 때문이다. 따라서 주전BC의 성은 주후AD의 성과 다르다. 그리스도 안에서는 남자도 여자도 없다. 예수님이 복음서에서 말씀하신 것처럼 이후 도래하는 하나님 나라에서 주의 자녀들은 장가도 아니 가고 시집도 아니 간다. 따라서 이제 "그리스도인들은 자녀출산을 지향하지 않는 성적 동반자 관계를 형성할 수 있고, 심지어 축하할 수 있다."[18]

17 《동성애에 대한 두 가지 견해》, 220쪽.

18 위의 책, 221쪽.

힐은 이와 같은 송의 강력한 논증이 창세기, 복음서, 바울 서신에 대한 풍부하고 깊이 있는 석의에 기초한다고 평가한다. 그러면서도 "송의 논증이 신약성경의 한 가지 갈래를 우선시함으로써 아우구스티누스가 말하는 결혼의 세 가지 유익 사이의 연결성을 놓치고 있다"[19]고 한계를 지적한다. 아우구스티누스가 말하는 세 가지 유익이란 앞서 말했듯 '자손'proles, '신실함' 혹은 '정절'fides, '그리스도를 통해 보여주신 하나님의 사랑에 대한 가시적이고 항구적인 징표'sacramentum를 말한다. 송은 고린도전서 7장을 통해 바울이 고린도교회 신자들에게 독신생활을 권하는 부분을 잘 포착하면서도, 다른 한편 에베소서에서 그리스도가 오신 이후에도 왜 여전히 결혼(과 출산)이 그리스도인에게 중요하고 마땅한 소명이 되는지 적절한 신학적 설명을 하지 못한다고 힐은 평가한다. 게다가 부활과 새 창조에 너무 강하게 방점을 찍은 나머지 이미 현실세계 가운데 종말이 온전히 임하여 죽음이 마침내 완전히 정복당한 것처럼 자신의 주장을 전개한다고 한다. 하지만 신약성경 전체를 볼 때 분명한 것은 그리스도의 부활이 새 창조의 새벽을 알리지만(계 1:5) 너무나 당연하게도 죽음이 완전히 뿌리 뽑히지는 않았다(고전 15:20-28)는 것이다. 즉 그리스도인들은 그리스도의 초림과 재림 사이를 살고 있으며, '이미 승리했지만 아직 완성되지는 않은', 그 유명한 "already but not yet"의 세계 가운데 있다.

이러한 문제제기에 이어 힐은 더욱 중대한 질문을 던진다. "새 창조"에 입각해 동성애를 정당화하는 그 논증이 과연 그리스

19 위의 책, 222쪽.

도 앞에서 "새 이름"을 부여받은 그리스도인들에게 모든 소속과 계급과 정체성을 상대화할 것을 요구하는 복음의 근본 요청을 이해하도록 도와주느냐는 질문이다. 실제로 그리스도인이 개인적으로 지닌 어떤 정체성이든 즉자적으로 긍정되지 않고 그리스도의 뜻에 맞게 정화되어야 한다. 그렇기에 힐은 현대문화의 세례를 받은 우리의 사고방식을 다시 한 번 근원부터 질문한다. "헌신된 사랑과 친밀함은 반드시 성행위를 수반해야 하는가?" 다시 말하면 "한 사람의 성인이 온전하고 행복하게 살기 위해서는 성적인 쾌락이 필수불가결하다"는 생각이 일종의 이데올로기가 되어 사람들을 온통 성에만 집중하게 만들고 다른 방식의 삶을 상상하지 못하게 하는 것은 아닌가?

앨라이 크리스천들이 게이와 레즈비언 커플을 동성결혼이라는 형식을 통해 교회 안에 정당화하여 수용하려는 그 동기는 선한 것이다. 그리고 이들의 우호적인 태도는 어떤 면에서는 이해할 만하다. 교회, 그것도 특히 개신교 교회가 그동안 '결혼'을 너무 이상화했고, 독신의 삶을 사는 사람들을 뭔가 부족하거나 미숙한 사람, 결혼이라는 완성을 위해 대기하고 있는 미완성의 존재로 대했기 때문이다. 그러니 결혼을 할 수 없는 동성애자들은 원치 않는 결혼의 압력을 받을 수밖에 없게 되고, 커밍아웃을 하면 이성애자로의 전환을 고통스럽게 강요받으니 얼마나 답답할 노릇이겠는가? 그런 면에서 앨라이들은 신학적으로 동성결혼을 승인하는 것이 교회의 울타리 안에서 이들을 축복하며 공동체 안에서 함께하는 형제자매로 성장하게끔 돕는 적절한 조치라고 생각할 것이다. 아이러니하게도 이는 '결혼'을 지나치게 이상화한 나머지, 복음과 공동체, 성화의 본질에 오해를 야기한 개신교의 문화적 분위기에서 기인했다고도 볼 수 있다. 개신교 지도자들은 이를 반성하고 결혼에 관한 가르침을 통전적 복음에 비춰 교정해야 할 것이다.

하지만 성관계가 없어도 친밀함과 신실함을 경험할 수 있다. 성관계가 빠지면 무언가 결핍되었다는 사고방식은 성을 중시하는 현대문화의 산물이다. 무엇보다 힐 그 자신이 동성에 대한 자신의 성적 끌림을 절제하면서 독신으로 살고 있다. 이 과정에서 그는 "동성 혹은 이성 친구들과 더 깊고 항구적인 결속을 추구하는 것을 배우고 있다"고 말하며, 다른 동성애자들도 그런 영적 우정을 누릴 수 있도록 그들을 인도해야 한다는 것이 힐의 견해다.

이러한 힐의 견해에 윌리엄 로더는 다시 중요한 반론을 한다. 앞에서 짧게 로더의 견해를 소개했지만 그의 반론을 소개하기 전에 미리 성경 석의에 대한 그의 입장을 명확히 정리하자. 로더는 드프란자와 동일하게 동성애를 긍정하고 신학적으로 동성결혼을 지지한다. 하지만 성경 해석에서는 드프란자와 상반되는데 성경은 동성애를 정죄하며, 그 동성애가 꼭 폭력을 수반하는 것에 한정되지 않는다고 말한다. 이는 힐이나 홈스와 동일한 견해다. 심지어 로더는 힐과 홈스보다 한발 더 나아가 성행위만이 아니라 동성을 향한 성적인 끌림에 대해서도 성경은 정죄한다고 강조한다. 왜냐하면 성경 저자들이 동성을 향한 항구적인 애정을 가리키는 '성적 지향'의 개념을 알지 못했기 때문이다. 따라서 오늘날 우리는 그들이 모르는 것을 알게 되었으니 로더는 동성애에 대한 입장도 성경을 제쳐두고 새롭게 마련할 수 있다고 본다.

그렇다면 힐에 대한 로더의 반론은 구체적으로 무엇인가? 힐은 성관계를 수반하지 않는 참된 영적인 우정 관계가 가능하며, 동성애자들에게 그러한 관계를 권장해야 한다고 주장했다. 반면 로더는 성적인 행위와 그렇지 않은 행위를 어떻게 구분하느냐고 반문한다.[20] 가깝고 헌신된 평생의 우정관계에도 손길이나 포옹과 같은 가벼운 신체적 접촉이 일어나는데(이러한 접촉은 물론 건강하고 온전한 것이기는 하지만) 여기에도 불가피하게 성적인 요소는 개입할 수밖에 없다. 그런데 예수님은 신체적 접촉이 아니라 눈빛, 눈빛 이전에 생각만으로도 간음할 수 있다고 경고하셨다. 단순히 어떤 행위를 하지 않았다고 해서 죄가 없는 것은 아니라는 것이 신약성경의 가르침이다.

결국 로더의 질문은 이렇게 종합될 수 있다. ① 동성애 커플이 성관계 없이 서로 헌신과 정절을 지키는 사랑의 관계를 가꾸어나갈 때 그것은 영적인 우정인가 아니면 에로틱한 사랑인가? ② 사랑과 우정 안에서 서로를 가꾸어 나가되 동성 간의 성관계만 삼가라는 요구는 과연 온당한가? 논리적 일관성이 있는가? ③ 그것이 온당한 요구라 하더라도, 현실적으로 동성애자들이 그런 요구에 따라 자신의 행위를 절제할 수 있을까? ④ 백번 양보해 그런 요구에 응할 수 있다 해도 동성애자에게만 금욕의 실천을 요구하는 것은 불공평하지 않은가?

위 네 질문은 답하기 어렵다. 힐은 결혼하지 못한 이성애자 커플 또한 '충족되지 못한 에로스'를 받아들여야 하며, 현실적으로 받아들이고 있다고 답한다. 모든 부부는 이러저러한 형

20 위의 책, 235쪽.

태의 성적인 불만족을 안고 살아갈 수밖에 없다는 것이다. 넘치고 오도되는 성욕을 완전하게 채우려 하면 결국 외도할 수밖에 없기 때문이다. 물론 힐 자신도 전통적 기독교가 게이와 레즈비언 신자들에게 더욱 힘든 선택을 요구한다는 사실을 인정한다. 그럼에도 그는 하나님의 은혜가 힐 자신을 포함해 동성애자들을 지켜주시고, 이들이 실수할 때 잡아주실 것을 믿는다고 말하며 자신의 응답을 마무리한다.

⑤ '결혼에 관한 기독교적 고찰'을 종합하며

다시 강조하건대 지금까지의 논의는 세속 시민사회가 아니라 기독교의 층위에서 바라본 것이다. 신앙에 근거할 때 동성결혼을 하나님이 인정하지 않는다고 보면서도, 시민으로서 사회적, 법적으로 동성결혼제도가 허용된다고 생각할 수 있다. 그리고 이러한 생각은 철학자 존 스튜어트 밀(J. S. Mill, 1806~1873)이 말하는 '자유'의 개념을 수용하는 내 개인 견해이기도 하다. 신앙에 근거해 불교나 이슬람교가 하나님이 인정하는 믿음이 아니라고 보면서도, 시민으로서 '종교의 자유'라는 원리에 근거해 불교나 이슬람교가 법적으로 허용된다고 생각하는 것과 같은 이치다.

그러나 기독교의 핵심은 단순히 '사랑'이 아니라 '십자가'이다. 《신약의 윤리적 비전》을 쓴 리처드 헤이스는 기독교 윤리의 초점 이미지는 "공동체", "십자가", "새 창조"라며 "사랑"은 초점 이미지가 될 수 없다고 강조했다. 헤이스에 의하면 사랑은 "십자가"라는 초점 이미지의 해석일 뿐이다. 즉 보다 더 강력한 기반인 십자가 위에서 사랑이 작동해야 한다는 것이다. 헤이스가 볼 때 오늘날 사랑은 너무 쉽게 많은 죄들을 덮어버리며 대중적 담화에서 그 품위를 잃어버린 채 "모든 종류의 김빠진 자기 욕망 충족에 대한 위장이 되어버렸다."[21] 듀크대 신학교수인 스탠리 하우어워스 역시 "사랑의 윤리는 종종 근본적으로 윤리적 상대주의 주장을 위장하는 덮개에 지나지 않는다"고 말했으며,[22] C.S. 루이스 역시 다음과 같이 '사랑' 만능주의를 경계한다.

> 우리는 오직 하나님께만 드려야 할 무조건적 헌신을 인간적 사랑에 바쳐버릴 수 있습니다. 그러면 그 사랑은 신이 될 것입니다. 그리고 그 사랑은 악마가 될 것입니다. 그러면 그것은 우리를 파멸시킬 것이며, 그 자신 또한 파멸될 것입니다. 왜냐하면 신의 자리를 허용받은 인간적 사랑은 사랑 그 자체로 남아 있을 수 없기 때문입니다. 여전히 사랑으로 불릴지는 몰라도, 실제로는 복잡한 형태의 증오가 되어 버릴 것입니다.[23]

루이스의 말이 어려운가? 쉬운 예를 들어보겠다. 한국인의 가족 사랑은 유별나다. 그 가족 사랑이 가족주의 내지는 가족 이기주의로 흐르고 부와 계급의 상속으로 이어지는 것을 자주 본다. 이것이 얼마나 큰 문제인지 우리는 알고 있다. 자식에 대한 어머니의 헌신은 고귀하지만, 거기서 비롯되는 치맛바람과 지나친 교육열은 분명 문제가 있다. 또 배우자가 아닌 사람을 사랑할 수도

21 리처드 헤이스, 《신약의 윤리적 비전》, 319쪽.

22 위의 책, 319쪽.

23 C.S. 루이스, 《네 가지 사랑》(이종태 옮김, 홍성사, 2019), 24쪽.

있지만 그 사랑은 배우자와 가족, 주위 사람들에게 큰 상처를 입힌다. '사랑'은 만능이 아니다. 누군가의 '사랑'이 누군가에게는 '폭력'이다. 봉준호 감독이 연출하고 김혜자 씨가 주연을 맡은 영화 〈마더〉는 어머니의 자식 사랑이 어떤 부조리와 폭력을 낳는지 생생하게 보여준다.

앨라이 크리스천들은 '십자가'보다는 '사랑'이란 말을 훨씬 자주 언급한다. 물론 어떤 앨라이 크리스천 목회자는 퀴어축제에 가서 그들을 축복했다는 이유로 교단 재판에 넘겨지기도 하고 목사직을 박탈당하기도 한다. 이들은 혐오에 반대하며 고난당하는 이들과 함께 하겠다면서 그들 나름대로 예수님의 가르침을 따랐다. 그런 면에서 이들이 십자가 고난을 당한다는 점을 부인할 수는 없다. 교단 사법당국의 경직된 판단과 가혹한 처벌은 분명히 시정되어야 한다. 그렇지만 이와 별개로 앨라이 크리스천이 동성애를 긍정하는 신학적 바탕에서 '십자가'를 찾기 어려운 것도 사실이다.

동성애자들에게 억압적인 율법을 강요하는 것과 십자가의 길로 초대하고 권면하는 일의 차이를 예리하게 구분하자. 예수님은 죄인들의 친구였고, 그들을 위해 십자가를 기꺼이 지셨지만, 동시에 믿음을 갖게 된 죄인들, 즉 제자들에게 당신의 길을 따르라고 명하셨다. 그리고 그 길은 "자기를 부인하고 자기 십자가를 지는 것"(눅 9:23)이었다. 바울도 이방인들에게 율법의 멍에를 지우지 말라고 했지만, 동시에 그 이방인들에게 옛 습관을 벗어버리라고 했으며, "이 세대를 본받지 말 것"(롬 12:1)과 "육신을 따르지 말 것"(롬 8:5)을 강력하게 명령했다. 이처럼 십자가를 지는 행위에는 '자기 부인'과 '육적인 세속문화를 거스르는 싸움'

이 필연적으로 수반된다. 앨라이 크리스천은 동성애자 및 퀴어 성소수자들에게 이러한 엄중한 메시지를 전달하고 있는가 회피하고 있는가? 진지하게 성찰해 볼 일이다.

5
반동성애 운동의 문제점

---

(1) 반동성애 그룹과 그들의 신념

'반동성애 운동에 참여 또는 지지하는 사람들'을 명확하게 정의하기는 어렵다. 퀴어축제 반대집회에 참가하는 사람들만이 여기에 해당한다고 볼 수는 없다. 동성애자를 대놓고 혐오하는 사람들로 규정하면 너무 폭이 좁아진다. 광장에서 반동성애 운동에 참여하는 사람들도 "동성애자 여러분, 사랑합니다."라는 피켓을 들기 때문이다. 그렇다고 해서 앞에서 상당한 분량으로 다루었듯 기독교 신앙에 입각해서 동성애를 죄로 보는 사람들 전체가 여기 속한다고 보면 이 범주는 너무 넓어진다. 그렇다면 '포괄적 차별금지법' 제정에 반대하는 사람들로 보면 될까? 이것도 아니다. 기독교 바깥에서도 포괄적 차별금지법 자체에는 반대하면서도 생활동반자법이나 동성혼을 지지하는 사람들이 있기 때문이다. 따라서 나는 '반동성애 운동에 참여 또는 지지하는 사람들'을 '동성애는 종교적으로는 물론 사회적으로도 용납해서는 안 되는 죄악이라는 신념을 지니고, 그 신념을 관철하기 위해 정치적 운동도 필요하다고 생각하는 사람들'로 정의하고자 한다. 이렇게 정의하면 광장에서 피켓을 드는 사람들뿐 아니라 그들을 심적으로 지지하며 생각을 공유하는 사람들까지 포함하게 된다. 이제부터 이 책에서는 이러한 생각을 지닌 사람들을 넓게 포괄할 때에는 '반동성애 그룹'이라고 하고, 이 그룹 안에서 적극적으로 활동하는 사람들은 '반동성애 운동가'로 이름 붙이겠다.

반동성애 그룹 일부의 과격함과 폭력성은 매우 심각해서, 동성애를 죄로 보는 보수적인 목회자와 신자들조차 거리를 두려할 정도다. 그러나 '거리두기' 의지를 표현하는 순간 그 목회자와 신자들은 타깃이 되어 반동성애 그룹의 댓글테러 등을 감수해야 한다. 문제는 이들이 각 교단들의 총회에까지 연결되어 총회의 의사결정과 행동까지도 좌지우지하려고 한다는 점이다.

대표적인 예로 2019년 6월 5일 분당우리교회 부목사의 설교[1]에 대한 반동성애 그룹의 집중공격 사건이 있다. 분당우리교회 정 아무개 부목사는 설교에서 동성애가 하나님의 창조질서에 반하는 죄임을 전제하면서도, 반동성애 운동의 어리석고 과격한 방식을 비판하였다. 동시에 성경이 동성애보다 훨씬 많이 언급하는 여러 죄악에 둔감할 뿐 아니라 그런 죄악을 앞장서 저지르는 교회의 현실을 지적하며 성찰과 회개가 우선 필요함을 강조하였다. 문제가 된 설교 대목은 "대세는 이미 (퀴어 쪽으로) 넘어갔다"는 표현과 "동성애자들을 비난하는 것은 소위 막말로 꼰대의 이야기가 되어 버렸다"는 표현이었다. 이 대목에 분노한 반동성애 그룹은 이찬수 담임목사에게 강력한 징계를 요구했다. 그러나 설교 전체 맥락을 고려하지 않은 채 일부 표현만으로 비판한 사람들이 대다수였다.

진짜 문제는 이것이다. 설교 전체 맥락을 잘 알면서도 자

1 설교전문은 여기에서 확인하면 된다. "'동성애 이슈로' 시끄러운 분당우리교회", 이은혜 기자, 〈뉴스앤조이〉, 2019.06.11. 기사. http://www.newsnjoy.or.kr/news/articleView.html?idxno=223954

신들처럼 목숨 걸고 이 전선에 동참하지 않는 미지근한 태도 자체에 분노하는 사람들이 이 공격을 주도했다는 점이다. 분당우리교회는 해당 목사의 설교방송을 삭제했고, 부목사는 자신의 설교에 사과하고 해명하는 글을 올렸으며 담임목사도 부목사의 설교가 지닌 본뜻을 너그러이 이해해 주길 요청하며 재발방지를 약속했다. 그러나 반동성애 그룹의 화는 풀리지 않았다. 이찬수 목사는 예전부터 쭉 생각해 오던 일로서 동성애 전문 연구소를 설립하고 싶다는 생각을 밝혔는데, 반동성애 그룹은 이것 또한 담임목사가 부목사를 두둔하고 논란을 진화하려는 요식적 발언에 불과하다고 보았다. 이미 열심히 활동하는 반동성애 진영 강사를 부르면 될 일인데 무슨 연구소냐며 반발한 것이다.

결론적으로, 이 사건에서 분당우리교회는 반동성애 그룹을 향해 사과하고 몸을 낮췄다. 여기서 알 수 있는 것은 반동성애 그룹의 교계 내 권력이다. 이들은 완장을 차고 설교를 검열하면서 자신들이 만족스러울 만큼 동성애 반대에 열정적이지 않으면 가차 없이 '친동성애'로 낙인을 찍는데 중국 문화혁명기의 홍위병이 생각날 정도다. 이런 식의 비난은 높은뜻연합선교회 김동호 목사를 친동성애 주사파로 몰고, 그가 차별금지법에 명확하게 반대하지 않는다고 비난하는 행위에서도 확인할 수 있다. 교계에 영향력 있는 교회나 존경받는 목회자에 대해서도 성에 차지 않으면 '친동성애'로 몰아갈 정도이니, 더 진보적이자 성소수자를 옹호하는 교회와 젊은 신학도들에 대해서는 어떠할지 설명하지 않아도 될 것이다.

실제로 예장통합 교단은 동성애에 조금이라도 열린 태도를 보이면 목사자격시험 응시자격을 박탈하겠다고 했으며, 동성애자와 친동성애 입장을 지닌 학생들은 입학을 불허하겠다는 방침을 세웠다. 2020년 8월 20일에는 교단 내 이단대책위에서 활동하던 신학자인 허호익 목사(대전신학대학교 은퇴교수)를 출교하기까지 했다. 허호익 목사는 《동성애는 죄인가》라는 책에서 동성애에 대한 여러 견해를 정리한 뒤, 나름 온건한 입장에서 "동성애가 죄가 아니라는 입장도 일리가 있으며 그들의 목소리를 들을 필요가 있다"는 의견을 개진했는데 친동성애 입장으로 낙인이 찍혀 목사직을 박탈하는 '면직'처분에 더해 아예 교단에서 제명하는 '출교'처분을 받았다. 말 그대로 쫓아낸 것이다.

꼬리가 몸통을 흔든다는 표현이 맞지 않을까? 반동성애 그룹이 교계 전체를 뒤흔들고 있다. 나는 동성 간 성관계는 성경에서 분명히 죄로 본다는 점을 언급했고, 기독교 신앙의 체계에서 동성결혼이 인정되기 어려운 점을 강조하였다. 하지만 동성애자이기 때문에 지옥에 간다거나, 동성애가 모든 죄 중에 가장 심각한 죄라고 생각하지도 않는다. 동성애에 대해 신학적으로 견해가 다른 사람들도 존중한다. 그들이 성소수자를 사랑하고 포용하려는 의지는 진실하며, 많은 성소수자들이 혐오와 모욕으로 고통을 받고 있기 때문이다. 반동성애 그룹은 나와 같은 입장에 대해서도 거짓에 타협한다며 비난할 가능성이 높다. 그렇지만 진리만큼 중요한 것은 사랑이며, 학문의 영역에서는 무엇보다도 자유가 필요하다. 무엇보다 자신의 믿음이 틀릴 가능성에 열려 있어야 한다. 이 말은 자칫 오해를 불러일으킬 수 있어 부연해보겠다.

나는 이 책에서 동성애와 동성 간 성관계를 보는 관점이 신앙적으로 틀릴 가능성은 거의 없다고 생각한다. 확신에 가깝다. 그렇다면 내가 틀릴 가능성을 인정한다는 것은 무슨 의미인가? 그것은 내 믿음 자체를 회의한다는 뜻이 아니다. 현재의 내 믿음 역시 공적 또는 제도적 검증에 열려 있다는 이야기다. 자신의 생각과 믿음에 아무리 강한 확신을 갖더라도 그 확신을 다른 사람에게 강제할 수는 없다. 틀릴 가능성을 인정한다는 것은 내 믿음이 '진리'라 하더라도 공론장에서 검증되기 이전에는 하나의 '견해'로 취급됨을 인정한다는 뜻이다. 이 기초가 있어야 다양한 종교와 학문과 이념이 공존하며 경쟁하고, 기독교 내에서도 다양한 종파가 공존한다. 안타깝게도 반동성애 그룹은 이에 대한 이해가 부족하다. 성경 해석은 이성과 전통, 경험을 수반하여 이루어지므로 동성애 관련 성서구절을 다르게 해석한다면 억압하기보다 신학적 기반 위에서 건강하게 토론을 이어가면서 바른 답을 찾아나가는 것이 옳다. 이런 과정이 없었다면 초대교회가 이방인들에게 할례를 강요하지 않기로 한 결정이 어떻게 가능했겠는가?

역사 속 기독교인들의 어리석음은 한두 가지가 아니다. 십자군이나 종교전쟁, 제국주의나 노예제처럼 그렇게 거창한 것을 예로 들 필요도 없다. 1960년대에도 미국의 일부 주에서는 인종 간 결혼이 금지되고 있었다. 그러다가 러빙 부부(남편은 백인이고 아내는 흑인이다)가 버지니아 주의 결혼 불인정에 위헌소송을 제기했고, 1967년에야 연방대법원에서 인종 간 결혼금지는 위헌이라는 판결이 내려졌다. 하지만 이러한 판결 이전에 1959년 버지니아 법원은 "전지전능한 신은 사람을 백인, 흑인, 황인, 말레이인, 홍인종을 창조해 각각 다른 대륙에 살게 했다. 타인종 간의 결혼은 이러한 신의 섭리를 거스르는 것이다. 인종을 서로 따로

둠으로써 섞이지 않게 하려는 것이 신의 뜻"[2]이라는 판결로 러빙 부부의 결혼을 무효화했었다. 이게 끝이 아니다. 미국 남부의 보수적 신학교인 밥 존스 대학교는 서로 다른 인종 간 연애를 금하는 규정이 있었는데 2000년이 되어서야 폐지했다. 지금도 이 학교에는 흑인이 거의 없다고 한다.[3] 이런 역사를 되돌아볼 때 기독교 반동성애 그룹의 주장이 다수 사람들에게 어떻게 비치겠는가? 흑인에 대한 편견에서 인종 간 결혼을 죄악시하는 생각이 나오듯, 동성애 죄악시 역시 성소수자에 대한 편견에서 나온다는 주장을 어떻게 반박할 수 있겠는가?

따라서 한국 교회는 동성애에 대한 신학적 입장과는 별개로 이렇게 과격한 방식을 일삼는 반동성애 운동단체는 전광훈 목사와 같은 부류라고 간주하고 교계 차원에서 멀리할 필요가 있다. 아무리 옳은 주장이라도 그 주장을 하기 위해 특정 부류의 사람들을 모욕하고 낙인찍는 것은 용납될 수 없다. 누구보다도 그리스도인들은 이를 용납해서는 안 될 것이다. 그런데 반동성애 그룹은 이보다 심각한 다른 문제들이 산적해 있음에도 왜 이토록 '동성애' 문제에만 매달리는 것일까? 이를 알아보자.

(2) 반동성애 그룹의 심리

이제 반동성애 그룹이 왜 동성애에 그토록 열을 올리는지, 그들이 어떤 심리상태이며 문제점은 무엇인지 찬찬히 살펴보자. 우선 이 그룹이 동성애와 동성애자에 대해 가진 정보가 대

2 "'러빙 대 버지니아', 불법사랑 불법인간은 없다", 남수경 칼럼, 〈뉴스민〉, 2017.05.02. 기사, http://www.newsmin.co.kr/news/20381

3 이재근, 《세계 복음주의 지형도》(복있는사람, 2015), 87쪽.

단히 피상적이고 왜곡되었다는 문제가 있다. 반동성애 운동가들이 동성애자나 퀴어 성소수자의 이미지를 단지 성과 쾌락에 혈안이 된, 문란한 모습 위주로만 선택하고 과장하기 때문이다. 심지어 가짜뉴스까지 섞여 있다. 한마디로 말해, 표상과 실재의 괴리가 크다. 동성애자들도 우리와 똑같이 숨 쉬고 생각하며, 상처받으면 아파하는 사람들이라는 사실을 지우고 이들을 비인간화해서 인식한다.[4] 이렇게 상대를 선택적으로 인지함으로써 악마화하여 자기편을 결집시키는 행위는 갈등을 증폭시킬 뿐이다.

그 연장선상에서 반동성애 그룹은 신앙의 문제에서 세속과 타협하지 않고 복음의 본질을 수호한다는 감정을 느끼기 쉽다. 퀴어를 지지하는 사람들, 나아가 비기독교인들 입장에서는 어처구니가 없겠지만, 상당수 반동성애 운동그룹은 자신들이 신사참배에 저항하듯 순교자적 행동을 한다고 생각한다. 이 자의식은 문화가 바뀌고 사람들의 생각이 바뀌더라도 성경의 진리는 변치 않는다는 생각에 기초하고 있다. 물론 이러한 생각 자체가 잘못된 것은 아니다. 그리스도인으로서 이 글을 쓰고 있는 나 자신도 성경의 진리는 변치 않으며, 성경은 우리의 문화를 비판적으로 상대화하는 근원적인 텍스트라고 생각한다. 다만 이러한 생각을 (동성애를 포함한) 현대문화 이슈에 적용하는 방법과 그 영역을 선택하는 기준이 자의적이어서는 안 된다. 서두에서도 다뤘지만 이들의 생각이 문자주의적 성서이해에서만 온다

4 물론 퀴어 지지 그룹에서도 이러한 문제가 없지 않다. 반동성애 운동에 앞장서는 사람들만큼 심각하진 않더라도, 이들 역시 "동성애를 긍정하지 않는 사람들을" 기독교 안에서 폭력적이고 몰상식한 사람들의 말과 행위만을 선택적으로 두드러지게 드러내는 편이다.

고 보는 것은 성급하다. 왜냐면 이 그룹의 대다수는 성경이 금하는 이혼에 대해서는 동성애만큼 완강하게 반대하지 않으며, 성경에서 허용되던 일부다처제의 관습이나 노예제도를 세속 현대인의 관점에 따라 그 자체로 악이라고 보기 때문이다. 심지어 이들 중 일부는 창조과학을 부정하기도 하고, 창세기 1장을 문학적 비유로 보면서 다윈의 진화론을 하나님의 창조 프로세스라고 보는 사람들도 있다. 그렇다면 이 그룹은 왜 유독 동성애에 민감하게 반응하는가?

이는 우선 자신들이 동성 성행위 유혹에 절대 넘어가지 않으며, 그런 죄를 지을 가능성이 전혀 없다고 생각하기 때문이다. 그렇기에 동성애만큼은 맘 놓고 규탄할 수 있다는 일종의 자신감을 갖는다. 반면 이들은 교회 내 남성 목회자 성폭력 문제에 대해 반동성애 운동만큼 열정적으로 대처하지 않는다. 이는 이 그룹의 성 인식이 성경적이기보다 가부장적이기 때문이다. 건국대 교수 김은희는 성윤리에 있어서 보수주의와 가부장주의를 다음과 같이 구분한다. 가부장주의는 여성의 섹슈얼리티에 무거운 도덕적 통제를 가하지만 남성들에게는 그러한 의무를 부과하지 않는다. 반면 보수주의는 정절과 순결 같은 덕목을 요구하는 데 있어 남녀를 구분하지 않는다.[5] 반동성애 그룹이 진정 보수적인 성경적 신앙에 기초한다면 남자가 정절과 순결을 지키지 않을 경우 더욱 엄격하게 대처할 것이다. 보수주의에서 '권위'의 문제

5 김은희, "자유주의 성윤리의 수정", 〈한국여성철학〉 제19권, 88쪽, 각주 2번. 논문의 저자 김은희는 보수주의를 지지하지는 않지만 보수주의가 남녀를 구분하지 않고 순결과 정절을 중시하는 일관된 입장을 지닌다는 점에서 윤리적 입장의 기본적인 형식을 지닌다고 인정한다.

는 매우 중요하기 때문이다. 조직 문제에 책임은 결국 그 조직의 리더에게 물을 수밖에 없다는 사고방식은 보수에게 매우 자연스럽다. 보수주의는 아무래도 여자보다 남자에게 더 권위를 두는 경향이 있으므로 부패와 부도덕의 책임을 묻는 일에 남자에게 더욱 엄중할 수밖에 없다.

반동성애 그룹은 비난의 표적을 주로 남성 동성애자, 즉 게이들에게 초점을 맞추는데 여기에는 동성 간 성행위가 연상시키는 심상에 관한 즉자적 거부감이 강하게 개입된다. 그렇지만 이들은 교회 내에서 더욱 빈번하게 발생하는 남성 목회자와 여성 신도 간 성폭력 문제에는 조직적인 목소리를 높이지 않는다. 놀랍게도 이 그룹의 다수는 "목회자도 남성"이고, "남성은 본래 성욕을 잘 절제하지 못하기 때문에 그런 성폭력도 한순간의 우발적 실수"라고 여기는 경향이 있다. 심지어 성폭력 피해자 여성을 "꽃뱀"이라고 칭하는 등 피해여성의 평소 언행이나 복장, 기타 몸가짐을 시비하기도 한다. 이처럼 동성애에는 민감하면서도 여성에 대한 남성의 성폭력은 실수라고 관용하는 교계의 분위기는 성경에 입각한 보수주의 성윤리가 아니라 여성을 성적으로 대상화하고 남성의 성적 일탈을 한번쯤 가능한 경험으로 관용하는, 음란하고 성차별적인 세속적 사고방식, 그야말로 반성경적인 사고방식이다.

심지어 2000년대 초반, 페미니스트들의 끈질긴 노력으로 상업적 성매매가 불법화될 때조차, 한국 교회는 그야말로 기독교적이라 할 이 운동에 기여한 바가 거의(또는 전혀) 없었다. 이들 페미니스트들은 지금도 불법 성착취 영상 유포 근절을 넘어 포르노그라피 반대운동 등을 전개하고 있으며 이를 규제할 입법

방안을 강구하고 있다. 교회 역시 이런 문제들을 인식하긴 했지만, 어디까지나 개인의 자율적 윤리에 맡겼을 뿐, 정치적으로 반응하지는 않았다.[6] 수많은 개신교 남성들도 불법 동영상은 물론 직간접적 성매매/착취 행위에 연루되어 있을 것이다. 성추행이나 성폭행 가해자들도 교회 내부에 많이 있을 것이다. 전병욱 같은 성폭행 가해자가 여전히 목회를 할 수 있는 이유는 이 문제가 남의 일로 쉽게 외부화할 수 없는 문제이기 때문이다. 즉 전병욱의 처벌은 이후 남성 목회자가 같은 방식으로 처벌받을 수 있다는 뜻이므로 처벌 수위를 낮추게 된다. 세습금지 규정이 쉽게 무시되는 것도 마찬가지다.

반면 동성애는 단지 소수집단 문제로 거리를 두고 외부화할 수 있다. 동성애적 끌림 같은 걸 느낄 리가 없기에, 죄의 가능성으로부터 완전히 면역된 상태가 되어 마음 놓고 비난을 가할 수 있는 것이다. 그러나 교계의 성폭력 스캔들이나 담임목사직 세습에 부끄러움을 느낀다면 동성애 규탄에 일말의 부끄러움을 느끼는 게 마땅하다. 다수 신학자가 공동으로 집필한《동성애와 기독교 신앙》에서 제임스 포브스는 이렇게 추론한다.

내 생각에는 사람들이 성에 대한 자신들의 관점에 대해

6 포르노그라피에 대한 법적인 규제는 과연 옳은 것일까? 불법 성착취 영상은 당연히 근절해야 하겠지만 합법적인 성인 콘텐츠(포르노그라피 포함) 자체를 불법화시켜야 한다는 주장은 그것이 아무리 기독교 윤리에 부합한다고 해도 조심해야 한다. 법의 영역과 도덕의 영역은 분명히 구분해야 한다. 그런 면에서 기독교가 이 부분에 대한 바람직한 가치를 제시하면서도 이를 개인적 윤리에 맡겨두는 것은 적절한 것이었다고 생각한다. 동성애 이슈에 관해서도 이런 성숙한 반응이 필요하다.

흥분하는 것은, 그들 자신의 관점이 자신들에게 주는 느낌이, 자신들의 여러 잘못에도 불구하고 만일 그들 자신이 거룩하다고 여기는 것에 대해 완강한 입장을 유지하면, 아마 하느님께서 자신들에게 좀 더 자비로우실 것이라고 느끼기 때문입니다.

쉽게 말해 동성애에 보수적인 관점을 강하게 취하면, 다른 죄나 허물이 가려진다고 생각한다는 이야기이다. 그러나 앞에서 '덕 있는 동성애자'의 존재 자체로 '동성 간 성관계'의 죄가 면책되는 것이 아니라고 한 것과 마찬가지로, 동성애 문제에 성경적 관점을 취한다고 다른 죄나 허물이 가려지는 것은 아니다.

한편, 반동성애 그룹은 스스로를 언더독underdog, 즉 다수에 저항하는 소수 또는 정의로운 약자로 인식한다. 이런 인식은 외부인들이 봤을 때 어이없어 보이나 일단 이 입장에 감정이입을 해보자. 이들이 볼 때 성경은 분명히 동성애를 가증한 것으로 규정하며 금하고 있다. 따라서 그리스도인이라면 마땅히 이런 악한 문화에 저항해야 한다. 즉 자신들이 믿음대로 행동하는 소수의 그리스도인이라 생각하며, 이것이 죄인 줄 알면서도 침묵하는 다수의 신자들은 용기가 없고 비겁하다고 여긴다. 이런 심리 속에서 "수행을 통한 확신 강화"와 "확신을 통한 수행 강화"가 반복되는 일종의 순환고리feedback loop가 형성된다. 세속여론의 비난이 높을수록 그들은 스스로를 박해받는 의인이자 순교자로 인식한다.

마찬가지이다. 반동성애 운동가들은 스스로를 소수자로 자처하지만 이들은 다른 소수자가 느끼는 고통을 느끼기 어렵다. 다른 생각을 하는 사람과 제대로 소통해본 적이 드물기 때문이다. 같은 생각을 하는 사람들끼리만 모여 있으면 별로 갈등이 없다. 사람은 가까운 거리에서 다른 생각을 하는 사람과의 마주침을 통해 자기 생각을 비판적으로 점검하게 되고, 그 과정에서 내면의 갈등과 불안을 겪는다. 그것은 아픔이기도 하다. 반동성애 그룹은 이 마주침을 허용하지 않는다. 독일의 사회학자 울리히 벡(Ulrich Beck, 1944~2015)은 근본주의란 "아프기 싫어서 도망가는 것"[7]이라고 했는데, 그런 면에서 이들은 근본주의자들이다. 외부에서 어떤 비난을 받든 내집단에서 인정받으면 그만이다. 탈선을 일삼는 10대들의 심리도 이와 같다. 자기가 중요하게 생각하는 사람들에게 인정받는 것이 중요하며, 그들 집단의 룰이 무엇보다 중요하다. 교회가 갈수록 게토화된다고 지적하는 배경에는 이런 내집단 소속감과 거기서 오는 충족감이 있다.[8] 하물며 그 안에서도 근본주의적 신념으로 뭉친 반동성애 운동은 더 말할 필요가 없을 것이다.

(3) 이성애의 특권화와 동성애에 대한 희생제의

반동성애 그룹은 동성애 반대에 매몰되어 의도치 않게 이

7 울리히 벡,《자기만의 신》(홍찬숙 옮김, 도서출판 길, 2013), 106쪽.

8 물론 이런 문제는 반동성애 운동에만 있는 게 아니다. 모든 운동, 특히 그 운동이 전위적이고 급진적일수록 이런 경향을 띠기 쉽다. 그렇지만 분명한 건 퀴어운동이 이미 형성된 전통적 견해에 도전하는 것이기 때문에, 또 이들과 가까운 사람들도 퀴어를 불편하게 생각할 가능성이 압도적으로 높기 때문에 이들은 일상 속에서 훨씬 더 많은 갈등을 겪는다는 것이다. 이들에 대한 외부의 지지는 그저 공론장에서 담론으로만 형성되어 있을 뿐이다. 일상 속에서 그런 지지를 받는 것을 확실히 느끼기가 쉽지 않다. 물론 퀴어운동 그룹 내부에서는 상대적으로 갈등이 덜할 수 있고, 그 안에서 다른 생각을 하는 사람이 억압적인 감정을 느낄 가능성을 배제할 수는 없다.

성애를 특권화시키는 경향이 있다. 때로는 의도적으로 이성애를 특권화시킨다. 앞에서 우리는 퀴어에 상반된 입장을 지닌 로자리아 버터필드와 캐시 루디가 '지향-정체성' 개념 체계가 이성애에 부당한 특권을 부여한다는 점을 동시에 지적했음을 확인하였다. 그 특권이란 동성애적 죄에만 지나치게 초점을 맞춰 이성애에 도덕적 평가를 면제해 주는 경향을 말한다. 성경과 기독교 전통이 섹슈얼리티 일반에 요구하는 도덕적 규범은 '동성애 반대'로 축소되지도, 환원되지도 않는다. 그런데 현재 그런 축소/환원 현상이 일어나고 있다. '동성애'는 섹슈얼리티 전반에 걸쳐 나타나는 다양한 양상의 죄악들을 홀로 뒤집어쓴 채 거룩한 성전(聖戰)의 희생양이 되고 있다. 그리고 이 독특한 '희생양' 제의는 또 다른 '희생양' 제의의 동심원적 구조를 확대하면서 불안과 갈등을 가속화한다. 이 희생양 제의의 동심원적 확대는 3부에서 다루고, 일단 '이성애'를 자세히 살펴보자.

오늘날 대부분의 폭력과 성폭력은 이성애 관계에서 발생한다. 물론 일차적으로 이성애자가 다수이기 때문일 것이다. 그럼에도 단순하게 넘어갈 일은 아니다. 퀴어를 지지하는 사람들은 성소수자의 '인권'을 명분으로 내세우고, 인권은 무엇보다 '폭력'에 민감하기 때문에, 퀴어 운동그룹은 이성애는 물론이거니와 동성 간 성폭력도 그냥 넘어가지 않는다. 그래서 이들은 반동성애 운동을 비판하거나, 대항운동을 전개할 때에도 그 수단으로 폭력에 호소하지는 않는다. 다만 성소수자들이 당장 직면하는 차별과 혐오발언, 가짜뉴스 그리고 때로 겪는 물리적 폭력 등에 대응하고자 차별금지법 제정을 강력히 요구한다. 법에 호소하여 가해자들에게 공적 제재를 가하는 방식밖에 답이 없다고 보기 때문이다. 물론 동성 간 성폭력이 없는 것은 아니지만 이 부분도 구체적으로 조사해보면 성적 지향이 동성애자인 사람보다는 성적 욕망과 폭력적 성향이 넘치고 오도되는 보통의 이성애자로부터 비롯될 가능성이 높다.[9]

어쨌든 이성애 관계에서는 신체적·물리적 힘의 차이가 대부분 뚜렷하게 존재한다. 또 가정폭력과 데이트폭력에 둔감했던 가부장적 남성우위의 질서와 문화적 관습이 전반적인 의식과 습속에 강하게 남아 있다. 그렇기에 이성애 관계에서의 (성) 폭력이 압도적으로 많이 나타난다고 할 수 있다. 이성애 관계에서 나타나는 문제는 이외에도 너무나 많다. 시민의 도덕과 법률적 관점에서는 폭력과 억압이 주로 문제가 되지만, 더 엄격한 기독교 윤리적 관점[10]을 들이대면 이성애 사이에서 나타나는 죄는 더욱 많아진다.

먼저, 혼전 성관계를 들 수 있다.[11] 기독교 윤리에 입각하면 혼외 성관계는 죄이다. 심지어 서로 결혼을 약속한 사이라 하

9 앞에서 스티븐 홈스의 견해를 인용하면서 언급했듯, 사람의 성욕은 이성애-동성애 등의 명확한 성적 지향으로 나타나는 것이 아니라 본래 동성과 이성을 가리지 않고 나타나는 경향이 있다고 보는 게 더 정확하다고 본다. 고대 그리스-로마 뿐 아니라 아프리카 남부에서도 남성 노예들은 주인의 성관계 요구에 응해야 했으며, 아프리카의 경우 그것은 지배-피지배의 주종관계를 확실히 하는 일종의 인증절차였다고 한다. 이와 관련해서는《동성애에 대한 두 가지 견해》, 282쪽을 참고하라.

10 이 부분은 앞 13~14쪽, 고린도전서 6:11~20을 참고하는 내용에서 이미 충분히 다룬 바 있다.

11 요즘엔 심지어 혼전 성관계를 문제삼지도 않는다. 백소영 교수는 낙태 합법화 문제에 관한 〈한겨레21〉과의 인터뷰에서 혼전순결에 관해 보수적인 신학자들조차 더 이상 언급하지 않는 현상을 언급했다. "법 말고 사람을 보라 — 여성신학자이자 페미니스트인 백소영 교수 인터뷰", 〈한겨레21〉 제1259호, 2019.04.23. 기사. http://h21.hani.co.kr/arti/cover/cover_general/46950.html

더라도 공식적인 혼인 이전에 성관계를 갖는 것 역시 죄다. 하지만 이 문제를 해결하기 위해 운동조직을 만들어 캠페인을 펼치지는 않는다. 또 결혼을 약속한 커플에게 성관계 여부를 묻지도 않는다. 혼인 전에 임신사실을 알게 되어 결혼을 서두르는 경우도 종종 있지만, 목회자가 그걸 문제 삼아 주례를 거부하지도 않는다. 오히려 "속도위반"이라며 웃고 넘기기도 한다. 이 부분은 차라리 가톨릭이 더욱 엄격하다. 나는 지금 결혼 전 성관계를 정죄하려는 것이 아니라 현실적으로 남녀 관계에서 일어나는 일에 교회의 윤리적 원칙이 엄격히 적용되지 않으며, 매우 유연하고 관대하다는 점을 말하는 것이다.

이혼은 어떠한가? 복음서를 보면 예수님은 동성애는 한 마디도 언급하지 않으셨지만, 이혼에 대해서는 모세의 율법보다 훨씬 더 엄하게 명시적으로 금하셨다[12](마 5:32). 그렇지만 오늘날 교회는 어떤가? 이혼에 관대하다. 이혼한 사람을 구성원으로 받아들이지 않는 교회는 찾아보기 어렵다. 동성애에 대한 접근방식과 현저히 다르다.

이런 반론이 있을 수 있겠다. '혼전 성관계'든 '이혼'이든 사건 발생 이전에 윤리적 규범을 강조하는 것은 필요하지만, 발생 이후에 그것을 문제 삼는 건 다른 문제라고. 또 동성애라는 성적 정체성을 인정하면 이미 일어나버린 동성 간 성행위로 끝나지 않고, 앞으로도 그런 관계를 지속하려는 선호와 욕망을 승인하는 일이기에 문제라고. 맞는 말이다. 혼전 성관계든 이혼이든 이미

12 물론 당대 사회에서 이혼은 여성에게 치명적이었기에 여성을 보호하기 위한 차원에서 예수님이 그렇게 말씀하신 것이긴 하지만 말이다.

일어나 버린 일을 돌이킬 수는 없다. 그럼에도 회개는 필요하다. 현실적으로 목회적 차원에서 '혼전 성관계'는 문제 삼지 않으며, '이혼'은 그것이 밝혀졌을 경우 당사자에게 회개를 권하기보다 그럴 수밖에 없었던 상황을 이해해주고 오히려 내적치유 등 특별한 돌봄이 우선된다.

그렇다면 이혼 후 재혼한 사람이 또 이혼하는 것을 교회가 과연 엄하게 규제하는가? 그렇지 않은 것 같다. 혼전 성관계도 마찬가지다. 혼전 성관계를 한 두 사람이 결혼하는 경우는 말할 것도 없다. 젊은 남녀가 결혼과 관계없이 자유롭게 성관계하는 것에 교회가 과연 동성애만큼 민감하게 반응했는가? 물론 혼외 성관계는 어떤 형태로든지 죄라는 것, 음행을 일삼으면 안 된다는 원칙까지 교회가 타협한 것은 아니다. 하지만 어디까지나 원론적 입장만 확인할 뿐, 이와 관련해 사생활을 일일이 확인하거나 캐묻지 않는다. 또한 그런 성관계를 근절하기 위해 조직적인 행동이나 회심을 촉구하는 퍼포먼스를 하지도 않는다.

사람의 습관은 쉽게 바뀌지 않으며, 성적인 편력/습관은 더욱 그러하다. 회개했다 하더라도 또 죄를 범할 수 있고, 실제로도 그러하다. 그럼에도 우리는 혼외 성관계든 이혼이든, 우리는 당사자로부터 확실하고도 비가역적인 회심과 회개를 확인하려 들지는 않는다. 실제로 혼전 혹은 혼외 성관계를 자유롭게 하는 남성이 동성애자가 교회에서 느끼는 수준의 압박은 받지 않을 것이다. 현재 교회의 분위기로는 그렇다.

앞서 언급했듯이, 집창촌의 상업적 성매매를 불법화하고 포주와 성매매 여성의 착취적 관계를 제도적으로 근절하는 운동을 담당한 주체는 기독교가 아니라 페미니스트들이었다. 2020

년에 드러난 N번방 사건에서 그러했듯, 불법 성착취 동영상 반대는 물론 포르노그라피를 비롯한 음란영상물 반대운동도 대부분 페미니스트 그룹이 주도하고 있다. 그야말로 기독교적인 이 운동들에 교회가 앞장선 적은 없었다. 일부 진보적인 교회 혹은 기독교계 단체가 합류하는 목소리를 낸 정도이다. 대부분의 교회는 이 문제를 어디까지나 개인의 자율에 맡겨두고, 기독교적 윤리가 무엇인지 확인할 뿐이다. 심지어 남녀 사이의 성폭력 문제에 둔감했을 뿐 아니라 성범죄 목회자들을 '사랑의 용서'를 내세워 비호하기까지 했다. 그러나 이러한 관대함도 '동성애'는 비껴간다. 그리고 "동성애적 성적 지향을 인정하는 것은 앞으로도 그 행위를 지속하려 하는 선호와 욕망을 승인하는 일"이 되기 때문에 타협할 수 없다고 반복할 뿐이다.

답답한 일이다. 물론 그러한 명시적인 태도를 지니면서도 동성애자를 복음 안에서 환대하고 받아들이는 일이 불가능하지는 않다. 이것이 불가능하다고, "죄는 미워하되, 죄인은 사랑하라"는 메시지는 허울 좋은 구실에 불과하다며 공격하는 앨라이 그룹의 비판은 심정적으로 이해할 수 있으나 과도한 면이 있다. 즉 '인식론적으로 죄를 분별하는 것은 혐오와 차별을 필연적으로 수반한다'는 명제는 경험적으로도 반박된다. 이 부분은 LGBT의 목회적 수용을 고찰할 때 자세하게 다루겠다. 그럼에도 앨라이의 위와 같은 비판을 쉽게 간과할 수는 없다. 반동성애 운동에서 그리고 대부분의 기성교회에서 실제 나타나는 양상을 볼 때, 동성애에 대한 명시적이고 엄격한 비판은 동성애자들을 실제로 충분히 위축시키기 때문이다.

지금까지 상황을 요약하면 다음과 같다. — ① 동성애보다 이성애 관계에서 더 많은 폭력이 발생한다. ② 기독교가 죄로 규정하는 혼전/혼외 성관계와 이혼이 더 자주 일어난다. 그럼에도 교회는 이것을 강하게 문제 삼지 않는다. ③ 교회는 내부에서 빈번하게 발생하는 성폭력에도 대체로 관대하다. ④ 성매매 불법화 또는 성폭력 근절 운동 등 가장 기독교적인 운동도 교회가 조직적으로 앞장선 적이 없다. — 그럼에도 동성애만큼은 매우 엄격하고도 조직적으로 대응한다. 섹슈얼리티 문제만이 아니다. 심지어 세습으로 크게 비판을 받았던 명성교회도 덧씌워진 부정적 이미지를 반동성애에 앞장서면서 세탁하려 한다. 동성애만 반대하면 거룩한 대열에 서는 것 같은 이상하게 흥분된 분위기가 있는 것이다. 이렇게 동성애를 희생양 삼아 내부결속을 꾀하는 교회의 전반적인 흐름 속에서 동성애자들이 어떻게 위축되지 않을 수 있겠는가? 교회 안에서 자신의 존재를 숨기는 것을 넘어 매주 저주와 혐오의 말만 들어야 하는 동성애자들은 이제 목숨을 버리고 있다.[13]

(4) 아담과 스티브가 아닌 아담과 하와?

> 우리 교회의 교인이 자연법이야말로 동성애적 섹스의 문제를 끝장낼 비장의 카드라고 말할 때마다 나는 비명을 지르고 싶었다. 사람들이 나에게 하나님은 하와를 위해 아담을 만들었지 스티브를 위해 만든 것이 아니라는 말을

13 "벼랑 끝으로 몰지 말아주세요, 이요나 목사 인터뷰", 이은혜 기자, 〈뉴스앤조이〉, 2016.03.15. 기사. https://www.newsnjoy.or.kr/news/articleView.html?idxno=202401

얼마나 많이 했는지 아는가? 그 말을 들을 때마다 내가 동전을 하나씩 모았다면 백만장자가 되었을 것이다! 우리 교인들이 어째서 이 논리에 그토록 설득을 당하는지 나는 이해할 수 없었다. 아담과 스티브는 내 세계를 조금도 흔들지 못했다. _《뜻밖의 사랑》

아담과 스티브가 아니라 아담과 하와. 이 구호는 반동성애 운동에서 거룩한 창조질서를 강조하며 동성애 운동을 비판할 때 자주 사용하는 수사이다. 나는 아우구스티누스가 성경적 결혼의 원리를 개념적으로 잘 종합하였으며, 그 원리 가운데 남과 여라는 서로 다른 성의 상호보완적 결합과 자녀의 출산이 핵심이라는 학자들의 견해를 소개하였다. 그러나 버터필드는 이 자연 질서가 하나님이 만드신 창조 질서 아래 있으나, 그 자체가 복음은 아니라고 강조한다. 진화심리학에 따르면 자연선택의 원리에 따라 수컷은 자손번식 욕망이 강하고 본능적으로 많은 상대와 성관계를 원한다. 그렇다면 유전자에 새겨진 본능에 따라 남성들이 많은 여성들과 성관계를 하는 것은 창조질서에 부합하는가? 이처럼 자연 질서로서 하나님의 창조를 지나치게 강조하면 자연과학적 사실과 규범적 당위를 구분하지 못하게 된다. 게다가 원치 않음에도 동성을 향한 성적 끌림과 욕망이 현실적으로 존재하는 한, 이것 또한 하나님이 주셨다는 반론은 어떻게 기각할 것인가?

한편, 버터필드는 반동성애 그룹이 동성 간의 섹스가 불쾌하고 부자연스럽다는 느낌으로 이들을 혐오하며 정죄하는 행위가 "죄에 대한 관음증적 접근을 허용한다는 심각한 문제를 안고 있다"[14]고 강조한다. 이어서 그녀는 이들이 게이 섹스를 상세하게 묘사할 때 일어나는 결과를 세 가지로 정리한다. 첫째, 예수님을 사랑하되 원치 않는 동성애적 욕망과 씨름하는 신실한 그리스도인들을 희생양으로 만든다. 둘째, 부지중에 일부 그리스도인들에게 그런 행위를 열망하게 만들거나, 오래전 회개한 죄를 다시 떠오르게 해서 슬픔과 고뇌를 유발하고 예수님이 그의 피로 덮으신 것을 되살린다. 셋째, 이성애적 욕망만 품은 자들에게 유리한 정보를 줘서 부당한 독선에 빠지게 하고 치명적인 자만의 죄로 채색되기 쉬운 성적 정체성을 만든다.[15] 한마디로 이성애는 무조건 괜찮다며 착각하게 만든다는 것이다. 동성애자나 퀴어 성소수자를 성과 쾌락에 혈안이 된 모습, 선정적인 모습들만 선택하여 묘사하는 경향은 동성애자들을 위축시키고, 분노하게 만들며, 그리스도 앞에 돌아오는 것을 방해할 뿐이다.

그렇다면 동성애적 성적 지향, 즉 동성을 향한 성적인 끌림 그 자체는 죄일까? 앞서 동성결혼을 지지하는 신학자로 소개했던 윌리엄 로더는 동성애적 성적 지향의 존재를 사도바울도 알지 못했으므로 오늘날 동성애를 이야기할 때는 성경을 제쳐두어야 한다고 했다. 역설적이게도 로더에 따르면 동성을 향한 성적인 끌림, 그 유혹 자체도 성경에 비춰보면 죄가 확실하다. 로더는 성경이 그토록 엄격하게 말하고 있으나 오늘 우리가 동성애를 말하고 생각할 때 옛 문화를 배경으로 한 성경의 권고를 꼭 따를 필요는 없다는 것이다. 오히려 로더는 동성애와 동

14 로자리아 버터필드, 《뜻밖의 사랑》(홍병룡 옮김, 아바서원, 2017), 165쪽.

15 위의 책, 166쪽.

성결혼을 긍정하기 위해 성경을 새롭게 해석하는 것을 경계한다. 반면 동성결혼을 지지하지 않았던 신학자 스티븐 홈스와 웨슬리 힐은 동성 간 성행위는 죄이지만, 동성을 향한 성적인 끌림 자체는 죄가 아니라는 입장이다. 웨슬리 힐은 자신이 동성을 향한 성적 끌림을 느끼는 게이라고 하면서도 자신은 그런 끌림을 동료 그리스도인들과의 영적인 우정으로 승화시키고 있다고 고백한다.

결국 어떤 관점에서 죄를 보느냐에 따라 로더가 맞을 수도 있고 힐이나 홈스가 맞을 수도 있다. 창세 이래 죄로 안해 세상이 타락했다는 점, 그렇기에 우리의 모든 욕망이 죄로 물든 사회구조에 이미 연루되어 있다는 점에서 보면 동성을 향한 성적인 끌림과 유혹 역시 그 자체로 죄다. 그러나 그런 근본적인 관점에서 본다면 이성애적 성적 끌림도 당연히 죄일 수밖에 없다. 왜냐면 이성애자 역시 정해진 배우자 외에 다른 이성에게도 그런 끌림을 느끼기 때문이다. 따라서 이렇게 근본적이고 엄격한 규정은 '죄'라는 개념 자체에 오히려 회의를 갖게 한다. 의미의 외연이 지나치게 넓으면 내포가 작아진다. 쉽게 말해 모든 게 죄가 되면 사실상 아무것도 죄가 아니라는 역설적 결론을 낳는다는 것이다. 어차피 지을 죄를 피하려고 노력하는 것 자체가 헛되고 불가능하기 때문이다. 감옥에서 회심한 어느 흉악범이 자신을 기소하는 검사를 향해 "하나님 앞에서는 나도 죄인이고 당신도 죄인이므로 당신이나 나나 어차피 동일하게 죽을 죄인이다"라고 한다면 어떻겠는가?

이 이야기를 하는 이유는 '반동성애 그룹'은 물론 동성애가 죄라고 여기는 그리스도인들 모두 동성애자의 회심을 성적

지향을 완전히 바꾸는 것으로, 즉 "탈동성애를 통해 이성애자가 되는 것"으로 오해하는 경향이 있기 때문이다. 좀 격하게 표현하면, 성령의 불을 받아 성적 지향이 근본적으로 확 바뀔 수 있다고 믿는 것이다. 이것은 심각한 오해이다. 유혹의 패턴 그 자체는 쉽게 바뀌지 않는다. 아니 아마도 평생 지속될 수 있다. 다만 그리스도 앞에서 성화되는 과정에서 끊임없이 훈련하는 것이다. 성화의 과정에서 유혹에 대한 끌림의 강도가 점점 낮아지고 그로부터 점차 자유로워질 수는 있어도 유혹이 완전히 사라지지는 않는다. 이것이 과연 동성을 향한 성적인 끌림에만 해당하는 문제인가? 기호품이나 약물 중독도 마찬가지다. 심지어 질투와 교만도 죽을 때까지 사라지지 않는다. 그런 욕망에서 자유로워지려 성령의 도움으로 스스로를 다스리고 훈련해나갈 뿐이다. 다만 그리스도인에게 희망적인 것은, 이러한 절제와 훈련을 자신만의 의지와 노력이 아니라 성령의 돕는 은혜가 함께한다는 점에 있다. 반면 반동성애 그룹은 '동성을 향한 성적 끌림' 자체를 이해하지 못한다. 경험해본 적이 없기 때문이다. 자신들이 경험하지 않으니 그것을 쉽게 떨칠 수 있다고 생각하고, 회심한 동성애자 그리스도인들까지도 속히 이성애자가 되라고 재촉하고 압박한다. 그러나 그런 몰이해와 편견, 재촉과 압박이 폭력일 수 있다는 점, 그것이 오히려 형제를 실족시키는 죄이며 하나님을 분노하게 만드는 죄라는 점을 명심해야 한다.

(5) 가짜뉴스와 세계관 전쟁으로 극우화되는 반동성애 운동

지금까지는 반동성애 그룹의 문제점을 기독교의 틀 안에서 살펴보았다. 그러나 이들이 시민사회 공론장에 나올 때 결국은 극우 이데올로기로 무장을 하고 나온다. 이들이 보기에 젠더 이데올로기의 계보는 결국 마르크스(K. Marx, 1815~1883)로 거슬러 올라간다. 그 내러티브를 요약하면 대략 다음과 같다.

> 마르크스의 공산주의 사상은 무신론을 기반으로 하며, 레닌과 스탈린의 소련은 혁명 후 실제로 기독교를 말살하고자 했다. 그러나 동유럽과 달리 산업화된 서유럽 사회에서 공산주의 혁명이 좌절하면서, 시민사회 안에서 혁명을 성공시키려면 장기적 전망을 지니고 진지전을 구사해야 한다는 이탈리아의 공산주의자 그람시(Antonio Gramsci, 1891~1937)의 이론이 각광을 받았다. 그러다 2차 대전이 끝난 후 중국의 문화대혁명과 68혁명을 전후하여 마오쩌둥에 대한 60년대 신좌파의 열렬한 환호가 이어졌고, 라이히(Wilhelm Reich, 1897~1957)로부터 마르쿠제(Herbert Marcuse, 1898~1979)로 이어지는 네오마르크스주의의 성혁명이 주창되었다. 이 모든 혁명운동의 기저에는 기독교 신앙을 말살하고자 하는 의도가 숨어 있다. 왜냐하면 막스 베버가 말하듯, 자본주의의 정신적 기초가 되는 것이 프로테스탄티즘이기 때문이다.
> 초기 마르크스주의자들은 토대-상부구조의 도식에 근거해서 자본제 시스템을 붕괴시키려 했지만, 그것이 어렵게 되자 알튀세르를 위시한 신좌파 이론가들은 상부구조를 지배하는 부르주아적 가치관과 이데올로기의 문제가 단순한 문제가 아님을 인식하게 된다. 이들은 결국 그 근간에 있는 기독교의 영향을 해체해야 한다는

> 데 생각이 이르렀고, 기독교 신앙을 끝장내려면 결국 가정을 해체하는 게 답이라고 생각했다. 가정이 가장 미시적인 정치영역이므로 거기서부터 해방이 일어나야 거시적인 정치와 경제시스템에서도 해방이 일어날 수 있다는 것이다. 그리하여 이들은 결혼 외의 자유로운 성관계, 피임과 낙태 일반화를 넘어 동성애, 퀴어, 다자연애, 전통적인 결혼제도 폐지 등을 추구하게 했다. 이 모든 운동이 궁극적으로 지향하는 것은 이 나라의 근본적 기초인 가정을 파괴하고, 공산화시키기 위함이며, 북한 김정은 정권에 바치기 위함이다. 그러므로 우리는 나라를 구하는 마음으로 동성애의 물결을 막아야 한다. 이걸 막지 못하면 이 나라는 성의 문란함과 가정의 파괴 그리고 이슬람과 공산주의의 쓰나미에 휩쓸리고 만다. 그런데 문재인 정권의 핵심을 구성하는 세력은 80년대 마르크스주의와 김일성 주체사상에 경도되었던 NL 운동권 출신들이며, 따라서 이들이 동성애를 옹호하는 차별금지법 제정을 추구하는 것도 이와 같은 전략에 근거하는 것이다.

반동성애 운동단체는 사상의 배경과 맥락의 복잡성을 간과하고, 저렇게 단순화된 내러티브로 기독교인들에게 위기의식을 주입하려 한다. 물론 위 내러티브가 전부 거짓은 아니다. 부분적으로 맞는 내용도 있다. 하지만 왜곡과 과장이 심하고, 의도에 대해서도 과한 추론이 뒤섞여 있다. 가령 "가정이 가장 미시적인 정치영역이므로 거기에서부터 억압의 사슬을 끊고 평등과 해방이 일어나야 한다"는 주장은 1960년대 이후 제2물결 페미니즘[16]의 흐름 이래 기본적 주장이기는 하다. 그러나 가정을 해체해야 한다는 주장은 아니다. 물론 과장된 수사법으로 그렇게 주장한 사람도 있기는 할 것이다. 하지만 어떠한 말이든 그 말이 발화되는 맥락을 살펴야 한다. 멀쩡히 존재하는 가정을 파괴하려는 의지를 갖고서 "가정을 해체해야 한다"고 말할 사람은 없을 것이다. 가부장을 중심으로 가족제도 안에 만연한 불평등과 억압의 문제를 드러내고 긍정적인 방향으로 변화를 촉구하는 내용으로 읽어야 한다.

반동성애 그룹에 동조하는 분들로부터 반론이 있을 수 있겠다. 그래도 그런 식의 표현들이 누적되면서 가정을 오로지 억압과 착취 공간으로 인식한다면 결국 '소중한 가정'이라는 가치가 땅에 떨어지는 것 아닌가? 가랑비에 옷 젖듯 이런 가치관의 확산을 놔두면 정말 가정은 해체되지 않겠는가? 이런 생각으로 반동성애 운동의 문제점을 알면서도 더 큰 악을 막기 위해 이런 작은 문제는 눈감겠다고 생각하는 사람도 있을 것이다. 이와 관련해 미국 댈러스 빌리지교회의 목사인 매트 챈들러Matt Chandler의 지적은 새겨들어야 한다. 그는 기독교에 적대적인 세속문화 한가운데에서 그리스도인들이 잘못 반응하는 첫 번째 방식으로 '문화를 회심'시키려는 방식을 꼬집는다. 챈들러에 따르면 "이 방식을 지지하는 사람들은 이 일을 실현시키기 위해서 어떤 수고도 기꺼이 감당할 준비가 되어 있다. 설령 부패한 정치가나 정당과 손을 잡거나 사소한 도덕적 타협을 해야 하는 상

16 페미니즘의 흐름에 대해서는 2부에서 주디스 버틀러의 퀴어이론을 고찰하는 부분에서 각주로 따로 설명하였다. 이 책 244쪽 각주 1번 참고.

황이라도 마다하지 않는다."[17] 그러면서 챈들러는 특별히 '기독교 우파'의 행태를 꼬집는다. "지금까지 그리스도인들이 문화의 회심을 위해 타협을 묵인하고, 거룩하지 않은 동맹도 서슴지 않고 맺은 탓에 많은 사람이 교회의 메시지를 더 의심스럽게 바라보고 마음을 닫게"[18] 된 것인데, 이는 정확히 한국의 보수 개신교에도 들어맞는다. 실제로 이런 작은 허용과 눈감아주기로 반동성애 그룹이 가짜뉴스의 생산기지가 되고, 정치적 목적을 위해 수단과 방법을 가리지 않고 불법이 저질러지고 있으며, 건강한 기독교의 입지는 갈수록 좁아지고 있다. 그 대표적인 예가 '에스더기도운동'이다.

지난 2018년 〈한겨레〉는 '가짜뉴스의 뿌리를 찾아서'라는 탐사보도 시리즈를 내보냈다. 기자들이 장장 2개월간 유튜브와 카카오톡 대화방 등을 추적하여 가짜뉴스 생산과 유통경로를 파악했고 그 근원에 '에스더기도운동'과 이 단체의 대표 이용희 씨가 있음을 확인하였다. 이들은 해외의 차별금지법 판결에 대한 허위정보와 가짜뉴스를 유통시켰고 기독교 정체성을 숨긴 극우파 성향의 정치단체를 수십여 개 만들었으며, 이슈가 있을 때마다 온오프라인을 막론하고 광장에 사람들을 동원하였다. 게다가 후원모금의 과정도 투명하지 않았는데, 심지어 박근혜 정권 시기에는 국정원에 '우파청년 양성자금'도 요청한 것으로 드러났다.[19]

그런데 이보다 훨씬 앞선 2012년, 교계 내에서 이미 이

17 매트 챈들러·데이비드 로크, 《불신의 시대를 사는 그리스도인의 용기》(김진선 옮김, 토기장이, 2018), 20쪽.

18 위의 책, 21쪽.

러한 에스더기도운동의 문제점을 우려하는 목소리가 있었는데, 보수 개신교 매체 〈코람데오닷컴〉에서 칼럼으로[20] 이 문제를 자세히 다루었다. 이 칼럼은 에스더기도운동의 신학사상이 신사도운동적 성격이 있으며, 그들이 아무리 기독교적 사회변화를 촉구하고 동성애 반대운동과 북한인권운동을 하고 있다 할지라도 그 주장에 부화뇌동해서 현혹돼서는 안 된다고 주장했다. 특히, 이 단체가 "마치 좌익박멸이 기독교의 최종목표인 것처럼 신앙하고 있다"면서 매우 비판적으로 조명하고 있다는 점은 눈여겨볼 대목이다.

이렇게 교계 내부, 그것도 보수적인 매체에서 이미 경고를 했지만 복음의 진리보다 정치적 이슈에 더욱 끌리고 기초적 신학 지식을 분별하기 힘든 신자들이 이런 사정을 알 턱이 없었다. 뿐만 아니라 '지저스 아미Jesus Army'라는 그럴 듯한 이름과 '365일 24시간 기도'로 영적전쟁을 치른다는 에스더기도운동의 열정에서는 진정성마저 느껴진다. 이렇게 한 단체 혹은 그 단체의 대표의 말이 지나치게 높은 권위를 가지면 그 사람의 판단이 곧 신앙적인 판단, 영적인 판단의 위치로 격상될 수 있다. '동성애'나 '차별금지법' 이슈뿐 아니라 세월호, 일본과의 무역갈등, 위안부 문제, 일제 강제징용 문제, 한미동맹, 대북외교, 경제정책 등 여러

19 〈한겨레〉, "가짜뉴스의 뿌리를 찾아서" 시리즈 기사들을 참고하라. http://www.hani.co.kr/arti/SERIES/1147/ 한편, 에스더기도운동은 〈한겨레〉 측에 손해배상 및 정정보도 청구 소송을 제기했고, 1심에서 패소했다. 에스더기도운동 측은 이에 불복하여 다시 항고한 상태이다. 관련기사는 다음 링크 참고 http://www.hani.co.kr/arti/society/society_general/928795.html

20 "에스더기도운동의 문제점과 대응배경", 〈코람데오닷컴〉. 2012.06.10. http://www.kscoramdeo.com/news/articleView.html?idxno=5364

문제에서 보수야당과 가까운 우파적 입장은 이제 '신앙적으로 올바른' 입장으로 변모하여 심각한 해악을 낳고 있다.

가짜뉴스를 생산하며 공포를 조장하는 편이 에스더기도운동과 이용희 대표라면, 나름 체계적인 지식으로 반동성애 운동에 영향을 주는 대표적 이데올로그는 울산대학교 이정훈 교수일 것이다. 이정훈 교수는 과거 종교자유정책연구원 설립에 관여하고, 개신교계 사립학교인 대광고에서 강의석 군의 예배거부 1인 시위를 기획했던 사람[21]으로 본래는 출가한 불자였으며, 기독교에 적대적이었던 사람이었다고 한다. 그러다 기적 같은 체험으로 회심을 하고 개신교 신자가 되어 현재는 스스로를 '하나님의 종'으로 정체화identify했으며, 최근 엘정책연구원을 설립하여 반동성애 운동의 이론적 기반을 다지는 역할을 하고 있다.

일단 그의 개인적 회심과 신앙적 간증의 진정성은 의심하지 않는다(개인적 경험을 누가 판단하겠는가?). 그리고 그가 직접 쓴 《교회 해체와 젠더 이데올로기》는 68혁명과 후기구조주의, 최근의 퀴어 페미니즘에 이르기까지의 사상적 흐름을 객관적으로 잘 정리했다는 느낌을 준다. 서울대에서 법학박사 학위를 취득했고, 에딘버러 대학교와 일본 고베대학교의 방문연구원으로서 법을 연구한 학자이므로 이론적 지식이 모자라지는 않을 것이다. 그래도 경우에 따라 생략과 과장을 통해 이론을 왜곡할 가능성도 있는데, 사상의 흐름 자체를 서술한 부분에서는 그런 왜곡을 발

21 이에 대해서는 이정훈 교수와 종교자유정책연구원의 류상태 전 목사와의 주장이 엇갈리고 있어서 뭐가 정확한 사실인지는 확인해봐야 한다. 분명한 것은 이정훈 교수가 과거에 개신교를 강하게 공격하던 입장의 불교신자였다는 사실이다.

견하지는 못했다(슬라보예 지젝의 이론을 설명한 부분은 좀 애매했던 것 같다).[22] 그렇다면 문제가 없을까? 팩트를 객관적으로 나열하더라도 거기에 의미를 부여할 때는 문제가 생길 수 있는데, 안타깝게도 이정훈 교수는 여기서 벗어나지 못한다.

그는 "문재인 정부의 원전반대와 젠더에 기초한 성평등의 아이디어들이 68정신을 계승한 것"이며, 이를 근거로 문재인 정부는 "명실상부한 68의 이념을 실현하기 위한 혁명정부"라고 평가한다.[23] 나도 개인적으로는 68혁명의 히피적 요소들은 부정적으로 보는 편이다. 하지만 68혁명의 유산 전체를 부정할 수 있을까? 흑인 민권운동과 페미니즘 운동의 성과를 부정할 수 있을까? 반전/반핵운동이 잘못된 것일까? 체르노빌과 후쿠시마 원전 사례에서 알 수 있듯 치명적인 위험을 피하기 위해 탈원전으로 방향을 잡은 정부의 결정은 국민의 안전과 환경보호 차원에서는 올바르다. 그것이 68혁명의 영향이냐 아니냐는 중요한 문

22 이에 대한 뉴스앤조이의 비판 분석기사가 있었고, 이 기사에 자문을 한 철학자들의 입장과 관점은 이정훈 교수와 분명히 차이가 있었지만 그것은 관점과 입장에 따른 차이라고 봐야 할 것 같다. 적어도 책에서 이정훈 교수가 요약한 현대사상가들에 대한 설명과 팩트가 딱히 틀렸다고 보기는 어려웠다. "패륜의 사상가"라는 표현 자체는 공격적이고 과도한 면이 있긴 하지만, 파시즘의 원인을 지나치게 성억압에 환원하며, 성해방이 곧 진정한 정치적 해방을 낳는 길이라고 역설했던 빌헬름 라이히의 이론은 기독교 입장에서 긍정하기 어려운 학자인 것은 분명하다. 또 이정훈 교수는 빌헬름 라이히의 성혁명 담론의 측면을 집중했을 뿐 라이히가 동성애를 긍정하거나 조장했다고 말한 적이 없다. 실제로 라이히 역시 동성애를 병리적 현상으로 보았고, 성억압이 사라지면 자연스럽게 없어질 거라고 봤다는 점에서 오늘날 퀴어이론가들의 시각으로는 동성애 혐오자로 분류할 수 있다. 포이어바흐에 관한 내용은 책에 없어서 잘 모르겠다. 그러나 68혁명에 대한 이정훈 교수의 설명은 너무 단편적인 느낌이 있다. 관련기사는 "현대 철학자들은 정말 '패륜의 사상가'인가", 〈뉴스앤조이〉, 박요셉 기자, 2018.12.14. https://www.newsnjoy.or.kr/news/articleView.html?idxno=221572

23 이정훈, 《교회해체와 젠더이데올로기》(킹덤북스, 2018), 48쪽.

제가 아니다. 문재인 정부가 68혁명의 연장선에 있다고 보기도 어렵다. 이정훈 교수가 "68의 연장선에 있는 혁명정부의 수반"이라고 칭하는 문재인 대통령은 역대 어느 대통령보다 한국 자본의 상징인 삼성전자를 자주 찾아갔고 시스템 반도체 산업의 선도적 육성을 강조하였다. 게다가 문 대통령은 68의 후예라면 상상할 수 없는 발언을 하기도 했다. 대선후보 토론에서 공개적으로 "동성애 반대합니다"라고 했다가 퀴어진영으로부터 큰 비판과 반발을 산 것이다. 그럼에도 이정훈 교수는 현 정부에 대해 보수 개신교 신자들이 지닌 반감에 편승하여 파편적인 사실들을 황당한 내러티브로 엮어버린다. 이외에도 그는 현재 자본주의의 첨단을 달리는 중국을 문화혁명 당시의 마오이즘과 연결시키고, 이에 대적하는 한미일 삼각동맹 강화를 자신의 신앙적 입장에 근거해서 주장한다. 그가 그토록 우려하는 동성애에 북한, 중국, 러시아는 강경한 혐오반응을 보이지만 일본은 동성애에 우리보다 더 열려 있고, 미국은 이제 연방차원에서 동성결혼이 합법화된 나라이다. 그럼에도 이정훈 교수는 외교안보에서 한미일 삼각동맹의 지속을 강조한다. 이것은 신앙적 주장인가 아니면 정치적 주장인가?

게다가 그는 앞서 이야기했던 분당우리교회 부목사의 설교가 논란이 되자 이찬수 목사의 입장이 분명하지 않다며 공개적으로 비판하였고, 이찬수 목사가 신영복 교수에게 존경의 뜻을 비치며 그의 책에 나오는 '더불어 숲'을 인용한 것을 두고는 개혁주의 신앙이 의심스럽다며 더불어 타령이 전체주의와 권위주의로 빠질 수 있다고도 비판했다. 교계에서 그나마 합리적 보수의 목소리를 내는 목사들에 대해서도 이렇게 검열을 하는 상황이니, 재정비리와 세습, 성문제로 얼룩진 교회에 개혁적 목소리를 내는 목사들과 교계 단체들에 대해서는 어떤 태도를 보일지 설명하지 않아도 될 것이다. 2019년 예장합동 교단의 신학부는 그에게 공식적으로 사상검증 완장을 채워주기도 했다.[24] 그나마 전광훈 씨의 행태가 지혜롭지 못하다고 비판한 점을 위안으로 삼을 수 있을까?

현대판 바울로 불리는 이정훈 교수는 겉으로는 기독교적 회심을 내세우지만 신념의 내용만 바뀌었을 뿐 상대를 적으로 보고 전투적으로 행동하는 스타일은 변함이 없다.[25] 이용희 대표는 정치적 목적을 위해서 적법하지 않은 방식으로 후원금을 모금하고, 가짜뉴스를 생산하여 유통시키면서 사람들을 현혹시킨다는 점에서 이정훈 교수보다 더욱 문제가 심각하다. 이들에 의해서 십자가 복음은 세계관 전쟁의 도구로 변질되고, 기독교는 선신과 악신의 대결을 믿는 마니교적 성격을 띤다. 이들에게 복음은 포장지이고, 내용물은 극우적 정치이념이다. 이념 선전의 매개로 '반동성애'라는 슬로건이 활용되는 것이다.

하지만 이런 방법은 지혜롭지 못할 뿐 아니라 악하다. 게다가 '동성애' 문제를 이데올로기 문제로 접근하면 문제는 더욱 복잡해진다. LGBT 성소수자는 분명히 우리 주변에 있으며, 그

24 "복음주의단체 신학사상 조사, 정당한가?", 〈평화나무〉, 김준수 기자, 2019.03.26. https://www.logosian.com/news/articleView.html?idxno=108

25 그나마 최근(2021년)에는 이정훈 교수도 반동성애 운동 진영의 가짜뉴스와 거짓말 등을 비판하기 시작했으며, 아브라함 카이퍼의 '영역주권론'을 토대로 정교분리에 대한 바람직한 시각을 알리고 있는 듯하다. 기독교 정치는 탈레반식 신정정치가 아니라고 이 진영을 설득하고 있는데, 그로 인해 음모론과 가짜뉴스에 젖어 있고 태극기를 흔들며 전광훈 목사를 지지했던 극단적인 반동성애 우파 그룹에 의해 공격받고 있는 상황이다.

들이 고통 속에서 신음한다는 건 부인할 수 없는 팩트다. 그들의 주장에 동의를 하든 안 하든 일단 그들의 말에 귀 기울일 필요가 있고 그들의 아픔에 공감할 필요가 있다. 그것이 믿는 자로서 바람직한 태도이다. 그런 면에서 이미 동성결혼이 합법화된 유럽과 북미에서, 성경의 성윤리 가르침을 그대로 믿는 사람들이 어떤 입장을 취하는지 알아볼 필요가 있다. 과장되고 왜곡된 뉴스를 짜깁기하며 소송과 박해에 대한 공포만 조장할 일은 아닌 것이다. 그렇다면 이제 다음과 같은 질문이 던져진다. 교회는 LGBT 성소수자들을 어떻게 수용할 것인가? 더 정확히 말해 성경의 윤리적 가르침을 그대로 따르면서—"죄는 미워해도 죄인은 미워하지 말라"는 오랜 격언조차 모순어법이자 혐오라는 낙인으로 돌아오는 이때—LGBT 성소수자들을 수용하는 것이 과연 가능할까?

6

교회는 LGBT를 어떻게 수용할 것인가

(1) 먼저 회개하자

교회는 LGBT를 어떻게 대해야 하나? 반동성애 운동의 "방식"은 비판하더라도 LGBT의 성적인 행위들을 하나님이 기뻐하시지 않는 것은 분명하므로 교회 공동체의 구성원으로 맞아들이기 전에 철저한 회개와 탈동성애를 바로 요구해야 할까? 그래야 한다고 생각하는 그리스도인들이 실제로 많다. "동성애는 죄이지만 동성애자는 사랑한다"는 이들의 말을 퀴어그룹이 믿지 못하는 이유가 여기에 있다. 실제로 말이 아니라 행동으로 동성애자 그리스도인을 품고 진실하게 사랑하는 모습을 본 적이 없기 때문이다. 일시적으로 적당히 꾸며낼 수는 있겠지만 당사자들은 안다. "이 사람들은 나를 경계하며, 나에게서 동성에 대한 성적 지향을 끊어내는 것에만 관심을 두고 있다"라고 생각할 것이다. 솔직히 말하면 일시적으로 수용하고 사랑하는 척 꾸밀 기회도 없다. 왜냐면 이들 앞에서 동성애자는 존재를 숨기기 급급하고, 따라서 신자들의 눈에는 동성애자를 비롯한 성소수자들이 전혀 보이지 않을 것이기 때문이다.

그러므로 교회는 먼저 교회 안에 동성애자들이 자신의 존재를 드러낼 수 있도록 분위기를 바꿔야 한다. 동성애가 죄라는 인식을 버려야 한다는 것이 아니다. 어차피 교회는 죄인들이 모이는 곳이라고 기독교인들 스스로 말하지 않는가? 동성애자만

이 아니라 우리 모두가 죄인이다. 자신의 성적 지향을 바꾸든 바꾸지 못하든, 바꿀 의사가 있든 없든 일단 교회는 이들을 맞을 준비를 해야 한다. 득달같이 달려들어 바꾸려고 해서는 안 된다. 또 "동성애는 하나님 앞에서 죄"라고 미리 선언할 필요도 없다. 그렇게 말하지 않아도 이미 동성애자들은 전통적인 기독교의 가르침이 무엇인지 잘 알고 있다. 먼저 할 일은 이들을 그저 환대하는 것이다. 또 동성애자라고 해서 특별하게 대할 필요도 없다. 성적인 지향 같은 건 잊어버리고 다른 성도들을 대하듯 하면 된다. 근본적으로 우리 모두 하나님의 자녀라는 정체성을 서로 확인하는 것만으로 충분하다. 즉 우리의 생물학적 성별, 성 정체성, 성적 지향보다 근본적인 것은 우리가 하나님의 자녀이고 그리스도의 보혈로 구원받은 존재들이라는 점이다. 여기에서 출발해야 한다.

이어서 회개해야 한다. 우리 사고의 폭력성을 회개하고, 동성애자들의 위축된 심리와 그들이 처한 상황을 돌아보지 못했음을 회개해야 한다. 공예배의 기도가 바뀌어야 한다. 그간 우리는 "하나님의 거룩한 창조질서가 무너지지 않게 하시고, 이 나라가 동성애의 물결에 넘어가지 않도록"만 기도했다. 하나님 나라를 열망하는 마음 자체는 귀하며, 하나님 앞에서 의로운 것을 분별하는 것도 중요하다. 그러나 그보다 우선해야 할 것은 상처받은 성소수자 그리스도인들이다. 기도의 내용 자체에 오류가 없다 하더라도 기도가 발화되는 맥락, 또 그 기도를 통해 만들어지는 정서가 있게 마련이다. 오늘날 대다수 한국 교회의 회중기도에는 이런 참회의 내용이 없는 듯하다. 성소수자들의 존재를 인식하지 못한 것, 율법적 의로움을 앞세우다가 그들에게 상처를 준 것, 원치 않는 동성애적 욕망과 씨름하며 고통당하는 이들을 위해서 기도하지 않은 것, 그런 그들의 아픔에 관심을 갖지 않은 것들에 대한 참회의 기도 말이다.

동성애 문제만 나오면 정치적이고 이데올로기적인 전쟁의 프레임으로만 사고하고, 기도는 그 전쟁에서 승리를 염원하는 내용으로 점철된다. 이러한 프레임에서 기독교는 마니교적인 색깔을 띤다. 이 세계가 선신과 악신의 대결의 장이며, 그리스도인들은 영적 전쟁의 전선에서 그리스도의 승리를 위해 목숨을 걸고 싸워야 하는 십자군병이 되는 것이다. 여기에 만유의 하나님이 모든 것을 주관하고 통치하신다는 믿음은 없다. 전쟁은 하나님께 속했다고 하면서 정작 이 문제만 나오면 '위기에 처한 교회' 나아가 '위기에 처한 하나님'을 이제 우리가 구해야 한다는 생각에 사로잡히고 만다. 통절하게 회개할 일이다.

(2) 그리스도인 LGBT 형제자매들을 찾아야 한다

그다음 기독교 신앙을 지닌 신실한 LGBT 형제자매들을 찾아 대화하며 공감과 심정적 지지를 얻어내야 한다. 이들은 크게 세 그룹으로 나눌 수 있다. 첫 번째, 동성을 향한 성적인 끌림은 존재하지만 경건한 생활 가운데 금욕을 실천하고 교우들과의 영적인 우정을 지속하며 독신생활을 영위했던 헨리 나우엔(Henri Nouwen, 1932~1996) 같은 사람들이다. 두 번째, 동성을 향한 성적인 끌림이 여전히 존재하고 성행위도 지속하고 있지만 그것이 하나님의 뜻이 아님을 알기에 괴로워하는 사람들이다. 마지막으로 세 번째 그룹은 그리스도인이지만 자신의 성적 지향과 그에 따른 성적인 행위가 죄가 아니라고 생각하는, 자신의 정체성을 긍정적으로 받아들이는 성소수자들이다. 이들 각 그룹에 대한 목회적 접근과 수용 방법은 차이가 있겠으나 기본 원리는 같다. 신학적 입장은 일단 제쳐두고 그리스도 안에서 한 형제자매로 환대하는 것이다.

첫째 그룹은 평범한 그리스도인들에게 참된 신앙과 경건한 삶이 무엇인지 가르쳐줄 수 있는 존재들이다. 성적 금욕이 상상 이상으로 어렵다는 것은 굳이 설명하지 않겠다. 하지만 지금과 같은 강력한 반동성애의 흐름에서는 이들이 자신들을 드러내기가 어렵다. 한국 교회는 이른바 정상가족, 즉 결혼한 부부와 그 자녀로 구성된 핵가족을 이상적 모델로 상정한다. 그런 문화에서 교회 청년들은 결혼을 지상최고의 사명으로 여겨 쉽게 응답되지 않는 배우자 기도를 지속하고 있다. 결혼을 하지 않은 싱글들은 "믿음이 없어" 기도에 응답을 못 받거나 "돈이나 외모의 경쟁력이 없어" 결혼할 능력이 없는 루저 취급을 받는다. 지나치게 결혼을 중시하는 문화 때문에 결혼하지 않은 사람들이 투명인간이 되고, 공동체의 가장자리 혹은 교회 밖으로 내몰린다. 이런 분위기에서 첫째 그룹은 자기 존재를 드러내기가 극도로 어렵다. 이들이 솔직하게 자신의 입장이나 상황을 밝혔을 경우 성적지향을 제대로 버렸는지 끝없이 의심하며 확인하려 드는 사람이 있을 것이고, 어떤 이들은 탈동성애의 가장 확실한 방법은 이성애 결혼이라며 원치 않는 결혼을 재촉하고 강요할 것이다. 근대적 핵가족을 지나치게 중시하는 한국 교회, 특히 개신교 문화가 이들을 그냥 두지 않을 가능성이 높다. 반동성애 운동도 문제지만 이 정상가족 이데올로기가 더 근본적인 문제다. 성소수자들만이 아니라 비혼 독신의 남녀까지도 배제하기 때문이다. 결혼과 출산이 왜 갈수록 힘들어지는지, 전반적인 사회구조에 대한 성찰이 없는 것이다. '위너winner', 즉 결혼한 사람들끼리 모여 있기 때문이다. 이 틀을 바꿔야 한다. 경건한 성소수자들이 자신의 존재를 드러낼 수 있도록 교회의 분위기를 쇄신하고, 건강한 가정과 결혼 권장을 넘어 그것만이 유일한 답인 것처럼 성경의 가르침을 오도하거나 결혼과 가정을 우상화하는 관행을 바꾸어야 한다.

두 번째 그룹은 동성을 향한 성적인 끌림에 성행위를 하고는 있지만, 신앙으로 인해 자신의 행위를 괴로워하는 성소수자들이다. 이들 중에는 모태신앙으로 나고 자란 사람들, 특히 목회자 자녀들이 많다고 한다. 성소수자를 포용하는 소수의 진보적 교회들은 이들을 "있는 모습 그대로" 존중하고자 하는데, 이들의 성적 지향만이 아니라 그에 따른 성적 행위까지도 모두 긍정하는 방향으로 나아간다. 하나님이 이들을 그렇게 창조하셨기에, 이들이 서로의 몸만을 수단적으로 탐하지 않고 그리스도 안에서 서로 진심으로 사랑한다면 그에 수반되는 이들의 성적인 행위는 죄가 아니라고 믿는 것이다. 이 그룹은 아무래도 이러한 방향을 지닌 교회에 이끌리기 쉽다. 따라서 이 사람들에 대한 관심은 목회 차원에서 대단히 중요하다고 할 수 있다. 바람직한 교회라면 자신의 행위를 괴로워하며 죄의식으로 몸부림치는 성소수자들이 일단 괴로움을 토로할 수 있어야 하고, 공동체의 구성원들은 이들의 고통을 이해하고 경청하며 기다릴 수 있어야 한다.

물론 이는 원론적 이야기이다. 실천은 대단히 어렵다. 앞에서 말한 것처럼 분위기가 먼저 조성되어야 한다. 먼저 공적인 회개가 필요하다고 한 것도 이 때문이다. 나는 이 두 번째 그룹의 성소수자들이 '퀴어를 인정(승인)하는 진보적인 교회'로 그나마 발걸음을 옮기는 이유가 단지 자신들의 행위가 '죄가 아니라고 말해주기 때문'만은 아니라고 생각한다. 마음 놓고 자신의 존재와 고민을 드러낼 수 있는 분위기가 그 교회들에만 있기 때문일 것이다. 동성애에 관한 성서 해석학적 논쟁이 가열되고, 이것이 정치적으로 민감한 이슈가 되면서 이 문제를 둘러싼 우리의 공감적 상상력은 대단히 편협해졌다. 이 문제에 있어서 "죄는 미워하되 죄인은 사랑하라"는 금언이나, "반대하지만 혐오하지 않는다"는 언술은 이제는 전부 논리적 모순이자 위선으로 받아들여진다. 앨라이 크리스천들은 교회가 겉으로 내세우는 이런 입장이 혐오를 덮는 위장전술에 불과하다고 공격하며, 진심으로 성소수자를 환대하려면 그들의 정체성과 그들의 행위가 신앙적으로도 "(하나님 앞에서) 죄가 아님을 (신학적으로도) 인정해야만" 한다고 주장한다. 이른바 "죄인식과 혐오는 분리되지 않는다"는 입장이 유일하게 올바르다고 전제되는 것이다. 반복하지만 이러한 주장의 논리적, 경험적 오류는 뒤에서 좀 더 자세히 다룬다.[1] 나는 이런 주장에 동의하지는 않으나, 이런 주장이 나올 수밖에 없는 이유와 그 맥락은 충분히 이해한다.

이러한 주장을 논리적으로 반박하는 것도 필요하지만 더 좋은 반박은 '증명할 수 있는 실천을 지속'하는 것이다. 내가 개인적으로 아는 어느 여자 목사님은 비행청소년 사역에 헌신하고 있다. 그 목사님이 만나고 섬기는 불량한 아이들 대다수는 입에 붙은 욕설, 폭력적인 행동, 성적인 일탈을 쉽게 고치지 못한

1 168쪽 이하, "(2) 긍정하지 않는 것(죄로 인식하는 것)이 곧 혐오는 아니다" 부분 참고.

다. 그럼에도 이 거칠고 터프한 아이들은 힘들거나 도움이 필요할 때마다 자기 부모나 학교 선생님보다 목사님을 찾곤 한다. 아이들의 행동을 이해한다고 해서 목사님이 아이들의 행동에 아무 문제가 없다고 이야기하겠는가? 그렇지 않다. 하지만 아이들은 목사님의 사랑이 진실되다는 것을 안다. 자기들을 받아주는 교회와 목회자가 있다는 것만으로도 이 아이들에겐 위안이 된다.

반동성애 운동보다 고난 가운데 있는 성소수자들에게 열린 교회가 되는 것이 더 긴급하고 중요하다. 그들에게 죄가 없다고 말하는 것만이 유일한 환대의 방법은 아님을 명심하자. 더욱 근원적인 성경의 가르침에 근거해 그들의 죄만 특별하지 않음을, 우리도 각자 자기만의 죄를 반복해서 짓고 있는 동일한 죄인임을, 따라서 하나님 앞에서는 모두가 동일한 죄인이지만 그럼에도 우리를 자녀 삼아주신다는 것을 지속적으로 강조해야 한다. 퀴어 앨라이 그룹은 "사랑은 혐오보다 강하다"는 슬로건을 내세운다. 맞는 말이다. 동시에 교회는 "십자가의 은혜가 죄보다 더 강하다"는 슬로건을 추가해야 한다.

마지막으로 세 번째 그룹은 그리스도인이지만 자신의 성적인 행위가 죄가 아니라고 생각하는 성소수자들이다. 그렇다면 이 그룹은 확실히 생각이 다르기 때문에 함께할 수 없는 것일까? 그렇지 않다. 오히려 적극적으로 함께해야만 한다. 물론 현재 교회의 정서를 생각하면 쉽지 않다. 반동성애 운동그룹이 워낙 교회 전반에 문화적 세계관 전쟁의 프레임을 지속적으로 강조했기에, 평범한 그리스도인들도 작은 차이와 이질적인 것조차 세균이나 바이러스 침투와 같은 것이라고 염려한다. 음모론과 면역적 사고방식에 너무 길들여진 탓이다. 사탄이 가정과 교회를 무너뜨리기 위해 동성애를 이용하며, 이를 위해 자유와 인권 이데올로기를 전략적으로 활용한다는 극도로 단순화된 수사학이 최소한의 이성적 사고조차 마비시켰다. 따라서 이들과 함께하면 정통신앙을 훼손한다고 생각하기가 쉽다.

그러나 호전적인 소수 퀴어운동가와 실제 성소수자들은 다르게 볼 필요가 있다. 실제로 성소수자 상당수는 공격적이지 않다. 너무나 오랫동안 상처와 심리적 위축을 경험했기에 자신들을 향한 작은 유화적 제스처도 고맙게 여기는 경향이 있다.[2] 한마디로 관용에 목마르다. 게다가 때로 자신들의 권익을 위해 힘써 운동하는 사람들의 전투적인 자세에 불편함을 느끼기도 한다. 자신이 겪는 복잡미묘한 감정과 고통, 희망하는 것들이 단순히 억압과 차별, 싸워서 얻어내는 평등과 해방의 언어로만 환원되지는 않기 때문이다. 분노해야 할 때 분노하지 못하는 당사자들을 안타깝게 여긴 나머지 때로 의도치 않게 운동가들이 이들에게 어떤 감정을 느껴야 한다고 재촉하거나 강요하는 경우도 있다. 즉 피해당사자의 감정과 피해자를 대변하는 사람의 감정이 언제나 일치하지는 않는다.[3] 쉽게 말해 성소수자 입장에서는 "마음은 고맙지만 꼭 그걸 원하는 건 아냐"라는 발화도 가능하다. 따라서 어떤 성소수자는 자신들과 의견을 달리 할지라도 기독교

2 물론 이들의 이러한 부드러운 심성이 형성된 과정을 생각하면 슬픈 일이기는 하다. 그리고 너무 오랜 시간 상처를 경험했기 때문에 보통 사람들이 부당한 일을 겪을 때 분노로 반응할 일에도 잘 분노를 느끼지 못한다고도 한다. 이처럼 성소수자들 본인들은 전반적으로 일종의 스톡홀름 증후군 상태를 보일 수 있다. 이같은 성소수자들 입장에 감정이입하며 앨라이하는 전위적인 퀴어운동그룹은 그렇기에 더욱 분노하며 전투적인 태도를 갖기도 하는 것이다.

3 2020년 상반기 이용수 할머니가 정의기억연대 전 대표 윤미향 의원에게 제기했던 문제도 비슷한 맥락이라고 볼 수 있을 것이다.

인들이 특정한 의견을 지녔다는 이유로 겪을 억압과 폭력에 동일한 민감함을 보일 수 있다. 그러므로 단순히 동성애자를 혐오하는 세력으로 기독교가 매도될 때, 생각을 달리하더라도 기독교의 입장을 이해하고 변호할 수 있는 LGBT 사람들과 우호적 연대를 구축해야 한다. 자신들이 억압과 차별을 원치 않는 만큼, 자신들에 대한 견해로 인해서 또다른 누군가가 억압과 차별을 겪지 않기를 원할 가능성이 높기 때문이다.

이를 뒷받침하는 실제 논의도 있다. 독일의 카를 대학 심리학 연구소 베른트 지몬Bernd Simon이 그 중 하나이다. 그는 '동성애 거부—선입견, 존중, 정치화'라는 글에서 독일 거주 이슬람교도를 설문조사하고 이들의 동성애에 대한 부정적 인식과 실제 행동을 조사하면서, 그들의 인식이 동성애자를 향한 혐오표현이나 폭력적 행동으로 필연적으로 이어지지는 않음을 확인하였다.[4] 좀처럼 찾기가 쉽지 않을 뿐 베른트 지몬처럼 생각하는 진보 지식인, 인권운동가, LGBT는 생각보다 많을 것이다. 오늘날 유럽은 문화적 배경과 신념이 전혀 다른 두 소수자 그룹, 즉 성소수자 그룹과 이슬람교 이민자 그룹 양쪽을 다 이해하고 관용해야 하는 압력에 직면했다. 소수자와 관련된 문제에서 소수자 그룹끼리 갈등하고 상충할 도덕적 이슈가 있기 때문에 유럽의 진보 진영은 문제를 다수의 층위와 복합적 맥락에서 보려고 노력하는 편이다. 이를 흔히 '교차성'이라고 말한다.

핵심은 이것이다. 세속 시민사회가 신앙과 신념에 근거한 우리의 인식이나 행동을 지나치게 제약할 우려가 있을 때 우리

4 《호모포비아 — 베스텐트 한국판 6호》, 54쪽.

의 입장에 동의하지는 않더라도 우리를 지지해 줄 LGBT 우군이 필요하다는 것이다. 이러한 연대는 반드시 신학이론의 수정을 거쳐 동성애에 대한 인식을 바꾸어야 가능한 것이 아니다. 그렇게 해야만 가능하다는 생각은 상상력이 제한됐기 때문이다. 《베네딕트 옵션》의 저자 로드 드레허Rod Dreher 역시 공화당 소속이자 캔자스 주 의회 의원이었던 랜스 킨저의 제안을 인용한다. "그리스도인들은 얻을 수 있는 모든 동조자가 필요하기 때문에, 다양한 교파 또는 기독교가 아닌 종교의 지도자들과 동반자적 관계를 형성하라. 우리에게 동의하지는 않지만 수정헌법 제1조에 의거한 우리의 권리가 침해될 때 우리를 지지해 줄 게이와 레즈비언들에게 화친의 손을 내밀라."[5] 대한민국의 그리스도인들도 참고하고 명심해야 할 말이다.

세 번째 그룹의 LGBT들이 동성애가 죄가 아니라는 생각을 항구적으로 유지하리라 지레짐작하여 포기하지 말자. 이들은 자신의 성적지향을 정당화하기 위해 무조건적으로 퀴어신학을 옹호하거나 받아들이지 않는다. 혹 그에 입각해 자신의 신앙을 고수한다 하더라도 내면 깊은 곳에는 여전히 해소되지 않는 죄의식과 영적인 불안이 있을 수 있다. 따라서 성경과 정통신학에 굳건히 뿌리내리면서 이들과 접촉하고 대화하기를 게을리 해서는 안 된다. 동시에 그들이 보는 우리의 문제를 경청하고, 자각하며 교계 내부를 정화하고 개혁하는 노력도 지속해야 한다.

5 로드 드레허, 《베네딕트 옵션》(이종인 옮김, IVP, 2019), 139쪽.

(3) 탈동성애? 오해를 걷어내자

'탈동성애'라는 말은 오해하기 쉬운 단어다. 가장 흔한 오해는 동성애자가 이성애자가 된다는 오해다. 혹 그렇게 완전한 전환은 아니더라도 '동성애적 욕망' 자체를 느끼지 않는 상태가 된다는 오해를 한다. 어떤 이들은 정신의학적 또는 외과적·임상적 치료로 동성애를 벗어날 수 있다고 주장하기도 한다. 이른바 '전환치료'인데 이는 치료가 아니라 폭력이다. '탈동성애' 사역으로 유명한 홀리라이프의 이요나 목사도 이러한 방식의 '전환치료'는 잘못된 것이라고 단언한다.[6] 그는 또한 동성애 귀신을 쫓아낸다며 '축사'를 하는 목사들의 무지와 걸핏하면 에이즈를 이야기하며 공포를 조장하는 반동성애 운동가들도 비판한다. 동성애 문제를 대할 때 이데올로기나 정치적 프레임의 적용을 일관되게 경계하는 것이다. 이요나 목사는 십자가 복음에 기초하여 성경적인 상담과 자기대면 원리로 동성애자들의 성행위 습관 지양과 극복을 돕고 있다. 이에 대해 딱히 다른 용어를 쓰기 어려워 '탈동성애'라고 하지만 사역의 내용은 위와 같다. AA(Alcoholic Anonymous, 알콜중독자 모임)와 비슷한 원리로 보인다.

앞서 말했듯이, 성적인 유혹의 패턴은 쉽게 바뀌지 않는다. 탈동성애를 '동성을 향해 성적 유혹을 느끼지 않는 상태'로 오해해서는 안 된다. 이렇게 생각하는 사람들은 확실히 이성애자들이다. 동성에게 성적 유혹을 느끼지 않기 때문에 누구나 자기들 같은 상태가 될 수 있다고 생각하는 것이다. 이런 사람들에

6 "벼랑 끝으로 몰지 말아주세요, 이요나 목사 인터뷰", 이은혜 기자, 〈뉴스앤조이〉, 2016.03.15. https://www.newsnjoy.or.kr/news/articleView.html?idxno=202401

게 역으로 이야기해주어야 한다. 동성애자들이 동성을 향해 성적 유혹을 느끼지 않는 상태가 되는 건 당신 같은 이성애자가 이성에게 성적인 유혹과 끌림을 느끼지 않는 상태가 되는 것과 동일하다고. 즉 탈동성애에 성공했다면 그는 성적 지향만을 바꾼 것이 아니라 자아를 죽인 것이다. 다시 말해 그리스도 앞에서 자기를 부인하고 자기 십자가를 진 것이며, 자기 몸과 마음의 주인이 그리스도라고 고백하며 하나님께 복종하고 있는 것이다. 그 과정에서 전적인 은혜를 받아 때로 이성과 연애하고 결혼할 수도 있지만 독신의 삶을 추구할 수도 있다. 그리고 현실적으로는 후자의 가능성이 훨씬 높다.

안타깝게도 퀴어운동 그룹은 이처럼 십자가 복음에 중심을 둔 '탈동성애'와 이데올로기적으로 정치화된 '반동성애'를 섬세하게 구분하지 않는 경향이 있다. 2018년 11월 27일 감리교신학대학교 성소수자 인권모임인 '무지개감신'은 이요나 목사를 보이콧하는 기자회견을 가졌다. 이들은 교내에서 열릴 예정이었던 이요나 목사의 '탈동성애' 강연이 성소수자 전환치료를 강요하는 '반인권적 세미나'라고 규탄하고, 학교 측에 강연을 불허하라고 요청했다. 학교가 성소수자 차별과 혐오를 방조하고 있으며, 무지개감신이 기획한 퀴어 인권포럼 장소 사용 요청은 허락하지 않은 것이 불공정하다고 문제제기를 한 것이다. 장소사용 허가의 불공정성 문제제기는 물론 정당하다. 하지만 이요나 목사의 강연 자체를 반인권적 세미나라고 규탄한 것은 문제가 다르다.

당시 무지개감신이 이요나 목사의 사역을 얼마만큼 알고 규탄했는지는 모르나 그 '주된 활동'이 전환치료가 아니라 성경적 상담임을 간과한 것 같다. 만일 '성경적 상담'을 통해 동성애자가 성적 행위양식에서 벗어나도록 돕는 것임을 알았음에도 반인권적 폭력이라고 규정했다면 무지개감신은 '인권' 개념을 일방적으로 독점한 것이다. 무지개감신은 '앨라이 크리스천', 즉 동성애적 성행위가 신학적으로 죄가 아니라고 보는 그리스도인에 속할 것이다. 하지만 동성애자 혹은 성소수자들이라고 해서 자신들의 성행위가 죄가 아니라는 성서해석 혹은 신학적 진단을 무조건 환영하는 것은 아니다. 죄라는 사실을 깊게 느끼면서도 벗어나지 못해 괴로워하는 사람들도 있게 마련이다. 그들에게 당신의 성 정체성도 하나님이 창조하셨고, 당신은 있는 모습 그대로 존중받을 가치가 있다고 말하더라도 전혀 위로가 되지 않을 수도 있고, 곧이곧대로 수용하지 않을 수도 있다. 이 책에서 자주 인용하는 로자리아 버터필드가 그중 한 사람이다.[7]

버터필드는 시러큐스 대학의 영문과 교수이자 레즈비언 퀴어운동가였을 때의 일을 이렇게 회고한다. 그녀는 켄 목사와의 개인적 만남 이후 성경을 진지하게 읽기 시작했고 그 과정에서 자신의 위치와 정체성에 갈등을 겪게 되었다. 그때 시러큐스 대학의 채플담당 목사는 버터필드에게 "하나님이 당신을 레즈비언으로 만드셨으니 레즈비언으로 정직한 삶으로 하나님을 영화롭게 할 수 있다"고 말했다 한다. 그 말이 무척 달콤하게 들렸지만 자신이 본 성경에 의하면 예수님과 레즈비언 애인 모두를 소유할 수 있다는 그런 포스트모더니즘적인 주장은 찾을 수 없었다고 버터필드는 회고한다.[8] 게다가 심지어 이 말을 듣던 당시의 버터필드는 아직 그리스도인으로 완전히 회심한 때도 아니었다.

이처럼 성소수자들 기분에 맞는 말을 한다고 해서 성소수자들이 늘 곧이곧대로 듣는 것은 아니며, 불안한 감정이 완전히 사라지는 것도 아니다. 그 불안은 근본적으로 내면의 신앙, 영적인 차원에서 발생하기 때문이다. 모든 성소수자들이 그와 같은 영적인 불안을 겪는다고는 말하지 않겠다. 어떤 이들은 분명히 자기 자신을 있는 그대로 사랑하며 자긍심을 느낄 것이다. 하지만 그렇지 않은 이들도 있으며, 그들이 아직 방황하고 있다면

7 이 책에서 버터필드의 책과 거기 소개된 경험과 견해를 자주 소개하고 있는데, 부연설명이 좀 필요한 것 같다. 과연 버터필드의 논의가 그렇게 중요한 것일까? 예컨대, 《교회를 찾아서》라는 책을 쓰고 2019년엔 세상을 떠난, 퀴어를 옹호한 복음주의자이자 저술가였던 故 레이첼 헬드 에반스(R.H.Evans)는 버터필드의 경험이 모든 성소수자들의 경험을 대변하는 것은 아니라는 칼럼을 쓴 바 있다. 레이첼 헬드 에반스를 개인적으로 무척 존경한다는 점을 일단 전제로 하면서 에반스가 버터필드에 관해 말한 부분에 대해 간단히 말하자면, 에반스는 버터필드의 논의를 제대로 다루거나 분석하여 비판을 한 것은 아니며, 단지 버터필드의 경험이 성소수자의 경험 전부를 말할 수 없다는 상식적이고 원론적인 수준의 언급을 했다는 점을 지적하고자 한다. 그리고 나는 이것이 제대로 된 비판이라고는 생각지 않는다. 이와 관련해서 다음의 웹사이트를 참고하면 된다. https://rachelheldevans.com/blog/single-story-evangelicalism-homosexuality-butterfield- 한편, 버터필드가 《뜻밖의 회심》, 《뜻밖의 사랑》 2권을 통해 이야기한 것은 단순히 반동성애나 탈동성애 담론 정도에 그치지 않는다. 특히, 후속작인 《뜻밖의 사랑》에서 보여준 동성애에 대한 심층적인 분석은 그 질과 깊이가 남다르다. 이는 버터필드가 본래는 유물론자이자 무신론자로서 강력하게 기독교를 비판하던 래디컬한 퀴어운동가였다는 점, 그리고 영문학 교수이자 문학평론가의 경력에서 엿볼 수 있는 특유의 비평과 분석력에서 나오는 것이라 하겠다. 그렇다고 버터필드가 한국의 이정훈 교수처럼 정치적 프레임에 사로잡혀 좌파에서 우파로 정치적 전향을 하고, 반동성애 운동의 선봉에 서 있는 것도 아니다. 버터필드는 시종일관 호모포비아(동성애자 혐오) 역시 하나님 앞에 크나큰 죄임을 역설한다. 개인적인 추측으로는 버터필드가 무신론자로서 퀴어운동을 할 때도 기독교 교리 자체를 깊게 고려할 필요가 없었기에, 기독교 안에서 퀴어를 옹호하고자 하는 앨라이 크리스천들과는 기본적인 접근방법이 다를 수밖에 없지 않나 생각한다. 즉, 버터필드가 회심 후 성경과 신학을 대할 때도 처음부터 퀴어이론과 성서를 조화시켜야 한다는 어떤 압박을 느낄 필요가 없었다는 것이다. 그의 입장에서는 켄 목사의 만남을 통해 초기에 성경을 진지하게 읽어나갈 때, 그게 자기 입장에서 말이 안 되는 소리라고 파악했다면 그냥 집어치우면 되는 일이었을 거라는 이야기다. 하지만 앨라이 크리스천들은 어떻게든 성서와 퀴어를 조화시켜야 한다는 난제를 끌어안을 수밖에 없다.

8 로자리아 버터필드, 《뜻밖의 회심》(오세원 옮김, 아바서원, 2014), 46쪽.

선택지를 두고 판단할 수 있는 기회가 주어져야 한다. 다시 말해 '있는 모습 그대로 받아들이는accept 것'과 '그 모습 그대로 옳다고 긍정affirm하는 것'은 다르다는 것, 환대하되 긍정하지 않는 목회적 수용의 방식도 성소수자들이 경험하는 선택지에 있어야 한다는 것이다.

동성애자를 도우려고 탈동성애 사역을 하는 이요나 목사가 동성애자들을 혐오할 리는 없다. 실제 언론 인터뷰나 글을 보면 본인이 오랜 시간 동성애자였던 경험이 있기에 동성애자를 비롯한 성소수자들의 입장과 감정을 섬세하게 이해하고 있음을 알 수 있다. 그런 애정이 있기에 이들을 벼랑 끝으로 몰지 말라고 요청하는 것이다. 이러한 입장을 지닌 이요나 목사조차도 혐오를 주로 발화하는 반동성애 운동그룹에게서 소외당하는 상황이다. 그가 본격적으로 반동성애 진영과 선을 긋고 탈동성애 사역에 뛰어든 계기도 교회 내 혐오와 정죄로 괴로워하던 동성애자들이 계속 자살하기 때문이었다. 이요나 목사의 인터뷰 기사를 보면 그의 사역에 동의하든 않든 적어도 동성애자들을 향한 그의 마음은 진실하다는 것을 알 수 있다.

이처럼 탈동성애 활동을 단순히 '부드러운 혐오'로 보면 안 된다는 시각은 일부 퀴어 당사자들도 인정한다. 《퀴어 아포칼립스》의 저자 시우는[9] 탈동성애자 그리스도인을 연구한 타냐 얼즌Tanya Erzen의 견해를 인용해 탈동성애 운동을 반동성애 운동과 동일시할 수 없음을 바르게 지적한다. 얼즌에 따르면 "탈동성

9 시우는 보수 개신교를 배경으로 성장한 그리스도인이자 레즈비언으로 스스로를 정체화하는 페미니스트 연구가이다.

애 단체는 동성에 대한 성적 욕망을 없애거나 동성애를 죄로 선언하기보다 개인이 자신의 삶을 성서의 가르침에 맞추어 조율하는 일에 중점을 둔다"[10]는 것이다. 따라서 탈동성애자의 목표는 '이성애가 아니라 하나님께 마음을 쏟고 순종하는 데 있다.' 시우는 탈동성애 사례가 인간의 성적인 여정이 얼마나 다채로운지 알려주는 하나의 예시임에도 반동성애 운동 맥락에서 퀴어를 공격하는 무기로 쓰이는 현실을 비판한다. 하지만 탈동성애자들도 따지고 보면 소수자 안에서 소수자인데 이들의 경험과 목소리를 단순히 반동성애 운동으로 환원해서는 안 된다는 점도 분명히 지적한다.

그런 면에서 탈동성애 성과를 과장하고, 동성애적 행위에서 겨우 벗어난 사람을 간증자로 활용하는 등 자꾸 반동성애 운동의 전선에 선봉으로 세우는 일은 주의해야 한다. 물론 어떤 경험이든 당사자의 입장과 감정을 그 자체로 이해하고 공감하는 일은 중요하다. 개인적 체험에서 오는 자기서사의 소구력이 강력하다는 것도 인정한다. 하지만 탈동성애만이 아니라 기독교를 떠난 사람, 자신의 동성애적 성적 지향을 그대로 긍정하면서도 그리스도 안에서 거듭남을 경험하고 성령체험을 하는 사람도 분명히 존재하며 그들의 자기서사 또한 진실하다.[11] 진정성(자기진실성)의 서사는 이처럼 강력하지만 과도하게 의존하면 결국 최종적인 옳고 그름을 분별하는 (성경적) 기준 자체를 망각하고 모든 이의 경험은 각자 진실하다는 허무한 상대주의로 귀결될 수도 있다.[12]

첨언하자면 '탈동성애'라는 표현도 문제가 있다. '탈동성

10 시우, 《퀴어 아포칼립스》(현실문화, 2018), 250쪽.

애', 즉 동성 간의 성행위로부터 벗어남 그 자체는 성화의 목표라기보다는 그리스도인으로서 성숙해지는 과정에서 비롯되는 결과 혹은 부산물일 뿐이다. '탈동성애'라는 단어는 동성애적 성적지향을 벗어나는 것 자체로 충분한 그리스도인이 된 것처럼 오해하게 만들며, 똑같이 죄 많은 이성애자에게—이미 그리스도 안에서 성화를 달성한 듯한—불필요한 우월의식과 특권의식을 심어줄 수 있다. 하지만 더 좋은 표현을 찾는 것은 과제로 남기기로 하고, 여기서는 LGBT가 교회를 찾아왔을 때 어떻게 해야 하는지 생각해보자.

(4) LGBT의 목회적 수용을 위한 길잡이

가장 어려운 문제가 남았다. 성소수자가 교회를 찾아올 때 교회는 어떻게 맞이해야 하는가? '(2) 그리스도인 LGBT를 찾아야 한다' 부분에서 다루었던 내용과 유사하겠지만, 여기서는 LGBT 성소수자 쪽에서 교회를 찾아왔을 때, 예수님을 이제 막 믿게 되었을 때 어떻게 해야 하는지 생각해보고자 한다.

일반적 원리는 간단하다. 첫째, 교회는 열린 공간이므로

11 주님이 동성애자에게 성령을 부어주시지 않는다고 단언하지 말자. 우리가 아직 죄인일 때에 그리스도께서 우리를 위해 죽으셨고, 우리가 우리의 죄를 다 회개하기 전에, 그리고 온전히 성화되기 전에 성령의 은사가 임한다. 성령은 완벽한 자에게 주어지는 것이 아니라 그리스도를 갈망하는 죄인에게 부어지며, 그 은혜로 죽을 때까지 점진적으로 성화되어 갈 뿐이다. 그럼에도 죽는 순간까지 어떤 점은 못 고치기도 하고, 심지어 어떤 죄는 자각하지 못할 수도 있다. 동성애자도 당연히 그 중 한 사람일 수 있다. : 예컨대, 기도 가운데 성령체험을 하고 방언을 받은 레즈비언의 이야기를 담은 다음 책을 참고하라. 숨 프로젝트 엮음, 《하느님과 만난 동성애》(한울, 2010), 204쪽, 양지, '나의 커밍아웃 이야기'

12 진정성과 도덕의 문제는 이 책 3부에서 자세히 다루었다.

이들을 환대한다. 둘째, 이들이 회심하고 그간 영위해 온 동성간 성행위 습관을 버리도록 권면하고 인도한다. 하지만 구체적인 상황에서 이 원리를 적용하는 문제는 대단히 복잡하고 어려울 수 있다. 그렇다고 회피할 수도 없다. 나는 신학자도 목회자도 아니지만 생각한 내용들을 토대로 이 문제에 나름의 접근법을 제안해본다. 이제부터 제안하는 내용들은 당연히 완벽하지 않다. 더 좋은 방법을 함께 고민해야 한다는 점을 먼저 밝히고 싶다.

자, 어느 성소수자가 교회를 찾아왔다고 해보자. 그는 커밍아웃한 성소수자일 수도 있고 그렇지 않을 수도 있다. 한국이라면—이 극렬한 반동성애와 혐오의 분위기 속에서—아직 커밍아웃하지 않은, 즉 자신의 성적인 지향을 숨긴 성소수자일 확률이 높을 것이다. 후자, 즉 성적 지향을 숨기고 교회를 찾아온 성소수자는 앞에서 다룬 '그리스도인 LGBT를 찾아야 한다'를 참고하면 되리라 생각한다. 여기서는 커밍아웃한 성소수자가 교회를 찾아왔다는 상황에 집중해보겠다. 어떻게 이들을 맞아야 할까?

성소수자라고 해서 특별히 다를 건 없다. 일반적인 새신자들을 환영하듯 따뜻하게 환영하면 된다. 그들이 묻지도 않았는데 동성애가 죄라고 먼저 말할 필요는 없다. 아니 먼저 말하는 것은 무례하다. 대부분의 성소수자는 이미 교회의 입장을 알고 있다. 자신들의 존재를 부정당할지도 모르는 위험을 무릅쓰고 교회를 찾은 것이라면, 먼저 그들을 한 사람의 지체로, 그의 구원을 위해 보혈을 흘리신 그리스도를 생각하며 환대할 일이다. 특별한 시선으로 바라보지 말고 평범하게 대해야 한다. 그러나 그들로부터 동성애에 대해 교리적 질문을 받는다면 정직하게 답해줘야 한다. 교회는 당신을 있는 그대로 받아들이지만 그것을 인정하지는 않음을 부드럽지만 분명하게 이야기할 필요가 있다. 여기에 부연해야 한다. 하나님 앞에 동성애적 성행위가 죄인 것은 맞지만, 그 죄가 다른 죄에 비해 훨씬 더 심하고 무거운 죄라는 뜻은 아님을. 또 동성을 향해 성적인 유혹을 느끼는 것 그 자체가 죄가 아님도 분명히 해야 한다. 그런 끌림에 넘어가 성행위를 하는 것이 죄라고 알려주는 것이다. 따라서 단지 당신이 동성애자이기 때문에 죄인인 것이 아니라고 말해주어야 한다. 오히려 인간이기에, 당신도 우리도 모두 동일한 수준의 죄인임을 꼭 덧붙여야 한다. 이 정도의 내용을 기초로 삼아 대화를 전개해 나가야 한다.

하지만 여기도 여러 상황이 있다. 동거 가운데 있는 혹은 결혼(했다고 주장)한 게이 혹은 레즈비언이 홀로 또는 함께 교회를 찾았을 경우 어떻게 해야 할까? 이들이 교회 공동체의 정식 구성원이 되기 위해선 반드시 동성 간 성행위를 끊어낸 다음이어야 하는가? 아니면 나아가 에로스적 커플관계의 해체와 종료까지 이르러야만 할까? 결론부터 말하면 '아니다'이다. 교회 역시 죄인들이 모이는 곳이다. 완전해진 다음 그리스도인이 된 사람은 아무도 없다. 실제로 앞에서 이혼, 또는 이성애 관계에서 비롯되는 기타 여러 형태의 죄들의 문제를 다루면서 오늘날 교회 공동체가 이런 문제들을 민감하게 정죄하기보다는 목회적 양육에 초점을 맞추는 방식으로 대응하고 있음을 간략히 언급했었다. 하지만 이처럼 복잡한 문제를 다룰 때는 성경의 가르침과 문화적 관습이 충돌하는 상황에 처한 개인을 교회 공동체가 실제로 어떤 식으로 대했는지 참고하는 것이 좋은 길잡이가 된다. 그 좋은 사례가 바로 제사 관습이다.

한국인이 기독교 복음을 받아들일 때 대표적인 장애물이 조상 제사를 성경이 우상숭배로 본다는 점이었다. 따라서 복음의 수용은 상당한 충격과 갈등을 불러일으킬 수밖에 없었다. 부모의 기일을 기억하고, 제사상을 차리고 제를 올리는 것은 동방예의지국이라 불리는 우리나라에서 도덕적 의무였다. 요즘은 기독교뿐 아니라 페미니즘에서도 가부장제 의례로서 조상 제사가 여성을 억압하는 기제라며 비판하지만, 한 세대 전만 해도 충효를 강조하는 유교 문화는 대한민국 국민의 일상에 녹아든 상식이었으며, 지금도 그 문화에서 우리는 자유롭지 않다. 그런 상황에서 어느 집안의 딸 혹은 며느리가 복음을 받아들이고 교회에 나가게 되었다면 제사를 거부하기가 쉽지 않았을 것이다(개인적으로 우리 어머니는 실제로 제사를 거부했고 그로 인해 가족과 친척들에게서 여러 형태의 수난을 당하였다). 남성도 예외가 아니다. 제사를 책임지고 의례를 주도하는 이는 남성인데, 기독교인으로 회심하였다고 제사상 앞에서 절하기를 거부할 때 가족과 친척의 압박과 비난을 피하기가 어려웠을 것이다. 정면으로 수난을 당하는 이들도 있었지만 기도하며 때를 기다리는 사람들이 더 많았을 것이다.

한국 교회는 이런 유교 문화 앞에서 어떻게 반응했던가? 종교 및 신념에 의한 양심적 '제사 거부'자를 보호하려 정치적 입법을 시도했던가? 우리 모두 답을 알고 있다. 교회는 그런 행동을 하지 않았다. 신도 개개인이 가정 안에서 순교자적 신앙과 결기를 지닐 것, 그럼에도 원수를 사랑하라고 명하신 예수님 말씀을 따라 가족과 부모의 구원을 위해 기도하고 사랑으로 섬길 것을 가르쳤었다. 적어도 내 개인적 경험은 그랬다. 실제로 내 아버지 쪽은 독실한 불교 집안이었으며, 조상 제사를 매우 중시하였다. 기독교인이었던 어머니는 교회 출석을 조건으로 아버지와 결혼한 뒤, 친할머니를 전도하고 우리 남매가 신앙으로 자라도록 힘쓰셨는데, 그래도 어린 시절 명절을 맞아 큰집에 가는 것은 고역이었다. 어머니는 아버지와 우리 남매에게 제사상에 절하는 것은 우상숭배이므로 절대 절을 해서는 안 된다고 당부했다. 하지만 내 기억으로는 초등학교에 들어가기 전까지 아버지와 나는 큰집에 가서 큰아버지와 사촌형제들과 함께 절을 했던 것 같다. 쉽게 저항하지 못했던 것이다. 조금 더 시간이 지난 후에 결국 제사를 거부했고, 친척들도 이를 종교적인 차이로 이해하고 받아들였지만 그 과정에 진통이 있었던 것이 사실이다. 그러나 아버지와 함께 제사상 앞에서 절하던 나는 이미 유아세례를 받은 교인이었다. 그러나 교회는 나와 아버지가 제사를 지냈다고 해서 쫓아내지 않았고, 명절날 제사상에 절을 했는지 아예 묻지도 않았다.

지금도 한국 사회의 적잖은 이들은 기독교인들의 제사거부를 비판적으로 바라볼 것이다. 오늘날에도 여전히 새신자를 비롯한 상당수 그리스도인들이 제사를 지내고 있을 것이다. 일부 신학자나 목회자들은 제사상에 절하는 것은 의례적인 전통이므로 우상숭배가 아니라고도 하고, 이런 말에 힘입어 어떤 신자들은 제사를 정당화하기도 하지만 여전히 대부분의 기성 교회가 이것이 우상숭배라는 점을 인식하고 때로 설교를 통해 강조하기도 한다. 그러나 제사를 지내는 성도들의 신원을 일일이 조사하지 않으며, 제사 지낸 성도를 정죄하거나 출교하지는 않는다. 오히려 개개인이 신앙 양심에 보다 예민해지는 과정에서 점차 제사를 추도예배 형식으로 바꿔나가곤 한다. 게다가 유교적 가부장제에 비판적인 시대적 흐름도 나타나면서 조상 제사는 이제 더 이상 교회가 적극적으로 대응해나갈 문제가 아니게 되었다.

성경에서도 비슷한 사례를 찾을 수 있다. 열왕기하 5장을 보면 아람 왕의 군대장관 나아만이 예언자 엘리사를 찾아 치료받은 에피소드가 소개된다. 이때 나아만은 여호와 하나님 신앙을 고백하는데 그럼에도 엘리사에게 양해를 부탁한다.

> 이제부터는 종이 번제물과 다른 희생제사를 여호와 외 다른 신에게는 드리지 아니하고 다만 여호와께 드리겠나이다 오직 한 가지 일이 있사오니 여호와께서 당신의 종을 용서하시기를 원하나이다 곧 내 주인께서 림몬의 신당에 들어가 거기서 경배하며 그가 내 손을 의지하시매 내가 림몬의 신당에서 몸을 굽히오니 내가 림몬의 신당에서 몸을 굽힐 때에 여호와께서 이 일에 대하여 당신의 종을 용서하시기를 원하나이다 하니 엘리사가 이르되 너는 평안히 가라 하니라(왕하 5:17-19).

나아만은 나병이 치유되자 오직 여호와에게만 번제를 드리겠다고 엘리사 앞에서 다짐한 것이다. 이는 놀라운 일이다. 당시 각 지역과 부족마다 신이 있었기 때문이다. 게다가 고대 이래 다신교적인 믿음은 일반적이었으며 나아만이 여호와를 섬긴다 해서 굳이 자신의 부족신을 버릴 이유는 없었다. 하지만 이 이방인은 "내가 이제 이스라엘 외에는 온 천하에 신이 없는 줄 안다"(왕하

5:15)고 선언하며, 여호와 신앙을 지니면 이제 다른 신을 숭배하는 것은 여호와를 노하게 한다는 이스라엘 전통의 유일신 신앙을 받아들인다. 심지어 당시 북이스라엘은 여호와를 떠나 우상숭배에 젖어 있던 때였음에도 아람에서 온 이방인이 이런 신앙을 가진 것이다. 다만 나아만은 자신이 섬기는 아람 왕이 자신의 손을 의지하여 림몬의 신당에서 몸을 굽힐 때 자기도 어쩔 수 없이 몸을 굽히는데 그 행동이 우상숭배가 아님을 여호와께서 알아주시길 원한다고 청한다. 놀랍게도 엘리사는 나아만에게 평안히 가라고 응답한다.

나아만의 조국 아람은 여호와를 알지 못하고 우상숭배에 젖어 있는 땅이었다. 개인이 신앙을 갖더라도 그 신앙에 따른 행위가 여러 모로 제한되는 구조적인 제약도 있게 마련이다. 그렇다면 림몬의 신당에서 몸을 굽히는 행위 자체가 과연 죄가 될 수 없는가? 그렇지 않다. 어쩔 수 없이 행한다 하더라도 죄는 죄이다. 만일 그 행위가 죄가 아니라면 주기철 목사 같은 분은 무엇 때문에 굳이 일제의 신사참배 강요를 거부하다가 죽음을 당했단 말인가?[13] 구조적인 제약, 주위 사람의 압력에 어쩔 수 없이 행하는 죄는 인간의 연약함을 생각할 때 안타깝지만 동시에 그것은 용기 없음이고 나약함이자 비겁함이기도 하다. 그런 나약함을 이해하기에 함부로 정죄하거나 비난해서는 안 되겠지만 그 행위 자체가 심판에서 면제되는 건 아니다. 죄의 문화, 죄의 습관과

13 주지하듯이, 일제강점기 당시 총독부는 조선의 기독교인들에게 '신사참배'가 종교적 행위라기보다는 황국신민의 국가적 의례이므로 우상숭배가 아니라고 회유하였고, 이러한 해석학적 합리화로 실제로 조선의 천주교는 개신교보다 훨씬 일찍 신사참배를 결의하기도 했다.

당장 단절하고 결단하는 용기가 부족한 것과 현실적 어려움을 이해하는 차원에서 용납하는 것이 마치 죄를 죄가 아닌 것처럼, 아무 문제가 없는 것처럼 승인하는 것과는 차원이 다른 문제다.

앞에서 들었던 조상 제사 문제도 이러한 맥락에서 이해할 수 있다. 이는 성경의 가르침, 그 윤리적 기준이 때와 상황에 따라 변한다기보다는 기준을 적용할 때 각 사람이 처한 상황을 먼저 이해하고 섬세하게 접근해야 한다는 것을 가르쳐준다. 이 교훈은 교회를 찾는 동성애자를 환대하는 바람직한 목회적 수용의 방법을 찾을 때 좋은 길잡이가 된다.

(5) 근원적인 복음으로부터 시작한 공동체 생태계의 변화 필요

앞에서 말한 것은 원론이다. 머리로 이해하기는 쉽지만 실천하는 것은 복잡하고 어렵다. 그런 의미에서 성소수자는 아마 교회로 하여금 타자의 문제를 진지하게 고민하게 만드는 첫 존재일 것이다. 이들은 어쩌면 교회를 진정 교회답게 만들기 위해 하나님이 보내시는 사람일 수 있다.

그렇다면 구체적인 환대의 방법은 무엇인가? 일단 커밍아웃을 한 성소수자가 교회를 찾아왔다는 설정을 계속 유지하고 생각해보자.[14] 어떻게 이들을 맞이해야 할까? 다시 말하건대 묻지도 않았는데 성(性) 문제부터 제기하고, 동성애가 죄라고 말하는 것은 무례하다. 이에 관해 바람직한 방법을 고민했던 샘 올베리는 "중심으로부터 바깥으로"[15]의 원리를 제시한다. 중심은 그

14 이 말은 그가 교회에 오자마자 자신의 성적 지향을 밝혔다는 것만을 뜻하지는 않는다. 어떤 식으로든 그가 교회에 처음 왔을 때, 그가 성소수자임을 인지할 수 있는 상황을 가정한 것이다.

리스도의 십자가, 죽음과 부활을 의미한다. 즉 가장 먼저 복음의 핵심을 들려주어야 한다는 이야기다. "하나님은 이를 통해 자신을 가장 온전하게 계시하시고, 우리는 그분의 영광을 가장 명료하게 볼 수 있"기 때문이다. 올베리는 이들이 이 진리에 사로잡혀 "십자가와 부활의 하나님께 압도"된다면 하나님을 믿는다는 뜻을 깊게 생각하도록 도울 수 있을 것이라 말한다. 거룩하고 윤리적인 삶의 양식을 갖추는 것은 단순히 교리를 배워서가 아니라 성령의 은혜에 의해 자발적인 변화로 가능하다는 뜻이다.

이런 원리에 기초해 초기 그리스도인들이 이룩했던 공동체의 비전을 다시 급진적으로 회복하는 것이 필요하다. 그러자면 먼저 성경이 긍정했던 독신의 삶의 가치를 재발견하고 제대로 존중해야 할 것이다. 그리고 청년들이 취업이나 결혼 여부와 상관없이 그리스도 안의 지체로 인정받을 수 있는 제대로 된 인정공동체를 만들어가야 한다. 다문화 가정, 한부모 가정도 포함되어야 하고, 고아의 입양도 활성화되어야 한다. 비슷한 경제적 수준과 연령대의 사람들만 모이며 사실상 세속의 사교모임과 다를 바 없는 오늘날의 교회 공동체를 발전적으로 해체하며 재구축할 수 있어야 한다. 나아가 이성애 부부와 자녀로 구성된 핵가족 외의 가족모델도 적극 권장할 수 있어야 하며, 동성애 관계가 아니라도 신앙 가운데 마음이 맞는 사람들끼리 함께 살며 생활공동체를 이루어가는 것도 가능하다는 걸 보여줘야 한다.

《동성애에 대한 두 가지 견해》에서 웨슬리 힐은 "우리 교회에는 독신인 게이, 레즈비언, 혹은 이성애자 성인들이 공동체

15 샘 올베리, 《하나님은 동성애를 반대하실까?》(홍병룡 옮김, 아바서원, 2019), 92쪽.

를 경험하고 친밀한 관계를 맺을 수 있는 공간이 있는가?"[16]라고 물으며, 공동체에 대한 기독교의 근원적인 비전을 환기시킨다. 그는 "LGBT는 우정만 있으면 된다"는 말에 분노하는 어느 레즈비언의 반응을 두고, 이런 반응이 단지 자신의 욕망충족을 포기할 수 없다는 철없는 태도라기보다는 누군가를 사랑하고 헌신하며 돌보고 싶은 자기희생의 욕망을 더 강력하게 반영하고 있는 것이라 해석한다. 오늘날의 서구사회에서 '우정'은 평생 서로에게 헌신할 것을 서약하는 '사랑'에 비해 가볍고 얇은 결속으로 여겨지기 때문에 이들에게 '우정'만으로 충분하다는 식의 표현이 오해를 부르기 쉽다는 것이다. 동시에 힐은 교회 공동체가 LGBT에게 권하는 '금욕적 독신'의 생활양식이 결코 '고립'이나 '소외'가 아니라는 점을 강조한다. 이를 위해서는 기존의 이성애 부부-자녀의 정상가족 모델을 넘어서 다양한 형태의 가족들이 그리스도 안에서 더 확장된 가족-공동체로 존재하고 서로 돕고 의지하는 친밀한 관계를 형성하는 것이 필요함을 역설한다. 구체적으로 상상한다면, 단지 혈연관계의 가족을 넘어 아동의 입양, 비혼 독신자들끼리의 동거, 공동체 멤버들 간의 근접한 거주, 혹은 복수의 가족의 공동주거 등 다채로운 양상의 생활공동체가 가능하지 않을까? 만일 LGBT가 이런 공동체 안에 편입되고 수용된다면 이들이 '고립'이나 '소외'를 느끼지 않고 그 안에서 풍성한 관계를 누릴 수 있을 것이다. 게다가 도시화와 익명적 군중 속에서 파편화되는 개인들에게도, 이러한 교회 공동체의 모습은 그 자체로 매우 신선한 자극이 될 것이며 복음의 확장에도 더욱

16 《동성애에 대한 두 가지 견해》, 78쪽.

기여할 수 있게 될 것이다. 따라서 우리는 단지 LGBT만을 위해서가 아니라 우리 자신을 위해서, 나아가 선교를 위해서 현존하는 교회의 공동체를 새롭게 재구축하는 노력이 필요하다.

7

기독교와 퀴어, 사회적인 공존의 방법은? — 정치적인 문제에 관하여

(1) 앨라이 크리스천의 비난은 과도하다

나는 앞에서 현재 한국에서 전개되는 반동성애 운동의 문제점을 나름대로 낱낱이 나열하며 비판하였다. 그럼에도 동성 간의 성행위는 기독교 신앙의 관점에서 봤을 때 명백한 죄이며, 기독교 내에서 동성혼 역시 승인할 수 없다는 점을 분명히 했다. 그렇다고 생각을 달리하는 신학자 혹은 신앙인들을 비난하는 것은 아니다. 오히려 성소수자들에 대한 그들의 진심어린 공감을 존중한다. 이런 나의 입장을 두고 부드러운 혐오, 일명 '젠틀혐오'라고 생각할 수도 있다. 이들은 "죄는 미워하지만 죄인은 사랑한다"는 입장은 성립될 수 없다고 보기 때문이다.[1] 놀

1 기독연구원 느헤미야의 김근주 교수는 〈뉴스앤조이〉와의 인터뷰에서 "동성애는 죄지만, 사람은 사랑한다는 말은 헛소리"라고 말한 바 있다. 인터뷰 내용을 보니 김 교수는 동성 간 성행위를 죄로 보는 인식론 자체가 아니라 동성애자를 향해 대놓고 그런 식으로 말을 하는 무례함을 비판한 것이었다. 왜냐면, 김 교수는 본인이 직접 쓴 동성애 관련 성경주해서 《네 이웃을 내 몸과 같이》라는 책에서 자신과 의견을 달리하지만 지지해 준 느헤미야의 동료교수들에게 감사를 표하고 있었기 때문이다. 김 교수는 또한 이 책에서 일단, "성경"은 "동성 성행위"를 죄로 본다는 점을 인정하고 있다. 그러나 그러한 성경의 관점을 오늘의 기독교인들이 그대로 고수해야 하는가 하는 부분에 대해서 김 교수는 꼭 그러지 않아도 된다는 입장인 듯하다. 크게 볼 때, 김 교수는 앞에서 내가 분류한 모노-앨라이에 속하는 듯하다. 즉 김 교수 역시 동성애를 헌신된 사랑과 우애의 관계, 즉 필리아적 사랑 중심으로 보려는 경향이 있다. 기사출처는 〈뉴스앤조이〉, 최승현 기자, 2020.01.26. 기사, "'동성애는 죄지만 사람은 사랑한다'는 말은 헛소리…성경은 '대접받고자 하는 대로 대접하라' 한다" https://www.newsnjoy.or.kr/news/articleView.html?idxno=226356

랍게도 이렇게 생각하는 사람들 중에 다수가 진보적인 그리스도인들이며, 앞에서 내가 앨라이 크리스천이라고 칭했던 이들이다. 게다가 이들 중에는 자신의 보수적 신앙 배경을 고백하며, 자기 또한 과거에는 성경을 따라 동성애가 죄라고 생각했던 사람이었다고 말하는 사람도 많다. 아무래도 이들 앨라이 크리스천이 볼 때는, 성소수자들의 괴로운 입장에 공감하면서도 결국 성경에서 동성 간의 성행위를 죄라고 말하기에 그러한 가르침을 쉽게 부정할 수 없는 그리스도인들이 많이 답답한 듯하다. 그리고 동성애를 정죄했던 자신들의 과거를 수치스럽게 생각하고 참회하기에 그런 인식에서 아직 벗어나지 못한 이들을 향해, 과거의 자신을 비난하듯 조금 더 엄격하고 가혹한 비난을 하는 경향이 있는 것 같다.

나는 이러한 앨라이 크리스천들의 다소 과격한 태도에 배어 있는 일말의 진정성을 신뢰하며, 그들의 답답한 마음에도 공감한다. 하지만 최근 소셜미디어 환경과 더불어 일부 앨라이 크리스천들이 성소수자에게 나름대로 열린 자세를 지닌 그리스도인들에게까지 보이는 적대적인 태도는 매우 폭력적이라는 느낌을 지울 수 없다. 원래 온라인 환경의 댓글은 조롱과 혐오가 난무하므로, 단지 거기 보이는 내용들을 근거로 이런 진단을 내리는 것은 성급할 것이다. 하지만 성소수자를 옹호하는 기사와 칼럼, 책들도 (점잖은 언어를 사용하고 있다는 점을 빼면) 이와 크게 다르지 않다. 성경의 전통적 입장에서 동성 간 성행위를 죄로 보는 복음주의자들의 신학적, 인식론적 한계를 비판하면서 결국 과격한 반동성애 운동을 암묵적으로 방조 혹은 지지하는 것 아니냐며 비난한다. 이들의 비판에 일리가 없지 않겠지만, 그러한 비판은 좀 더 진지한 반성적 계기를 제공하는 정도에서 그쳐야 한다. 그걸 확장해 그리스도인들의 모든 인식을 싸잡아 비난하고, 전통적 성서해석을 바꾸지 않는 한 동성애자에 대한 혐오문제는 근본적으로 해결될 수 없는 것처럼 과장하는 것은 분명히 문제가 있다. 이러한 사고방식도 또 다른 '근본주의'이다. 어떤 A라는 작은 씨앗이 최종적으로 B라는 거대한 악으로 귀결될 수밖에 없다는, 또는 B의 기원을 거슬러 올라가면 결국 A가 그 맹아였다면서 A를 전면 부정하는 논리가 곧 근본주의이기 때문이다.

이들은 특히 나치의 동성애자 박해와 학살을 자주 거론하는데, 나치가 동성애자를 혐오했다고 해서 동성 성관계를 죄라고 생각하는 기독교인이 곧 나치가 되는 것은 아니다. 명제의 역, 이, 대우 관계만 살펴보아도 알 수 있는 일이다. 가령, 동성혼 커플이 어린아이도 입양할 수 있을 정도로 오늘날의 영국은 진보적이지만 나치와 싸웠던 영국에서도 역시 동성 간 성관계를 일명 '소도미sodomy'죄로 규정하고 형법에 근거해 처벌한 역사가 있다. 나치 독일의 암호를 해독해 연합국의 승리에 일조했던 수학자 앨런 튜링이 2차 대전이 끝난 후 청산가리가 든 사과를 먹고 죽음을 택한 것도, 영국 정부가 자신의 동성애적 성향을 고치기 위해 강제로 남성 호르몬 주사를 놓았기 때문이었다.

3부에서 푸코의 분석을 통해 자세히 살펴보겠지만 '동성애자'를 하나의 정체성을 지닌 종으로 규정한 것은 19세기의 정신의학이었다. 그 이전에는 '동성애'라는 말 자체가 존재하지 않았으며 '남색'은 어느 사회에서든 흔히 일어나는 일탈행위였다. 미셸 푸코의 설명에 의하면 이 시기 남색은 혐오가 아니라 비난(정죄)의 대상이었다. 그러니까 '동성 간 성관계'를 도덕적으로 잘못된 행동, 또는 위법한 행동이라는 인식 대신 '정상에서 벗어난 행동' 혹은 '부적절한 행동'으로 간주하게 된 것은 정신의학이 동성애를 왜곡된 욕망의 범주에 집어넣었기 때문이다. 즉 동성애 혐오라는 현상은 엄밀히 말해 기독교가 아니라 계몽주의적인 근대과학에서 비롯된 것이다. 실제로 유럽에서 기독교가 영향력을 잃어버린 시점은 성혁명이 일어났던 1968년보다 훨씬 이전이었다. 일찍이 프랑스혁명 때 제대로 버림을 받았으며, 정교분리와 세속 자유주의가 사회의 기본적인 가치로 자리매김하던 19~20세기 내내, 기독교는 고루한 전통으로 여겨졌다.

그런데 동성애 커플이 법적인 시민결합으로 최초로 인정된 시기는 1989년(덴마크)이었으며, 2000년이 되어서야 비로소 네덜란드에서 최초로 동성애 커플의 결합을 법적 결혼의 지위로 격상시켰다. 이미 충분히 세속화된 유럽에서도 68혁명 이후 동성애자들이 사회적으로 인정받는 데 최소 20~30년은 걸렸다는 이야기다. 이 시기 유럽에서 기독교의 존재와 영향력은 미미했으며, 성적으로도 이미 자유분방했다. 그럼에도 나치의 악몽을 끔찍하게 생각했던 유럽인 대다수는 2차 대전이 끝난 이후 반세기 동안 여전히 동성애자들을 혐오했던 것이다.

위와 같은 역사적 팩트를 차치한다고 해도 그렇다. 앨라이 크리스천은 성소수자 문제를 단순하게 봐서는 안 된다고 강조하지 않는가? 그런 그들이 그리스도인들의 동성애에 대한 입장을 그렇게 일면적으로 단순하게 이해하며 비난하는 태도는 사실 앞뒤가 맞지 않는다. 자기가 지지하는 쪽에서 드러나는 흠결은 보다 섬세한 이해와 관용을 요구하면서 반대하는 쪽은 사소한 언행마저도 확대하고 말꼬리를 잡거나 근본적인 인식 운운하며 비난하는 것은 전형적인 내로남불 행태다. 이처럼 첨예한 갈등을 보노라면 다음에 나오는 이야기가 얼마나 귀한지 새삼 느끼게 된다.

2010년에 출간된 《하느님과 만난 동성애》라는 책이 있다. 혐오와 차별로 정신적 · 육체적 위기에 처한 LGBT 및 LGBT 그리스도인들, 이들을 지지하는 사람들이 함께 한 그룹 '숨'이 여러 사람의 경험담을 모은 책이었다. 이 책에는 예수를 믿는 성소수자들의 진실한 삶과 신앙 이야기가 수록되어 있다. 현재 성소수자 인권운동을 주도하는 비온뒤무지개재단의 대표 한채윤 님이 이 책의 머리말을 썼는데, 여기에는 신비와 저항 수도원 원장 박총 목사의 글도 있다. 글의 제목은 '보수 신자가 보수 신자에게 — 우리가 반대하는 이들을 위해서 살 때'였다. 박총 목사는 이 글에서 자신이 성소수자들을 만나 대화하면서 새롭게 알게 된 경험들을 소개하는데, 그럼에도 아직은 동성애를 죄로 보는 보수적인 입장에 있다고 조심스럽게 고백했다. 지금도 동일한 입장을 고수하고 있는지 어떤지는 모른다. 분명한 건 박 목사의 글에는 성소수자들에 대한 공감과 진심어린 배려가 담겨 있었다는 점이다. 그러면서도 "동성애를 죄로 보는" 보수 신자들을 지나치게 비난하거나 몰아세우지 말기를 당부한다. 이어서 박 목사는 동성애를 반대하면서도 그들의 권리를 위해 싸운 미국 공중 위생국장관 에버렛 쿠프C. Everett Koop와 그를 지지했던 성소수자들 이야기를 소개한다. 쿠프는 보수 교회 신자로서 곳곳에서 전통적 성도덕의 중요성을 강조했지만, 게이들의 권리증진을 위해 할 수 있는 최선을 다했고, 성소수자들은 그 진심을 알아보았다. 실제로 보스턴의 광장에서 1만 2,000명의 게이들이 "쿠프! 쿠프!"를 외치며 그를 지지한 일이 있었다.[2]

소개된 내용도 놀라웠지만 이 책이 박총 목사의 글을 실었다는 점은 더 놀랍다. 자신들의 정체성과 삶의 양식을 긍정하지 않는 보수 신앙인의 글이었지만 그 진심을 인정하면서 수록한 것이다. 최근 동성애에 대한 성경적 인식론 그 자체를 모욕과 폭력이라고 비난하고 혐오자로 지목하여 소셜미디어의 포스팅 공유와 댓글로 조리돌림하는 앨라이들의 편협함과는 많이 대조된다. 홍세화 선생은 자신의 책과 글, 인터뷰 등 여러 곳에서 미국의 페미니스트 사회학자 나오미 울프의 다음과 같은 말을 자주 인용한다. "우리가 싸우는 과정 자체가 이 싸움을 통하여 획득하고자 하는 사회 모습을 닮아야 한다." 반동성애 그룹은 물론이거니와 자신들의 의식수준에 미치지 못하는 것에 참지 못하고 '혐오자' 낙인을 찍는 과격한 앨라이 그룹 역시 울프의 말을 진지하게 되새길 필요가 있다.

(2) 긍정하지 않는 것(죄로 인식하는 것)이 곧 혐오는 아니다

특정한 행위를 '죄로 보는 인식'이 곧장 '혐오'로 직행하지 않는다는 것은 그리스도인들의 단순한 변명이 아니다. 성소수자 혐오를 비판하면서 이들의 권익증진에 힘쓰는 사회학자, 철학자도 동일한 이야기를 한다.

2 슘 프로젝트 엮음, 《하느님과 만난 동성애》(한울, 2010), 46~47쪽. 이와 동일한 내용이 〈미주뉴스앤조이〉에도 올라와 있다. http://www.newsm.com/news/articleView.html?idxno=17215 박총, 2017.02.11 "우리에게 폭탄을 던지고 싶으면 던져라"

《혐오와 수치심》, 《혐오에서 인류애로》와 같은 저서를 통해 인종차별, 성소수자 혐오 문제에 천착했던 마사 누스바움(Martha Nussbaum, 1947~)은 "'양심'이란 원래 개신교적인 개념이었다"[3]고 운을 띄운다. 누스바움은 아메리카 초기 이주민의 정착촌에서 서로 상이한 종교와 신념을 지닌 이들이 공존을 위한 기본적인 룰을 마련했던 역사를 서술한다. 예컨대, 로드아일랜드에서는 "청교도 분파에 속하는 이단자들뿐만이 아니라 침례교도, 퀘이커교도, 가톨릭교도, 유대인, 심지어 (최소한 공식적으로는) 이슬람교도들까지 기꺼이 받아들였으며 원주민들과도 좋은 관계를 확립했다"면서 "로드아일랜드 정착촌을 건설했던 로저 윌리엄스(Roger Williams, 1603~1683)는 무려 새로 도착하는 집단의 무신론자들도 다른 이들과 평등한 권리 및 특권을 누리는 시민으로 받아들이자"[4]고 했다는 것이다. 여기서 이 '로저 윌리엄스'라는 인물을 우리는 기억할 필요가 있다.

> 로저 윌리엄스는 아메리카 원주민들을 섬세하게 존중하며 그들에게 지속적으로 우정을 보여주던 바로 그 순간에도 그들의 종교만은 "악마적"인 것이라고 불렀다. 종교적 존중과 공정성의 정치가 점점 더 많은 정착촌들을 지배하다가 마침내 미국의 헌법을 조형하게 된 것은 사실이지만, 그것이 다양한 종교적 신념과 의례에 대한 존중 때문에 촉발된 것이라는 착각에 빠져서는 안 되는 이유다.

3 마사 누스바움, 《혐오에서 인류애로》(강동혁 옮김, 뿌리와이파리, 2016), 77쪽.
4 위의 책, 77쪽.

오히려 존중에 바탕을 둔 공정한 정치는 모든 시민들이 인간 존엄성과 양심을 갖춘 존재인 만큼 그들을 존중해야 한다는, 보다 기초적인 근저의 개념에 의해 고무되었다.[5]

누스바움의 설명을 봐도 알 수 있듯이, "타인·타문화에 대한 존중respect은 그 밑바탕에 타인·타문화에 대한 긍정affirmation을 필연적으로 수반한다(또는 수반해야 한다)"는 명제는 지나친 주장이다. 누스바움이 예로 든 것처럼 역사적·경험적인 반례가 많다. 우리나라만 보아도 이렇게 평화적인 다종교국가는 세계에 드물다. 누스바움은 "양심을 존중하기 위해서는 모든 사람에게 저마다의 양심이 요구하는 길을 걸을 자유를 충분히 주어야"[6] 한다고 역설한다. 신념과 종교가 다른 이들의 상호공존을 위한 최소주의적 제안인 셈이다.

독일의 사회심리학자 베른트 지몬Bernd Simon은 한 걸음 더 나아가 '거부·존중·관용'의 의미를 탐구한다. 지몬은 《호모포비아—베스텐트 한국판 6호》[7, 8]에 실린 자신의 논문, '동성애 거부—선입견, 존중, 정치화'에서 동성애자에 대한 선입견 문제가 그리 단순하지 않음을 지적하고 있다. 그는 독일에 거주하는 이슬람교도를 대상으로 설문조사를 진행했고 이들의 동성애에

5 위의 책, 78쪽.

6 위의 책, 78쪽.

7 국내 연구모임 '사회비판과대안'에서는 2012년부터 꾸준히 프랑크푸르트학파의 공식 학술저널 베스텐트(WestEnd; 서구의 종말이라는 뜻)를 국내 학자들의 사회비평 논문을 추가로 곁들여 번역·출간해오고 있다. 이 베스텐트 한국판 6호의 표제는 '호모포비아'로, 퀴어 성소수자에 대한 혐오와 정의실현 문제를 다루는 특집호였다.

대한 선입견, 거부와 존중의 심리를 분석하고 공존의 원리를 모색한다. 지몬은 우선 하버마스(Jürgen Habermas, 1929~)의 논의를 참고하며 다음과 같이 이야기한다.

> 만일 동성애자에 대한 선입견이 예컨대 종교적 공동체나 사회 전체의 집단적 자기이해의 표현이거나 심지어 필수적 요소라면, 해당 집단의 자기이해와 정체성을 문제 삼아 그것을 공격하는 방법 외에 선입견을 비판할 방법이 없을 것이다. 이럴 경우 동성애자에 대한 선입견을 비판하는 것은 곧 자문화 중심주의를 드러내며 '타자'를 경멸하는 것과 다르지 않다. 말하자면 그런 위험성을 동반한다.[9]

여기서 지몬은 자국 내 이슬람교도들의 상황을 상정하고 있다. 실제로 동성혼이 합법화된 독일사회에서 이슬람교도들은 자기들의 종교적·문화적 생활양식을 고수하며 생활하고 있다. 이들 무슬림들이 볼 때, 동성애 관계 가운데 있는 비이슬람교도 독일

8 이 잡지 뒤표지는 베른트 지몬의 다음과 같은 글을 인용해 큼지막하게 실어 놓았다. "이성애자가 동성애에 거부감을 갖는다고 해서, 그것만으로 도덕적으로 분개할 일은 아니다. 문제는 그 거부감 속에 앞으로 싹틀 경멸의 씨앗이 들어 있다는 사실이다. 경멸의 과정이 진행되면 동성애에 대한 거부감은 동성애자에 대한 원한이나 선입견으로 돌변한다." 인용한 이 문장만 보면 베른트 지몬이 결국 "동성애에 대한 거부감" 자체를 문제 삼고 있는 것으로 느낄 수 있다. 하지만 지몬의 핵심논지는 그게 아니다. 그는 바로 다음 단락에서 이같이 말한다. "그러나 이 과정을 통해 '타자'에 대한 평가절하의 나사가 자동적으로 죄어지지는 않는다." 지몬은 그런 거부감이 꼭 혐오와 폭력으로 이어지지 않고, 다름 속에서 존중하는 것이 가능하다는 것을 보이고자 하는데, 책표지는 홍보적 목적 때문인지 그런 핵심을 쏙 빼놓고 있었다.

9 《호모포비아 — 베스텐트 한국판 6호》, 54쪽.

인들은 알라 앞에 불경한 죄를 저지르는 사람들일 것이다. 동성애에 대한 이들의 그러한 선입견은 그들 나름대로의 '집단적 자기이해self-understanding'에 속한다. 그렇다면 독일인들이 이들 이슬람교도의 동성애에 대한 선입견 혹은 편견을 비판한다면 결국 이슬람적 정체성을 문제 삼지 않을 수 없다. 지몬은 그러한 비판이 자칫 "자문화중심주의를 드러내며 타자를 경멸하는 일"이 될 수 있다고 보는 것이다.

이 집단적 자기이해라는 속성을 이해하기 쉽게 다른 문제에 적용해보자. 여호와의 증인 신도들은 살생의 도구라는 이유로 집총(총을 쥐거나 지니는 것)을 거부한다. 그리하여 이들의 병역 거부가 헌법으로 보호해야 할 양심의 자유로 승인되기까지 무수히 많은 신도들이 병역 대신 감옥행을 택했다. 북한과 대치하고 있는 특수한 상황에서 대한민국은 여호와의 증인 신도들의 병역 거부에 호의적이지 않았다. 그들의 양심과 신념이 아무리 중요하더라도 국방의 의무 앞에서는 내려놓아야 하는 신념이었다. (기독교를 포함하여) 한국 사회 시민 대다수는 그들의 양심을 구성하는 내용, 즉 그들의 '집단적 자기이해'에 공감하지 않았으며 이들을 감옥으로 보냈다. 시민의 정치 의식이 인권과 정의에 더욱 민감해진 최근에야 이러한 행위가 개인의 종교적 신념과 양심을 침해하는, '여호와의 증인'이라는 종교에 대한 국가주의적 폭력과 박해라는 사실을 인정하기 시작했다. 사실 종교의 자유는 "네가 어떤 신앙을 갖든 간섭하지 않는다"는 아주 기초적인 원칙을 확인하는 수준이 아니다. 특정 종교가 지닌 어떤 교리는 '집단적 자기이해'의 핵심을 차지하는데, 그것은 때로 일반 세속의 상식과 갈등할 수도 있다. 이 부분에서 지몬은 자유주의적 세속사회가 특정종교의 교리에 갖는 편견 또한 '자문화중심주의'의 발로일 수 있다는 점을 지적한 것이다.

여기서 한 걸음 더 내딛어보자. 여호와의 증인 신도들은 자신들의 교리적 믿음에 근거하여 집총을 거부한다. 그러면 신도들은 일반인들이 총칼을 들고 훈련을 받는 것은 올바른 일이라고 생각할까? 아닐 것이다. 이 '증인들'은 신도가 아닌 일반인들이 집총을 하는 것도 예외 없이 하나님 앞에 죄악이라고 생각할 것이다. 즉 자신들은 (집총 거부로) 하나님의 뜻에 복종하고, 비신도들은 복종하지 않는 죄를 범한다고 믿는다. 그렇게 믿는다고 해도 이 증인들은 비신자 일반인과 국가가 죄악을 저지르지 않도록 강제할 수는 없다. 그것이 자유주의 사회의 작동원리다. 기독교인도 마찬가지다. 기독교인들 입장에서는 비신자 일반인들 역시 하나님의 자녀이므로, 이들이 우상 앞에 절하는 행위도 죄악이 된다. 성경에서 모든 사람이 죄를 범한다는 건 기본적으로 이를 가리키는 것이기도 하다. 그렇지만 기독교인들이 강제로 이를 막을 수 없다. 자유주의 사회는 특정집단이 선하다고 믿는 것을 다른 집단도 동일하게 믿고 행하도록 강제하는 것을 금한다. 이는 타인의 자유와 권리를 침해하는 것이다. 우리는 이러한 원리가 갖는 의미를 깊게 이해할 필요가 있다. 자유주의 사회를 구성하는 다양한 집단이 각각 집단적 자기이해를 표현하면서 타집단의 그것을 존중하는 것은 이런 맥락이다. 타집단이 믿는 가치를 긍정하지는 않지만 존중은 하는 것이다.

이제 앞에서 지몬이 이슬람교도를 예로 들어 이야기한 집단적 자기이해 문제로 되돌아가자. 지몬은 실제로 독일 이슬람교도들 1,000명[10]을 대상으로 이들에게 이질적으로 여겨지는 5개 집단(기독교인, 유대인, 무신론자, 페미니스트, 동성애자)에 대한 인식을 조사[11]했다. 그 결과, 이슬람교도는 이들 5개 집단에 거부감을 갖기는 하지만 그 집단 각자의 삶의 양식을 존중하는 경향이 일관되게 나타났다고 분석한다. 이를 통해 그는 태도와 행태의 구별이 매우 중요하다는 점, 거부하면서도 존중하는 태도가 '관용'으로 나타날 수 있다는 점을 강조한다. 동성애자에 대한 부정적인 평가나 거부의 심리를 곧바로 부정적이고 적대적인 행동으로 동일시할 경우, 그런 부정적인 태도가 억제될 가능성을 무시하게 된다는 것이다. 또한 긍정적 태도와 관용을 구별하면서 만일 '거부'라는 요소가 없다면, 굳이 '관용'이 필요하지 않을 것이라고 말한다. "선입견과 차별은 같은 것이 아니고, 관용 역시 가치존중이나 호의와 동일하지 않다."

물론 지몬은 위와 같이 분석을 하면서도 이게 한편으로 동성애자들에게 반드시 반가운 소식은 아니라는 점을 인정한다. 동성애에 대한 "거부 및 그와 대체로 연결된 부정적 정서반응이나 선입견이 세상에서 사라질 수 없"으며, "동성애자는 어쩔 수 없이 그 사실을 인정"할 수밖에 없기 때문이다. 그러면서도 지몬은 다원주의-다문화주의 사회에서 "다른 집단과 공정하고 협동적으로 함께 살기를 원한다면, 그 누구라도 어떤 사회적,

10 지몬은 이 설문조사의 통계가 유의미한 표본으로 대푯값을 지니는 것은 아니라는 점은 인정하지만, 그는 암묵적으로 이 결과가 독일 사회 무슬림들의 실제 인식을 반영하고 있다고 보는 듯하다.

11 위의 책, 57~58쪽.

종족–문화적 집단에 속하건 무엇인가를 감내해야만 한다”[12]고 결론을 내리면서 현실적인 인식을 촉구한다.

이제 우리 상황으로 돌아올 차례다.

(3) 기독교와 퀴어의 수평적 공존이 불가능해 보이는 이유

가까운 미래의 어느 날 한국에서는 차별금지법이 제정되었고, 이에 초중고 학교에서도 이성애중심주의와 성별이분법적 사고를 탈피하여 다양한 성적지향이 있음을 학생들에게 가르치게 되었다. 동시에 대한민국은 인권선진국으로 자리매김하면서 난민과 이주민을 적극적으로 수용하여 그들도 대한민국 국민의 일원으로 쉽게 인정받을 수 있도록 제도적 개선을 이룩한 사회가 되었다. 그러자 한국에서도 서구사회처럼 이슬람교 교세가 확장했고, 무슬림은 인구의 약 10퍼센트를 차지하게 되었다. 이후 이슬람교는 자신들의 샤리아 율법과 이슬람 신앙에 기초한 사학을 곳곳에 건립하였다. 그런데 이슬람이 설립한 사립학교에서는 ‘동성애가 알라 앞에서 불경한 죄’라고 가르치고 있다. 차별금지법에 따르면 교회, 모스크 등 종교적 공간 안에서는 교리에 입각한 발언이 가능하지만, 학교를 비롯한 공공의 교육기관에서 그러한 교육은 명백히 특정집단에 대한 차별과 혐오를 가르치는 것에 해당하므로 형법상 규제와 처벌의 대상이 된다. 따라서 정부는 당장

12 위의 책, 59쪽.

이슬람 계통의 학교에 그러한 교육을 금지할 것을 명령하고, 이를 따르지 않는 학교들은 학교설립 인가를 취소하고 강하게 제재해야 한다는 주장이 강력히 제기되었다. 사태가 이렇게 되자 이슬람 이맘들은 한국 정부의 이슬람에 대한 차별과 혐오를 멈추라며 강하게 반발하기 시작했다.

위와 같은 상황을 가정해보자. 위 상황에 이슬람교 대신 개신교를 집어넣으면 어찌될지 생각해보자. 보수 개신교를 향한 가차 없는 비판과 법의 엄격한 집행을 한국 사회 속의 또 다른 난민/이주민 마이너리티 공동체인 이슬람교에 과연 동일하게 적용할 수 있을까?

앞에서 베른트 지몬의 논의를 소개한 것은 서유럽 국가들이 이런 딜레마 상황을 맞았기 때문이다. 유럽사회의 좌파는 자기문화의 뿌리인 그리스도교를 비판하는 데 있어 망설임이 없지만, 이슬람교에 대해선 그런 과감한 태도를 보이지 못한다. 이들은 난민 혹은 이주민이며 유럽사회의 타자이자 소수자이기 때문이다. 이슬람교에 대해 세속주의 무신론의 입장에서 비판할 경우, 그들 스스로가 자기성찰의 차원에서 반세기 가까이 혹독하게 비판했던 제국주의와 서구우월주의 혹은 오리엔탈리즘의 혐의를 다시 뒤집어쓸 위험이 있다.

이 집단적 자기이해 문제 외에도 마사 누스바움의 또 다른 논의를 참고할 필요가 있다. 누스바움은《혐오에서 인류애로》에서 섹스가 종교와 매우 비슷한 속성을 지닌다고 이야기한다. 섹스 또한 하나의 종교라는 말이 아니다. "많은 미국인들이 성적 행복을 자아의 핵심에 맞닿아 있는, 행복 추구의 매우 내밀하고도 중요한 부분으로 간주"[13]한다는 점에서 섹스가 종교와 비슷하다는 것이다. 따라서 "타인의 권리를 침해하지 않는 한 개인에게는 국가의 간섭 없이 자신의 성적 삶과 관련된 선택을 하는 것이 중요"하다. 이 문장에서 '성적 삶' 대신 '종교적 삶'을 대입해도 자연스럽다. 누스바움은 이러한 종교와 섹스의 비교논변을 통해 동성결혼이 허용되어야 함을 주장한다. 세속의 자유주의 국가가 특정 형태의 성행위(즉, 이성애)를 특권적인 것으로 확립하는 것은 국가가 특정 종교를 국교로 확립하는 것과 같기 때문이다.[14]

그렇지만 동성결혼의 길을 법이 허용하고 열어준다고 해서 모든 시민들이 그것을 꼭 긍정해야 하는 것은 아니다. 심지어 동성결혼에 대한 허용판결을 내리는 판사조차도 여전히 동성애를 긍정하지 않을 수도 있다. 즉 동성결혼이 가능하다는 판결을 내리기 위해 동성애에 대한 긍정이 필연적으로 수반될 필요는

13 마사 누스바움, 《혐오에서 인류애로》, 81쪽.

14 물론 누스바움의 이러한 주장은 조금 더 엄밀한 검증을 요구하기는 한다. 위와 같은 논리라면 일부다처제 혹은 중혼(폴리가미)도 허용될 수 있기 때문이다. 즉, 세속의 자유주의 국가가 특정형태의 결혼(일부일처제)을 특권적으로 확립하는 것 또한 국가가 특정 종교를 특권적인 지위로 또는 국교로 확립하는 것과 같기 때문이다. 물론 이에 근거해 어떤 학자들은 일부일처제 더 나아가 결혼제도 자체를 폐지하자고까지 주장하기도 한다. 하지만 이는 쉽지 않을 것이다. 예컨대, 지난 2016년 헌법재판소는 자발적 성매매를 처벌하는 것이 합헌이라고 판결을 내렸는데, 그 판결의 근거는 "건전한 성풍속과 성도덕의 확립이 필요하다"는 것이었다. 물론 이는 도대체 "무엇이 건전한 성풍속이고 성도덕인가?"하는 질문을 불러일으키는데, 여기서 눈여겨 볼 점은 현행법이 '논리'만이 아니라 생활세계의 전통과 관습에 뿌리박은 공동체 구성원의 의식을 고려하고 있다는 사실이다. 그러므로 공식적 국교가 없다는 논리에 근거해 표준적인 결혼형태도 없애야 한다는 주장을 하는 것은 그 둘 사이에 놓여 있는 여러 맥락상의 차이를 너무 쉽게 간과하는 것일 수 있다. 물론 누스바움은 근본적으로 그런 맥락의 차이마저도 무시해야 한다는 주장을 하고 있다고 볼 수 있다. 여기서는 일단, 누스바움의 논리에 문제가 없음을 인정하는 조건에서 내용을 전개해나가고자 한다.

없는 것이다. 누스바움이 아메리카 초기 이주민 정착촌의 사례—로저 윌리엄스가 원주민을 깊은 우정과 존중으로 대하면서도 그들의 종교적 관습만큼은 우상숭배의 악으로 봤다는 역사적 사실—를 들어 존중과 긍정이 꼭 함께하지 않을 수 있다고 역설한 내용을 기억할 필요가 있다.

그런데 이 같은 마사 누스바움의 입장은 '좋음Goodness'보다 '옳음Righteousness'의 우선성을 강조하는 전형적인 자유주의 윤리관에 해당한다. 법은 '좋음'을 정의하지 않으며, 각 개인들이 최종적으로 어떤 가치를 추구하든 상관하지 않는다. 다만 타인의 자유와 권리를 침해하지 않고, 절차적 정의만 잘 확립하면 된다. 그리고 현재 한국사회에서 차별금지법을 비롯해 성소수자의 권리를 확보하고 증진하는 운동 담론의 근거가 되는 최종적인 이념이 자유주의라는 점은 명백하며 헌법도 마찬가지다.

그렇다면 이처럼 가치관의 좋음과 나쁨을 구분하지 않고 사람과 사회에 대한 목적론적 관념을 일체 배제하는 자유주의 윤리관을 일관되게 밀고 나가는 것에 문제는 없을까? 당연히 있다(3부에서 이러한 자유주의 윤리관의 문제를 자세하게 다룬다). 가령 타인의 자유와 권리를 침해하지 않는 한 '자살'은 자유주의 윤리체계에서 좋음과 나쁨의 가치판단 대상이 되지 않는다. 섹슈얼리티도 마찬가지다. 자유주의는 당사자들의 자발적 합의만 있다면 어떤 형태의 성행위가 됐든 그것을 도덕적으로 판단하지 않는다. 그렇기에 자유주의 사회에서는 온갖 저급한 포르노그래피도 범람하게 된다. 즉, 자유주의에 근거할 때 법은 동성결혼을 허용할 수 있을 뿐 아니라, 당사자들의 자발적 합의가 확실하다면 일부일처제monogamy를 넘어 다부다처제polygamy의 혼인도 인정할 수 있다. 심지어 자발적인 의사에 따라 가입과 탈퇴가 자유로운 스와핑(부부교환섹스)클럽의 영리적 운영도 가능할 수 있다. 그럼에도 자유주의는 동시에 종교적 신념과 양심을 보호해주며, 종교의 울타리 안에서 교리에 따라 특정한 성윤리를 강조하고 어떤 행위를 권장하거나 죄악시하는 것을 허용한다.[15]

그런데 왜 성소수자/동성애 이슈와 관련해 이렇게 문제가 복잡해진 것일까? 누스바움이 언급한 것처럼 섹스와 종교가 유사한 속성을 지니기 때문이다. 예컨대, 정통 기독교는 불교의 여러 가르침이 부분적으로는 진리에 근접하고 윤리적이지만, 그 자체로 기독교의 진리에 미치지 못하며 구원이 불가능하다고 믿는다. 또 불상 앞에 절하는 행위는 명백한 우상숭배의 죄로 규정한다. 물론 많은 비기독교인들이 기독교의 이런 교리를 두고 배타적이고 편협한 신앙이라 비판하며, 어떤 이들은 모든 종교는 각자 나름대로 구원으로 인도하는 길이라는 종교다원주의를 주장하기도 한다. 하지만 기독교가 교리를 통해 불상에 절하는 행위를 우상숭배의 죄로 금한다고 해서 기독교가 불교를 혐오한다고 비난하지 않으며, 법에 호소해 기독교의 이런 차별을 금해야 한다고 말하지도 않는다. 왜냐면 그것이 한 종교의 고유성이자 집단적 자기이해에 속하는 영역이기 때문이다.

역으로 기독교가 그리스도 구원의 유일성을 주장하는 것 때문에 타종교나 무신론자로부터 배타적이고 편협하다는 비판을 받는다고 해서, 기독교가 이런 비판을 두고 기독교 혐오발언

15 유감스럽게도 현재 논의되고 있는 '포괄적 차별금지법'은 표현의 자유와 신념과 양심의 자유를 침해하는 성격을 지니고 있다. 이에 대해서는 이 책 마지막 부분에 나오는 '[보론] 차별금지법과 동성결혼 합법화' 부분을 참고하라.

이라며 고소/고발하는 법적 조치를 취하지도 않는다. 이에 대해 법이 금지하지도 않을뿐더러 자유주의 사회에서는 학문이나 담론의 영역만이 아니라 일반인들도 자신들의 생각에 기초해서 자신의 의견을 자유롭게 개진할 수 있기 때문이다.[16] 기독교인들 또한 불교가 진리가 아니라고 믿는다고 해서 불교를 억압하거나 금지해야 한다고 생각하지도 않는다. 석가탄신일을 국가공휴일로 지정했다고 반대하지도 않고, 도심에 연등을 설치했다고 해서 그것을 금지할 것을 요청하거나 불교의 행사에 반대하는 시위를 하는 것도 아니다. 기독교인들도 시민사회 내에서 각 개인에게 종교의 자유가 있는 것과 각 종교가 나름대로 존중받아야 함을 잘 알기 때문이다. 게다가 어쨌든 불교는 기독교 울타리 바깥에 있는 타종교이다. 불교와 공존하기 위해 기독교가 자체적으로 지니고 있는 고유의 교리 내용, 집단적 자기이해의 내용을 수정할 필요가 없다.

하지만 퀴어문제는 다르다. 퀴어는 기독교 외부에 존재하는 다른 종교가 아니다. 퀴어는 성 정체성과 성적지향의 층위, 즉 섹스의 층위에 놓여 있다. 성 정체성이 개인의 고유한 행복추구와 긴밀한 연관을 갖는다는 점에서 종교와 비슷한 속성을 지니기는 하지만 그 자체로 종교는 아니다. 즉 퀴어 성소수자는 여러

16 차별금지법이 제정되면 이런 타종교에 대해 자기생각을 표현하는 것도 경우에 따라서는 혐오발언으로 규제될 수도 있는데, 특히 이슬람교와 관련해서 더욱 첨예한 논쟁이 벌어질 수 있다. 가령, 2018년 예멘 난민의 입국을 거부하는 국내 여론에는 이들이 이슬람교를 믿기 때문에 안 된다는 논리도 있었다. 유럽에 빈번히 일어나는 테러뿐 아니라 2015년 말, 쾰른에서 있었던 북아프리카, 중동계 무슬림 남성들의 쾰른의 여성행인들에 대한 집단적인 성추행과 강간 사건이 이슬람 난민에 대한 우려를 키웠던 것이다.

종교의 울타리 안팎에 존재하며, 성소수자는 무신론자일 수 있고 불교도일 수도 기독교도일 수도 있다. 여기서 기억해야 할 것은 종교라는 게 단지 어떤 신 혹은 초월자를 믿느냐 마느냐 하는 문제가 아니라 그 신앙에 기초해 삶 전체의 윤리적 양식을 구성하는 체계라는 점이다. 그러한 삶의 윤리적 양식에서 성윤리가 제외될 리 없다.

문제는 기독교 전통에서 성적인 정결에 관한 가르침이 강력하고, 이에 근거해 동성 간 성행위 역시 죄로 보고 있다는 점이다. 이런 상황에서 기독교가 (동성애자를 존중하는 것을 넘어) 동성애가 죄가 아님을 인정하고, 동성 간 성행위도 긍정해야만 한다는 요청은 기독교인들에게는 교리를 수정해야 한다는 압박처럼 느껴질 수 있다. 이는 마치 그리스도인들이 불상 앞에 절하는 것이 우상숭배의 죄가 아님을 인정하라거나 '예수보살'과 같은 혼합주의적인 종교성을 받아들이라고 요구받을 때 가질 수 있는 감정과 비슷하다. 이것이 기독교인들이 느끼는 불안이며, 이들에 대한 이러한 요구는 자유주의의 윤리적 원칙에 어긋나는 행위이기도 하다.

이에 대해 혹자는 백인 기독교도들이 인종 간 결혼에 반대한 전력이 있고, 노예제 역시 성경에 근거해 긍정했던 흑역사가 있다고 반론할지 모르겠다. 우리는 앞에서 인종 간 결혼을 반대했던 기독교의 어리석음에 대해서 이미 한번 살펴보았다. 그렇기에 동성애와 관련된 논란도 이와 비슷해 보일 것이다. 그러나 이는 같은 문제가 아니다. 앞에서 소개한《호모포비아 — 베스텐트 한국판 6호》에서 페터 레베르크는 "동성애에 가해지는 혐오는 인종차별의 경우와 달리 우선 행위와 연관되지 정체성과 연관되는 것이 아니"[17]라고 정확하게 말한다. "만약, 레즈비언과 게이가 성적 소수자가 아니라 인종적 소수자와 유사한 방식의 사회적 소수자라는 의미에서의 주체로만 이해된다면 동성애 혐오의 문제는 어떤 의미에서 전혀 거론될 필요가 없다"[18]는 것이다. 즉 동성애자의 시민권 논의에 집중하면서 동성애자들의 성행위 양식을 언급하지 않고 그것을 비가시화하는 일련의 모든 동성애자 옹호 역시 동성애 혐오의 연장선에 있다는 것이 레베르크의 날카로운 지적이다. 따라서 기독교가 '동성애자'가 아니라 '동성 간 성관계'를 긍정하지 않는 것, '동성결혼'을 인정하지 않는 것을 두고 '동성애자의 정체성'에 대한 차별로 인식하여, 그것을 인종 간 결혼을 금지하거나 노예제를 찬성했던 계급/신분차별의 문제와 같은 성격으로 이해하는 것은 분명히 번지수가 틀린 것이다.

이처럼 퀴어는 제도종교와는 다른 층위에 놓이지만 종교와 비슷한 속성을 갖기 때문에, 성윤리에 대한 나름의 내용을 지니고 있는 기독교가 퀴어와 마주치면 혼란스러움이 발생할 수밖에 없다. 그 마주침 속에서 기독교와 퀴어 양자 모두 상대에 의해 자체적으로 지니고 있는 고유한 측면들이 일정부분 침식되는 것이다.

(4) 지혜로운 분리주의가 필요하다

결국 퀴어와 기독교가 평화롭게 공존하기 위해서는 분리주의적 접근법이 필요하다. 여기서 말하는 분리주의는 특별히

17 《호모포비아 — 베스텐트 한국판 6호》, 84쪽.

18 위의 책, 86쪽.

새로운 접근법을 말하는 것이 아니다. 이미 우리는 교회의 영역과 사회의 영역을 분리해서 생각하는 데 익숙하다. 예컨대, 혼외 성관계는 기독교 윤리적 관점에서 여전히 죄이지만, 사회는 그것을 점점 죄로 다루지 않게 되었다. 그리고 법은 간통죄를 폐지했다. 다원화된 현대사회에서 사람들은 서로 다른 신념과 가치관을 지니게 되었고, 개인이 어떤 신념과 가치관을 갖든 그것에 간섭할 수 없다는 것은 오늘날 모두가 동의하는 자명한 원리이다.[19]

19 나는 여기서 다원화된 현대사회에서 법이 "좋음"을 우선하지 않고, 절차적 차원에서 "옳음"을 우선하는 자유주의를 줄곧 모든 갈등을 해결할 수 있는 최종적인 원리인 것처럼 논의를 전개하고 있다. 그럼 이 자유주의는 문제가 없을까? 아니다. 자유주의도 문제가 있으며, 사회주의와 공동체주의 모두 자유주의의 '자유'개념을 지속적으로 비판한다. 게다가 현실에 존재하는 사회가 자유주의 논리에 100퍼센트 정확히 들어맞는 방식으로 작동하는 것도 아니다. 자유주의가 기본적인 핵심가치인 것은 맞지만, 법과 사회는 안정적인 질서와 번영을 위해 사회주의적 요소, 공동체주의적 요소, 전통문화와 관습 등의 요소들을 무시하지 않는다. 여기서 나는 '법'과 '사회'의 개념을 적당히 혼용해서 사용하고 있지만 엄밀히 따지면 이 두 개념도 정확하게 분리해야 한다. 법이 허용하지만 사회가 암묵적으로 금지하거나 허용하지 않는 것들도 분명히 있기 때문이다. 잘 알려진 대로 법은 "도덕의 최소한"이다. 자유주의에 근거해 법은 "좋음"을 정의하지 않지만, 사회적으로는 "좋음"이 암묵적으로 정의된다. 법은 자유주의적 헌법 원리에 근거해 금지를 줄이고 허용의 공간을 점차 넓혀가고 있지만 민법, 가족법 등 세부적인 사항으로 들어가면 법은 전통과 관습을 많이 반영하고 있다. 나는 지금 이것이 법의 한계이자 맹점이라고 비판하는 게 아니라, 정의실현이라는 목적과 함께 사회질서와 안정을 고려해야 하는 법의 현실을 설명하는 것이다. 자유주의를 맹목적으로 추구하면 비정한 사회가 된다. 경제적인 측면에서 자유주의는 빈부격차를 극대화한다. 현행법으로 일부다처나 다부다처제가 허용되지 않는 것 또한 사회가 무한정의 자유를 허용하지 않기 때문이다. 참고로 일부일처제는 배우자 소유를 1명으로 제한하는 법으로 전형적인 사회주의의 성격을 지니고 있다. 다만 나는 우리가 자유민주주의 사회 속에서 살아가고 있고, 많은 사람들이 평화롭게 공존하며 서로를 관용하고 존중할 수 있게 하는 윤리원칙이 자유주의이므로 자유주의의 여러 문제에도 불구하고 현실적으로 자유주의가 최선의 대안이라고 생각한다. 그러나 자유주의에 대한 비판론은 충분히 고려해야 한다. 이와 관련해 마이클 샌델의 《민주주의의 불만》, 찰스 테일러의 《불안한 현대사회》, 알레스데어 매킨타이어의 《덕의 상실》 등을 참고하라.

기독교인들 역시 세속적 시민사회의 구성원이기에 이에 반대하지 않는다. 바로 그 원리로부터 기독교인들 또한 박해를 받지 않을 수 있었기 때문이다. 그렇다면 동성결혼은 어떤가? 기독교인들은 동성결혼 허용에 찬성하면 안 되는가? 이에 대한 답도 분리주의에 입각해서 나온다. 답은 두 가지다. 첫째, 시민사회의 법적 층위에서는 동성결혼에 찬성할 수 있다. 둘째, 그리스도 신앙을 고백하는 교회 공동체에서는 동성결혼을 허용할 수 없다.

먼저 법적/사회적 영역에서의 동성결혼을 생각해보자. 사람은 누구나 타인의 자유와 권리를 침해하지 않는 한 자기가 원하는 방식대로 살 권리가 있으며, 성적인 영역에서도 마찬가지다. 두 사람의 성인이 서로 사랑하여 혼인서약을 통해 법적인 배우자로 승인받기를 원할 때, 그것을 금해야 하는 논리적인 이유가 자유주의적 원칙에서는 도출되지 않는다. 이는 분명하다.

다음으로 기독교 영역에서의 동성결혼을 생각해보자. 앞에서 긴 지면을 통해 결혼에 관한 신학적 고찰을 종합하고 기독교 내부에서는 동성결혼이 합당한 것으로 승인받을 수 없음을 강조하였다. 이와 동일한 논리로 시민사회가 동성결혼을 법으로 허용한다고 할지라도, 교회 목회자는 자신의 신앙양심에 근거해 동성 간의 결혼식을 주례할 수 없고, 그리스도인들 또한 이들의 결혼을 (긍정적으로 승인하는 의미에서) 축하할 수 없다. 이것도 명백하다.

내가 보기에 문제는 양쪽에서 발생한다. 먼저 동성애를 격렬하게 반대하는 기독교인들이다. 기독교 내 반동성애 진영은 동성애를 사회가 더 이상 방조하고 묵인하면 안 된다고 생각한다. 그렇다고 이들이 과거 서구국가들처럼 형법상의 죄로 동성애를 다스려야 한다고 생각하는 것은 아니다. 다만 사회가 동성애를 단순히 관용하는 수준을 넘어 이성애와 동일한 가치를 지닌 섹슈얼리티로 긍정하는 것을 우려한다. 차별금지법에 반대할 때 이들은 '동성애를 신앙양심에 근거해 죄로 인식하고 말할 권리'의 박탈을 염려하는 것이며, 따라서 이것은 방어적인 입장이다. 반면, 동성결혼을 법적으로도 허용해서는 안 된다는 것은 기독교를 염두에 두지 않는 일반 성소수자 시민의 동등한 권리를 박탈하고자 하는 것이므로 상당히 공격적인 입장이다. 그렇기 때문에 차별금지법의 실제 내용과 상관없이 그리스도인들에게 차별금지법 제정은 가족법 개정을 통한 동성결혼 허용보다 더 위협적으로 느껴지는 것이다. 그러나 어쨌든 차별금지법과는 별개로 동성결혼 허용 자체를 반대하는 것은 기독교가 현대사회 구성원들 사이에 암묵적으로 합의된 자유주의 원리를 위반하여 시민공동의 사회를 전통적·기독교적 가치에 근거해 지배·규제하려는 행위로 인식될 것이다.

둘째, 기독교가 내부적으로 (교리를 수정해서라도) 동성애를 긍정해야 한다고 생각하는 퀴어 운동가 혹은 앨라이 크리스천이 있다. 이미 퀴어진영은 학교교육은 물론 신문과 방송, 각종 공공기관에서 젠더이해 및 성인지 교육을 강화하고 있고, 성중립 화장실을 비롯해서 다양한 영역에서 성평등을 적극적으로 구현하고자 애쓰고 있다. 나아가서 이들은 기독교가 진심으로 동성애자들을 사랑하려면 이들을 있는 모습 그대로 수용하는 것을 넘어 그들의 행위를 온전히 긍정해야 한다고 말한다. 심지어 동성애자를 목사나 사제로 안수할 수 있어야 하고, 목회자는 동성커플을 주례할 수 있어야 한다고 주장하기도 한다. 물론 이들은 차별금지법 제정과 관련한 기독교인들의 염려를 불식시키고 다수 시민의 동의를 얻기 위해 "종교적 공간에서 동성애를 죄라고 말할 수 있는 권리" 정도는 인정하지만, 기독교계 사립학교 등에서 동성애에 관해 종교적인 가치판단을 가르치지 못하게 하려고 애를 쓰고 있다. 이런 면에서 볼 때, 퀴어 진영 또한 자신들의 입장을 보편적으로 합당한 것으로 간주하고 기독교 고유의 집단적 자기이해, 즉 기독교 교리와 윤리 영역까지도 지배·규제하려는 모습을 보이고 있다. 이 역시 자유주의 원리를 침해한다.

이렇게 양쪽 다 선을 넘고 있다. 그러면서도 양쪽 다 선을 넘고 있다는 사실을, 그리고 그것이 폭력적이라는 사실을 인지하지 못하고 있다. 반동성애 진영은 시민사회 층위에서의 '자유주의'가 무엇인지 아예 인지하지도 못하고 있고, 퀴어 진영은 '자유주의'를 내세우지만 은밀하게 '자유주의'를 침해한다.

(5) 마무리하며

이제 이에 대한 논의를 마무리하고자 한다. 나는 분리주의적 접근법을 제안하면서 기독교의 성윤리와 양립가능한 윤리학적·철학적 관점을 자유주의라고 보았고, 그런 관점에서 자기 견해를 개진하고 있는 마사 누스바움과 베른트 지몬의 의견을 중요하게 참고하였다. 이들의 의견은 물론 볼테르(Voltaire, 1694~1778)와 존 스튜어트 밀이 생각했던 '자유'에 대한 관점의 계보에 속한다고도 할 수 있다. 타인의 자유와 권리를 침해하지 않는 한, 개인은 "좋은 삶"과 "행복"에 대한 자기의 생각을 표현하고 추구할 수 있다는 것이 자유의 기본원리다. 그리고 나는 다원화된 현대사회의 시민으로서 이러한 원리를 기본적으로 지지한다. 물론 이것으로 충분하지는 않으며, 더 많은 것들을 고려해야 한다는 공동체주의의 주장에도 심정적으로 더 공감한다. 하지만 최소한 이 원리에 대한 기본적인 신뢰와 합의가 전제되어야 서로 다른 가치관과 신념을 가진 사람들이 서로 평화적으로 공존할 수 있다. 즉, 다원화된 세속 시민사회의 근간은 현재로서는 자유주의가 최선이다.

따라서 법적·사회적으로 동성결혼은 허용될 수 있다. 앞에서도 언급했지만 결혼은 단지 관습과 문화상의 제도가 아니다. 결혼은 가족을 구성하는 원리이며, 그렇게 결합한 두 배우자는 하나의 경제적 단위이다. 국가의 행정과 복지로부터 시작해 유산상속을 비롯한 다양한 경제적인 이해관계가 가족을 중심으로 이루어지며, 그 가족은 '결혼'으로 맺어진다. 동성애자들 역시 동일하게 세금을 내고 시장경제의 행위자이자 시민사회의 구성원으로 존재하고 있지만, 이들은 원초적으로 '결혼'의 길이 막혀 있어 이와 같은 제도적 혜택에 대한 접근 자체가 봉쇄되어 있다. 그러므로 어떤 식으로든 그 길을 열어줄 필요는 있다. 단계적으로는 (동성애자뿐 아니라) 보다 많은 이들이 마음에 맞는 사람과 가족을 구성할 수 있도록 우선은 생활동반자법이라는 느슨한 법이 필요하겠지만, 특별히 보다 강한 결속을 원하는 동성애자 커플에게는 이성애 부부와 동일한 수준으로 '결혼'의 지위를 인정해주어야 할 것이다. 앞에서 충분히 상술했듯이, 논란이 많은 차별금지법보다 오히려 이 법이 더 우선되어야 한다.

동시에 기독교 교회 안에서는 '동성결혼'을 좋은 것으로 긍정할 수 없다.[20] 물론 기독교인들 역시 소수자로서의 동성애자들의 인권과 시민권에 민감해야 하고 이들의 행복추구권을 존중해야 한다. 그렇게 세속 시민사회 차원에서 동성애자들의 행복추구권을 존중하되 기독교 고유의 윤리에 근거해 '동성결혼'을 긍정하지 않을 자유와 권리, 다시 말해 기독교가 성경에 근거하여 유지해 온 '성윤리'에 대한 신념 역시 존중받아야 한다. "긍정하지 않는 것은 곧 혐오"라는 등식은 오히려 또 다른 형식의 근본주의이다. 다양한 가치와 신념을 가진 사람들이 서로를 거부하면서도 그 거부의 표현을 억제하며 존중하며 사는 것이 현대사회의 기본원리이고, 실제로 그것이 가장 현실적이기도 하다.

지금까지 나는 퀴어이슈에 대한 교회의 대응과 존중과 공존의 방법으로 자유주의 철학의 관점과 분리주의적 접근법을 제안했는데, 그렇다고 이것으로 충분하다고 보는 것은 아니다. 이제껏 나는 이 문제에 관해 행위자, 정체성 등 주요변수를 상정하고, 이들을 분석적으로 접근했는데 사실 사회는 그런 분석적 수준으로 문제를 환원할 때, 다 예측이 가능한 논리적 진공관이 아니다. 어떤 법적, 도덕적 판단에 있어 특정한 명제들의 집합이 논리적 일관성과 정합성을 지니더라도 사람들은 이에 대해 석연치 않음과 거부감을 느낄 수 있다. 크게 두 가지 이유 때문이다. 첫째, 사람은 논리보다 감정과 정서가 앞서 작용한다. 둘째, 복

20 나아가 동성결혼을 긍정하지 않아야 한다. 물론 서구의 리버럴한 교회들은 동성결혼 허용을 넘어, 성직자가 그 결혼식을 주례하고 축복하는 한편, 동성결혼을 한 사람들을 목회자로 안수하기도 한다. 나는 이런 교회들이 이단이라거나, 이들과 함께 할 수 없다고 생각하지는 않는다. 이런 교회들이 보이는 사랑과 섬김의 진정성을 존중하며, 보수정통의 교회들이 자신들의 순수성을 과장하여 이런 리버럴한 교회들을 배척하며 연합을 떠나서는 안 된다고 생각한다. 그러나 동시에 나는 이런 리버럴한 신학자들, 리버럴한 교회들이 동성애에 관해서는 분명히 잘못된 판단을 하고 있다고 생각한다.

잡해 보이는 문제를 기초적인 수준의 명제로 환원하여 정합성을 지닌 담론을 구성하더라도 논리적 담론의 공간과 우리가 경험하는 생활세계는 분명히 차이가 있다. 낮은 단계(개인수준)에서 상위 단계(집합;집단 또는 사회수준)로 문제의 수준이 올라갈 때 "구성의 오류"와 "창발emerging"현상 같은 것이 나타날 수 있기 때문이다—가령, 동성결혼이 합법화되었을 때 성소수자의 부모와 친지들은 더 큰 괴로움에 직면할 수도 있다—이런 부분들을 고민하면서 이제는 "기독교와 동성애의 관계"라는 협소한 영역을 넓혀 아직 다루지 못한 문제들을 차분히 살펴보기로 하자.

2

차이소멸,
퀴어이론에 대한 비판적 고찰

2부는 현대철학, 특히 후기구조주의적 사유의 흐름에서 탄생한 퀴어이론을 비판적으로 고찰한다. 유감스럽게도 현재 반동성애/반퀴어 운동에 이론적 근거를 제공하고 있는 일부 학자들의 퀴어 이데올로기에 대한 비판은 피상적인 인상비평과 부정적 낙인찍기로 일관하고 있을 뿐, 퀴어 이론 자체의 내용과 그 내적 논리에 대한 해독(解讀)에는 게으른 편이다. 퀴어이론이 결국 마르크스주의의 연장이라거나 교회해체를 위한 전략이라는 비판, 또는 그 진영의 어떤 이론가가 소아성애의 합법화를 주장했다는 사실을 지적하는 것으로 퀴어에 대한 반박논증을 다했다고 보는 것이다. 이렇게 즉각적인 반감을 일으킬 수 있는 레토릭을 사용함으로써 얻는 효과는 단지 전투적인 반동성애 진영의 정치적 결집일 뿐이다. 즉, 현재 반동성애 진영에서 퀴어 이론을 정밀하게 독해하고 이를 차분한 논리로 반박하는 담론은 거의 없다고 할 수 있다(그나마 앞에서 언급한 레즈비언에서 기독교인으로 회심한 로자리아 버터필드 정도가 유일한데, 그녀는 반동성애 운동과는 거리가 멀다). 하지만 특정한 이론에 대한 즉각적인 거부감을 이용해 악마화하는 것은 지혜롭지 못하며 도리어 그런 방식의 논리는 부메랑으로 돌아올 수 있기에 위험하다. 이런 문제의식에서 2부와 3부에서는 철학과 사회학적 관점에서만 퀴어 이론을 고찰하였고, 이를 비판할 때 기독교적인 담론과 근거는 어떠한 것이라도 완전히 배제하였다. 특히 2부에서는 퀴어 이론 자체에 내재한 논리적인 오류, 퀴어의 인식론과 생물학에 대한 관점, 이 이론이 고전작품의 모티프를 활용하는 방식이 가진 문제들을 집중해서 고찰하였다.

1장에서는 우선 퀴어이론의 문제점을 르네 지라르(René,

N.T. Girard, 1923~2015)의 '차이소멸'이라는 개념을 매개로 분석해 본다. 전작《희생되는 진리》에서 나는 기독교적 진리의 의미를 새롭게 환기시키기 위해 르네 지라르의 '희생양 메커니즘'을 쉽게 요약하고 소개하는 데 집중했었다. 동시에 '희생양 근심의 전지구화'에 대한 지라르의 우려도 함께 소개하며 오늘날은 희생양, 즉 희생양 옹호의 대의(좀더 익숙한 표현으로는 정치적 올바름)에 근거해 자행되는 새로운 희생양 메커니즘이 나타나고 있음을 지적했다. 다만, '희생양' 현상에 집중하다 보니 그 메커니즘을 촉발하는 '모방욕망'을 충분히 다루지 못했던 듯하다. 특히, 섹슈얼리티와 관련된 성적 지향orientation, 성 정체성identity에 관해 이야기할 때 지라르의 모방욕망의 개념을 충분히 깊게 숙고하는 것은 매우 중요하다. 에로티즘과 섹슈얼리티는 '금기taboo'라는 장애물과 함께 숙고하지 않을 수 없는데, 이 금기가 곧 모방욕망mimesis desire과 깊은 관련이 있기 때문이다. 따라서 '모방욕망'의 개념과 그것이 작용하는 메커니즘을 살펴본 후, 구조주의적 관점에서 문화가 다름 아닌 '차이의 체계'임을 확인한다. 그리고 '금기'는 차이소멸에 따른 모방경쟁의 격화와 그로 인한 폭력을 예방하기 위한 기제였다고 볼 수 있다. 그런데 오늘날 '차이'를 강조하는 철학이 중시하는 것은 정확히 말해 '차이생성'이며, 이 무수한 차이의 생성이 사실상 의미 있는 차이를 없애버리는 '차이소멸'로 귀결될 수밖에 없음을 보일 것이다.

2장에서는 퀴어이론을 기초했다고 볼 수 있는 버틀러의《젠더트러블》을 비판적으로 고찰한다. 사회주의에서 마르크스가 갖는 위상에 비견될 수 있을 정도로 현대 퀴어이론에서 버틀러의 영향력은 막강하다. 따라서 퀴어이론을 제대로 알기 위해서는 버틀러를 우회할 수 없다. 여기서는《젠더트러블》의 독해를 통해 버틀러의 젠더수행성 개념과 패러디, 젠더를 둘러싼 권력의 재배치전략을 살펴보고, 버틀러의 이론에서 설득력 있는 지점은 있는 그대로 인정하면서 문제점 또한 일별할 것이다.

3장에서는 범성욕론(凡性慾論)의 출발점이라 할 수 있는 프로이트(Sigmund Freud, 1856~1939)의 '오이디푸스 콤플렉스'를 다각적으로 살펴본다. 먼저 프로이트의 오이디푸스 콤플렉스의 내용과 그 함의, 무의식의 욕망을 오이디푸스 삼각형(부모와 자식)의 틀에 가두어 해석하는 것에 반발하는 질 들뢰즈(Gilles Deleuze, 1925~1995)와 펠릭스 과타리(Pierre-Félix Guattari, 1930~1992)의《안티 오이디푸스》의 주장과 그 정치적 함의를 살펴본다. 아울러 주디스 버틀러가 오이디푸스 콤플렉스에서 근친상간 이전에 동성애적 욕망이 더욱 억압되고 있다고 주장하는 내용을 살펴본다. 그리고 이렇게 섹슈얼리티 중심의 해석들과 달리 소포클레스가 본래《오이디푸스 왕》을 통해 드러내고자 한 것이 무엇이었는지 탐색할 것이다. 그리고 마지막으로 지라르가 소포클레스보다 한 걸음 더 나아가 오이디푸스 이야기의 핵심은 '성'이라기보다 희생양 메커니즘과 관련된 '초석적 폭력foundational violence'의 문제라고 주장한 것과 그것이 가리키는 의미를 소개한다.

1

퀴어와 차이소멸

(1) 삼각형의 욕망, "사람들은 서로에게 신으로 비칠 것이다"

지라르는 1961년의 저서《낭만적 거짓과 소설적 진실》에서 '삼각형의 욕망'이란 개념을 소개했다. 삼각형의 욕망이란, 주체subject가 어떤 대상object을 욕망할 때 그 대상을 직접 욕망하는 것이 아니라, 모델model이 되는 타자의 욕망을 모방하여 욕망한다는 개념이다. 다시 말해, 대상 자체가 욕망을 불러일으키는 것이 아니라 타자가 욕망을 불러일으킨다. 즉, 타자는 욕망의 매개자(중개자)이다. 여기서 잠시 욕망desire과 욕구appetite를 구분할 필요가 있다. 욕구는 '필요'를 채우고자 하는 본능적인 감정이다. 가령 배고플 때 느끼는 식욕은 욕망이 아니라 욕구이다. 반면 욕망은 신체적·생물학적 필요를 넘어 감정적인 열정과 충동과 관련이 있다. 값비싼 명품 옷이나 고급 시계를 원하는 심리는 욕구가 아니라 욕망에 해당한다. 그런데 지라르에 따르면 인간의 모든 '욕망'은 예외 없이 '모방욕망'이다. 명품 옷이나 고급 시계도 다른 사람이 그것을 욕망하고 소유하기에 그것이 귀하게 여겨지고, 나 역시 그것을 갈망하게 되는 것이다. 하지만 이러한 타인과의 비교는 결국 고통과 환멸로 돌아온다.《낭만적 거짓과 소설적 진실》에서 지라르는 프루스트의《스완네 집 쪽으로》의 서문에 나오는 화자의 다음과 같은 말을 인용한다.

나 자신이 아닌 모든 것, 대지와 그 대지 위의 존재들 모두가 내게는 나보다 더 귀중하고 더 중요하며 더 현실적인 실존을 부여받은 것처럼 보였다.[1]

플로베르(Gustave Flaubert, 1821~1880)의 보바리 부인도, 도스토예프스키(Достое́вский,1821~1881)의 지하생활자도 스스로를 저주받은 비천한 존재로 보고 어떻게든 자신들의 존재를 바꾸려 한다. 타인들은 모두 축복받은 자이면서 신성을 부여받은 자이다. 그렇기에 "사람들은 서로에게 신으로 비칠 것이다."

중요한 것은 인간의 모든 욕망이 모방이라는 발견이 갖는 철학적 의미이다. 일단, 20세기의 구조주의 철학이 이미 '주체subject'라는 개념에 회의적인 것처럼, 지라르의 이론에서도 주체가 대상을 직접 욕망한다는 속설이 '낭만적 거짓'이라고 본다는 점에서—주체를 전면적으로 부정하는 것은 아니지만 전통철학이 상정해온 자기만의 의지와 욕망을 지닌 것으로 간주되는—'주체'는 의문스러운 개념으로 평가절하된다. 따라서 자유주의가 그 철학을 전개함에 있어 방법론적 · 분석적 개념으로 채택하는 타자로부터 분리되고 독립된 원자적 개인atomic individual이란 개념 역시 의문시된다. 그러니까 사람은 누구나 자기 스스로 생각하는 성격, 기호와 취향, 성적 지향/정체성을 갖게 마련이지만 그것을 자아의 고유한 속성으로 절대화하는 현대의 담론들은 모두 불신의 대상이다. 구조주의 철학과 마찬가지로 지라르의 '모방이론'에서도 역시 개

1 르네 지라르, 《낭만적 거짓과 소설적 진실》(김치수 · 송의경 옮김, 한길사, 2001), 105쪽.

인은 독립적 존재이기 이전에 이미 모방하는 존재이기 때문이다.

문제는 모방이 자주 경쟁으로 이어지고 폭력을 낳는다는 점이다. 같은 대상을 욕망하는 복수의 사람들은 서로가 서로의 욕망을 모방하는 모델이자 동시에 경쟁자이며, 욕망충족의 장애물이기도 하다. "사촌이 땅을 사면 배가 아픈" 법이다. 이처럼 욕망을 매개해 준 모델이 욕망의 장애물로 바뀌게 되면서 결국 폭력이 등장하게 된다. 여기서 과연 모방경쟁과 질투가 필연적으로 폭력으로 이어지는 것인가 하는 의문이 들 수 있다. 그냥 약 오르고 넘어갈 수도 있는 것 아닌가? 일리 있는 지적이다. 실제로 철학자들은 개연성을 필연성으로, 상관관계를 인과관계로 비약시키는 경우가 허다하기 때문에 이를 면밀히 잘 관찰하고 분별할 필요가 있다. 그럼에도 지라르의 모방경쟁과 폭력에 관한 통찰은 유효하다. 폭력은 쉽게 방향을 틀 수 있기 때문이다. '희생양 메커니즘'을 꼭 '마녀사냥'이나 '왕따' 같은 집단적 린치로 국한해서 볼 필요는 없다. 모방적 경쟁관계에 빠질 때, 욕망의 장애물이 된 경쟁자에게 폭력을 가할 힘이 자아(주체)에게 부족하거나 폭력을 행사할 수 있는 가능성이 막혀 있으면 그것은 우회하여 다른 사람이나 사물을 향하게 된다. 쉽게 말해 홧김에 만만한 사람을 때릴 수도 있다는 것이다. 그 만만한 사람 역시 희생양인 셈이다. 폭력의 정념과 충동이 쌓이면 그것을 해소할 출구를 찾게 마련이다. 만장일치적 린치에 의한 희생양 박해는 이런 과정이 켜켜이 쌓여 폭력이 극단적으로 분출하는 경우라고 볼 수 있다.

물론 '모방욕망' 자체를 부정적으로 볼 수는 없다. 모든 모방이 경쟁과 폭력으로 이어지는 것은 아니기 때문이다. 가령 마더 테레사의 인도에서의 헌신적인 희생의 의지 역시 그리스도와 앞서간 신앙의 위인들에게 영감을 얻은 '모방'이 없었으면 불가능했다. 즉, 욕망의 내용은 모델이 누구냐에 따라 달라지는 것이며, 지라르 자신도 '모방'이 없으면 인간은 인간다움을 잃는다고 말하고 있다. 그럼에도 시몬 베유(Simon A. Weil, 1909~1943)가 《중력과 은총》에서 인간의 성향 자체를 '중력'이라는 은유를 사용해 표현한 것처럼, 인간 욕망의 수준은—모종의 중력과 같은 힘에 의해—쉽게 아래로 떨어진다. 숭고한 욕망보다 동물적 욕망이 더욱 강하게 작용하며, 무언가를 획득하는 욕망보다는 누군가를 증오하는 심리를 모방하는 것이 더욱 쉽다. "경쟁자들이 똑같이 욕망하는 대상을 소유하는 일에서 합의를 이루기가 쉽지 않지만 똑같이 증오하는 희생양에 대해서는 합의하기가 쉽기 때문"[2]이다.

요약하자면, 모방욕망으로부터 '경쟁'과 '폭력'이 출현하고, 사회는 이러한 폭력의 카오스를 막기 위한 여러 조치들을 취하게 된다. 그렇게 제도로 정착된 것들 중에 하나가 차이를 유지하는—다시 말해, 모방욕망의 무차별적 증폭을 막기 위한—'금기'이고, 다른 하나는 일시적인 차이의 소멸—즉, 금기를 넘어 욕망의 일시적인 무한정한 발산—을 방조하는 '축제'와 '희생제의'이다. 이렇게 '금기'와 같은 것으로 표현되는 도덕/법의 형식과 '축제'나 '희생제의'와 같은 의례의 형식, 이 두 형식이 결합된 것이 이른바 '종교'의 기원이다. 그것은 동시에 '사회'의 기원이기도 하다. 인간의 욕망이 모방적 속성을 갖는다는 하나의 원리에서 이처럼 많은 것들이 파생되어 나온다.

2 르네 지라르, 《문화의 기원》(김진식 옮김, 기파랑, 2006), 82쪽.

오늘날 고대사회의 금기의 내용 중 합리적이라고 여겨지는 많은 내용들은 대부분 법으로 대체되었다. 그 결과 계몽의 세례를 받은 현대인들은 고대의 '음식'이나 '성(性)'과 관련한 금기들을 대부분 이해할 수 없는 비합리적이고 미신적인 것으로 간주한다. 하지만 그러한 고대 미신적인 금기의 저변에 흐르고 있던 본질적인 기능과 목적도 무차별적인 폭력과 무질서로부터 사람과 사회를 보호하기 위한 것이었다. 앞으로 보다 상세하게 살펴보겠지만, 핵심만 짚으면 이렇다. 자유주의 윤리는 개인의 자유로운 욕망의 추구를 긍정하며, 오직 폭력만을 문제 삼는다. 즉 자유주의의 금기는 "폭력"이다. 그렇지만 자유주의 자체는 폭력을 유발하는 인간 욕망의 심층적인 정동(精動)의 메커니즘에 대해선 무지하다. 반면 고대인들은 폭력이 필연적으로 욕망과 경쟁심, 원한의 감정에 직결된다는 사실을 알고 있었다. 그런 점에서 고대인들은 지혜로웠다. 따라서 금기의 철폐는 단순히 "억압으로부터의 해방"만을 뜻하지 않는다. 그것은 "폭력의 자동차단기를 해체"하는 것이기도 하다. 역사상 그 어느 때보다 자유의 가치가 중시되고 인권의 범위가 확대되고 있음에도 우울과 불안과 그에 따른 폭력이 심화되는 지금의 현상을 이해하려면, 우리는 "욕망의 모방적 속성"으로부터 차례차례 실타래를 풀어가야 한다.

(2) 차이의 체계로서의 문화

자연에서 인간은 동물의 한 종에 불과하다. 인간을 동물과 근본적으로 다른 존재, 즉 자연을 넘어 문화적 존재로 만들어주는 결정적인 것은 바로 로고스logos이다. 로고스는 이성reason을 뜻하며 다른 한편으로 언어를 뜻하기도 한다. 다시 말해 인간을 인간답게 만들어주는 것이 곧 언어다. 언어라는 것은 상징적인 영역을 매개로 형성된다. 우리가 감관으로 지각하는 물리적 대상(현상과 사물)이나 순수한 사유 속에서 더듬어 추론하는 형이상학적인 추상(선악의 개념, 수의 개념, 특정한 원리나 법칙), 현상과 사건의 경험에서 촉발되는 감정(희노애락) 등등, 이렇게 복잡다단한 내용들을 어떤 공통의 속성이나 동일성에 입각해 체계적으로 구분하여 그것을 표상하거나 상징화한 것이 기호이자 언어인 셈이다. 그런 상징작용의 기호, 즉 언어를 통해 인간은 다른 사람과 대화할 수 있고, 스스로 생각할 수도 있다. 물론 동물도 그들 나름대로 소리와 몸짓으로 신호를 주고받으며 나름의 군집을 이루고 살아가지만 그것은 생존에 필요한 본능적인 수준에 그칠 뿐, 인간처럼 복잡한 추상의 영역까지 나아가지는 못한다.

바로 이 상징적인 영역에서 출현한 언어로 인해 인간은 자연적 존재를 넘어 문화적 존재로 도약한다. 다시 말해, 인간은 자연계의 혼돈chaos속에서 다양하고 연속적인 것을 경험하지만 상징적인 것(언어)을 통해 사람과 사물, 현상과 사건 등을 의미 있게 구분·분절하고 명명(命名)하며 인식한다. 가령 한 아이가 도화지에 무지개를 그린다고 하자. 그 아이는 '빨주노초파남보'라는 7가지 색으로 무지개를 그릴 것이다. 그렇지만 우리 눈으로 실제 지각하는 무지개는 7가지 색이 명확히 구분되지 않고 단지 그러한 빛깔의 연속적인 스펙트럼으로 나타난다. 그렇지만 인간이 이 무지개를 효과적으로 인식하는 방법은 7가지 빛깔의 언어로 구성된 차이의 체계로 인식하는 것이다. 이처럼 인간의 문화라는 것은 근본적으로 자연 상태의 혼돈chaos을 차이의 체계와 질서cosmos로 재구성한 모든 것이라고 할 수 있다. 물론 문화의 세부적인 내용은 시간과 공간에 따라, 또 집단과 종족에 따라 각기 다를 수밖에 없다.

그런데 20세기 인류학, 언어학, 기호학 등에서 강한 흐름을 주도했던 구조주의는 특히 '차이의 체계'로서의 문화를 연구하면서 다른 어느 것보다 '차이' 그 자체에 천착하였다. 우리는 언어에서 대상과 명칭 사이에 필연성이 없다는 사실을 잘 알고 있다. 우리는 '사과'라고 부르는 것을, 미국인은 '애플apple', 일본인은 '링고(リンゴ)'라고 부른다. 표면에 빨간 빛을 띠면서 달고 새콤한 맛을 내는 이 특정한 나무의 열매를 각 문화는 이처럼 다르게 부르는 것이다. 구조주의는 이러한 자의성, 즉 사물과 명칭 사이에 필연적 관계가 없다는 점에 우선 주목한다. 동시에 이름과 이름, 말과 말이 구분되고 변별되며, 그것들이 서로 관계하는 수평적 체계의 측면에 주의를 기울인다. 그리고 이러한 말이나 기호를 주로 '기표(記表)' 또는 '시니피앙signifiant'이라고 자주 지칭한다.

즉 구조주의에 의하면 우리가 사용하는 언어는 곧 기표의 체계이며, 기표 그 자체가 어떤 필연적인 의미(기의, signifié)를 담지하는 것이 아니라 여러 기표들과의 관계 속에서 (우연히) 의미가 생성된다. 즉, 기표가 위치하는 맥락과 체계, 차이의 시스템이 확보되지 않으면 기표 단독으로는 아무 의미가 없다는 것이다. 철학자 이정우 선생은 쉬운 예를 든다. '두산 베어스'와 '삼성 라이온스'라는 이름은 한 팀을 다른 팀으로부터 구별하는 의미로만 기능한다는 것이다. 그러니까 '두산 라이온스'와 '삼성 베어스'라고 부르기로 약속이 되면, 두 팀 사이의 변별만 유지하면 그렇게 이름을 바꿔도 상관이 없을 것이다. 한편 경쟁하는 다른 팀들이 있는 상황에서 '삼성 라이온스'라는 구단이 의미가 있는 것이지, 프로야구 리그와 구단들의 존재 없이 삼성 라이온스 단독으로는 아무 의미를 지닐 수 없다.

방금 프로야구 구단들의 이름으로 예를 들었지만 구조주의는 우리의 언어 전체에 차이를 규정하고 근거 짓는 보이지 않는 어떤 (상징적, 무의식적) 구조가 있다고 본다. 대표적인 예가 문법이다. 외국어를 습득하기 위해 문법을 익히지만, 외국어를 모국어로 사용하는 사람들은 지식유무에 상관없이, 또 문법을 배운 적도 없는데, "자연스럽게" 문법에 따라 말을 한다. 어떤 말이 발화될 때, 이미 문장이 문법에 의해 구조화되어 있는 것이다. 그런데 구조주의자들에 의하면 언어뿐 아니라 생활양식과 사고방식, 습속과 의례 등 온갖 문화 전반에 이러한 구조가 보이지 않게 작용한다. 자크 라캉(Jacques Lacan, 1901~1981)이 "무의식은 언어처럼 구조화되어 있다"고 말하는 의미가 이런 것이다. 즉, 구조주의에서 말하는 '구조'라는 것은 우리가 물리적 대상을 지각하듯 직접적인 감각으로 인식하는 것은 아니지만, 의식하지 못하는 가운데 우리의 인식과 경험의 조건이 되는 일종의 상징적 질서라고 할 수 있다.

물론 구조주의는 완벽하지 않으며 이후에 많은 학자들의 비판을 받기도 했지만, 구조주의가 기본적으로 확인해주는 팩트 자체는 반박의 여지가 별로 없다. 그것은 우리가 경험하는 문화가 근본적으로 차이의 체계이며 그 체계를 순환하는 보이지 않는 룰이 있다는 점이다. 그리고 모든 문화는 그러한 차이를 명확히 인식하고 그 차이의 룰에 충실할 것을 그 문화에 속한 구성원에게 요구한다. 이러한 차이의 체계에는 물론 남녀의 차이도 존재한다. 그러므로 이 차이의 체계를 흐트러뜨리는 카오스는 제거의 대상이며, 그것을 유발할 위험이 있는 모든 행위는 금지된다. 이것이 소위 금기taboo의 원리이다.

(3) 금기란 무엇인가?

금기는 차이의 체계, 즉 문화를 안정적으로 유지하기 위해 고안된 강제적인 명령의 체계, 혹은 법이라고 할 수 있다. 즉 금기는 차이의 체계에 입각해 다른 것으로 구별된 (다른 신분·계급·성별 등의) 것에 대해서는 욕망할 필요가 없음(또는 욕망해서는 안 됨)을 주지시킨다. 지라르의 이론에 입각해 설명하자면, 이런 금기를 통해 사람들 사이의 모방적 경쟁관계가 전쟁상태로 치달을 수 있는 폭력의 위험을 예방한다. 특히 사람들이 물리적으로 혹은 심리적으로 가까운 거리에 있을 때 욕망의 모방적 경쟁이 쉽게 일어나는데, 금기는 이러한 환경 속에서 경쟁의 발생 자체를 차단하기 위해 차이의 체계를 보호하는 선긋기인 셈이다. 다시 말해 금기가 무너지면 차이의 질서는 카오스, 즉 욕망의 무한경쟁에 빠지면서 폭력의 위험이 높아진다.

하지만 대체 '금기(禁忌)'란 무엇인가? 한자어 뜻풀이 그대로 따르면 "위험해서 금지하거나 꺼려서 기피하는 것"이다. 인류학적 의미로 따지면 '금기'는 비과학적이고 주술적인 모종의 믿음과 같은 것이다. 그렇지만 우리는 일상에서도 금기란 말을 자주 사용하며, 이런 뜻보다 훨씬 넓은 의미로 사용한다. 즉 "원시사회 인류의 성스럽거나 위험한 것에 대한 두려움과 기피의 기제"라는 좁은 의미를 넘어 "넘지 말아야 할 선"이나 "질문이나 이의를 제기하지 말아야 하는 암묵적인 룰"과 같은 것으로 이해한다. 그렇기에 금기의 내용은 세대와 성별, 집단이나 조직, 특정한 상황에 따라 천차만별이며, 외부의 강제보다 앞서 내면에서 작동한다.

가령 일본인이 통속적으로 사용하는 말 가운데 '공기를 읽어라(空気を読め, 쿠우키오요메)'라는 말이 있다. 여기서 '공기'의 의미에 적합한 우리말 표현이 있다면 '분위기'라고 할 수 있는데, 그것도 일본인이 사용하는 뉘앙스를 다 담아내지는 못한다. 일본인들은 집단과 조직 속에서 튀는 언행이나 그런 언행을 일삼는 사람을 극도로 싫어하며, 그런 사람은 '공기'를 못 읽는 사람으로 낙인찍혀 이지메(イジメ)를 당하게 된다. 우리는 이를 단순하고 직관적으로 이해하지만, 그 메커니즘을 분석할 수 있는 개념적 도구는 역시 '모방'이다. '공기'를 못 읽는 사람, 전체의 흐름을 거스르는 사람, 튀는 사람의 출현은 상반된 두 가지 모방의 충돌을 야기한다. 첫째는 이미 형성되어 있던 안정된 모방의 흐름, 지배적 공기에 순응하는 다수 구성원의 포지션이 지니는 모방효과이다. 둘째는 그러한 안정을 거스르는 미세한 떨림, 지배적 공기에 대한 순응을 거부하는 소수가 타인에게 새로운 모방효과를 만들어내는 것이다. 따라서 지배적인 분위기를 주도하는 안정적인 모방의 흐름은 이를 거스르는 모방효과의 출현 자체를 원천봉쇄하고자(모방의 싹을 자르고자) 하는 경향이 있다. 이를 원천봉쇄하지 않으면 반대흐름이 확산되고, 질서가 무너지기 때문이다. 이처럼 공기를 깨는 행동을 해서는 안 된다는 것, 상황에 따라 그 공기를 구성하는 내용과 성분은 달라지겠지만 어쨌든 그 상황의 공기에 역행해서는 안 된다는 불문율과 자기검열의 기제는 궁극적으로 다른 모방의 흐름을 사전에 금하기 위한 것이다. 이런 종류의 기제들을 넓은 의미에서 '금기'라 볼 수 있을 것이다. 그렇지

만 이런 넓은 의미의 금기와 오늘날의 문화를 제대로 이해하려면 일단은 좁은 의미에서의 금기, 다른 말로 원시사회의 터부가 갖고 있는 내적인 논리구조를 간략하게라도 살펴볼 필요가 있겠다.

인류학자 최창모는 《금기의 수수께끼》에서 제임스 프레이저(James George Frazer, 1854~1941)나 프로이트 등 앞선 인류학자들의 금기에 관한 연구들을 종합하여 금기를 대략 10가지 특성을 통해 정의하였다. 그 중 몇 가지 주요한 특징만 간추리면 다음과 같다.[3]

— 거룩함과 부정함의 양면성을 지닌 터부는 속성상 종교적인 개념으로부터 분리될 수 없다.

— 터부는 금지prohibition와 성스러움sacred이 결합한 이중의 개념이다. 모든 금지는 위험한 상황에서 발생하며 성스러운 곳에서는 언제나 위험이 발생한다.

— 터부는 위험한 곳에서 발생하는데, 위험한 곳은 항상 '애매모호한', 즉 '어중간한' 중간지대에 속한다. 이곳은 동일성의 체계와 질서를 교란시키는 곳이다.

— 금기는 경계다. 성(聖)과 속(俗), 깨끗함과 더러움, 남자와 여자 등의 사이를 엄격하게 구별하며, 그것은 곧 사회질서를 유지하는 데 엄격한 기초가 된다.

— 금기는 욕망이 넘쳐흐르는 곳에서 발생한다. 욕망이 넘쳐흐르는 곳은 위험한 곳이며, 위험은 피/폭력과

3 최창모, 《금기의 수수께끼》(한길사, 2016), 30~38쪽.

관련된다. 희생제사 등의 제의적 피흘림과 출산 또는 월경 중의 생리적 피흘림에 관련된 금기가 바로 여기 속한다.

— 현대사회에서는 금기가 법이나 도덕이 흡수해버린 기능을 이기지 못해 그 힘을 상실한 경우가 많다.

이 내용들을 보면 '위험', '경계', '구별' 등의 단어가 반복적으로 등장함을 알 수 있다. 앞에서 말한 것처럼 금기는 차이의 체계와 관련이 깊다. 여기서는 구체적으로 성서에 등장하지만 오늘날 우리가 이해할 수 없고 지키지도 않는 금기 중 두 가지만 뽑아 간략히 살펴보고자 한다. 하나는 '새끼 염소를 어미의 젖에 삶지 말라'[4]는 금기이고, 다른 하나는 '여성의 월경'[5]과 관련된 금기이다.

우선 '새끼 염소를 어미의 젖에 삶지 말라'(출 23장, 34장; 신 14장)는 금기가 나온 이유는 무엇일까? 학자들은 다양한 가설들을 내놓고 있지만, 몇 가지 유력한 가설은 다음과 같다. 일단, 중동의 유목민들은 짜낸 우유가 여전히 그 젖소의 생명과 여전히 연결되어 있어서, 그 우유를 함부로 다루면 젖소의 건강이나 생명을 위험하게 할 수 있다는 생각을 했다고 한다. 둘째, 새끼소와 인간은 어미 소의 우유를 놓고 경쟁관계에 있다. 즉 새끼도 젖을 먹어야 하고, 인간도 가축의 젖을 음료로 사용한다. 그러므로 그런 경쟁의 위험을 떨어뜨리고, 인간의 안정적인 우유의 확보와 섭취를 위해 새끼와 (짜낸) 우유는 멀리 떨어뜨려 놓을 필요가 있다고 보는 것이다. 셋째, 우유와 새끼는 똑같은 어미로부터 생산

4 위의 책, 88~96쪽을 참조하여 중요한 부분을 요약해서 정리하였다.

5 위의 책, 122~130쪽을 참조하여 주요 부분을 요약해서 정리하였다.

되어 근친관계에 있다는 것이고, 그러므로 근친관계에 놓인 두 가지가 섞여서는 안 된다는 생각이다. 즉 인간에게 적용되는 근친상간 금기의 원리가 우유와 새끼의 관계에까지 적용된 셈이다. 미신적이고 주술적인 사고이지만, 고대인들은 그들 나름대로 진지했다. 이 세 가지 이유를 종합해보면, 짜낸 우유를 젖소의 생명의 연장 혹은 새끼로 보는 고대인들의 원시적이고 주술적인 사고가 감지된다. 동시에 그것들이 놓이는 맥락과 그 맥락 위에서의 관계는 인간들의 친족관계에 유비하여 보고 있다. 사물과 사물도 인간과 마찬가지로 친족관계와 비슷한 관계성에 놓이면 그 안에 분명한 차이와 구별을 두어야 안전하다고 보는 사고방식이 있는 것이다.

다음으로는 여성의 월경에 관련된 금기의 내용을 살펴보자. 구약성경을 보면 월경의 피는 부정한 것으로 만져서는 안 되며, 월경 중인 여자와의 성관계는 물론, 단순한 신체적 접촉도 금지된다. 사실 성서만이 아니라 월경 중인 여자를 부정하게 보는 시각은 대부분의 문화권에서 비슷했다. 왜 그랬을까? '피'에 대한 관념 때문이다. 사실 인류문화에서 피는 여러 가지를 상징한다. 우선 피는 생명과 죽음이라는 상반된 속성을 상징하며, 피흘림은 폭력과 죽음과 연관되어 있다. 또한 우리는 친족을 혈육이라 하고, 대를 이은 후손을 두고 핏줄이라고도 한다. 그런 고대인들에게 여성의 성기가 정기적인 출혈의 장소라는 사실은 강한 인상과 두려움을 주기에 충분했다.[6] 게다가 여성의 월경은 또한 성(性)과도 연관되어 있다. 따라서 월경의 피흘림을 매개로 섹슈

6 위의 책, 130쪽.

얼리티와 폭력이 매우 밀접한 연관을 갖고 있다고 생각할 수도 있었다. 앞에서 언급한 것처럼, 터부는 위험한 곳에서 발생하며, 고대인들에게 피흘림은 위험과 연관되어 있었다. 섹슈얼리티는 쾌락과 고통, 욕망과 질투, 지배와 복종, 소유와 내어줌, 사랑과 폭력, 자부심과 수치심, 숭배와 혐오 등 상반되는 양극의 감정과 정서가 교차하는 행위이다. 인간의 행위 중에서 성(性) 외에 이토록 민감하고 모순되고 상반되는 감정이 교차하는 행위가 또 있을까? 이는 섹슈얼리티를 이해하고자 할 때 우리가 깊게 고민해야 하는 질문이기도 하다. 금기가 애매모호하고 어중간한 지대, 즉 카오스로 빠지기 쉬운 곳에서 형성된다고 하는 기준에 따르면 성이야말로 모순되고 이율배반적인 것이 공존하는 애매모호한 지대zone이자, 폭력을 부를 수 있는 위험한 것이다. 고대사회는 희생제의의 거룩한 피가 됐든, 월경의 불결한 피가 됐든 피의 접촉은 오염을 불러일으키고, 폭력과 복수를 부른다고 믿으며 두려워했다. 그러니 이들의 사고체계에서 월경 중인 여성과의 거리두기는 필연적이었다.

현대인들의 이성으로는 좀처럼 이해하기 힘든, 미신적으로 보이는 두 금기의 저변에 흐르는 원리가 '차이' 혹은 '거리'의 유지라는 것이 핵심이라는 사실 정도는 이해할 수 있다. 다만 고대 사회에서 '금기'가 제대로 된 기능을 하기 위해서는 종교적 요소가 필요했다. 신, 초월적 실재, 영적인 힘, 하늘로부터 오는 징계에 대한 믿음이 있어야 사람들 각자가 스스로 금기를 지킬 수 있을 것이기 때문이다. 금기의 위반은 '성스러움'을 훼손하는 것일 수도 있고, '오염'을 불러일으키는 것일 수 있다. 실제로 구약성서 레위기에 나열되는 '정결'과 관련된 여러 규례들은 집단생활을 하는 히브리인들의 건강을 지키기 위한 위생과 면역의 관점에서 필요한 것이기도 했는데, 이는 동시에 도덕의 문제이기도 했다. 위생과 면역의 체계가 무너져 전염에 대한 공포가 확산되고 무질서가 증가하면, 통제할 수 없는 폭력으로 인한 공동체의 붕괴를 초래할 수 있기 때문이다. 바이러스의 전염이든 욕망과 폭력의 전염이든 이를 예방하기 위해선 적절한 '거리두기'가 필수적으로 요구되며, 차이의 질서를 잘 지켜야만 한다.

이는 실제로 코로나 팬데믹 상황에서 우리가 실제로 경험하는 내용이기도 하다. '사회적 거리두기'와 '방역수칙'을 어긴 사람들을 향해 도덕적 비난과 함께 법적 책임도 묻고 있는데, 우리가 이를 도덕적으로 비난하는 이유는 그것이 타인에게 해를 끼치고 공동체를 위험에 빠뜨리는 행위이기 때문이다. 그런 면에서 고대인들과 우리의 사고방식이 크게 다른 것은 아니다. 단지 자연에 대한 지식이 아직 충분치 않았던 고대사회의 인간들은 '금기'를 어길 경우 신의 분노와 같은 모종의 초월적이고 영적인 힘이 재앙을 몰고 올 수 있다고 여겼을 뿐이다. 따라서 '금기'를 단순히 원시인들의 주술적 사고에 불과하다고 넘겨버리지 말아야 한다. 좁은 의미의 금기는 많은 것들이 사라졌지만, 본래 금기가 목적했던 기능이나 금기의 구조는 유지된 채 (법이나 도덕, 문화적 관습 등으로) 모습만 바뀌어 여전히 작동하고 있기 때문이다. 결국 금기의 기능에 대한 사고방식은 다음 두 가지 도식으로 요약될 수 있을 듯하다.

A. [금기 = 억압] → [금기의 철폐 = 자유와 해방]

B. [금기 = 차이의 체계 유지] → [금기의 철폐 =

차이소멸과 폭력의 위기]

위에서 A의 도식은 진보적이고 현대적이며, 그래서 우리 마음에 쉽게 어필한다. 우리들은 '금기'를 단순히 미신적인 두려움에서 비롯된 것으로서 과학적인 근거가 없는 것으로 보는 한편, 여전히 남아 있는 금기들을 부당한 억압이라고 생각하는 경향이 있다. 그렇지만 지라르는 현대인들에게 잊혀진 금기의 기능인 B를 강조한다. 금기를 파괴하는 현대의 대표적인 우상파괴자들 즉, 프로이트, 니체(F. W. Nietzsche, 1844~1900), 마르크스뿐 아니라 그들의 영향을 받은 구조주의자와 포스트구조주의자들 모두 지라르에게는 비판의 대상이 된다. 지라르에 따르면 "사람들이 욕망의 유토피아를 실현할 수 있다고 믿으면 믿을수록, 해방의 이데올로기를 택하면 택할수록, 사실 그들은 경쟁사회의 완성을 독촉하는 셈이다." 오히려 욕망의 유토피아를 서로 실현하기 위해, 서로의 욕망을 해방시키려고 애를 쓰면 쓸수록 문화적 위기, 무차별 현상은 가속화된다. 위기를 가속화시키는 해방적 이데올로기는 그것이 공격하여 없애려는 사항들(전통의 종교, 도덕률, 의례 등)을 희생양으로 만들 따름이다.[7] 따라서 우리에겐 상황과 맥락에 따라 지켜야 할 '차이'의 체계와 개선하거나 철폐해야 할 '차별'의 문제를 섬세하게 구분하는 것이 필요하다.

(4) 퀴어이론, 차이생성 혹은 차이소멸

'차이' 혹은 '차이생성'은 현대철학의 주요 관심사다. 전체

7 김현, 《폭력의 구조》(김현문학전집 10, 문학과 지성사, 1992), 61쪽.

주의와 2차 세계대전, 홀로코스트라는 끔찍한 비극을 겪고 난 후 서구의 철학자들은 이 비극의 원인을 깊이 고민하고 반성적으로 사유하였다. 그 과정에서 이들이 찾았던 문제는 근대 철학의 '도구적 이성의 중시', '동일성(同一性)의 논리', '일자(一者) 중심의 철학' 같은 것들이었다. 이런 사고경향이 '차이'를 무시하고 인간의 개별성과 고유성을 억압하고 배제하며, 전체(다수, 통일성)를 위해 개인(소수, 다양성)을 희생시켰다는 것이다. 그리하여 오늘날 유럽의 현대철학이 천착하는 것은 '다양성', '다자(多者)', '차이', '관용'과 같은 개념들이며, 이에 따라 정치철학적으로는 '차이(혹은 소수자적 정체성)'의 인정recognition과 긍정affirmation이 중시된다. 이를 좀 더 급진적으로 밀고 나가는 현대철학의 사유에서는 동일성에 입각한 차이(예컨대, 인간이라는 동일성에 입각한 남과 여의 차이, 인간과 기계의 차이)가 아닌 "(남녀로 구분할 수 없는, 인간과 기계로 구분할 수 없는 트랜스휴먼 등의) 차이 자체", "이질적이고도 환원할 수 없는 차이", "차이생성differentiation"과 같은 개념들이 중요해진다. 특히, 들뢰즈(Gilles Delueze, 1925~1995)는 나름의 정교한 이론적 작업을 통해 세계의 근본적인 성격과 존재론을 '차이생성differentiation'으로 정초(定礎)하는데, 오늘날 퀴어이론도 근본적으로는 이러한 들뢰즈의 철학적 인식과 공명한다고 볼 수 있다.

그런데 앞으로 이 책의 논의에서 염두에 두었으면 하는 하나의 원리가 있다. "차이생성은 곧 차이소멸"이라는 원리다. 앞서 언급한 들뢰즈의 '차이생성'은 흩어진 것들을 모으고 구분하고 분리하여 차이를 만드는 작용, 즉 혼돈을 해소하고 동일성의 질서cosmos를 구축하는 작용을 일컫는 것이 아니다. 들뢰즈에 의하면 존재하는 모든 것은 본질적으로 혼돈과 역동이며, 기존에 구축된 질서 안에서도 미시적인 차이생성의 혼돈은 지속되면서 기존의 체계를 교란하고 새 질서를 만드는 과정이 반복된다. 아니 오히려 차이의 체계에 입각한 동일성 자체가 본질적으로 끊임없이 생성하고 변화하는 혼돈이 누적되어 나타난 것이라고 봐야 한다. 따라서 현대철학, 특히 포스트구조주의와 퀴어이론에서의 '차이생성'은 대체로 들뢰즈가 말하는 '차이생성'의 개념으로 이해해도 된다. 그렇지만 '차이생성'만을 강조하는 철학은 체계와 질서를 불신하는 편이며, 더 많은 차이를 추구하지만 사실상 차이를 소멸시키게 된다.

가령, 퀴어이론에 의하면 남녀의 성별이분법은 전형적인 동일성의 체계로서 배격하고 부정하여 해체시켜야 할 잘못된 인식론이다. 그런데 정말로 성별이분법의 해체가 성소수자의 해방을 위해 꼭 필요한 것일까? 실제로 게이나 레즈비언은 동성(同性)의 사람을 사랑할 뿐이지, 그들의 생물학적 성별이 식별되지 않는 것은 아니다. 나아가 트랜스젠더라 하더라도 남자였다가 여자가 된 사람(male to female, MTF)이 있는가 하면, 여자였다가 남자가 된 사람(female to male, FTM)이 있다. 그래도 어쨌든 이것 역시 성별이분법을 근거로 하기에 '성전환transsexual'이 이루어지는 것 아니겠는가? 다시 말해 그들도 어쨌든 남자나 여자, 둘 중 하나로 구분될 수 있는 것 아닌가?[8]

이에 대해 우선 퀴어이론가들은 해부학적인 간성(間性, intersex, 혹은 양성구유兩性具有)의 존재가 있음을 강조한다. 실제로 성 염색체가 XX, XY가 아닌 존재가 있다. 예컨대, 생물학적으로 X 염색체 한 개만 있는 터너증후군, XXY 혹은 XXXY 등 3~4개

이상의 성염색체가 있는 클라인펠터 증후군 등이 있다. 심지어 Y염색체가 2개 있는 XYY 남성도 있다. 퀴어이론이 활발하게 논의되기 이전에 이미 유전병 관련 의학사전에는 이러한 증후군에 대한 설명이 수록되어 있었고, 이에 대한 적절한 치료법도 있었다. 웹에서 당장 간단히 검색만 해도 이와 관련한 의학지식들을 쉽게 찾을 수 있다. 심지어 고등학교 생물학 교과서에서도 퀴어이론이 대두하기 전에 이미 이러한 성염색체 이상 증후군이 있다는 내용을 소개하고 있다(아마 멘델의 유전법칙을 다루는 단원에서 배울 것이다). 뿐만 아니라, 성염색체가 XY 혹은 XX라 하더라도 양성의 성기를 다 가진 경우가 있다고 한다. 하지만 이러한 간성인의 존재 자체로 인해 남자와 여자라는 분류체계 자체가 문제가 있다고 생각한 사람들은 없었다.[9] 의학적으로도 이러한 성염색체에 이상이 있는 사람에 대한 치료법이 있으며, 정부는 이런 간성인도 남자나 여자 둘 중 하나의 성으로 구분해서 행정적으로 등록해왔던 것이다. 그런데 이런 간성인을 양성 중 하나의 성으로

8 아예 스스로를 논바이너리nonbinary로 정체화하는 트랜스젠더도 있다. 생물학적 간성인이 아니라 보통의 남자의 몸, 여자의 몸을 갖고 있어도 자신이 남성 혹은 여성 중 하나로 규정될 수 없다는 것이다. 분명히 과거에는 남자 혹은 여자로 확실히 구분되면서도 "여성적인 성격을 지닌 남자"와 "남성적인 성격을 지닌 여자" 같은 표현들이 있었다. 그러나 이제는 어떤 성격을 '남성적'이라거나 '여성적'이라고 표현하는 것 자체가 지양해야 할 금기가 되었다. 젠더에 대한 고정관념을 담고 있는 말로서 차별을 함축하고 있어 정치적으로 올바르지 않다는 것이다not politically correct. 그러니까 자기가 여성성이나 남성성을 지니고 있다기보다는 이제 남자이면서도 여자인 것 같고, 여자이면서도 남자인 것 같은 정체성을 갖게 되고 성별이분법을 배격하며, 그것으로 환원되지 않는 자신의 고유한 정체성을 논바이너리로 표현하는 것이다.

9 이런 인식론 자체가 푸코에서 버틀러로 이어지는 '권력-지식'에 대한 관점과 연관되어 있다. 이들에 의하면 남녀 양성의 체계가 자연스럽기 때문이 아니라 권력이 다양한 성별을 남녀 양성의 체계로 환원하여 인식하도록 만든 것이다. 푸코와 버틀러의 권력관은 뒤에서 더 자세히 다룬다.

환원하는 것이 억압이자 폭력이라는 주장이 대두되었다. 바로 퀴어이론이 등장했기 때문이다.

퀴어이론에서 성별이분법이 문제인 이유는 '젠더정체성'이라는 개념 때문이다. 젠더정체성이란 간단하게 말해 "생물학적 신체의 성별과 상관없이 자아 스스로 자신의 성별에 관해 갖는 느낌"이다. 이는 나아가 자신의 젠더를 정의할 수 있다는 생각으로 이어진다. 남자의 신체를 갖고 있으나, 남성이 일반적으로 갖는 여러 성격이나 성향이 낯설게 느껴질 때, 또는 자신이 여자라고 느낄 때 이 사람은 자신의 젠더를 여자로 정의할 수 있다. 물론 이 사람은 대한민국의 현행법 안에서도 외과적인 수술을 통해 새롭게 주민등록을 해서 법적으로 여자가 될 수 있다. 트랜스젠더 연예인 하리수 씨가 대표적이다.

그런데 최근에는 그러한 외과적 수술을 받지 않더라도, 해부학적 신체와 상관없이 자아가 느끼는 그대로의 성/젠더를 인정해줘야 한다는 목소리가 높아지고 있다. 게다가 외과수술 없이 호르몬제 등 약물투여를 받는 사람들을 비수술 트랜스젠더라고 일컫고 있고, 아예 의학적인 처방 없이 여성의 옷을 입고 여성의 스타일로 화장하는 남성, 일명 드랙drag도 '트랜스젠더 여성'으로 인정해줘야 한다고 말한다. 이에 따라 기존의 "생물학적 여성의 신체를 지닌 여성들"—"생물학적 여성의 신체를 지닌 여성들"이라는 말은 동어반복이지만 젠더의 다원화로 인해 이러한 수식과 표현이 자주 사용된다—은 트랜스젠더와 구분하여 시스젠더cisgender 여성이라 불리게 된다. 실제로 유럽이나 미국에는 수염이 덥수룩한 남성이 여성의 옷을 입고 화장을 한 채 자신을 '트랜스젠더 여성'으로 정체화identify하는 경우가 많으며, 이들이 플래카드를 들고서 트랜스젠더 운동에 나서는 모습을 종종 볼 수 있다. 심지어 이들 중 일부는 여성전용 탈의실·화장실·대중목욕탕에 대한 동등한 입장과 사용의 권리까지도 주장한다.

또 이런 움직임에 반발하며 트랜스젠더 배제를 주장하는 페미니스트 그룹이 있는데, 이들을 소위 TERF(터프, Transgender Exclusive Radical Feminist)라고 한다. 이들 터프TERF 그룹은 최근 페미니즘 운동그룹 내에서 "여성의 범주를 단지 신체적 성기에 환원시키면서 그보다 더욱 소수자적 위치에 있는 트랜스젠더에 대한 혐오를 부추기는 반동적 집단"으로 낙인이 찍혀 있는 상태이다. 이들 터프를 비판하는 현재 주류의 페미니즘 입장에서 보면, 터프그룹은 권력의 위계에서 더 높은 자리를 점하고 있는 시스젠더 여성들만을 옹호하면서 트랜스젠더에 대한 차별과 억압을 일삼고 있다고 할 수 있다. 최대한 간략하게 소개했지만, 페미니즘 내부의 논쟁 지형으로 들어가면 상황이 대단히 복잡하다. 그렇다면 퀴어이론에 의해 다원화되고 있는 젠더의 양상, '차이생성'을 명분으로 한 '차이소멸'의 양상은 어떻게 나타나고 있을까? 다음의 사례를 살펴보자.

서장훈과 이수근이 진행하는 KBS의 고민상담 프로그램 〈무엇이든 물어보살〉[10]에 성소수자 인권운동을 하는 한 사람이 출연해 고민을 털어놓았다. 그는 자신을 소개하기를 "호모로맨스 에이섹슈얼 안드로진Homo-romance Asexual Androgyne"이라고 했다. 여기서 '호모로맨스'는 같은 성별의 사람에게 연애감정의 끌림을

10 KBS 2TV '무엇이든 물어보살' 2019.10.06 방송, https://youtu.be/4nn8NqdamV4

느끼는 것이고, '에이섹슈얼'은 말 그대로 무성(無性)을 일컫는 단어로서 성욕이 없거나 성관계를 싫어하여 그런 섹슈얼한 관계를 전혀 맺지 않으려 하는 것을 말하며, '안드로진'은 심리적으로 남자와 여자 양성의 기질을 다 가진 것으로 자신의 젠더를 정체화하는 것을 말한다. 그러니까 젠더에 관해 이야기할 때, 연애 상대의 성별타입, 섹스행위의 타입, 자신에 대한 성정체성의 타입 이 세 가지 요소를 한데 묶어서 말한 것이다. 출연한 사람의 생물학적 성별은 남자인 듯(간성인일 수도 있으므로 함부로 남자라고 단정하면 안 될 것이다)했으므로, 아마 연애하는 사람은 남자일 것이다. 이렇게 요즘은 성소수자 그룹을 LGBT라는 네 글자를 넘어 "LGBTQ+(또는 LGBTQIA+)"등으로 표현하곤 한다. 레즈비언, 게이, 바이섹슈얼(양성애자), 트랜스젠더 외에도 각종 젠더정체성이 많이 있기 때문이다. 예를 더 들면 '루나젠더lunagender'는 달lune의 공전주기처럼, 특정한 주기cycle에 따라 젠더가 변화하는 정체성이고, '에어로젠더aerogender는 젠더정체성이 날씨, 온도, 시간, 공간, 주위 사람, 분위기 등 그때 그때 달라지는 정체성을 말한다. 이렇게 유동하는 젠더정체성들을 통틀어 젠더 플루이드gender fluid라고도 부른다.

물론 성소수자 인권운동을 하는 분들이 이와 같은 모든 젠더정체성을 다 인정해줘야 한다고 직접적으로 주장하는 것은 아니다. 이 운동 진영 내에도 아마 위와 같이 젠더를 장난하듯 정의하고 다루는 사람들을 불편해하는 사람들이 있을 것이다. 그들 때문에 인생 내내 젠더문제로 힘겹게 고민하는 성소수자의 고통이 진지하게 배려되지 못할 수도 있기 때문이다.

그렇다 해도 문제가 사라지는 것은 아니다. 어쨌든 퀴어운동의 이론적 핵심은 성별이분법 자체의 배격을 통한 다양성의 인정이다. 개인의 느낌, 개인의 자기서사가 가장 중요하기 때문에 고환과 음경을 지니고 있고 성염색체가 XY인 생물학적 남성이라 하더라도 스스로 여자라고 느낀다면 그를 여자로 인정해주어야 한다. 그러니까 이들 퀴어운동가들은 장난하듯 수십여 개의 젠더정체성을 만들어내는 것에 대해서 논리적으로는 비판할 수 없으며, 비판해서도 안 된다. 그것을 '장난'이나 '비진정성'으로 보는 것 자체가 이미 그들 이론의 내적 모순을 스스로 인정하는 것이기 때문이다. 이들은 다른 사람의 내면의 진실한 고백과 자기서사를 진정하거나 진정하지 않은 것으로 구분하는 기준 자체의 존재를 불신하며, 그런 판단을 하는 것 자체가 상대에 대한 월권이자 간섭이며 모욕이라고 생각하기 때문이다. 자아의 진정성을 판단하는 기준은 오직 그 자신에게 있을 뿐, 남들이 그에 대해 간섭하고 말할 수 있는 권리가 없는 것이다. 따라서 사람들은 서로의 진정성을 인정하면서 어떤 (공통의 초월적인) 도덕적 기준에 근거해 다른 사람을 판단하거나 비판하는 일을 하지 않기 위해 매우 주의할 수밖에 없게 된다. 그런데 "윤리적 주체화의 양식"을 면밀히 연구했던 미셸 푸코는《성의 역사 2 : 쾌락의 활용》,《성의 역사 3 : 자기 배려》에서 BC 4세기의 그리스와 AD 1~2세기 로마의 섹슈얼리티 연구에서 고대적 진정성의 원형을 발견한다. 푸코는 고대 그리스 · 로마의 철학자들이 형성한 자아의 관리기술, 즉 욕망을 절제하고 신체와 영혼의 건강성을 추구하면서 자아를 "윤리적 주체"로 세워가는 일련의 기술을 발견했고, 그것을 자기배려의 기술이라 지칭하기도 했다. 자기배려의 기술은 현대에서 중시되는 개념인 '진정성'과 상당히 유사하다.

그러나 혁명이 타락하듯 언어도 타락한다. '진정성'의 뜻이 욕망의 무한추구가 아닌 욕망의 절제로서 자신을 세워가는 본래의 윤리적 의미로부터 어떤 욕망이든 그 자유로운 추구가 허용되어야 한다는 의미로 바뀐 것이다. 나의 생각을 초월하는 기준, 모두가 합의하는 기준이 사라지기에 이는 궁극적으로 도덕적 가치판단 및 타인에 대한 무관심으로 변질되고 있다. 이는 또한 개개인의 (도덕적) 공론장으로부터의 퇴거를 의미하기도 한다. '옳고 그름', '좋음과 나쁨'을 말해서는 안 되는 영역이 늘어나면서 사람들은 자기의 견해를 자유롭게 말하는 것을 주저하게 되고, 이것이 일종의 자기검열을 야기하여 모두가 자기만의 공간으로 은둔하게 되는 것이다. 결국 자유주의 사회의 도덕은 가장 최소한의 것, '절차적 정당성'으로만 남을 뿐이다. 철학자 알랭 바디우 역시 현대철학이 신성시하는 '차이'와 '다양성'이 자본주의적 화폐의 먹이라면서, 현대의 다양성은 곧 '상품의 다양성'으로 환원되기 마련이라고 비판적으로 고찰한다.[11]

결국 '진정성의 명령', '진정한 자기 자신이 되라'는 명령은 '너만의 고유한 차이'를 생산하라는 명령이 되고 그로 인해 나타나는 '차이생성'은 무수하고 잡다한 차이들을 만들어낸다. 그렇지만 잡다한 차이는 오히려 경계와 기준을 흐릿하게 만들며 실질적인 차이를 소멸시킨다. 이에 따라 '도덕적 기준' 역시 흐릿해지며, 근본적으로 차이의 체계에서 발생하는 '의미'들도 소멸된다. 안정적인 차이의 체계가 사라지면서, 사람들은 직감적으로 경쟁과 폭력의 증식을 예감하고 안전한 자신만의 차이의

11 알랭 바디우, 《사도바울》(현성환 옮김, 새물결, 2008), 26~31쪽.

공간으로 퇴거하는데 그 결과 유의미한 공론장 또한 사라진다.

그렇다고 차이소멸이 꼭 나쁜 것만은 아니다. 변화와 진보를 가로막고 부당한 차별을 유지시키는 차이는 소멸되어야 한다. 그렇게 역사 속에서 실제로 소멸된 차이의 체계 중 대표적인 것이 노예제도이며, 또한 남녀의 사회적 성역할에 대한 고정관념 역시 상당부분 소멸되었다. 지라르 역시 "문화적 질서는 해체되고 지나친 차이들은 소멸되어야 한다"[12]고 강조한다. 게다가 복음서의 예수는 차이소멸을 주도한 장본인이기도 했다. 그는 인간이 만든 금기(차이의 체계)들이 우상의 질서를 위해 개인을 억압하는 상황을 통렬히 비판하면서 스스로 그런 금기들을 어긴다. 예컨대, 안식일에 대한 규례, 나병환자나 혈루증을 앓는 여인에 대한 예수의 관심은 당시 전통의 금기들을 분명히 깨고 있다. 게다가 예수가 십자가에 못 박힌 후 성전의 휘장이 찢어진 사건은 지성소와 성소를 나누는 금기의 장막을 해체하는 것과 같았다. 그래서 예수의 오심과 행하심, 사람들 사이에서 화평케 하심이 "막힌 담을 헐어버리는" 이미지로 종종 묘사된다.

하지만 경쟁의 과열과 폭력을 막기 위해 차이가 필요할 때도 있다. 터프그룹은 타협하기 힘든 가장 과격하고 강경한 페미니스트들로 간주되고 사실상 '공공의 적'처럼 묘사되는데, 이는 그들이 '성별의 차이 해체'를 격렬하게 반대하기 때문이다. 여자화장실, 여성휴게실, 여성쉼터, 성폭력 상담소 등은 생물학적 여성들만의 안전한 공간이 되어야 한다는 것이 이들의 주장이

12 르네 지라르, 《폭력과 성스러움》(김진식·박무호 옮김, 민음사, 2000), 354쪽.

다. 따라서 이들은 포괄적 차별금지법의 항목에 '성적지향에 따른 차별금지' 항목에도 반대한다. MTF 트랜스젠더가 여성의 안전을 위협하며, 차별금지법이 제정되면 트랜스젠더가 여성공간으로 입장하는 것을 반대하는 행위도 처벌받을 수 있기 때문이다. 물론 이에 대해 다수의 페미니스트 그룹은 페미니즘은 혐오와 어울리지 않는다고 말하며 터프그룹을 비판하고 있다. '여성혐오'를 반대하며 가부장제와 기득권 남성을 비판하는 페미니즘이 여성보다 더 약자일 수밖에 없는 '트랜스젠더 성소수자'를 혐오하는 것은 모순이라는 것이다. 따라서 터프의 페미니즘은 틀렸으며, 그것은 페미니즘이 아니라고 역설한다. 그렇지만 실제로 여장 남자가 여자화장실에 침입해 불법촬영을 한 사건[13]이나, 성전환 수술을 하지 않은 MTF 트랜스젠더가 여탕에 들어갔던 사건[14]을 고려할 때 터프의 우려는 평범한 여성들의 우려를 대변하고 있기도 해서, 터프의 우려를 단순히 근거 없는 것으로만 치부하기는 어렵다.

물론 위와 같은 행동을 하는 트랜스젠더는 극히 소수이며 대다수의 트랜스젠더는 비폭력적일 것이다. 그러므로 터프가 일부의 문제를 침소봉대하여, 엄연히 존재하는 트랜스젠더의 존재 자체를 부정하고 불신하는 것은 혐오이자 폭력이라는 비판은 합당하다. 특히 특정한 개인의 문제를 그 개인이 지닌 특정한 정체성(인종, 민족, 성별, 출신지역, 성적지향 등)으로 환원하고 그러한 정체

13 "여장한 뒤 여자화장실 침입한 남자, 잡고 보니 카이스트 학생", 〈서울신문〉, 2018.06.29. http://www.seoul.co.kr/news/newsView.php?id=20180629500036

14 "여탕 '여장남자' 검거…"여자라고 생각해 간 것 주장"", JTBC 뉴스, 2020.02.14. 강신후 기자. https://news.jtbc.joins.com/article/article.aspx?news_id=NB11934791

성을 지닌 사람들의 전체집합을 불신의 대상으로 낙인찍고 혐오하는 것은 명백히 폭력이다.

그렇다 해도 여전히 문제는 남는다. 위와 같은 논리로 남성의 신체를 지녔지만 정신적으로는 여성임을 주장하는 트랜스젠더, 즉 비수술 트랜스젠더의 여자화장실 입장을 허용할 수 있다면 나아가 아예 일반적인 남성이 스스로를 트랜스젠더라 주장하며 여자화장실에 입장하는 것조차 허용될 수 있기 때문이다. 앞에서 봤듯이 퀴어이론에서 성정체성의 핵심은 결국 스스로의 성별에 대해 갖는 인식이며, 젠더정체성은 어떤 객관적인 근거(생물학적 신체 등)를 요구하지 않는다. 소수자적 성정체성은 객관적으로 인식되는 것이 아니라 당사자 스스로 '주장하는' 것이다. 실제로 영국이나 미국의 트랜스젠더들은 여장을 하지 않고 수염도 기른 보통 남성의 외모를 하고 있으면서도 스스로를 트랜스젠더로 정체화하는 사람이 많다. 게다가 심지어 자신의 성 정체성을 '트랜스젠더 레즈비언'으로 규정하는 비수술 MTF 트랜스젠더들도 있다. 한마디로 이들은 트랜스젠더인데 레즈비언이기 때문에 이들 성욕의 대상은 여성이라는 이야기다. 그렇다면 이들이 여자화장실이나 여성목욕탕에 입장하는 것은 허용할 수 있을까?

물론 여성들이라고 해서 같은 여성에 대한 성추행이나 성폭력이 전혀 없는 것은 아니다. 이러한 이유를 들어 터프그룹을 향해 어차피 완벽한 안전 같은 것은 없다고 반론할 수 있을까? 방금 이 말은 다음과 같은 이야기와 똑같다. "총기규제를 한다고 해서 살인이 안 일어나는 것은 아니다." 이러한 이유를 들어 총기규제 입법을 촉구하는 사람들에게 어차피 살인은 완전히 막을 수 없다고 반론할 수 있을까? 안타깝지만 퀴어이론가들은 이런 식의 반론을 많이 하는 편이다.

따라서 문제의 본질을 분명히 할 필요가 있다. 터프그룹이 여자화장실에 대한 트랜스젠더의 입장을 거부하는 표면적인 이유는 '안전'이지만, 보다 근본적인 이유는 남과 여의 분명한 '차이'를 유지하여 시스템의 안정성을 지속적으로 확보하는 것에 있다. '안전'이란 사실 안정적인 차이의 확보에서 나오는 것이기 때문이다. 오스트리아의 철학자 이반 일리치(Ivan Illich, 1926~2002)의 《젠더》는 이런 논의와 관련해 중요한 함의를 제공한다. 일리치는 젠더보다 섹스를 우선시하는 건 자본주의 사회에 들어와서부터 시작되었다고 말한다. 즉 본래 인간은 처음부터 '젠더'라는 문화적 존재로 태어났으며, 섹스가 오히려 만들어진 것이라는 이야기다. 이는 섹스와 젠더에 대한 기존 페미니즘의 사고를 뒤집는 말이다. 일리치는 이 책에서 원래 남자와 여자는 불평등한 게 아니라 비대칭적이고 서로 비교할 수 없는 특징을 가진 존재들이었다고 말한다. 그런데 남녀의 차이를 단지 생물학적 상의 차이로만 환원하면서 자본은 남녀를 동질적인 노동으로만 파악하기 시작했다. 문화적 개념인 젠더에 우선성을 두는 일리치의 논의는 뒤에서 살펴볼 주디스 버틀러의 시각과 어느 정도 일치하는 면이 있지만, 일리치의 의도는 버틀러와 전혀 다르다는 점을 알 필요가 있다. 터프 그룹이 호주의 레즈비언 정치학자 쉴라 제프리스(Sheila Jeffreys, 1948~)의 《젠더는 해롭다》를 인용하며 젠더를 박살내자고 하는 주장과 원래부터 존재했던 것은 '젠더'이며, 오히려 만들어진 것은 '섹스'라는 이반 일리치의 주장은 서로 정반대 지점에 있는 것 같지만 그 심층에는 근원적인 일치가 존재한다. 그것은 남자와 여자는 분명한 차이가 있으며, 그 차이의 체계를 유지·보전해야 한다는 문제의식이다. 세부적인 내용과 주장에서는 차이가 있지만 근원적인 문제의식은 결국 '차이소멸'에 대한 반대인 셈이다.

결론적으로 말해서 터프그룹이 트랜스젠더의 존재 자체를 부정하고 혐오하는 것에 대한 비판은 피할 수 없으나, 보통의 여성들이 앞으로 트랜스젠더와 갈등하고 부대낄 가능성에 대해 민감하게 반응하는 것 전부를 다 혐오라고 규정하는 것은 신중해야 한다. 본문에서 터프그룹과 퀴어그룹이 트랜스젠더에 관해 갈등하는 부분을 예시로 들었는데, 여기서 문제는 '트랜스젠더' 자체가 아님을 강조하고 싶다. 내가 말하고자 하는 건 '차이와 다양성을 중시하는 현대철학의 원론'이 "전가의 보도"가 아니라는 것이다. 현실은 그런 원론으로 단순하게 규정되는 세계가 아니다. 차이소멸로 귀결되는 차이생성은 여러 형태로 혼란과 불안, 폭력을 초래하는 경향이 있으며, 퀴어이론에 입각한 차별철폐운동 역시 그런 위험을 지니고 있음을 명심해야 한다(차이소멸에 관해서는 바로 뒤에 이어지는 [보론]에서 더 다루었으므로 참고하기 바라며, 이 부분을 건너뛰고 바로 버틀러의 퀴어이론으로 넘어가도 무방하다). 하지만 퀴어이론을 이렇게 피상적으로만 짚고 넘어가는 건 공정하지 못한 일이다. 더 깊은 이해를 위해 가장 대표적인 퀴어이론가인 주디스 버틀러의 이론을 조금 더 알아보기로 하자.

[보론]

차이소멸은 왜 문제인가?

---

(1) 차이소멸의 미시적 분석, '짝패'

그런데 왜 인간은 '차이의 소멸'에서 불안과 위험을 느낄까? 단순히 거시적으로 우리의 문화적 질서가 '차이의 체계'로 이루어졌기 때문이라고만 말하는 것은 그럴 듯하지만 막연하다. 구체적으로 '차이소멸'의 어떤 기제가 우리의 무의식 끄트머리를 자꾸 걷어차는 것일까? 크게 두 가지로 설명이 가능할 것 같다. 하나는 "욕망의 내적중개의 전면화"이고 다른 하나는 "도덕적 기준의 실종"이다. 여기서 후자는 전자의 귀결이기도 하다. 이를 살펴보려면 다시 지라르의 이론적 고찰의 도움이 필요하다.

지라르의 분석에 따르면 인간의 욕망은 모방적 속성을 갖는다. 즉 서로가 서로의 욕망을 모방하는 과정에서 그 욕망이 닮아간다. 그렇게 해서 동일한 것을 향한 경쟁적 욕망들은 갈등과 충돌을 피할 수 없게 된다. 물론 모든 모방욕망이 늘 경쟁을 일으키는 것은 아니다. 자아가 모방하고자 하는 모델이 시공간이나 신분 또는 심리적으로 멀리 떨어져 있는 경우, 경쟁과 폭력이 아닌 인정과 존경이 나타난다. 이런 형태의 모방을 지라르는 '외적 중개에 의한 모방'라 부른다. 반면, 주체와 모델 간의 심리적, 시공간적 거리가 짧아 선망과 질투의 감정이 지배적이고, 이로 인해 경쟁과 폭력이 나타나기 쉬울 때 '내적 중개에 의한 모방'이라고 부른다.

가령, 어떤 20대 여성의 남자친구가 유명한 배우 전지현을 예쁘다고 말하는 것과 자기의 친한 친구 A를 예쁘다고 말하는 것은 이 여성에게 다른 감정을 불러일으킨다. 이 여성은 전지현과 달리 친구인 A를 무의식적으로 경계하거나 질투할 수 있으며, 남자친구와 함께 A를 만나려 하지 않을 것이다. (A에게서 매력을 느끼는) 남자친구와 A를 함께 만나면 만날수록, 남자친구의 눈에 나와 A의 차이가 없어질 수 있다. 차이소멸이다. 즉 이제 A는 여자친구로서 나의 지위를 위협할 수 있다. 이처럼 전지현과 달리 A는 내적중개에 의한 모방욕망의 경쟁자, 즉 짝패가 될 수 있다.

한편, TV 드라마에서도 삼각관계가 흔하게 묘사되는 것은 단순히 재미를 위한 것이기 이전에 그것이 '내적중개 모방'으로 인한 갈등의 현실을 잘 반영하고 있기 때문이다. 경쟁자들은 서로 대립하고, 차이를 강조하면서("나는 저 녀석과 달라!" 또는 "쟤와 나를 같은 부류로 취급하지 마!" 같은 생각과 말들) 서로를 증오하지만 오히려 닮아간다. '미워하면서 닮아간다'는 통속적인 말은 그 나름대로의 진실을 담고 있는 것이다. 그런데 지라르는 이렇게 모방경쟁의 격화 속에서 대립하는 경쟁자/적대자들이 서로 닮아가는 것을 '짝패double'라 명명한다.

실제로 고대의 신화, 문학작품과 영화 등에서도 차이의 위기, 즉 모방을 통한 차이소멸 혹은 같아짐은 긴장과 갈등, 폭력의 주요한 계기로 등장한다. 이를 묘사하기 위해 여러 방식의 은유가 활용되는데, 특히 '쌍둥이'라는 테마가 자주 등장한다. 고대 신화가 되었든 소설이나 영화가 되었든 '쌍둥이'는 상반된 성격과 차이를 드러내는 일종의 이항관계처럼 사용되지만, 그 전에 이미 둘의 모습이 쌍둥이라는 설정 자체가 실은 '차이소멸' 혹은

'무차별화'의 위기를 드러내기 위한 장치이다. 가령 로마의 창건 신화에는 '로물루스와 레무스'라는 쌍둥이가 등장하며, 레무스를 죽인 후 로마의 건국왕이 된 로물루스는 이후 신격화된다. 물론 이것은 말 그대로 신화이며, 그 이면에는 만장일치적 폭력으로 레무스를 희생시킴으로써 정치공동체를 창건한 초기 로마인들의 초석적(礎石的, foundational) 집단살해가 감춰져 있다. 지라르는 신화에서 쌍둥이들이 등장하는 빈도가 실제 출생 확률보다 더 높으며 이는 고대인들이 모방적 위기와 무차별적인 폭력을 '쌍둥이'라는 짝패로 드러내기 위한 것이었다고 설명한다.

쌍둥이를 테마로 하는 이야기는 모든 문화권의 신화와 문학적 소재가 되고 있는데, 이를 가장 극적으로 드러내고 있는 소설로 주제 사라마구(José de Sousa Saramago, 1922~2010)의 《도플갱어》를 소개하고 싶다. 우리말로 번역된 이 책의 제목은 '도플갱어'이지만, 원제는 'Double', 즉 '짝패'이다. 드니 빌뇌브Denis Villeneuve 감독은 이 소설을 영화화했는데, 이 영화가 바로 제이크 질렌할Jake Gyllenhaal이 1인 2역을 맡은 영화 〈에너미Enemy〉이다. '차이소멸'을 분석하는 관점에서 이 영화의 제목은 매우 적절한 것 같다. 짝패는 곧 적이기 때문이다. 이 영화의 주인공 아담은 대학에서 역사를 가르치는 교수인데, 그는 우연히 본 어느 영화에서 자기와 얼굴, 키, 목소리까지 완벽히 똑같은 단역배우를 발견하게 된다. 불안과 호기심 가운데 그를 실제로 찾아가 만나고 그와 엮이면서 결국 그 사람의 아내를 탐하면서 벌어지는 일이 이 영화의 주요 스토리이다. 그런데 주제 사라마구의 소설과 달리, 드니 빌뇌브는 결말에 '거미'를 등장시켜 관객에게 충격을 준다(참고로, 영화의 포스터에도 거미가 있고, 이것 자체는 스포일러가 아니므로 영화를 보지 않은 독자들은 꼭 영화를 한번 보기 바란다). 감독이 의도를 했든 안 했든, 감독의 손을 떠난 작품이 관객에게 드러내는 효과는 금기의 경계를 위반한 욕망의 추구가 결국 마주하게 되는 혼돈과 파국이다. 이를 굳이 도플갱어와 쌍둥이라는 테마를 통해 드러낸 것은 작가 역시 '차이의 소멸'과 '파국의 위기'의 관계를 암시하고자 한 것은 아니었을까?

이와 같은 차이소멸의 테마는 특히 그리스 비극과도 떼어놓을 수 없는데, 문학평론가 故 김현은 이를 이렇게 설명한다.

> 비극은 차이를 없애버린다. 비극에 나오는 살부·근친상간·페스트 등은 차이 위기의 상징들이다. 비극의 인물들은 서서히 차이를 잃고, 아버지와 아들이, 왕과 신하가 같은 부류가 되어 서로를 멸망시킨다. (중략) 희생적 위기에서 대적자들(짝패—괄호는 저자)은 서로 완전히 다르다고 믿고 있으나, 차이는 거의 없다. 있는 것은 거의 만장일치의 똑같은 욕망, 똑같은 증오, 똑같은 전략, 서로 다르다는 똑같은 환상뿐이다. 왜냐하면 폭력은 모방적이기 때문이다. 그것은 인간을 획일화하고 모두 짝패double로 만든다. 위기의 절정에서는 어떤 차이도 없어진다.[1]

즉, 차이소멸이 우리를 불안하게 하는 이유는 일차적으로 모방경쟁의 '짝패'를 만들기 때문이다. 이 '짝패'는 곧 나의 존재를 위

1 김현, 《폭력의 구조/시칠리아의 암소》(김현문학전집 10권, 문학과지성사, 1992), 48쪽.

협하는 적enemy이라고 할 수 있다.

(2) 차이소멸의 거시적 분석, 제도와 관습

지금까지 살펴본 '짝패'는 차이소멸의 미시적 분석에서의 기본단위였다. 이제는 조금 더 거시적인 차원에서 살펴보도록 하자. 차이소멸은 곧 '내적 중개로의 전환'을 의미한다. 즉, 이전에는 모방하며 경쟁할 필요가 없었던 '외적 중개의 모방적 관계'가 내적 중개의 모방으로 바뀌게 되어 각 개인들의 욕망이 증폭되고 경쟁은 가열된다. 물론 모든 차이소멸이 나쁜 것은 아니다. 예컨대, 신분제가 철폐됨으로써 주인과 노예, 반상의 구분이 사라졌고, 적어도 신분과 기회의 법적인 평등은 이룰 수 있었다. 이로써 노예는 주인의 욕망을 모방할 수 있게 되었고, 주인이 누리는 삶도 모방하고 쟁취할 수 있게 되었다. 하지만 자유인이 된 과거의 노예는 신분적 평등과 형식적 자유를 얻었으나 이제 그는 과거에 그의 주인이었던 자유인과 경쟁해야 한다. 현실적으로 불리한 조건에서 말이다. 게다가 노예이던 시절, 그는 자유가 없었던 만큼 책임을 질 필요도 없었다. 그러나 이제 자유인이 된 노예는 무한경쟁의 장에 내몰리며, 이제는 그 경쟁의 결과에 대한 책임마저 져야 한다. 신분제의 철폐는 형식적인 자유와 평등을 선물했지만, 실질적인 의미에서는 약자들의 비참함과 박탈감을 야기하기도 했다.

그 대표적인 것이 빈곤의 문제다. 과거 신분제 사회에서 '가난'은 적어도 멸시의 대상이 아니었다. 가난이 본인의 책임만은 아니었기 때문이다. 오히려 가난은 때로 금욕과 종교적 미덕의 지표이기도 했으며, 그것은 그 나름대로 영적·도덕적 자부심의 원천이 되기도 했다. 반면, 내적중개의 모방경쟁이 전면화된 자본주의 사회에서 '가난'은 이제 오직 게으름과 열등함의 지표다.[2] 이는 끝없는 선망과 질투, 비참함과 원한을 만들어낸다. 이처럼 내적중개의 전면화 속에서 자본주의의 모순을 지양하고 극복하기 위한 마르크스의 공산주의가 '폭력혁명'을 기도하는 것은 어쩌면 당연한 수순이라고 할 수 있다. 폭력은 모방적 경쟁의 격화에 따라 필연적으로 나타나기 때문이다. 즉, 과거의 신분제는 부당하고 불의한 것이었지만 그 안에는 모방적 경쟁의 증폭과 폭력을 막기 위한 불가피한 조치로서의 인류의 지혜도 어느 정도는 담겨 있었다. 이는 무한정한 욕망의 추구와 경쟁을 막기 위해 현재도 존재하고 있는 차이의 체계를 잘 분별해 유지할 필요가 있음을 함의한다. 그것은 자아에 있어 때로 제약이지만 동시에 타자의 욕망이 침범해오는 것을 막아주는 든든한 울타리이기 때문이다.

예컨대 차이의 관점에서 '결혼'을 생각해보자. 결혼은 오늘날에도 여전히 성스러움과 금기를 만들어내는, 즉 차이를 만들어내는 가장 대표적인 제도이다. 남녀가 결혼을 하게 되면 그 결혼은 성스러운 것으로 인식되고, 배우자를 제외하고서는 두 사람을 성적으로 욕망해서는 안 된다는 금기가 만들어진다. 동시에 결혼한 사람 역시 배우자 이외의 사람을 성적으로 욕망해서는 안 된다. 여기서 직접적인 성관계가 아닌 '욕망'이라는 표현을 사용했다는 점에 주목하길 바란다. 사람들은 직접적으로 드

2 알랭 드 보통은 《불안》에서 이러한 현대인의 불안과 경제적 격차, 빈곤과의 연관성을 주의 깊게 다루었다.

러난 행위만을 갖고 사후에 판단하고 처벌할 수 있을 뿐이다. 그러나 의례와 금기가 지닌 본래 목적은 직접적으로 드러난 행위만을 문제 삼고 처벌하기 위함이 아니다. 이는 근본적으로 공동체 구성원의 내면까지도 꿰뚫어볼 수 있는 초월적 심급—제도적 종교는 이 심급에 대한 공동체의 신앙을 의례화한 것이다—을 상정함으로써 내적인 욕망을 감독하고 통제하는 도덕적 기능을 수행하기 위한 것으로 볼 수 있다. 따라서 직접적으로 행위를 했든 안 했든, 또한 그 행위가 드러났든 드러나지 않았든, 내면에서부터 그런 욕망을 품어서는 안 된다는 강한 법이 내면(양심)의 영역에서부터 규제하기에 '금기'인 것이다.

그렇지만 이러한 금기는 당사자들에게 일정한 자유를 주기도 한다. 예컨대 기혼여성은 결혼반지를 끼고 있다는 이유 하나만으로 다른 남자들의 귀찮은 접근이나 구애를 받지 않을 수 있었다. 물론 지금은 과거에 비해 이혼이 쉬워졌고, 배우자의 외도를 형법으로 처벌하던 간통죄는 폐지되었다. 그러나 예전에 비해 가벼워졌을 뿐 결혼에 대한 도덕적 관념은 여전하다. 심지어 성문화가 상당히 개방적이고 자유로운 유럽에서조차, 혼인 이후에는 오직 배우자하고만 성관계를 가져야 한다는 것이 여전히 도덕률로 기능하고 있다. 그래서 이혼소송에서 외도한 사람은 불리할 수밖에 없다.

결혼이 가져오는 심대한 차이는 아직 소멸되지 않았지만 결혼에 대한 성스러움이 가볍게 여겨지고, 혼인서약을 억압적인 금기로 인식하는 것이 만연해진다면 결혼은 더 이상 유의미한 사회제도로서 기능하지 못할 것이다. 그리하여 결혼과 비혼(非婚)의 차이가 사라지면, 혼인을 했다 하더라도 여전히 배우자 아닌 다른 사람과 성관계를 하는 것이 아무 문제가 되지 않는다면, 금기를 어길 때 경험하는 (죄악을 저지를 때 느끼는) 쾌감[3]도 죄책감도 점차 사라질 것이며, 결국 이러한 감정의 공백을 불안과 우울, 수치심이 채울 가능성이 높다. 금기가 사라지더라도 금기에 기준점을 두던 마음의 관성은 남아 있기 때문이다.

그렇지만 배우자의 외도로 상처받는 사람은 더 이상 그 외도를 도덕적으로 비난할 수도 규탄할 수도 없으며, 오히려 배우자 앞에서 매력을 제대로 관리하지 않은 자신의 게으름을 탓해야 하는 상황에 직면하고 만다. 따라서 이에 분노하거나 질투한다면 사랑을 독점하고자 하는 집착이자 상대의 자유를 구속하는 이기주의자라는 비난에 직면할 수 있다. 같은 이치로 외도한 사람은 죄책감을 느끼지도 않고, 비난을 감수할 필요가 없음에도 불안에 시달리게 된다. 과거에는 정당했던 분노가 거부되면서 돌아오는 수치심은 우울증과 공황장애, 그리고 자살과 같은 비극으로 이어지거나,[4] 아예 복수심을 키워 더욱 비극적인 폭력을 불러일으킬 수도 있다. 한편, 퀴어적 사랑의 방식이 점점 자연스럽게 여겨지고 더 광범위하게 확산될수록 이제 배우자 혹은 연인이 이성이 아니라 동성에게도 끌릴 수 있는 가능성을 고려하지 않을 수 없다. 사회적 분위기와 유행에 따른 모방욕망의 전염도 얼마든지 있을 수 있기 때문이다. 가령, 내 남편이 군대 시절 후임과 지나치게 친밀한 경우, 그 관계를 우정이 아닌 에로틱한

3 예컨대, 조르주 바타이유는《에로티즘》에서 금기가 없으면 주이상스(향락)도 없다고 말한 바 있다.

4 사회학자 에바 일루즈는 저서《사랑은 왜 아픈가》에서 현대의 사랑과 섹스에 일어난 변화로 인해 남성들보다 여성들이 더욱 불안한 상황에 놓여 있음을 질적 조사와 깊이 있는 연구를 통해 분석하고 있다.

사랑일 가능성을 배제할 수가 없는 것이다. 이러한 의심과 불안감이 증폭해 결혼을 파국에 이르게 할 수도 있다.

남녀의 차이 문제와 관련해 한겨레신문사가 발행하는 경제월간지 《이코노미 인사이트》는 흥미로운 분석기사를 게재하였다.[5] 2018년 독일 본 대학의 아르민 팔크Armin Falk 교수는 전 세계 76개국 8만여 명에게 설문조사를 실시하여 연구결과를 과학전문지 〈사이언스〉에 발표하였다. 여기서 핵심은 국민경제가 성장해 더욱 부유해지고, 개인이 더 많은 기회를 가지며, 사회가 균등한 기회를 위해 노력할수록 남성과 여성의 차이가 눈에 띄게 두드러지고 더욱 커진다는 점이었다. 팔크 교수의 조사에 따르면 평균적으로 남자는 위험을 감수하고 인내하며 경쟁하는 일에 강점을 가지는 반면, 여성들은 타인을 신뢰하고 더 자주 남을 도우며 협동심을 발휘하는 일에 능하다. 가령, 똑같은 기회가 주어질 때, 남자는 위험부담이 있더라도 더 많은 소득을 주는 기회가 주어진다면 그것을 잡으려 한다. 반면, 평균적으로 여성은 동일한 선택의 기회에서 더 적은 소득이라 하더라도 위험이 낮고 안정적인 소득을 제공하는 직업을 선택하려 한다.

그런데 이런 차이가 페미니즘의 세례를 받고 각종 차별을 없애고 평등한 사회구조를 만들기 위해 노력해 온 서유럽과 북미 선진국에서 더욱 두드러지는 결과로 나타난다는 점을 주목해야 한다. 따라서 남녀의 임금격차는 오로지 사회구조의 차별에

5 "임금격차 만드는 남녀 성향 차이", 우베 잔 호이저Uwe Jean Heuser 기자, 〈이코노미 인사이트〉, 2019년 1월 호(통권 105호), 55쪽, 〈한겨레〉, [독일주간지 〈Die Zeit〉(2018, 44호)에 실린 기사 번역 게재, 번역 이상익 위원]

서 비롯된 것이 아니라 오히려 성향의 차이일 수 있다는 것이다. 팔크 교수는 "상대적으로 자유롭게 개개인이 발전할 수 있을 때, 남녀 차이가 더욱 커진다"고 설명한다. 동시에 그는 이러한 분석 결과가 좌파와 우파 모두에게 정치적으로 잘못된 시그널이 되어서는 안 된다면서 남녀의 우열이 아닌 평균적인 성향의 차이에 주목해야 한다고 말한다. 물론 제도적으로 기회균등을 보장하고 차별을 없애는 한편, 여성할당제를 비롯한 소수자/약자에 대한 지원책은 분명히 필요하다. 그럼에도 차이가 선명해지는 현상을 '여전히 개선되지 않은 차별'의 문제로 보는 것은 착시이자 오류다. 차이를 차별로 오해하여 어떻게든 그것을 없애려 하면 할수록 오히려 그 차이에서 안정감을 느끼는 여성들은 불안할 수도 있다. 예컨대, 페미니즘이 가정에서 전업주부로 활동하며 육아에 힘쓰는 엄마들을 억압과 착취당하는 존재로 형상화할 때, 자발적으로 그 일을 도맡아 보람과 안정감을 느끼는 엄마들은 오히려 자긍심을 잃을 수도 있는 것이다.

이외에도 여러 예가 있을 것이다. 학교에서 선생님과 제자의 관계, 기업이나 정부 같은 조직에서의 상사와 부하의 관계 역시 수직적인 차이의 체계다. 수직적 관계를 악용하여 아랫사람을 억압하고 착취하는 것은 반드시 근절해야 할 부작용이지만, 그러한 부작용의 존재를 근거로 기본적으로 존재하는 차이의 위계 자체를 해체할 경우에는 카오스와 폭력이 뒤따라온다. 차이의 체계로 인해 존재했던 질서가 사라지면 어떤 식으로든 질서를 회복하기 위한 폭력과 이를 거부하며 맞서는 폭력이 맞부딪칠 수 있다. 따라서 권위주의는 해체해야 하지만 권위 자체는 인정되어야 한다. 성sex의 차이도 마찬가지다. 목욕탕이나 화장실, 탈의실은 차이의 체계에 근거해 있다. 이 안정된 차이의 체계에 근거해 사람들은 안심하고 위와 같은 공중시설을 사용한다. 이처럼 차이가 소멸되면, 차이소멸을 막기 위한 폭력과 차이소멸 이후의 혼돈으로 인한 폭력, 두 종류의 폭력이 함께 증가하게 마련이다.

(3) 뒤섞임과 기준criteria의 사라짐

2018년에 나온 넷플릭스 오리지널 영화로 〈서던 리치Southern Reach〉가 있다. 제프 벤더미어Jeff VanderMeer의 원작소설 〈서던 리치〉를 영화화한 것인데, 〈엑스 마키나Ex Machina〉를 연출했던 알렉스 갈랜드(Alex Garland, 1970~) 감독이 메가폰을 잡고, 나탈리 포트만Natalie Portman이 주연을 맡았다. 주목할 것은 이 영화의 부제가 'Annihilation'인데, 이를 '소멸의 땅'이라고 옮겼다는 점이다. 그런데 영어사전을 찾아보면 '소멸(消滅)'은 주로 'extinction'으로 옮겨지는데, 이 단어는 보통 동식물의 생물학적 '멸종'이란 뜻으로 자주 사용한다. 그에 반해 'annihilation'은 '절멸', '전멸'이란 뜻으로 주로 인간에 대해 사용하며, 전쟁에서 적을 말살하거나 섬멸할 때 이 단어를 쓴다. 그러니까 영화제목에서 '소멸'이란 단순히 생물학적인 종의 멸종 같은 것이 아니라, 폭력과 전쟁의 뉘앙스를 내포한 '전멸, 절멸'의 뜻을 담고 있다고 할 수 있다. 우리가 이 영화에서 주목할 점은 영화 내내 그러한 'annihilation'의 불안이 '종의 뒤섞임' 혹은 '도플갱어와의 마주침' 등 차이소멸의 테마로 표현되고 있다는 점이다.

어느 날 외계에서 떨어진 물질이 미국 국립공원 근처의 해변에 충돌하면서 묘한 빛의 파장이 생성된 후 거대한 아지랑이가 장막을 이룬 모습을 띠면서 영역을 확장해나가는 상황을 이 영화는 묘사하고 있다. 모종의 외계에서 온 물질의 충돌과 함께 외계 생명체가 지구에 불시착했음이 암시된다. 정부는 이 구역을 X 구역이라 명명하고 비밀리에 이 구역을 조사하기 위한 탐사대를 파견한다. 이 구역 안에서는 세포 분열과 융합이 특이한 방식으로 진행된 돌연변이들이 출현하는데, 동일한 나뭇가지에 종류가 다른 꽃들이 피어 있기도 하고, 뿔에 풀과 꽃을 피운 사슴이 출현하기도 한다. 탐사대는 또 인간의 외형을 띤 나무를 발견하기도 한다. 언뜻 아름답게 보이면서도, 종과 종이 뒤섞여 진화되는 양상은 불안하고 음산한 분위기를 내며 영화를 보는 내내 관객을 긴장시킨다. 영화 내내 물질과 세포의 영역에서 일어난 뒤섞임, 이를 통한 차이의 소멸이 사실상 인류를 절멸시킬 수 있는 어떤 위험으로 묘사된다. 이로 볼 때, 작가 제프 벤더미어는 인류문화의 본질적인 어떤 것을 포착한 듯하다.

실제로 차이의 소멸은 한편으로는 뒤섞임/오염의 위기이기도 하다. 지라르는 프랑스어의 위기crise, 범죄crime, 기준critère, 치명적인critique, 비난하다critique 등의 단어들을 예로 들며, 이 낱말들의 어근이 그리스어 '크리노krino'라고 지적한다.[6] 그런데 그리스어의 '크리노'는 '구별짓다', '다르다' 뿐 아니라 희생양을 '비난하다', '처벌하다'라는 의미를 갖고 있다. 익숙한 영어 단어만 생각해도 쉽다. 'criticize(비난하다)', 'critical(치명적인;중요한)'의 영어낱말은 이 말은 영어의 'criteria(기준)'와 동일한 어근(cri-)을 사용하고

6 르네 지라르, 《희생양》(김진식 옮김, 민음사, 2007), 41쪽.

있다. 이렇게 어원과 단어의 유사성에서 알 수 있듯, 오랜 역사 속에서 인류는 차이의 위기를 알고 있었다. 동서양을 막론하고 모든 사회는 그 사회의 정체성/동일성identity을 위협하는 외부의 가치관과 문화에 적대적이었다. 결국 위기란 차이의 체계가 동요함이며, 차이의 체계를 건드릴 때 비난과 처벌과 박해가 가해지는 것이다. 그런데 뒤섞임은 바로 이렇게 중요한critical 체계를 뒤죽박죽 흩어놓는 것이며, 결국은 차이소멸을 불러오는 행위이다.

인간은 본능적으로 차이의 소멸을 불안하게 여긴다. 그것은 곧 질서의 해체와 복잡성의 증대를 가져오기 때문이다. 우리가 일상적으로 하는 청소와 정리정돈 또한 공간에 차이의 체계를 세우는 것이다. 차이소멸의 효과를 이해하기 쉽게 금융시스템에 비유해 보자. 1929년 대공황이 발발하자 이때 미국이 긴급하게 제정한 법으로 글래스-스티걸 법(Glass-Steagall Act, 1933)이라는 법률이 있었다. 이 법의 핵심은 상업은행(예금과 대출 등 융자업무를 주로 하는 은행)과 투자은행(유가증권, 펀드구성, M&A 등 투자업무를 담당하는 은행)의 영역을 엄격하게 분리하는 것이었다. 대공황의 원인은 여러 측면에서 이야기할 수 있겠지만, 그것을 직접적으로 촉발한 것은 주식시장의 대폭락 사태였는데 그 피해 규모를 기하급수적으로 키운 데는 규제받지 않는 상업은행의 방만한 투자에도 원인이 있었다. 저금리 기조에서 경제호황이 지속되고 주식시장이 활성화되자, 상업은행들마저 고객의 예금으로 고위험의 유가증권(주식, 선물 등)시장에 뛰어들었다가 버블이 터지자 고객들에게 큰 피해를 끼쳤던 것이다. 이후 미국에서 이 법은 70년간 유지되며 상업은행과 투자은행의 영역이 엄격하게 분리되어 왔으나, 강하게 신자유주의의 드라이브를 걸던 클린던 집권기인 1999년에 폐지되었다. 하지만 폐지 후 10년이 채 안 된 2008년, 투자은행 '리먼 브러더스'의 파산에서 촉발된 금융위기가 다시 발생했다. 전문가들은 이 사태를 초래한 원인으로 이 법의 폐지를 꼽기도 한다. 비슷한 이치로 우리나라는 금산분리(금융분야와 산업분야를 엄격히 분리하는 정책으로 대기업이 은행을 소유하는 사태, 일명 '삼성은행'과 같은 것의 탄생을 막기 위한 정책)원칙을 고수하고 있다. 하지만 신자유주의는 금융에 있어서도 규제완화를 요구하며 시스템의 안정성을 유지하는 "차이"의 해체를 집요하게 추구한다. 금산분리 완화를 주장하는 사람들은 금융감독 기능의 강화를 통해 문제를 예방할 수 있다고 장담하지만, 애당초 문제 발생의 소지를 열어놓은 이상 변동성과 복잡성으로 인한 시스템의 카오스는 주기적으로 찾아올 수밖에 없다. 규제완화, 무역장벽 해체, 화폐의 자유로운 이동, 시장개방 등의 용어들도 궁극적으로 '차이소멸'을 지향하고 있는 것이다. 그런 의미에서 영국의 브렉시트는 결국 차이소멸 위기에 대한 과격한 반작용이었다고도 볼 수 있다.

가령, 진보는 자본주의가 가져오는 차이소멸을 경계한다. 지구화된 자본주의는 지역을 가리지 않고 고유의 문화적 기반과 전통, 즉 고유의 차이를 파괴하며 모든 영역을 화폐의 척도로 환산할 수 있는 일원화된 경제질서로 탈바꿈시킨다. 이를 두고 칼 폴라니(Karl Polanyi, 1886~1964)는 사회를 갈아버리는 '사탄의 맷돌'이라 했는데, 이는 의미심장한 메타포이다. 차이의 파괴는 문화의 파괴이면서 동시에 그 문화가 뿌리내려진 사회의 파괴이기 때문이다. 반면, 경제적 자유주의와 별개로 사회의 안정적 질서를 강조하는 보수주의는 이주민과 타문화가 가져오는 차이소멸과 혼돈을 경계한다. 유럽인들은 자유주의와 인권, 다원주의를 표방하면서 이슬람 이주민과 난민의 대거 유입을 환영했지만, 유럽사회에 동화되기를 거부하는 이질적인 종교와 문화를 목도하고 있다. 게다가 관용이라는 절대적인 가치의 압력으로 정서적인 호흡곤란과 현기증을 느끼고 있다. 갈수록 증가하는 이주민이나 소수자에 대한 혐오 혹은 증오범죄와 끊임없이 발생하는 이슬람 이민자들의 테러는 뒤섞임의 차이소멸에 따른 폭력의 양태라고 할 수 있다.

물론 우리는 앞에서 차이소멸이 완전히 부정적인 기능을 하는 것만은 아니며, 지나친 차이는 해체될 필요가 있다는 점을 확인하였다. 그런 차이의 해체를 통해 우리는 소수자와 이질적인 타자들을 포함하고 환대하며 공동체의 외연을 넓힐 수 있기 때문이다. 이 대의를 부정할 수는 없다. 그렇지만 대의 자체에만 몰두하여 차이소멸의 메커니즘을 무시하는 것은 경계해야 한다. 자연과 사회 그 자체는 전혀 도덕적이지 않으며 그 자체 고유의 메커니즘을 지니고 있다는 것을 우리는 인정해야 한다. 자연계의 진화에서 적자생존과 약육강식은 도덕적 가치판단의 대상이 아니다. 인간의 본성은 지속적으로 교화되고 순화되어야 하지만 어떠한 개혁과 혁명도 인간의 본성과 집단의 본성 자체를 도외시하면 성공하지 못한다. 이를 제대로 고려하지 못했기에 역사 속의 유토피아 건설 시도가 결국은 전체주의적 디스토피아로 귀결된 것이다.

예컨대 존 레논(John Lennon, 1940~1980)은 〈이매진Imagine〉에서 천국도 지옥도 없고, 국가도 없고, 사람들은 서로 죽일 필요도 죽을 필요도 없고, 종교도 없고, 소유도 없는, 모든 사람이 형제자매로 평화롭게 '지금today'을 즐기며 살아가는 세상을 꿈꾸고 노래하였다. 하지만 위와 같은 원론적인 당위성을 현실에 적용할 때 우리는 섬세해야 한다. 뒤르켐(David Émile Durkheim, 1858~1917)과 그의 후계자들이라면 레논의 꿈이 순진하고 위험하다고 우려할 것이다. 즉, 레논의 노래는 모든 차이와 경계를 초월한 뒤섞임을 낭만적인 화합으로 그리고 있지만, 현실적으로 '뒤섞임'의 과정과 결과 자체가 평화로울 가능성은 매우 낮기 때문이다.

가령 하이트는 "진보주의자는 국경과 경계가 사라져 세상이 다 같이 하나the world will live as one가 된 세상을 천국으로 꿈꾸지만, 보수주의자들은 그렇게 되었다간 세상은 순식간에 아비규환이 된다고 믿는다"고 둘의 차이를 설명한 뒤, "이 대목에서 뭘 좀 아는 것은 보수주의자 쪽인 것으로 보인다"고 덧붙인다.[7] 뒤르켐에 의하면 사회는 언제나 어떤 특정한 가치를 믿는 사람들의 묶음일 수밖에 없으며, 그러한 특정한 가치를 믿는 사람들이 다양한 의례ritual을 통해 유지하고 고양시키는 정서적인 일체감과 유대감이 사회를 강하게 지속시키는 힘이다. 그리고 이러한 일체감과 유대감의 원천은 무엇보다 동일한 가치관과—종교로 표현되는—도덕률에 대한 굳건한 믿음이다. 다시 말해 사회를 강하게 지속시키는 힘은 다름 아닌 사회를 신성divine holy하고 성스럽게sacred 생각하는 힘이라는 것이다.

따라서 종교가 없었으면 사회/공동체는 형성될 수 없었으며, 한 사회의 종교적 신앙심은 그 사회/공동체에 대한 소속감과

7 조너선 하이트, 《바른 마음》, 542쪽.

일체감을 상징하는 동시에 이는 다른 사회/공동체와 우리 사회/공동체를 구별하는 기준으로 존재했다. 이로부터 내집단(소속한 집단)에 대한 편애와 외집단에 대한 경계심이 강하게 형성되는데, 이런 이집단성(利集團性, 자기집단의 이익을 추구하는 본성)도 사회적 동물로서의 인간 본성에 해당한다. 따라서 사람은 원자적 개인이기 이전에 도덕적 집단의 일원이다. 그렇기에 다양한 가치관을 지닌 집단들이 한 사회 안에서 평화롭게 공존하는 것은 생각보다 어려울 수밖에 없다.

체 게바라의 쿠바 혁명 동지로도 유명했던 프랑스의 좌파지식인 레지 드브레(Régis Debray, 1940~)는 이런 문제점을 정확히 인식하고 있었다. 그는 2010년 《국경에 대한 찬가*Éloges des Frontières*》라는 책을 펴내며, 서로 환대하기 위해서는 오히려 역설적으로 분명한 경계와 울타리가 필요하다는 견해를 제출하여 화제가 됐다.[8] 국경이 없으면 이스라엘과 팔레스타인의 사례에서 보듯 오히려 더 높은 증오의 담장을 세울 수밖에 없게 된다는 것이다. 분명한 경계가 있을 때 우리는 우리와 다른 존재가 경계 너머에 있음을 인정하고 그 경계의 존재를 확인할 때 오히려 개방의 의미가 살아나 서로 존중할 수 있다는 것이다. 최근 유럽의 반이민정서와 극우화가 국경의 소멸, 즉 차이소멸에 대한 반발임을 고려할 때 드브레의 견해는 매우 진지하게 경청할 필요가 있다.

물론 자유주의자들이라고 해서 인간이 사회로부터 영향받는 존

8 목수정, "[해외 책] '국경에 대한 찬가' — 레지 드브레", 〈경향신문〉 2013.08.02. http://news.khan.co.kr/kh_news/khan_art_view.html?art_id=201308022014135

재라는 기본적인 진실을 부정하면서 '원자적 개인'이라는 개념을 우기기만 하는 것은 아니다. 그러나 자유주의자들은 대체로 뒤르켐이 사회를 보는 관점과 이집단성을 지닌 인간의 성격을 강조하는 것에 거부감이 있다. 그렇게 되면 '집단에 귀속되는 개인'이라는 의미가 너무 강해질 수 있고, 자칫 집단주의 혹은 전체주의를 긍정할 우려가 있다고 보기 때문이다. 이러한 우려는 일리가 있다. 그러므로 우리는 뒤르켐의 발견은 사회가 앞으로도 그런 모습이어야 한다는 당위를 끌어내는 규범적 진술로 봐서는 안 된다. 그보다는 역사 속 다양한 사회를 관통하는 본질을 탐구하는 과정에서 뒤르켐이 발견한 사실적 진술이라고 봐야 한다. 즉, 사실판단의 '참'에서 가치판단의 '옳음'이나 '좋음'을 바로 끌어낼 수는 없다는 말이다.

더구나 시장경제의 글로벌화로 화폐와 상품만이 아니라 사람의 이동도 훨씬 자유로워진 이 시대에 단순히 전통이라는 이유만으로 기존의 가치를 고수하며 낯설고 이질적인 것들에 대해 폐쇄적이고 적대적인 태도만 유지하는 것은 시대착오적이며, 퇴행적이다. 다문화사회의 도래는 피할 수 없으며, 지배적 가치관에 근거해 개인을 억압하는 집단이나 사회는 도덕적으로 긍정될 수 없다. 그러므로 인간사회의 본성에 대한 뒤르켐의 인류학적 진단을 곧바로 현대사회의 제도에 대입할 수는 없다. 현실적으로도 인간을 원자적 개인으로 상정하지 않으면 당장 법적으로 책임을 질 수 있는 존재를 특정하기가 어렵다. 어느 살인범이 태어나고 자란 환경과 그 주변인들의 영향을 받았다고 해도, 일단 살인이라는 범죄를 범한 책임은 그 범인 개인에게 적용할 수밖에 없는 것이다. 그러므로 사회 구성원을 분석적 단위에서 원자적 개인으로 상정하는 것은 불가피하다.

그럼에도 동시에 개인은 단순히 개별사물처럼 독립된 원자적 존재가 아니며 많은 요인으로부터 영향을 주고받는 존재라는 점을 충분히 깊게 숙고하며 고려할 필요가 있다. 즉 상호주관적 개인들이 어떤 메커니즘 속에서 영향을 주고받는지, 환원론적 분석을 넘어 생각할 수 있어야 한다. 차이소멸의 위험에 대한 주의 깊은 인식은 그 좋은 출발점이 될 수 있다.

2

버틀러의 퀴어이론에 대한 비판적 고찰 —《젠더 트러블》 읽기

(1) 버틀러: 생물학적 성별은 없다?

미국 U.C. 버클리의 비교문학 교수이자 주디스 버틀러(Judith Butler, 1956~)는 사실상 현대 퀴어이론의 창시자라 할 수 있다. 버틀러가 1990년에 출간한《젠더트러블: 페미니즘과 정체성의 전복》은 30년이 지난 지금까지도 퀴어이론을 공부할 때 반드시 읽어야 하는 필독서이자 바이블과 같은 고전으로 손꼽힌다. 그리고 오늘날 성별이분법 내지는 본질적이고 고정된 성 정체성이라는 개념의 해체를 주장하는 퀴어운동가들은 (분석철학적 방식으로) 엄밀한 논변을 펼치기보다는 암묵적으로 버틀러의 이론적 작업과 그녀의 권위에 호소하는 방식에 의존하는 편이다. 여기서는 일단 버틀러의 이론과 개념을 살펴보고, 그것이 어떤 의미를 지니고 있으며, 야기할 수 있는 문제는 무엇인지 한번 알아보자.

일단, 버틀러는 우리가 익숙하게 생각하는 '섹스'와 '젠더' 개념을 문제 삼는다. 흔히 섹스는 생물학적 성별이고, 젠더는 그런 생물학적 성에 덧씌워진 사회적이고 문화적인 성이라고 알려져 있다. 그리고 버틀러 이전의 많은 페미니스트들이 사회적으로 규정된 성 역할, 즉 섹스가 아닌 '젠더'에 대해 의문을 제기하였다. 젠더가 사회문화적 개념이라면 이것 역시 '차이의 체계'로 구성된 것인데, 앞에서도 살펴봤지만 많은 경우 '차이의 체계'

는 위계질서hierarchy order의 형태로 고착화되기 쉽고, 이럴 때 '차이'는 줄곧 '차별'을 의미할 때가 많았기 때문이다. 인류의 역사에서 여성이 남성중심의 질서에서 부당한 차별을 당했다는 것은 부인할 수 없는 명백한 진실이기도 하다. 그리하여 20세기 중반의 제2물결[1] 페미니즘은 다른 무엇보다 이와 같은 젠더의 위계질서를 강화해 온 사회적 제도로 '가부장제patriarchy'를 지목했다. 또 여성의 역할을 '임신/출산/육아'와 같은 '모성성'이나 '가사노동'에 국한시키는 고정관념과 관행을 지배 이데올로기의 전략으로 여기고 이를 해체하는 데 집중하였다. 그러나 이들은 '문화 이전의 자연적/생물학적 성별'이란 개념을 의심하지는 않았기에, 이들에게 페미니즘의 주체는 여성이고 그 관심사는 남성적 지배질서의 억압에 맞서 기존의 전통적 성역할의 체계로부터 '여성'을 해방하는 기획이었다. 이에 반해 버틀러는 '젠더 이전의 생물학적 성별', '문화 이전의 자연'이란 개념 자체를 의심하고, 페미니즘의 주체를 생물학적 여성의 범주에 한정하는 것을 비판한다.

버틀러는 자연적 성, 생물학적 성으로서의 '섹스'라는 개념도 젠더와 마찬가지로 문화적으로 구성된[2] 것이라고 주장한

1 페미니즘은 흔히 세 차례의 큰 흐름이 있었다고 이야기된다. 제1물결 페미니즘은 19세기말~20세기 초의 여성의 참정권 투쟁이 그 주된 흐름이었다. 제2물결 페미니즘은 1960년대에서 80년대까지의 주된 흐름으로 섹슈얼리티와 가부장제의 여성착취 등을 집중적으로 문제 삼고, 정치뿐 아니라 경제와 시민사회 각 영역에서 실질적인 여성의 권리 향상에 매진하였다. 제3물결 페미니즘은 대략 1990년대에 시작되었다고 평가되는데, 젠더뿐 아니라 인종과 계급, 문화적 정체성까지 함께 인식하면서 페미니즘의 의제를 확장시켰고 억압과 위계의 교차성을 민감하게 인식하였다. 퀴어 성소수자의 권리에 대한 민감한 인식은 제3물결 페미니즘에 와서 비로소 시작되었다고 볼 수 있다.

다. 우리는 앞에서 퀴어이론가들이 성별이분법을 배격할 때, 그 근거로 우선 간성인intersex의 존재를 내세운다는 점을 살펴보았다. 버틀러보다 앞서 '진정한 성'이란 개념을 의심한 사람은 푸코였다. 1978년에 출간된 《양성인간 에르퀼린 바르뱅의 회고록》의 서문에서 푸코는 섹슈얼리티에 대한 생물학적 이론 자체가 이미 근대 국가의 행정적 통제의 맥락으로부터 자유로울 수 없음을 역설했다. 즉 자연이라고 파악되는 것 자체가 이미 문화에 의해 필터링된 것이라는 이야기다. 버틀러는 푸코의 이 서문을 소개하는 한편, '성별결정의 염색체와 DNA 다발'에 관한 어느 MIT 연구자의 논문에서, 연구자가 가설을 세우고 검증하고자 하는 의도 자체에 이미 성별이분법의 문화적 시각이 개입되고 있는 사례[3]를 검토하기도 한다. 하지만 문제는 이를 근거로 절대 다수가 자연스럽게 지니고 있는 생물학적 성별 자체를 의심하고 부정하는 과장법에 있다. 그리하여 퀴어 페미니스트들 사이에서 이제 "여성은 누구인가?" 혹은 "여성의 생식기를 지니고 있어야만 여성인가?"와 같은 궤변을 유도하는 질문들이 유행하기 시작하고, 여성을 새롭게 정의해야 한다는 압력이 높아진다.

어쨌든 이러한 생물학적 반례들의 언급을 통해 자신의 이론이 단순한 언어적 구성물이 아님을 드러내려고도 하지만, 버

2 현대철학에서 '구성'이라는 말은 보통 '인위적으로 만들어진 것'을 의미한다. 즉, 우리가 당연하고 자연스럽다고 생각하는 것들 다수가 알고 보면 지배질서(지배문화 혹은 권력 따위의 것들)가 그렇게 생각하도록 주입시킨 교육을 받은 것일 뿐, 실은 그것 역시 인위적으로 만들어진 것에 불과하다는 뜻이다. 따라서 억압과 차별을 유발하는 기존의 제도와 질서는 해체되어야 한다는 요청이 따라온다. 여기서 해체는 단순히 파괴destruction가 아니라 분해/탈구축deconstruction을 의미한다.

3 주디스 버틀러, 《젠더트러블》(조현준 옮김, 문학동네, 2008), 287~290쪽.

틀러 스스로는 이런 과학적 내용을 자기주장의 결정적인 근거로 내세우지는 않는다. 그보다는 푸코의 계보학적 방법론을 적용하여 "섹스 자체가 이미 젠더화된 genderized 범주"임을 논증하고자 하는데, 사실 이는 제대로 된 논증이라고 할 수가 없다. 글의 흐름이 흐트러지는 것을 방지하기 위해 이와 관련된 논의는 뒤로 좀 미루고자 하는데, 그래도 핵심만 간략히 언급하면 다음과 같다. 이들이 '논증'이라고 생각하는 것들은 어떤 사안이나 현상을 보는 대안적인(자신들이 의도하는 정치적 기획에 부합하는) 관점을 제안하는 것에 불과하며 그것 자체가 곧 '증명'은 아니라는 점이다. 다시 말해 이는 논리적 사유가 아니라 정치적 사유이다. 다시 본래의 내용으로 되돌아가자.

버틀러는 "이분법적 젠더의 체계는 은연중에 젠더가 섹스를 모방하는 관계라는 생각, 그에 따라 젠더는 섹스를 반영하거나 혹은 섹스의 규제를 받는다는 생각을 안고 있다"[4]고 말한다. 이어서 특유의 현란한 글로 섹스/젠더의 구분에 의문을 제기한다. 반복하건대, 그녀가 의문을 제기하고 답을 찾아가는 과정은 논리적 논증이 아니라 (정치적) 문학평론[5]의 방식이다. 그녀가 버클리 대학교의 비교문학과 교수라는 사실을 고려할 때 별로 놀랍지 않은 일일 수도 있겠다. 어쨌든 이런 방식으로 논의를 밀고 나가면 논리적 명료함이나 엄밀함은 사라지고 그냥 그럴 듯한

4 위의 책, 95쪽.

5 나는 지금 여기서 문학평론을 폄하하는 것이 아님을 밝혀둔다. 사실적 층위의 논증에서 문학평론의 방식을 사용하는 것이 문제라는 점을 이야기한다. 첨언하자면, 푸코가《성의 역사》에서 섹슈얼리티의 의미를 분석하는 방법은 버틀러와 확연히 다르다. 푸코는 정밀하고 엄밀한 사료분석을 통해 당시 사람들의 사고방식을 추적할 뿐이다.

말들의 나열만 남게 된다. 부분적으로 맞는 말들과 그럴듯한 생각에 낯선 생각들이 합해지고 누적되면서 이상한 결론이 나오는 셈이다.[6] 그것은 문화적 젠더에 앞선 생물학적/자연적 성별로서의 '섹스'라는 개념은 오류라는 것이다. 나아가 버틀러는 자연/문화의 구분도 사실상 폐기한다. 섹스와 젠더, 자연과 문화 등, 이런 것들을 구분해서 생각하는 것 자체가 실은 (푸코의 용법에 따른) 권력에 매개된 담론[7]의 효과인 셈이다.

[갈 길이 멀지만, 일단 위와 같은 생각이 버틀러 이론의 핵심이자, 그녀가 주장하는 것들의 전제가 되는 견해이므로 이를 반박하고 지나가야 할 것 같다. 버틀러의 입장을 거슬러 올라가면, 결국 우리가 인식하는 자연은 언제나 문화적으로 구성된 틀로 바라본 자연이다. 물론 이 말 자체가 틀린 것은 아니다. 앞에서 얘기했던 '무지개'를 다시 생각해보자. 우리가 비가 온 뒤 나타나는 대기 중의 반원형의 컬러풀한 띠를 무지개라고 명명하고, 이 무지개를 7가지 색으로 인식하는 것은 로고스에 의한 변별(차이)의 체계('반원', '띠', '색깔' 등의 언어)가 있기 때문이다. 따라서 우리가 무지개를 볼 때, 이것을 인식하는 우리의 시각은 이미 문화적 틀에 영향을 받은 것이다. 그렇다면 문화가

6 사실 이런 부분에 대한 지적은 전부터 꾸준히 제기되어 왔다. 대표적으로 뉴욕대학교의 이론물리학자 앨런 소칼이 《지적 사기*fashionable nonsense*》라는 저서를 통해 포스트모더니즘 철학자들의 과학에 대한 그릇된 해석, 과학을 불신하는 태도에 관해 제대로 된 비판을 가한 바 있다. 한편, 스티븐 핑커는 주디스 버틀러나 프레드릭 제임슨과 같은 평론가들의 글이 추상화에 의존하여 그들이 말하고 싶은 공허함을 감춘다고 독설을 내뱉기도 했다. 핑커의 저서 *The Sense Of Style*에 대한 가디언의 다음 서평을 참고. https://www.theguardian.com/books/2014/sep/15/sense-of-style-review-steven-pinker-linguistics

7 푸코의 맥락에서 '담론'은 일상에서 흔히 쓰는 의미로서의 '담론'과 다르다. 푸코의 맥락에서 '담론'은 쉽게 말해 힘이 실린 말(지식)이다. 담론은 특정한 시공간의 인식론적 장에서 앎의 의지와 권력의 의지가 결합되어 형성되며, 사람들은 이를 (거의) 진리로 인식하게 된다.

형성되기 전, 이것을 인지할 수 있는 개념이 없었다면 '무지개'는 존재하지 않는 것인가? 이를 철학적으로 엄밀히 파고드는 분야가 분석철학인데, 분석철학까지 갈 것 없이 '상식'에 근거한 답은 다음과 같다. "우리가 이것을 인식할 수 있는 개념적 도구를 아직 갖지 못했어도 '무지개'라는 물리적 현상은 확실히 존재한다."

성별도 마찬가지다. 물론 버틀러의 말대로 '섹스'라는 개념이 순수한 해부학적 사실, 자연적인 몸 자체만을 가리키는 것은 아니다. 그 단어가 발화되고 사용될 때, 그 개념은 이미 그에 연관된 이미지들과 기호들을 동시에 상기시키고 그로써 어떤 뉘앙스를 지니게 된다. 그런 의미에서 '섹스'는 이미 문화적 개념이다. 그렇다 하더라도 그것이 전적으로 문화적인 개념이기 때문에, '문화에 앞서는 자연'이란 생각 자체가 환상이며 구성된 것이라고 전적으로 단정하며 넘겨버리는 것 또한 오류다. 물론 인간의 문화가 과학 활동을 만들어낸다. 흔히 서구의 이성은 수학적 이성인 반면, 동아시아의 이성은 심미적 이성이라고 한다. 르네상스 이래 서구의 회화는 원근법을 기초로 객관적 사실에 충실했던 반면, 동양의 회화는 객관적 사실보다 대상에 대한 주관적 심상을 강조했다. 이런 문화적 배경에서 자연과학은 서양에서 비약적인 발전을 이룩했다. 하지만 그 과학적 발견과 내용은 탈문화적이다. 뉴턴이 발견한 자연의 중력이 동양이라는 공간이라고 해서 없을 리 없다. 이는 객관적인 상식이다.

게다가 문화 형성 이전의 인류를 추적하는 것은 불확실하지만, 문화 없는 동물은 관찰할 수 있다. 자연적 본능만 지니는 동물계에서도 생물학적인 암컷과 수컷의 결합에 의한 생식은 존재한다. 버틀러를 비롯한 현대철학자들은 '0 아니면 1'이라는 디지털 이진법(특히, 성별이분법)의 사고를 비판하면서도 자신들의 입장을 밀고 나갈 때는 자신들이 비판하는 그 이분법적 사고방식으로 돌아와 특정한 측면(여기서는 자연·해부학적 차원)을 전적으로 부정하여 원하는 방향(구성된 문화적 차원)으로 결론을 지나치게 단순화시키고 과장하곤 한다. 그러나 어떤 이론이 한 측면에서는 일리가 있는 말이라 하더라도 오직 그 측면만이 확실히 검증된 진실(혹은 사실)이 되는 것은 아니다. 이처럼 정치적인 사유를 밀고 나가는 말(담론)은 언제나 부분적으로는 옳지만, 한편으로는 석연찮은 구석들이 있기 마련이다.]

그런데 버틀러는 왜 섹스와 젠더의 구분을 폐기하고자 하는 것일까? 일차적으로는 퀴어이론가들이 성별이분법의 해체와 폐기를 강력히 추진하는 것과 동일하다. 젠더를 효과적으로 다원화시키려면 아예 그 기초가 되는 섹스 자체를 다원화시켜야 한다. 좋든 싫든 젠더는 섹스의 효과이기 때문이다. 하지만 더 궁극적으로는 젠더와 관련된 권력의 장을 효과적으로 재배치하기 위함이다. 여기서 버틀러는 푸코가 권력을 바라보는 관점을 그대로 차용한다. 동시에 버틀러는 젠더를 고정된 본질로 주어진 것이 아닌 '수행성'으로 파악한다. 이는 오늘날 성소수자들의 권익을 옹호하기 위한 운동가들의 주장과 사뭇 다른 관점이다. 나는 앞에서 섹스와 젠더의 구분을 폐기하면서 섹스 자체가 이미 문화적 개념(나는 여기에는 부분적으로 동의한다)이며, 그러므로 "생물학적 섹스라는 건 없다"고 결론내리는 버틀러의 입장은 과장이자 오류임을 말했다. 그러나 버틀러의 입장과는 별개로, 버틀러가 전유하는 푸코의 권력관(勸力觀), 그리고 젠더를 수행성으로 보는 관점 자체는 타당하다고 본다. 우선 젠더를 수행성으로 보는 버틀러의 관점부터 살펴보자.

(2) 젠더는 수행이고 패러디이다

"사람은 반복적으로 행하는 것에 의해 판명되는 존재이

다." 아리스토텔레스가 한 말이다. 그는 또 이렇게 말하기도 했다.

> 올바른 행동을 해야 올바른 사람이 되고, 절제 있는 행동을 해야 절제하는 사람이 되며, 용감한 행동을 해야 용감한 사람이 된다.[8]

즉 탁월한 품성은 좋은 행동을 반복적으로 실천하면서, 그런 습관에 따라 형성된다고 본 것이다. 아리스토텔레스는 덕과 행복을 논하며, 위와 같은 원리를 설파했는데, 그 원리에 전제되어 있는 그의 기본적 통찰은 인간은 곧 "반복수행적" 존재라는 점이었다.

버틀러 역시 아리스토텔레스와 비슷한 시각을 갖고 있다. 버틀러에 따르면 '젠더' 역시 반복적으로 행위하는 '수행성'이다. 쉽게 말해 이성애자/동성애자라서 이성애/동성애를 하는 것이 아니라 이성애/동성애 행위를 하기 때문에 이성애자/동성애자다. 만일 이성애자가 동성애 행위를 다시 반복적으로 수행하면 그는 동성애자가 되는 것이다. 따라서 '이성애/동성애'라는 성정체성이나 성적지향이 행위자/주체에게 본질적으로 주어진 속성이고, 주체는 '이성애자/동성애자'로서 그러한 속성을 재현한다는 일련의 관념을 버틀러는 거부한다. 앞에서도 말했지만, 궁극적으로 퀴어이론가들은 젠더를 본질적으로 주어진 일종의 '선천성/고정성'으로 보는 시각을 거부하고 지양하며, 때를 따라 자신의 젠더를 이리저리 바꿀 수 있는 놀이와 같은 것으로 본다. 그렇

8 아리스텔레스, 《니코마코스 윤리학》(천병희 옮김, 숲, 2013), 61쪽.

기 때문에 퀴어이론에 따르면 성소수자만이 아니라 모든 사람이 퀴어다. N명의 사람이 있다면 성sex/젠더의 종류 역시 N개가 있다. 즉, 젠더는 유동적fluid이다. 오늘날 퀴어이론에서는 이렇게 다소 급진적인 젠더론이 일종의 정식으로 받아들여지고 있는데, 이는 버틀러의 이론적 영향에 기인한다. 버틀러가 젠더를 재현이 아닌 수행적인 것이라고 논증하는 내용은 다소 복잡해서 어렵게 비쳐지지만, 버틀러 이론의 논리적 구조 내에서 따져보면 이해할 수 없는 것은 아니다. 그 핵심을 최대한 이해하기 쉽게 요약하면 다음과 같다.

우리는 앞에서 버틀러가 '자연/문화'의 구분과 이에 대응하는 '섹스/젠더'의 구분을 폐기하고 있음을 살펴보았다. 여기서 '자연과 섹스'는 선천적으로 생물학적으로 주어진 것, 그냥 원래부터 그렇게 있던 것으로 간주되는 개념이며, 변할 수 없는 어떤 영속적인 본질 같은 것을 가리킨다. 버틀러는 니체와 푸코를 따라 이를 '본질의 형이상학'이라 부르면서 거부한다. 니체는 선악의 구분을 힘(권력)과 관련하여 파악하였다. 니체에 따르면 우리가 진리라고 생각하는 것들은 그것이 의심의 여지없는 진리가 아니라 힘(권력)이 그것을 진리라고 규정했기 때문이다.[9] 나아가 푸코에게 권력[10]은 그 출발부터 지식과 관련되어 있다. 이 권력-지식은 우리가 진리라고 여기는 것들이 권력(힘)과 관련되어 있음을 효과적으로 감추고 은폐하며, 다시 그 권력의 효과를 생산

9 니체의 《도덕의 계보》의 중심주제다.

10 그렇다고 푸코나 버틀러가 권력을 무조건 부정적인 것으로 파악하고 있는 것은 아니라는 점을 명심할 필요가 있다. 이에 대해서는 잠시 뒤에서 다룬다. 참고로 니체 역시 단순히 권력을 비판만한 것이 아니라 오히려 '권력에의 의지'를 추구해야 한다고 강조하였다.

한다. 여기서 주의해야 할 점은 푸코에게 권력은 어떤 (소유할 수 있는) 실체가 아니라 관계와 행위의 장에서 나타나는 작용이라는 것이다. 그러니까 푸코나 버틀러에 의하면 자연적/생물학적 성이 남녀 양성으로 구분된다는 통념은 하나의 '담론'이며, 권력은 그 담론을 본질적/자연적인 것으로 믿게 만드는 (비인격적인, 물리적인 작용으로서의) 힘이자 효과이다. 따라서 권력은 이성애적 가부장제를 자연(바꿀 수 없는 숙명이나 운명 혹은 본질)적인 것으로 (믿게끔) 생산한다. 그러나 이게 전부는 아니다. 동성애라고 해도 아직 성별이분법을 거부하는 것은 아니기 때문이다. 푸코에 따르면 '동성애'라는 개념조차도 '이성애/동성애'의 이원화된 구분법에 근거한 담론의 산물에 해당한다. 즉, 권력은 이성애만이 아니라 동성애조차도 생산하며 관리한다. 따라서 버틀러는 성별이분법과 이성애 제도라는 표면적인 현상을 넘어 그 근원에 있는 '본질의 형이상학'과 '행위주체'의 개념을 비판하고자 한다.

《젠더트러블》에서 버틀러가 또 다른 급진적인 페미니스트 철학자 모니크 위티그(Monique Wittig, 1935~2003)의 견해를 비판적으로 고찰하는 이유가 여기에 있다. 위티그는 성에 대한 이분법적 규제와 강제적 이성애 제도를 비판하고, 그 규제를 벗어나고 초월하는 새로운 젠더로 '레즈비언'을 내세운다. 하지만 그 레즈비언 역시 "주체"다. 즉 지배적 남성 주체에 맞서는 새로운 "주체"를 탄생시키는 것이다. 즉, 위티그는 "생물학적 여성"이란 본질적 개념을 부정하는 것에서는 버틀러와 같지만, 버틀러가 볼 때 위티그는 구조주의가 해체한 "주체"라는 환상에 여전히 붙들려 있다. 도대체 이게 왜 문제인가?

결론부터 말하면 '주체'라는 개념에 붙들려 있으면 위티그가 원하지 않더라도 "이원화된 성별/몸 개념의 도식"은 되돌아올 수밖에 없다. 철학에서 주체는 일반적으로 데카르트적인 인식주관(cognitive subject, cogito)을 의미한다. 즉 주체는 주체 바깥의 대상object 혹은 어떤 속성을 인식(발견)한다. 그렇다면 레즈비언적 주체는 자신의 몸을 매개로 젠더를 인식(발견 혹은 창조)한다는 이야기가 되는데, 여기서 은연중에 "젠더 이전의(젠더와 별개의) 생물학적 몸"이라는 도식을 다시 전제하게 된다. 이는 아무리 발버둥 쳐도 다시 남녀의 이원화된 성별의 체계로 되돌아오는 꼴이다. 따라서 버틀러에 따르면 여성의 범주를 '생물학적 여성'으로 한정하지 않는 정도만으로는 아직 부족하다. 버틀러는 니체와 푸코의 사유양식을 따라 '본질론'을 거부하기 때문에, 그 연장선상에서 "젠더 이전의(젠더와 별개의) 몸"이나, "본래 주어진 본질" 같은 개념을 거부한다. 가령, 어느 비수술 MTF 트랜스젠더가 자신은 남자의 몸에 갇힌 여자라고 말한다면, 버틀러는 당신의 몸이 남자라는 생각 자체는 불필요한 것이며, 그러한 생각은 생물학적 본질론에서 비롯된 것이라고 말할 것이다. 사물이나 개념 혹은 행위의 '본질'이 존재한다면, 그 본질에 맞는 행위가 규정되어야 한다는 규범적 요청이 자동으로 따라오기 때문이다. 버틀러에 따르면 어떤 페르소나(persona, 역할 혹은 가면)를 연기(수행)하는 본질적 자아나 주체는 없다. 오히려 페르소나를 통해, 즉 행위와 수행을 통해 행위자가 구성된다. 이런 논리적 일관성에 대한 집요함을 보면, 버틀러는 자신이 구성하고 추진하고자 하는 학문적 기획이 논리적인 공격에 의해 무너지지 않기 위해 안간힘을 쓰고 있다는 생각이 든다.

[그렇지만 버틀러의 논의 속에서 우리가 본래 가려고 했던 길을 잃지 않기 위해서 한 번 더 정리해보자. 일단, 니체와 푸코의 반본질주의가 버틀러 철학의 전제이다. 니체가 진리를 단순히 선악이 아니라 권력에의 의지가 결부된 일종의 이데올로기와 같은 것으로 폭로하는 점이나 푸코가 정밀하게 역사의 국면들을 추적하고 분석하면서 내놓은 권력–지식의 전략과 속성에 대한 통찰은 어느 정도 설득력이 있다. 그러나 동시에 그러한 분석작업이 전적으로 가치중립적인 자연과학적 발견이 아니라는 점을 우리는 기억해야 한다. 즉, 설득력 있는 통찰이라 하더라도 그것 자체를 명백한 '사실'로 간주하여 그 위에 논리의 탑을 층층이 쌓다 보면 어느 순간 궤변이 나올 수 있는 것이다. 현대철학은 부분적으로 일리 있고 맞는 내용을 필요 이상으로 과장할 때가 많고, 여기서 현란한 수사가 동원되기도 한다. 다시 말해 니체와 푸코를 위시한 현대철학의 반본질주의는 부분적으로 일리 있는 관점이지만 약간은 과장된 문학적 레토릭이자 정치적 기획이라는 것이다.

마찬가지로 버틀러가 젠더가 수행적으로 구성된다고 보는 점도 일면 일리 있지만 '언어와 담론의 층위'에서 "젠더 이전의 몸"이 허구적인 개념이라 해서, '자연적/생물학적 층위'에서의 성별을 부정할 수 있는 것은 아니다. 물론 특정 언어게임의 공동체를 구성해 그렇게 생각하는 사람들끼리 인식의 동질성을 구축하고 규칙 따르기를 할 수는 있을 것이다.[11] 그러나 그것을 보편적 차원에서 주장할 수는 없는 일이다. 그러니까 "본질의 형이상학" 운운하면서 생물학적 성별의 개념을 아무리 비판하려 하더라도 객관적으로 인지가능한 사실을 부정하는 것은 그저 '인지부조화' 증상을 보여줄 뿐이다. 자연에는 셀 수 없이 많은 성별이 있다고 주장하는 페미니스트들이 이에 해당한다. 버틀러가 위티그를 비판하면서까지 자신의 이론을 정교하게 다듬고 재구성한 내용을 보면, 그것이 버틀러의 정치적인 기획을 빈틈없이 뒷받침한다는 것을 알게 된다. 그렇지만 결국 정치적 기획을 위해 명백한 자연적 실재가 지속적으로 부정되는 담론은 한계가 있을 수밖에 없다. 많은 자연과학자들이 포스트모더니즘을 비롯해 현대 페미니즘 담론이 기본적인 과학적 사실을 부정하거나, 과학의 발견을 엉뚱하게 오용한다고 비판하는 이유가 바로 여기에 있다.]

다시 위티그에 대한 버틀러의 비판적 고찰로 돌아와 보자. 버틀러는 '본질'의 개념을 거부하기 때문에, '원본'의 개념도 이젠 의미가 없어진다. '원본 없는 모방', '모방본의 모방'은 비단 버틀러뿐 아니라 포스트모더니즘 철학 전반에서 핵심적 개념이다. 여기서 '원본'은 곧 플라톤(Platon, BC 428?~348?)의 '이데아' 같은 것인데, 20세기 후반 프랑스 현대철학은 전반적으로 플라톤의 철학에 반기를 드는 성격을 지닌다. 이데아와 현상, 원본과 모방 사이에는 수직적인 위계가 생기게 마련이고 그러한 사유도식이 불평등과 지배와 억압을 초래한다고 보기 때문이다. 즉, "원본이라는 관념 자체가 원래 당연하게 존재하는 자연스러운 것이 아니라, 제도와 규범이 만든 이차적 구성물로서의 이상성에 불과"[12]

11 '언어게임의 공동체'와 '규칙 따르기'는 비트겐슈타인 철학의 개념이다. 비트겐슈타인의 후기철학으로 대표되는《철학적 탐구》에 나오는 개념인데, 특정한 언어(말과 상징, 기호 등)를 사용하는 사람들이 그 약속된 언어를 사용하면서 행위하는 것을 "규칙따르기"라고 한다. 한국인은 한국어 공동체에서 한국어를 사용하는 규칙따르기를 하고 있다고 볼 수 있다. 가령, "무궁화 꽃이 피었습니다"라는 아이들의 게임이라면, 술래가 "무궁화 꽃을 피었습니다"라고 말하고 뒤를 돌아봤을 때, 움직이는 사람이 있으면 그 사람은 아웃된다는 규칙을 충실히 따르는 것이다. 비트겐슈타인이 이 당연한 것을 왜 말하고 있는가 하는 문제는 사실 "사적 언어" 문제와 같은 어려운 철학적 문제와 연결된다. 언어철학 내에서 이를 깊이 들어가면 개인과 공동체의 문제, 인류학적인 의미 등에 대한 여러 논쟁적인 지점들이 나온다. 여기서는 '젠더'를 버틀러의 시각으로 이해하고 성에 대한 새로운 인식을 환기하는 것은 퀴어 이론 내에서는 자연스러울지 몰라도, 일상의 구성원에게 젠더와 몸에 대한 퀴어의 인식을 그대로 받아들이게 하는 것은 더 넓은 언어게임 공동체의 규칙을 바꾸는 것에 해당한다는 점을 말하고자 했다.

한 것이다. 물론 최첨단 디지털 세계에서 '원본'이란 건 이제 그렇게 의미 있는 개념은 아니다. 사진과 영화, 컴퓨터 프로그램의 소스코드는 사본과 원본의 구분 자체가 없기는 하다. 이제는 원본-사본을 떠나 AR(증강현실)같은 고해상도의 생성이미지가 출현하고 있을 정도니까 말이다. 아무튼 '원본 없는 모방', '시뮬라크르simulacre'의 세계에서 본질, 원본 같은 개념은 성별이나 성행위의 영역에서도 예외 없이 불신의 대상이다. 이런 사고의 연장선상에서 버틀러에게도 젠더는 애당초 모방[13]인데, 그는 특히 '패러디'란 말을 사용한다. 패러디는 '원본'을 희화화시켜 모방하는 것이기에, 우리는 패러디를 보면 웃게 된다.

그렇기 때문에 버틀러는 위티그의 이성애주의에 대한 비판이 핀트가 어긋났다고 생각한다. 위티그가 레즈비어니즘을 독자적이고 새로운 '원본'으로 내세우면서 이성애가 지닌 원본의 권위에 도전하려 하기 때문이다. 즉 버틀러가 보기에 위티그는 이성애를 떠올리게 하는 모든 것으로부터 근본적인 단절을 원한다. 레즈비언은 흔히 동성애 여성으로 정체화된다. 그런데 레즈비언 커플 안에서도 종종 남성의 역할을 하는 부치butch와 여성

12 《젠더트러블》의 옮긴이 조현준이 버틀러 철학의 주요개념 중 '패러디parody'를 설명한 것에서 인용. 위의 책, 9쪽.

13 지라르 역시 인간의 모든 욕망을 '모방'에서 비롯되는 것으로 파악하고 있다는 점에서, 나아가 인류 예술활동의 기원 자체가 모방이었다는 점에서 버틀러가 젠더를 모방행위 혹은 패러디로 보는 것이 그렇게 근거 없는 이야기를 하는 것은 아니다. 플라톤도 현상계의 모든 것이 이데아의 모방이라고 보았다. 하지만 플라톤은 '모방의 모방'은 진리(이데아)의 세계에서 두 단계나 떨어져 있는 것이기에 혐오했고, 시인들은 무엇보다 그러한 '현실의 재현(모방의 모방)'을 일삼기에 이상국가에서 시인을 추방해야 한다고 생각했다. 그런 의미에서 원본이나 본질 같은 것은 없고 오직 모방만 존재한다고 보는 점에서 현대철학의 '모방'은 그 의미가 남다르다고 할 수 있다.

의 역할을 하는 팸fem이 발견된다. 게이 커플 안에서도 마찬가지다. 이에 대해 일부 레즈비언들은 이들 부치/팸 커플이 동성애 관계 안에서 이성애적 실천을 모방하고 있다고 여기면서 그것을 비판적으로 보았다.[14] 여성과 여성의 순수한 동성애적 실천이 진정한 레즈비어니즘이라고 생각한 것이다. 그러나 버틀러는 이러한 비이성애적(동성애적) 순수성에의 강박을 비판한다. 버틀러의 견해에 따르면 "비이성애적 틀 안에서 이성애의 구성물을 반복하는 것은, 이른바 이성애적 원본이라는 것이 순전히 만들어진 위상임을 분명하게 드러낸다."[15]

[다시 반박하건대, 이는 버틀러의 희망이 담긴 일방적 주장일 뿐이다. 즉, 그렇게 보자고 제안하는 것에 불과하다. 패러디적 행위만으로 이성애가 그저 만들어진 위상이라고 단정할 수 없다. 사람들은 오히려 위티그처럼 부치/팸 역할을 나눠 갖는 레즈비언 커플을 보면서 이들이 이성애 커플을 모방하고 있다고 생각하지 않을까? 오히려 자연에는 음양의 원리 같은 본질이 분명히 존재한다고 생각할 수도 있을 것이다.]

종합하면, '본질'과 '생물학적 성별(이분법)'에 대한 불신으로부터 출발해 젠더는 반복적으로 수행됨으로써 구성되는 것이면서 동시에 패러디라는 것이 버틀러의 견해다. 게다가 버틀러가 볼 때, 위티그가 이성애적 질서와의 근본적 단절을 원하는 것은 실현불가능한 꿈이다. 여기에는 '권력'을 보는 버틀러의 남다른 관점이 녹아 있는데, 그것은 푸코의 권력관(勸力觀)이기도 하다.

14 위티그가 부치/팸 커플의 관계적 형식을 직접적으로 비판한 것 같지는 않다. 그렇지만 버틀러는 위티그의 견해 안에 그런 관점이 내재해 있다고 보고 있다.

15 위의 책, 144쪽.

(3) 권력의 전복적이고 패러디적인 재배치가 필요하다

'권력'이란 말은 우리에게 여러 가지 뜻과 이미지를 연상시킨다. 예컨대, 권력을 장악한다고 말할 때, 우리는 권력을 소유가 가능한 어떤 실체처럼 여긴다. 정부가 됐든, 군이 됐든 권력을 장악하는 것은 제도화된 기구 혹은 시스템이나 조직을 운영operate하고 일정한 의사결정을 할 수 있는 힘이라고 간주하는 것이다. 한편, 권력을 비판한다고 할 때, 그 권력은 대통령이나 정부, 재벌과 언론 같은 어떤 막강한 권한을 지닌 사람이나 조직으로 의인화된다. 또, 권력이 억압하고 길들인다고 말할 때, 그 권력은 필요한 경우 폭력을 포함한 일정한 강제력을 행사하는 힘이자 동시에 지배규범을 주입하고 다스리는 힘으로 느껴지기도 한다. 그런데 방금 열거한 '권력'이란 말이 연상시키는 여러 뜻과 이미지들은 대체로 부정적이며, 인간의 자유를 제한하고 지배하며 억압하는 느낌을 준다. 그래서 '권력'이란 말은 자동적으로 그로부터 벗어나는 '자유' 혹은 '해방'과 대립하는 의미를 함축한다. 그런데 미셸 푸코의 생각은 다르다. 권력은 위에서 열거한 측면들처럼 온통 부정적이지만은 않다. 그것은 억압하고 금지할 뿐만 아니라, 그 금지와 억압의 대상을 생산하기도 한다. 또 자유를 빼앗기보다는 오히려 선사한다. 버틀러는 푸코의 이러한 권력관에 입각해서 자신의 이론을 발전시킨다. 따라서 우리는 푸코의 권력관을 먼저 파악할 필요가 있다.

'권력'을 바라보는 푸코의 시각은 매우 깊고 넓으며 정교한데, 여기서는 앞으로의 논의를 위해 알아야 할 푸코 권력관의 중요한 사항들 위주로 몇 가지만 짚어보려 한다. 앞서 말했지만, 푸코는 《감시와 처벌》(1975)에서 권력을 단순히 '억압'과 '금지'

로 바라보는 관점, 즉 권력을 사법적 관념으로 바라보는 것의 한계를 비판적으로 지적한다. 푸코에게 있어 권력은 언제나 관계, 일종의 망net의 효과이다. 다시 말해 권력은 '실체'라기보다 어떤 관계의 장 안에서 출현하는 현상이다. 푸코는《성의 역사 1—지식의 의지》에서 프로이트에서 라이히(W. Reich, 1897~1957)로 이어지는 "성이 억압되었다"는 정신분석학 계열의 주장을 비판한다. 푸코는 권력이 단순히 성을 억압한 것이 아니라 오히려 성을 본질적인 것으로 위치시키고, 그에 대해 더 많이 생각하고 더 많이 알게끔 유도했으며 심지어 성이 억압되었다고 생각하게 만들었다. 쉽게 생각해보자. 어떤 것이 이미 억압되었다고 생각하게 되는 순간, 억압은 효과적으로 유지될 수 없다. 조금 더 근본적으로 나아가면, 억압을 인지하는 순간 억압은 갑자기 나타나며 동시에 그에 대한 반작용과 저항/전복을 생산한다. 다시 말해 금기는 그것이 형성되는 순간 그 금기를 위반하고픈 욕망과 쾌락을 함께 생산한다. 그러므로 우리는 부정성 못지않게 그 이면에서 작동하는 권력의 효과, 즉 권력의 긍정성과 생산성을 기억해야 한다.

푸코는 진리와 권력을 대립시키는 플라톤주의 권력관, 그리고 이와 똑같은 구조로 진리와 이데올로기를 대립시키는 마르크스주의 권력관을 비판한다.[16] 지식인은 권력에 타협하지 않아야 하고, 권력에 대한 비판적 시각을 잃지 않아야 한다고 보는 일상적 통념은 바로 이러한 권력관에 입각해 있다. '진리 vs 권력', '진리 vs 이데올로기'의 구도에서 전자는 참되고, 후자는 참된 것

16 '진리 대 권력', '진리 대 이데올로기'의 대립에 대한 내용은 푸코 연구자 허경 선생이 강의자료로 정리한《미셸 푸코의 권력관》을 참고하였다.

을 억압하는 것으로 간주되지만, 푸코는 역으로 이러한 대립쌍, 즉 둘을 대립하는 것으로 생각하게 만드는 것 자체가 권력의 전략이자, 그 효과라고 생각한다. 푸코에게 있어 권력과 대립하는 것으로 보이는 지식(진리)도 이미 (같은 혹은 또 다른) 권력에 매개된 것이며 따라서 모든 지식(진리)은 그 출발부터가 권력-지식이다. 권력은 유일하거나 보편적(또는 초월적)인 것이 아니라 다수(복수)이며 국지적이고 관계적이다. 게다가 다수의 권력들은 서로 동질적이지도 않다. 이질적이고 상이한 권력들은 다수의 심급, 미시적 영역들의 특정한 행위들 속에서 나타나고 행사되며 다른 권력과 일정한 형태의 관계를 맺는다. 이러한 푸코의 관점을 밀고 나갈 경우 우리는 언제나 권력관계의 장 안에 존재할 수밖에 없고, 권력관계를 떠나거나 권력 자체를 폐기하거나 하는 것은 불가능하다. 다만, 그 권력관계의 양상을 바꾸거나 재배치할 수 있을 뿐이다. 버틀러는 이러한 푸코의 권력관에 입각해 젠더를 둘러싼 권력관계의 재배치를 기획하는데, 그 효과적 수단이 바로 젠더의 패러디다.

[이 같은 푸코의 권력관, 권력이 지닌 긍정성과 생산성, 권력의 이질성과 복수성, 권력이 소유하고 교환하는 실체가 아니라 구조와 관계의 망에서 출현하는 효과이자 다수의 미시적 영역에서 작용하는 힘이라는 분석은 권력에 대한 기존의 고정관념을 뒤엎으면서도 우리가 경험하는 현실에 대한 설명력이 훨씬 더 높은 날카로운 분석이다. 게다가 권력-지식에 대한 푸코의 분석도 가치중립적으로 진행된 것이고 '가치판단'이 아닌 '사실판단'처럼 기술하는 내용이기에 반박할 여지가 없어 보인다. 그렇더라도 권력-지식(진리)에 대한 푸코의 견해는 조금 더 주의 깊게 살펴볼 필요는 있다. 가령, 천문학에서 천동설 대신 지동설이 진리로 받아들여지기 위해서는 중세의 신학적

세계관의 권력-지식이 힘을 잃어야 했고, 르네상스 이래의 인문주의적 세계관과 자연과학이라는 분과학문의 권력-지식이 힘을 얻어야 했다. 자연과학적 진리마저 이런 상황이니, 하물며 도덕이나 윤리, 가치관에 대한 진리(주장)는 더 말할 것도 없을 것이다.

하지만 푸코의 이러한 정밀한 분석 속에서 우리는 다시금 기본적인 상식을 망각하지 말아야 한다. 지식 혹은 진리가 언제나 이미 권력에 매개된 권력-지식이라는 푸코의 분석은 마치 지식/진리 자체의 맞고 틀림 혹은 옳고 그름이 언제나 권력관계 안에서 결정되고, 권력만이 그것을 결정한다는 인상을 주기 때문이다. 그러나 상관관계와 인과관계를 혼동하면 안 된다. 푸코의 분석은 상관관계의 틀로 보면 맞는 말이다. 그러나 인과관계의 틀로 보면 맞을 수도 있고 맞지 않을 수도 있다. 즉 권력이 특정지식을 원하거나 필요로 하기 때문에 그 지식이 진리가 될 수도 있겠지만, 특정지식이 실제로 진리이기 때문에 그것이 진리로 인정받고 권력을 얻을 수도 있다는 이야기다. 따라서 사실판단과 상관관계 분석으로서 권력-지식에 대한 푸코의 견해는 수용할 수 있지만, 이를 오직 권력만이 진리를 결정할 수 있다는 식의 인과관계로 오해해서는 안 된다. 아이러니하지만 요즘 기후위기나 코로나 팬데믹과 관련한 가짜뉴스와 음모론이 판을 치면서 지식인과 언론을 믿지 않는 경향이 강해진 것 또한 어설프게 푸코를 흉내 내면서 권력-지식에 대한 의심이 과도해졌기 때문이다. 따라서 우리는 진리에 대한 권력결정론으로 빠져 모든 지식을 회의하거나 지배규범과 전통적 가치관 전체를 무시하며 도덕적 상대주의와 허무주의로 나가는 것은 극히 신중해야 한다.]

앞에서 버틀러는 모니크 위티그가 주창하는 이성애적 요소를 제거한 순수하고 급진적인 레즈비어니즘 실천전략을 비판했는데, 그 이유는 버틀러가 보기에 위티그가 '권력으로부터의 완전한 초월'이라는 불가능한 꿈에 매달리고 있기 때문이다. 버틀러가 볼 때 위티그는 이성애적 관계와 여성에게 부과된 사회적 젠더를 권력(법)이 강제한 것으로 보며, 그것을 철회시켜야만 해방이 가능하다고 생각한다. 동성애 관계에서 이성애적 젠더의 양상, 즉 남녀 역할극이 나타나면 여전히 젠더의 위계가 존재하는 것처럼 보일 것이다. 그 경우 지배규범을 내면화한 사람들은 이러한 형태의 동성애 관계를 순수한 것으로 보지 않고 이성애 욕망을 적절하게 충족시키지 못해 좌절된 것으로, 일종의 대리만족으로 여길 수도 있다. 위티그가 이렇게 생각했다거나 말했다는 증거는 없지만, 맥락상 그렇게 볼 수 있다.

반면, 버틀러는 "게이와 레즈비언의 실천에 대한 규범적 핵심은 권력의 전복적이고 패러디적인 재배치가 되어야"[17] 한다고 생각한다. 사실 퀴어이론이 페미니즘 진영에서 요즘처럼 대세가 되기 전, 페미니스트들은 코르셋을 입고 여성처럼 화장하는 남성(드랙퀸, drag queen)의 행동을 여성성을 과장하거나 조롱하는 제스처로 보면서 여성혐오misogyny로 간주하였다. 지금은 이에 대해 페미니즘 내부 논쟁[18]이 진행 중이지만, 버틀러의 영향과 더불어 트랜스젠더의 입김이 강해지면서 드랙은 이제 긍정적으로 받아들여지는 듯하다. 즉, 드랙은 성별이분법을 해체하고 젠더 다양성을 촉진하며 전통적인 젠더관념, 즉 원본이나 기

17 《젠더트러블》, 319쪽.

18 대체로 강단을 중심으로 한 학자 페미니스트들은 페미니즘에 관심을 갖는 일반여성들보다 훨씬 더 퀴어친화적이어서 드랙을 여성혐오로 보지 않는 편이다. 학계에서는 퀴어친화적이지 않으면 당장 퀴어혐오라는 낙인이 돌아올 수도 있는 분위기여서, 퀴어나 트랜스젠더에 비판적인 페미니스트 학자들도 있겠지만 대체로는 침묵하는 것 같다.

원이 있는 것 같은 젠더정체성을 패러디하고 희화화시킨다는 점에서, 그리고 오히려 새로운 나를 표현하는 창조적인 예술행위로서 옹호되고 있다. 쉽게 말하자면, 버틀러는 부치/팸 역할놀이든, 드랙이든 상관없이 퀴어의 다양성을 증폭시키는 것 자체를 긍정한다. 그러한 패러디의 놀이가 결국은 권력관계를 재배치하고, 퀴어의 자유와 해방을 촉진하기 때문이다.

결론적으로 버틀러는 푸코의 권력관에 입각해 권력의 긍정성/생산성에 주목하고, 권력으로부터의 해방이 아닌 권력관계의 재배치를 꾀하고자 한다. 즉, 권력이 열어놓는 가능성 나아가 권력 자체를 적극 활용하고자 하는 셈이다. 이러한 이론적 기초에서 퀴어는 단순히 권력에 대한 저항을 넘어 새로운 권력으로의 포지션을 지닐 수 있게 된다.[19]

(4) 종합 및 소결

지금까지 우리는 주디스 버틀러가 《젠더트러블》을 통해 발전시킨 퀴어이론의 몇 가지 점들을 비판적으로 검토해 보았다. 먼저, 버틀러가 실재를 부정하는 급진적인 사회구성주의와 '원본 없는 복사본'이라는 포스트구조주의 철학의 테제를 전유하면서 문화에 매개되지 않은—즉, 문화에 앞서 있는—자연적/생물학적 성별로서의 '섹스'라는 개념을 부정한다는 점을 살펴보았다. 그러니까 버틀러에 있어 '생물학적 섹스'라는 개념은 이미 그 출발부터 문화적이다. 자연과학으로서의 생물학 자체, 특히 성과

19 퀴어 이데올로기의 확산을 권력의 속성과 연관지어 분석한 내용은 3부 499쪽 이하를 참고하라.

관련된 생물학/의학 연구가 이루어지는 방식과 가설을 세우고 예측하고 검증하는 방식, 성애 행위를 구분하고 체계를 세우는 방식 자체가 이미 문화적 지배규범(가부장적 이성애주의)의 영향을 받고 있기 때문이다. 이러한 버틀러의 견해가 전적으로 틀렸다고는 할 수 없다. 그렇지만 그 함의를 과장하는 것에도 한계는 있다. "자연과학적 활동이 문화의 영향을 받는다 하더라도 그 활동이 보여주는 내용은 탈문화적이다."[20] 즉, 객관적으로 누구나 인지할 수 있는 남녀의 생물학적 성차(性差)의 체계 자체를 회의하거나 부정할 수는 없는 일이다. "누가 여성인가?", "생물학적 여성은 무엇으로 알 수 있는가?", "여성을 단지 그 생식기/성기의 유무로 확인할 수 있는가?"와 같은 질문은 그 자체로 넌센스다.

둘째, 버틀러는 젠더를 수행성performativity으로 파악한다. '젠더'라는 가면 안쪽에 가려진 본질적 정체성 같은 것은 없다. 젠더는 고정된 본질이 나타나는 것이 아니라 반복적으로 수행되는 것이다. 바꿔 말하면 행위자가 어떤 젠더를 지니기 때문에 그런 젠더로서 행위를 하는 것이 아니다. 즉, 재현(再現)이 아니다. 오히려 수행되는 행위를 통해 행위자가 특정한 젠더로 구성된다constructed. 앞에서 버틀러가 '문화에 앞서는 자연의 몸' 혹은

20 김영건, 《이성의 논리적 공간》(서강대학교 출판부, 2014), 43쪽. 참고로 김영건의 이 책은 언어철학적인 측면에서 자연과 문화, 사실과 규범(가치)의 성격을 '명제의 의미와 사용의 층위' 혹은 '지각과 추론이라는 인식의 층위'에서 다각적으로 고찰하며 규명한다. 언어철학자 로버트 브랜덤(Robert Boyce Brandom, 1950~)은 자연과 문화의 이분법적 구분을 비판적으로 고찰했고 자연과 역사(문화)를 구분하는 것마저도 문화적 현상으로 바라보려고 했지만, 셀라스(Wilfrid Stalker Sellars, 1912~1989)의 논의에 의거하여 김영건은 그것이 문화적 현상에서 출발하더라도 자연과학의 활동이 보여주는 내용은 탈문화적임을 효과적으로 보여준다.

'문화와 상관없이 주어진 생물학적 본질로서의 섹스'를 부정한 점을 상기한다면 놀랍지 않은 주장이다. 물론 성소수자 인권운동 쪽에서는 고정적/본질적/선천적 성정체성을 주장하는 경향이 강해서 버틀러의 이런 주장들이 오히려 불편할 수도 있다. 어차피 젠더가 수행적이라면 반대 젠더를 수행하면서 젠더를 바꿀 수 있다는 주장이 가능하기 때문이다. 하지만 버틀러의 입장이나 의도와 상관없이, 젠더를 수행성으로 보는 시각 자체는 오늘날 퀴어의 젠더종류가 갈수록 복잡하게 진화하고 다분화되는 현실을 고려할 때 반박하기 어려운 것 같다. 실제로 사람들이 젠더를 이리저리 바꾸고, 트랜스젠더조차 트랜지션과 디트랜지션(detransition, 원래의 성별로 되돌아감)을 오가는 경우가 종종 있기 때문이다.

셋째, 버틀러는 젠더를 '패러디'로 본다. 패러디는 원본을 모방하여 희화화하는 것을 말한다. 어차피 인간의 모든 욕망과 행위가 모방mimesis으로부터 비롯되는 것이기에 성역할로서의 젠더 역시 그런 모방이라는 버틀러의 통찰은 틀린 것이 아니다. 하지만 버틀러가 말하는 패러디는 단순히 '모방'이라는 의미에서 그치지 않는다. 패러디되고 있는 젠더의 원본(이성애적 규범 안의 젠더)은 사실상 원본으로 가정된 이상적 관념일 뿐이며, 그 원본이 모방본보다 우월하거나 본질적이라는 근거는 없다. 예컨대, 부치/팸과 같은 레즈비언 커플 내의 이성애적 형식은 이성애 제도를 강화시키는 것이라기보다는 오히려 우리가 당연히 여기는 이성애적 제도가 문화적으로 구성된 것임—인위적으로 만들어낸 것임—을 드러내는 계기가 된다. 퀴어의 온갖 다양한 젠더정체성들이 "자아의 진정한authentic 성정체성의 발견"과 같은 것이 아니라 유행이나 모방에서도 비롯된다는 점에서 버틀러가 젠더를 패러디로 본 시각은 설득력이 있다. 그러나 패러디적 행위 그 자체가 "본질이자 원본으로 간주되는 이성애가 순전히 만들어진 것"임을 드러내는 계기가 된다는 것은 아직은 버틀러의 일방적 주장이라고도 볼 수 있다.[21]

마지막으로 버틀러는 자신의 수행성으로서의 젠더, 패러디로서의 젠더에 관한 견해와 함께 푸코의 권력관을 전유하면서 나름의 정치적 기획을 위한 방법을 제안한다. 그것이 바로 젠더 패러디를 통한 권력관계의 재배치다. 권력관계의 완전한 초월이라는 불가능한 환영에 집착하기보다는 패러디의 놀이를 통한 다양하고 다원화된 젠더의 수행·생산을 통해, 이성애적 규범/제도가 본질이 아니라 "본질·원본으로 이상화된 관념"이라는 것을 드러낼 수 있도록 권력관계가 지속적으로 재배치되어야 한다는 것이다. 이와 같은 버틀러의 기획은 거칠게 말하면, 권력비판론이 아닌 권력활용론에 해당한다. 따라서 퀴어적 성해방은 권력관계로부터의 초월이라는 불가능한 이상에 매달릴 것이

21 이에 대해 조금 더 유의할 필요가 있는데, 나는 앞의 '기독교와 동성애' 파트의 동성결혼에 대한 신학적 논의를 다루는 부분(91쪽)에서 이성애적 성향을 꼭 자연스러운 것으로 보는 보수 개신교의 입장에 한편으로는 오류가 있다고 언급하였다. 이게 무슨 말인가? 그 부분을 설명하면서 나는《동성애에 관한 두 가지 견해》에서 동성애를 죄로 보는 입장의 스티븐 홈스의 글을 참고하였다. 홈스에 따르면 죄로 물든 인간은 이성이든 동성이든 모두에게 끌리며, 근본적으로 남자든 여자든 상대의 성별을 가리지 않고 관계하기를 원하는 욕망이 있었음이 동서고금에서 공통으로 발견된다. 즉, 동성애를 죄라고 규정하기 위해 이성애를 과도하게 특권화해서는 안 된다는 것이다. 게다가 '이성애'라는 관념 자체가 '동성애'를 본질적 성정체성으로 갖는 사람들을 따로 카테고리화하면서 생긴 것이다. 엄밀히 말해 기독교 신학에서 긍정되는 성관계는 이성애적 성관계가 아니라 '남녀의 결혼관계'안에서의 성관계이며, 온갖 성과 관련된 부도덕하고 문란한 행위는 이성애 관계에서 더욱 만연하다.

아니라 적극적으로 권력관계에 개입해서 기존의 질서를 전복하며 권력을 장악하고 활용해야 한다는 결론이 도출된다. 다시 말해 이런 흐름에 이의를 제기하거나 저항하는 사람들은 권력화된 퀴어 이데올로기에 의해 억압당할 가능성도 배제하지 않는다. 사실 이는 모든 급진적 혁명이 내포하는 위험이다. 이러한 문제점에 대해서는 뒤에(3부에서) 퀴어와 권력, 새로운 희생양 메커니즘에 대해 살피는 부분에서 더 상세히 살펴볼 계획이다. 일단, 그에 앞서 이번에는 성정치 혹은 퀴어정치적 기획의 기초가 되는 오이디푸스에 대한 정신분석학적 해석과 퀴어적 해석을 살펴보도록 하자.

3

오이디푸스 콤플렉스와 퀴어

(1) 오이디푸스Oedipus에 대하여

드디어 등장했다. 오이디푸스. 오늘날 섹스와 섹슈얼리티에 대해 말하고자 할 때, 이를 긍정하든 부정하든 우리는 오이디푸스를 언급하지 않을 수 없다. 오이디푸스 신화에서 착안하여 프로이트가 개념화했다고 하는 '오이디푸스 콤플렉스'는 엄밀히 말해 BC 5세기의 아테네의 비극작가 소포클레스(Sophoklēs, BC 497~406)의 《오이디푸스 왕》의 내용을 토대로 한다. 오이디푸스 이야기의 판본은 여러 가지다. 우선 오이디푸스 신화를 다룬 단편들이 있으며, 호메로스의 《일리아드》, 《오디세이아》에 나오는 오이디푸스의 이야기도 있다. 소포클레스와 같은 시대를 살았던 비극작가 아이스킬로스(Aeschylus, BC 525?~456?)와 에우리피데스(Euripides, BC 480?~406)도 자신의 작품에서 오이디푸스를 다룬다. 세부 내용에서는 다소 차이가 있지만, 오이디푸스가 아버지를 살해하고 어머니와 결혼한다는 불경스럽고 끔찍한 내용은 모든 판본에서 공통된다. 이처럼 '친부살해'와 '근친상간'의 테마가 오이디푸스 이야기의 모든 판본에서 반복되고 있다면, 프로이트가 이 모티프를 차용해 정신분석을 위한 기초개념으로 사용하고 있다는 것 자체가 문제될 것은 아니다. 그렇지만 프로이트가 직접적으로 참고한 소포클레스의 비극이 갖고 있는 풍부한 의미와 교훈을 '오이디푸스 콤플렉스' 위주로만 이해할 때 우리는 그보다 더 풍부한 내용들과 핵심적인 것을 놓칠 수 있다. 우선

오이디푸스 전체의 이야기를 한번 요약해본다.[1]

잘 알려진 대로, 오이디푸스는 아폴론의 신탁에 의해 장차 아버지를 죽이고 어머니와 결혼한다는 예언 속에서 탄생했다. 저주의 자식이었던 셈이다. 그런데 왜 오이디푸스는 그런 저주를 받아야 했을까? 원래 오이디푸스의 아버지 라이오스는 흠이 많은 테베의 왕이었다. 라이오스가 테베의 왕으로 재위할 당시 에게 해 건너편에는 펠롭스 왕이 다스리는 작은 왕국 프리기아Phrygia가 있었는데, 펠롭스 왕에게는 미모가 뛰어난 어린 왕자 크리시포스가 있었다. 라이오스 왕은 바로 이 크리시포스에게 사두마차를 끄는 법을 알려주겠다고 유혹해 테베에 데려온 뒤 강간하였고, 수치심을 견디지 못한 크리시포스는 자살하였다. 실제로 고대 그리스에서는 나이 든 남자가 미소년이나 청년 남자를 사랑하고, 그 아이를 통해 성적인 쾌락과 유희를 즐기는 동성애 그것도 소년애가 일반적인 유행이었으며, 여인과의 사랑보다 미소년과의 사랑이 훨씬 더 아름답고 로맨틱한 것으로 여겨지기도 했다. 어찌됐든 라이오스의 범행에 격노한 크리시포스의 아버지 펠롭스는 라이오스에게 이렇게 저주했다. "결코 아들을 두지 못할진저. 만약 아들을 두면 그 아들에 의해 죽음을 당하리." 라이오스는 이 끔찍한 저주가 실제로 이루어질 것인지에 대해 아폴론의 신탁을 듣고자 했는데, 아폴론 신 역시 펠롭스의 저주 그대로 라이오스가 아들에 의해 죽게 될 것이라고 예언하였다. 그 저주의 예언 때문에 라이오스는 아내 이오카스테와의 동

1 오이디푸스 이야기의 요약은 연세대 명예교수 임철규의 평론집《그리스비극》(한길사, 2007)과 서울대 명예교수 이성원의 논문 "소포클레스의 오이디푸스와 프로이트의 오이디푸스", 그리고 나무위키 백과를 참고하면서 요약하였다.

침을 한사코 피했는데, 술에 잔뜩 취한 어느 날 그는 실수로 아내와 동침을 했고 결국 오이디푸스를 낳게 되었다.

그런데 방금 이야기한 내용을 소포클레스의 작품은 전혀 다루지 않는다. 오이디푸스가 아버지를 살해하고 어머니와 결혼한다는 저주의 신탁을 받은 것은 그 아버지 라이오스 왕의 악행에 대한 아폴론의 심판이었다. 즉, 오이디푸스는 원하지 않게 아폴론의 징계의 도구로 사용되는 것이다. 바로 이 점이 소포클레스의 작품 속에서는 설명되지 않는다. 학자들은 여기에 소포클레스의 의도가 개입되어 있다고 본다. 오이디푸스에게 주어진 저주는 인간의 실존, 자신도 어찌할 도리 없는 비극적 운명의 속성을 보여주기 위한 장치라는 것이다.

어쨌든 라이오스 왕은 아들이 자신을 죽일 것이라는 신탁을 두려워한 나머지 신하를 시켜 아기를 죽이라고 명령한다. 그런데 신하는 차마 아기를 죽이지 못하고 멀리 테베와 코린토스 경계에 위치한 키타이론 산에 갖다 버리는데, 이 신하는 아이의 발을 꿰뚫어서 나무에 거꾸로 매달아 놓았다. 바로 이 발의 상처 때문에 이 아이의 이름이 '부은 발'이라는 뜻의 오이디푸스가 된 것이다. 나무에 매달린 불쌍한 이 아기를 코린토스의 어느 양치기가 우연히 발견해 자식이 없던 코린토스의 왕 폴리보스에게 데려다 주고, 오이디푸스는 폴리보스와 그의 아내 메로페의 양자로서 장차 코린토스의 왕위를 물려받을 사람으로 성장한다. 그리고 세월이 한참 흐른 후의 어느 날, 장성한 오이디푸스는 우연히 자신이 폴리보스의 친아들이 아니라는 취객의 말을 듣게 되고, 그는 출생의 진실을 알고자 델포이 신전에 간다. 하지만 그는 자신이 폴리보스의 친자인지 아닌지에 대한 답은 정작 듣지 못한 채, "너는 아버지를 죽이고 어머니와 결혼하게 된다"는 끔찍한 신탁을 듣게 된다. 이에 충격을 받은 오이디푸스는 자신이 친아버지로 알고 있는 폴리보스 왕을 죽이는 패륜아가 되지 않기 위해 코린토스를 도망치듯 떠나게 된다.

코린토스를 떠나 여행을 하다가 오이디푸스는 포키스의 네거리에서 우연히 마주친 라이오스 왕의 일행과 시비가 붙게 된다. 이 과정에서 오이디푸스는 부지중에 자기 아버지인 라이오스와 그 일행을 죽인다. 이후 오이디푸스는 결국 테베 근처에 이르게 되는데, 거기서 괴물 스핑크스가 테베를 괴롭히고 있다는 것을 알게 된다. 그 스핑크스는 테베로 가는 길목에 버티고서는 그 길을 지나는 행인에게 수수께끼를 내서 정답을 말하지 못하면 바로 그 자리에서 잡아먹고 있었다. 당시 테베의 왕비—죽은 라이오스 왕의 부인이면서 오이디푸스의 어머니—인 이오카스테는 괴물 스핑크스를 물리치는 사람에게는 왕위를 주고 그의 아내가 되겠다는 포상을 내건 상태였다. 오이디푸스는 "아침엔 네 발, 점심엔 두 발, 저녁엔 세 발로 걷는 짐승은 무엇인가"라는 스핑크스의 질문에 "인간"이라고 정답을 말했고, 스핑크스는 오이디푸스의 지혜에 대한 놀라움과 수치심에 절벽에서 뛰어내려 자살을 한다. 오이디푸스는 이렇게 해서 스핑크스를 물리치고 도시를 구한 영웅으로 테베 시민의 찬양과 숭배 속에서 왕비(이자 어머니인) 이오카스테와 결혼하고 테베의 새로운 왕이 된다. 게다가 스핑크스의 수수께끼를 풀 만큼 지식과 지혜가 뛰어났던 오이디푸스는 왕으로서 테베를 훌륭하게 통치하면서 국가를 번영시킨다. 그리고 이오카스테와의 사이에서 두 아들 폴리네이케스와 에테오클레스, 두 딸 안티고네와 이스메네를 낳는다.

위의 이야기가 소포클레스의 작품《오이디푸스 왕》이 시작하는 지점의 배경이 되는 이야기다. 작품은 테베에 원인을 알 수 없는 역병이 돌고 있는 상황에서, 폴리스의 시민들이 오이디푸스 왕에게 도시를 구해달라고 탄원하는 장면으로부터 시작한다. 이에 오이디푸스는 처남, 그러니까 왕비 이오카스테의 오빠인 크레온을 델포이 신전에 보내 아폴론 신으로부터 역병에서 벗어나는 길을 알아보고자 한다. 여기서 크레온은 오이디푸스에게 처남이지만, 이오카스테는 오이디푸스의 부인이면서 어머니이기도 하기에 크레온은 오이디푸스의 외삼촌이기도 하다. 크레온은 아폴론 신으로부터 라이오스 왕을 살해한 자를 찾아 처벌해야 이 역병이 해결된다는 신탁을 오이디푸스에게 전하고, 오이디푸스는 선왕을 죽인 그 범인을 찾기로 결심한다. 이렇게 해서 이 작품은 등장인물들에게는 스릴 있는 추리극이 되면서, 원형극장의 관객들에게는 이미 오이디푸스가 범인임을 알고 있으므로 앞으로 전개될 파국을 가슴 졸이며 지켜보는 비극이 된다. 극이 전개되면서 범인을 색출하는 과정에서 라이오스가 받았던 예언, 오이디푸스 자신이 받았던 신탁, 이전에 있었던 사건들이 차례로 소환되어 여러 복선과 암시가 등장한다. 극의 끝에서 오이디푸스는 결국 자신이 범인임을 알게 되고, 과거 델포이 신전에서 아폴론으로부터 받은 예언이 실현되었음을 깨닫게 된다. 이에 충격을 받은 이오카스테는 자살하고, 오이디푸스는 이오카스테의 브로치로 자신의 눈을 직접 찌른다. 그리고 자신이 태어나자마자 버려져 나무에 매달렸던 키타이론 산으로 스스로를 추방하기에 이른다. 여기까지가 소포클레스의 작품《오이디푸스 왕》의 이야기이다.

(2) 프로이트의 오이디푸스 콤플렉스

정신분석학의 창시자 프로이트가 발견(또는 발명)한 '오이디푸스 콤플렉스'는 계몽주의적 이성의 한계를 사유하고자 하는 20세기 이후의 현대철학의 아이디어에 마르지 않는 샘이 되어 왔다. 특히 독일의 비판이론으로부터 시작해 프랑스를 중심으로 한 구조주의와 포스트구조주의, 그리고 최근의 페미니즘에 이르기까지 다방면에서 프로이트의 영향은 매우 지대하다. 그렇지만 분과학문으로서의 심리학이나 생물학 분야에서 이 개념의 실효성은 많이 의심받고 있는 상황이다. 예컨대, 진화심리학자 전중환은 오이디푸스 콤플렉스를 반박하면서 "유전학, 진화생물학, 행동생태학에서는 받아들여지지 않는 이론이 문학비평, 문화비평, 정신분석학 등에서는 핵심적인 이론으로 대접받고 있는 상황이 이상하다"[2]고 말하기도 한다. 뒤에서 살펴보겠지만, 최근에는 문학비평이나 문화이론 등에서도 이 개념을 많이 비판한다. 하지만 그 비판의 내용과 취지는 제각기 다르다. 소포클레스의 작품에 대한 명백한 오독이라는 비판도 있지만 반대로 오이디푸스적 접근을 더욱 심도 있게 밀고 나가기 위해 프로이트의 한계를 지적하는 비판도 있다. 우선 프로이트가 어떻게 이 개념을 내놓게 되었는지, 그리고 그 내용과 함의는 무엇인지 살펴보기로 하자.

프로이트는 본래 빈 대학교 의학부를 졸업한 정신과 전문의였다. 초기에 그는 프랑스의 신경병리학자 장 마르탱 샤르코(Jean-Martin Charcot, 1825~1893)의 지도하에 히스테리 증상을 주

2 전중환, 《진화한 마음》(휴머니스트, 2019), 177쪽.

로 연구하였고, 진료와 거듭된 연구를 통해 히스테리는 근본적으로 억압된 무의식에서 비롯되는 증상임을 간파한다. 그러니까 '오이디푸스 콤플렉스' 이전에 프로이트는 먼저 '무의식'을 발견한 것이다. 히스테리 환자의 두통, 팔다리가 오그라드는 현상, 신체의 마비와 경련, 실어증 등 다양한 외부적 증상들은 최면과 자유연상을 통해 억압된 무의식적 기억을 찾아내고, 그것을 끄집어내어 말하게 함으로써 치료할 수 있었다. 이 무의식에 이르는 길이 곧 꿈이었고, 프로이트는 1900년 그러한 자신의 연구를 정리한 저서, 《꿈의 해석》을 내놓았다. 그에 따르면 '꿈'은 무의식에 억압되어 있는 욕망/갈망/소망을 드러내는 공간이었다. 일단 《꿈의 해석》까지의 프로이트는 너무 나가지는 않았다. 사람마다 무의식이 있고 어떤 억압이 꿈으로 나타난다는 내용은 임상적으로 확인할 수 있는 내용이었으며, 억압이나 상처의 경험은 사람마다 다양했기 때문이다. 그런데 프로이트는 진료와 다양한 사례연구를 진행하면서 점차 히스테리의 근원에 있는 억압된 무의식이 결국은 성적인 억압과 관련되어 있다는 생각을 발전시킨다. 즉 모든 어린이의 무의식에 성적 억압이 공통된다고 본 것이다.

> 나는 나의 내부에서 어머니를 향한 사랑의 감정과 아버지에 대한 질투의 감정을 발견했다. 나는 이러한 감정이, 히스테리적인 어린이들에게서처럼 빨리 출현하지는 않더라도 모든 어린이에게 공통적으로 나타난다고 생각한다. …… 모든 관객은 한때 씨앗의 형태로서, 상상 속에서 오이디푸스 왕이었으며, 자신의 꿈이 실현되어 무대

위에서 현실로 이루어진 것을 보고 두려움에 사로잡힌다.[3]

_ '플리스에게 보낸 편지' 1897.10.15.

오이디푸스에 대해 프로이트가 최초로 언급했다고 알려진 문헌이 바로 위에 인용한 빌헬름 플리스Wilhelm Fliess에게 보내는 편지였다. 프로이트에게 있어서 오이디푸스가 받은 신탁은 아기의 무의식적 욕망이며, 그 신탁의 내용이 끔찍해서 이로부터 벗어나려는 몸부림은 억압을 의미한다.[4] 프로이트는 이러한 착상을 발전시켜 '무의식=성충동(리비도)'의 도식을 만들고, 아이가 태어나 정상적으로 사회화되는 과정과 함께 이러한 발달과정을 제대로 밟지 못할 때 나타날 수 있는 신경증을 체계적으로 정리한다. 프로이트에 따르면, 남자아이는 태어나면 어머니에 대한 강한 육체적인 애착을 갖게 되는데, 아이와 어머니의 결합을 방해하는 아버지의 존재로 인해 욕망이 좌절되면서 아버지에게 적대감을 갖게 된다. 그렇다면 여자아이는 어떨까? 프로이트는 여자아이는 자기 몸에 남근이 없는 것을 발견하고 자신이 거세된 존재라고 느낀다고 설명한다. 여자아이는 여기서 어머니와 자신이 똑같이 거세된 존재라고 간주하고 아버지를 통해 남근을 얻고자 소망하며 아버지한테 집착하게 된다.

이와 같은 분석은 그럴 듯한 이야기이지만 억지스럽게 느껴지기도 한다. (일단, 여아에 대한 분석부터 남아분석에 대응하여 그럴 듯한 스토리를 만들어낸 느낌이다.) 다른 사람도 아닌 프로이트가 내세운

3 김석, 《프로이트 & 라캉 — 무의식에로의 초대》(김영사, 2010)에서 재인용, 62쪽.

4 이성원, "소포클레스의 오이디푸스와 프로이트의 오이디푸스"(〈서양고전학연구〉, 2016년 Vol.55, pp.1-45, 한국서양고전학회), 34쪽.

가설이고 학자로서의 권위까지 있으니 그냥 가볍게 지나칠 일은 아니지만 그럴 듯하게 만들어진 이야기라는 인상을 지우기 힘들다. 아이가 어머니의 품과 그 육체에 집착하기는 하지만 이것을 과연 성욕이라고 볼 수 있는 것인가 하는 문제는 그 성격상 맞고 틀림의 검증 자체가 어렵기 때문이다. 게다가 아이의 심리를 성인의 성욕의 시각에서 회고적으로 투영하는 것 아니냐는 비판은 피할 수 없다. 또 남자 아이와 여자 아이가 성기를 통해서 차이를 확인한다는 내용에서 더 나아가 '거세'를 두려워한다고 결론을 내리는 것도 다분히 자의적이다.

이런 정신분석학의 특징 때문에 칼 포퍼(K. Popper, 1902~1994)는 과학과 비과학을 구분하는 그의 유명한 '반증가능성'의 기준으로 볼 때 정신분석학은 과학이 아니라고 단언하기도 했다. 반증가능성이란 한 마디로 가설과 예측이 틀리면 틀렸다고 판명될 수 있는 것, 또는 거짓으로 증명될 수 있는 가능성이 열려 있는 것을 말하는데, 정신분석학에서는 어떤 예외적인 사례도 결국엔 오이디푸스의 삼각형(아버지-어머니-자아)으로 환원해 설명할 수 있기에 반증이 원천적으로 불가능한 비과학이라는 것이다(한편, 퀴어 이론에서는 오이디푸스 콤플렉스가 남녀 양성의 성별이분법은 물론이거니와 가족제도 안에서 형성되는 이성애를 당연하고 자연스러운 것으로 가정하고 있다고 비판한다). 물론 정신분석학이 스스로 자연과학의 성격과 지위를 주장하는 것도 아니고, 자연과학에서의 검증 원리를 스스로 주장하는 것도 아니므로 포퍼의 비판이 그렇게 중요하지 않을 수는 있다. 그보다는 인간들의 심리를 성충동과 성욕에 기초해 그럴듯한 합리화의 내러티브를 제공한 점 때문에, 사람들은 프로이트의 이야기를 그저 믿고 싶었던 것은 아니었을까? 이미 프로이트 당대에 성은 굉장히 중요한 관심의 대상인 데다가,[5] 인간은 무엇을 경험하든 그것을 자기 나름대로 언어화해서 의미를 부여하거나 자기 욕망을 합리화 또는 정당화하기를 원하는 존재이기 때문이다.

그도 그럴 것이 앞에서 인용한 편지에서 발견하는 그대로, 오이디푸스 콤플렉스 이론은 다른 누구도 아닌 프로이트가 자기 자신을 분석하는 과정에서 도달한 것이다. 하지만 자신의 무의식을 모든 사람의 무의식으로 그렇게 성급하게 일반화해도 되는 것일까? 프로이트 나름대로 근거가 없는 것은 아니다. 그는 셰익스피어의《햄릿》이나 도스토예프스키의《카라마조프 가의 형제들》속에 있는 친부살해의 테마는 오이디푸스 콤플렉스를 보여주는 내용이라고 이야기한 바 있다. 특히 프로이트 자신은《오이디푸스 왕》에서 이오카스테가 혼란스러워하는 오이디푸스를 위로하는 다음의 대사를 제시한다.

> 당신이 어머니와 결혼하게 되리라는 예언 같은 것은
> 두려워할 필요가 없어요. 꿈에서는 얼마나 많은 사람들이
> 어머니와 동침을 했나요. 그런 일은 다 헛것이고 그 이상
> 아무것도 아니어요.[6]

서울대 이성원 명예교수는 플루타르코스가《카이사르 전》에서

5 근대에 이르러 성에 대해 지속적으로 관심을 갖고 말하게끔 유도되었다는 것은 미셸 푸코가《성의 역사 1: 앎의 의지》에서 자세하게 분석해 놓았다. 뒷부분 3부 3장의 '윤리적 문제로서의 성'에서도 이 부분을 다루었다.

6 위의 논문에서 재인용, 35쪽.

카이사르가 루비콘 강을 건너기 전 어머니와 관계하는 꿈을 꾸었다고 기술하고 이 꿈을 카이사르가 로마를 장악하는 일종의 예지몽(豫知夢)으로 소개하고 있다고 말한다. 카이사르의 꿈 속 어머니는 로마를 은유한 메타포였던 셈이다. 고대 세계관에서 대지는 여신(女神)으로 종종 간주되었으며, 모국(母國)이라는 말도 있듯이 땅은 지금도 종종 여성으로 비유된다. 정복하고 장악해 씨를 뿌릴 대상으로서의 토지는, 남성이 성적인 시각에서 바라본 여성과 유사했던 것이다. 물론 이는 페미니즘의 관점에서 보면 경악할 여성혐오적 시각이기도 하다.

이에 대해 이성원 교수는 "도대체 농경사회로 접어든 이래 인류는 아버지가 경작한 땅을 아들이 갈고, 아버지가 씨 뿌린 곳에 아들이 또 씨를 뿌려 왔는데, 대관절 어떤 종류의 변태적인 상상력이 이를 근친간으로 형상화한다는 말인가? 그것은 비교신화적인 관점을 전혀 도외시한, '대지=어머니'를 대입시킨 머릿속에서의 우의화(寓意化)일 뿐"[7]이라며 프로이트의 유아성욕 환원적(만능적) 해석을 다시 한 번 비판한다. 이성원 교수는 프로이트 개인적 회고가 2, 3세 시기 자신의 경험에 대한 추정일 뿐(2, 3세의 시기를 의식적으로 기억하기는 어렵다)이며, 기억이라는 건 얼마든지 그럴 듯하게 만들어내고 구성할 수 있음을 프로이트 자신이 잘 알고 있음에도, 스스로 오이디푸스 콤플렉스의 소유자이기를 선택하며 일종의 무리수를 감행하고 있다고 분석한다.[8] 실제로 프로이트의 아버지 야콥이 사망한 시기가 1896년이었는

7 위의 논문, 19쪽.

8 위의 논문, 36쪽.

데, 당시 프로이트는 아버지의 죽음에 대한 죄의식 속에서 길고 긴 자기분석의 과정을 거쳤다고 전해진다.

그럼에도 오이디푸스 콤플렉스는 변주되고 재해석되고 더 넓은 지평으로 나아가며 여전히 맹위를 떨치고 있다. 프로이트는《토템과 터부》에서 친부살해의 모티프를 아예 인류학적 차원으로 발전시켰다.[9] 오이디푸스의 아버지는 이제 단순히 친부를 넘어 공동체 차원에서의 아버지, 즉 왕을 나타낸다. 예컨대, 프랑스 혁명에서 루이 16세의 처형 또한 공동체 차원에서의 '친부살해'를 상징한다. 자크 라캉은 오이디푸스 콤플렉스를 철학적 차원에서 주체가 구성되는 드라마로 재해석했는데, 소쉬르(F. Saussure, 1857~1913)의 언어학과 결합한 '욕망'에 대한 라캉의 철학적 분석은 그 이후 철학의 전개에 큰 영향을 미쳤다. 라캉에 의하면 남아든 여아든 언제나 욕망하는 대상은 어머니인데, 아버지는 그러한 욕망의 충족을 방해하는 존재로서 '법', 라캉의 용어로는 '상징계의 대리자'이며 '대타자(大他者)'이다. 라캉의 이론에 동의하든 반대하든 프로이트 이후 라캉의 오이디푸스 또한 현대철학자들이 한번은 거쳐야 할 이정표가 된 것이다.

[문제는 이러한 철학적 담론들이 지니는 성격이다. 앞에서 반복적으로 이야기했지만, 포스트구조주의 철학은 엄밀히 말해 논증이 아니다. 경험적 세계 혹은 사실의 층위에서 진리여부를 검증할 수 없는(즉, 인식과 존재의 일치여부를 판단하는 대응론에 입각해 검증할 수 없는) 성격의 테제를 입론의 전제로

9 오이디푸스 콤플렉스를 비판하는 르네 지라르는 한편으로 프로이트의《토템과 터부》를 중요한 책으로 평가한다. '친부살해'의 테마에서 죽임당하는 대상을 '아버지=왕'이라는 기표에 고정시키지 않고 읽으면, 프로이트가 한 사람을 희생해 공동체를 성립시키는 초석적(礎石的) 집단살해의 징후를 발견하고 있다는 것이다.

세운 뒤 오직 그 체계 내에서 개념들 사이의 정합성만을 맞춰나간다. 물론 이것 자체만으로 이런 이론들을 폄하해서는 안 될 일이다. 다만, 현실에서 확실하게 검증할 수 없는 그럴 듯한 담론이 철학자의 권위에 힘입어 일상적이고 경험적인 사실의 층위에서도 맹신되고 있다는 것은 분명 문제다. 이로 인해 처음부터 서로 전제가 다르기 때문에 갈라질 수밖에 없는 여러 철학적 입장들이 생기기 마련이고 이는 궁극적으로 정치적 문제가 된다. 실제로 이 분야 학자들끼리의 논쟁, 상호간의 비판은 많은 경우 이론의 현실설명력 자체보다 이론의 정치적 함축에 대한 비판인 경우가 많다. 쉽게 말해, 보수적인 함의가 있으면 그 이론은 문제가 있는 것으로 간주되고 마는 것이다. 들뢰즈의 이론은 이런 관점에서 살펴볼 만한 중요한 사례다.]

(3) 들뢰즈와 《안티 오이디푸스》

들뢰즈는 1972년 이탈리아의 정신분석의사 펠릭스 과타리와 함께 《안티 오이디푸스: 자본주의와 분열증》이란 책을 펴냈다. 책 제목 그대로 이 책은 오이디푸스에 대한 반대Anti- 입장을 내세운다. 앞에서 잠시 언급한 것처럼, 오이디푸스 콤플렉스는 '아버지 – 어머니 – 자아'라는 삼각형 구도가 필연적이다. 그런데 68혁명의 특징 중 하나가 급진적인 성혁명이다. 《안티 오이디푸스》에서도 자주 긍정적으로 인용되는 빌헬름 라이히는 마르크스주의에 프로이트를 접목시킨 정신분석학자로서 그는 성욕의 억압이 노동력 착취 나아가 파시즘의 심리와 상호연관성을 갖는다고 보았다. 라이히는 프로이트를 계승하면서도 급진적인 성혁명·성정치를 추구하기에 프로이트의 오이디푸스 삼각형에는 비판적이었다. 성정치·성혁명의 기본 아이디어는 결혼과 가족, 가부장제 바깥에서도 리비도의 충동과 욕망이 자연스럽게 흐르게 하는 것을 지지하기 때문이다.

들뢰즈는 라이히의 이러한 기본적인 아이디어를 이어받으면서도, '성욕'보다 더 근본적이고 포괄적인 차원에서 '욕망'을 깊게 고찰하며 자신의 독자적인 철학의 체계를 구축한다. 들뢰즈는 철학적 야심이 매우 큰 학자이다. 동시대 다른 철학자들이 텍스트 또는 사회문화 현상을 두고 날카로운 메스를 들이대는 비평적/분석적 작업을 통해 정치적으로 급진적인 자신의 철학을 밀고 나가는 것과 달리, 들뢰즈는 자신만의 독자적인 (형이상학적) 존재론을 재구성하고 그 토대 위에서 자신이 창조한 개념들로 정교한 철학적 건축물을 지어 올린다. 쉽게 말하면 다른 학자들은 디코딩decoding에 특화되어 있다면, 들뢰즈는 인코딩encoding하는 철학자라 할 수 있다. 그러니까 들뢰즈의 철학을 이해하고자 할 때는 먼저 세계와 인간에 대한 그의 정교한 존재론[10]적 분석을 잘 이해해야 한다.

앞에서 언급한 것과 같이 들뢰즈는 차이 또는 차이생성의 철학자이면서 동시에 욕망의 철학자라고 불러도 과언이 아닐 정도로 '욕망'은 들뢰즈에게 있어 핵심적이다. 그런데 들뢰즈는 20세기 전반에 걸쳐 '욕망'을 해석하는 지배적 패러다임으로 기능해 온 정신분석이론을 해로운 것으로 여긴다. 그렇다고 그가 프로이트에서 라캉으로 이어지는 리비도, 즉 성욕/성충동 중심의 욕망 개념 자체를 부정적으로 보는 것은 아니다. 철학자 김재인

10 여기서 그의 존재론을 상세히 설명하기는 어렵다. 단편적인 요약이나 핵심 위주로 일별할 경우, 들뢰즈가 그런 존재론을 구축하는 맥락을 건너뛰게 되어 오해나 왜곡을 유발할 수 있기 때문이다. 분명한 것은 그가 플라톤(의 이데아 개념)과 헤겔(의 절대정신)을 대적하고 니체를 계승한다는 점이다.

의 들뢰즈 해설에 따르면 "정신분석은 인간주의 안에 머무르면서, 자본주의가 작동하기 위해 꼭 필요로 하는 유순한 주체를 길러내는 작업을 한다."[11] 즉, 정신분석이 "인간의 욕망과 무의식을 가족주의의 틀로 주조하여 자본주의 체제에 순응하는 개인들을 길러내는 데 복무"[12]한다는 것이다.[13] 들뢰즈의 철학에 있어 성은 인간의 성기와 연관된 성, 재생산/출산과 연관된 성에 국한되지 않는다. 그의 성은 조금 더 포괄적이며, 자연적이고, 비-인간적[14]이다. 들뢰즈는 이렇게 말한다.

> 어디에나 현미경적 횡단-성욕이 있어, 여자 속에 남자만큼 남자들이 들어 있게 하고 또 남자 속에 여자만큼 여자들이 들어 있게 하되, 남자들이 다른 사람들과 또 여자들이 다른 사람들과, 두 성의 통계적 질서를 뒤집는 욕망의 생산 관계들 속에 들어갈 수 있게 한다. 사랑을 행한다는

11 김재인, "들뢰즈의 비인간주의 존재론"(2012년 서울대학교 박사학위논문), 17쪽.

12 김재인, 위의 논문, 17쪽.

13 하지만 오이디푸스 콤플렉스에 대한 찬반과 별개로, 과연 "자본주의가 가족친화적인가?"하는 물음을 제기할 필요는 있다. 산업혁명 초기부터 문제가 된 것은 여성과 아동의 초과노동이었다. 오늘날에도 여성들은 가족 내에서의 임신·출산이 경력단절의 계기로 작용하기에 결혼과 출산을 기피한다. 농경사회에서는 가족이 하나의 생산단위로 기능했으나, 자본주의 시스템은 가족이 아닌 개인을 임노동의 단위로 등록하기 때문에, 자본주의가 발전할수록 개인은 더더욱 중시되고 필연적으로 가족의 중요도는 떨어지게 된다. 프로이트-라캉 계열의 학자들이 들뢰즈의 이러한 비판에 어떻게 답하는지 모르겠는데, 어쨌든 오이디푸스의 무의식이 자본주의 체제에 순응하는 개인들을 길러내는 데 복무한다는 비판은 적실하지 않은 듯하다.

14 여기서 "비-인간적"이라는 말은 우리가 일상에서 비도덕적인 뉘앙스로 표현할 때 "비인간적"이라는 말과 다르다. "비-인간적"이라는 말은 "인간중심적이지 않음"을, 나아가 "인간과 '인간이 아닌 자연물/인공물'과의 구분을 무시함"을 뜻한다.

> 것은 하나만을 하는 것도 아니고 나아가 둘을 한다는 것도 아니며, 수천수만을 한다는 것이다. 이것이 바로 욕망 기계들 또는 비-인간적 성이다. 즉, 하나의 성이 아니요 두 개의 성도 아니라, n개의 성이다. 사회가 주체에게 강요하고 주체 자신도 자기 자신의 성욕에 대해 받아들이는 의인적 재현을 넘어, 분열 분석은 한 주체 안에 있는 n개의 성의 다양한 분석이다. 욕망적 혁명의 분열-분석적 공식은 무엇보다 이럴 것이다. 곧, 각자에게 자신의 성들을.[15]

위 인용문을 이해하려면 들뢰즈의 '기계', '분열'과 같은 개념을 먼저 정리하는 게 우선이겠지만, 들뢰즈 나름의 독자적인 철학 안에서 이 개념을 이해해야 하기 때문에 단순히 뜻만 짚고 넘어가서는 안 된다. 그렇지만 피상적인 이해를 무릅쓰고 간략히 설명하면 이렇다. 들뢰즈에게 '욕망'은 라캉이 말하듯 결여나 결핍에서 비롯되는 것이 아니다. 욕망은 생성과 창조, 생산의 에너지이다. 들뢰즈가 자신의 존재론을 정초할 때 사실상 그것은 자본주의 사회에 특화된 존재론이다. 그에 따르면 '욕망'은 곧 생산의 원동력이며, 인간을 포함한 자연물과 인공물 모두가 그러한 욕망에 따라 채취하고 절단하고 연결하는 운동을 하는 일종의 기계다. 들뢰즈에게 있어 인간의 신체를 구성하는 기관들이 각각 기계다. 예컨대, 아기의 입-기계와 엄마의 젖가슴-기계가 서로 연결된다. 인간을 기계로 보는 시각 자체가 일단 낯설고 부정

15 《안티 오이디푸스》의 내용을 위의 논문(김재인)이 번역 인용한 부분을 재인용, 앞의 논문, 83쪽.

적으로 느껴질 수 있는데, 들뢰즈의 '기계'에는 부정적 뉘앙스가 없으며 그는 인간과 동물과 자연을 구분하지 않는다. 인간을 포함한 만물은 기계, 그것도 끊임없이 생산하면서 연결되고 분리되며 운동하는 욕망-기계들이다.

그런데 고도로 복잡해진 자본주의 사회는 자본의 이익에 따라 자아의 어떤 욕망은 흐르게 하는 반면, 어떤 욕망은 억압한다. 자본주의 사회 속 자아의 욕망은 일의적·일면적이지 않고 다원적·다면적이기에 모순적인 다양한 욕망들이 한 자아의 내면에 동시에 존재하기 마련이다. 그런 의미에서 들뢰즈에게 있어 자본주의 사회는 분열증적인 사회이다. 그렇다고 들뢰즈가 '분열'을 부정하는 것은 아니다. 분열을 부정하는 것은 오히려 분열을 양산해내는 자본주의 체제와 그 체제 안의 미시적인 권력들이다. 따라서 구조주의의 기본적인 입장과 마찬가지로, 고정적 정체성을 지닌 '주체'는 들뢰즈에게서도 부정된다. 들뢰즈의 자아는 끊임없이 유동하는 노마드적 자아로서 그 안에는 수많은 이질적 정체성이 있게 마련이다. 그 결과 '욕망하는 기계'로서의 인간은 자기 안에서 끊임없이 이질적이고 다양한 것들을 생산해낸다. '분열'은 이러한 "'과정'으로서의 생산"을 나타내는 의미라고 볼 수 있다. 앞에서 다루었던 것처럼[16] 들뢰즈에게 존재하는 모든 것은 본질적으로 혼돈과 역동이며, 끊임없이 새로운 차이가 생성되고 그에 의해 역동적으로 질서가 재구축되는 "과정"이었다. 그런 의미에서 '분열'은 '욕망적 생산'의 과정이면서 동시에 '차이생성' 혹은 '차이생성의 과정'을 뜻하는 개념이라고

16 이 책 210쪽 '(4) 퀴어이론, 차이생성 혹은 차이소멸'을 참고하라.

도 볼 수 있다. [그리고 그것은 우리가 바로 앞의 챕터에서 다룬 것처럼 '차이소멸'로 이어질 수 있다.]

이러한 맥락을 고려할 때 앞의 인용문에서 들뢰즈가 긍정하는 "n개의 성"이 꼭 "성의 무한한 방임"만을 직접적으로 의미한다고 볼 수는 없다. 그가 말하는 분열증이 정신의학적 조현병을 직접적으로 가리키는 것이 아닌 것과 마찬가지다. 그렇다고 들뢰즈가 실제 "성의 무한한 방임"을 부정할 리는 없다. 아니 오히려 다양한 방식으로 젠더가 새롭게 만들어지고 증식하며 다양한 형태의 성행위가 나타나는 것을 들뢰즈는 긍정할 것이다. 그런 의미에서도 퀴어의 존재와 그들 행위의 전복성과 비규범성은 근본적으로 들뢰즈의 존재론에 부합한다.

들뢰즈는 프로이트가 "욕망의 본질 내지 본성을 더 이상 대상들, 목표들 및 심지어 원천들(영토들)과 관련해서가 아니라 추상적 주체적 본질, 즉 리비도 내지 성욕으로 규정"[17] 한 것—쉽게 말해 욕망의 근본적 성격/원천을 성욕으로 규정한 것—을 위대한 업적으로 평가한다. 다만 앞에서 말한 것처럼 그것을 '오이디푸스 콤플렉스'로 풀어내는 것을 반대하는 것이다. 그 의도와 상관없이 '오이디푸스의 삼각형'은 결국 자본주의에 순응하는 가족의 프레임 안에서 주체를 생산하게 된다. 그 바깥을 사유하지 못하게 하는 것이다. 그렇기 때문에 들뢰즈는 '안티 오이디푸스'를 천명한다. 그러니까 들뢰즈는 신경증적 오이디푸스가 아닌 그보다 훨씬 더 자유롭고 해방된 분열증적 광기의 캐릭터, 이를테면 '디오니소스Dionysos'와 같은 존재를 노마드적 욕망-기계의 전형으

17 위의 논문, 84쪽.

로 내세우고자 하는 것이다. 이 점에서 들뢰즈의 '안티 오이디푸스'는 니체의 《안티 크리스트*Anti Christ*》와 닮았다고 볼 수 있겠다.

이처럼 들뢰즈는 스스로 만든 여러 개념을 도구로 내적으로 정합적이고 완결되는 하나의 철학적 체계를 만들었기 때문에, 그 체계 내적인 논리의 모순 혹은 비정합성을 들어 비판하기는 어려워 보인다. 하지만 그 체계가 근본적으로 잘못된 전제에 근거해 있다면 어떻게 되는가? 또는 이론의 전개과정에서 과학과 수학의 개념을 자의적으로 사용하면서 어떤 심오한 느낌만을 주고 있는 것은 아닐까?[18] 명확치 않은 개념들을 사용하여 그것들의 연결고리로 하나의 논리적 건축물을 만들었다면, 건축물을 지탱하고 있는 각종 철근과 콘크리트들은 결코 튼튼하다고 할 수 없을 것이다.

반복하지만, 포스트구조주의 철학은 사실의 층위에서의 현실설명력(검증가능성)보다 정치적 층위에서의 급진성을 중시한다. 보수적인 함의가 있으면 이는 곧바로 거짓되거나 오류인 이론으로 규정된다. 오이디푸스적 욕망을 디오니소스적 욕망으로 대체할 때, 전자는 오류이고 후자는 참인 것일까? 디오니소스적 욕망의 해방이라는 급진성이 사회를 완전히 망치거나 파괴하는 방향으로 흘러갈 수 있는 가능성에 대한 신중한 물음은 그런 질문 자체가 보수적인 시각에 사로잡혀 있음을 드러내기에 쉽게 무시해도 되는 것으로 간주된다. 이것이 들뢰즈 철학을 위시한

18 실제로, 들뢰즈가 수학과 과학의 개념을 모호하고 자의적으로 사용하는 부분에 대해서 미국의 물리학자 앨런 소칼은 매우 신랄하게 지적하고 있다. 앨런 소칼·장 브리크몽, 《지적 사기》(이희재 옮김, 한국경제신문사, 2014), 185~199쪽.

포스트구조주의, 그리고 그에 기초한 퀴어이론의 위험스러운 측면이라고 할 수 있다.

(4) 버틀러, 오이디푸스의 억압된 동성애?

한편, 주디스 버틀러는 '오이디푸스 콤플렉스'에서 프로이트의 이성애에 대한 집착을 발견한다. 버틀러는 먼저 프로이트가 '애도'와 '우울증'을 구분한 것에 주목하는데, 프로이트에 따르면 애도와 우울증 모두 '상실'과 관련된다. '애도'와 '우울증'은 어떻게 다른 것일까? 간단하게 말하면 애도는 슬픔(감정)이고, 우울증은 자기비하(신경증세)다.

애도는 사랑하는 사람(대상)의 상실에 따른 슬픈 감정으로서, 충분한 시간의 애도 뒤에 자아는 새로운 사랑과 애착의 대상을 찾음으로써 슬픔에서 헤어 나올 수 있다. 반면 우울증은 "상실된 대상에 대한 리비도적 집착에서 자아가 빠져나오지 못하고 그 원인을 자신에게 돌리는 정신적 공황 상태다."[19] 따라서 우울증은 슬픔grief이기 이전에 무감정 혹은 죄책감과 자기혐오감이다. 한겨레 논설위원 고명섭의 쉬운 설명[20]에 따르면 "우울증에 빠진 사람은 상실로 인한 극한의 고통 속에서 외부 세계에 대한 반응능력을 잃어버린" 사람이며, "자기 자신에 대한 사랑의 감정, 곧 자애심의 증발"을 경험한다. "슬픔(애도, Trauer)은 세상을 텅 비게 하고 우울증은 내 안을 텅 비게" 만든다. 그리하여 "우울증을 앓는 사람은 스스로 쓸모없고 무능하고 부도덕하다고 느껴

19 김석, 《프로이트 & 라캉, 무의식에로의 초대》(김영사, 2010), 27쪽.

20 고명섭, "[유레카] 애도와 우울증", 〈한겨레〉, 2014.06.11. http://www.hani.co.kr/arti/opinion/column/641866.html

자기를 비난하고 부정하고 처벌하려 든다."

일단 오이디푸스 콤플렉스 등 성 심리와 관련해서 우울증을 이야기할 때, 우리는 이것이 모종의 '상실'과 관련되어 있다는 점을 기억해야 한다. 성과 관련한 심리가 우울증을 낳을 수 있지만, 모든 종류의 우울증이 성 심리에서 비롯되는 것은 아니기 때문이다. 어쨌든, 프로이트의 맥락에서 우울증을 앓는 자아를 이해하려면 '합체incorporation'의 개념을 알아야 한다. 사회학자 김홍중 교수는 프로이트가 설명한 우울증이 발현되는 프로세스를 이렇게 인용하여 정리한다. "a) 리비도가 어떤 대상에 집중된 일이 있었다. b) 이러한 애정의 관계가 파괴되었다. c) 이 리비도가 다른 대상을 찾는 대신 자아의 내부로 집중되었다. d) 이는 상실한 대상과 자아의 동일시를 가져온다. e) 초자아가 자아를 대상처럼 다루게 된다. f) 주체와 대상의 관계가 주체 내부의 자아와 초자아의 관계로 전이된다."[21]

이와 같은 프로세스가 곧 합체인데, 이 합체의 과정을 통해 우울증이 발현되는 것이다. 쉽게 말하면 자아가 상실한 대상을 자신 안에 내면화(동일시)한다는 이야기인데, 이렇게 내면화된 타자는 초자아처럼 자아 내부에 거주하면서 자아를 공격하고 초토화하기가 쉽다. 예컨대, 국민은 전쟁에 희생된 군인들을 애도할 수 있지만, 전장에서 전우를 잃고 생존한 군인은 우울증에 빠지기 쉽다. 친구와 동지는 죽었는데, 내가 살아 있다는 사실이 비겁하게 느껴지며 끊임없이 자신을 비난하고 학대하는 것이다. 이런 게 바로 우울증이다. 여기서 유념할 것은 프로이트의

21 김홍중, 《마음의 사회학》(문학동네, 2009), 230쪽.

우울증 이론 그 자체는 오이디푸스 콤플렉스 이론과는 별개라는 점이다. 그러나 오이디푸스 삼각형에서 우울증의 발현은 젠더정체성의 형성과 밀접하게 관련된다. 버틀러는 바로 이 지점에 주목한다.

버틀러는 프로이트가 "에고(자아)의 성격은 포기된 대상-카섹시스(carthexis, 리비도의 집중)의 침전물이며, 에고는 이런 대상-선택물의 역사를 담고 있다"고 주장한 부분에 주목했다.[22] 이게 무슨 말인가? 오이디푸스 삼각형에서 발견되는 근친상간의 금기를 떠올려보자. 버틀러는 여기서 금지된 이성애와 금지된 동성애를 구분한다.[23] 예컨대, 사내아이에게 금지된 이성애적 결합의 경우, 부정되는 것은 욕망의 대상(어머니)이지 욕망의 양상(이성인 여성을 향한 욕망)이 아니다. 따라서 이 경우 욕망의 대상만 바꾸면 된다. 이렇게 리비도 투여대상의 대체가 가능하다는 점에서 이 상실은 애도의 상실이다. 반면, 금지된 동성애[24]에서는 욕망의 대상(아버지)뿐만 아니라, 욕망의 양상(동성인 남성을 향한 욕망)도 포기되어야 한다. 그러니까 동성인 남성을 향한 욕망의 좌절로 인해 에고는 우울증(자기비하의 신경증)을 앓게 된다고 보는 셈이다. 그러니까 버틀러는 프로이트의 이론에 따르면 동성애적 욕망을 지닌 아이도 얼마든지 존재할 수 있다고 주장한

22 버틀러, 《젠더트러블》, 198~202쪽.

23 보통 사람들은 여기서 이성애/동성애의 구분 같은 것은 생각하지 않는다. 그보다는 가족관계 안에서 절대로 하지 말아야 할 불경스러운 일에 대해서 생각한다. 그렇지만 오이디푸스 콤플렉스 자체가 유아성욕론을 기본적인 틀로 깔고 있기 때문에, 퀴어이론가인 버틀러에게 이러한 의문은 필연적일 수밖에 없다.

24 프로이트가 독해한 오이디푸스의 이야기가 근친상간의 금지를 암시할 때, 프로이트에게 있어 그 금지는 당연히 이성애를 전제하고 있다.

다. 그렇다면 오이디푸스 콤플렉스에서 아버지를 욕망한 남자아이는 결국 아버지와 자신을 동일시함으로써 주체로 탄생하기 때문에, 버틀러가 볼 때 이는 우울증적 내면화 전략에 해당한다. 즉, 프로이트 자신의 우울증에 대한 설명의 틀에 대입해보면, 아이는 욕망의 대상으로서 어머니를 상실한 것이 아니라 오히려 아버지를 상실한 것일 수도 있다.

그럼에도 버틀러가 볼 때, 프로이트는 남자아이가 아버지와 자신을 동일시하는 과정에는 '대상-카섹시스의 포기'가 없다고 생각했다. 즉, 소년의 아버지에 대한 동일시는 사랑 없는—프로이트의 개념으로 말하면 리비도의 투여 없는—동일시이며, 아버지는 상실의 대상이 아니라고 본 것인데, 다르게 말하면 남자아이가 아버지를 성적인 애착의 대상으로 바라볼 가능성은 없다고 전제했다는 이야기다. 물론 동일시라는 것이 꼭 우울증적 합체에 의해서만 일어나는 것이 아니기에 프로이트의 설명이 말이 안 되는 것은 아니다. 문제는 프로이트가 인간의 성애적 성향이 기본적으로 양성애적이라고 봤다[25]는 점에 있다. 프로이트 당대에 이미 많은 동성애자들이 있었고, 정신의학에서는 이를 체계적으로 분류하며 다양한 연구가 진행되고 있었기 때문에, 프로이트는 아마 동성애적 기질도 오이디푸스의 드라마를 통해 설명할 수 있다고 생각했을 것이다. 하지만 버틀러가 보기에 "리비도 기질에 대해 양성애 군(群)을 가정하게 되면, 아들이 아버지에게 품던 본래의 성적 사랑을 부인할 이유가 전혀 없는데도 프로이트는 이를 은연중에 부인한다."[26]

25 위의 책, 199쪽.

즉, 버틀러는 오이디푸스 콤플렉스 이론 안에 근친상간 금기 이전에 동성애 금기가 이미 작동하고 있는 것으로 보고 있다. 정말 그럴까? 문제를 어떻게 보느냐에 따라 버틀러의 분석은 일견 맞지만 엄밀히 따지면 틀린 분석이다. 내가 볼 때, 프로이트가 오이디푸스 이야기 속에서 동성애적인 근친상간의 금기를 생각하지 않은 이유는 간단하다. 소포클레스의《오이디푸스 왕》에서 동성애적 욕망 자체가 발견되지 않기 때문이다.

[욕망이 없는 곳에 금기를 굳이 세울 필요가 있을까? 물론 소포클레스 당대에 동성애가 없었던 것은 아니다. 앞에서 언급한 것처럼 BC 5세기의 아테네에서 남자들의 동성애, 엄밀히 말해 나이 든 남자들의 소년애(pedophilia, 소아성애)는 일반화된 현상이었으며, 남자노예들 또한 빈번하게 주인남성의 성적 파트너가 되곤 했다. 하지만 오이디푸스의 이야기에서 동성애의 금기가 보이려면, 아이가 아버지를 성적인 욕망의 대상으로 보는 것—성적인 리비도를 투여하는 대상으로 보는 것—과 연관된 테마가 있어야 한다. 하지만 그런 상상은 그리스인들에게 불가능했을 것이다. 주인이 노예를, 나이든 남성이 어린 소년을 성적으로 착취하는 것은 일반적이었지만, 아이가 어른 남성을 성적 욕망의 대상으로 바라보는 것은 금지되기 이전에 상상조차 되지 않았을 것이다. 그리스인들에게 성관계 상대의 성이 무엇이냐 하는 것보다 더 근본적인 문제는 '삽입하는 쪽'과 '삽입당하는 쪽' 사이의 위계이다. 그리고 '삽입당하는 쪽'은 언제나 권력의 위계에서 낮은 쪽을 의미했다. 그러니까 그 위계를 뒤엎는 방식으로 아이가 아버지를 욕망한다는 것은 소포클레스에게 있어 상상도 할 수 없는 일이었을 것이다. 그렇다면 반대로 아이가 아버지로부터 욕망의 대상이 되길 원할 수도 있지 않을까? 그것도 불가능하다. 푸코의 분

26 위의 책, 199쪽.

석에 의하면 고대 그리스에서 장차 자유인 성년 남성이 될 소년이 "열등함이 나 피지배, 그리고 예속의 수락 등의 표시를 지니게 할 수 있는 모든 것은 수치스러운 것으로 간주"[27] 되기 때문에 일단 오이디푸스 드라마에서 그와 같은 코드를 읽어내는 것 자체가 불가능하다.]

물론 버틀러에게 드라마의 원본은 전혀 문제가 아닐 수도 있다. 오이디푸스 콤플렉스는 드라마와 별개이며, 그 자체가 독립적으로 리비도에 기초한 심리학 이론이기 때문이다. 그렇지만 프로이트는 인류에게 그런 무의식이 있다는 근거로서 신화에 나오는 근친상간 금기의 테마를 제시한 것이다. 버틀러가 생각하듯 동성애적 근친상간의 욕망이 억압되고 있다는 가설을 제시하려면 그 근거를 제시해야 한다. 제시하지 못하면 자의적인 가설이 되어버린다. 역으로 말하면, 버틀러의 프로이트 비판은 오히려 자신의 관심사에 과도하게 편향된 자의적 비판이라고 볼 수 있다. 따라서 프로이트의 이론이 제아무리 유아성욕론을 기반으로 한다고 해도 그 부분까지 생각하지 않는(또는 못하는) 것은 당연하다. 그러니까 오이디푸스 이야기 속에서 동성애 금기는 가시화되지 않은 채 당연한 것으로 은밀히 전제되고 있다는 버틀러의 지적은 (굳이 따지자면) 맞기는 맞지만, 이건 맞고 틀림을 떠나 맹목적[28]이라고 할 수 있다.

더 상식적으로 생각해보자. 오이디푸스 콤플렉스에서 이성애와 동성애가 동시에 금지되고 있다고 생각하는 건 자연스러운 걸까? 보통 사람들은 여기서 아마 이성애/동성애의 구분 같

27 미셸 푸코, 《성의 역사 2: 쾌락의 활용》(문경자·신은영 옮김, 나남출판, 2018), 269쪽.

은 것은 생각하지 않을 것이다. 그보다는 가족관계 안에서 절대로 하지 말아야 할 불경스러운 일에 대해서만 생각한다.[29] 뿐만 아니라 버틀러 이전에 오이디푸스 콤플렉스에 대해 그런 의문을 품었던 페미니스트 학자도 사실상 없었던 것 같다.[30] 그렇지만 오이디푸스 콤플렉스 자체가 '유아성욕론'을 기본적인 전제로 깔고 있기 때문에, 궁극적으로 퀴어이론가인 버틀러에게 이러한 의문은 필연적일 수밖에 없을 것이다.

종합하면, 프로이트는 오이디푸스를 통해 부모아(父母我)의 삼각형에서 자아의 원초적 리비도가 '금지'라는 장애물을 만나 욕망을 억압하고 문화적 성차(性差)를 인지하며 훈육되는 한편, 점차 아버지 또는 어머니에 대한 동일시를 통해 주체로 거듭나는 내러티브를 제시하였다. 다시 말해 프로이트는 이미 존재해 왔던 근친상간의 금기를 '오이디푸스'라는 캐릭터를 매개로

28 여기서 맹목적이라 함은 칸트가 《순수이성비판》에서 "개념 없는 직관은 맹목이고, 직관 없는 개념은 공허하다"면서 인식론적 차원에서 언급한 '맹목'을 의미한다. 앞에서 언급했듯이, 7가지 색에 대한 개념이 있어야 무지개를 제대로 인지할 수 있다. 마찬가지 원리로 오이디푸스 드라마 안에서 원초적으로 '동성애'라는 개념이 존재/성립하지도 않는데, 동성애 금기가 작동하고 있다고 보는 것 또한 맹목적이다.

29 물론 퀴어이론 쪽에서는 이에 대해 "그 상식은 누구의 상식인가?"하고 물을 것이다. 즉, 상식에 맞느냐 아니냐를 생각하는 것 자체가 이미 지배규범을 상식으로 내재화한 권력의 작용이라고 반박하면서, 이에 대한 둔감함 혹은 무지를 질타할 지도 모르겠다. 사실, 이성애 질서를 포함한 지배질서를 긍정하는 모든 담론은 이러한 권력-지식을 의심하는 전능적 힘을 가진 질문을 받을 수밖에 없으며 이런 논쟁이 반복되면 기본적인 사실판단조차 가치판단의 영역에 귀속되어 정치적 논쟁으로 환원될 수밖에 없다. 무척 피곤한 일이다.

30 실제로 버틀러 스스로도 다음과 같이 그 부분을 지적하고 있다. "이리가레는 여성성과 우울증의 구조가 서로 '비교-검토'된다고 주장하고 있고, 크리스테바도 《검은 태양 — 울병과 우울증》과 〈벨라니의 모성성〉에서 모성성을 우울증과 동일시하고는 있지만, 이성애적 틀 안에서의 젠더 생산에 있어 동성애의 거부/보존을 이해하는 데는 별 노력을 기울이지 않았다." 《젠더트러블》, 196쪽.

욕망과 충동의 근원인 리비도와 그것을 억압하는 문화적 메커니즘을 그럴 듯한 이야기를 통해 해명하고자 한 셈이다.

그렇다면 프로이트가 인간의 성욕을 근본적으로 양성애적으로 봤다는 것은 무슨 의미일까? 프로이트는 동성애자의 존재를 오이디푸스를 통해 해명할 필요가 있었고, 따라서 리비도의 좌절을 경험하기 전 인간의 성욕은 방향이 정해지지 않은 채 양성애적인 가능성을 잠재하고 있다고 가정해야 한다. 대다수의 남자아이는 어머니를 욕망하지만 아버지라는 존재의 장애물을 만나면서 리비도가 흐르는 대상을 어머니가 아닌 다른 여성으로 바꿀 수 있게 된다. 게다가 남자아이는 아버지와 마찬가지로 남근을 소유하고 있다는 사실로부터 이제 아버지와 자신을 동일시한다. 그렇게 이성애 남성으로 성장한다. 반면, 소수의 남자아이는 욕망의 대상이었던 어머니를 상실하는데, 이 상실을 우울증으로 경험하면서 어머니의 존재를 자아에 내면화한다. 여기서 앞에서 살펴보았던 합체incorporation의 과정이 일어난다. 결국 이 소년의 내면에는 어머니가 일종의 초자아super ego로 존재하게 되며, 결국 스스로를 여성으로 느끼면서 남성을 사랑하는 동성애자가 된다. 비슷한 과정이 여자아이에게도 일어난다. [그러나 이는 증명도 반박도 불가능한 종류의 가설일 뿐이다. 유아성욕론을 인간 욕망의 기본 베이스로 깔고 가는 순간 오이디푸스 콤플렉스는 지속적으로 허점들이 발견될 것이며 그에 대한 다양한 비판과 반론에 직면할 수밖에 없게 된다.]

그런데 버틀러에게 이 가설이 문제되는 것은 방금 지적한 검증불가능성과는 다른 차원에서다. 버틀러의 입장에서 동성애적 성향의 발생에 관한 프로이트의 관점은 여전히 이성애적 모태에 붙들려 있다는 점이 문제다. 왜 동성애적 성향이 꼭 프로이트가 말하는 우울증적 합체에 의해서만 일어나야 하는가? 다시 말해, 프로이트의 설명에는 남자가 거친 남성성을 소유하면서도 동성인 남성을 좋아하는 것의 불가능성, 동일한 맥락에서 여성성으로 충만한 여성이 남성이 아닌 여성을 좋아하는 것의 불가능성이 전제되어 있다. 즉, 동성애 남성이 여성적 자아를 갖고 있기 때문에 남성을 사랑한다는 생각조차도 성별이분법에 포획되어 있다는 이야기다. 버틀러는 성별이분법에 포획되어 있는 낡은 젠더의 고정관념을 해체하기를 원하기 때문에 여기에 붙잡혀 있는 프로이트의 오이디푸스는 비판의 대상일 수밖에 없다.

그리하여 버틀러는 이어지는 논의에서 프로이트가 전제하고 있는 남성적이거나 여성적인 '기질'이라는 개념을 비판하고, 근친상간을 금지하는 '금기의 법/권력'이 '금지된 이성애'라는 프레임을 짜면서 '허용가능한 이성애'를 생산하는 효과를 설명한다. 버틀러의 입장, 나아가 퀴어의 입장에서 볼 때, 프로이트는 충분한 근거 없이 이성애적 지배규범을 당연하고 자연스러운 것으로 만들고 있으며, 은연 중에 동성애를 혐오하고 있다. 퀴어 입장에서 이성애 질서를 당연하고 자연스러운 것으로 여기는 것은 곧 동성애를 혐오하는 관점을 전제하는 것이기 때문이다. [하지만 앞에서 충분히 봤듯이, 버틀러의 이러한 관점은 자의적이고 맹목적이다. 프로이트와 버틀러 모두 유아성욕론 자체는 의심하지 않고 있으며, 버틀러는 심지어 심리학자도 아니다.]

지금까지 들뢰즈의 《안티 오이디푸스》와 버틀러의 오이디푸스 콤플렉스에 대한 비판을 살펴보았다. 들뢰즈는 오이디푸스 삼각형의 가족중심주의를, 버틀러는 오이디푸스적 금기가 생산하는 '허용된 이성애'를 비판한다. 그러나 두 사람 모두 프로이트의 '유아성욕론' 자체에는 이의를 제기하지 않는다. 프로이트의 오이디푸스는 비판의 대상이지만, 오이디푸스적 리비도는 여전히 재해석되고 범위를 확대하여 재생산될 수 있는 강력한 모티프이다. 프로이트에 반대하더라도 프로이트가 깔아놓은 멍석 자체는 점점 넓어지는 것이다. 이 흐름과 다른 오이디푸스 콤플렉스에 대한 근원적인 비판, 즉, 유아성욕론과 범성욕주의에 대한 비판은 불가능할까? 이제 《오이디푸스 왕》의 작가 소포클레스와 오이디푸스를 파르마코스(희생양)로 해석하는 지라르의 관점을 살펴보자.

(5) 소포클레스의 오이디푸스[31], 소피스트 철학에 대한 불안

연세대 임철규 교수는 자신의 고전문학 비평집 중 하나인 《그리스 비극》에서 오이디푸스가 튀라노스tyrannos로 불렸음을 먼저 지적한다. '튀라노스'는 오늘날 우리가 독재나 압제, 전제적인 정체(政體)로 알고 있는 단어 'tyranny'의 어원에 해당하는데, 그리스에서 원래 튀라노스가 의미했던 내용을 생각하면 아이러니한 면이 있다. 튀라노스는 본래 혈통적 '세습'이나 '승계'가 아닌 자신의 힘으로 왕위를 쟁취한 자를 일컫는 말이었다. 튀라노스에 반대되는 단어는 바실리우스basileus로 세습/승계로 왕위에 오른 자를 지칭하는 말인데, 아리스토텔레스는 바실리우스는 폴리스 시민의 이익에 관심을 갖는 존재인 반면, 튀라노스는 자신의 이익에만 관심을 갖는 절대통치자로 보면서 튀라노스를 부정

31 '소포클레스의 오이디푸스'에 관한 내용은 연세대 명예교수 임철규의 평론집 《그리스 비극》(한길사, 2017)을 주로 참고하였다. 직접 인용의 경우에는 별도의 주를 달되, 내용에 관한 요약인 경우에는 따로 주를 표기하지 않았다.

적 이미지에 결부시키기도 했다.[32] 오늘날 민주시민인 우리는 세습/승계라는 절차가 정의롭지 못하며, 시민에 의해 선출된 권력이야말로 합법적이고 정의롭다고 생각한다. 동시에 공직에 선출되려면 일단 그 공직을 담임하고자 하는 자는 자신의 유능함을 증명할 수 있어야 한다. 그런 면에서 우리의 상식으로는 북한에서 세습으로 절대통치권을 행사하고 있는 김일성 3대야말로 백성을 착취하는 참주(튀라노스)에 해당할 것이다. 그러나 한편, 히틀러 역시 민주적으로 선출된 권력이었음을 생각해 볼 때, 고대 그리스의 '튀라노스'라는 단어에는 나름대로 의미심장한 통찰이 담겨 있다고 할 수 있다. 세습에 의해 왕이 되는 것은 그 자리가 본인의 능력이 아니라 우연히 왕의 혈통으로 태어난 운에 기인함을 의미하는 것이기 때문이다.

하지만 소포클레스의 작품에서 오이디푸스는 스스로의 힘으로 왕위를 얻었다는 점에서 튀라노스이기는 하지만 폭정을 일삼는 참주로 묘사되지 않는다. 그는 테베를 괴롭히는 스핑크스를 물리치고, 테베의 왕으로 추대되어 뛰어난 리더십으로 테베의 번영을 이끌었던 장본인이다. 그럼에도 오이디푸스를 보는 소포클레스의 시각에는 일말의 불안함이 배어 있다. 이 불안함의 정체를 해명해줄 수 있는 모티프로 임철규 교수는 오이디푸스의 '실명(失明)'과 '부어오른 발'에 착안하여 설명한다.

오이디푸스의 실명과 관련해 정신분석학 계통의 비평에서는 눈이 팔루스(phallus, 남성의 성기를 뜻함)의 상징적인 대체물이며, 실명은 근친상간에 대한 벌로 성기를 거세하는 것을 상징하

32 임철규, 《그리스 비극》(한길사, 2017), 385쪽의 각주 14번 설명.

는 방향으로 해석하기도 한다. 하지만 임철규 교수는 장 피에르 베르낭(Jean-Pierre Vernant, 1914~2007)의 반박을 소개하면서 오이디푸스의 실명이라는 모티프는 당시 사회상과의 관계 속에서 조명해야 한다고 강조한다. 특별히 그리스인들에게 "시각은 이성이나 인식능력과 직결된 최고의 감각이었고, 인간의 눈은 대존재, 즉 절대진리인 이데아를 '바라보는' 지식의 근원"[33]이었으며 작품《오이디푸스 왕》안에서도 시각은 인식능력의 기준이다. 그런데 테베의 예언자 테이레시아스는 신의 뜻을 전하는 지혜자이지만 앞을 보지 못한다. 작품을 보면, 오이디푸스는 라이오스 왕의 살해범이 누군지를 묻는 질문에 답하기를 머뭇거리며 거부하는 지혜의 예언자 테이레시아스를 무능하다며 비난했고, 이에 화가 난 테이레시아스가 살해범은 다름 아닌 오이디푸스 그 자신이라고 말해버린다. 그러자 오이디푸스는 어이가 없다는 듯 테이레시아스가 앞을 보지 못하는 사람으로서 분별력과 지식이 없는 사람이라고 폄하하고 비웃었다. 그러자 테이레시아스는 지금 자신이 당하는 그 모욕이 오이디푸스에게 그대로 되돌아가 오이디푸스 역시 앞을 보지 못하게 될 것이며, 거지가 되어 유랑하고 그 자손들에게도 화가 미칠 것이라 예언한다.

여기서 "오이디푸스—보는 자" vs "테이레시아스—보지 못하는 자"의 대결구도가 성립한다. 이러한 두 사람의 갈등과 대결에는 작품 전체에 흐르는 소포클레스의 주제의식이 잘 집약되어 있다. 그것은 신의 지혜를 비웃고 인간이 만물의 척도metron라 주장하는 소피스트의 철학과 세계관에 대한 소포클레스의 우

33 위의 책, 396쪽.

려와 불안한 시선이다. 이 작품에서 실제로 오이디푸스는 살해범을 찾기 위해 정확한 시간과 집단의 숫자를 헤아리는 등 측정metron이라는 단어를 자주 사용하는데, "오이디푸스의 이러한 자세는 과학적인 사유를 기반으로 한 기원전 5세기 아테나이 소피스트들의 계몽주의 정신이었다."[34]

앞에서 살펴본 것처럼 오이디푸스라는 이름은 또한 '부어오른 발'이란 뜻을 지니고 있다. 그리스어로 '오이도스oidos'는 '부어오른'이란 뜻이며, '푸스pous'는 '발'이다. 라이오스의 신하가 오이디푸스를 내다버릴 때, 그의 발을 꿰뚫어 나무에 거꾸로 매달아놓았기에 생긴 이름이다. 정신분석학적 비평에서는 앞에서 실명을 '거세'로 해석했던 것처럼, '부어오른 발'을 발기한 남성의 음경으로 해석한다. 그리스에서 'pous'는 '발'뿐만 아니라 남성의 성기를 뜻하기도 하기 때문이다. 그렇지만 임철규 교수는 이를 성적인 주제하고만 연관하여 해석하면《오이디푸스 왕》의 진정한 의미를 축소하는 것일 수 있다고 말한다. 실제로 오이디푸스는 발목에 구멍이 뚫린 채 발견되어 평생 발을 저는 불구의 존재로 살아야 했다. 이 육체의 불구성(不具性)이 곧 인간존재의 불구성과 불완전성을 상징한다는 것이다.

게다가 오이디푸스는 '오이다oida'와 '발pous'의 합성어로도 볼 수 있는데, '오이다'는 '보다'라는 뜻의 그리스어 동사 '에이돈eidon'의 과거형이다. 앞에서 말한 것처럼 본다는 것, 즉 시각은 그리스에서 인식과 관련되어 있었고 보는 것은 곧 아는 것을

34 위의 책, 405쪽.

의미했다. 또 '발'은 신과 달리 땅 위에 발을 딛고 걸어야만 하는 존재로서 인간을 상징한다고 한다. 스핑크스가 오이디푸스에게 던진 질문도 '발'에 관한 것이었다. 이렇게 볼 때, '발을 보았다'는 것은 '인간을 파악했다'를 뜻할 수 있다. 이렇게 해석해보면 오이디푸스는 결국 '인간을 아는' 존재이다. 이러한 앎에 대한 자신감은 다시 소피스트의 세계관과 연결된다. 소포클레스는 인간이 모든 것을 알 수 있다고 생각하는 오만을 염려한다. 오직 신만이 인간이 어떤 존재인지 알 수 있는 것인데, 오이디푸스는 스핑크스의 질문에 거침없이 답하며 어떤 금기의 영역을 넘어섰던 것이다. 철학자들의 후견인으로 존경받았던 아폴론 신은 철학의 신이자 지식의 신이었기에, 오이디푸스의 실명을 초래한 아폴론의 분노는, 자기 지식을 과신했던 오이디푸스의 지적인 오만hubris에서 비롯되었다고 볼 수 있다.[35] 이런 맥락에서 우리는 소포클레스가 오이디푸스를 튀라노스로 소개하는 이유를 다시 한 번 이해할 수 있다. 인간의 지식으로 모든 것을 알 수 있다고 생각하면서 신을 두려워하지 않는 인간의 오만한 속성이 오이디푸스에게 나타나고 있으며, 자신의 힘과 능력을 과신하는 그러한 왕이 본질적으로 폭군, 즉 튀라노스라고 보는 것이다.

BC 5세기의 비극작가 소포클레스는 소크라테스(Socrates, BC 469~399)와 거의 동시대를 살았던 사람이고, 펠로폰네소스 전쟁을 겪었던 사람이다. 페르시아 전쟁에서 승리한 아테네는 번영했지만, 펠로폰네소스 전쟁에서 아테네는 스파르타와 테베의 동

35 위의 책, 410쪽.

맹에 패배하였다. 전쟁을 전후한 시기 아테네의 민주주의는 투표 중심의 다수중심주의와 중우정치로 변질될 때가 많았고, 의회와 법정에서는 능수능란한 수사학과 변론에 기초한 궤변들이 횡행하였다. 그리고 이 중심에 소피스트 그룹이 있었다. 소포클레스 역시 소크라테스와 마찬가지로 인간을 만물의 척도로 내세우며 절대적인 진리나 신에 회의하고 윤리적 상대주의를 주장하는 당시 소피스트의 세계관, 그리고 펠로폰네소스 전쟁과 역병 등으로 위기에 처한 아테네의 사회상을 우려스러운 눈길로 바라보았던 것이다.

이런 측면에서 바라본 소포클레스의 주제의식은 오이디푸스를 단지 유아성욕론을 상징하는 캐릭터로만 파악하고, '실명'이나 '부어오른 발'을 남성성기의 거세나 발기하고만 관련해서 사유하는 정신분석학의 납작하고 좁은 틀을 훨씬 넘어서는 것이며, 범성욕론적인 것과는 거의 동떨어진 것이라고도 할 수 있다. 물론 오이디푸스 캐릭터 해석의 최종권위가 꼭 소포클레스에게 있다고 볼 수 없다는 반론도 가능할 것이다. 그럼에도 분명한 것은 신화에서건 비극에서건 오이디푸스의 '근친상간'과 '부친살해'는 끔찍한 죄악을 상징하는 것으로 기능한다는 점이다. 극의 흐름에서 그런 욕망 자체가 드라마의 서사를 이끄는 힘으로는 전혀 기능하지 않는다. 오히려 그런 죄에 대한 인과응보적 정의의 요구가 서사를 이끌어간다. 따라서 오이디푸스에 대한 해석으로부터 비롯되는 정신분석은 물론이거니와 이에서 파생하고 새로운 해석을 제안하는 퀴어이론도 다분히 자의적[36]이라고 볼 수 있을 것이다.

(6) 지라르의 오이디푸스, '성'이 아닌 '폭력'의 코드로 읽기

우리는 소포클레스가 우려했던 아테네의 데카당스의 징후, 인간을 '만물의 척도'라 주장하는 소피스트 철학의 상대주의와 그 오만한 성격에 대한 불안이 《오이디푸스 왕》에 나타나 있음을 살펴보았다. 그렇다면 소포클레스와 동일하게 아테네 민주정의 타락과 소피스트의 오만한 궤변이 횡행하는 것을 비판하며 철인정치를 꿈꾸었던 플라톤은 왜 하필 자신이 생각하는 이상국가에서는 이런 (소포클레스와 같은) 시인들을 추방해야 한다고 했을까? 지라르가 오이디푸스를 파르마코스pharmakos, 즉 '희생양'으로 보는 관점을 채택할 때, 우리는 이러한 '시인추방론'의 수수께끼를 풀 수 있게 된다. 결론부터 말하자면 오이디푸스 드라마에서 진짜 핵심은 성(性)이 아니라 폭력이다. 이를 이해하면 우리는 오이디푸스 드라마뿐 아니라 퀴어정치의 이면을 새롭게 볼 수 있을 것이다.

지라르는 프로이트의 오이디푸스 콤플렉스 개념에 동의하지 않지만, 그럼에도 프로이트가 이 비극에서 중요한 무언가를 예감했다고 본다. 앞에서 봤듯이, 인간의 기본적인 욕망은 '리비도'라기보다 '모방욕망mimesis desire'이다. 지라르에 의하면 프로이트는 오이디푸스 삼각형에서 아이의 욕망의 속성(내용)을 성욕(리비도)으로, 욕망의 대상을 어머니로 고정시켰다. 그러니까 지라르는 욕망의 속성과 대상을 오이디푸스 삼각형 안에 고정시키는(들뢰즈의 용어로 말하면 '코드화하는') 정신분석 흐름에 대한 들

36 이런 자의성은 소포클레스의 다른 비극《안티고네》에 대한 주디스 버틀러의 퀴어적 해석에서도 발견되는데, 이에 대한 설득력 있는 비판은 위의 책, 2부 3장 '안티고네' 부분을 참고하라.

뢰즈의 비판에 부분적으로 동의한다. 오이디푸스 삼각형을 '모방'의 렌즈로 살펴보면 아이는 아버지(또는 어머니)의 욕망을 모방하고 있을 뿐인데, 프로이트는 어른의 관념인 '성욕'을 아이에게 투영하고 있는 것이다.

그렇다고 지라르가 프로이트의 통찰을 그저 폄하하고 제쳐두기만 하는 것은 아니다. 사실 "오이디푸스에게는 오이디푸스 콤플렉스가 없다"는 일부 문학평론가들의 비판은 (표면적으로는 맞는 말이긴 하지만) 프로이트와 정신분석학에 대한 의미 있는 비판이 되지는 못한다. 정신분석의 관점에서는 작품 속에 나타나는 오이디푸스의 실제 욕망과 의도보다 오이디푸스가 그런 운명의 신탁을 받았다는 점 자체가 인간 무의식의 리비도를 드러내는 장치이며, 오이디푸스는 그런 (운명을 타고난) 인간을 상징하는 기능적 존재이기 때문이다.[37] 지라르 역시 '근친상간'과 '친부살해'의 테마를 가볍게 넘기지는 않는다. 다만 그는 이 테마들이 심각한 폭력의 문제를 감추고 오직 단 한 사람의 범죄적 욕망이 문제가 되는 것처럼 위장하는 구조적 기능을 하고 있다고 통찰한다.

우리는 여기서 '테마'와 '구조'를 구분해야 한다.[38] 지라르는 그의 저서《희생양》에서 신화를 독해할 때는, 텍스트 안에 잘 드러나는 희생양(테마로서의 희생양)과 텍스트 자체가 감추고 있는 희생양(감추어진 구조원칙)을 구분해야 함을 강조한다.[39] 지라르에

37 이성원, "소포클레스의 오이디푸스와 프로이트의 오이디푸스", 2쪽, 각주 2번에서 이성원 교수는 장 스타로뱅스키 Jean Starobinski를 인용한다. "오이디푸스에게는 무의식이 없다. 왜냐하면 그는 우리의 무의식이기 때문이다."

38 이 부분에 대해서는 르네 지라르의《희생양》, 특히 제10장을 참고하라.

의하면 "신화는 희생양에 대해 말이 없다."[40] "어떤 텍스트가 희생양 효과에 대해 덜 언급할수록 또 그것을 지배하고 있는 구조를 우리가 알아보지 못할수록, 그것은 희생양 효과에 더 지배받고 있는 것이다."[41] 신화는 희생양에 대한 집단박해를 감추는 것을 목적으로 하는 기록이기 때문이다.[42] 지라르는 16세기 중반의 프랑스 시인 기욤 드 마쇼의 텍스트를 예로 든다.[43] "① 도처에서 사람들이 전염병으로 죽어나갔다. ② 유대인이 강물에 독을 풀었다는 소문이 있다"는 두 문장의 기록이 있다면, 여기서 우리는 유대인들이 억울하게 박해당한 희생양이었다고 추리할 수 있다. 여기에 폭력이나 박해의 사건을 직접적으로 가리키는 '테마'는 없지만 사회문화적 위기의 징후인 '전염병'과 이를 야기하는 범죄의 징후, 즉 '유대인이 독을 풀었다'는 내용이 있음을 미루어보면 이미 희생의 구조는 작동하고 있다고 봐야 한다. 즉, 전염병의 테마는 사회문화적 위기를 상징하고, '독을 풀었다'는 것은 위기의 책임으로 지목된 범죄를 상징한다고 할 수 있다. 가령, 심청전에서 효녀 심청이 아버지 심학규의 눈을 뜨게 하기 위해 스스로 인당수에 몸을 던지는 이야기도 지라르의 독법으로 읽으면 심청을 희생시키는 희생양 메커니즘이 작동하고 있는 것으로 볼 수 있다.

39 위의 책, 196쪽.

40 위의 책, 197쪽.

41 위의 책, 197쪽.

42 사람들은 "신화"를 종종 '거짓말'과 동의어로 사용하는데, 그 연원을 따지면 사실상 신화의 본질적인 기능, 즉 "희생양에 대한 집단살해"를 위장하는 기능에서 기인한다.

43 위의 책, 9~10쪽.

이 구분법을 오이디푸스 신화에 적용하면 테베에 역병이 돌고 있는 상황은 위기의 징후이며, '근친상간'과 '친부살해'는 괴상망측하고 잔인무도한 행위의 원형이자 그와 같은 것들을 암시하는 상징이다. 그러니까 이 두 요소는 처벌받아 마땅한 범죄를 묘사하기 위해 동원된 '테마'이다. 프로이트의 오류는 이러한 테마 자체를 욕망의 근본속성(내용)으로 코드화했다는 점에 있다.

그럼에도 지라르는 프로이트가 이 신화에서 인간문화의 본질적인 무언가를 예감했다고 평가한다. 즉, 프로이트의 예감대로 이 신화가 감추며 억압하고 있는 것이 분명히 존재하긴 한다는 것이다. 즉, 신화가 실제로 억압하고 있는 것은 '성욕'이나 '욕망'이라기보다는 '진실'인데, 더 구체적으로 말하면 '폭력의 무차별화' 또는 '차이소멸에서 촉발되는 만장일치적 박해와 폭력'이 존재했다는 "진실"이다. 지라르의 관점에 따르면 근친상간은 어머니와 보통의 다른 여성의 구별이 사라짐을, '친부살해'는 아버지 역시 보통의 다른 남성들과 다를 바 없이 똑같은 경쟁상대임을 드러내는 것으로, 둘 다 '차이소멸'의 위기를 나타내는 기표이다. 이는 동시에 차이소멸적(폭력적 무차별화의) 위기의 책임을 단 한 사람에게 전가할 수 있는 기표이기도 하다.

나는 전작《희생되는 진리》에서 지라르가 분석한 신화와 성서의 차이점을 소개했었다. 간략하게 말하면 신화와 성서 모두 희생양 박해의 기록을 담고 있는데, 신화는 박해자의 입장에서 폭력의 흔적을 지우고 있다면, 성서는 희생양의 입장을 변호하며 군중의 만장일치적 폭력의 부당함을 고발하고 있다. 그런데 여기서 아무리 강조해도 지나치지 않는 핵심은 "희생양(파르마코스)의 무죄(무고함)"이다. 지라르가 신화를 거짓의 기록으로 보는 것은 그것이 단순히 "박해자의 입장에서 씌어진" 기록이라는 점 때문이 아니다. 단지 '박해자(권력)의 입장'만이 문제가 되는 것이라면 지라르의 문제의식은 우리가 앞에서 본 니체에서 푸코로 이어지는 담론으로서의 '권력 – 지식'에 대한 비판과 다를 바 없을 것이다. 정말 중요한 점은 박해자의 입장에서 기록된 그 신화가 실제로도 "거짓"이라는 것이다. 즉, 죄가 있다면 파르마코스일 수 없다. 죄가 없을 때에만 파르마코스일 수 있다. 희생양은 속죄양이며, 이는 죄를 전가시키는 존재이지 그 자체로 죄가 있는 존재가 아니다.

그리스의 비극은 신화와 성서, 이 중간에 놓인다고 할 수 있다.[44] 지라르는 비극이 아닌 오이디푸스 신화에서는 오이디푸스에 대한 동정심이나 연민을 느낄 여지가 없었을 것이라고 말한다.[45] 지라르가 볼 때 소포클레스는 오이디푸스 신화에서 만장일치적 폭력과 그에 따른 억울한 희생의 문제가 있음을 예감했지만, 거기서 더 나아가지 못했다. 즉 희생양을 변호하고 구원하는 데에 이르지는 못한다. 《오이디푸스 왕》에서 소포클레스가 이를 풀어내는 방식은 "오이디푸스에게 죄는 있으나, 자기 의지와 상관없이 비극적 운명 혹은 신의 저주에 의해 저질러진 죄"라는 점을 강조하는 데 있다. 소포클레스는 오이디푸스에 대한 동정심과 연민은 있으나 그렇다 하더라도 그를 벌하지 않을 수 없

44 영어로 비극을 뜻하는 tragedy의 어원은 tragos의 ode, 즉 '염소'의 '노래'라는 뜻이다. 여기서 tragos(염소)는 본래 신에게 바치는 희생제물로서의 염소를 의미한다.

45 위의 책, 202쪽.

는 비극적 현실을 재현한다. 결국 소포클레스 역시 오이디푸스가 "죄 없는 희생양"이라는 인식까지 나아가지는 못한다. 아니 그런 인식을 두려워하고 거부한다.

이런 맥락을 고려할 때, 우리는 플라톤의 '시인추방론'을 새로운 관점에서 이해할 수 있다. 흔히 플라톤이 이상국가에서 시인을 추방하려 한 것은, 이상국가의 중심원리는 '이성'이 되어야 하는데 시인들의 비극(서사시)과 그 공연이 사람들로 하여금 분별력을 잃고 감정pathos에 사로잡히게 만드는 경향이 있어 이를 경계하기 위함이었다고 알려져 있다. 또 현상(現像)은 이데아(진리)의 모방인데, 예술은 그 현상을 한 번 더 모방하므로, 시(비극, 예술)는 모방의 모방으로서 참된 것으로부터 더 멀어지게 한다는 것이 플라톤 자신의 설명이기도 하다. 하지만 지라르의 관점은 여기서 한 걸음 더 나아가는데, 플라톤은 시인들이 "제의적 폭력의 성스러움"을 벗겨내고, 시인들의 의도를 넘어 "희생양에게 가해지는 폭력의 정당함"을 사람들이 의심하게 만들기 때문에 그를 막고자 했다는 것이다. 플라톤은 신화적 사고를 싫어하고 논리와 이성을 중시했지만, 시스템의 질서를 유지시키는(폭력으로 폭력을 막는) 성스러운 제의의 해체만큼은 우려했던 것이다.

앞에서 말했듯이 사회의 질서와 안정을 유지하기 위한 제의적(종교적) 폭력은 불가피한 면이 있었다. 고대의 종교적 제의에는 '무고한 1인(때로 한 집단)에 대한 만장일치적 폭력'과 이를 통해 질서를 회복했던 사건의 프로세스를 시뮬레이션하는 기능이 있다. 고대 그리스의 디오니소스 축제 같은 경우, 최종적으로 제물을 바치는 종교적 의식을 거행하기 전에 의도적으로 성적인 무질서와 폭력을 방조하곤 했는데, 이는 폭력적 무질서(차이소멸,

무차별화)의 끝에서 희생물을 죽임으로써 질서를 수립했던 그 프로세스를 의도적으로 반복함으로써 그 효과를 극대화하기 위함이었다. 문제는 시인들의 비극 또한 이런 축제의 기간에 공연되었는데, 그 공연이 사람들로 하여금 성스러운 제의가 감춘 폭력의 문제를 상기시키는 데 있었다. 즉 "플라톤은 비극 속에는 모든 사회가치의 무서운 근원으로 통하는 무시무시한 통로가 있으며, 그리고 비극은 그 도시국가의 건국 자체를 희미하게나마 문제 삼고 있다는 것을 알아차린다."[46] 시대를 막론하고 건국에는 언제나 폭력(전쟁)이 있다.[47] 고대국가의 창건설화가 대부분 신화인 것 또한 이 신화가 만장일치적 폭력을 감추면서, 그로 인해 수립된 평화와 질서를 기념하기 때문이다.[48]

종합하면 "신화의 감추어진 토대는 성욕이 아니다. 그것

46 르네 지라르, 《폭력과 성스러움》, 441쪽.

47 이는 근현대 민족국가의 탄생을 봐도 알 수 있다. 멀리 갈 것 없이 현재 2개의 한국 자체가 2차 대전과 한국전쟁을 통해 탄생했다. 그러나 초기 원시국가의 탄생에는 단순히 집단 간 전쟁을 넘어 한 집단에 대한 만장일치적 폭력이 존재했으며, 이 폭력은 제의적/종교적 폭력이었다. 국가의 탄생과 관련해 건국신화가 다수 존재하는 것은 이를 반영한다.

48 홉스(Thomas Hobbes, 1588~1679)는 '만인의 만인에 대한 전쟁상태'를 끝내기 위해 사람들은 계약을 통해 자신의 주권을 군주에게 양도한다고 생각했는데, 지라르의 인류학적 관점을 적용한다면 홉스의 설명은 반은 맞고 반은 틀리다. 맞는 것은 "만인에 대한 만인의 전쟁상태"를 끝내기 위해 사회계약이 출현했다는 홉스의 배경설명이고, 틀린 것은 계약의 내용 즉, 모든 신민이 주권을 군주에게 양도한다는 부분이다. 실제 역사적 맥락을 고려한다면 계약의 실제 내용은 무질서의 종식과 평화를 위해 무고한 1인(1집단)을 죽이는 데 전원이 합의하는 것이다. 물론 이들은 그 희생당하는 1인(1집단)이 무고하다는 사실을 모른다. 로마 건국신화를 보면 로물루스는 자신의 쌍둥이 형제 레무스를 죽이고 왕이 된 것으로 나오는데, 신화를 해체하는 방법으로 독해하면 레무스 종족에 대한 제노사이드가 있었음을 의미한다. 단군신화도 같은 원리로 분석하면 '호랑이 부족'에 대한 '곰 부족'을 중심으로 한 부족연합체의 제노사이드가 있었다고 추리할 수 있다.

은 드러나기 때문에 진정한 토대가 아니다."[49] 하지만 성욕 역시 욕망의 한 형태로서 모방적 경쟁관계에 놓이기 쉽고 폭력과도 밀접한 관련을 갖게 된다. 따라서 오이디푸스는 '성욕'이 아닌 '폭력'의 코드로 읽어야 한다. 라이히의 견해와 달리 '성의 해방'은 '성관계의 상대를 가리지 않는' 즉, '차이소멸'의 방식으로 나타나며, 결국 이는 폭력을 부추기게 되어 있다.[50] 이런 맥락에서 퀴어의 정치적 기획 역시 '인권'의 코드가 아닌 '폭력'의 코드로 읽는 시도가 필요하다.

49 위의 책, 178쪽.

50 위의 책, 178~179쪽. 지라르의 설명이 아니더라도, 고대 디오니소스 축제로부터 최근의 68혁명에 이르기까지 이는 우리가 경험적으로 알 수 있다. 성은 언제나 자아의 욕망에 따라 타자의 몸을 향유해야 하는 문제와 관련되기 때문이다. 하지만 자아의 욕망과 타자의 욕망이 상호적으로 일치하기는 쉽지 않기 때문에 성문제는 종종 폭력을 동반한다.

3

희생양 근심,
점증하는 폭력

3부에서는 인간의 도덕적 관념에 대해 폭넓게 포괄적으로 검토하고자 한다. 성소수자를 혐오하거나 차별하지 말아야 한다는 원칙은 인간의 존엄성을 존중해야 한다는 가장 기본적인 도덕원칙으로부터 나온다. 보편적인 상식을 지닌 사람이라면 이러한 대원칙 자체를 부정할 수 있는 사람은 아무도 없을 것이다. 그런데 이런 기본적인 원칙을 법제화하고자 하는 포괄적 차별금지법은 아직 입법되지 못했으며, 이를 둘러싼 논쟁은 여전히 진행 중이다. 왜 그러한가? 이는 단지 '동성애'에 대한 혐오, '성적지향'에 대한 차별을 지속하기를 원하는 극우 개신교의 억지 때문이 아니다. 보다 근본적으로 어떤 말과 행동이 혐오와 차별에 해당하는지 그 명확한 기준을 합의하는 것이 어렵기 때문이다.

성소수자의 성적지향에 따른 성행위의 문제는 그 자체로 소수자적 정체성의 문제와 연결된다. 그러니까 퀴어 앨라이의 시각에서는 동성 간의 성행위에 대한 부정적 인식은 곧바로 소수자의 정체성 자체에 대한 혐오이며 성소수자의 존엄성에 대한 훼손에 해당한다. 그러나 퀴어와 반대쪽에 있는 사람들은 이러한 개념들의 연결에 동의하지 않는다. 이들(특히, 보수 개신교나 가톨릭)에 의하면 동성 성행위를 긍정하지 않는다고 해서 그것 자체가 곧 성소수자 혐오는 아닌 것이다. 반면, 인종차별의 문제에 대해서는 혐오와 차별 행위를 인식하는 기준의 합의가 어렵지 않다. 인종이 선천적이거나 선택할 수 없는 특성이라서가 아니다. 더 근본적으로 인종이나 피부색, 장애 등의 소수자적 특성에는 도덕적 가치판단이 개입할 여지가 전혀 없어서다.

하지만 성적 지향이 선천적이든 후천적이든, 그것을 자신이 임의로 선택할 수 있든 없든 이 문제가 갈등을 일으킬 수밖에 없는 이유는 성적인 행위가 분명히 도덕적 가치판단의 영역에 속해 있기 때문이다. 실제로 스스로 통제할 수 없는 성적인 욕망은 동성애/이성애적 지향만 있는 것이 아니다. 어린 아이에게 성적으로 흥분하는 소아성애pedophilia나 시체에 대해 성적으로 흥분하는 네크로필리아Necrophilia적 욕망도 있고 사물성애objectophila 욕망을 지닌 사람들도 있다. 세속의 시민사회가 동성애나 양성애적 욕망을 성소수자적 정체성으로 인정하는 것과 달리 소아성애는 범죄시하고 있으며, 시체성애나 사물성애는 성도착증과 같은 일종의 정신병으로 보고 있다. 그러나 나는 소아성애적 성향을 지닌 사람이라고 해도 함부로 혐오해서는 안 된다고 생각한다. 물론 소아성애적 성향에 따라 정말로 범죄를 저질렀을 경우에는 그에 대해 엄중한 처벌이 있어야 할 것이다. 자유주의는 성에 있어서 도덕적 가치판단의 문제를 단지 자발적 합의의 여부, 가해/피해의 여부만을 따지는 경향이 있기에 이런 데서 한계가 있다. 하지만 현실적으로 성과 관련된 윤리적 문제는 타인에게 해를 입히느냐 입히지 않느냐의 문제만으로 귀결되지 않는다.

가령, 최근 들어 성욕해소를 위한 리얼돌real doll, 섹스로봇, 섹스AI를 어떻게 볼 것인지에 대한 윤리적 논쟁이 막 시작된 상태다. 페미니즘 쪽에서는 리얼돌이 남성들로 하여금 여성을 성적으로 대상화하고 성욕충족의 수단으로만 보게 하므로 리얼돌의 유통을 규제해야 한다고 주장한다. 반면, 성추행과 성희롱에 대한 민감성이 높아지고 성범죄에 대한 처벌이 더욱 엄격해진 상황에서 남성들이 실제 여성이 아닌 무생물인 리얼돌을 통해 스스로의 성욕을 처리하려는 욕망까지 규제하는 것은 지나치지 않느냐는 반론도 있다. 게다가 최근에는 남성 신체의 섹스돌sex doll도 만들어지고 있다. 이 남성형 섹스돌을 주문하는 주요고객은 여성도 있지만 남성이 더 많다고 한다. 이런 상황에서 모두를 위한다는 페미니즘은 남성 섹스돌에 대한 규제도 동일하게 주장할까? 나아가 소아성애적 성향이 있는 사람들은 원천적으로 욕망의 충족이 금지되어 있으니, 대리만족을 느낄 수단을 제공한다는 차원에서 어린이 섹스돌의 생산과 유통을 허용해도 될까? 이는 단순한 사고실험이 아니다. 미국에서는 실제로 이와 관련한 논쟁과 소송이 지속되고 있다.[1]

또 요즘 들어 가장 뜨거운 이슈인 트랜스젠더 혐오 문제는 다른 영역으로 확장되고 있다. 자기 신체적 성별에 대해 불쾌감과 괴리감을 갖고 스스로를 반대쪽 성으로 인식하는 것을 '젠더 디스포리아gender disphoria'라고 한다. 그런데 이러한 디스포리아 감정이 급기야 인종과 장애의 영역에서도 나타나고 말았다. 정체성과 계급에 따른 각종 억압의 교차성에 대한 인식이 중요해지면서 성소수자 역시 흑인과 마찬가지로 차별받는 정체성의 하나로 간주되기 시작했고, 트랜스젠더도 그러한 성소수자의 범주에 들어가게 되었다. 이렇게 차별받는 소수자/약자의 범주에 트랜스젠더가 포함되고 이에 대비해 생물학적 여성이 "시스젠더cisgender 여성"으로 불리기 시작하자, 여성이 되고 싶은 남성처

1 Is buying a child-shaped sex doll a crime?, https://www.youtube.com/watch?v=-SkgF0o5R6I, 2018년 미국 켄터키에서 한 성인남성이 6-8세 아동의 섹스돌을 주문하고 소유한 혐의로 기소되었으나, 켄터키 법원에서는 이것이 범죄가 아니라고 기각한 사건이 있었다. 이와 관련해 지역사회의 변호사들은 아동 섹스돌 소유를 금하는 법안 제정을 위한 입법활동을 펼쳐나가고 있다고 한다.

럼 흑인이 되고 싶은 백인도 나타난 것이다. 대표적으로 레이철 돌레잘Rachel Dolezal이란 이름의 여성이 있다.

흑인인권단체인 NAACP(전미흑인지위향상협회)의 전임 지부장이었던 백인 여성 돌레잘은 자신이 "흑인의 정체성을 가진다"고 주장해서 사람들로부터 숱한 조롱과 비난을 받았다. 이에 대해 로즈대학교의 철학과 교수이자 열렬한 트랜스젠더 권리의 지지자였던 리베카 투벨Rebecca Tuvel은 2017년 3월 〈히파티아Hypatia〉라는 페미니스트 철학저널에 돌레잘의 "인종전환"도 긍정해야 한다고 주장하는 글을 기고했다가, 학계에서 거의 조리돌림에 가까운 항의와 비난을 받았다. 투벨의 글은 백인 페미니즘에 함몰된 트랜스젠더 혐오이므로 논문이 철회되어야 한다는 요구가 빗발쳤던 것이다.[2] 하지만 자신의 성에 대한 괴리감을 갖는 것과 자신의 피부색에 대해 괴리감을 갖는 것은 과연 크게 다른 것일까? 투벨은 트랜스젠더에 대한 열렬한 지지자였고, 트랜스젠더를 지지하는 논리를 "인종전환"에도 적용했을 뿐이었다.

물론 퀴어 앨라이 그룹과 트랜스젠더 당사자들은 이와 같은 사람들이 매우 불쾌할 것이다. 이런 사람들은 현실에서 실제로 혐오와 차별로 고통 받는 진지한 트랜스젠더의 존재를 우스꽝스럽게 희화화하는 것처럼 보이기 때문이다. 나도 마찬가지로 트랜스흑인이나, 트랜스장애자, 트랜스종(trans-species, 자신이 인간과 동물로서의 정체성을 동시에 갖거나 아예 동물이라고 주장하는 사람들)[3] 등으로 스스로를 정체화하는 사람들의 진정성을 존중하지 않는다.

2 조너선 하이트·그레그 루키아노프, 《나쁜 교육》(왕수민 옮김, 프시케의숲, 2019), 185~190쪽.

3 Google에서 "trans species"라고 검색하면 많은 이미지들이 쏟아져 나온다.

하지만 퀴어 앨라이와 트랜스젠더 당사자들이 이들의 행위를 비판하려면, 먼저 자신들의 진실함과 진정성이 존중받아야 하는 이유를 논리적으로 설명해야 한다. 자신들이 "느끼는" 성별불화"감"과 그로 인한 "주관적인 고통"보다 그러한 젠더 디스포리아를 객관적으로 설명할 수 있을 때, 다른 트랜스한 존재들의 주장이 거짓이라고 주장할 수 있다. 그런데 그게 가능할까? 만일 방금 언급한 다른 트랜스한 존재들이 "주관적 고통"과 "불화감"을 자신들도 느낀다고 한다면 무엇을 근거로 이들이 거짓말을 하고 있다고 반박할 수 있을까? 이들이 자신들의 진정성을 주장하고 나설 때 무엇을 근거로 이들은 진정하지 않다고 반박할 수 있을까?

이렇게 오늘날 도덕적 갈등을 일으키는 여러 문제들을 근본적으로 검토하려면 결국 "진정성authenticity"이란 개념 자체를 심도 있게 검토할 필요가 있다. 또 우리를 도덕적 갈등과 불안으로 빠뜨리는 것들은 무엇이며, 자유롭게 쾌락을 향유할 수 있게 하는 성은 왜 자꾸 불안과 수치심을 낳는 것인지 복잡하게 얽힌 실타래들을 하나하나 풀어나가야 한다. 3부는 이런 복잡한 질문을 던지며 시작한다. 먼저, 1장에서는 진정성과 폭력에 대해 생각해본다. 진정성의 개념은 무엇이고, 이 개념은 어떤 맥락에서 나왔는지 알아보고 이 진정성 개념이 생각보다 애매하고 복잡하며 폭력적인 면이 있다는 것을 짚어본다. 2장에서는 우리를 계속해서 도덕적 불안에 빠뜨리게 하는 것이 무엇인지 살펴본다. 무라타 사야카의 기괴한 소설《살인출산》이 던지는 질문으로 시작해서, 매킨타이어의 도덕철학, 공리주의, 그리고 인류학자 김현경의《사람, 장소, 환대》의 의의와 이것이 가지는 한계 등에 대해서 고찰해본다. 3장에서는 문제의 범주를 성, 섹슈얼리티의 문제로 좁힌다. 가부장적인 성의 억압으로부터의 해방을 꾀한 자유와 쾌락의 성이 왜 현대인들에게 수치와 박탈감을 계속 안기고 있는 것인지, 분석철학자인 건국대 김은희 교수의 '정의론적 성윤리'를 검토하고 이어서 앤서니 기든스, 에바 일루즈, 미셸 푸코의 성과 성행위에 대한 여러 분석과 고찰들을 검토한다.

최종적으로 나는 이러한 도덕적 불안과 혼란스러움의 근본원인이 르네 지라르의 이론을 따라 '희생양에 대한 근심'에 있다고 본다. 소외된 자와 소수자, 약자를 배려하려는 선한 동기에서 비롯된 정서가 약자/소수자의 진정성을 일체의 가치판단 없이 무조건 인정해주는 것이 정의롭고 도덕적이라는 명제로 이어져 이 사회를 지배하고 있는 것이다. 그리고 퀴어 이데올로기는 이러한 희생양 근심의 분위기 속에서 힘을 갖고 설득력을 발휘한다. 이런 문제를 4장 "희생양의 전체주의"에서 다룬다. 여기서 "이데올로기"라는 것이 갖는 전반적인 문제와 "권력과 이데올로기의 관계"를 살펴보고, 오늘날 가장 힘 있는 이데올로기인 PC와 퀴어 이데올로기의 영향에 대해 고찰한다. 이어서 정치적 올바름이라는 반(反)희생의 도덕적 명분으로 새로운 희생제의가 일어나고 있는 현실을 진단한다.

1

폭력과 진정성, 진정성의 폭력

(1) 진정성에 대하여

오늘날 폭력에 대한 예민한 감각만큼이나 중요하게 요구되는 태도 혹은 덕목이 있다면 그것은 진정성authenticity일 것이다. "(다른 사람이 아닌) 네 내면의 목소리에 귀를 기울이라"거나 "네 직관을 따르라"는 성공과 자기개발의 잠언들은 이제 하나의 윤리적인 명령이 되었다. 작고한 애플의 잡스나 알리바바의 마윈 같은 글로벌기업의 창업가들은 단순히 기업가이기 이전에 "남들과 다른 자기만의 삶을 창조하는 예술가"로서의 롤모델이자 '기업가적 진정성'의 멘토로 자리매김했다. 이처럼 진정성의 윤리는 일차적으로 자본주의 세계에 최적화된 방식으로 구현된다.

성해방 운동과 퀴어 운동 역시 이러한 진정성의 윤리와 잘 부합한다. 진정성은 무엇보다 자기 자신에게 진실한 것을 의미하며, 그러한 자신을 구성하는 내용은 무엇보다도 내면의 '욕망'이다. 퀴어는 그런 자신을 구성하는 진실한 욕망의 핵심을 성정체성, 성적인 지향으로부터 규정하는 것이다. 흔히 퀴어 이론을 진보와 좌파의 담론이라고 여긴다. 물론, 퀴어이론의 학술적인 내용 자체는 프랑스의 포스트구조주의 철학과 문학비평적 연구방법에 기초하고 있다. 그렇지만 사회적·법적 차원에서는 자유주의와 개인주의의 교설에 입각해 정당화된다고 볼 수 있으므로, 퀴어이론 역시 넓게는 시장자유주의[1]적 진정성의 자장(磁場)

안에 놓여 있다고 봐야 할 것이다. 실제로 퀴어가 가장 잘 자리 잡은 지역은 자본주의 시장경제가 고도화된 서구 자유주의 선진국이며, 그중에서도 미국은 그 어느 나라보다 퀴어 운동이 앞서 있었고 지금도 가장 활발한 나라로 볼 수 있다.[2] 유럽의 극우도 무슬림과 난민/외국인을 싫어할 뿐 퀴어에 대한 반감 자체는 별로 없다. 오히려 서유럽의 극우 진영 내에도 LGBT 인사들이 적잖게 포진해 있으며, 이들 중에는 공개적으로 이슬람과 이민/난민 정책을 비판하는 사람들도 있다. 뿐만 아니라 자본주의 최전선에 있는 다수의 글로벌 기업 또한 대외적으로 퀴어 친화적인 이미지를 앞세우고 있다.

이처럼 진정성은 오늘날의 자본주의 시스템과 아주 잘 어울리는 윤리적 덕목이다.[3] 따라서 현대 자본주의를 뒷받침하는 궁극의 이념으로 등극한 자유주의와 개인주의는 현대인의 '진정성'이라는 지배적 심성을 매개로 이해할 때 그 참모습을 좀 더 입체적으로 파악할 수 있을 것이다. 하지만 근대 이전의 지배적 덕목은 진정성이 아니라 '신실성sincerity'이었다. 문학비평가 라이오넬 트릴링(L. Trilling, 1905~1975)은 "신실성과 진정성Sincerity and

1 시장자유주의는 경제와 정치, 문화 모든 면에서 간섭과 개입에 반대하고 개인과 기업이 최대한의 자유를 누릴 수 있어야 한다고 주장하는 이념으로서 보수주의나 권위주의와는 다르다. 경제적으로는 우파적 성격을 띠지만 종교/인종/문화/성의 이슈에 관해선 진보적이다.

2 미국이 연방대법원에서 동성결혼을 합헌으로 판정한 것은 비교적 최근인 2015년이었지만, 유명한 스톤월 항쟁으로 상징되는 LGBT의 정치적 운동부터, 게이와 레즈비언의 하위문화가 가장 일찍부터 발달했던 곳 역시 미국이었다. 동성애자였던 철학자 미셸 푸코가 미국을 좋아하며 줄곧 방문했던 중요한 이유 중 하나는 동성애 하위문화가 아직 제대로 자리잡지 못했던 프랑스와 달리 미국은 일찍부터 게이 커뮤니티와 그들의 독자적인 문화가 이미 잘 자리잡고 있었다는 점이었다.

Authenticity"에서[4] 둘의 차이점을 다음과 같이 구분한다. 신실성은 전근대의 도덕적 가치로, 자신과 타인 모두에게 거짓되지 않고 진실하기를 원하는 태도다. 신실성을 추구하는 자는 외부에서 부과된 도덕적 규범과 내면의 윤리적 의지와 욕망이 갈등하지 않는다. 반면, 근대에 등장하는 진정성은 개인주의의 발달과 더불어 외적 규범의 요구와 내적 욕망이 괴리되는 상황에서 내적 욕망을 규범보다 더 중시하면서 등장하는 이상이다. 따라서 진정성은 외부와 내면, 타인과 자아, 사회와 개인이라는 이항구조가 있을 때, 전자를 억압의 기제로 파악하고 후자를 우선시하며 전자를 적대하고 극복하고자 한다. 즉, "진정성은 자신의 참된 자아를 실현하고자 하는 열정을 가로막는 사회적 힘(전통, 규범, 타인)과의 대립을 마다하지 않는 태도이며, 이런 과정에서 진정성의 주체는 신실성의 주체와는 달리 소위 '불행한 의식'을 갖고 있는 주체성을 형성시킨다."[5]

그런데 '개인의 내면'을 우선한다고 해서, 진정성을 추구하는 개인이 공적인 지평에서 철수하여 스스로를 고립시키고,

3 오해를 피하기 위해 먼저 언급하고 싶은 것은 나는 자본주의, 자유주의, 개인주의와 같은 이념체계나 '진정성'이라는 윤리적 태도 자체를 부정적으로 보지 않는다는 점이다. 오늘날 좌파는 '자본주의적'이라는 말을, 우파는 '사회주의적'이라는 말을 그 자체로 부정적인 의미로 사용하는 경향이 있다. 예컨대, 정부가 아파트 분양원가를 공개하거나 복지지출을 늘리는 정책을 실시하면 그 정책 자체의 유효성을 따지기보다 '사회주의적'이라고 공격하는 경우가 있다. 엄밀히 말해 이는 논리가 아니라 사회주의에 대한 반감에 호소하는 수사(레토릭)일 뿐이다. 수사가 아무리 그럴 듯하게 들린다 해도, 그 자체로 논리적 진술이 되는 것은 아니다. 따라서 수사만으로는 논리적 증명도 반박도 할 수 없다. 선동하고 설득하는 데 유용한 기술일 뿐이다.

4 트릴링의 '진정성'에 관한 설명은 서울대 사회학과 김홍중 교수의 저서 《마음의 사회학》의 1장 〈진정성의 기원과 구조〉에 소개한 내용을 참고하였다.

5 위의 책, 26쪽.

자신만의 의미와 쾌락을 추구하는 것으로 만족할 수 있는 것은 아니다. 가령, 찰스 테일러는 진정성이 참된 의미를 가지려면 공적인 지평horizon을 벗어날 수 없다고 말한다. 즉, 나의 진정성은 그것을 의미 있게 만들어주는 공적인 지평과 그것을 '진정하다'고 인정해주는 타인을 필요로 한다는 것이다. 이를 조금 더 자세히 살펴보자.

테일러는 "인간 생활의 일반적 특징은 기본적으로 서로 대화를 나누는 특성"[6]에 있다는 것을 환기시킨다. 인간이 언어적 존재이면서 동시에 사회적 존재인 한, 타인과의 대화는 불가피하다. 그런데 테일러가 진정성의 성격을 규명하기 위해 인간을 '대화적 존재'라고 규정할 때의 의미는 이보다 좀 더 나아간 것이다. 테일러는 이렇게 말한다.

> 우리 자신이 무엇이어야만 하는가를 묻는 정체성의 정의와 같은 중요한 문제들은 혼자의 사색만으로 해결되는 것이 아니다. 우리는 언제나 대화를 통하여, 또는 우리에게 의미 있는 타인들이 우리들 마음속에 각인시키고자 하는 다양한 정체성들과 격렬한 논쟁을 벌여가면서 우리의 정체성을 규정하고 만들어가는 것이다. (중략) 그래서 의미 있는 타인들의 공헌이 우리의 어린 시절에 일어난 것일지라도, 평생을 통하여 지속하는 것이다.[7]

6 찰스 테일러, 《불안한 현대사회》(송영배 옮김, 이학사, 1998), 49쪽.

7 위의 책, 50쪽.

테일러에 따르면 진정성(자기진실성)[8]의 개념은 본래 17세기 데카르트와 로크 이후 등장한 초기 형태의 개인주의에 반발하면서 나온 것이라고 한다. 즉, 진정성이란 중세적 목적론으로부터 해방된 이성주의나 공동체와의 연결고리를 인정하지 않는 원자적 개인주의에 매우 비판적이었던 낭만주의 시대의 산물이라는 것이다.[9] 실제로 19세기의 낭만주의는 과학적 이성과 분석적 방법만을 중시하는 계몽주의에 반발하면서 인간과 자연을 보다 통합적으로 이해하고자 했던 사조였다. 테일러는 낭만주의가 도덕에 대한 접근도 달랐다고 말한다. 즉, 계몽주의가 도덕을 객관적이고 외재적인 기준으로 상정하고 그 행위의 결과를 계산하는 방식으로 접근했다면, 낭만주의는 진정성을 내세우면서 옳고 그름에 긴밀히 연관된 인간의 정서와 느낌을 강조했다는 것이다. 그러니까 "도덕이란 마음속의 목소리"[10]이므로, 인간은 진실로 선하고 올바른 존재가 되기 위해서는 자신의 내면의 원천으로 접속해야 한다. 그런데 이 관념은 "하느님 혹은 이데아와 인간 존재의 연결 고리를 배제하지 않는다. 이것들은 오히려 그것들에 도달하는 인간의 적절한 길로 간주될 수도 있다."[11]

그런데 앞에서 본 '진정성'에 대한 트릴링의 관점은 테일러가 규명한 '진정성' 개념의 낭만주의적 기원과 뭔가 유사하면서도 다르다. 내면을 지향하고 반성하면서 마음속의 목소리에 귀

8 《불안한 현대사회》의 옮긴이 송영배 교수는 이 책에서 'Authenticity'를 '자기진실성'이란 말로 옮기고 있다. '진정성'과 동일한 의미라고 보면 된다.

9 위의 책, 40쪽.

10 위의 책, 41쪽.

11 위의 책, 42쪽.

를 기울인다는 의미는 일관되게 유지되지만, 현대의 진정성은 무언가를 잃어버린(내다버린) 것이다. 테일러는 그것이 바로 참된 의미를 만들어주는 맥락, 즉 '지평horizon'이라고 본다. '지평'은 개인이 속한 공동체의 전통과 뗄 수 없는 긴밀한 연관성을 지니며, 더 근본적으로는 자아의 내면을 넘어서는 초월적인 형이상학적 가치체계의 존재를 전제한다. 즉, 낭만주의 시대에 출현한 진정성은 일종의 루터적인 진정성의 반복재현이었다. 제도로서의 교회가 타락하여 신을 제대로 매개하지 못하기 때문에 신을 진정으로 만나기 위해서는 오직 성서를 통해 자기 내면에서 실존적으로 신을 대면해야 한다는 것이 루터의 주장(만인제사장 설)이었고, 사실상 이 바탕에서 개인주의가 출현하였다. 이런 방식의 윤리적(신앙적) 진정성은 "신 앞에 선 단독자"를 주장한 키르케고르에게서도 이어진다. 즉, 제도라는 형식은 내다버릴지언정, 그보다 더 알맹이에 있는 신이라는 관념은 오히려 강화되었던 것이다.

하지만 세속화된 현대사회에서 신은 불필요한 전제이다. 의미가 생성된다고 하는 고유의 지평도 이처럼 검증할 수 없는 초월적인 가치체계를 전제하는 한, 이 역시 은밀하게 자아를 억압할 수 있기 때문이다. 따라서 현대의 진정성은 이런 지평의 존재를 부인하거나 삭제하고자 한다. 따라서 이제 무엇이 좋고 무엇이 나쁜지를 결정해주는 권위의 최종적인 심급은 존재하지 않으며, 기존의 규범적 가치체계도 근본적인 회의의 대상이 된다.[12] 따라서 어떤 행위가 타인에게 해를 끼치거나 불법한 것만 아니라면 그것이 무엇이든 문제될 것은 없다. 존재하는 것은 오직 차이와 다양성이며, 모든 것은 긍정된다. 따라서 우리는 서로의 차이를 존중하면서 각자의 가치관과 꿈과 이상을 응원해주면 된다. 내 진실한 도덕적 이상이 왜 그러한지 타인에게 굳이 설명할 필요도, 타인으로부터 정당성을 획득할 필요는 없는 것이다.

그런데 이런 심플한 해법은 일말의 불안감을 남긴다. 진정성은 단순히 기호(嗜好)나 취향이 아니기 때문이다. 철수는 카레를 좋아하고, 영희는 쌀국수를 좋아하는 차원의 문제가 아닌 것이다. 앞서 본 것처럼 진정성은 도덕적 이상과 연관되어 있으며, 이는 타인의 인정을 필요로 한다. 철수가 카레를 좋아하는 것과 달리 동성인 남성을 좋아하는 자신의 성 정체성은 타인의 인정이 필요하다. 여기에 진정성의 딜레마가 있다. 우리는 성적 지향과 같은 정체성을 타인이 간섭할 수 없는 고유의 기호와 성향과 같은 것으로 취급하지만, 동시에 타인으로부터 반드시 적절한 인정을 받아야만 하는 것으로 인식한다. 하지만 더 정확히 말하면 타인은 관심을 기울이고 때로는 간섭하며 의견을 제시하는 상호작용적 존재가 아니라 일방적으로 긍정하고 찬사를 보내는 관객/팬과 같은 존재여야 한다. 진정성은 타인의 평가에 따라 인정되거나 인정되지 않는 문제가 아니라 무조건적인 인정과 긍정을 요구하는 것으로 변모되었다. 이처럼 사전에 답이 정해진 상호작용의 차원은 그 자체로 폭력적이고 억압적인 성격을 띨 수밖에 없게 된다. 그렇다. 오늘날의 진정성은 폭력과 무

12 가령 '최선을 다하라'는 당연해 보이는 가르침은 이제 "왜 최선을 다해야 하나요?"라는 질문을 맞닥뜨린다. 《하마터면 열심히 살 뻔했다》라는 제목의 에세이는 얼마 전 베스트셀러였다. 너무 바쁘게 열심히 살면서 자신을 잃어버리지 말자는 나름대로 좋은 내용을 담고 있는데, 여기서 주목할 것은 책의 제목 자체가 이미 기존의 규범적 당위를 도발하고 있다는 점이다. 이처럼 우리가 당연하게 받아들이고 있던 덕virtue의 내용들은 이제 지속적으로 그것이 왜 좋은 것인지를 설명해야 하는 부담을 갖게 된다.

관하지 않다.

진정성과 폭력의 문제를 고찰하기 위해서는 '진정성'의 의미를 한 걸음 더 들어가 살펴볼 필요가 있을 것 같다. 트릴링이나 테일러가 기술한 '진정성'의 기본적인 개념에 근거하면서도 '진정성' 자체를 보는 시각과 관점이 학자마다 조금씩 다르기 때문이다. 예컨대, 김홍중과 한병철, 두 학자는 진정성이 일정한 '폭력'적 성격을 갖는다는 점을 동일하게 말하지만, 그 의미는 사뭇 다르다. 일단 두 학자의 관점에서 '진정성'의 의미론을 검토하고 각각의 의미에서 폭력의 문제는 어떻게 연관되고 있는 것인지 먼저 살펴보기로 하자.

(2) 진정성의 애매함

김홍중 교수는 자신의 저서《마음의 사회학》에서 '진정성'이라는 심적 태도가 1980년대의 한국사회, 특히 민주화를 염원하며 행동하는 사람들의 공통된 '마음'이었다고 말한다. 사회학자로서 그는 '마음의 레짐regime'이란 개념을 제안하고 있는데, 여기서 '마음', '레짐'과 같은 단어들은 나름의 정교한 의미를 지닌 개념어이다. 저자(김홍중)는 먼저 자신이 이야기하고자 하는 '마음'이 "종교 – 형이상학적 의미의 심(心)이나, 근대 인식론이 이야기하는 마인드mind, 그리고 근대 심리학이 육체와는 다른 심적 활동의 공간으로 설정하고 있는 사이키psyche가 아니"[13]라고 선을 긋는다. 즉, 그가 여기서 다루고자 하는 '마음'은 단순히 개인 내면의 심리라기보다는 사회적인 것이다. 저자에 따르면 뒤

13 김홍중,《마음의 사회학》, 7쪽.

르켐과 베버와 같은 사회학의 거장들이 사회를 분석할 때 그들은 무엇보다도 한 사회의 지배적인 가치를 구성하는 삶의 태도, 윤리적 지향, 감정의 구조 등을 포착하였는데, 이런 것들이 결국은 한 사회의 '마음'과 관련한 것이라 할 수 있다. 다른 한편 저자가 '에토스ethos'나 '습속(習俗, habitus)', '심성(心性)'이 아닌 '레짐'이란 단어를 사용하는 이유도 나름 신중하고도 분명하다. 특정 체제regime가 자신의 신민(臣民)을 양성하듯이, '마음의 레짐'은, 푸코의 통찰을 빌어 말하자면, "자신의 독자적인 주체의 형식을 산출"[14]하는 일종의 '장치dispositif'라는 것이다. 결국 저자는 '마음의 레짐'이란 개념에 기초하여 '진정성'이 단지 하나의 심정적·윤리적 태도라는 일반적 의미를 넘어 보다 구체적으로 1980년대를 살았던 이들, 특히 86세대의 삶의 형식을 규율하고 조형하는 근원적 힘이었다고 주장한다.[15]

위 맥락의 의미에서 80년대를 지배한 진정성은 상당히 수준이 높은 윤리적 의식이라 할 수 있을 것이다. 그것은 반민주적인 군부독재, 부조리한 자본주의에 대한 도덕적 분노와 이에서 촉발된 사회변혁의 의지가 결합된 심성으로서 실제 행동(민주화 운동)을 추동했던 힘이었기 때문이다. 엄혹한 군부독재 치하에서 기본적인 표현의 자유조차 박탈당한 시대, 대학 캠퍼스 안으로까지 군경이 들어와 폭력을 휘두르는 가운데 불안과 공포에 짓눌린 학우들을 일깨우기 위해 옥상에서 몸을 던지거나 분신으로

14 위의 책, 24쪽.

15 오해를 피하기 위해 한 마디 덧붙인다. 김홍중 교수는 86세대를 규정했던 마음의 레짐이 진정성이었고, 그리고 그 이후 속물의 시대가 도래했다고 해서 86세대를 무조건적으로 긍정하거나 미화하고 있는 것은 아니다.

스스로 목숨을 끊었던 학생들은 민주화의 순교자였고, 진정성의 화신이었다. 이들은 비루하게 노예로 사느니 죽음으로써 자유인으로 살고자 했고, 타인의 양심을 자극하며 용기를 북돋우려 했을 것이다. 이런 시대상황에서 사람들의 마음을 지배하는 진정성의 레짐은 결국 '용기 있는 자'와 '비겁한 자', '저항하는 자'와 '굴종하는 자'를 구분하게 되는데, 이러한 구분은 불가피하게도 어느 정도의 폭력적인 요소를 내포하게 된다. 진정성이란 "언제나 타인에게 부족한 것이자, 나에게만 주어져 있는 것으로서 주장"되며, "진정성을 발화하는 자는 대개 '나의 진정성'과 '타인의 비진정성'을 불균등하게 전제"하고 "타인의 진정성을 추궁"[16]하는 경향이 있기 때문이다.

한편, 저자는 80년대의 진정성의 레짐을 분석하면서 도덕적 진정성과 윤리적 진정성을 구분하고, 이 두 가지 진정성이 불화하고 갈등할 수 있는 가능성을 이야기한다. 그런데 도덕과 윤리는 과연 다른 것인가? 일상에서 우리는 이 두 개념을 별다른 구분 없이 사용하지만, 일찍이 푸코는 《성의 역사 3: 자기배려》에서 윤리를 도덕으로부터 구분하였다. 도덕moral은 집단의 공통된 규약이자 (정언)명령으로서 구성원으로 하여금 오직 이 규약에 복종할 것을 요구하는 경향이 있다. 라캉의 용어를 빌리면 도덕은 "상징계의 법"이자 "대타자"이다. 반면, 윤리ethics는 집단의 구성원인 자아가 이러한 도덕의 강제적·규율적 속성을 검토하고 이를 수용하거나 거부하는 내면의 비판적 원리이다. 나아가 푸코

16 위의 책, 36쪽.

에게 있어 윤리는 그 출발부터 '자기배려'의 윤리라고 할 수 있다. 저자 역시 도덕과 윤리를 구분해서 언급할 때 이러한 푸코의 구분을 그대로 수용하고 있다.

그렇다면 트릴링의 개념에 따라 도덕은 (공동체에 충실한) '신실성'에, 윤리는 (자기 내면에 충실한) '진정성'에 연관되는 규범과 같은 것이라고 볼 수 있지 않을까? 문제는 그렇게 단순하지가 않다. 저자가 테일러를 인용하여 설명하듯 진정성은 공적 지평과 뗄 수 없으며, 참여(Engagement, 앙가주망)와 행동이 없는 진정성은 제대로 된 진정성으로 성립할 수 없기 때문이다. 저자에 따르면 윤리적 진정성은 주체의 끝없는 내적 성찰과 비판적 의식으로 인도하기에 결단을 망설이게 하고, 참여와 행동을 지연시키는 경향이 있는 반면, 도덕적 진정성은 "주체가 자신과 성찰적으로 관계 맺는 내면적 숙고를 통해 도달되는 것이 아니라, 공동체가 외적으로 부과하는 삶의 형식들에 의해 구현"되기에 "내면적 성찰보다는 '진정한 삶'으로 인정하고 규정한 행위의 패턴, 정열의 표현, 감정의 방식, 희생의 위업에 대한 추종과 모방"으로 이끈다.[17] 그러니까 일단, (테일러와 김홍중의 맥락에서는) 도덕도 진정성과 연결될 수 있는 것이다.

따라서 "도덕적 진정성을 추구하는 자는 그리하여 자칫 성찰적 엄격함을 구비하지 못한 채, 자신이 속한 집합체의 지배적 가치와 이상을 절대시하고 이를 유연하지 못한 방식으로 추구하게 될 가능성이 있다." 이것이 바로 진정성의 폭력이다. 반면, "도덕적 진정성과 유리된 윤리적 진정성은 공적 지평으로 나아가

17 위의 책, 37쪽.

지 못하는 개인의 자기중심적인 폐쇄로 이어질 수 있다."[18] 저자는 이와 같이 두 종류의 진정성이 갖는 성격을 기술하면서 80년대의 진정성은 '도덕적' 성격이 강했고, 내적 성찰이 충분치 않은 상황에서 헤겔-마르크스 이론에 입각한 목적론적 역사의식이 일종의 초자아로 군림하며 개인들을 억압하는 경향이 있었다고 말한다.

하지만 저자의 이러한 논의 속에서 도덕적 진정성은 과연 트릴링이 말하는 신실성과 얼마나 다른 것인가 하는 의문이 들게 된다. 왜냐면 둘 다 개인의 내면이 아니라 외부, 즉 그 개인이 속한 집단에서 부과된 규범이나 이상에 충실하기 때문이다. 물론 트릴링은 신실성이 전근대의 도덕적 가치라고 했다. 전근대 사회는 신분제 사회이고 태어날 때의 신분은 신이 정해준 것이었다. 따라서 위계질서와 권위를 존중하고, 자기 신분과 종교적 신앙에 걸맞는 외적 기준과 양식에 따라 행동(노동)하는 것은 신실한 태도였다. 그렇지만 저자가 말하는 (80년대적) 도덕적 진정성이 이와 크게 다를까? 개인이 자기가 속한 집단의 지배적 가치에 충실하고, 그 공동체가 공인하는 일정한 행위의 패턴과 모델을 추종하며 모방하는 행위는 결국 자기 집단에 대한 '신실성'이 아닐까? 민주화운동을 주도했던 86세대에 적용해 말한다면, 이들은 반공 보수주의 국가권력이 내세우는 가치관과 규범에 의문을 제기하고 반발하지만 그 국가권력에 맞서는 운동권의 가치관과 규범, 이념과 습속과 행위패턴에 대해서는 매우 충실했는데, 이는 결국 운동권 공동체에 대한 신실성의 발현이 아니었

18 위의 책, 37쪽.

느냐는 것이다.

저자도 이 점을 인정하는 듯하다. 그는 "신실성과 진정성의 관계는 변증법적 나선형으로 착종"되어 있다고 말한다. 신실성 속에는 아직 개화되지 않은 원형질로서의 진정성의 맹아가 들어 있으며, 진정성은 신실성이 반성되어 진화한 형태라고 이야기한다. 헤겔을 원용해서 저자는 신실성은 즉자적 진정성이고, 진정성은 대자적 신실성이라고 말한다. 게다가 저자는 "80년대의 진정성은 특정 그룹이나 특정 이념에 배타적으로 현상했던 것이 아니"[19]었다고 분명하게 언급한다. 오히려 진정성이 깃드는 모멘트는 운동의 현장이 아니라 운동이라는 자기결정에 이르는 번민과 방황과 망설임의 순간들이라는 것. 따라서 진정성은 "항상적 모색이고 부단한 변신"이며 "자기배반"일 수밖에 없다. 그런데 저자의 이런 설명을 따른다면 80년대에 두드러지게 나타났던 도덕적 진정성의 양상은 본래 진정성의 의미에서 이탈할 수밖에 없게 된다. "진정으로 진정한 것은 진정성을 향한 방향 속에 있는 것이지 그것이 실현되어 실체로서 주어진 사물이나 사태 속에 있는 것이 아니다. 진정성의 윤리 속에는 무언가 병적으로 진지하고 순결하고 폭력적인 정언명령이 숨어 있다."[20]

결국 저자가 말하는 진정성은 상당히 수준이 높은 윤리적 의식이면서 동시에 내적 분열을 항상적으로 품고 있는 불행한 의식일 수밖에 없다. 진정성이 유아론적인 자기폐쇄에 머물지 않기 위해서는 테일러가 이야기한 공적 지평과 유리되지 않

19 위의 책, 54쪽.

20 위의 책, 55쪽.

도록 주의를 기울이면서도, 시대와 상황이 요구하는 도덕적 이상을 추구하는 과정이 독단적이고 억압적이지 않기 위해서는 내면의 성찰을 부단히 지속해야만 하기 때문이다.[21] 그러니까 저자가 정리한 순도 높은 '진정성'은 자칫하면 자신과 타인을 지속적으로 학대할 수 있기에 폭력으로 흐를 수 있다.

그렇지만 '진정성'이라는 말이 이처럼 엄격하고 숭고한 의미를 유지하고 있었다면 오늘날 이렇게 광범위하고 범속한 용도로 사용되지는 못할 것이다. 찰스 테일러가 진정성이라는 개념의 기원을 탐색하고, 그것이 본래 출발했던 '공적 지평'을 잊어서는 안 된다는 주장을 들고 나왔다는 것 자체가 이를 반증한다. 물론 참된 진정성에 대한 담론이 없는 것은 아니다. 환경을 생각하면서 플라스틱이나 일회용 제품을 사용하지 않는 행위, 독거노인이나 장애인, 외국인 노동자나 성소수자와 같은 사회적 약자와 연대하는 구체적인 실천들, 많은 물건과 소유로부터 자유로워지기 위한 미니멀리즘minimalism, 공정무역 인증이 된 커피를 구입하는 것과 같은 착한 소비, 대도시를 떠나 귀농하는 청년, 취업이나 취직을 위해 스펙을 쌓는 게 아닌 자신이 좋아하는 랩을 하기 위해 아르바이트를 하고 거리에서 버스킹을 하는 20대 등등. 이런 일련의 행위들이 이 시대의 진정성을 대표하는 주요 이미지이다.

21 화합하기 힘든 이 모순된 요구를 진정성의 주체는 과연 버텨낼 수 있을까? 김홍중은 그렇기에 진정성이 이상화한 삶의 형식의 하나가 '요절'이었으며, 87년 체제의 전당에 수많은 희생자들이 열사의 이름으로 축성(祝聖)되어 있다고 말한다.

그렇지만 진정성이 이처럼 상식적으로 인정가능한 바운더리 안에만 머물 수 있을까? 간단한 사고실험을 해보자. 어느 고등학교 30대 남자 선생님이 2학년 여학생과 사랑에 빠졌다면 어떨까? 그리고 이 남교사가 이미 결혼을 했다면? 제자와 교사 이 두 사람은 서로 마음으로 사랑하지만, 성적인 욕망을 억제하여 관계를 하지 않는다면? 이 학생을 성심성의껏 지도하여 학생을 좋은 대학으로 진학시킨 후에도 두 사람이 사적인 만남을 통해 뜨겁고 열렬한 사랑을 이어간다면? 그리고 이 두 사람의 사랑을 비난하는 주변사람들로 인해 두 사람이 함께 목숨을 끊는다면? 이런 이야기를 누군가 영화로 제작하면서 두 사람의 사랑을 진정으로 아름답게 그리는 한편, 두 사람의 사랑을 비난하는 사람들을 폭력적으로 묘사했다면? 교사와 제자는 아마도 진정성의 비극적 주인공이 될 것이고, 그들을 둘러싼 사람들은 구시대의 도덕에 사로잡혀 개인의 자유를 억압하는 권위적이고 수구적인 사람들로 비치지 않을까?

이런 점이 애매한 것이다. 진정성이 도덕과 무관하게 된다는 것이 아니다. 김홍중 교수가 80년대 마음의 레짐으로 규명한 '진정성'도 마찬가지다. 그것은 민주주의의 본질적 도덕과 규범을 현실의 정치권력과 경제권력이 노골적으로 무시하는 것에 대한 도덕적 분노로 촉발되는 태도였다. 상충하는 도덕원리들이 있을 때, 어떤 도덕은 다른 도덕보다 더 중요한 상위의 가치로 여겨질 수 있는 것이다. 가령, 자유민주주의 사회에서는 정치와 사법의 영역에서 가장 중요한 가치가 절차적 정당성과 적법성인데, 이는 목적이 수단을 정당화할 수 없다는 원리와 인간의 기본적 권리는 침해되어선 안 된다는 원리가 여타의 도덕적 가치보다 더 우선됨을 뜻한다. 그리고 시민사회의 구성원들 사이에서는 이러한 절차적 정당성의 우선성에 대한 암묵적인 사회적 합의가 존재한다.

하지만 진정성을 추구하는 개인이 이와 비슷한 도덕적 딜레마의 상황을 맞닥뜨릴 땐 어떨까? 방금 예로 든 유부남 교사는 도덕이 강조하는 배우자에 대한 정절과 자기의 감정과 욕망에 진실하고 자유롭게 그것을 추구하고자 하는 태도가 진정한 것이라는 내면의 목소리가 갈등할 때, 이 유부남 교사는 어떤 것을 우선하게 될까? 개인은 얼마든지 이런 상황을 맞이할 수 있다. 이럴 때 진정성을 강조하는 현대적 사조에 힘입어 결국 자신 내면의 욕망을 따르면서 자신을 진정한 윤리적 인간으로 간주할 수도 있고, 그 과정에서 공적 지평은 가볍게 무시될 수 있을 것이다. 실제로 오늘날 전반적으로 이해되고 있는 진정성은 이런 '지평'을 가볍게 취급하거나 부인하기에 이르렀다고 볼 수 있다.

철학자 한병철은 이처럼 본래의 엄격하고 순도가 높은 의미를 지녔던 '진정성'이라는 말이 범속하고 진부해져 버린 오늘의 상황에서 나타나는 '진정성'의 테러를 이야기한다. 진정성은 이제 순도 높은 고결한 양심에 근거해 자아를 학대하기보다는 허용과 긍정, 자유롭게 위반하라는 명령을 통해 자아를 한껏 팽창시킨다. 그 결과 진정성이 건강한 자기애의 윤리가 아닌 병적인 나르시시즘의 매개로 기능하고 있는 현실을 이야기한다. 진정성의 폭력은 이제 다른 형태를 취하는 것이다.

(3) 진정성의 공허와 우울

《피로사회》로 유명한 재독철학자 한병철에 의하면, 오늘날 신자유주의의 개인(주체)들은 자유롭다는 환상 속에서 자기 스스로를 착취한다. 이들은 이른바 '성과주체'이다. 산업사회의 노동자가 관리감독과 훈육, 통제의 부정성 속에서 자유를 박탈당하며 강제로 고된 노동을 했다면, 21세기 지식기반경제의 노동자는 단순히 노동자가 아니라 스스로를 고용한 1인기업의 기업가이기에 (그가 일하는 직장은 고객기업이다), 비즈니스의 성공과 자아실현을 위해 자발적이고도 경쟁적으로 스스로를 닦달하고 착취한다는 것이다. 그는 이후《투명사회》,《심리정치》,《에로스의 종말》 등의 저서들을 잇달아 내면서 현대인들이 겪고 있는 문제들을 진단하는데, 그의 책을 다수 번역한 김태환 교수는 한병철이 자신의 저서들 속에서 일관되게 옹호하고자 하는 것이 '부정성'이라고 말한다. 부정성negativity은 본질적으로 억압과 금지로 표상되는 전근대의 속성이며, 이런 부정성을 몰아내어 인간을 해방하는 것이 계몽주의의 기획이었다. 자연의 거대한 힘, 타자, 진리, 규율, 전통, 종교, 신(神) 등은 그러한 부정성을 상징한다. 그런데 계몽과 해방의 빛enlightment으로 부정성의 그림자를 완전히 몰아낸 시대에, 한병철은 다시금 부정성의 가치들을 강조하고자 한다.

예컨대, 한병철은 빅데이터로 대변되는 정보더미들의 실증적(positive; 긍정적) 상관관계 분석과 달리 지식, 즉 '이론'과 '사유'는 부정성을 지닌다고 말한다. "플라톤의 이데아론이나 헤겔의 정신현상학과 같이 강한 이론들은 데이터의 분석으로 대체할 수 있는 모델이 아니다. 이론은 세계를 완전히 다르게, 완전히 다른 빛 속에서 드러나게 하는 근본적 결단이다. (중략) 데이터가 작동시킬 수 있는 것은 그저 계산일 뿐이다. 사유에는 계산 불가능함이라는 부정성이 깃들어 있다."[22] 진리 역시 배제의 부정성을 지니고 있으며, 에로스의 사랑도 마찬가지다. 가령, 누군가를 사랑한다는 것은 다른 사람을 사랑하지 않는 것을 전제로 한다. 그렇기에 이처럼 "부정성을 지닌 사랑은 가산적이고 축적이 가능한 '좋아요'와 구별된다." 한병철은 오늘날의 사회를 '긍정사회'로 명명하며, "박탈이나 금지가 아니라 과잉소통과 과잉소비가, 배제와 부정이 아니라 허용과 긍정이 사회체를 병들게 한다"[23]고 진단한다. 한병철에 의하면 '진정성' 역시, 이처럼 부정성을 잃어버리고 허용과 긍정이 증식하면서 강조되는 가치이다.

> 진정성Authentizität은 신자유주의의 모든 광고들과 마찬가지로 해방의 옷을 입고 등장한다. 진정하다는 것은 사전에 만들어진, 외부에서 정해진 표현과 태도의 틀에서 자유롭다는 것을 말한다. 진정성은 오직 자기 자신과만 같을 것, 오로지 자신을 통해서만 자신을 정의할 것, 자기 자신의 저자이자 원작자일 것을 강요한다. (중략) 자기 자신의 경영자로서의 자아는 자신을 생산하고, 자신을 실행시키고, 자신을 상품으로 내놓는다. 진정성은 판매논리다.[24]

한병철에 의하면 "자기 자신과만 같을 것, 자신의 원저자일 것"을 요구하는 진정성의 명령은 다름의 진정성을 요구하는데, 이

22 한병철, 《에로스의 종말》(김태환 옮김, 문학과지성사, 2015), 91쪽.

23 한병철, 《타자의 추방》(이재영 옮김, 문학과지성사, 2017), 7쪽.

24 위의 책, 34~35쪽.

런 진정성은 역설적으로 사회적인 동형성(同形性)을 고착시킨다.[25] 즉, 이러한 진정성은 타인과의 영구적인 비교를 낳는데 그 결과 시스템과 일치하는 차이, 즉 잡다함만을 양산할 뿐이다. 이는 앞의 2부에서 지라르를 원용해 언급한 것처럼, 차이를 강조하는 차이생성이 역설적으로 차이소멸로 귀결되는 메커니즘과 유사하다.[26] 타인과 다르고자 하는 진정성은 타인과 비교가능한 다양성을 낳지만, 그러한 다양성은 자본주의 시장의 상품의 다양성과 효과적으로 상응하기 때문이다. 한병철은 이를 두고 "같음은 다름을 관통하여 계속 자신을 고수한다"[27]고 말한다. 이러한 '다름'은 부정성이 없는 다름, 갈등을 일으키지 않는 다름, 긍정적인 것을 증식하는 다름일 뿐이며, 그 다름을 관통하는 것은 '같음'의 메커니즘이다. 알랭 바디우 역시 '차이' 일변도의 철학을 비판한다. 차이는 결국 교환가능성을 전제하기에 "화폐의 먹이"라는 것이다. 바디우에 의하면 강박적이고 반복적으로 차이를 만들어내는 것이 자본주의이며, 그것은 차이를 끝없이 만들어내면서도 용납할 수 없는 차이(이슬람, 테러리스트, 코뮤니스트 등)를 동시에 만들어낸다. 그리하여 바디우는 '차이'가 아닌 '진리'의 정치, (내면에 대한) 진정성이 아닌 (진리에 대한) 충실성fidelity, 다문화주의

25 위의 책, 35쪽.

26 지라르는 '진정성'도 '모방'되는 것이라 말할 것이다. 모두가 자기 자신과 같고자 하면서도 타인과 지속적으로 비교할 때, 진정성을 향한 모방적 경쟁관계 역시 일종의 짝패double가 될 수 있다. 짝패는 서로 차이가 있고, 끝없이 그 차이를 만들어내려 하지만 그 차이는 유명무실해진다. 예컨대, 미국과 이라크, CIA와 알카에다는 겉보기에 다르나 모방적 경쟁관계 속에서 실상 서로가 매우 닮았고, 더욱 닮아가는 짝패라고 할 수 있다. 종교와 문화, 언어의 차이가 무색해질 정도로 두 집단의 차이는 소멸한다. 짝패를 관통하는 동형성이 고착되는 것이다.

27 위의 책, 35쪽.

적 특수성이 아닌 보편성을 내세우며 포스트모던한 차이의 철학 일반을 비판한다.

추상적이고 철학적인 언어로만 이야기하고 있기에, 이해가 잘 안 될 것이다. 이 책이 퀴어를 다루고 있는 만큼, 퀴어로 예로 들어 생각해보자. 3부의 서두에서 언급한 것처럼, 오늘날 "오직 자신에게 진실할 것"을 요구하는 진정성은 자유를 가장 중시하는 자본주의에 최적화된 삶의 양식이다. LGBT 성소수자 역시 똑같은 인간으로서 인정받고 대우받을 권리가 보장되어야 한다는 당위와 대의는 전적으로 옳은 말이며, 일단 이 부분은 논외로 한다. 이와 별개로 스스로를 퀴어로 정체화하는 또는 커밍아웃하는 사람은 자기 자신의 성적 지향에 대한 자기만의 서사를 지니고 있으며, 그 욕망에 진실하고자 하는 "진정성의 주체"이자 "차이의 주체"라고 할 수 있다. 그런데 이 진정성이 도대체 자본주의의 상품질서와 무슨 관련이 있다는 것일까?

예컨대, 여성복장을 즐기는 드랙drag MTF 트랜스젠더의 경우, 그가 여성의 옷을 입으려면 큰 사이즈의 여성복들이 필요할 것이다. 하이힐을 신기 위해서는 그의 발 크기에 맞는 새로운 구두도 필요하며, 화장도 해야 할 것이다. 이것만으로 의류 산업은 상품의 다양성과 규모를 확대할 수 있고, 화장품 산업도 매출의 규모를 키울 수 있을 것이다. 아예 드랙을 위한 제품 컬렉션을 따로 마련할 수도 있을 것이다. 한편, 성소수자 이슈는 헐리웃에서 각광받는 소재이기도 하다. 넷플릭스만 해도 LGBTQ를 테마로 한 다양한 영화가 넘쳐난다. 이와 관련해 수많은 캐릭터와 이야기들을 생산할 수 있기 때문이다. 한편, 점차 언더그라운드에서 수면 위로 넘어오고 있는 BDSM 성문화도 있다. Bondage(속박), Discipline(훈련), Submission(복종), Sadism(새디즘, 가학주의), Masochism(마조히즘, 피학주의)의 약자로서 구속하고 훈육하고 복종하며 가학적이고 피학적인 고통을 포함한 성행위의 형태를 일컫는 말이다. 쉽게 말해 체벌과 고문 등 신체적 고통이 포함된 성행위인데, 학대자와 피학대자는 상호 자발적인 합의 하에 지배와 복종, 거기에 수반되는 권력관계의 역할놀이를 하면서 폭력을 수반하며 오르가즘을 극대화시킨다. 게일 루빈(Gale S. Rubin, 1949~)과 같은 미국의 급진적 성해방론자는 BDSM 뿐 아니라 진보진영에서 불법화시킨 성매매와 소아성애pedophilia까지 긍정하는데, 이미 페미니즘 일부 분파에서는 BDSM이나 성매매에 대해 철학적으로 정당화를 꾀하고 있다. 또 이와 관련해 자위기구 뿐만 아니라 BDSM에 쓰이는 밧줄과 채찍, 여러 가지 도구들 또한 관련된 전문 쇼핑몰에서 구매가 가능하다. 마찬가지로 수십여 가지의 젠더정체성은 제각기 그만의 정체성을 표현해줄 수 있는 물건과 복장, 라이프스타일의 미학이 필요하다. 게이를 위한 데이트 또는 섹스매칭 앱이 개발될 수 있고(이미 존재할지도 모른다), AI의 발달과 트랜스휴먼의 출현으로 인해 교감형 섹스돌sex doll이나 섹스로봇이 등장할 수도 있을 것이다. 더불어 섹스는 이전보다 더욱 더 큰 규모의 산업으로 진화할 수 있을 것이다.

단지 퀴어의 진정성만이 아니다. 어떤 이들은 진정한 자기 자신을 찾기 위해 여행을 가고자 할 것이다. 자신만의 개성을 표현하기 위한 패션, 액세서리를 할 수도 있으며, 피어싱과 타투를 할 수도 있다. 값비싼 스마트폰과 드론을 통해 성찰과 사색을 유도하는 멋진 풍경을 촬영할 수도 있다. 인스타그램을 통해 자기만의 개성을 드러내고, 유튜브 채널이나 블로그를 통해 그러한 자기서사를 드러낼 수도 있다. 또 내연기관 자동차가 아닌 전기차를 구매할 것이다. 서로가 서로에게 투명한 시대에, 진정성의 자아는 이제 타인을 관객처럼 소환하여 자신을 인정해주기를 원하기 때문이다. 이처럼 '차이'를 드러내는 진정성은 자본주의를 비판하면서도 자본주의에 최적화된 방식으로 추구된다. 김홍중 교수는 아마도 이를 '진정성'을 흉내 내는 속물에 불과하다고 하겠지만.

그렇다고 한병철이 진정성을 비판하고, 부정성을 강조하면서 직접적으로 LGBT를 비판하는 것은 당연히 아니다. 그렇지만 그 근저에 놓여 있는 끝없는 허용과 무한한 긍정의 문화를 비판하고 있으며, 여기에는 성문화라고 예외일 수 없다. 그는 규율사회의 '금지'명령과는 달리 신자유주의 사회가 추동하는 '할 수 있음 can do'이라는 조동사의 언어가 자아들에게 자유의 감정을 선사하면서 스스로를 착취하게 한다고 말한 바 있다. 에로스의 영역도 마찬가지다. 허용과 긍정을 조장하는 문화에서는 심지어 금기를 어길 때 경험하는(죄악을 저지를 때 느끼는) 쾌감[28]과 죄책감조차도 점차 사라지게 할 것이다. 한병철에 의하면 "안정된 자아는 (부정성의) 타인에 직면할 때 비로소 형성된다. 이와 달리 과도하고 나르시시즘적인 자기연관은 공허감을 낳는다."[29]

한병철의 논의를 종합하면, 오늘날의 진정성은 자아를 무

28 예컨대, 조르주 바타이유는《에로티즘》에서 금기가 없으면 주이상스(향락)도 없다고 말한 바 있다.

29 《타자의 추방》, 38쪽.

조건 긍정하기에 문제라고 할 수 있다. 그것은 진리, 타자, 절대자의 부정성을 직면하지 않는다. 저열한 욕망조차 갈등과 투쟁 없이 그저 자유의 이름으로 허용되기에 허무감과 우울증을 낳는다. 이러한 종류의 우울증은 프로이트가 말하듯 "초자아의 공격" 때문에 생기는 것이 아니다. 오히려 알랭 에렌베르의 분석[30]처럼 오히려 타자와의 갈등관계를 상실하고 있기 때문이다. 이 우울증은 자기비하적 신경증이라기보다는 차라리 만성적 지루함 또는 의미상실에서 비롯되는 실존적 불안이라고도 할 수 있을 것이다. 다시 쉽게 이야기하면, 늘 친절하게 긍정해주는 상사의 미사여구의 칭찬보다는 엄격하고 까다로운 상사의 짤막한 직언이 훨씬 더 진실하게 느껴질 것이다. 긍정과 칭찬, 뭘 해도 '좋아요'만 연발하는 사람들에게 둘러싸이면 오히려 자아는 공허와 우울에 빠진다. 억압과 금지로 자아를 초토화시키는 것이 아닌 허용과 긍정으로 나르시시즘적 허무에 자아를 익사시키는 폭력, 이것이 범속해진 진정성이 갖는 새로운 폭력이다.

(4) 소결: 도덕적 이슈에서 충돌할 수밖에 없는 진정성의 문제

우리는 지금까지 '진정성'에 대해 살펴보았다. 오늘날 '진정성'은 "네 내면의 목소리에 귀를 기울이라"거나 "오직 자신에게 진실하라"는 금언이 일종의 유아론(唯我論)적인 경향을 지닌 것으로 받아들여지고 있다. 그러나 찰스 테일러는 진정성의 개념이 18~19세기의 낭만주의적 기원을 갖고 있다는 점, 그리고 당대 계몽주의적 이성이 삭제하거나 망각한 도덕적인 '공적 지

30 위의 책, 41쪽.

평'을 복원하는 가운데 탄생했음을 설명하면서 오늘날 우리가 진정성을 추구할 때에도 이러한 '공적 지평'을 회복해야 한다고 역설하였다. 즉, 진정성은 자신에게 부과되는 전통의 규범과 권위를 맹종하는 것을 지양하고 이를 비판적으로 성찰하지만, 그러한 비판적 성찰을 수행하는 근거 자체는 다시금 '공적 지평'에 있으며, 이 공적 지평은 오히려 더욱 도덕과 밀접한 관련이 있다는 것이다.

사회학자 김홍중은 특히 1980년대 한국의 대학생들, 즉 86세대를 지배했던 마음과 태도를 전형적인 '진정성'으로 묘사했는데, 그가 유의미하게 바라보는 이러한 진정성은 매우 숭고한 감정이다. 그러나 이러한 진정성은 시간이 흐름에 따라 '공적 지평'과 '내면'의 변증법적인 긴장관계를 견디지 못하고 결국은 후자 쪽으로 기울어질 가능성이 매우 높은데, 철학자 한병철은 이렇게 후자, 즉 "오직 자기 자신"에게로 기울어져 버린 범속한 진정성을 비판적으로 분석하였다. 숭고한 진정성이 지나치게 높은 도덕적 이상을 강조하는 초자아로 기능하며 자아를 초토화시킬 가능성이 있다면, 범속한 진정성은 모든 것이 허용되고 긍정되는 가운데 자신의 자유를 착취하면서도 진정한 충족감을 경험하지 못한 채 공허와 우울로 빠져들게 할 수 있다. 김홍중과 한병철은 진정성의 숭고한 측면과 범속한 측면을 고찰했지만, 두 측면에서 일단 진정성의 폭력은 일차적으로 자아를 향한 폭력이다. 엄격한 초자아로 기능하든, 욕망의 추구를 무한하게 허용하든 둘 다 자아를 질식시킨다.[31]

핵심은 진정성이 어떤 방식으로든 도덕/윤리와 연관된다는 것이다. 그것은 간단히 말해 주체가 스스로의 판단에 의해

"진정으로 자유롭게 올바르고자 하는 마음"이기 때문이다. 그런데 이 스스로의 도덕적/윤리적 가치관은 사람마다 다를 수밖에 없기 때문에 나의 진정성과 타인의 진정성 사이의 갈등과 충돌은 필연적이며, 이로부터 나타나는 폭력은 타자를 향하게 된다. 이러한 폭력을 피하려면 서로가 서로의 도덕적 가치관을 인정해 주면서 평화롭게 공존하면 될 것이다. 하지만 진정성이란 것이 철수가 카레를 좋아하고 영희가 쌀국수를 좋아하는 차원의 문제가 아님을 우리는 앞에서 확인하였다. 즉, 기호와 취향의 문제와 달리 진정성은 도덕적인 측면에서 타인의 인정recognition과 긍정affirmation을 요구한다.

즉, 진정성에 대한 인정과 긍정은 현대철학의 주요 테마인 '차이'에 대한 인정의 문제로 연결된다. 이는 타인의 생각, 즉 차이를 긍정하지 않으면서 나도 나의 생각을 타인에게 강요하지 않는 중립적인 "관용tolerance"보다 더 적극적인 의미를 지닐 수밖에 없다. 관용은 어떤 면에서 '무관심indifference'이기 때문이다. 그래서 웬디 브라운(W. Brown, 1955~, UC 버클리 교수이자 주디스 버틀러의 연인) 같은 페미니스트 학자는 '관용'이 현대 다문화제국의 통치전략에 불과하다고 비판한다. 하지만 종교와 세계관, 그리고 도덕적 가치관이 각기 다른 사람들이 서로에게 '관용'하는 것보다 더 적극적인 태도를 지니고서, 서로를 인정하고 긍정하는 것은 쉬운 일이 아니다.[32] 어떤 도덕적 가치관이든 그것은 필

31 이와 관련해, 우리는 뒤에서 미셸 푸코가《성의 역사》2권과 3권에서 추적한 고대 그리스와 로마의 현인들의 윤리적 주체화 양식을 살펴보게 될 것이다. 이들의 윤리적 진정성, 주체화의 양식은 오늘날의 그것과 완전히 대조적인데, 진정성의 참된 의미를 찾고자 할 때 좋은 참고가 될 수 있을 것이다.

히 해야 할 일과 하지 말아야 할 일, 긍정하는 것과 부정하는 것을 규정하는 일련의 내용들을 포함하고 있기 때문이다. 내가 부정하는 가치를 옳다고 여기는 타자의 가치관을 긍정하면 나는 나의 윤리적 진정성을 훼손하고 만다. 그러니까 타인의 가치관이 지닌 어떤 내용을—단순히 관용하는 것이 아니라—좋은 것이라고 긍정하는 것 자체가 내 도덕적 가치관에 위배되는 일일 수 있다. 가령 퀴어 앨라이의 입장에서는 서로 사랑하는 두 사람의 성별이 단지 같다는 이유로 이 사랑을 부정하는 사람들(보수 개신교인들)의 도덕적 가치관을 있는 그대로 인정하기는 어려울 것이다. 이런 사람들의 진정성을 인정하면 퀴어 앨라이의 진정성은 오히려 제약되고 훼손될 수 있다. (그래서 퀴어 앨라이는 이들의 진정성을 인정하지 않는 방향으로 여론을 유도하고자 한다.)

실제로 현대사회의 도덕적 논쟁은 끝없이 이어지지만, 그 논쟁의 승부가 논리적으로 결정되지는 않는다. 그것은 사실상 지배적인 여론 혹은 다수가 옳다고 믿는 방향, 즉 대세에 의해 결정된다. 여기서 "다수"는 단지 '많은 수의 사람'을 의미하지 않는다. 예컨대, 학계(지식인그룹)내의 다수와 생활세계에서의 다수는 그 입장이 상반되기가 쉽다. 생활세계의 평범한 구성원으로서의 다수(대중)는 전통적 관습(이성애 결혼, 일부일처제 같은 것)에 익숙하고 그걸 편안하게 생각한다. 하지만 그것이 전위적이고 진보적인 지식인/예술가 그룹에 의해 보수적인 인습이라고 규정

32 낸시 프레이저는 '인정' 이슈에 관해 바로 이 점을 잘 지적했다. 이 책 앞의 170쪽 이하에서 이 부분을 다루었다. 더 자세한 논의는 다음 책을 참조하라: 낸시 프레이저·악셀 호네트,《분배냐 인정이냐》(김원식·문성훈 옮김, 사월의책, 2014), 59쪽.

되는 한 그것을 강하게 긍정하고 주장하는 것 자체가 '평범한 생활세계의 대중에 불과함'을 스스로 시인하는 부끄러운 일이 될 수밖에 없다. '샤이 트럼프', '샤이 보수' 같은 말이 괜히 나온 게 아니다.

반면 학계의 다수는 생활세계 전체의 관점에서 볼 때는 소수이지만, 이들은 어떤 지배적 여론이나 담론을 만들어낼 수 있는 힘이 있으며 다소 파격적이고 폭력적인 주장도 일종의 과장된 언어적 수사로 허용되고 관용된다. 한편, 학계 내에서 보수적인 그룹은 대개 소수인데, 이들은 역으로 생활세계 대중이 익숙하게 생각하는 상식과 전통을 단순히 인습으로만 규정하지 않으며, 대중은 그 나름대로의 합리성을 지니고 있다고 본다. 그러니까 이들은 자신들의 내면에서 나름대로 비판의 변증법, 즉 "전통과 대중을 비판하는 동시에 그것을 비판하는 지식인의 시각을 재비판하는 순환과정"을 거친 것이다. 하지만 학계의 다수가 사실상 대세를 결정하기 때문에 이들 소수 지식인의 목소리는 잘 들리지 않고 쉽게 고립되며 동료들로부터 곧잘 조롱을 받는다.

'대세'는 곧 권력이다. 돌려 말하지 않고, 직접적인 예를 하나 들자면 조정래의 소설《태백산맥》에 대한 여론이 그 전형이라 할 수 있다. 최근에는 그나마 페미니즘 진영에서 조정래의 소설에 대한 비판이 이루어지고 있긴 하지만, 전반적으로《태백산맥》에 대한 비판은 최근 30년간 문단과 학계 내에서 금기시되었다. 이처럼 '금기'는 사라지지 않는다. 단지 자리바꿈을 할 뿐이다. 인류학적 맥락에서 전통적인 성(聖)과 속(俗)의 코드는 해체되지만, 사회학자 랜들 콜린스Randall Collins가 잘 지적했듯이 어떤 상호작용의 상황에서든 건드려서는 안 되는 '성스러운 것'

은 존재하기 때문이다. 결국 전통과 지배규범을 전복하는 해방과 혁명의 언어는 존중해야 하는 바람직한 진정성으로 여겨지며, 이는 성스러운 것이 된다. 자연스럽게 이것은 도전을 허용하지 않는 금기가 된다. 실제로 학계와 진보진영에서 퀴어에 대한 도전은 허용되지 않는 경향이 있으며, 점차 하나의 금기로 굳어지고 있다.

그런데 오늘날의 대세와 합리성, 금기에 대한 고민을 굉장히 날 것 그대로 드러낸 여성 소설가가 있다. 일본의 3대 문학상을 휩쓸며 가장 파격적인 작가로 소개되는 '무라타 사야카'이다. 이제 그녀의 문제작《살인출산》을 함께 살펴보자.

2
도덕적 불안

(1) 《살인출산》의 세계

2016년, 《편의점 인간》으로 아쿠타가와 상을 수상한 소설가 무라타 사야카(村田 沙耶香)는 발표하는 작품마다 큰 화제를 불러일으키고 있다. 특히, 2014년 일본의 문예지 〈군조〉(群像)에 게재했던 중편소설 〈살인출산〉은 엄청난 화제를 불러일으켰고, 2014년 제14회 '센스오브젠더상'의 '저출산대책특별상'을 수상하였다. 개인적으로는 이 책에 "저출산대책특별상"을 수여한 걸 보면 주최 측이 과연 이 작품을, 그리고 이 작가의 정신세계와 문제의식을 제대로 이해하고는 있나 하는 의구심이 들기는 한다. 이 소설의 근본적인 문제의식은 저출산이 아니기 때문이다. 이 작품이 상상한 세계가 너무도 충격적이기 때문에 우리나라에서는 19세 이상의 성인만 구매할 수 있다는 조치가 내려졌다. 대체 어떠하길래 그런 걸까? 다소 길겠지만, 매우 중요한 문제제기를 하고 있는 소설이라서 일단 내용 전체를 요약해보겠다.

미래의 어느 시점의 일본 사람들에게 연애와 결혼, 섹스를 통한 출산은 구시대의 유물로 여겨진다. 시대가 변하면서 아이는 인공수정을 통해 계획적으로 출산하는 게 가장 일반적인 형태가 되었고, 피임기술이 더욱 발달해 여성의 경우 아예 초경이 시작된 시점에 자궁에 피임기구를 삽입하는 게 보편화되었다. 따라서 섹스는 오직 애정표현과 쾌락을 위한 행위로서 존재한다. 이로 인해 인구가 순식간에 감소되자, 미래의 일본정부는 새로운 시스템을 도입했다. 아이 열 명을 낳으면 한 명을 죽일 수 있는 권한을 주는 것이다. 또한 과학의 발전으로 인공자궁이 만들어져서 이제 남자도 아이를 낳을 수 있게 되었다.

열 명을 낳으면 한 명을 죽일 수 있는 이른바, '살인출산' 시스템을 도입할 때 초기에는 격렬한 논쟁이 있었고 실제로 제도가 채용되기까지 많은 시간이 필요했다. 살인 반대파의 저항이 만만치 않았기 때문이다. 하지만 "일단 채용되고 난 후, 그쪽이 훨씬 자연스러운 흐름이란 걸 모두가 깨닫게 됐다."[1] 이 살인출산 시스템에 자원해서 신청하는 사람들은 공식적으로 '출산자(出産者)'라고 칭했다. 출산자는 정부가 지정한 병원에 입원하여 아이를 낳아야 한다. 그 기간 동안 가끔 외출이나 휴가를 갈 수는 있지만, 기본적으로 출산자의 거주지는 지정된 병원이다. 아이를 열 명을 낳아야 한 명을 죽일 수 있는 권리가 주어지는데 중간에 유산이나 사산을 했을 경우엔 (당연하겠지만) 출산한 아이의 숫자에 카운트하지 않는다. 한편, 출산한 아이는 바로 센터로 보내지는데, 출산자는 자신이 낳은 아이가 누구인지 제대로 확인할 수 없고 확인하고 싶어 하지도 않는다. 출산자는 오직 기계처럼 출산할 뿐, 양육하지 않는다. 이렇게 해서 출산자가 열 명의 출산을 완료하면, 자기가 살해하고 싶은 사람을 지정해서 '살인신청서'를 제출한다. 그렇게 하면 관공서는 피살예정자 즉, '망

1 미국의 사회심리학자 어빙 재니스Irving Janis가 정의한 '집단사고'의 유형으로서 "동조압력"과 "정상화"의 효과로 볼 수 있다. 부적절하고 잘못된 행동이라도 많은 사람이 하고 있으면 그것을 정상적인 것이라고 생각하는 심리를 말한다. 뒤의 4장 〈희생양의 전체주의〉에서 더 자세하게 다루게 된다.

자(亡者)'로 지정된 사람에게 '살해통지서'를 보내고, 망자는 통지서를 받은 시점에서 살해당일까지 한 달의 유예기간을 가질 수 있다. 동시에 이 사람이 도망가지 못하도록 엄격한 감시가 이루어진다. 만일 도망가다 붙잡히면 체포되어 바로 살해지정 장소에 갇히게 된다. 결국 살해당하고 싶지 않으면 자살을 하는 방법밖에 없다. 살해당일이 되면 살해대상자는 전신마취 후 센터의 살인실에 들여보내지고, 출산자는 12시간 이내에 살해대상자를 자신이 원하는 방법으로 "자유롭게 죽일 수 있다!"

물론 이 시대에도 살인은 범죄다. 하지만 처벌방법은 다르다. 출산자가 아닌 사람이 살인을 저지를 경우, 사형이 아닌 혹독한 산형(産刑)에 처해진다. 여자라면 초경시 삽입된 피임기구를 제거하고, 남자에게는 인공자궁을 삽입해서 죽을 때까지 평생 감옥에서 아이를 계속 출산하게 한다. 그러니까 출산자가 되어 공식적인 허가를 받고 살인을 하든, 살인범이 되어 산형의 형벌을 받든 살의(殺意)는 궁극적으로 생명을 만드는 계기가 된다. 소설의 주인공 이쿠코는 학교에서 이 제도에 대한 선생님의 강의를 듣는데, 선생님은 과거의 사형제도를 비판하며 이렇게 말한다.

> 죽음을 죽음으로 징벌하다니 정말 야만적인 시대였던 겁니다. 생명을 빼앗은 자는 생명을 만들어내는 형벌에 처한다. 이게 훨씬 더 지적이고, 생명의 흐름으로 봐도 자연스러운 일이지요. _《살인출산》, 20쪽

이제 등장인물로 넘어가보자. 소설의 주요인물은 이쿠코, 다마키, 사키코 이 세 사람이다. 이쿠코는 주인공이자 화자이고, 다마

키는 주인공의 언니이며, 사키코는 주인공의 직장동료다. 이쿠코의 어머니는 비혼모다. 다시 말하지만 이 시대는 인공수정 출산이 훨씬 더 일반적이어서, 결혼과 출산이 아무 관계가 없다. 이쿠코의 어머니는 센터에서 다마키를 입양했다. 그러니까 다마키는 출산자가 낳은 아이인 것이다. 그리고 나중에 어머니는 자신의 유전자를 남기고 싶어서 인공수정으로 이쿠코를 낳았다. 이쿠코의 어머니는 표면적으로는 이쿠코와 다마키를 차별 없이 키우는 것 같았으나 시간이 흐르며 다마키에게는 거리를 두면서, 자기가 직접 낳은 이쿠코를 조금 더 편애하였다.

다마키는 얼굴이 예쁘고 학업성적도 확실히 우수했다. 여러 면에서 동생 이쿠코를 비롯한 평범한 다른 아이들보다 단연 뛰어났다. 하지만 다마키에게는 살인의 충동이 있었다. 출산자가 "한 사람을 죽이고 말겠다는 일념으로 낳은 아이들"이 센터에 보내지는데, 그 센터의 아이들은 아무래도 모태의 그러한 살의에 영향을 받지 않았을까? 무라타는 이를 작품 안에서 명시적으로 표현하지는 않지만, 다마키의 살인충동을 통해 그런 부분을 간접적으로 암시한다. 다마키의 살인과 파괴충동은 다른 곳을 향하지 못하고 먼저 자기 몸을 자해하는 것으로 나타났다. 스스로 상처를 내는 언니를 불쌍하게 여긴 이쿠코는 병에 벌레를 가득 담아서 갖다 주었고, 그때부터 다마키는 벌레를 죽이기 시작했다. 그렇게 죽이고 난 다음 정성을 다해 벌레묘지를 만들어준다. 하지만 다마키의 그러한 행동은 전교생의 비난을 받게 된다. '벌레를 죽이는 살인귀'라면서 전교생이 '정의'의 이름으로 다마키를 심판했는데, 다마키의 문제로 학급재판이 열렸고 다마키는 전교생에게 규탄당했으며, 친구들은 그녀를 악마처럼 가공한 생성이미지를 수없이 만들어냈다. 전교생의 조리돌림이 심각해지자 어머니는 다마키와 이쿠코를 사립학교로 전학시켰다. 이때부터 이쿠코는 '정의'라는 것의 잔혹성에 분노한다. 사실 이쿠코의 어머니가 다마키를 센터에서 데려온 시기는 살인출산 시스템이 시작된 지 아직 30년이 채 안 된 시점이었고, 살인에 대한 가치관이 크게 흔들리던 시기로서 살인출산에 대한 반대여론이 아직도 강하게 남아 있던 때였다. 이쿠코와 다마키가 아직 초등학교를 다니던 때는 그런 혼돈의 시기였으며, 당시 다마키와 같은 센터 아이는 한 반에 한 명 정도의 비율로 존재했었다. 살인이나 살의에 대한 반감이 이쿠코가 성인이 된 현재시점보다는 아직 더 심했던 것이다. 이런 일을 겪을 정도로 살의가 강했던 다마키가 '출산자'를 자원하는 것은 당연한 일이었을 것이다.

한편, 이쿠코의 직장동료 사키코는 살인이 끔찍한 죄라고 생각하며, 자신의 시대가 지금 미쳐 돌아간다고 생각한다. 또한 사키코는 이 '살인출산' 시스템을 폐지해야 한다고 생각하면서 적극적인 행동을 하려고 한다. 즉, 이 소설 속에서 사키코는 시대착오적인 보수주의자다. 소설을 읽으면 알겠지만, 우리는 자연스럽게 우리 시대의 가치관을 그대로 간직하고 있는 사키코에게 감정을 이입하게 된다. 실제로 사키코는 동료들과 출산과 인공수정에 대한 대화가 오가는 가운데에서도 자신의 소신을 밝혔다가 이상한 사람 취급을 당한다. 자신은 사랑하는 사람이 생기면 피임기구를 제거하고 인공수정이 아니라 정식으로 성관계를 맺어서 아이를 낳겠다고 한 것이다. 사키코는 이걸 두고 "올바른 방법"이란 표현을 쓴다. 그러자 사람들은 사키코를 굉장히 특이하게 바라본다. 사키코는 '루드베키아회'의 회원인데, '루드베키아'라는 꽃의 꽃말은 '정의' 그리고 '올바른 선택'이란 뜻을 갖고 있다. 그리고 이 '루드베키아회'는 살인출산 제도의 폐지를 위해 운동하고 있다. 하지만 이 단체 역시 시대착오적인 집단으로 여겨질 수밖에 없다.

사키코는 이쿠코의 언니 다마키가 출산자라는 사실을 알고 있으며, 주인공 이쿠코 역시 "이 시대의 정의"에 대해 일말의 의문을 품고 있다고 보고 이쿠코에게 접근한다. 보통 사람들은 가족 중에 출산자가 있으면 자신을 희생하면서 미래사회를 위해 아이를 낳는 훌륭한 사람이 가족 중에 있는 것이기에 자랑스러워하는 것이 일반적이었다. 이쿠코는 언니 다마키가 출산자라는 사실을 한사코 숨기려 했다. 사키코는 이러한 이쿠코의 모습에서 이쿠코 역시 이 살인출산 제도에 이의가 있다고 생각했던 것이다.

그러던 어느 날 이쿠코의 사무실 사람들은 어느 직장선배가 출산자로 자원해 들어간 것에 대해 대화를 나누게 되는데 특히, '지카'를 비롯해 사무실 동료들이 출산자들은 정말 대단하다고 서로 감탄하며 말하게 된다. 그러한 동료 지카를 두고 사키코는 이쿠코에게 다음과 같이 말을 건넨다.

사키코 "저 애, 너무 어리석네요. 이쿠코 씨도 그렇게 생각하지 않아요? 이 세계를 맹신하고 있어요."

이쿠코 "세계를 맹신한다는 의미에서는 사키코 씨도 마찬가지 아닌가요? 과거 세계를 굳게 믿느냐, 지금 눈앞에 펼쳐진 세계를 굳게 믿느냐의 차이일 뿐이죠. 세계를 의심하지 않고, 사고가 정지돼 있다는 의미에서는 별로 다를 게 없어 보이는데."

사키코 "내가 과거의 정의를 믿는 건 그것이 '진정한 정의'이기 때문이에요."

이쿠코 "특정한 정의에 세뇌당하는 건 광기예요."

사키코의 말대로 이쿠코는 이 시대의 정의를 믿지 않는다. 주위 사람들에게 그토록 혹독하게 심판받았던 언니 다마키가 출산자로서 아이를 낳는 것을 자원하자 손바닥이 뒤집히듯 '아름다운 존재' '훌륭한 존재'로 거론되는 한편, 의사들이 눈물을 흘리며 언니에게 존경을 표한다는 사실이 섬뜩하게 느껴진다. 하지만 이쿠코는 사키코가 믿는 과거의 정의도 믿지 않는다. 따라서 사키코에게 쉽게 설득되지도 않는다.

그러다가 사키코에게 이 시대를 맹신하는 어리석은 사람으로 인식된 회사동료 '지카'가 어느 출산자의 살해대상, 즉 '망자'로 지목되어 살해당하는 일이 벌어진다. 지카를 지목한 출산자는 지카 아버지의 옛 약혼녀였는데, 지카의 아버지가 다른 여자를 임신시킨 후 자신과 파혼하고 임신시킨 여자와 결혼한 것이다. 그 여자가 바로 지카의 어머니였다. 당시 파혼을 당한 약혼녀는 지카의 아버지에 대한 증오심과 복수심을 아직 배 속에 든 아기를 향해 키웠는데, 그 아기가 바로 지카였던 것이다.

그런데 더욱 섬뜩한 것은 망자, 지카의 장례식이다. 출산자에 의해 살해당한 망자의 장례식에는 일반 장례식과 달리 조문객은 하얀 의상을 갖춰 입으며, 각자 하얀 꽃을 올린다. 그리고 유족에게 인사를 한다. 그 인사는 놀랍게도 위로의 인사가 아니라 감사의 인사다. 사람들은 망자를 "모두를 위해 희생한 훌륭한 사람"으로 기념하고 장례식을 성대하게 치른다. 그의 죽음으로 많은 생명이 탄생할 수 있었기 때문이다. 게다가 위로의 인사를 받은 유족 또한 망자의 죽음을 자랑스러워하며, 조문객에게 감사를 표한다.

말 그대로 집단적인 광기이다. 그 차분한 광기 속에서 사키코가 괴로워하는 것도 당연하다. 사키코는 이 미친 시대를 바꾸기 위해선 희생자의 증언이 필요하다고 생각한다. 사키코는 살인출산 시스템을 통해 살해당할 수밖에 없는 사람도 억울하지만, 병원에 갇혀서 10명의 아이를 꼼짝없이 낳아야 하는 출산자들 또한 사회의 희생양이라고 생각한다. 모두들 출산과는 상관없이 자신들의 쾌락만을 위해 섹스를 즐기고, 아이 낳는 일은 점차 이런 출산자들에게 아웃소싱하고 있기 때문이다. 결국 사키코는 이러한 시스템의 희생양인 출산자의 증언을 직접 듣기 위해, 이쿠코에게 부탁해 열 번째 출산을 앞두고 있는 다마키를 만나게 된다. 하지만 막상 만나 대화했을 때 다마키의 반응은 사키코의 기대와 전혀 달랐다. 다마키는 사키코에게 이렇게 말한다.

> 난 이 세상이 '올바른 세상'이 돼 줘서 정말 다행이라고 생각해요. (중략) 예기치 못한 살인이 일어난다는 의미에서는 세상은 옛날과 다르지 않아요. 보다 합리적으로 변했을 뿐이에요. 세상은 늘 잔혹해요. 잔혹함의 형태가 변했을 뿐이지요. 내게는 다정한 세상이 됐어요. 누군가에게는 잔혹한 세상이 됐겠죠. 그뿐이에요._86쪽

그 만남 얼마 후 다마키는 열 번째 아이를 출산하였고, 바로 살

해대상자, 즉 망자를 지정한다. 그 망자는 다름 아닌 사키코였다. 그런 다마키의 결정에 이쿠코는 매우 놀란다. 다마키는 사키코를 잘 알지도 못하며, 사키코에 대해 원한 감정 같은 걸 품을 특별한 계기가 없었기 때문이다. 오히려 이쿠코는 다마키가 자신이나 엄마를 살해할지 모른다고 내심 두려워했었다. 엄마는 자기 배 아파 낳은 딸이라며 이쿠코를 편애했고, 다마키 입장에선 그런 어머니가 원망스럽거나 아니면 이쿠코를 질투해 죽이고 싶었을 수 있기 때문이다. 게다가 다마키가 출산자가 되어 병원에 입원한 후로 어머니는 그런 딸이 꺼림칙했는지 문병조차 가지 않았다. 이쿠코는 언니 다마키를 많이 아꼈지만 동시에 자기가 망자가 될까봐 늘 두려워했다. 그런데 사키코를 망자로 지정한 것이다. 다마키는 왜 그런 것일까?

다마키는 어릴 때부터 '죽이는 행위'에 집착했다. 그것은 특정한 누군가를 향한 분노가 아니라, 스스로도 제어할 수 없는 충동 같은 것이었다. 출산자로 자원하면서 누군가를 특정해서 죽일 계획 같은 게 있던 것도 아니었다. 일단 신청하고 본 것이다. 하지만 누군가를 죽인다면, 그 죽음으로써 편하게 해줄 사람을 찾고 있었다. 다마키는 사키코에게 분노하기보다는 동정한다. 자신이 과거의 세상에서 고통 받았던 것처럼, 사키코는 이 세상에서 고통 받고 있다. 그렇게 고통 받느니 차라리 이 세상을 떠나게 해주는 게 낫다. 그것이 그에게 편할 것이다. 다마키는 이렇게 생각하고 있다.

결국 사키코는 도망가다 공항에서 붙잡혔고, 꼼짝없이 살해지정장소로 보내지게 된다. 다마키는 이쿠코를 살인보조자로 신청했다. 이쿠코는 새하얀 방에서 전신마취를 당한 채 새하얀

천에 덮여 잠들어 있는 사키코를 발견하게 된다. 다마키는 이쿠코에게 칼을 건네고 두 사람은 함께 사키코의 몸 이곳저곳을 찌르고 난자하면서 방을 따뜻하고 검붉은 피로 가득 채우게 된다. 뜻밖에도 다마키는 주먹만 한 크기의 태아를 발견하게 된다. 이때 이쿠코는 다마키에게 부탁한다.

> "나 '출산자'가 될래. 이 아기의 죽음을 내게 넘겨줘.
> 이 생명의 몫만큼 난 앞으로 계속 생명을 낳을 거야." (중략)
> 설령 100년 후, 이 광경이 광기로 간주된다 해도 나는 이 한순간의 정상적인 세상의 일부이고 싶었다. 나는 오른손 위에서 구르는 태아를 바라보며 나의 하복부를 어루만졌다.
> _118쪽

이쿠코는 그렇게 주먹만 한 태아를 자신의 손 안에 조용히 움켜쥐며 으스러뜨린다. 그리고 이쿠코는 스스로의 살인에 감동해 울기 시작한다. 이쿠코는 이 세상의 '정의'든 지나간 세상의 '정의'든 그 모든 걸 회의하고 불신하는 태도를 버리고자 한다. 이제는 그냥 '정상'이고 싶은 것이다. 《살인출산》은 이렇게 끝을 맺는다.

(2) 《살인출산》이 던지는 질문

방금 살펴본 소설 《살인출산》은 다양하게 생각할 거리들을 던져준다. 물론 완전히 허무맹랑한 공상이고 전혀 개연성 없는 작품이라고 생각할 수도 있다. 나 역시 이 작품이 던지는 질문의 무게는 가볍지 않지만 상황설정 자체가 지나치게 비현실적이라는 생각을 했었다. 그렇지만 소재와 상황설정에 관련된 내용을 찾고 검색하면서 이것도 그렇게 허무맹랑한 이야기만은 아니라는 사실을 깨달았다. 이에 관한 내용은 잠시 뒤로 미루고, 일단 작가 무라타 사야카가 던지는 질문과 주제의식부터 살펴보기로 하자.

무라타는 "의심해야 할 것은 터부가 아니라 지금의 가치관일지 모른다"고 말한 바 있다. 무라타가 작품을 통해 하고 싶은 이야기는 "시간과 장소에 상관없이 흔들리지 않는 '진정한 정의'가 존재하며, 우리는 그 정의를 회복해야 한다"는 것이 아니다. 오히려 '진정한 정의'라는 게 과연 존재하느냐고 묻는다. 소설 속 화자 이쿠코의 입장이 곧 무라타의 일차적 입장이라고 볼 수 있을 것이다. 시대의 정의를 긍정하는 이쿠코가 아니라 부정하는 이쿠코, 시대마다 정의가 다르다는 것을 인식하면서 한쪽에 입각해 다른 쪽을 비난하기보다는 다른 생각을 가진 서로가 서로를 이해하고 품어야 한다는 것이 일단, 화자를 통해 표면으로 드러나는 작가의 주장이라고 할 수 있다.

그럼에도 그런 주장을 초과하면서 드러나는 불안이 있다. 이쿠코는 결말에서, 작은 크기의 태아를 손 안에 으스러뜨리면서 출산자가 되기로 결심한다. 이것은 결국 이 시대의 광기를 있는 그대로 수용하며, 비판적 거리두기를 포기하는 행위다. 작가는 이쿠코의 입장, 즉 작가가 잠정적으로 선택하는 그 입장조차도 문제가 있다는 것을 스스로 드러내고 있다. 이를 통해 작가는 '올바름'의 기준이 계속해서 변화되는 것에 지친 자아가 결국 극단적 선택으로 나아가는 것을 묘사하고 싶었던 것은 아닐까?

반면 사키코는 올바른 것은 시대를 초월해서 올바르다고 생각한다. 상황설정이 극단적이어서 그렇지 이쿠코와 사키코의 갈등은 고대로부터 지금까지 계속 이어져오고 있는 것이다. 앞에서 소포클레스의 비극을 다룰 때 잠깐 이야기했지만, 소포클레스는 소피스트 철학자들의 과도한 인간중심주의와 도덕적 상대주의를 우려하고 있었다. 그 구도를 여기에 적용한다면 이쿠코는 소피스트, 사키코는 소포클레스에 해당한다고 할 수 있다. 물론 이쿠코가 이 시대의 정의와 윤리를 맹신하는 것은 아니다. 아니 어쩌면 이 살인출산 시스템도 분명 잘못되었다고 생각한다. 그렇지만 그것을 거슬러 투쟁하는 것 또한 무용하다고 본다. 이쿠코 자신이 옳다고 생각하는 바를 의식적으로 명확히 규정하지도 않는다. 그는 뒤로 한 발 물러서 '판단중지'를 하고 있을 따름이다. 이것은 신중함일까 아니면 타인의 폭력과 배제에 대한 두려움에서 기인한 비겁함일까? 이쿠코는 사키코에게 이렇게 말한다.

> 세상의 변화는 막을 수 없어요. 아무리 외쳐 본들 '갱생' 되는 건 당신 쪽이에요. 당신이 옳다고 여기는 세상을 믿고 싶으면, 당신이 옳지 않다고 여기는 세상을 믿는 사람을 용서할 수밖에 없어요. _90쪽

어쩌면 이쿠코는 굉장히 쿨하고 나이스한 태도를 가진 것처럼 보인다. 이 소설을 읽는 독자들은 사키코에게 감정이입을 하면서도 한편으로 이쿠코의 태도가 올바르다고 생각할 수도 있다. 그렇지만 방금 이쿠코의 발화는 사실 굉장히 애매하고 복잡한 것이다. 열 명을 낳으면 한 명을 죽일 수 있는 권리를 주는 세상은 분명히 크게 잘못되었다. 늙은 부모를 산에 버리는 옛 일본의 '우

바스테야마'[2]의 풍습이나 원형경기장에서 죽을 때까지 싸우는 로마 검투사의 결투경기가 악한 것과 마찬가지다. 이게 옳다고 믿는 사람들은 자신들이 하는 일이 잘못됐다는 걸 인식하지 못한 것이기에, 결국 그들의 무지를 이해하고 용서해야 할 일이긴 하지만 그 제도를 그냥 인정하고 수용하는 건 전혀 다른 문제이다. 어쩐지 이쿠코는 세인(世人)의 생각을 거스르는 것이 두려워 뒤로 물러서는 것처럼 느껴진다.

게다가 사키코는 동시대의 소수자이고 약자이며, 시대착오적인 인물로 배제당하는 사람이다. 사키코는 옳고 그름의 기준이 뒤집힌 걸 바로잡겠다는 것이지, 이 시대를 맹신하는 사람들을 심판하겠다고 마음을 먹은 것은 아니다. 다만 이쿠코의 언니 다마키를 만나 설득하려 한 것 뿐, 다마키를 비난하려고 하지도 않았다.

사실 소수자/약자(이 소설에서는 사키코)는 자신이 처한 부당한 상황에 대해 흥분하거나 분노할 수 없다. 무척 부당한 상황이지만 소수자들은 다수/강자/권력을 향해 입장을 바꿔놓고 생각해달라고 부탁(탄원, 심지어 때로는 구걸)할 수밖에 없기 때문이다. 즉, 흥분과 분노를 참지 못하면 오히려 소수자/약자는 주류의 다수로 하여금 소수자/약자를 더욱 배제해야 할 이유를 제공하는 것밖에 되지 않는다. 사키코가 이쿠코에게 이따금 답답해서 분통을 터뜨리는 일이 있기는 하지만 그래도 사키코는 이쿠코만큼은 자신처럼 옳고 그름을 분별하고 있다고 믿고 있었다. 사키코

2 우리에게는 '고려장'으로 알려져 있는 풍습과 유사하다. 그런데 학계 전문가들은 고려시대에 이 풍습이 실재했다는 근거가 없으며 일본이 한국인에게 날조해서 주입한 생각이라고 한다. 반면, 일본에는 실제로 그런 풍습이 있었다고 전해진다.

에게 '옳고 그름'의 기준을 바른 방향으로 되돌리는 일과 자신의 가치관과 다른 사람들을 용서하는 일은 별개의 문제이다. 사키코는 사람들이 무지하다고 생각할 뿐이다.

작가 무라타는 결국 사키코를 죽음으로 몰아넣으며 소설의 끝을 맺는다. 시대가 올바르다고 규정하는 것, 대세를 거스르는 것은 결국 죽음을 초래하게 된다는 것을 암시하는 것이다. 사키코는 '살인출산'의 세계 속 희생양이다. 무라타의 도발적인 상상력이 깃든 또 다른 장편소설《소멸세계》(이 작품이 배경으로 하는 시대도《살인출산》만큼 기괴한 시대이다)에서도 이 시대의 정상이고 싶은 주인공은 결국 과거의 정상에 집착하는 어머니를 죽이게 된다. 이것은 작가가 독자들 스스로 죽음을 경험하게 하는 것이다. 왜냐면, 이 시대의 올바름의 기준에 의하면 '사키코'(《소멸세계》에서는 주인공의 어머니)는 우리와 똑같은 생각을 지니고 있기 때문이다. 독자들은 사키코에게 감정을 이입할 수밖에 없고, 사키코의 죽음을 보면서 끔찍함을 느낄 수밖에 없다. 그리고 이것은 작가가 의도하고 있는 것이다. 앞서 인용했듯이, 작가는 "의심해야 할 것은 터부가 아니라 지금의 가치관일지 모른다"고 말했다. 이건 무얼 의미할까? 무라타는 더 기괴한 상황에서 이야기를 풀어내면서 사고실험을 진행했을 뿐, 그가 진정으로 묻고 싶은 건 "과거에 비해 더 나아지고 진보했다고 믿는 바로 오늘 우리의 가치관"인 셈이다.

(3) 변화하는 도덕적 가치관

무라타는 현대인의 의식 한 곳에 자리 잡은 도덕적 불안감을 드러낸다. 소설 주인공 이쿠코의 말처럼 시대에 따라 도덕적 가치관이 변할 때, 변화의 흐름은 막을 수 없고 "갱생"되는 건 변화의 반대쪽에 있는 사람들이다. 결국 불안과 고통은 흐름과 대세의 반대편에 있는 사람들의 몫이 된다. 그렇다면 실제로 도덕은 변화하고 있는가? 이 책은 '퀴어'에 일차적인 관심을 두고 있지만, 퀴어 이외의 이슈에서 과연 그런 변화가 정말 존재했는지 살펴보자.

먼저, '낙태' 이슈가 있다. 새삼스럽지만 러시아에서 귀화한 진보지식인 박노자는 "한국교회는 왜 낙태에 반대하지 않나"라는 글을 기고한 적이 있었다.(〈한겨레21〉 제670호, 2007.7.26 발행) 물론 이 칼럼에서 박노자가 낙태를 덮어놓고 반대하는 것은 아니었다. 페미니즘과 여성의 자기결정권에 대한 지식과 젠더감수성이 충분한 박노자가 형법상 '낙태죄'를 찬성하는 건 아니다. 게다가 이 기고문을 쓴 배경엔 특수한 맥락이 있다. 2007년 5월, 이명박 당시 서울시장이 "아이가 불구로 태어나거나 장애가 있을 경우 낙태는 용납될 수 있다"는 실언을 했고, 이에 장애인 단체 회원들이 "장애인은 살 가치도 없나?"라는 피켓을 들고 항의시위를 하며 사과를 요구했던 사건이 있었던 것이다. 이에 대해 박노자는 다음과 같이 말했다.

> 그런데 많은 신앙인들에게 낙태가 문제되지 않는 이유가 여성 결정권에 대한 존중에 있는 것은 아니다. 종교를 갖든 가지지 않든 많은 이들은 인간을 '사회'(즉, 국가)나 시장의 종속변수, 즉 '인적 자원'으로 본다. 보수적 기독교인들은 오히려 더욱더 그렇다. 한때 서울을 "하나님께 봉헌할" 뜻을

가졌던 이명박 전 서울시장이 "아이가 세상에 불구로서 태어난다든지, 이런 불가피한 낙태는 용납이 될 수밖에 없다"는 구설에 오르는 발언을 했을 때 자기 사고의 심층적 차원을 노출시키고 말았다고 생각한다.

박노자는 이 글에서 낙태를 전면금지하는 법은 반대하지만, 가급적 일어나지 말아야 할 일이라는 점이라는 것도 강조한다. 사실 낙태에 대한 반대는 한때 진보적 주장이기도 했다. 예컨대, 1994년 여름 MBC에서 방영했던 납량특집 드라마 〈M〉(심은하, 이창훈 주연)은 당시 만연했던 낙태에 대한 비판적 시각과 경각심을 높이기 위해 희생된 태아의 원혼의 목소리를 담아 공포드라마의 소재로 썼고, 상당한 화제를 불러일으켰다. 90년대는 남아선호사상으로 인해 초음파 성별 감별 기술을 활용한 여아 낙태율이 상당히 높을 때였는데, 여아만큼은 아니라 하더라도 남아에 대한 낙태도 심각한 상황이었다. 1970년대 박정희 정권은 잉여인구 폭발로 인한 경제난을 염려하며 가족계획을 실시하였을 뿐 아니라 정부는 낙태를 사실상 방치하였는데, 당시 사람들은 낙태가 형법상 죄가 되는지 어떤지 인식조차 없었다. 물론 한국교회 역시 이에 대한 비판적 문제의식이 전혀 없었다. 하지만 90년대 이래 낙태가 지나치게 빈번해지면서, 이에 대한 비판적 문제의식이 터져 나오기 시작했다. 위에서 언급한 드라마 〈M〉도 그중 하나다.

신해철이 이끌던 락그룹 넥스트(N.EX.T)도 그 대열에 동참했다. 넥스트는 1995년 〈The Return of N.EX.T Part 2: The World〉라는 앨범을 발매했는데, 이 앨범은 사회비판적인 메시지가 강한 앨범이었다. 그런데 이 앨범에는 〈Requiem For The Embryo〉라는 가사 없는 연주곡이 있다. 뜻 그대로 '태아를 위한 진혼곡'이다. 이 곡은 가사 없이 낙태 시술이 이루어지는 수술실 현장의 소음과 잡음을 음악 속에 그대로 재현하는 한편, 희생한 태아의 넋을 기리는 듯한 어느 여성의 흐느낌을 삽입하였다. 이 곡을 통해 신해철은 당시 만연한 낙태와 그로 인해 희생당하는 태아에 대한 연민과 동정을 표하고자 했을 것이다. 서태지 역시 2004년 7집 앨범에 〈Victim〉이란 노래를 수록했는데, 여기서 'victim'은 낙태당하는 태아이다. 당시 방송심의위원회에서는 이 노래가 자극적이라 해서 공중파 3사의 방송불가 판정을 내렸고, 서태지의 팬들은 이러한 결정에 항의하는 시위를 하기도 했다. 서태지와 신해철은 시대의 아방가르드적 진보를 지향하며 부조리한 사회를 비판하는 깨어 있는 뮤지션으로 상징되곤 했는데, 이들의 노래는 당시 낙태에 대해 아무런 문제의식을 못 느끼는 사람들을 일깨웠다. 지금은 상황이 달라졌다. 물론 오늘의 페미니스트들은 국가가 여성의 몸에 대해 개입하는 것을 반대하는 것이라고 응수할 것이다. 낙태를 하든 안 하든 그것은 임신한 여성이 결정할 몫이라는 것이 이들의 주장이며, 태아는 사람이 아니라는 명제를 들어 낙태는 살인이 아님을 강조한다.

낙태뿐 아니라, 성매매 문제도 그렇다. 2004년 성매매가 불법화되던 때, 성매매 제도를 불가피한 것으로 인정하고 유지하려 했던 쪽은 당시 보수야당인 한나라당이었다. 당시 성매매 업종에 종사하는 여성들도 선글래스와 마스크를 착용하고 거리에 나와 자신들의 생존권을 박탈하지 말라는 피켓을 들고 시위를 하기도 했다. 반면, 진보진영은 성매매 여성들의 목소리를 아랑곳하지 않고 성매매 제도가 여성을 착취하는 구조를 그대로 반영하고 있다면서 전면 폐지를 주도했었다. 그런데 오늘날 퀴어 페미니즘 진영의 일부에서는 '주체적 성노동'이란 개념이 대두하고 있다. 성매매를 반드시 여성에 대한 성착취로 볼 수 없으며, 자발적으로 성노동에 나서는 여성들의 주체적인 목소리를 지워서는 안 된다는 것이다.

지금 여기서 낙태와 성매매의 옳고 그름을 따지자는 게 아니다. 핵심은 무라타가 《살인출산》을 통해 제기한 문제가 단지 소설적 상황에 그치는 것이 아니라는 데 있다. 정말로 시간에 따라 많은 것들이 변화하며 도덕적 가치관 또한 변화하는데 그런 변화의 예로서 낙태와 성매매 문제를 든 것이다.

여기서 문제를 조금 더 명확히 해야 할 것 같다. 도덕적 가치관의 변화는 하루아침에 일어나는 것이 아니다. 변화의 과정에는 언제나 갈등과 논쟁, 진통이 있다. 그런 역사적 과정 하나하나를 다 살펴보는 것도 물론 의미 있는 일이겠지만 그보다는 그런 변화의 이면에 무엇이 핵심에 자리 잡고 있는지 파악할 필요가 있을 것 같다. 나는 크게 두 가지 요인을 들고 싶은데, 하나는 매킨타이어가 통찰한 "도덕의 불가공약성"의 문제이고, 다른 하나는 사회학자 어빙 재니스Irving Janis 등이 밝힌 '집단사고' 현상에서 비롯되는 "합의에서 나오는 압박(동조압력)"의 문제가 있다.

(4) 매킨타이어가 분석한 도덕적 불안의 근본원인

우리는 앞서 진정성을 살펴보면서 진정성이 어떤 형태로든 도덕/윤리의 문제와 연관됨을 확인하였다. 나는 이 책 곳곳에서 도덕의 문제를 지속적으로 살펴보고 있는데, 앞에서 다룬 내용을 단순히 반복하는 것은 가능한 한 피하려고 한다. 그럼에도 어느 정도의 중복이나 반복은 있을 수밖에 없을 것 같은데, 같은 내용이라도 다른 층위나 다른 각도에서 이야기하면 그 내용을 새롭게 바라볼 수 있을 것이다. 매킨타이어(A.MacIntyer, 1929~)는 이에 관해 우리가 중요하게 참고할 수 있는 철학자이다.

매킨타이어는 《덕의 상실*After Virtue*》에서 우리가 앞에서 살펴본 내용들, 진정성 개념이나 소피스트적인 인간중심주의, 도덕적 가치관의 변화와 같은 내용들을 포괄하여 설명할 수 있는 하나의 틀을 제공한다. 그것은 현대의 도덕관이 사실상 "정의주의(精意主義, emotivism)"에 입각해 있다는 진단이다. 정의주의는 "모든 도덕적 판단은 선호의 표현들, 태도 및 감정의 표현들과—이들이 본질상 도덕적 또는 가치평가적인 한에서—다를 바 없다는 학설이다."[3] '정의주의'는 《덕의 상실》에서 매킨타이어가 현대 도덕담론을 진단하는 중요한 키워드인데, 일단 "도덕적 판단이란 궁극적으로 선호(취향)의 문제다" 정도로 기억해두도록 하자.

매킨타이어는 먼저 사실판단과 가치판단의 차이를 설명한다. 사실판단은 참과 거짓을 판정할 수 있는 명확한 객관적 기준이 있다. 가령, "하늘은 푸른색이다"라는 명제는 실제 하늘의 색깔을 보면서 참인지 거짓인지 확인할 수 있다. 그렇지만 (도덕적) 가치판단은 그렇지 않다. 예컨대, "낙태는 살인이다"라는 명제는 참인지 거짓인지 합리적으로 확인할 방법이 없다. 이러한 가치판단을 위해서는 태아가 사람인지 아닌지에 대한, 그러니

3 알레스데어 매킨타이어, 《덕의 상실》(이진우 옮김, 문예출판사, 1997), 32쪽.

까 태아의 규범적 지위에 대한 의견이 선행되는데, 이에 대해서는 견해의 차이가 있을 수밖에 없기 때문이다. 그래서 매킨타이어는 이렇게 말한다.

> 우리는 서로 대립하는 결론을 다시 상호 경쟁적인 전제조건으로 환원시켜 논증할 수 있다. 그러나 우리가 전제조건에 도달하게 되면 논증은 중단되고, 다른 전제를 배척하고 특정한 전제를 제시하는 것은 단순한 주장과 반대주장의 문제가 되어버린다.[4]

매킨타이어는 이를 도덕의 불가공약성이라고 부른다. 다시 낙태에 대해 말하자면, 태아의 생물학적 특성에 대한 자연과학적 정보나 지식은 부족하지 않다. 태아의 규범적 지위, 즉 태아를 사람의 개념에 포함시킬 것이냐 말 것이냐에 대한 의견이 다른 것이다. 결국 태아의 지위를 판단하는 객관적이고 명시적인 기준 자체가 없기 때문에 이는 궁극적으로 개인의 정치적/도덕적 성향에 근거한 선택의 문제가 되고 만다. 매킨타이어는 상황이 이러함에도 불구하고, 마치 이성이나 합리성에 기초해 도덕을 안정적으로 정초시킬 수 있는 것처럼 생각하는 서구철학자들의 오류를 정밀한 논리적 분석을 통해 드러내고 반박한다.

매킨타이어가 볼 때 오늘날 도덕과 관련된 철학적 담론들은 크게 세 가지 문제점을 지니고 있다. 첫째, 우리가 방금 앞에서 낙태의 예에서 살펴본 것처럼 "도덕적 전제의 불가공약성"의

4 위의 책, 27쪽.

문제가 있다. 논쟁 가운데 있는 도덕적 담론들은 결과적으로 서로 다른 전제 위에 서 있기 때문에 이를 합리적으로 해결할 수 있는 기준이 없다. 그렇다면 그 기준이 없기 때문에 경쟁하는 도덕적 담론들의 수평적·다원적 공존으로 나아가게 될까? 그게 가능하다고 생각하는 이들이 절차적 정당성을 가장 근본적이고 핵심적인 가치인 것처럼 중시하는 자유주의자들이며, 실제로 세속 민주주의 국가들은 이런 낙관적 믿음을 근거로 대부분 자유주의적 법치주의와 절차적 공화정의 형식을 채택하고 있다. 하지만 현실은 녹록하지 않다. 앞에서 말한 것처럼 결국엔 더 많은 합의와 동의를 얻어내는 주장이 대세를 형성하게 마련이기 때문이다. 그러니까 도덕적 올바름이 시대 분위기나 정치적 다수에 의해 결정될 수 있다는 것이다.[5]

두 번째 문제점은 이러한 불가공약성에도 불구하고, 현대의 도덕적 논증들은 마치 그것이 과학적 사실판단인 것처럼, 즉 객관적이고 합리적인 논증인 것처럼 제시된다는 점이다. 자연과학에서는 일련의 실험과 관찰을 통해 확인되는 현상이 가치중립적이고 객관적이기 때문에 특정이론의 검증과 반증이 가능하다. 하지만 도덕적 논증들은 그렇지 않다. 그럼에도 도덕적 논증, 도덕철학에서 내세우는 이론적 모델들이 자연과학적 성격을 지닌 것처럼 위장하고 있다고 매킨타이어는 진단한다.

마지막으로 매킨타이어는 상충하고 경쟁하는 현대의 도덕적 담론들은 제각각 다른 철학의 계보와 기원을 지니고 있는

5 매킨타이어 자신은 이 부분을 간접적으로 암시하는데, 이에 대해서는 3부의 마지막 챕터에서 '권력'과 '희생양 메커니즘'을 통해 살펴보기로 하자.

데, 그 점이 철저히 무시되어 비역사적으로 다뤄지고 있다고 비판한다. "우리 모두는 여전히 너무나 종종 과거의 도덕철학자들을 비교적 똑같은 주제를 가진 단일 논제에 대한 기여자로 생각한다. 우리는 플라톤, 흄과 밀을 서로에게뿐만 아니라 우리 자신에게도 동시대인인 것처럼 다루는 것이다. 이것은 이 작가들이 살았으며 사유하였던 문화적, 사회적 환경으로부터 그들을 분리하고 추상화시키는 결과를 초래한다."[6] 그런데 이에 대해서는 부연이 필요한 것 같다. 매킨타이어의 지적과 달리 우리는 오히려 특정한 도덕을 특정한 시대의 맥락에서 보는 데 익숙하기 때문이다. 그래서 "그때는 맞고 지금은 틀리는" 것들이 무수히 많지 않은가? 오히려 시대와 상황에 따라 도덕이 달라질 수 있다고 보는 상대주의적 시각이 지나쳐서 문제라면 문제일 텐데 매킨타이어는 이 점을 간과하고 있는 것인가?

그렇지 않다. 매킨타이어는 지금 계몽주의 철학자들에 맞서 시대와 장소에 따라 달라지는 도덕적 상대주의를 주장하는 것이 아니다. 여기서 그가 일차적으로 비판의 타깃으로 삼는 것은 영미 분석철학의 외양을 지닌 도덕논증의 모델들이다. 자유주의나 자유지상주의, 공리주의 등 영미철학에 뿌리를 두고 있는 철학들은 근본적인 공리axiom를 전제로 제시하고 그에 입각해 논리적인 결론을 이끌어내는 방식으로 이론적 모형model을 정립하려고 하는 경향이 있다.[7] 매킨타이어는 이처럼 도덕철학이 자연과학에서 가설을 세우고 검증하는 방식과 유사한 접근법을 사용하는 것, 그럼으로써 자연법칙처럼 도덕법칙도 마치 공

6 위의 책, 31쪽.

동체와 사회적 맥락을 초월해서 스스로 존재했다고 가정하는 태도를 비판하는 것이다. 다시 말해, 매킨타이어는 어떤 도덕적 가치를 이해할 때는 그것이 어떤 사회문화적 환경에서 형성되었는지를 먼저 파악하고, 그 가치가 당시에 어떤 기능을 했는지를 종합적으로 고려할 필요를 이야기하는 것이다. 그렇게 할 때, 단지 전통이라는 이유로 그것을 고집스럽게 고수하거나 일방적으로 깎아내리는 양극단의 어리석음을 피할 수 있으며, 전통적인 덕의 지혜롭고 창조적인 계승이 가능해진다.

하지만 안타깝게도 서구사회에서 지난 300년 동안 "덕", "정의", "경건", "의무", 무엇 무엇을 해야 한다는 "당위" 같은 개념들은 그것들이 본래 탄생하였던 콘텍스트로부터 오늘날의 문화로 수용되는 과정에서 예전과는 전혀 다른 의미를 갖게 되어버렸다고 매킨타이어는 말한다. 즉, 도덕적 논증의 재료로 쓰이는 단어들의 개념이 과거와 상당히 달라졌다는 것이다. 그럼에도 이런 단어들이 자연과학에서의 "속도", "질량", "중력", "벡터", "스칼라" 등의 단어들과 비슷한 속성이나 위상을 지니는 것처럼 쉽게 사용되고 있다는 점을 그는 드러내고 있다.

7 가령 자유주의 철학자 롤즈는 "무지의 베일"이라는 사고실험을 통해 평등한 자유의 원칙과 차등의 원칙이라는 두 가지 원칙을 내세운 바 있다. 또 공리주의자들은 트롤리 딜레마—공리주의 철학자 주디스 자비스 톰슨Judith Jarvis Thomson이 제안한 사고실험으로 브레이크가 고장 난 열차가 달려오는데 철로 위의 다수의 인부들이 이를 모르는 상황에서 단 한 명의 인부가 일하고 있는 반대편 철로로 기차의 진행방향을 바꾸는 것, 즉 불가피한 상황에서 다수의 생명을 살리기 위해 한 명을 죽이는 것이 옳은가 그른가를 따지는 문제—같은 상황에서 어떤 도덕적 결정을 내려야 하는가를 질문하는 방식으로 자신들의 도덕철학을 종종 전개한다.

그렇다면 이러한 문제점들이 나타난 근본원인은 무엇인가? 매킨타이어가 볼 때 이 문제는 18세기 이래의 계몽주의 시대에 예고되어 있었다. 계몽주의 시대 철학자들은 다들 자기 나름대로 도덕의 본질을 규명하려고 했다. 이들은 도덕이 정념pathos에 기초하는가 아니면 이성에 기초하는가 하는 문제를 두고 씨름했다. 흄은 도덕이 장기적으로 유익과 행복을 안겨주는 것이 무엇인지 분별하게 해주는 인간의 본성적 정념에 기초하고 있다고 논증하였다. 칸트는 흄과 달리 도덕은 행복이나 유익과 무관하다고 보았으며, 그것이 이익을 가져다주지 않을 때에도 이성에 기초한 준칙, 즉 정언명령에 따라 행동하는 것이 도덕적 행동이라고 논증하였다. 도덕의 기초에 대한 흄과 칸트의 견해는 이처럼 상반되지만 두 사람 다 합리적 논증의 방법을 사용하고 있으며, 기독교 전통의 신적 권위를 근거로 활용하는 것 역시 철저히 배제한다. 그럼에도 두 사람 모두 서구 기독교 전통에서 유래한 도덕률의 세부내용들은 그대로 유지하고 있다. 가령, 디드로, 흄, 칸트, 키르케고르 등은 "결혼과 가족"에 대해 근본적으로 아무런 의문도 갖지 않으며, "약속의 준수와 정의" 역시 불가침의 도덕으로 인식한다. 그러니까 어느 날 자전거를 타고 가다 자신의 부인을 사랑하지 않는다는 사실을 갑자기 깨닫고 이혼을 선언하는 버트런드 러셀의 돌발행동은 디드로, 흄, 칸트 모두에게서 결혼의 서약과 신의를 저버리는 비도덕적 행위가 된다. 즉, 매킨타이어가 볼 때 도덕의 본질과 기초에 대한 주장이 서로 달라도 그 기초로부터 도출되는 일상적 도덕규범의 내용 자체에 대해 일치된 인식을 갖는 이유는 이들이 여전히 기독교적인 전통에 뿌리를 박고 있기 때문이다.

즉, 매킨타이어에 의하면 이 철학자들은 자신들이 숨 쉬는 문화적 공기 자체를 너무나 당연한 것으로 받아들이기 때문에 자신들이 (또는 기독교 문화권에서) 올바르다고 생각하는 도덕적 가치가 논리적으로 자연스럽게 도출될 수 있다고 생각한다. 하지만 이 철학자들의 논증은 실패할 수밖에 없다. 도덕은 결국 어떤 목적론적 관념 없이 존립하기 어려운데, 그러한 관념 자체는 순수한 인간이성만으로는 논증할 수 없기 때문이다. "이성은 사실의 진리와 수학적 관계들만 판단할 수 있을 뿐이다. 따라서 실천의 영역에서 이성은 수단에 관해서만 말할 수 있다. (그러나) 목적에 관해서는 침묵해야 한다."[8] 즉, 이성은 본질적으로 수학적이며 도구적이라서 주어진 목적이나 목표를 효율적으로 달성하게 해주는 방법을 찾는 데 유용하지만, 이성이 어떤 목적 자체를 제시하거나 밝혀주지는 않는다. 그렇다면 도대체 이 "목적론적 관념"이란 것은 구체적으로 무엇을 의미하는가?

목적(~을 위하여)은 종종 "왜?"라는 물음, 즉 이유와 관련된다. 가령, 나는 "왜why 태어났는가?" 하는 물음이 주어질 때, "엄마와 아버지가 서로 사랑했기 때문에"라고 답하는 건 어색하다. 즉, 이 질문은 "어떻게how 태어났는가?" 하는 생식과 출산과 관련된 생물학적 프로세스에 대한 물음보다는 "무엇을 위해서for what 이 세상에 태어났는가?"하는 목적론적 질문과 관련된다. 목적론의 철학자 아리스토텔레스(무엇보다 이 철학자는 삼단논법을 정리한 역사 최초의 논리학자였다)는 '목적'을 '사실이 존재하는 이유'라고 보았다. 가령, 원인을 뜻하는 그리스어 '아이티온'은 "'원인'을

8 위의 책, 92쪽.

존재자의 형성에 책임을 지고 이바지하는 도우미로 간주한다."[9] 연세대 이승종 교수는 이를 좀더 풀어서 설명하는데, "근대 과학은 물체 x에 영향을 주는 물체 y의 힘을 원인으로 보지만, 아리스토텔레스에게 원인은 앞서 살펴보았듯이 다른 어떤 것에 대해 책임을 진다는 의미"이다. 즉, 사람이 삶의 의미를 찾을 때, 언제나 삶의 이유를 생각하지 않을 수 없고 그것은 또한 삶의 목적에 대한 질문을 함축하지 않을 수 없는 것이다. 따라서 인간에게 있어 "목적을 박탈한 도덕률"은 사실상 "삶의 이유를 박탈한 도덕률"이기도 한 것이다. 이처럼 도덕에 있어서 "목적"이라는 관념을 제거하면 "이유reason"의 관념도 제거되고, 그들이 논증을 통해서 '합리적reasonable'이라고 제시하는 도덕률 자체가 존립하기 어렵다. 그런데 흄이나 칸트와 같은 계몽주의 철학자들은 이와 같은 목적론적 관념을 고려하지 못했고, 그렇기에 이들이 기획한 도덕적 논증은 실패할 수밖에 없었다. 실제로 칸트가 정교하게 정립한 도덕적 준칙이 어떻게 실패하는지 한 번 알아보자.

칸트라고 하면 우리는 "목적의 왕국"을 꿈꾸었던 철학자로 알고 있다. 그러나 칸트가 말하는 '목적'의 개념은 타인을 (자신의 이익을 위한) 수단으로 삼지 말라는 의미에서의 강조된 것일 뿐, 아리스토텔레스나 기독교의 전통처럼 인간의 존재 자체를 어떤 목적을 위한 존재로 보는 의미에서의 '목적'을 말한 것은 아니었다. 하지만 칸트는 실천이성에 기초한 정언명령의 도덕적 준칙을 세웠고, 이로부터 도덕이 가능하다고 보았다. 그 준칙은 다음

9 이승종, 《크로스오버 하이데거》(생각의나무, 2010), 250쪽.

의 두 가지이다.

> ① 네 의지의 준칙이 언제나 동시에 보편적 입법의 원칙으로 타당할 수 있도록 사유하라.
> ② 네가 인류를, 네 자신의 인격뿐만 아니라 다른 사람의 모든 인격에서도, 결코 수단으로만 사용하지 않고 항상 동시에 목적으로 대할 수 있도록 그렇게 행하여라.

쉽게 말하면 첫 번째 준칙은 당신이 어떤 행동을 할 때, 인류 모두가 당신과 똑같이 행동해도 괜찮을지 먼저 생각해보라는 것이다. 두 번째 준칙은 타인의 존재 자체를 존엄한 인격체로 존중하고 자신의 목적이나 이익을 위한 수단으로만 이용하지 말라는 내용이다. 가령, 어떤 도둑이 자기 자식만큼은 자기처럼 도둑이 되지 않기를 바란다면, 그는 칸트의 첫 번째 준칙에 의해 자신의 행위가 도덕적이지 못함을 인지하고 있는 것이다. 칸트의 준칙은 이처럼 정말 효과가 있는 것인가?

안타깝지만 "효과가 없다." 가령, 칸트는 성행위란 성적 파트너의 인격을 수단화하는 것으로서 기본적으로는 비도덕적인 것으로 보았다. 단, 결혼을 통해 두 사람이 서로를 향해 온전히 헌신하기로 약속한 경우, 두 사람은 서로의 몸을 이용할 수 있다고 생각했다.[10] 하지만 칸트였으면 용납하지 않았을 도덕적인 내용들도 칸트가 세운 준칙에 합당한 경우가 발생할 수 있다.

10 〈한국여성철학〉 제19권(2013)에서 김은희, "자유주의 성윤리의 수정", 92쪽. 김은희의 칸트 인용을 재인용

퀴어이론가 주디스 버틀러에게 칸트 준칙을 적용해보자. 앞에서 본 것처럼 주디스 버틀러는 성적인 구분과 젠더의 구분을 해체하고자 한다. 이는 첫 번째 준칙에 합당한가? 버틀러의 입장에서는 합당하다. 버틀러는 자신뿐 아니라 모든 사람들이 자신에게 주어진 생물학적 성별에 매이지 말고 스스로 생각하는 성별 혹은 젠더들을 자유롭게 수행하며 구성해나가기를 원할 것이다. 두 번째 준칙은 어떤가? 이것도 통과한다. 버틀러는 자신이 자유로운 성을 주장하는 것이 다른 사람을 성의 수단으로 자유롭게 사용하라는 의미는 아닐 거라고 항변할 것이다. 오히려 타인의 인격 자체를 목적으로 대하면서 성행위의 상호작용 속에서 서로가 자신의 몸을 내어주는 행위의 의미를 강조할 것이다. 따라서 칸트 스스로 분명히 비도덕적이라고 했을 행위도 칸트의 준칙에 위배되지는 않는다.

버틀러뿐만 아니라 BDSM 섹스를 옹호하는 게일 루빈 역시 칸트의 준칙에 어긋나지 않게 자신의 윤리를 구성할 수 있을 것이다. 앞에서 도둑이 자기 자식만큼은 도둑이 되지 않기를 바라는 것도, 그가 선악을 분별하는 인간의 양심을 여전히 갖고 있기에 칸트의 준칙이 바람직한 방향으로 적용됐던 것이다. 즉, 자기 자식은 도둑이 되지 않기를 바라는 어느 아버지 도둑의 마음에는 칸트의 준칙 이전에 "인간은 어떠해야 한다"는 도덕적 당위에 대한 선이해가 이미 작동하고 있으며, 이 당위는 이성에 근거지울 수 없는 것이다. 또한 이 당위는 아리스토텔레스가 말하는 인간이라면 마땅히 어떠어떠한 존재가 되어야 한다는 목적론적 관념을 함축하고 있는 것이다. 그렇지만 계몽주의 철학자들은 인간에 대한 목적론은 필연적으로 신학적 존재론으로 연결될 수밖에 없기에, 목적론을 배제하면서도 이성에 기초해 바람직한 윤리와 도덕을 구성할 수 있음을 보이고자 분투했다.

매킨타이어에 따르면 니체는 바로 이 점을 간파했다. 계몽주의 철학자들은 자신들의 논증이 합리적이라고 생각했지만 니체는 그들이 도덕이라고 생각하는 것이 사실상 자의적 판단에 불과하며(관점주의), 기독교적인 목적 관념을 배제한 채, 계몽주의적 이성에 기초하여 서구 전통의 도덕을 합리적으로 정당화하고자 하는 기획은 본질적으로 실패할 수밖에 없다는 사실을 깨달은 것이다. 실제로 니체가 볼 때 계몽주의자들은 무신론에 철저하지 못했으며, 그들의 논증은 피상적이었다. 니체가 볼 때 많은 계몽주의자들이 신을 비웃고 무신론자를 자처하면서도 이들은 '신의 죽음'이라는 문제를 피상적으로 이해하고서 "기독교 없는 기독교적 사회"를 구상하고 있었다. 그러나 니체에 따르면 계몽주의가 강조하는 자유, 평등, 박애, 인권과 같은 도덕은 사실 기독교로부터 영향을 받은 "노예의 도덕"에 불과했다. 그는 그러한 평등주의 도덕들이 유럽의 데카당스를 낳고 있다고 생각했고 이를 혐오했다. 따라서 니체는 아예 인간에 대한 기존의 목적론적 관념을 새롭게 정의하기를 원했고 도덕의 내용도 바꾸기를 원했다. 따라서 니체가 호메로스의 서사시《일리아드》나《오디세이아》의 배경이 되는 고대 그리스의 영웅시대를 찬양하면서 "귀족의 도덕", "강자의 도덕", "잔인한 전사의 도덕"을 찬양한 것은 단순한 수사가 아니었던 것이다.

니체가 계몽주의 철학자들의 도덕논증의 실패를 직관적으로 파악하고 시적이고 아포리즘적인 경구로 이러한 자신의 생각을 전개했다면, 20세기 초의 케임브리지 학자들, 즉 조지 에 드워드 무어(G. E. Moore, 1873~1958)와 그 제자들은 계몽주의 선배들의 도덕논증의 실패를 분명하게 밝히며 앞에서 언급한 정의주의 학설을 내세웠다고 할 수 있다.《덕의 상실》 초반부에 등장하는 '정의주의'에 관한 내용은 이해하기가 상당히 까다롭다. 부분적으로는 이해하고 넘어가는 것 같아도 매킨타이어 논증의 전체적 구조를 염두에 두지 않는다면, 또 언어철학에 대한 기본적인 이해가 없다면 무슨 말인지 모른 채 그냥 지나가버릴 수 있다. 그렇다고 매킨타이어 논의의 출발점이 되는 '정의주의'를 우회할 수도 없는 일이다. 이제부터 '정의주의'에 대해 조금만 더 구체적으로 알아보자.

(5) 도덕에 대한 '정의주의emotivism'적 관점의 문제점

우리는 앞에서 매킨타이어가 현대의 도덕과 관련한 경쟁적 담론들이 결국은 전제의 상이함으로부터 오는 불가공약성의 문제에 직면해 있음을 지적한 내용을 살펴보았다. 또한 흄과 칸트로 대표되는 계몽주의 철학자들의 도덕논증이 근본적으로 실패하는 이유가 그들의 '이성근본주의'로 인해 인간에 대한 목적론적 관념 자체를 제거하기 때문임을 살펴보았다. 그럼에도 흄과 칸트 모두 자신들의 선조가 간직해 왔던 기독교적인 도덕규범의 목록—결혼서약을 소중하게 여길 것, 간음하지 말 것, 일부일처제, 정직할 것, 약자를 배려할 것, 타인의 자유를 존중하고 억압하지 말 것, 부지런할 것 등등의 내용들—자체에 대해서는 별로 의문을 품지 않았다. 왜냐면 그들 모두 일차적으로는 그들이 숨 쉬고 살아가는 문화적 공기, 즉 공동체의 기독교적 전통에 뿌리박고 있었기 때문이다. 매킨타이어는 이 '덕'을 강조하는 공동체와 전통의 맥락context, 찰스 테일러라면 공적 지평이라고 할 만한 것을 강조하면서 도덕의 의미를 설명하려고 한다. 그런데 여기서 우선 논박해야 하는 것이 '정의주의'이다.

정의주의는 간단히 말해 "모든 도덕적 판단은 선호와 태도와 감정의 표현이다"라는 명제를 주장하는 학설이다. 앞으로 이를 '정의주의 명제'라 칭하기로 하자. 그런데 매킨타이어 역시 도덕의 불가공약성을 언급하면서 현대의 도덕에 대해 사실상 정의주의와 동일한 진단을 내리지 않았던가? 이 질문은 복잡한 논의 속에서 우리가 길을 잃지 않게 해 줄 것인데, 결론부터 말하면 매킨타이어의 진단은 정의주의 명제와 동일하지 않다.

20세기 초에 유행한 정의주의 학설은 특정 시기를 지배했던 계몽주의 도덕철학의 본질에 대한 논리적 판단일 뿐 아니라, 역사의 전 시기를 관통하는 도덕철학 전체에 대한 판단이다. 즉, 정의주의에 의하면 흄과 칸트뿐만 아니라 플라톤과 공자, 붓다의 도덕 역시 "선호와 태도와 감정의 표현"에 불과하다. 그런 면에서 정의주의자들은 그들의 의도와는 상관없이 니체의 통찰("도덕은 권력의지의 표현에 불과하다!")을 분석철학적으로 세련되게 동의한 셈—'권력의지' 대신 '선호와 감정의 표현'으로 바꾼 것—이다. 반면, 매킨타이어는 계몽주의 철학자들의 논증으로는 그들이 옹호하고자 하는 도덕규범을 옹호할 수 없다는 점을 지적하지만, 현대 도덕담론들의 불가공약성과 도덕이 그저 선호하는 가치관의 표현에 불과한 것으로 인식되는 현실(즉, 정의주의적 성격)에 대해서도 탄식한다.

20세기 전반기, F.P 램지(Frank Plumpton Ramsey, 1903~1930)와 C.L 스티븐슨(Charles Leslie Stevenson, 1908~1979)으로 대표되는

정의주의 학설은 분석철학(특히, 언어철학)에서 도덕에 관한 명제의 "의미이론"으로서 스스로를 정립하고자 했으나, 결국 의미이론으로 제대로 기능(존립)할 수 없음이 드러나면서 분석철학 영역에서 사실상 퇴출되었다. 그렇지만 매킨타이어가 볼 때 도덕을 정의주의적인 방식으로 판단하는 경향(편향)은 살아남았다.[11]

여기서 명제의 의미이론으로서 실패한다는 것은 무슨 뜻인가? 다음의 두 명제를 살펴보자.

(a) "이것은 선하다(좋다)."
(a′) "나는 이것을 인정한다. 그러니 너도 마찬가지로 그렇게 하여라."

(b) "7 곱하기 7은 49이다."
(b′) "7 곱하기 7은 49라고!" (문제를 못 풀어 쩔쩔매는 학생에게 수학교사가 외친 말)

위에서 스티븐슨은 명제 (a)의 의미가 명제 (a′)으로 사용하는 것과 동일하다고 생각했다. 하지만 분석철학 내에서 (a)와 (a′)은 엄밀하게 구분된다. 즉 명제의 의미와 사용은 구분되는데, (a′)은 사용이다. 매킨타이어는 (b)와 (b′)의 상황을 예로 든다. 발화의 맥락과 상관없이 존립하는 (b) 명제는 단순한 수학식 "7×7=49"를 나타내는 의미론적 명제이다. 반면 (b′)은 교사가 계산을 못하는 학생에게 답답함과 짜증을 표출하는 것이다. 이 명제를 사용함

11 위의 책, 44쪽.

에 있어, 명제가 지니는 의미sense는 부차적인 문제다. 즉, 명제의 의미와 사용은 이처럼 독립적일 수 있다.[12] 그럼에도 정의주의는 (a)의 의미가 (a′)의 사용으로만 기능하는 것처럼 의미와 사용을 특정한 방식으로 묶어버렸을 뿐 아니라, 아예 (a′)의 사용이 (a)의 본질적 의미라고 못박아버렸다. 하지만 (a)는 설득력의 여부와는 별 상관이 없다. 즉, 설득되건 말건 독립된 의미를 지닌 명제로 존립한다. 반면, (a′)은 발화자와 청자, 맥락에 따라 설득력에서도 차이가 있을 수 있다. 조금 더 구체적인 예를 들어보자.

(c) "불륜은 악하다(나쁘다)."
(c′) "나는 불륜을 나쁘게 생각한다. 그러니 너도 마찬가지로 그렇게 생각하여라."

위에서 (c)와 (c′)은 다르다. (c)는 발화의 맥락과 상관없이 존립하는 의미론적 명제이다. 반면, (c′)은 말하는 사람과 듣는 사람이 있다. (c′)은 말하는 사람이 듣는 사람에게 자신의 가치관을 설명하고 설득하는 말에 해당한다. 만일 불륜을 저지른 사람이 (c′)을 말한다면 이 말 자체의 설득력은 더더욱 떨어진다. (b)는 맥락과 상관없이 존립하는 의미론적 명제이고 (c′)은 의사소통 상황의 맥락을 전제한 대화이다. (c)와 (c′)을 명료하게 구분하지 않았기 때문에 정의주의는 명제의 의미를 정밀하게 규정하는 것을 과제로 삼는 분석철학 내에서 설득력 있는 학설로 자리를 잡

12 명제의 의미와 사용의 분리는 정치적으로도 매우 중요한 함축을 지닌다. 이는 뒤에서 살펴보기로 하겠다.

을 수 없게 되는 것이다.

하지만 이렇게 다소 좀스러워 보이는 명제분석법으로 정의주의를 쉽게 내치는 건 석연치 않다. 매킨타이어 역시 이러한 석연찮음을 잘 알고 있다. 그래서 그는 현대의 모든 도덕담론들에 정의주의적 성향이 그대로 살아 있다고 말하며 이것을 좀 더 넓은 문화적/역사적 맥락에서 규명하고 반박하는 데 집중한다. 그는 무엇보다 현대사회가 정의주의적 성향과 그러한 문화를 낳고 있다고 판단하는데,《덕의 상실》3장에서 그 부분을 집중적으로 다루고 있다.

매킨타이어에 따르면 도덕철학은 언제나 특정한 사회학을 전제하고 있다. 왜냐하면 "도덕철학은 명시적이든 아니면 묵시적이든 간에 적어도 행위자와 그의 이유, 동기, 의도와 행위 사이의 관계'에 대해 개념적 분석을 부분적으로 제시하기 때문이다."[13] 이는 꼭 매킨타이어만의 주장이라기보다 보통 사람들이 상식적으로 이해하고 동의할 수 있는 내용이다. 조선시대에는 조선의 도덕이 있었고, 고대 아테네에는 아테네의 도덕이 있었다. 물론 시대와 장소, 사회의 형태에 무관하게 공통되는 도덕은 분명히 있다. 조선과 아테네의 도덕도 많은 부분이 유사할 것이다. 특히, 정직과 신의를 중시하고 무임승차를 금하여 이를 처벌하고자 하는 성향은 어디서나 발견된다. 이러한 공통된 도덕규범이 있다고 해서 도덕이 사회적 맥락으로부터 독립하여 존재하는 것은 아니다. 하지만 오늘날의 도덕철학은 이런 점을 쉽게 무시하고, 도덕을 추상적 원리의 목록으로 제시하거나 합리적 논

13 위의 책, 48쪽.

증의 형태로 정립시키려 한다는 것이 매킨타이어의 일차적 문제의식이다. 물론 정의주의도 여기서는 예외가 아니다.

사회에는 언제나 그 사회의 성격을 주도하는 지배적인 역할모델들이 있다. 고대 아테네라면 시민/전사이고, 조선은 유생/선비이며, 중세 유럽에서는 가톨릭 사제와 영주/기사일 것이다. 도쿠가와 막부 시대의 일본이라면 사무라이일 것이다. 각 사회를 주도하는 역할모델들은 그에 걸맞는 재능과 덕virtue, 실력을 갖춰야 했고 다른 신분이나 계급도 정도는 다를지라도 이 주도적 역할모델의 사고와 행동양식, 이들의 덕을 본받아야 했을 것이다. 즉, 조선에서 정직이란 덕목은 추상적 원리가 아니라 목에 칼이 들어와도 바르고 곧은 것을 말하는 이상적 사대부의 이미지로 표상되었을 것이다. 매킨타이어는 이를 '역할'과 '성격'의 내재적 연관관계로 파악한다. 그리고 이 연관관계 안에는 당연히 '목적'의 관념도 포함되어 있다. 일본에서 사무라이가 역할이라면 그가 갖춰야 하는 무예실력과 주군에 대한 충성심, 죽음을 두려워하지 않는 용감함과 같은 것들은 성격이다. 이 역할-성격의 연관관계는 당연히 사무라이로서 자신에게 주어진 임무와 책임을 잘 감당하는 것을 목표로 한다. 그리고 이러한 성격들이 그 사회의 고유한 문화적 특성을 형성한다. 매킨타이어는 빅토리아 시대의 영국문화는 공립학교 교장, 탐험자, 기술자의 성격들에 의해 규정되었고, 빌헬름 2세 시대의 독일은 마찬가지 방식으로 프로이센 장교, 교수, 사회민주주의자들과 같은 사람들의 성격에 의해 정의되었다고 말한다. 즉, 이러한 성격들이 바로 각 문화의 도덕적 원천이라고 할 수 있다.

매킨타이어에 따르면, 도덕에 대한 정의주의적 성향이 강한 이 시대의 사회적 콘텍스트는 관료제적 형식과 자본주의 경제로 특징지을 수 있다. 국가기관이든 기업이든 관료제적 조직은 명확하게 주어진 목표를 달성하기 위해 가장 효율적인 수단을 찾는 데 몰두한다. 그리고 이런 몰두 속에서 다른 조직과 경쟁한다. 한편, 자본주의가 낳은 부유한 심미주의자들도 있는데, 이들은 가진 재산을 사용할 수 있는 목표를 스스로 찾아야만 한다. 도덕에 관한 정의주의적 경향은 바로 이들, 부유한 심미주의자들의 성격에서 나온다. 매킨타이어는 이 시대 대표적인 성격유형으로 ① 부유한 심미주의자, ② (관료제적 조직의) 경영자, ③ 치료사를 언급한다. 경영자는 효율성과 이윤추구의 목표가 주어져 있고, 치료사는 환자의 질병을 치료하고 건강을 회복시킨다는 목표가 주어져 있다. 이러한 목표들은 '사실의 영역'에 놓이며, 경영자와 치료사는 각각 권위로 인식되는 권력과 전문지식 덕분에 일정한 위계질서 속에서 지위를 누린다.

반면, 부유한 심미주의자에게는 명확한 목표가 주어져 있지 않으며, 따라서 그들의 행위를 평가할 수 있는 합리적인 기준이 없다. 부유한 심미주의자는 이제 목표를 스스로 정한다. 그의 자아는 사회적 맥락으로부터 독립적이다. 이 자아는 정의주의적 자아의 원천이며, 이제 자아는 자신의 "진정한 자아"를 발견하고, 자신의 삶의 목표를 스스로 탐색해야 한다. "즉, 정의주의적 자아는 자기 자신의 영역에서는 주권을 획득하지만, 인간의 삶을 특정한 목표를 향해 질서지워져 있는 것으로 파악하는 관점과 사회적 정체성을 통해 제공된 전통적 한계들을 상실한다."[14]

그런데 매킨타이어는 왜 관료제를 이야기하고 있는 것일

14 위의 책, 64쪽.

까? 부유한 심미주의자는 그것과 아무런 상관이 없지 않은가? 아니, 상관이 있다. 매킨타이어는 사실과 가치를 이분법적으로 분리하는 사고방식이 바로 이것과 관련되어 있다고 본다. 자본주의를 제도적으로 구성하는 정부와 기업, 다양한 사회적 법인체들은 목표를 효율적으로 달성하기 위해 피라미드식 관료제의 형식을 구축하였다. 반면, 관료제적 조직 밖에서 사람들은 개인이자 소비자로 원자화된다. 단적인 예로 최근 유행하는 '워라밸 Work-Life Balance'이란 말은 이미 일과 삶의 분리를 전제하고 있다. 일은 관료제적 조직과, 삶은 그러한 관료제적 조직으로 구성된 일터에서 자유로운 자아와 각각 연관된다. 관료제의 분업시스템과 피라미드 구조는 인간을 조직의 부속품처럼 대하며 수단화하고 파편화한다. 따라서 관료제가 강하면 강할수록, 그로부터 벗어나 자유롭고자 하는 인간의 욕망도 더욱 강렬해진다. 그러므로 불가피하게 연루되는 관료제적 구조 외의 어떠한 것도 나를 규정하는 족쇄로 작용해서는 안 된다. 당연히 전통문화, 종교, 친족은 모두 나의 자유를 구속하는 억압적인 제도들이다. 관료제 하나의 억압을 견디는 것도 버거운데, 이런 것들에까지 자유를 뺏길 수 없는 것이다.

과거에 교사, 군인, 학자, 선원, 농부, 상인, 장인 등은 자아를 자신이 하는 일과 분리하지 않았다. 장인에게는 장인정신이 있고, 상인에게는 상도, 무인에게는 무도가 있었다. 농부는 성실하게 일하며 뿌린 대로 거두는 하늘의 이치를 체현했다. 좋은 농부란 단지 심성이 착한 농부가 아니다. 좋은 농부는 때를 분별하는 지혜와 근면함, 농사를 잘 짓는 노하우를 체득하여 실제로 풍작을 이룩하는 농부다. 이 모든 것들이 다 종합하여 덕(德)을 형성한다. 고도화된 정보사회를 살아가는 현대의 한국인들도 자녀 양육을 '농사'에 비유하지 '코딩'에 비유하지는 않는다. 일과 역할은 자아의 (도덕적) 성격과 분리되는 것이 아니었다. 역할과 그 역할의 수행, 그 역할을 통해 추구하는 목적 등은 긴밀하게 연관되어 있었고 그러한 연관관계가 한 사회의 도덕을 형성했던 것이다. 반면 출퇴근에 따라 자아의 역할이 바뀌고 다른 성격을 체현하는 건 최근에 와서 일반화된 현상이다. 그러므로 부유한 심미주의자들의 라이프스타일은 이제 모든 이들의 모방과 동경의 대상이 된다. 이러한 현대를 두고 매킨타이어는 "우리가 살고 있는 사회는 관료제와 개인주의가 동료가 되기도 하고 적이 되기도 하는 사회"[15]라고 말한다. 현대를 살아가는 우리는 이 상반된 두 극을 시계추처럼 반복적으로 왕복운동하고 있는 것이다.

이제 종합해보자. 우리는 먼저 도덕을 보편적인 진리이자 가치판단의 기준이 아니라 단지 개인적 선호와 감정의 표현으로 인식하는 것이 '정의주의'이며, 이러한 정의주의 학설이 (분석철학적인 차원에서) 명제의 의미이론으로 존립하는 것에 실패하는 것을 확인했다. 그러나 도덕을 대하는 정의주의적 경향은 살아남았다. 매킨타이어는 도덕이란 것은 곧 사회적 콘텍스트와 분리될 수 없으며, 도덕의 문화적 자원은 그 사회를 대표하는 역할-성격으로부터 비롯되는 것임을 강조하였다.[16] 그런데 정의주의가

15 위의 책, 65쪽.

16 매킨타이어는《덕의 상실》에서 고대 그리스로부터 현대에 이르기까지 역사를 추적하며 상당한 분량을 통해 이 사실을 설득력 있게 보여주는데, 여기서는 그의 통찰의 결론적인 부분만을 제시하였다.

자라난 현대사회의 핵심적 콘텍스트는 관료제 시스템과 자본주의 경제였다. 관료제는 주어진 목표 즉, 이윤과 효율성을 위해 개인을 조직의 부속품으로 동원하면서 자유를 억압한다. 따라서 이에 대한 반작용으로 모든 구속을 벗어던지고 진정한 자유를 추구하고자 하는 개인주의적 경향 또한 강화된다. 즉, 퇴근 후 김 대리는 이태원이나 홍대의 클럽에서 스트레스를 풀고, 박 과장은 리니지나 배틀그라운드 게임 속으로 들어가는 것이다. 이러한 과정에서 사실과 가치는 명확히 분리되며 자아가 선택하는 가치에 대해서는 그 정당성 자체를 묻는 것이 사실상 불가능해진다. 여기서 영향력 있는 역할모델은 자기 자신을 즐겁게 할 목표를 찾아 헤매는 부유한 심미주의자이다. 결론적으로 매킨타이어는 관료제와 개인주의 양극을 왕복하는 현대사회와 정의주의적 경향을 비판적으로 고찰하고, 경직된 관료제와 극단적으로 파편화된 개인주의 둘 다 지양하고 극복하는 것이 필요하다고 주장한다. 그리고 이를 위해 아리스토텔레스가 강조했던 고전적 덕의 본질이 회복되어야 함을 강조한다.

다시 본래의 논의로 돌아와보자. 우리는 무라타 사야카가《살인출산》을 통해 제기하는 문제로부터 시작했다. 무라타는 전통적 금기보다 오늘날 우리의 가치관을 의심해보자고 제안했다. 그 제안에 따라 오늘 우리의 가치관을 의심해보고자, 매킨타이어의 논의를 따라오면서 도덕에 대한 오늘 우리의 사고방식이 어떻게 형성된 것인지, 그 구체적인 맥락을 살펴보았다. 그 결과 우리는 도덕의 본래적 뿌리인 전통과 종교의 맥락을 망각하고 그것을 인간이성이나 본성에 정초시키고자 했던 계몽주의의 기획의 실패를 확인했다. 목적론적 관념을 완전히 배제시킨 상태에서 이성에 의한 순수논리로 도덕규범을 제시하는 것은 불가능하기 때문이다. 그 실패를 정확히 간파하고 출현한 것이 결국 도덕에 대한 정의주의적 관점이었다. 그리고 이러한 관점의 형성을 촉진한 사회적 배경이 곧 관료제와 개인주의였고, 이는 사실과 가치의 이분법을 확산시키면서 본래 구체적인 도덕적 규범의 원천으로 기능했던 전통적 "역할과 성격의 연관관계"도 분리시켰다고 볼 수 있다. 여기서 추구하는 가치가 좋으냐 나쁘냐 하는 것에 대한 물음에는 괄호를 치고, 타인에게 해를 끼치지 않는 범위 내에서 무엇이든 자신이 원하는 것을 자유롭게 추구하는 것을 긍정하는 자유주의가 대세가 되었다. 즉, 도덕의 정의주의적 성격은 자유주의의 공기 안에서 강화된다고 할 수 있다.

그렇지만 아무리 도덕에 대한 본래적 관념이 뿌리 뽑혔다고 해도《살인출산》의 사고실험은 너무 극단적이고 비현실적이어서 오히려 설득력이 떨어지지 않는가? 이어지는 내용을 보면 그런 생각이 사라질 것이다. 그것은 공리주의다.

(6) 살인출산과 서바이벌 로터리Survival Lottery
— 공리주의에 대한 비판

《살인출산》이 상상한 세계는 지나치게 극단적이라고 생각할 수 있지만 나는 이와 관련된 자료를 찾아보면서 무라타의 상상이 오히려 상당한 개연성이 있다는 사실을 깨닫게 되었다. '살인출산'과 같은 제도는 실제로 공리주의자에게는 진지하게 고민할 주제이다. 그전에 짧게 '인공자궁' 기술부터 살펴보자.

〈사이언스타임즈〉의 보도[17]에 따르면 2013년 스웨덴에서는 세계 최초로 '자궁이식'에 성공했다. 선천적으로 자궁과 질

등 생식기 없이 태어난 MRKH 증후군 여성과 자궁경부암 등으로 자궁적출수술을 받은 불임여성 10명이 친척들로부터 기증받은 자궁을 이식시키는 수술에 임했는데, 이 중 9명이 수술에 성공했다고 한다. 이들은 수술 6주가 지나면서 월경에 성공했는데, 이들 중 한 명은 시험관에서 인공수정한 배아를 이식한 자궁에 착상시켜 출산하는 데도 성공했다. 뿐만 아니라 2017년 미국에서는 바이오백(Bio bag, 인공자궁)을 통해 조산된 양을 살려내는데 성공했다. 게다가 2019년, 미국의 웨이크 포레스트대학 재생의학연구소WFIRM 연구팀에서는 토끼에서 채취한 세포를 배양해, 자연임신이 가능한 인공자궁을 만드는 데 성공했으니,[18] 이제 인간의 태아도 인공자궁을 통해 출산하는 것이 과학적으로 불가능한 일은 아니다. 이미 2000년대 초반부터 미국과 유럽은 인공자궁 연구를 지속해왔다고 한다. 미국의 트랜스휴머니즘[19] 운동을 주도하고 있는 졸턴 이스트반Zolton Istvan은 인공자궁이 낙태에 대한 반대와 옹호, 대립되는 두 의견 사이에 세 번째 선택지를 제공함으로써 갈등을 줄이는 한편, 이것이 트랜스휴머니즘 운동의 본질적 부분이 될 것이라고 말했다.[20] 앞으로 인공자궁을 통

17 〈사이언스타임즈〉, "자궁 이식에서 인공자궁 개발까지", 김준래 객원기자 (2014-10-28) https://www.sciencetimes.co.kr/news

18 "미연구팀, 인공자궁 이용한 토끼 자연임신에 성공", 김정은 기자. (2020-07-02) The Daily Post https://www.thedailypost.kr/news/articleView.html?idxno=74601

19 트랜스휴머니즘(영어: transhumanism)은 과학기술을 이용해 사람의 정신적, 육체적 성질과 능력을 개선하려는 지적, 문화적 운동이다. 이것은 장애, 고통, 질병, 노화, 죽음과 같은 인간의 조건들을 바람직하지 않고 불필요한 것으로 규정한다. (출처: 위키백과)

20 "[의견] 인공자궁은 무엇이며 인간에게 효과가 있는가?" (2020-04-06), 재단법인 국가생명윤리정책원 http://www.nibp.kr/xe/news2/176016

해 여성들은 임신과 출산으로 인한 경력단절의 부담을 줄일 수 있고, 국가는 줄어드는 인구에 대한 염려를 줄일 수 있을 것이다. 또 자궁이 없는 여성과 남성 동성커플에게도 2세를 가질 수 있는 기회가 제공될 수 있을 것으로 보인다.

하지만 인공자궁은 그만큼 여러 윤리적인 문제를 야기할 것이다. 특히, '어머니'나 '모성'에 대한 기존 개념이 완전히 뒤바뀔 수도 있을 것이며, 대량의 인공자궁이 설치(?)되어 있는 장소는 사람을 생산(배양)하는 공장처럼 인식될 수도 있다. 10개월 동안 자기 몸 안의 태아와 정서적 교감을 하며 한 생명의 탄생을 기다리는 출산의 관습과 의례 같은 것도 바뀌게 될 것이다. 이렇게 될 경우 인간생명에 대한 존엄과 신성함에 대한 존중이 지속될 수 있을까?《살인출산》은 이미 그런 질문을 포함하고 있다. 그러나 앞에서 봤듯이 이 소설은 단순히 과학기술의 발전과 더불어 야기될 수 있는 윤리적 문제를 다루는 작품이 아니다. 그보다 더욱 근원적으로 인간이 도덕이라고 생각하는 것의 본질이 과연 무엇인가 하는 질문을 던지는 작품인데, 작가가 디스토피아로 묘사한 세계의 논리를 주장할 가능성이 높은 도덕철학은 다름 아닌 공리주의이다. 실제로 공학이나 기술의 연구방향과 발전 자체가 인간에게 유용함과 편익을 주는 것을 목표로 하는 만큼, 이에 맞춰 공리주의 도덕철학의 영향력도 더욱 확장될 가능성이 있다. 그렇다면 공리주의란 대체 어떤 것일까?

우리가 '공리주의(功利主義)'에 관해 가장 먼저 떠올리는 것은 아마도 "최대 다수의 최대 행복", 즉 제러미 벤담(Jeremy Bentham, 1748~1832)의 말일 것이다. 그는 최대의 이익과 쾌락, 행복을 만들어낼 수 있는 것이 선이라고 생각한 거의 최초의 철학자였다. 게다가 벤담은 그것을 양적으로 계산할 수 있다고 생각하기도 해서 '양적 공리주의자'로도 불린다. 존 스튜어트 밀은 그런 벤담의 테제를 다소 수정하여 "배부른 돼지보다 배고픈 인간이 낫다"는 말로 질적으로 더 높은 쾌락과 행복이 있다고 주장하며 질적 공리주의를 내세웠다. 하지만 양이든 질이든 공리주의는 결과적으로 최대의 행복과 쾌락을 산출해내는 것이 선한 것이라는 주장을 기초로 한다. 그러니까 공리주의는 그 나름대로 도덕의 '목적'을 명확히 설정하고 있다.

공리주의를 이렇게 부정적 뉘앙스로만 설명하면 공정하지 못할 것이므로 조금 더 공감을 주는 설명을 들어보자. 하버드대 심리학 교수인 조슈아 그린Joshua Greene은 《옳고 그름》(원제는 *Moral Tribes*, '도덕적 부족들')이라는 책에서 공리주의를 도덕의 '공동통화'로 설명한다. 각자의 화폐를 가진 국가들이 무역이나 국제적 금융거래에서는 '달러'와 같은 기축통화로 결제하는 것에 비유한 것이다. 그린은 한 사회 내에 가치관이 다른 사람들(또는 집단들) 사이에서 도덕적 갈등이 발생했을 때에는, 결국 공리주의를 최종적으로 적용할 수밖에 없다고 본다. 그리고 그린은 이럴 때 도덕에 대한 우리의 정서적 자동반응을 일단 제쳐두고 사고를 수동모드로 전환할 필요가 있다고 주장한다. 이 수동모드는 우리의 직관과 정서에 반하지만 이성적이고 합리적인 사고를 통해 불가피한 희생을 인정하고 감수하는 방향을 선택하는 것을 가리킨다. 그에 따르면 공리주의는 "행복을 공평하게 최대화하는 것"[21]이며, 무엇보다도 "편향된 공정성"을 바로잡는 것이다. 그리고 어떤 선택의 최종적인 결과를 깊이 고려하는 것이다.

그러므로 이어서 소개하는 공리주의의 내용과 그에 대한 비판만 보고 공리주의에 대한 부정적 반감만 갖지 않기 바란다.

인류학자 김현경은 《사람, 장소, 환대》라는 책에서 대표적인 공리주의자인 피터 싱어(Peter Singer, 동물해방주의자이기도 하다)와 존 해리스John Harris의 굉장히 파격적인 제안을 비판적으로 고찰한다. 여기서는 해리스가 고안한 '서바이벌 로터리Survial Lottery'라는 가상의 장치에 대한 김현경의 소개와 비판을 먼저 요약하고 김현경의 비판이 갖는 의미에 대해서도 살펴보고자 한다. 일단, 존 해리스가 가정한 상황은 김현경의 소개를 그대로 옮겨와 보겠다.

> 긴급하게 장기이식을 해야 하는 두 명의 환자가 있다. 한 명은 심장이 필요하고 다른 한 명은 폐가 필요하다. 의사는 그들에게 안됐지만 여분의 장기가 없어서 수술을 해줄 수 없다고 말한다. 그러자 환자들은 의사의 무책임함을 비난하며 이렇게 묻는다. "지나가는 사람을 아무나 붙잡아서 장기를 적출하면 될 것 아닌가? 희생자는 한 명이고 우리는 두 명이다. 두 사람의 목숨이 한 사람의 목숨보다 중하지 않은가?" 의사는 놀라서 대꾸한다. "죽어가는 사람을 내버려두는 것과 멀쩡한 사람을 죽이는 것은 다르다. 당신들을 살리자고 무고한 사람을 죽일 수는 없다." 그들이 즉시 반박한다. "아무 죄도 짓지 않았는데 죽어야 하는 건 우리도 마찬가지이다. 그리고 결과라는

21 조슈아 그린, 《옳고 그름》(최호영 옮김, 시공사, 2017), 308쪽.

관점에서 보았을 때 죽게 내버려두는 것과 죽이는 것은 하나도 다르지 않다. 당신이 우리를 살릴 수 있으면서 죽게 내버려둔다면, 우리는 당신 때문에 죽는 셈이다." 의사가 다시 대답한다. "내가 의사로서 할 일을 소홀히 했기 때문에 당신들이 죽는다면 그건 내 잘못이다. 하지만 나는 살인이 의사의 할 일에 포함된다고 생각하지 않는다. 다른 사람과 마찬가지로 내게도 사람을 죽이는 것은 금지되어 있다."

_《사람, 장소, 환대》, 261쪽

"위와 같은 상황"에서 환자들이 의사에게 "죽게 내버려두는 것"과 "죽이는 것"을 같은 것이라고 보는 관점은 온당한가? 공리주의는 이것을 온당하다고 볼 확률이 매우 높다. 조금 뒤에 살펴보겠지만 공리주의자들은 '수단으로서의 피해/희생'과 '부작용으로서의 피해/희생', 또 '어떤 일을 수행하는 것'과 '어떤 일이 일어나도록 허용하는 것'을 동일한 것으로 취급한다. 공리주의자의 관점에서 이것들을 다르다고 구분하는 것은 인간의 자동적인 정서반응에 불과하다. 따라서 이런 도덕적 반응의 자동모드를 수동모드로 전환해서 더 큰 선을 추구해야 한다는 것이 공리주의자들의 논리이다. 어쨌든 김현경은 해리스가 위와 같은 가상의 상황에서의 도덕적 판단에 대해 질문하는 것을 기초로 서바이벌 로터리 시스템을 제안하고 있는 것을 소개한다. 이 시스템의 개요는 다음과 같다(262~263쪽 내용 정리).

(1) 모든 사람이 자신의 장기에 대한 정보를 관리센터에 등록하고 번호를 하나씩 받는다.

(2) 장기이식이 필요한 환자가 두 명 이상 발생할 때마다 관리센터는 적합한 장기를 가진 사람들을 검색하여 그 중 한명을 무작위 추첨으로 선발한다.

(3) 당첨된 사람은 생명을 포기하고 자신의 장기를 이식용으로 제공한다.

(4) 모든 사람은 필요할 때면 자신의 생명을 타인을 위해 포기할 수 있어야 하며, 이를 거부하는 사람은 살인자로 간주된다(참고로, 이 시스템이 정착된 사회는 자기희생이 의무화된 사회이다).

위와 같은 해리스의 시스템은 무라타가 소설 속에서 상정한 '살인출산' 시스템보다 확률적으로도 통계적으로도 희생자가 더 많이 발생할 수밖에 없다. 내가 무라타의 상상이 개연성이 전혀 없는 것이 아니라고 말한 이유가 바로 여기에 있다. 물론 해리스는 이 시스템을 사고실험을 위한 가설로 내세웠을 뿐, 실질적인 도입을 주장했던 것은 아니다. 다만 그는 장기기증에만 의존하는 현행 방식이 이 장기이식 수술의 광범위한 적용을 막고 있으므로 충분한 이식용 장기의 확보를 위해 국가가 희망자로부터 장기를 매입하고 필요한 사람에게 공급하는 시스템을 제안한다. 그러니까 국가가 직접 장기거래소를 관리하고, 국가 재정을 통해 장기를 매입해서 장기가 필요한 사람에게 의료복지적 혜택을 주자는 것이다.

해리스는 보통 사람들의 정서적 충격을 고려해 자신의 제안을 다소 완화하여 서바이벌 로터리의 실질적 도입 대신 정부가 직접 운영하는 장기거래소 플랫폼을 말했지만, 우리가 여기서 주목할 것은 이들의 사고방식이다. 실제로 공리주의자들은 정서적 충격을 인간 "대뇌의 복측 전전두엽 피질의 거부반응"이라는 생화학적 차원으로 이해하며, 이러한 고정관념에 기초한 반응에 인지적 통제를 가하는 훈련을 지속하면 사람의 정서적 반응체계와 거부감도 줄어들 수 있다고 본다.[22] 공리주의자들의 사고방식에 동의를 하든 안 하든, 지속적인 인지적 통제—다른 말로는 세뇌brainwashing—가 사람의 사고방식을 바꿀 수 있다는 것은 널리 알려진 과학적인 팩트다.

일단, 해리스의 서바이벌 로터리를 무라타의 살인출산 시스템과 비교해보자. 출산자가 한 사람을 지정해서 살해하려면 그는 10년 안팎의 세월을 지정된 병원에 갇혀 10명의 아이를 낳아야 한다. 살인이 비록 과거와 같이 엄격히 금지되는 것은 아니라 하더라도, 살인은 여전히 국가의 인구관리 차원에서 귀중한 자원을 훼손하는 범죄다. 그러므로 국가는 10명의 출산을 완료한 출산자에게만 특별히 살인할 권리를 주는 것이며, 이런 절차 없이 함부로 살인을 하면 산형을 선고받고 병원에 갇혀 죽을 때까지 아이를 낳아야만 한다. 구 공산주의 국가에 비유한다면 병원은 수용소이고 산형은 노동형인 셈이다. 어떤 이의 원한을 사면 나중에 출산자가 된 그 사람으로부터 망자, 즉 피살자로 지정받아 살해당할 위험도 있으므로 사람들은 더욱 서로를 함부로 대하지 않게 될 것이다. 반면, 해리스의 서바이벌 로터리는 무작위다. 장기이식이 필요한 환자가 두 명만 되더라도 시스템에서 무작위로 건강한 사람 한 명을 선발하여 죽일 수 있다. 살인출산

22 조슈아 그린, 《옳고 그름》, 211쪽.

에서는 출산자의 살의에 의해 망자가 지정되기에 무작위는 아니고, 출산자의 원한관계 등을 고려할 때 어느 정도 예측은 가능한 시스템이라 할 수 있다. 그에 반해 서바이벌 로터리는 말 그대로 로터리Lottery, 즉 제비뽑기다. 전체적인 확률로 보면 두 시스템 중에서 어떤 것이 더 많은 희생자를 양산할지 알 수 없지만, 사람들이 견뎌야 하는 불안의 강도는 외려 서바이벌 로터리 쪽이 더 세지 않을까?

해리스는 서바이벌 로터리가 사람들에게 야기할 불안감에 대한 해결책을 무라타가 예상한 방식 그대로 내놓는다. 해리스가 이와 같은 사고실험을 한 것이 1999년인데, 혹시 무라타가 해리스의 이 논문을 모티브로 소설을 구상한 것은 아닐까 싶을 정도로 흡사하다. 해리스가 내놓는 다음의 세 가지 해결책을 보기로 하자.

① 시스템의 잠재적인 희생자들이 겪을 불안과 공포를 어떻게 해결해야 하는가?

나에게 출산자의 "살해예정통지서"가 언제 도착할지 모르는 것처럼, "장기적출통지서"가 언제 갑자기 날아들지 모른다. 놀랍게도 해리스는 이것은 익숙해지게 마련이라고 답한다. "당신은 아침에 차를 몰고 나갈 때마다 교통사고로 죽을까 봐 걱정하는가? 아마도 그렇지 않을 것이다. 연간 교통사고 사망자 수를 생각한다면 걱정을 할 만도 한데 말이다. 어차피 죽음의 위험은 도처에 널려 있으며, 우리는 매일매일 제비뽑기를 하고 있다."(262쪽)

② 장기를 적출하는 의사들이 겪는 양심의 가책은 어떻게 해야 하는가?

"해리스는 '양심의 가책'이 우리를 언제나 올바른 방향으로 인도하는 것은 아니라고 말한다."(263쪽) 앞에서 조슈아 그린이 정리한 복측 전전두엽 피질의 생화학적 거부반응을 언급했는데, 해리스에게도 마찬가지다. "이성적으로 따져보았을 때, 장기를 적출하는 것이 하지 않는 것보다 더 많은 사람을 살리는 길이다. 사람을 죽이는 것에 대한 우리의 본능적 거부감—죽이는 것과 죽게 내버려두는 것이 하나도 다르지 않은데도—은 지속적인 교육과 홍보를 통해 서서히 극복될 수 있을 것이다."(263쪽)

③ 희생자의 저항을 어떻게 다스릴 것인가?

로터리 시스템의 (4) 항목에서 본 것처럼, 이 시스템의 거부자는 살인자로 간주된다. 자기희생이 의무화된 사회로서 모든 사람은 타인을 위해 자신의 생명을 포기할 수 있어야 하기 때문이다. "우리는 이런 사회를 원할 수도 원치 않을 수도 있다. 하지만 이런 사회가 우리 사회보다 비윤리적이라고 단정지을 수는 없다."(263쪽)

①에서 해리스는 예기치 못한 교통사고로 죽는 것이나 제비뽑기로 장기적출을 당해 죽는 것이나 같다고 말한다. 여기서 롤즈가 제안한 "무지의 베일"[23]을 적용했을 때, 베일 뒤에 있는 사람들은 과연 제비뽑기로 장기적출 당하는 시스템을 포함한 계약에 동의할까? 우리의 본능적 반발감은 당연히 동의하지 않을 것 같지만, 본능적 반감으로 공리주의자들을 설득할 수는 없다. 왜

냐면 애초부터 공리주의자들은 더 큰 선을 위해 즉각적인 정서 반응을 억제해야 한다고 주장하는 사람들인데다가, 이들은 롤즈가 말한 베일 뒤에는 이미 롤즈처럼 사고하는 사람들만 서 있을 것이라고 말할 것이기 때문이다. 실제로 공리주의자들은 롤즈의 사고실험이 합리화에 불과하다고 비판하곤 한다. 공리주의자는 이렇게 말할 것이다. "당신이 자동차를 타고 다니는 것은 당신이 아무리 안전하게 운전하더라도 언제든 당신의 과실이 아닌 원인, 타인의 난폭한 운전이나 급작스러운 재난에 의해 교통사고가 날 가능성에 자신을 열어두는 것과 같다. 그것이 무작위로 당첨되어 장기적출을 당할 가능성을 허용하는 것과 무엇이 다른가?" 이를 논리적으로 반박하는 것은 매우 어렵다. 어찌어찌 어렵사리 반박한다 하더라도 우리는 앞에서 매킨타이어가 말한 도덕의 불가공약성 문제에 부딪칠 것이다. 공리주의자가 당신의 기본적 전제에 합의하지 않을 것이라는 이야기다. 기억나는가? 살인이 죄악이므로 이 시스템을 멈추어야 한다고 생각하는 사키코가 살인충동에 시달려 출산자가 된 다마키를 찾아갔을 때, 다마키가 사키코에게 했던 말을. 소설 속 다마키가 꼭 해리스에 빙의된 듯한 말을 한다.

23 무지의 베일: "존 롤스는 정의가 선험적으로 주어진 것이 아니라, 사회 구성원이 합의한 원칙에 의해 정해진다고 본다. 이때 사회 구성원들은 '무지의 베일the veil of ignorance' 상태에서 정의의 원칙을 선택해야 한다. 무지의 베일이란 자신의 위치나 입장에 대해 전혀 모르는 상태를 의미한다. 일반적인 상황은 모두 알고 있지만 자신의 출신 배경, 가족 관계, 사회적 위치, 재산 상태 등에 대해서는 알지 못한다는 가정이다. 자신의 이익에 맞춰 선택하는 것을 막기 위한 장치다. 이를 통해 사회 전체의 이익을 위한 정의의 원칙을 찾아낼 수 있게 된다." - 중앙일보, 이세정 논설위원, [분수대] "무지의 베일" 설명을 참고, 2004.8.6, https://news.joins.com/article/372676

예기치 못한 살인이 일어난다는 의미에서는 세상은 옛날과 다르지 않아요. 보다 합리적으로 변했을 뿐이에요. 세상은 늘 잔혹해요. 잔혹함의 형태가 변했을 뿐이지요. 내게는 다정한 세상이 됐어요. 누군가에게는 잔혹한 세상이 됐겠죠. 그뿐이에요.[24]

또한 ②와 ③도 사실상 ①이 제기하는 문제와 연장선상에 있다. 양심의 가책이든 희생자의 저항이든 둘 다 동일하게 정서적 문제인 것이다. 공리주의자들이 이걸 극복하는 방법으로 제시하는 것은 지속적인 교육과 홍보다. 좋은 말로 해서 교육과 홍보일 뿐, 사실상 세뇌brainwashing라고 봐도 된다. 물론 공리주의자들은 어차피 지금의 우리도 무언가에 세뇌되었다고 답할 것이다. 그런데 반갑게도 김현경은 이러한 공리주의 주장에 나름대로 성공적인 논박을 가한다.

김현경의 반박은 2단계로 진행된다.(268~273쪽) 해리스에 따르면 장기적출 대상자로 지정된 사람이 만일 그것을 거부하고 도망친다면 그런 배신행위는 살인죄로 간주되어야 한다. 하지만 공리주의자들도 동의할 만한 게임이론을 적용해보자. 자신의 편익을 극대화하는 사람이라면 그래도 도망치는 선택지가 낫다. 도망가다가 살인죄로 잡히면 기껏해야 사형이고 용케 성공하면 살아남을 수 있지만, 도망가지 않으면 백퍼센트 죽기 때문이다. 이 상황에서 개인의 편익극대화 전략은 당연히 도망가는 것이다. 이게

24 무라타 사야카, 《살인출산》(이영미 옮김, 현대문학, 2018), 86쪽.

1단계 반박이다.

따라서 공리주의자들은 서바이벌 로터리에 사람들이 자발적으로 동의할 방법을 찾아야 한다. 그렇다면 이들에게 '사후의 명예'라는 관념을 심어주어야 할 것이다. 타인을 위해 자신의 장기를 내어주는 것은 고귀한 행동이며 공동체는 그들의 희생을 기릴 것이라고 설득해야 한다. 실제로 국가는 전쟁에서 희생된 군인들의 이름을 기록하고, 기억하고, 기념하며, 추모한다. 끝까지 전사자 유골을 찾아내 가족의 품으로 돌리게 하는 데도 최선을 다하며, 죽은 사람의 넋을 기리는 성대한 의례를 행한다. 《살인출산》에서도 출산자에게 살해당한 망자를 향해 모든 예를 다해 장례를 치르는 장면이 나온다. 이와 같은 모든 희생담론은 죽은 사람 역시 공동체의 구성원으로 남아 있다는 믿음을 전제한다. 하지만 죽은 사람의 넋이 우리 곁에 존재한다는 생각은 심리철학에서 광범위하게 지지받는 물리주의적 입장에 의하면 완전히 난센스다. 이들에게 사람의 영혼이란 건 없으며, 있다고 해도 그것은 뇌의 전기적 현상으로서의 의식과 다르지 않기 때문이다. 그리고 이러한 입장은 공리주의자들의 기본적인 전제다. 실제로 오늘날 많은 공리주의자들은 기본적으로 신경생물학자이거나 심리학자이기도 하다.

물론 공리주의에 동의하지 않는다 하더라도 보통 사람들이 죽은 사람의 넋, 영혼, 귀신 등이 실제로 존재한다고 믿는 것은 아니다. 그것은 오히려 살아남은 사람들을 위한 의례이다. 죽은 사람을 기억하고 기념함으로써, 그리고 그들을 추모함으로써 남은 자들은 자신들도 앞서 간 사람들의 삶을 본받아 가치 있고 의미 있는 삶을 살겠다고 다짐할 수 있는 것이다. 하지만 그렇게 하려면 초자연적 심령현상을 믿는 믿음이 필요한 것이 아니라 죽은 사람도 이 사회에 마땅한 자리를 차지한다는 합의된 인식이 필요하다. 우리가 그것을 명시적인 합의나 계약을 통해 표명하는 것은 아니지만 문화적 전승과 의례에 대한 참여를 통해 암묵적으로 이 테제에 이미 합의하고 있는 것이다. 그런데 김현경에 따르면 싱어나 해리스와 같은 일반적인 공리주의자들은 생물학적으로 사망한 사람은 이미 사람이 아니라는 관념을 지니고 있으며, 계산불가능한 생명의 절대적인 가치와 그 신성함을 존중하기보다는 더 많은 생명을 더 많은 선(이익)으로 환산한다. 그렇기 때문에 이런 사고실험이 가능한 것이다. 하지만 서바이벌 로터리를 도입하려면 그들이 쫓아내버린 '사람의 신성함'과 '죽은 사람도 우리 사회구성원으로서 자리를 차지한다는 관념'을 다시 불러들여야 한다. 이것이 2단계의 반박이다.

김현경의 공리주의에 대한 논리적 반박은 통쾌한 면이 있다. 물론 공리주의자가 김현경의 논박을 접하고 난 후 재반박을 할 수도 있을 것이다. 존 해리스라면 서바이벌 로터리에 대한 김현경의 논박에 자기 나름대로 또 반박할 논리를 만들어내겠지만, 그게 아니더라도 김현경이 서 있는 논리적 전제를 건드리는 방식으로 반박을 시도할 가능성이 높다. 김현경은 자신의 책 《사람, 장소, 환대》의 전반에서 에밀 뒤르켐과 어빙 고프먼(Erving Goffma, 1922~1982)의 사회학 이론에 기초해 오늘날의 자유주의가 상정하는 원자적 개인주의를 효과적으로 비판한다. 이를 기초로 사람에게 성원권(成員權)을 주는 것은 사회이며, 이 사회가 성립하는 조건이자 토대는 '절대적 환대'의 원칙임을 역설한다. 게다가 김현경의 논리는 낙태 합법화와 퀴어를 옹호하는 진보진영에게 굉장히 매력적인 이론적 기초를 제공한다. 물론, 공리주의 역시 낙태와 퀴어적 성해방 등 대부분의 진보적인 주장들을 지지하지만 그 근거가 매우 냉정하고 매정하게 느껴져 부담스러운 면이 있다. 특히, 현대 공리주의는 전투적 무신론에 경도되는 경향까지 있어서 종교에 기반을 둔 진보적인 운동가들의 감정을 불편하게 만드는데, 김현경의 반박은 이에 대한 정서적 부담을 덜어주면서 동시에 비인간적인 느낌의 주장에는 확실히 선을 긋기에 왠지 선한 것을 추구하는 것 같은 안정감을 준다.

그러나 나는 싱어와 해리스에 대한 김현경의 성공적인 논박과는 별개로 전체적인 이념과 철학의 체계에서 볼 때, 특히 논리적 정합성의 측면에서 공리주의를 무너뜨릴 수 있는 이론은 아직은 없다고 생각한다. 공리주의가 사람들의 지지를 얻지 못하는 것은 그것이 비논리적이어서가 아니라 오히려 너무 논리적이어서 정서적 동의를 얻지 못하기 때문이 아닐까? 게다가 《바른 마음》의 저자 하이트나 앞서 언급한 《옳고 그름》의 저자 조슈아 그린 같은 신경심리학을 기반으로 보다 정교한 논리를 구성하는 공리주의자들은 싱어나 해리스의 공리주의가 가져올 부작용과 그 외부효과에 따른 비용의 부담이 그 이익보다 더 크다는 점을 논증하여 이들을 오히려 논박하려 할 것이다. 즉, 더 충실한 공리주의의 논리로 싱어와 해리스의 부족한 공리주의를 논박할 가능성이 높다.

물론 나 역시 전반적으로는 공리주의를 지지하지 않으며, 싱어나 해리스의 주장과 같은 공리주의에는 전혀 동의하지 않는다. 그러나 (매킨타이어와 마찬가지로) 공리주의자들이 "합리적 논증의 형식으로 제시되는 오늘날의 도덕적 담론들이 실은 자의적이거나 비일관적이라는 것"을 폭로한다는 점과 그들의 논리가 생각보다 견고하다는 점을 인정한다. 이것이 내가 무라타 사야카의《살인출산》에 착안해 나름 집요하게 파고들면서 내린 결론이다. 나는 김현경이 제시한 이론과 그것의 귀결, 즉 김현경이 자신의 이론을 통해 내세우는 도덕적 입장에는 대부분 동의하지만 동시에 그것이 논리적인 필연성을 갖고 있다고 생각하지 않는다. 김현경은 미끄럼틀[25]에 놓여 있는 도덕적 불안의 문제들에 효과적인 방지턱을 설치해두긴 했으나 그것은 아직 튼튼하지 않은 것 같다. 이제 그 점을 살펴보기로 하자.

(7) 김현경의《사람, 장소, 환대》[26], 매력적이지만 여전히 자의적인 도덕담론

김현경(이 절 안에서 이하 저자로 지칭)은 자신의 저서《사람, 장소, 환대》를 통해 우리가 익숙하게 사용하는 '사람'이라는 단어의 의미를 재조명한다. "사람이라는 것은 어떤 보이지 않는 공동체—도덕적 공동체—안에서 성원권을 갖는다는 뜻이다. 즉 사람임은 일종의 자격이며, 타인의 인정을 필요로 한다."(31쪽) 이어

25 흔히 오류를 범하는 논증유형 중 '미끄러운 경사면 논증'을 염두에 둔 표현이다. A를 허용하면 결국 연쇄적인 작용에 의해 B, C 등을 거쳐 결론적으로 D나 E에 이를 수 있다고 주장하는 것을 일컫는다. 출발점과 도달점의 거리가 멀어서 쉽게 예측할 수 없음에도 그 경로를 확정적으로 예측하기에 종종 논리적 비약으로 빠지기 일쑤다. 그래서 이를 논리적 오류라고 보기도 한다. 그러나 이것 자체로 '오류'로 보기보다는 '불충분한 논증'으로 보는 것이 더 정확하다. 실제로 인간의 직관이 논리를 뛰어넘을 때도 많으며, 그러한 직관이 논리적 근거는 빈약하지만 충분한 경험과 지식에서 비롯되는 지혜가 되기도 하기 때문이다.

26 김현경,《사람, 장소, 환대》(문학과지성사, 2015). 이 절에서 중점적으로 고찰하고자 하는 책이다. 책의 내용과 표현을 그대로 옮겨올 때는 괄호에 쪽수만 표시하기로 하겠다.

서 저자는 우리가 '사람'과 '인간'이란 말을 같은 뜻으로 혼용해서 쓰지만, 그 외연과 내포가 같지 않음을 강조한다. 인간은 생물학적 사실에 해당하는 말이고, 사람은 사회적 인정이 담긴 말이다. 인간으로서 우리는 환대에 의해 사회 안에 자리(장소)를 얻게 되고 그리하여 사람이 된다. 이렇게 '사람', '장소', '환대'라는 세 가지 키워드의 맞물림에 기초해 저자는 인정, 불평등, 배제와 낙인, 모욕과 굴욕, 우정, 공동체, 사회, 존엄과 신성함 등의 의미를 고찰하고 이와 관련한 도덕적 기준을 제시한다.

앞서 말했듯 나는 이 책에 나오는 저자의 주장은 상당히 수긍하는 편이다. 그렇지만 그 주장을 이끌어내기 위한 논리적 모델, 즉 저자가 구상한 '사람'과 '사회'에 대한 인식 및 개념의 체계는 몇 가지 문제가 있는 것 같다. 나는 특히 태아와 낙태와 관련해서 저자의 견해에 이의를 제기하는 방식으로 이 문제에 접근하려고 하는데 여기서 한 가지만 미리 짚어두고자 한다. 지금 쓰고 있는 이 책의 일차적 관심사는 '퀴어'이지, '낙태'가 아니다. 낙태에 대한 나의 견해는 한 마디로 말하기엔 조금 복잡하기 때문에 그건 이 절 말미에 가서 언급할 것이다. 아무튼 여기서 내가 비판적으로 고찰하고자 하는 것은 '낙태'에 대한 저자의 견해가 아니라, 그 견해를 뒷받침하는 사람과 사회에 대한 저자의 기초적 개념이다. 새삼 환기하자면 이 장의 주제는 '도덕적 불안'인데, 나는 여기서 저자가 정립하는 '절대적 환대의 윤리' 모델도 결국 도덕적 불안을 해소하지 못한다는 점을 보이고자 한다.

먼저 저자는 이 책 1장에서 인간이지만 사람은 아닌 대표적인 존재로 태아, 노예, 군인, 사형수를 꼽고 이들이 어떤 존재인지 분석하는데, 일단 태아에 대한 저자의 설명을 따라가 보겠다. "태아는 분명히 인간이지만, 사회 안에 아직 들어오지 않았기에 사람으로 여겨지지 않는다."(32쪽) 신생아와 태아의 도덕적 지위가 전혀 다르다는 사실을 사람들이 쉽게 간과하는 이유는 과거와 달리 출산이 아무런 의례적 장치 없이 순수하게 의료적 합리성에 따라 진행되는 까닭이다. 과거엔 아기가 출생 자체로 바로 사람으로 인정되지 않았다. "아기에게 이름을 지어주지 않는다든가 배내옷을 입히는 것 등은 아기가 이 세상에 들어오지 못하고 문지방 단계에 있음을 표시한다."(33쪽) 오늘날 아기는 출생과 동시에 사람으로 인식되고 그 순간에 바로 국가가 개입하기 때문에 사람들은 "태아가 모체의 바깥으로 나오는 순간 어떤 상징적인 경계선을 통과한다는 사실을 놓치곤 한다."(34쪽) "낙태는 살인"이라는 낙태반대론이나 낙태 뿐 아니라 심지어 무뇌아처럼 사람의 기준에 미달하는 신생아는 죽이는 게 낫다는 일부 공리주의자들의 견해도 바로 이러한 "상징적 차원"의 실재를 지각하지 못하는 데서 비롯된다. 저자는 낙태가 살인이 아닌 것은, 태아가 아직 사람이 아니기 때문이라고 말한다. 반면 무뇌아일지라도 모태 바깥으로 나온 신생아는 사람이기에 이 아이를 안락사 시키는 것은 살인에 해당한다.

한편, 노예가 사람으로 인식되지 않는다는 건 직관적 이해가 가능하다. 그런데 군인은 왜 사람이 아닌가? 여기서 군인은 정확히 말해 전쟁터의 병사에 해당한다. "전시에 적군을 죽이는 것이 인권문제를 일으키지 않는다는 사실에서 단적으로 드러난다."(40쪽) 사람을 죽이는 것은 살인이지만, 적군을 죽이는 것은 살인이 아니다. 다시 말해 국가는 전쟁터에 병사를 내보낼 때 그에게서 사람이라는 상징적 성원권을 박탈하는 것과 같다. "오늘날의 군인들은 전쟁터에 나갈 때 이미 노예와 다름없다. 그들은 명예를 위해 싸우는 대신 생존을 위해 싸운다. 왜냐하면 그들은 잃어버릴 명예 따위를 갖고 있지 않기 때문이다."(44쪽) 저자는 현대전이 총체전의 양상을 띠는 것은 이처럼 명예의 관념이 사라졌기 때문이라고 본다. 전통적인 전쟁에서는 그나마 의례적인 요소가 있었다. 가령 아메리카 인디언들은 포로의 손톱을 뽑고 머리 가죽을 벗기는 등 잔인한 측면이 있었지만 그것은 의례적 성격을 지니고 있었다. 이런 행위는 적을 모욕하고 그에게서 사람으로서의 신성함을 박탈하는 것을 목표로 하는데, 이는 역설적으로 적이 패배하기 전에는 사람이었음을 뜻한다. 하지만 "현대전에서는 병사들이 처음부터 어떤 명예도 신성함도 갖지 못한 벌거벗은 생명으로 나타난다."(47쪽) 사형수도 마찬가지로 사실상 사람자격을 상실했기에 사형집행인의 행위는 살인으로 인식되지 않는다.

이로 볼 때, 저자가 말하는 "상징적 차원"의 실재는 분명히 부인하기 어렵다. [이 실재는 과학적 실재와는 다른 차원의 실재이다. 가령, 뇌과학이나 심리철학에서는 사실상 '영혼'을 '의식현상'과 구분하지 않으며, 몸이 죽은 후에도 남아 있는 비물리적 실체로서의 '영혼' 같은 건 없다고 말한다. 그러나 '영혼'은 상징적 차원의 의미를 내포한다. 우리는 어린 아이의 의식이 제대로 발달하지 않았을 때도 그의 영혼이 맑고 순수하다고 여긴다. 반면, 우리는 어떤 이가 명민하고 지능이 우수하다 하더라도 영혼이 타락했다고 생각할 수 있다. 즉, '영혼'이라는 말에는 도덕적/인격적 차원에서 그 사람의 됨됨이 혹은 인간으로서의 존엄성 같은 의미들을 함축하고 있다. 이렇게 '영혼'의 유무는 이 말이 사용되는 맥락을 고려할 때 과학적 실재가 아닌 상징적 실재의 차원에서 따질 수 있다. 따라서 종교적 신앙이나 형이상학적 신념과 상관없이 상징적 실재의 차원에서 '영혼'은 분명히 존재한다고 말할 수 있을 것이다. 즉, 우리가 정신현상과 관련해서는 굳이 '의식'이란 말을 따로 쓰는 한, 영혼soul은 우리가 인식을 하든 못하든, 이미 상징적 차원(내지는 규범적 공간)을 상정하고서 이야기하고 있다고 봐야 한다. 마찬가지의 원리에 의해 생물학적 종으로서의 '인간'과 달리 '사람'은 상징적 상호작용의 차원에서 인식(인정)되는 것이다.]

둘째, 저자는 뒤르켐과 고프먼의 고찰에 기초해 사람의 신성함을 이야기한다. 사람은 왜 신성한가? 기독교에 의하면 사람은 하나님의 형상이다. 하지만 '방법론적 무신론'을 채택하는 사회학 담론에서는 이렇게 이야기할 수 없다. "창조주에 대한 관념은 땅에서 인간들이 맺는 유대가 하늘에 투영된 것이다. 따라서 이 유대 자체는 별도의 설명을 요구한다(뒤르켐에게 사회학은 무엇보다 이 유대의 본질을 설명하는 학문으로 여겨졌다)."(51쪽) 뒤르켐의 설명에 의하면 "인격이 신성한 이유는 그것이 집합적 마나mana의 할당으로 간주되기 때문"이다.(245쪽) 이 원리를 간단하게 말하면 뒤르켐의 시각에서 사람은 단순히 별개의 사물처럼 구분되는 원자로서의 개인individual이 아니다. 사람은 제각기 인격을 지니고 있으나, 그 인격은 사회가 부여한다. 한 사람은 그 사람이 속한 공동체 혹은 집단 전체와 연결되어 있고, 공동체의 구성원 개개인은 그 공동체 전체와도 같다. 그 사람의 영혼은 그 집단의 영혼의 한 부분이기 때문이다. 그러므로 "상호작용 의례를 통하여 우리가 경의를 표하는 대상은 개인이 아니라 그의 인격"이며 그것은 그의 안에 있는 "사회적인 것"이다. (115쪽)

[이는 과학적 차원이 아니라 상징적 차원의 설명이기에 쉽게 납득이 가지 않을 수 있다. 뒤르켐의 《종교생활의 원초적 형태》를 읽는 것이 가장 좋겠지만, 논의가 길게 늘어지는 것을 피하기 위해 간략하게 설명하자면 뒤르켐의 통찰은 "사회는 곧 신(神)"이라는 말로 요약할 수 있다. 가령 누군가를 "반사회적"이라고 할 때, 그 말은 그 사람에 대한 심각한 우려와 위협, 공포를 표현하는 말이다(가령, 사이코패스는 '반사회적 인격 장애'의 한 유형이다). 오늘날 누군가를 "무신론적"이라고 말하는 것과는 어감 자체가 다르다. 오늘날 종교와 상관없이 모든 이가 복종하고 따라야 할 신과 같은 신성불가침의 존재는 곧 사회인 셈이다. 그리고 그 사회 안에 존재하는 모든 사람은 사회가 지니고 있는 신성함을 지니고 있다. 우리는 바로 앞에서 저자(김현경)가 존 해리스의 '서바이벌 로터리'를 반박할 때, 죽은 사람도 사회 구성원으로서 윤리적 배려의 대상이 되는 것 역시 사람이 신성한 존재라는 관념에서 나오는 것임을 확인하였다.]

그렇다면 사람이 신성한 존재이고, 그 신성함이 사회로부터 온다면 사회는 얼마든지 그 구성원에게서 그 신성함을 박탈할 수 있는 것 아닐까? 그렇지 않다. "구성원들을 절대적으로 환대하는 것, 그들 모두에게 자리를 주고, 그 자리의 불가침성을 선언하는 것이야말로 사회가 성립하기 위한 조건"(247쪽)이기 때문이다. 이 절대적 환대의 조건에 의해 뇌가 없는 신생아는 물론이거니와 외국인과 난민도 모두 '사람'으로 인식된다. 앞에서 본 피터 싱어와 존 해리스의 제안에서 느껴지는 공리주의의 비정함을 저자가 단순한 직관이 아닌 논리로 반박할 수 있었던 것도 바로 이렇게 분명히 실재하는 "사회적 삶의 상징적 차원"과 "절대적 환대"의 원리로부터 바람직한 도덕규범을 논리적으로 연역해냈기 때문이었다.

① 논리적 오류들

그럼 이제부터는 저자에게 이의를 제기해보기로 하자. 먼저 "사회적 삶의 상징적 차원"이 실재한다는 사실은 부인할 수 없는 것 같다. 하지만 이를 토대로 전개하는 저자의 논리는 "자연주의의 오류"를 범하는 것처럼 보인다. 자연주의의 오류란 현상에서 당위를 이끌어내는 논리가 오류임을 말한다. 가령, 자연계에서도 인간사회에서도 약육강식 현상이 공통적으로 나타나기 때문에 약육강식은 자연스럽고 올바른 현상이라고 말하는 것과 같은 오류다. 과거 강대국들이 식민지를 통치할 때 사용한 논리이기도 하다. 마찬가지로 "상징적 차원"이 존재한다고 해서, 그 상징적 차원이 올바르다거나 그 차원의 룰을 지킬 의무가 있다는 규범이 즉각 도출되는 것은 아니다.

태아에 대한 저자의 관점을 다시 살펴보자. 저자의 말대로 과거에는 모체에서 방금 태어난 신생아도 일정한 의례를 거치기 전에는 아직 사람이 아니었다. 할례든 세례든 모종의 의례를 거치고 공식적으로 가문의 성(姓)과 함께 이름을 부여받을 때 그 신생아는 비로소 사람이 되었다. 그렇지만 오늘날의 신생아는 모체 바깥으로 나오기만 하면 바로 사람으로 인정받는다. 심지어 아직 출생하지 않은 만삭의 태아도 사실상 사람으로 규정한다. 신생아를 사람으로 인정해주는 전통의 공적인 의례들은 자취를 감추었고, 이제 신생아와 태아 사이에 생물학적인 차이는 없다. 그렇다고 해서 상징적인 경계선이 사라지는 것은 아니며, 태아는 아직 사람이라고 볼 수 없다는 것이 저자의 견해다. 따라서 낙태는 살인이 아닌 것이다(나 역시 낙태를 '살인'이라고 주장하고 싶지는 않다). 이처럼 낙태에 대한 저자의 주장은 우선 "상징적 차원은 실재하므로, 우리는 그 상징적 차원에 존재하는 룰을 따라야 한다"는 것으로 해석될 수 있는데, 이는 자연주의의 오류에 해당한다.

게다가 상징적 차원은 문화의 영역에 속하며, 이것은 자연계처럼 불변하는 법칙에 의해 지배되지도 않는다. 상징의 영역은 얼마든지 새로운 인식을 통해 바꿀 수 있고, 실제로도 끊임없이 변화한다. 그러한 상징적 차원의 변화가 가능하다는 것을 주장하기 위해 "문화가 본질적으로 자의적이라는 것"과 "지배규범은 곧 권력의 이데올로기라는 것"을 폭로해 온 것이 사실상 진보의 역사이며, 이는 현재 페미니즘과 퀴어 이론에까지 강한 흐름으로 이어지고 있지 않은가? 인류는 과거에 그러한 상징적 차원을 근거로 노예를 사람으로 보지 않았지만, 이러한 차원을 다시 비판적으로 인식하고 노예 역시 똑같은 사람이라고 인식하는 사람들이 있었기에 노예제를 폐지하면서 상징적 차원을 새롭게 구성할 수 있었던 것 아닌가?

또 저자의 말대로 오늘날의 사회는 절대적 환대의 원리가 작동하고 있고, 이에 따라 영아살해가 금지되고 노예제가 폐지되었다. 군인도 전쟁터에서는 사람자격을 박탈당한 채 벌거벗은 생명으로서 한낱 폭력의 소모품으로 전락하기에, 이를 비판하는 반전운동 역시 전쟁터의 병사가 본래 사람임을 주지시키는 절대적 환대의 원리에 근거한다고 할 수 있겠다. 사형제 폐지운동도 마찬가지다. 최근에는 그러한 환대의 범위가 동물을 넘어 생태와 환경의 영역에까지 확장되고 있다. 그런데 그러한 절대적 환대는 왜 모체 안에 있는 태아만은 예외로 하는가?

저자의 답은 이렇다. 태아를 사람으로 환대할 것인지 말 것인지를 결정하는 권한은 엄마에게 있다. 오직 엄마만이 태아에게 적합한 사회적 장소(자리)를 마련해줄 수 있기 때문이다. 엄마의 의지와 무관하게 국가가 태아를 사람으로 환대하기로 결정하는 것은 엄마의 몸을 도구로 이용하는 것이다. "이것은 엄마의 사람자격을 부정하는 결과를 가져온다."(259쪽) "따라서 절대적 환대의 원리를 일관성 있게 적용하기 위해서는 태아가 아직 사회 바깥에 있으며, 태아를 사회 안으로 들여보내는 것은 엄마의 결정에 달려 있다고 말해야 한다."(259쪽) 결론적으로 임신과 출산에 대한 모성의 자기결정권은 인정되어야 하고, 낙태죄는 폐지되어야 한다.

바로 뒷부분에서 이와 같은 저자의 논리전개 방식의 근본적인 문제점을 상세히 다룰 예정이지만, 핵심만 간략하게 이야기하겠다. 저자는 낙태에 관한 자신의 견해를 엄밀한 논증인 것처럼 자기 의견을 제시하고 있지만, 사실 논증은 없고 일방적 주장만 하고 있을 뿐이다. 앞에서 매킨타이어가 현대 도덕논쟁이 결국 도덕적 전제의 불가공약성에서 비롯된다고 했는데, 그와 동일한 사례가 저자 김현경의 주장에서도 그대로 드러난다. 하나하나 의문을 제기해보자. 먼저, 저자는 ⓐ "태아를 사람으로 환대할 것인지 말 것인지를 결정하는 권한은 엄마에게 있다"고 주장하면서 이를 다시 전제로 삼는다. 그 권한이 엄마에게만 있다는 근거는 어디에 있는가? ⓑ "엄마만이 태아에게 적합한 사회적 장소를 마련해줄 수 있기 때문"이란다. 이게 근거가 될 수 있을까? 아니다. 이것 또한 주장이다. 다시 말해 저자는 논증이 아니라 특정한 가치를 주장하는 사람들에게만 적당히 정치적 호소력이 있는 주장들을 나열하고 있을 뿐이다.

일단 ⓐ의 주장 자체가 특정한 신념과 가치관을 전제로 하는 것이다. 그 신념은 무신론과 페미니즘이다. 일단, 사람들은 보통 ⓐ에 대해 "아빠는 그럼 태아에게 어떤 존재인가?"하고 물을 것이다. 임신이 여성 혼자의 힘으로 되는 것이 아닐진대, 함께 만든 생명이 단지 자궁에 있다는 이유만으로 아이를 낳고 말고 할 권리가 엄마에게만 있다는 주장은 과연 설득력이 있는가? 나아가 가톨릭이나 개신교인들은 ⓐ를 전면적으로 부정할 것이다. 저자가 사회의 성립근거가 된다고 하는 "절대적 환대의 원리"를 그리스도교는 아예 생명이 수태하는 순간부터 적용된다고 믿는다. 심지어 태아의 생명은 엄마의 것이 아니라, 신의 것이다. 물론 시민사회의 모든 법과 규범은 세속적 틀, 즉 신의 존재를 고려하지 않는 틀을 전제로 한다. 그러나 이러한 세속주의는 어디까지나 다종교와 다문화적 상황을 공정하게 포괄할 수 있는 틀로서 모든 정치적/종교적/문화적 신념에 대해 "중립"을 유지하고자 하는 취지에서다. 신을 믿든지 안 믿든지 사람의 생명을 존엄하다고 여기는 것은 동일한데, 여기서 태아가 사람이 아니라는 믿음은 특정한 신념을 전제로 한다. 다시 말해 저자는 자신이 옳다고 믿는 특정한 신념(자신이 인정하는 상징적 차원)을 사회 전체의 규범적 근거로 도입하는 것이 마땅하다고 주장하는 것이다.

저자와 동일한 신념을 공유하는 사람들은 이렇게 말할지 모르겠다. "낙태가 죄라고 생각하는 건 당신의 자유다. 하지만 당신들의 신념을 우리에게 강요하지 말라. 당신들과 다른 신념을 가진 엄마들에게 당신의 신념을 강요해서 아이를 억지로 낳게 하는 건 그 엄마들에 대한 억압이며 엄마들의 자율성을 무시하는 것이다." 이 주장은 굉장히 설득력이 있다. 하지만 이 주장은 간단하지 않다. 낙태를 반대하는 사람들은 이렇게 말할 것이다. "누군가 반려동물 학대와 살해는 죄가 아니라는 신념을 갖는다 해도, 그 사람의 신념과 상관없이 국가는 반려동물 학대와 살해를 법으로 규제한다. 하물며 태아는 사람이 될 가능성이 있는 생명이다. 당신이 태아가 사람이 아니라는 신념을 갖는다 해서, 태아의 생명을 인위적으로 중단시키는 행위를 오직 당신 개인의 신념의 문제로 보고 국가는 이에 대해 간섭하지 않아야 한다는 주장이 성립하려면 반려동물 학대와 살해 역시 개인적 신념의 문제로 보고 규제하지 않아야 한다는 주장도 성립해야 한다." 이처럼 낙태 문제는 간단히 개인적 신념과 믿음의 문제로 치환되지 않는다. 그러므로 낙태문제는 오히려 동성 성관계의 문제보다 더 중대한 것이다. 전자와 달리 후자는 생명과 목숨이 달린 문제는 아니기 때문이다.

ⓑ의 주장도 마찬가지다. 저자는 "엄마가 태아를 낳는다"는 단순한 주장을 ⓑ라는 의미로 치환하였다. 그런데 오직 출산하는 행위만이 사회적 장소를 마련해주는 행위인가? 여기서 아빠는 아무 의미가 없는 존재인가? 출산하고 베이비 박스에 아이를 넣어두고 떠나는 엄마는 아이에게 과연 적합한 사회적 장소를 마련해준 것인가? 엄마가 누구인지도 모르는 아이를 거둬 키우는 사람은 사회적 장소를 마련해주는 행위에 해당되지 않는가? 한 아이를 키우는 데 한 마을이 필요하다고 하는데, 마을 사람들의 행위는 사회적 장소를 마련해주는 행위가 아닌가? 물론 저자는 "오직 엄마만이 출산을 통해서 아이가 세상에 나올 수 있게 한다"는 말을 사회적 삶의 상징적 차원의 층위로 옮겨와 그 의미를 부여했을 것이다. 그렇지만 똑같은 내용을 어떻게 표현

하느냐에 따라 그 의미는 사뭇 달라진다. 게다가 여기에는 "자연적/과학적 차원의 현실에서 오직 출산하는 행위만이 상징적 차원의 세계 속에 장소를 마련해주는 행위이다"라는 명제가 함축되어 있다. 하지만 이 명제는 그 자체로 참이 아니라 저자의 신념에 근거한 주장, 즉 경험적 세계의 사건에 대한 저자의 신념에 근거한 해석을 주장하는 것뿐이다. 가령, 엄마 뱃속의 아이의 태명을 지어주는 이가 아이의 아빠라면, 이 경우 아이에게 사회적 장소를 마련해주는 사람은 아빠라고 볼 수도 있는 것이다.

게다가 저자는 태아가 엄마의 몸속에 있다는 이유로 태아를 하나의 사물이자 엄마의 독점적인 소유물인 것처럼 취급하고 있다. 저자는 뒤르켐의 이론을 근거로 사람을 집합적 마나의 할당으로 보면서, 개인을 단지 별개의 독립된 존재로 간주하는 원자적 인간관을 비판적으로 보지만, 태아는 철저하게 배제하고 있다. 또 저자는 엄마의 의지와 상관없이 국가가 태아를 환대하고자 하는 것은 엄마의 몸을 도구로 이용하는 것이라고 주장하는데, 이는 오직 임신출산에 대한 국가의 정책적 관점을 그저 인구학적 측면에서만 보는 것이다. 하지만 이러한 정책에는 생명을 존엄한 것으로 여기는 가치관도 포함되어 있다고 봐야 한다.[27]

만일 저자의 관점을 인정한다면, 결국 원치 않는 임신으로 생명을 얻은 태아는 엄마를 숙주 삼아 기생하는 존재가 되는 것인가? 아마 이런 식의 표현은 자유로운 낙태의 권리를 찬성하는

27 가령, 국가경제의 효율성과 생산성의 측면에서만 본다면 사형수들에 대한 형도 집행해야 할 것이다. 굳이 교도소에 오래 가둬두고 국가재정으로 이들을 부양하는 것은 재정의 낭비이며 경제적 비효율이기 때문이다. 그렇지만 사형제가 아직 폐지되지 않았음에도 형을 집행하지 않는 이유는 사형수의 생명도 존엄하다고 보기 때문이다.

사람들을 화나게 할 것이다. 하지만 감정은 부차적인 문제다. 저자도 이미 동일하게 낙태를 반대하는 사람들을 화나게 할 수 있기 때문이다. 엄마의 의사에 반해 아이를 환대하고자 하는 것은 엄마의 몸을 도구로 이용하는 것이며 엄마의 사람자격을 무시하는 것이라는 저자의 말이 그렇다. 즉, "엄마의 몸이 아기주머니인 줄 아느냐?"라는 표현이나 "그럼, 태아가 기생충이냐?" 하는 표현이나 상대를 화나게 하는 건 동일하다.

그래도 저자의 "산모의 의사에 반하여 임신을 유지하게 하는 것은 산모의 사람자격을 무시하는 것이다"라는 명제에 대해 일단 동의할 수 있다고 치자. 그리고 '산모'를 '자본가'로, '임신'을 '고용'으로 단어를 바꿔보자. 그렇다면 "자본가의 의사에 반하여 고용을 유지하게 하는 것은 자본가의 사람자격을 무시하는 것이다"라는 명제에도 동의할 수 있는가? 아마 공리주의자나 자유지상주의자들은 이 명제에도 동의할 것이다. 하지만 낙태 합법화를 주장하는 진보적인 사람들도 자본가가 경영효율화를 위해 노동자를 해고하는 것은 대체로 부정적으로 본다. 이에 저항하는 노동자들은 자신들의 '생존권'을 보장하라는 투쟁을 한다. 그래서 우리는 심심치 않게 "해고는 살인이다"라는 슬로건을 보게 된다. 그래서 국가는 법을 제정해 기업이 노동자들을 함부로 해고하지 못하도록 한다.

물론 저 두 명제는 서로 다르다는 반론이 있을 수 있겠다. 하나씩 따져보자. 첫째, 원치 않은 임신은 산모에게 고통을 주지만 고용은 자본가에게 고통을 주지 않는다는 반론이 나왔다면? 아마 부도위기에 몰린 자본가에게는 고용을 유지하는 것이 굉장한 고통일 것이다. 둘째, 자본가는 본인의 의지로 고용했으니 책임을 져야 한다는 점에서 낙태와 다르다고 반론할 수 있을까? 그러나 현행법에서도 강간 등 성폭력에 의한 임신은 낙태를 허용하고 있다. 노동자는 고용을 원했을지 모르지만, 심지어 태아는 생명을 원한 적도 없다. 게다가 어느 때보다 피임법은 발달해 있다. 태아의 임신 역시, 산모의 의지와 책임이 없다고 말할 수 없는 것이다. 셋째, 기업 안에 일자리를 만들어주는 것이 고용이라면 사회에 자리를 마련해주는 것은 임신이 아니라 출산이므로, 임신중지(낙태)는 해고와 같을 수 없다는 반론은 가능할까? 그러나 기업 입장에서는 임신을 '수습기간'으로 비유하려 할 것이다. 신입직원이 절차를 거쳐 고용되더라도 정해진 수습기간 동안에는 정직원의 대우를 받지 못하는 경우가 많다. 하지만 공식적으로 채용한 이상 '수습기간'을 거치는 직원들은 대부분 일정기간이 지나면 정직원이 되리라 기대한다. 수습기간 동안 그 직원이 심대한 문제를 일으키지 않는 한 기업은 계약대로 채용해야 한다. 수습 후 채용을 하지 않으려면 처음부터 면접에서 거르면 됐던 것이다. 마찬가지로 임신하지 않으려면 피임하면 되는 것이다.

② 더 근본적인 문제

더 근본적으로 들어가 보자. 어쨌든 저자의 주장은 논리적으로 일관되긴 하지만, 이는 사실 저자가 '사람', '장소', '환대'라는 세 가지 키워드의 맞물림을 통해 사람과 사회 그리고 도덕적 가치판단에 관하여 일정한 방향으로 결론이 도출되도록 의도(프로그래밍)한 결과라고 봐야 한다. 상징적 차원이 실재한다고 해서 그 차원의 룰을 꼭 따라야 한다는 의무가 자동적으로 도출되는 것은 아님(자연주의의 오류)을 앞에서 확인했다. 반대로 절대적 환대의 원리에 의해 사회가 성립한다는 관점은 저자가 바람직하게 생각하는 사회의 참 모습일 뿐, 실제로 본래 사회가 그 원리에 기초해 성립하는 것인지 어떤지는 알 수 없다(솔직히 생각하기 나름이다). 왜냐면 우리가 실제로 경험하는 사회는 절대적 환대가 아니라 조건적 환대로 작동하는 것처럼 보이기 때문이다. 따라서 우리는 저자의 위와 같은 단정을 논리적으로 "도덕주의의 오류"로 볼 수 있다. 앞에서 본 자연주의의 오류와는 반대로 도덕주의의 오류는 '당위'에서 '현상'으로 비약하는 것을 말한다. 예컨대 "모든 사람은 동등하게 대접받아야 하기 때문에, 사람들 간에 타고난 유전적 차이점이란 있을 수 없다"와 같은 명제가 전형적인 도덕주의의 오류에 해당한다. 물론 저자는 그러한 절대적 환대의 원리에 의해 사회가 성립한다는 관점을 함께 공유하자고 제안하고 있다고 볼 수 있다. 나도 그렇게 본다. 문제는 그 제안이 당연하게 모두에게 받아들여질 수 있는 자명한 원리인 것처럼 전제하고 있다는 것이다. 하지만 '사회'에 관해서도 학자들마다 사람들마다 다양한 견해가 있을 수밖에 없다.

요약하자면 저자는 "상징적 차원이 실재하므로 그 상징적 차원의 룰을 인정하고 따라야만 한다"는 주장에서는 자연주의적 오류를 범하고 있고, "절대적 환대의 원리에 의한 사회성립"에 관해서는 도덕주의적(역자연주의적) 오류를 범하고 있다. 결국 저자가 사람과 장소, 환대를 서로 맞물리게 해서 설계한 도덕적 공동체로서의 사회상(事會像)은 저자 논의의 '전제'이면서 동시에 '결론'이 되고 있다. 즉, 저자의 주장들은 대체로 논리적 일관성과 정합성은 가까스로 유지하지만 꼼꼼히 따지고 분석하면 하나의 거대한 순환논증의 오류를 범하고 있는 것이다. 전제 자체가 이미 저자의 주장이기 때문이다. 그렇지만 독자가 이를 눈치채기 어려운 것은 저자의 주장이 현대의 정치적 올바름과 도덕적 가치관에 아주 잘 부합하는 데다가 앞에서 본 것처럼 냉정하고 비정해 보이는 공리주의를 성공적으로 논박해주고 있기 때문이다. 논리에 앞서 우리의 정서에 어필하는 측면이 있는 것이다.

그럼에도 불안은 남는다. 왜냐하면 저자의 "절대적 환대의 원리"가 유독 태아만은 비껴가고 있기 때문이다. 저자의 책을 읽으면 독자는 연민과 공감의 범위가 한껏 증가하는 것을 경험한다. 심지어 저자는 카프카의 소설 《변신》에서 주인공 '그레고르 잠자'가 갑자기 하루아침에 큰 갑충이 되어 가족의 외면 가운데 쓸쓸히 죽고, 결국 그 시체를 가사도우미가 쓰레기처럼 내다 버리는 스토리를 소개하면서 이를 읽는 독자의 충격적인 감정과 인간의 존엄성이 훼손되는 느낌을 강조한다. 그렇다면 많은 산부인과 의사들이 낙태 시술 후 꿈틀거리는 태아의 작은 몸에서 느끼는 불편한 감정, 죄책감 같은 절절한 경험들은 어떻게 생각해야 하는가? 저자에 따르면 그럼에도 태아에게는 그런 연민과 공감을 보일 수 없다. 태아를 환대할 권리는 엄마에게만 있기 때문이다. 하지만 이를 조금 부정적인 뉘앙스로 표현하면 태아의 생사여탈권을 쥔 절대권력은 엄마에게만 있다. 죽는 태아에 대해 감정을 이입하고 동정하면, 아무 상관없는 타인이 감히 불행한 엄마를 악하게 보는 것이다. 따라서 독자는 자신의 감정에 대해 인지적인 통제를 가해야 한다. 절대적 환대의 범위는 외국인, 난민, 막 태어난 신생아와 동물에게까지 넓혀야 하지만 태아는 엄마가 환대하기로 결정하지 않는 한 사람이 아니라고 인식해야 하는 것이다. 그런데 이처럼 도덕적 판단에 인지적 통제를 요구하는 또 다른 사람들이 아이러니하게도 저자가 비판하는 공리주의자들이기도 하다. 차라리 공리주의자들은 애당초 도덕적 결정에 있어서 정서적 반응보다 수동적인 인지통제를 통해 더 나은 선을 추구해야 한다고 주장하는 사람들이기에 적어도 일관성은 있다. 그렇지만 저자는 외국인과 난민, 군인과 노예 심지어 동물에게까지 공감의 범위를 확대하지만, 태아는 배제한다. 이는 일관성이 있는 것인가? 그냥 어떻게든 낙태를 원하는 여성들에게 면죄부를 주고자 하는 것은 아닌가?

게다가 저자는 데리다의 절대적 환대 개념을 원용해 "초대받지 않은 손님을 환대하는 것"이 절대적 환대라고 말하고 있다. 이 개념은 급작스럽게 다가온 방문객, "지옥과도 같은 타자"(사르트르)마저도 환대하는 것을 의미한다. 데리다는 '용서할 수 없는 사람을 용서하는 것'의 필요성을 이야기하기도 했다. 그러니까 이슬람 근본주의자들이나 테러리스트가 섞여 있을 가능성이 있다 하더라도 일단 난민을 받아들이는 것과 같은 정책적 결단은 "절대적 환대"의 원리에 부합한다고 할 수 있다. 이런 환대가 가능한가의 여부는 차치하자. 어쨌든 이러한 절대적 환대를 일관되게 적용한다면 초대하지 않은 손님이자 지옥과도 같은 타자에게조차 위험을 감수하면서 환대해야 하는 마당에, 태아에 대한 환대는 왜 그토록 비껴나가는가라는 질문이 다시 제기되는 것이다.

이런 문제와 별개로 또 하나의 근본적인 문제가 있다. 저자는 '사람'이라는 말을 사용하면서 그 의미의 층위를 임의로 넘나든다. 우리는 "먼저 (a)사람이 되어라" 하고 말할 때의 '사람'과 "저기 길을 건너는 (b)사람이 있다"라고 말할 때의 '사람'의 의미가 다르다는 것을 안다. (a)에는 도덕적 의미의 사람다움의 의미가 있지만 (b)는 단순히 가치중립적인 '사실'로서의 한 인간을 가리킨다. 이처럼 우리는 맥락과 층위에 따라 사람의 의미가 달라진다는 것을 알고 있고, 그걸 전제한 채로 의사소통한다. 저자의 문제점은 이 맥락과 층위를 뒤섞어버린다는 점에 있다. 우리는 난민이나 외국인도 (c)'사람'인 것을 알고 있다. 하지만 사람들이 외국인과 난민을 차별할 때, 그들을 우리와 똑같은 (d)'사람'으로 인식하지는 않는다(즉, 똑같은 대한민국의 국적을 지닌 국민으로 인식하지 않는다).

위에서 (c)는 (b)와 같은 의미다. 반면, (d)는 (b), (c)와 다른 것은 물론이거니와 '도덕적 의미의 사람다움'을 가리키는 (a)와도 다른데, 이는 (d)가 바로 저자가 말하는 '사회적 성원권'을 가진 인간을 뜻하기 때문이다. 하지만 저자는 이 층위를 뒤섞은 다음 (d)의 의미로서의 사람이 마치 '사람'이라는 낱말의 의미 전체를 지시하는 것처럼 논의를 전개한다. 그렇기 때문에 어떤 부분에서는 고개를 끄덕일 수 있지만, 어떤 부분에서는 갸우뚱하게 되는 것이다. 예를 들어, 저자는 프롤로그에서 이렇게 말한다.

> 칸트에게 있어서 환대의 권리는 우리가(특정한 공동체의 구성원으로서가 아니라) 사람으로서 갖는 권리이다. 하지만 우리가 환대를 통해 비로소 사람이 된다면, 우리를 사람으로 대우하지 않는 사람들에게 환대를 요구하는 일이 어떻게 가능한가?(27쪽)

칸트가 "사람으로서 환대의 권리를 갖는다"고 말한 것이 어떻게 "환대를 통해 비로소 사람이 된다"는 명제로 둔갑하는가? 이는 괜한 트집이 아니다. 칸트는 환대를 통해 비로소 사람이 된다고 말한 적이 없다. 칸트에게 사람은 그냥 사람인 것이지 환대를 통해서 사람이 "되는become" 것이 아니다. 저자는 주디스 버틀러를 인용하면서도 같은 문제를 반복한다. "아무 것도 걸치지 않은 순수한 몸은 사람의 몸이 아니다. 몸이 '사람'으로 인식되려면 문화적 기호들을 입어야 한다."(18쪽 각주 7) 이 말이 무슨 뜻인지는 물론 잘 알고 있다. 하지만 단순히 '사실'을 판단하는 맥락에서는, 우리는 순수한 몸을 보고도 사람으로 인식할 수 있다. 문화적 기호가 강제되는 지배규범과 전통을 비판하려는 의도는 알겠지만, 이는 엄밀히 말해 그 지배적 규범 자체가 마치 아무 것도 걸치지 않은 몸을 사람 자체로 취급하지 않는 잔인한 것처럼 과장하고 왜곡하는 행태다. 가령 "동성애를 반대한다"고 하면 성소수자 앨라이들은 "존재를 반대할 수 있는가?"라고 묻는다. 그러나 "동성애를 반대한다"는 기독교인들의 말의 실제 의미는 말 그대로 동성애적 행위를 반대한다는 뜻이다. 이 의미를 "존재에 대한 반대"로 개념을 확장하고 그 뜻이라고 단정하는 것은 상대방의 의도 자체를 폭력적인 것으로 과장하고 왜곡하려는 의도가 다분하다.

여하튼 저자의 문제는 이러한 수사법들을—그것이 사용되는 맥락 안에서만 의미작용을 하고 그쳐야 할 것을—다른 맥락으로 끌고 온다는 것이다. "사이코패스는 짐승이다"라는 은유를 사용했다고 해서 사이코패스가 정말 짐승으로 간주될 수 있겠는가? 사이코패스 범죄자를 형법에 따라 처벌할 때, 우리는 그가 법적 책임능력이 있는 사람으로 간주하고 처벌하는 것이다. 짐승은 책임능력이 없고, 도덕과 법도 적용되지 않는다.

다시 말해, 말의 의미는 언제나 문학적인 레토릭과 상징적 층위, 생물학적 층위와 법적 층위가 있고 또 발화될 때 그 말이 사용되는 맥락이 있다. 이를 무시한 채, '사람'의 의미론 전체를 "사회가 절대적 환대에 의해 장소를 주는 존재"라는 것에 환원하고서, 이에 더해 태아에게 자리를 주는 권한과 역할이 오직 엄마에게 있다고 가정한다면 당연히 태아는 원천적으로 사람일 수가 없다. 태아를 사람으로 인정하지 않으면서 절대적 환대의 원리는 관철해야 하기에, 이토록 '사람'에 대해 강하고 좁은 개념적 정의를 하고 있는 것은 아닌가? 하지만 낙태를 허용하는 국가들도 임신 20~25주를 넘어섰을 경우엔 태아를 사람으로 본다. 모체 안에 있느냐 바깥에 있느냐 하는 것은 이미 사람으로 판단하는 유의미한 기준이 아니며, 여기엔 '상징적 차원'의 사람개념이 아니라 '생물학적/의학적 기준'이 개입한다.

논리학에는 '오컴의 면도날Occam's Razor'이라는 원리가 있다. 어떤 현상을 설명할 때 불필요한 가정을 해서는 안 된다는 것(불필요한 가설들을 면도날로 잘라내라는 것)이며, 같은 현상을 설명하는 주장들 중에서는 가정이 간단할수록 논리적으로 더 우월하다는 원리다. 논리의 형식상 타당한 논증이라 해도 논증에 가정이 많이 들어가면 들어갈수록 그 논증은 건전하지 못할 가능성이 높아지기 때문이다. 이 오컴의 면도날을 적용할 경우 저자의 전반적인 논증은 건전하지 못하다고 결론내릴 수 있다. 저자는 '사람'의 의미를 사회의 '성원권'으로 환원시키고서, 이와는 다른 의미론으로 전개되는 맥락에서도 그 '성원권'의 의미론만 완고하게 고수한다. 게다가 사회 또한 절대적 환대의 원리에 의해 성립되는 것이라고 아예 못박아버렸다. 사회는 물론 중요하다. 하지만 사회가 있든 없든, 국적이 있든 없든 사람은 그 존재 자체로 사람이다. 생물학적인 인간이라면 우리는 그냥 사람으로 보고 존중하면 된다. "사회가 환대를 통해 장소를 마련함으로써 인간은 사람이 된다"는 식으로 복잡하고 다소 강한 주장으로 설명할 필요가 없다. 그냥 사람이 제대로 사람답게 살기 위해서는 자신의 장소를 부여받아야 한다고 주장하면 되는 것이다.

또 죽은 사람이나 뇌가 없는 신생아나 뇌사상태에 빠진 사람을 사람으로 볼 것이냐 말 것이냐는 문제에도 몰두할 필요가 없다. 나아가 사람을 엄밀한 개념에 기초하려는 생각 자체를 지양해야 한다. 우리 자신이 뇌사상태에 빠지거나 죽었을 때 남은 사람들이 우리를 어떻게 대해주기를 바라는지에 대해 생각하면 간단하다. 죽은 사람에 대한 예우는 죽고 난 후의 우리가 받고 싶은 대접이다. 우리가 죽은 후 아무것도 느낄 수 없다 해서 우리의 몸을 토막 내거나 강간하는 걸 용납하지는 않을 것이다. 이는 우리가 죽기 전 장기기증을 약속하는 것과는 다르다. 죽어서도 우리는 우리의 존엄을 지키기를 원할 것이다. 하다못해 우리가 기르던 개가 수명이 다해 죽었다 해도, 우리는 그 개를 함부로 버리거나 먹거나 하지 않을 것이다.

③ 낙태 문제를 대하는 관점과 태도

덧붙여 의도와 달리 낙태에 대해 많은 말을 했으니 개인적인 입장을 이제 말해야겠다.[28] 나는 원하지도 않는데 생명이 되었다가 버려져 죽는 태아에 대해 훨씬 더 많은 연민을 느낀다. 내가 만일 그런 태아의 입장이라면, 그리고 태아에게 영혼이 있다면 그 영혼은 분명 자기를 그렇게 태어나지도 못한 채 버려지게 한 엄마와 사회에 대해 한을 품을 것이다. 이걸 태아의 지위, 사회적 성원권이나 생명권 같은 문제로 환원해서 권리유무 논쟁으로 끌고 가는 건 삭막하며 낙태문제의 본질을 호도하는 것이다. 공리주의 철학자 조슈아 그린 역시 '권리'는 논쟁의 시작이 아니라 사실상 논쟁을 끝내기 위해 임의로 도입하는 개념임을 제대로 보여준다.[29]

그렇다고 낙태죄가 그대로 존치되어야 한다는 것은 아니다. 나는 "낙태죄 폐지"라는 자극적인 표현보다 "낙태 비범죄화"라는 용어가 더 낫다고 생각한다. 말 그대로 '낙태'를 '범죄'로 규정하는 법을 개정하는 것이다. 그리고 여기서 고려해야 하는 건 "상징적 차원"이라는 모호한 기준이 아니라 명시적인 "의학적 기준"이다. 태아는 5~6주면 벌써 심박동이 감지되고, 24주 정도면 뇌와 신경망의 발달로 고통과 쾌락을 경험할 수 있다고 한다. 낙태죄 폐지와 무분별한 낙태를 우려하는 산부인과 의사들은 최소 임신 10~12주 이내에서의 제한적 허용을 주장한다. 여기서 핵

28 이 생각은 아직은 잠정적이다. 나는 이 부분의 생각을 정리하는 데 다음의 책들을 참고하였다. 조슈아 그린의 《옳고 그름》(시공사, 2017), 로널드 드워킨의 《생명의 지배영역: 낙태, 안락사 그리고 개인의 자유》(로도스, 2014), 이선옥의 《단단한 개인》(필로소픽, 2020) 등이다. 이 책들은 페미니즘의 전면적인 낙태죄 폐지와 거리를 두면서 자유주의적 관점과 헌법적 관점에서 낙태 비범죄화가 어떻게 가능하며, 이것이 개인의 종교적 신앙이나 양심과 어떻게 양립가능한지를 자세하게 논증한다.

29 조슈아 그린, 《옳고 그름》, 458~463쪽.

심은 태아를 어느 시점부터 사람으로 보아야 하는가 하는 문제가 대두될 수밖에 없는데 정부의 개정안은 이 시기를 임신 24주로 잡고 있다. 그러나 22주 만에 출생한 초미숙아도 인큐베이터에서 생존이 가능하다.[30] 22주가 지나 엄마의 몸 밖으로 나와 인큐베이터 안에 있는 미숙아는 사람으로 보면서 임신 24주의 태아를 단지 엄마의 몸속에 있다는 이유로 사람으로 보지 않는다는 건 부조리하다. 따라서 임신 20주가 지난 태아는 사람으로서의 분명한 법적 지위를 부여하고, 그 이전의 낙태는 비범죄화하는 것이 바람직하다고 생각한다. 임신 초기의 태아를 사람으로 볼 것인가 말 것인가 하는 문제는 개인의 신념과 가치관의 문제가 될 수밖에 없으며, 국가는 그러한 부분에까지 법적인 강제를 가할 수는 없다. 그럼에도 드워킨의 견해처럼 국가는 특정한 가치관을 강제하지 않되, 책임의식을 증진할 수는 있다.[31] 즉, 임신과 출산에 대한 여성의 부담을 줄이는 환경을 조성하면서, 가급적 낙태를 지양하고 생명의 가치를 존중하는 방향으로 국민을 계도할 수는 있다.

현실적으로도 낙태 자체를 법으로 틀어막으면 음성적으로 행해진다. 지금까지 낙태가 불법이었던 우리나라의 실제 낙태건수는 낙태를 합법화한 유럽과 미국보다 훨씬 높으며, 오히려 비범죄화 이후 미국에서는 낙태가 큰 폭으로 줄었다고 한다. 게다가 기독교가 낙태에 반대하는 주장이 일관되려면, 성폭력에

30 "미숙아 생존율 80%, 생존한계 22주 태아도 살린 신의 손", 중앙일보, 정치선 기자, 2013.5.13 https://www.joongang.co.kr/article/11499438#home

31 로널드 드워킨, 《생명의 지배영역: 낙태, 안락사 그리고 개인의 자유》(박경신 옮김, 로도스, 2014), 26쪽.

의한 임신일지라도 낙태를 허용해서는 안 된다고 주장해야 한다. 임신의 과정에 태아는 아무런 책임이 없기 때문이다. 그러나 낙태죄의 전면 폐지를 주장하는 쪽에서 "태아는 아직 사람이 아니며, 태아에게 생명권이 없다"는 논리로 낙태를 정당화하는 담론에는 전혀 공감하지 않는다. 오히려 낙태죄 폐지를 주장하는 사람들은 태아에게 연민을 갖는 대다수의 사람을 여성과 페미니즘의 적으로 몰아가며 싸우는 대신, 현실에 대한 이해를 구하는 방식으로 설득하는 게 더 좋을 것이다.

(8) 결국 의심해야 할 것은 금기가 아니라 오늘날의 가치관이다

나는 이 챕터, "도덕적 불안"에 관한 내용을 먼저 무라타 사야카의 극단적인 실험소설 《살인출산》으로부터 시작했다. 이 소설이 그리는 미래가 개연성이 있어서가 아니라, 새로운 도덕적 가치관이 다수의 사람들에게 일반적 상식으로 받아들여질 때, 나타날 수 있는 사람들의 심리적 반응이 어떤 것인지 제대로 묘사한다고 생각했기 때문이다. 이런 도입을 통해 내가 이 장에서 이야기하고 싶었던 핵심은 두 가지다. 첫째, 사람들이 생각하는 도덕적 올바름의 기준은 끊임없이 변화한다. 둘째, 이러한 변화는 사람들을 불안하게 한다.

이와 관련하여 현대의 도덕담론에 대한 매킨타이어의 통찰은 날카롭게 진실을 드러내고 있다고 볼 수 있다. 그는 현대의 도덕적 논쟁이 사실상 공유할 수 없는 상이한 전제로부터 나오는 것임을, 즉 "도덕적 전제의 불가공약성"을 효과적으로 설명했고 이로 인해 오늘날의 도덕이 궁극적으로는 정의주의적 성향, 즉 도덕적 판단을 단지 기호와 선호의 문제로 환원하는 경향이 있음을 제대로 간파했다. 한편, 인류학자 김현경은 '사람', '장소', '환대'라는 세 가지 키워드의 맞물림을 통해 절대적 환대의 원리에 근거한 바람직한 도덕이 무엇인지 꽤 매력적으로 정초(定礎)했고, 이에 근거하여 공리주의의 논리적 약점을 통쾌하게 반박하였다. 그러나 나는 다시 이어서 김현경의 논의를 비판했고, 논리적 일관성과 논증의 건전성의 측면에서만 본다면 오히려 공리주의가 김현경의 이론보다 더 낫다고 했다. 김현경은 특정한 개념을 좁고 강하게 정의하고, 그렇게 정의한 개념에 기초해 자신의 주장을 전개했으나 엄밀히 말해 이는 논증이 아니었으며, 근거와 전제 자체가 이미 주장이었다.

그렇다면 나는 공리주의를 지지하는 것인가? 아니다. 오히려 내가 말하고 싶은 것은 사람과 사회에 대한 전통의 목적론적 관념이나 특정한 가치관을 제거한 채로 자유주의적 중립을 유지하면 할수록 공리주의가 관철된다는 점이다. 왜냐면 공리주의는 "다수의 행복과 이익"을 분명한 목적으로 제시하고 있고, 이는 현대인의 경제중심적 사고에 잘 들어맞기 때문이다. 그렇다면 공리주의는 무조건 나쁜 것인가? 그렇지 않다. 어떤 이론체계가 됐든, 어떤 이념이 됐든 본질적으로 나쁜 것은 존재하지 않는다. 다만 현대의 도덕적 논증들은 그 자체로 합리적이지는 않다는 점을 우리는 기억해야 한다. 오늘날 많은 도덕이 합리적 외양을 하고 있지만, 알고 보면 그것은 자의적이며 그 논증이라는 것도 사실상 순환논증에 불과하다. 그러한 논증의 최종적 근거가 되는 전제 자체가 이미 특정한 세계관이나 가치관을 내포하기 때문이다. 최소한 이러한 사실을 인지할 때 우리는 우리 외부에서 휘두르는 도덕담론이나 이데올로기에 속지 않을 수 있다. 즉 도덕적 가치관이 변화하고 있는 현실을 그대로 직시하면서 우리는 이를 충분히 의심하고 경계해야 한다. 석연치 않은 불안요소가 있음에도 불구하고 세인의 생각과 사회의 지배적 분위기에 압도되어, 애써 그걸 지우거나 제쳐버리지 말아야 한다. 무라타의 말처럼 의심해야 할 것은 금기가 아니라 오늘날의 가치관이다. 그 의심의 렌즈로 이제 윤리적 문제로서의 성을 들여다보자.

3
윤리적 문제로서의 성

(1) "성윤리로서의 정의론"으로부터

우리는 진정성에 대한 논의로 3부를 시작하였고 이어서 무라타 사야카의 소설《살인출산》을 고찰하며 현대인이 겪는 도덕적 불안의 원인과 이를 해소하고자 하는 다양한 윤리담론들이 직면하는 난점들을 살펴보았다. 이제 그 범위를 조금 더 좁혀 직접적으로 성과 섹슈얼리티와 연관된 도덕의 문제들을 다룰 때가 되었다. 이를 위해 우선 바람직한 성윤리의 모델을 자유주의적 관점에서 가장 섬세하게 설계한 김은희 건국대 교수의 "성윤리로서의 정의론"[1]이라는 논문의 내용을 살펴보는 것으로 시작하자.

김은희 교수(이하 저자)는 먼저 성 혹은 섹스에 대한 본질론이나 목적론적 개념 정의를 거부하는 것으로 논의를 시작한다. 왜냐면, 성의 본질적 의미를 규정할 때 그것 자체가 바람직한 규범이나 가치판단의 방향을 이미 함축하고 있기 때문이다. 가령, 성의 본질을 생식과 출산이라고 정의하면 생식과 출산을 벗어난 다양한 성행위는 부정될 수밖에 없으며, 실제로 사람들은 때로 서로의 사랑과 결속을 확인하기 위해서 또는 단지 쾌락만을 위해서도 섹스를 하기 때문이다. 한편, 성적 자유주의자들은 성행위

1 김은희, "성윤리로서의 정의론", 〈철학사상〉 Vol.74 (2019), 131~164쪽, 서울대학교 철학사상연구소. 이 장에서 괄호 안의 쪽수는 본 논문이 수록된 〈철학사상〉 74호의 쪽수이다.

의 본질을 출산이라고 보는 전통적 견해에 반발하여 직간접적으로 성행위란 단지 쾌락을 위해 존재하는 것처럼 간주하는 경향이 있는데, 저자는 이런 경향 또한 비판한다. 왜냐면 이것 또한 '쾌락'을 성행위의 본질적 목적으로 도입하는 것이며, 쾌락이 없는 성행위를 진정한 성행위가 아닌 것으로 폄하하기 때문이다.

그렇다고 해도 윤리담론에서 목적론 자체를 완전히 배제할 수는 없는 일이다. 자연과 자연물에 대해서는 목적론적 사고를 떨쳐야 하지만, 인위적 사물이나 제도 혹은 행위에는 목적이 있게 마련이고, 목적론 자체가 완전히 거부되면 가치판단 자체가 불가능해지기 때문이다. 그런데 성은 조금 복잡하다. 성이나 성욕은 자연적인 것이지만, 성행위 자체가 오로지 자연적 행위이지만은 않기 때문이다. 즉 성행위는 인간 상호간의 인위적이고 문화적인 행위이기도 하다. 그러므로 성행위에서 목적론 자체를 완전히 배제하는 것은 불가능하며, 이에 대한 윤리적 판단을 위해서도 목적론을 도입하는 것은 불가피하다.

저자는 이런 난점을 해결하기 위해 성에 대한 본질론을 배제하면서 목적론을 도입하는데 그것은 개인적 목적론이다. 성의 목적을 본질적으로 정의하지 않더라도 개인은 각자가 성행위의 목적을 수립할 수 있다. 여기에는 생식과 출산, 사랑의 확인, 순수한 쾌락, 연대와 소통 같은 것들이 자리할 수 있다. 나아가 어떤 이에게는 성행위가 타인을 지배하는 행위일 수 있고, 또 어떤 이에게는 생계의 수단이거나 상품으로서 판매하는 서비스일 수도 있다. 주의할 점은 여기서 개인적 목적론의 모든 목록이 다 긍정되거나 용인될 수 있는 건 아니라는 점이다. 그러므로 이 목적들 중에서 부적합한 것을 배제할 수 있는 잣대로서의 성윤리가 필요하다. 또 성에 대한 개인적 목적이 서로 다르더라도, 이 다른 가치관들이 공존하고 양립할 수 있게 하는 보다 포괄적인 성윤리의 토대가 있어야 한다. 저자는 이를 위해 칸트와 롤즈, 영(Iris M. Young, 1949~2006)의 이론에 기초해 '정의론'이라는 성윤리의 모델을 설계하는데, 이 윤리모델에서 가장 핵심적인 가치는 "자율성"이다. 본래 보수적 성윤리에 반발하며 자유와 해방을 중시한 자유주의 성윤리의 핵심에는 "쾌락"과 "자율성"이 있지만, 저자는 그간의 성 담론이 쾌락 중심으로만 사고되어 온 경향을 비판적으로 검토하면서 쾌락이 아닌 "자율성"을 중심으로 성윤리를 고찰한다.

먼저, 성은 일단 성행위에 임하는 당사자 개인 상호간의 문제로서, 이를 성적 자율성의 미시적 차원으로 볼 수 있다. 이 차원에서 중요한 것은 "성적 상대의 통제력으로부터 자유로울 권리"와 "성적 상대의 자유를 존중할 의무"이며, 이에 적용되는 기본적인 윤리적 원리는 칸트의 윤리학이 된다. 앞서 매킨타이어의 이론을 다루는 부분에서 칸트의 두 가지 준칙을 잠시 언급했었는데, 그 핵심원리는 "타인을 수단으로서만 대하지 말고, '동시에 항상' 목적으로 대하라"는 것이었다. 이 원리에 입각해서 성행위는 양 당사자의 자발적 합의에 근거해야 한다. 이 과정에 위력이나 폭력에 의한 강제가 있어서는 안 되며, 합의를 유도하기 위한 기만이 있어서도 안 된다. 기만과 강제는 모두 "자신의 욕구관철을 위해 상대방을 수단으로만 바라본 행위에 속한다"(149쪽). 이 원리는 꼭 칸트가 아니더라도 자유주의 사회를 살고 있는 현대인들이 기본적으로 인정하는 도덕률에 해당할 것이다.

그렇다면 성매매는 어떠한가? 어떤 여성이 자발적으로 성행위의 서비스를 판매했고 이 과정에 기만과 강제가 없었다면 이러한 성매매 또한 정당한 것인가? 이에 대한 저자의 답은 성행위가 위치한 구조적 맥락, 즉 거시적 차원에서의 성적 자율성이 어떠한가에 따라 달라진다. 이 여성이 자발적으로 성매매에 임했다고 하더라도, 자신의 생계를 위한 직업적 선택지가 제한된 사회구조적 상황에서 위와 같은 선택이 일어났다면 그녀는 실질적으로 자신의 성적 자유와 자율성을 누리고 있다고 볼 수 없다. 따라서 성적인 관계를 갖는 양자 사이에 사회구조에서 기인하는 권력의 위계가 작동하고 있다면 그 위계에서 아래쪽에 위치한 사람의 자발적 합의가 있다 하더라도 그의 성적 자율성은 진정으로 확보된 것이라 할 수 없다. "하지만 여성에게도 자립적 삶의 영위를 위한 경제활동 기회가 상당한 정도로 마련되어 있는 사회라면 여성이 성매매에 자발적으로 참여하는 것에 대해 정의론으로서의 성윤리는 그녀의 성적 자율성이 억압되어 있다고 판단하기 어렵다"(153쪽). 이러한 아이디어는 롤즈의 정의론을 차용한 것인데, 저자는 먼저 롤즈의 기본적인 인간관이 '원자적 개인'의 인간관을 많이 벗어나 있음을 주지시킨다. 롤즈는 평등주의적 자유주의자로서 단순히 개인과 개인 사이의 정의의 문제를 넘어 사회의 약자, 즉 최소수혜자에게 최대의 이익이 돌아갈 수 있는 "구조의 정의"를 중요한 문제로 다루기 때문이다.

한편, 미시적 차원에서 자발적 합의 하에 성관계를 하는 두 사람 사이에 사회구조로부터 파생하는 권력의 위계도 없을 경우에 이러한 성관계는 정의로운가? 여기서도 한 가지를 더 고려해야 한다. 그들 두 사람이 아무리 서로 평등하게 사랑하며 서로의 몸을 향유하더라도 이들이 거시적 차원에서 억압을 겪는 집단의 일원이라면, 그들은 정의론적 성윤리의 관점에서 진정한 자유를 누리고 있다고 볼 수 없다. 이에 해당하는 가장 대표적인 집단이 동성애자들이라 할 수 있다. 저자는 이런 상황에서는 롤즈가 아닌 영의 정의론을 도입해야 한다고 본다. "첫 번째 유형인 남녀 관계는 그 관계의 배경구조에서 불평등과 착취, 수단화가 발생했다. (중략) 하지만 동성애자 양자와 그들을 무시하고 억압하는 사회성원들 간의 관계는 성적으로 상호작용이 없다(154쪽). 그럼에도 이들 집단이 사회의 다수로부터 부정적으로 인식되고 무시되며 배제되는 부정의한 상황이 만들어진다. 영은 이런 문제점을 제대로 고려하지 못하는 롤즈 정의론의 한계를 지적하면서, 진정한 정의론은 "협력참여자들 간의 분배 문제뿐 아니라 협력에 대한 참여조차 하지 못하게 배제되고 무시된 이들의 인정 문제까지 포괄해야 한다"(155쪽)고 주장한다. 따라서 저자는 영이 주장하는 정체성에 대한 인정, 차이에 대한 인정의 문제를 정의론적 성윤리 모델에서 자율성 획득의 한 측면으로 고려하고자 한다.

저자는 이 논문 말미에 "이 글은 특정 문제에 대한 가치평가나 정당화, 입증보다는 어떤 관점의 설계를 목표"(157쪽)로 한다고 그 성격을 강조한다. 즉, 성과 성행위에 대한 저자 자신의 개인적 목적론과 가치관에 대해서는 전혀 표명하지 않으며(괄호를 치며), 최대한 중립적 입장에서 서로 다른 가치관과 목적론을 지닌 사람들이 각자의 성적 자율성을 보존하면서 공존할 수 있는 원리를 정립하고자 하는 것이다. 그렇지만 저자의 논문들과 강연으로 미루어볼 때, 저자가 정의론적 성윤리 모델을 정립하는 데 직접적인 동기를 제공한 것은 가부장제나 보수주의 성윤리보다는 해방과 쾌락을 중시하는 자유주의 성윤리에 대한 비판적 문제의식이었던 듯하다. 빌헬름 라이히를 위시한 성해방론이 가부장제와 보수적 성윤리의 억압적 성격을 고발하고 해체하면서 성적 자유주의의 확산에 기여했지만 이것이 실질적으로는 오직 남성의 성해방과 새로운 형태의 여성혐오와 억압으로 나타난 결과를 생각할 때, 이런 문제의식이 생길 만도 하다. 저자는 이미 2013년의 논문 "자유주의 성윤리의 수정: 쾌락 중심에서 자율성 중심으로"[2]에서 간접적으로 이런 문제의식을 보여주고 있다.

> 자유주의 성윤리 담론을 받아들임으로써 우리는 진정한 성적 자율성을 얻을 수 있을까? 어떤 여성은 자신의 섹슈얼리티가 사회적 지위가 높고 강한 남성에게만 향해 있는 것을 깨닫고 그런 자신의 섹슈얼리티 성향을 따르는 것이 자신만의 개인적 목적론에 부합하는 것이라고 보며 그 길을 가면 될까? 어떤 사람은 상상을 초월하는 자극을 제공하는 다양한 성상품과 성적인 테마 파크와 같은 성매매를 즐기며 자신의 성욕을 한없이 분출하고 또 다시 광고에 의해 자극받아 새로운 성욕을 창출하며 사는 것을 자신의 자유로운 섹슈얼리티의 길이라고 생각하고 그 길을 가면 될까? 이 길은 전혀 타인의 권리를 침해하지 않으므로 괜찮은 것일까?[3]

2 김은희, "자유주의 성윤리의 수정: 쾌락 중심에서 자율성 중심으로", 〈한국여성철학〉. Vol.19, 85~123쪽, 한국여성철학회

3 위의 논문, 117쪽.

위와 같이 말하면서 저자는 기존의 자유주의 담론이 오직 외적 행위들 간의 공존과 충돌의 여부만을 다룰 수 있을 뿐, 내적인 욕구형성에 대해 말할 수 있는 이론적 자원이 없음을 지적한다. 동시에 자신이 제안하는 수정된 자유주의 성윤리는 개인적인 목적론에 대한 논의가 가능하고, 그 목적론에 따른 가치평가의 가능성을 인정하기 때문에 이런 단점을 극복할 수 있을 거라는 희망섞인 전망을 제시한다. 이와 함께 저자는 보수주의 성윤리가 성의 본질을 생식과 출산으로만 보는 제한된 시각을 지닌 점에 대해서는 비판하면서도 보수주의와 가부장주의가 엄연히 다르다는 점을 분명히 한다. 가부장주의는 여성의 섹슈얼리티에 대해서만 무거운 도덕적 통제를 하지만, 보수주의는 그러한 도덕적 요구에 있어서 남녀를 구분하지 않는다는 것이다.[4] 그리고 "내 욕구를 끊임없이 팽창시키고 내 욕망구조를 뒤틀어 나가는 비가시적인 힘들의 작용과 그 작용이 만들어낸 욕구의 성격에 대해 성찰하게 하는 새로운 의미의 금욕주의가 필요하다"[5]고 저자는 말한다.

이러한 문제의식을 지니고는 있으나 저자는 아직 우리가 앞에서 살펴본 2019년의 논문, "정의론으로서의 성윤리"에서도 "내적 욕망"에 대해 유의미한 가치판단을 할 수 있는 기준을 제공하지 못하고 있다. 롤즈와 영의 관점을 도입하고 있지만, 그것은 단지 성관계를 하는 양자가 위치한 불의한 사회적 맥락과 구조를 파악할 수 있게 해줄 뿐이다. 저자 자신도 이 논문의 어느 심

4 위의 논문, 88쪽. 각주 2번

5 위의 논문, 91쪽.

사자가 타자 관계성 외에 자아 관계성의 측면이 고려되지 못하고 있다고 평가한 내용을 인정하며, 자신의 논문은 윤리를 타인과의 공존 가능성의 원리라는 측면에서 보고 있다는 점에서 관점의 차이가 있음을 언급한다.[6] 이는 저자가 2013년의 논문에서 개인적 목적론에 대한 가치평가의 필요성과 그 가능성을 인정하긴 했지만 아직 이 과제를 해결하지 못했다는 것을 의미한다. 가령, 저자는 여성들이 자립적 삶을 영위할 수 있는 경제적인 기회가 상당히 마련되어 있음에도 자발적으로 성매매에 임할 경우에는 그 여성의 자율성이 억압되어 있다고 판단하기 어렵다고 본다. 그렇다면 페미니스트들의 운동에 의해 겨우 불법화시킨 성매매는 여성들에게 충분히 평등하고 정의로운 사회구조를 확립하면 다시 합법화될 수 있다는 이야기일까? 저자의 논리에 따르면 "그렇다." 그렇지만 이러한 귀결은 다시금 새로운 논쟁을 야기할 것이다.

하지만 나는 저자가 제시하는 "정의론적 성윤리"에 적극 동의하며, 기존 자유주의 성윤리의 단점을 상당히 수정하며 보완했다고 생각한다. 이 모델은 성과 성행위에 대한 본질론을 배제하면서도 다양한 성적인 가치관(성에 대한 개인적 목적론)을 지닌 개인들이 공존할 수 있게 해 주는 최선의 윤리적 기준이라고 본다. 다시 말해 저자가 제안하는 정의론의 모델은 외적 행위들의 충돌을 예방하고 갈등을 조정할 수 있는 최선의 룰이며, 이는 내가 1부 말미에 그리스도인들에게 "지혜로운 분리주의"를 제안한 것

6 김은희, "정의론으로서의 성윤리", 140쪽의 각주 25번

과도 양립가능하다. 하지만 그 의의와 별개로 저자 스스로 인정하는 '정의론으로서의 성윤리'의 한계는 어떻게 해야 하는가? 이 질문이 바로 내가 이번 장에서 집중적으로 분석해보고자 하는 주제다.

(2) 억압으로부터의 해방?

미셸 푸코는 도처에서 성이 억압되었다는 주장에 조금 질렸던 듯하다. 《광기의 역사》와 《감시와 처벌》을 통해 그 어떤 철학자보다 권력의 교묘한 통치술과 억압에 가장 예민한 통찰력을 보여주었던 그는 《성의 역사 1: 지식의 의지》에서 모두의 예상을 깬다. 스스로가 동성애자이기에 성적인 억압과 편견의 피해를 누구보다 강도 높게 비판할 것 같은데, 그는 외려 성이 억압되었다는 통념이 잘못되었다는 것을 이 책에서 줄기차게 강조한다. 푸코는 왜 그런 것일까? 일단, 푸코의 논의를 상세히 다루는 것은 잠시 뒤로 미루자. 통념이 맞든 틀리든, "성이 억압되었다"라는 통념 자체가 존재하는 것은 분명하니까.

르네상스와 종교개혁 이래로 서구세계를 강력하게 지배한 키워드 중 하나가 "자유"였고, 이 자유는 대체로 "억압으로부터의 해방"을 뜻하는 말이었다. 르네상스는 인간에 대한 신과 종교적 권위의 억압으로부터의 해방이었고, 종교개혁은 개인에 대한 교회와 사제의 억압으로부터, 과학혁명은 자연의 억압으로부터, 시민혁명은 구체제(앙시앵 레짐)의 억압으로부터의 해방이었다. 마르크스주의 혁명 역시—비록 실패하긴 했으나—자본의 억압 및 착취로부터의 해방을 꿈꾼 것이었다. 즉, 14세기 이래 근 600여년을 주도해온 '자유'의 근본적인 스피릿과 공통된 내러티브는 "억압으로부터의 해방"이었다. 그러니 우리가 성과 섹슈얼리티에 대해서도 '억압'을 발견하는 것은 너무 쉬운 일이다. 프로이트가 무의식의 억압을 발견하고 그 억압에 유아의 근친상간적 성욕이 있다는 가설을 처음으로 내세우긴 했지만, 그 가설이 널리 받아들여질 수 있었던 것은 프로이트의 가설 자체가 지닌 논리적 설득력 때문이 아니라 도처에서 억압을 발견하고 싶어 하는 인간의 성향 때문이었을지도 모른다.

울고 싶은데 뺨을 때리듯 인간의 이런 성향에 맞춰 프로이트보다 한 발 더 나아간 사람이 빌헬름 라이히였다. 라이히는 그의 저서《파시즘의 대중심리》에서 대중들이 단지 수동적으로 히틀러에게 세뇌되어 그를 지지했다기보다는 그들 자신이 이미 파시즘적인 성격심리를 지니고 있었기 때문에 동일한 성격을 지닌 히틀러를 자발적으로 맹신했다고 보았다. 그리고 이러한 성격을 갖게 된 근본원인이 성적인 억압에 있다고 라이히는 주장한다. 즉, 권위적인 사회분위기와 그 안에 존재하는 사회경제적 착취에 순응하는 인간들은 기본적으로 그러한 순응의 태도를 권위주의적 가정에서 어린 시절부터 습득한다는 것이다. 그리고 가정 안에서 이같은 권위주의가 작동하게 하는 기제, 즉 남편-아버지가 아내와 자녀들을 지배하며 착취할 수 있게 하는 기본적인 메커니즘이 바로 성적인 억압이다. 이런 억압 속에서 남편은 아내를 성적으로 독점하고 지배하며 많은 아이를 낳게 한다. 이를 위해 아내에게는 정조가, 아직 결혼하지 않은 자녀에게는 순결이 강조된다. 이런 보수적인 성도덕을 통해 가부장 남성은 아내와 자녀들을 통제할 수 있다. 그리고 이러한 미시적 구조의 총합이 거시적으로 나타난 형태가 곧 파시즘적 국가다. 따라서 진정한 사회-정치적 해방을 위해서는 가부장적 사회가 성립되기 이전의 원시적 모권제matriarchy 사회에 존재했던 성적인 자유와 해방이 필요하다. 그러므로 여성은 물론이거니와 아이와 청소년들의 리비도 역시 자연스럽게 흐를 수 있도록 해줘야 한다. 이것이 라이히 주장의 대략적 얼개라고 할 수 있다.

헤르베르트 마르쿠제도 라이히와 큰 틀에서는 비슷하다. 물론 마르쿠제는 현대 자본주의에서 성이 단순히 소비주의적 쾌락의 용도로 전락하고 있는 현실에 대해 비판적이긴 했지만, 그 역시《에로스와 문명》을 통해 기본적으로 억압이 없는 문명은 성 본능의 해방으로부터 가능하다고 본다. 이는 후기의 프로이트가《문명 속의 불만》에서 인간 본능의 억압과 승화를 통해 문명이 발달했다고 보는 견해를 프로이트 초기의 유아성욕론이 지닌 전복적인 함축을 통해 비판적으로 보완하고자 하는 것이다. 초기의 프로이트이론으로 후기의 프로이트 이론을 비판하는 셈이다.

그러면서도 마르쿠제는 플라톤의 '에로스'에 대한 관점을 전유하면서 에로스를 단지 성적인 만족, 성적 쾌락으로 환원하는 경향에 대해서는 반대한다. 그는 에로스를 자유로운 섹슈얼리티를 포함하지만 그 차원을 넘어 심미적이고 윤리적인 차원에서도 의미를 지니는 것으로서, 진정한 사랑을 수반하는 것으로 개념화한다. 쉽게 말해 문명은 리비도에 대한 억압적 승화만이 아니라 탈억압적이고 창조적인 승화를 통해서도 가능함을 역설하고자 한 것이다. 그렇지만 앤서니 기든스(A. Giddens, 1938~)는 마르쿠제 자신이 "호되게 비판하는 성적 관용성의 근원에 대해 아무런 설명도 하지 않는다"[7]고 지적한다. 현대 자본주의 사회의 여러 문제의 원인을 "성에 대한 억압"이라고 진단한 것에 비해 실제로 해방된 성이 상품화되고 쾌락적 소비주의의 양상으로 나타나는 근본적 원인에 대해서, 그리고 그러한 성해방에도 불구하고 자본주의와 관료제의 문제가 그대로 지속되는 이유에 대해서는 충분한 설명이 없다는 말이다. 푸코는 기든스가 비판하는 바로 이 점을 앞서서 포착한 것이고, 라이히와 마르쿠제로 대표되는 프로이트-마르크스주의와 이것의 기본테제인 "성이 억압되었다"는 가설을 강력히 비판했던 것이다.

그렇다면 성은 전혀 억압되지 않았단 말인가? 아니다. 억압은 분명히 존재했다. 그러나 억압만 존재한 것은 아니며, 성을 둘러싼 실상은 더 복잡하다. 따라서 "억압으로부터의 해방"이란 서사의 틀에서만 성을 생각하면, 앞서 김은희 교수가 정의론적 성윤리 모델을 제시하면서 비판했던 "쾌락 중심의 자유주의 성윤리" 이상으로 나아갈 수가 없다. 그러므로 우리는 이 틀을 넘어서 생각할 필요가 있는데, 이 길의 가장 훌륭한 길잡이는 푸코다.

푸코는 먼저 17~18세기, 이른바 '고전주의' 시대를 기점으로 성에 갈수록 큰 가치가 부여되며, 성에 관한 담론이 끊임없이 증가해 왔다는 사실을 지적한다. 푸코가 자주 지적하듯이 그것은 반종교개혁의 일환으로 활성화된 가톨릭의 '고해성사'를 매개로 한다. 죄를 샅샅이 찾아내는 작업은 부단한 자기성찰을 수반하는데, 육의 쾌락은 이러한 성찰의 가장 중요한 주제였다.

7 앤서니 기든스, 《현대사회의 성·사랑·에로티시즘》(배은경·황정미 옮김, 새물결, 1996), 254쪽.

이 시대를 지나 18세기에 이르자 이제 성은 "치안/경찰police"의 문제가 되었다. 여기서 "police"이란 말은 단순히 법규의 위반을 감독하는 억압적인 의미가 아니라 성을 길들이고 관리하는 공권력의 지혜로운 규제regulation 또는 거버넌스governance 차원의 의미를 지닌다. 이는 "엄격한 금지가 아니라 유용하고 공적인 담론에 의해 성을 규정해야 할 필요"[8]에서다. 그리하여 과거 육신의 죄를 다스리기 위한 가톨릭의 고해성사 차원에서 비교적 단일하게 형성된 성에 관한 담론은 이후 인구통계학, 생물학, 의학, 정신분석학, 심리학, 정치평론 등 "서로 뚜렷이 다른 담론성의 폭발 속에서 해체되고 분산되고 증식되었다."[9] 그리고 19세기에는 '성적 도착sexual perversion'이라는 개념과 이에 해당하는 행위의 목록이 확립된다. 가령 18세기까지는 배우자 이외의 이성과 성관계(간통)를 갖는 것이나 남색을 하는 것이나 둘 다 위법한 것이라는 점에서 동등했다. 하지만 19세기에 와서는 간통은 부도덕한 일로 비난받지만, 남색은 자연을 거스르는 행위로서 혐오의 대상이 되었다. 그러니까 오늘날 우리가 말하는 "동성애 혐오"라는 현상은 푸코의 분석에 의하면 19세기에 들어와 다양한 학문의 발달과 분화 속에서 나타난 것이다(푸코는 여기서 이미 '정죄'와 '혐오'를 구분하고 있다).

17세기는 반(反)종교개혁의 일환으로 가톨릭의 고해성사가 더욱 중시되며 활발해지고, 18세기에 성은 공권력의 길들임의 규제 가운데 있었지만, 그래도 어쨌든 이 시점까지 문제가 되

8 미셸 푸코, 《성의 역사 1, 지식의 의지》(이규현 옮김, 나남, 2010), 33쪽.

9 위의 책, 42쪽.

는 것은 '위법한 행위'였다. 하지만 19세기에 들어 (반규범이나 반도덕이 아닌) 반자연적 차원이 새롭게 도입되면서 "주변적 성생활"들은 제각기 정교하게 다듬은 새로운 범주에 따로따로 등록되었다. "가령 근친과 결혼하거나 남색을 행하는 것, 수녀를 유혹하거나 사디즘을 행하는 것, 아내를 저버리거나 시체를 범하는 것은 본질적으로 서로 다른 것이 된다."[10] 이런 주변적 성생활의 출현, 이에 대한 면밀한 관찰과 기록이 의미하는 것은 무엇일까? 19세기 들어 성범죄에 대한 법규의 엄격함은 완화되기 시작했고, 사법적 판단의 영역은 의학의 영역으로 넘어가기 시작했다는 점에서 이는 억압이라기보다는 "관용"이다. 이런 흐름 속에서 "19세기에 동성애자는 중요한 인물이 되었다. 그는 관찰되고 기록되어야 했으며, 동성을 좋아하는 그의 성향은 그의 정체성에 있어 본질적이고 핵심적인 것으로 간주되기에 이르렀다. 남색가는 과오를 반복하는 사람이었던 반면, 이제 동성애자는 하나의 종(種)이다."[11]

그렇다면 무엇이 이런 변화를 추동해 왔다는 것인가? 푸코의 답은 '권력'이다. 단, 여기서 '권력'을 일상의 상투적인 개념으로 이해하면 안 된다. 2부에서 우리는 주디스 버틀러의 권력관이 푸코의 분석을 이어받았음을 살펴본 바 있다. 푸코에게 있어 권력은 비인격적이다 그것은 소유하거나 획득할 수 있는 실체가 아니라 관계와 구조 속에서 나타나는 효과이자 양상이다. 따라서 푸코에게 있어 권력은 단지 억압과 금지의 심급으로 존재하지 않는다. 권력은 오히려 "성이 금지되었다는 생각", "성이 억압

10 위의 책, 48쪽.

11 위의 책, 52쪽.

되었다는 인식"을 갖게 한다. 이로써 권력은 오히려 성에 관해 더욱 더 많은 지식을 갖게 하고, 탐구하게 한다. 《성의 역사》 1권의 부제가 '지식의 의지la volonté de sovoir'인 것은 바로 이런 의미이다. 푸코에 따르면 "주체의 과학을 확립하려는 기획이 점점 더 촘촘한 주기를 따라 성의 문제를 중심으로 선회"[12]하였다. 성은 자아의 가장 내밀한 진실의 영역인데, 그 감추어진 부분을 구체적으로 성찰하고 드러내면서, 자아는 미처 지각하지 못했던 진정한 진실에 닿게 된다고 믿게 된다. 하지만 그러한 성찰을 통해 자아가 스스로 발견하는 것은 해 아래 완전히 새로운 정체성이 아니다. 이미 그에 관한 담론이 있고, 전문가 그룹이 존재한다. 즉, 권력이 방대하게 구축해놓은 지식의 데이터베이스 안에서 자아는 정체성의 선택지를 제공받게 된다. 그러니까 자아는 권력이 구성한 선택지 가운데 하나를 택하여 자신의 것으로 삼는다. 말 그대로 주체는 홀로 유아독존하는 존재자가 아니라 subject로서 무언가의 아래sub에 밀어넣은ject 존재자인 것이다.

따라서 푸코는 라이히와 마르쿠제 등의 프로이트-마르크스주의를 비판한다. 이들은 성욕의 억압이 노동력의 착취와 깊은 연관관계가 있다고 보며, 특히 라이히는 자본제의 진정한 해체를 위해서는 전통적 일부일처제 가정이 해체되어야 한다고 믿었다. 하지만 푸코의 관점에서 이것은 피상적인 견해일 뿐이며, 실제로 서구에서 성해방이 상당한 정도로 진행되었지만 자본주의와 국가의 관료제는 꿈쩍도 하지 않았다. 게다가 이들이 비판했던 성에 대한 억압적 장치는 본래 노동계급을 겨냥하지도

12 위의 책, 85쪽.

않았다. 오히려 성에 대한 세세한 관찰과 통제, 지식축적은 다른 누구보다도 부르주아 계급의 성을 규율했다. "부르주아 계급의 성에 대한 청교도적 규범은 다른 계급과 자신들을 구별짓기 위한 의지인 것이다. 과거의 귀족이 혈통이나 혼인관계를 통해서 계급의 변별성을 누렸다면 19세기의 부르주아는 온갖 생물학적, 의학적, 우생학적 이론에 사로잡혀 있다."[13]

푸코의 분석을 종합하면 성은 단순히 억압되기만 한 것은 아니다. 억압은 존재했으나, 그보다 더 중요한 것은 "억압되었다는 인식"의 출현이다. 언제부터인가 모든 사람들이 그간 성을 억압했던 과오를 뉘우치고, 자신의 성이 억압되었던 것에 분노하며, 억압으로부터의 해방을 지상목표로 삼는다. 하지만 푸코는 예리한 분석을 통해 "성이 억압되었다는 인식"이 갑자기 광범위한 합의를 얻게 된 과정에 권력의 책략이 숨어있음을 간파한다. 그에 의하면 억압가설은 지나치게 단순하며, 오히려 복잡한 진실의 파악을 방해한다. 더 중요한 것은 "사람들이 성이 억압되었다는 생각을 하게 되었다는 사실"이며, 주체의 진정한 자유를 위해서는 성적 억압으로부터의 해방이 가장 중요한 과제처럼 인식되기에 이르렀다는 것이다. 푸코의 이러한 분석은 적어도 68혁명 이후 실제로 가속화된 성해방의 진전이 자본주의의 진전에 어떠한 영향도 미치지 못했음을 생각할 때 적어도 라이히나 마르쿠제의 현실설명력보다 높다고 할 수 있다. 그렇다면 실제로 오늘날 성과 성행위는 어떤 의미를 지니며 어떤 양상으로 존재하는가? 이제부터 앤서니 기든스와 에바 일루즈(Eva Illouz, 1961~)

13 오생근, 《미셸 푸코와 현대성》(나남, 2013), 335쪽.

의 논의를 참고해서 몇 가지 포인트를 중심으로 살펴보자.

(3) 현대사회 성의 현상학

성 또는 성행위는 단지 우리의 생물학적 본능이나 개인적 욕망의 문제로 볼 수 없다. 우리가 인간으로서 사회적 동물인 이상, 우리의 본능과 욕망은 사회적 현상이기도 하다. 따라서 이것은 심리학의 문제를 넘어 사회학적 문제로 생각해야 한다. 이를 위해 나는 사회학자 앤서니 기든스와 에바 일루즈의 연구를 참고하여 현대사회의 성의 현상학에 관해 생각할 몇 가지 지점을 제시해보려 한다.

① 앤서니 기든스, 제도적 성찰성의 맥락

기든스는 현대사회의 자아가 단순한 주체subject가 아니라 성찰적 프로젝트(reflexive project; 성찰적 기획)로 존재한다고 밝힌다. 그는 먼저 푸코가 '억압가설'을 비판하면서 성이 현대인의 주요한 관심사가 된 과정을 일종의 권력 – 지식의 의지의 작용이라고 보는 관점을 부분적으로 긍정하면서도 그것이 그렇게 고정적이고 일방적인 방식으로만 나타나는 것은 아니라는 점을 강조한다. 이어서 그는 현대사회의 자아의 전개에 대한 푸코의 해석보다 더 근본적인 방식의 질문이 필요하다면서, "자아가 특정한 테크놀로지에 의해 구성된다기보다는, 자기 정체성이 현대의 사회적 삶에서—특히 최근에 이르러—특별히 문제가 되는 것임을 인식해야 한다."[14]고 말한다. 즉, 푸코는 왜 그토록 "성"이라는 요소가 진정한

14 기든스, 《현대사회의 성, 사랑, 에로티시즘》, 65쪽.

자아 혹은 정체성의 발견과 같은 것에 중요한 것이 됐는지 묻는다면, 기든스는 한발 더 나아가 도대체 왜 "진정한 자아"라든가 "정체성" 같은 것이 이토록 중요해졌는지 질문하는 것이다.[15] 그리고 기든스는 현대사회에서 '성찰'은 단지 몇몇 진지한 개인들의 자아관리의 테크닉으로 그치는 것이 아니라, 아예 제도화되었다고 보며 이런 현대적 특성을 '제도적 성찰성institutional reflexivity'으로 명명한다. 이것이 "제도적인 이유는 현대적 상황 속에서 사회활동을 구성하는 기초적인 구조화 요소이기 때문"[16]이다.

기든스가 "제도적 성찰성"을 중요하게 언급하는 것은 그 어느 때보다 자아가 사회생활을 하고 타인과 관계맺음에 있어 자신의 정체성을 인식하는 것이 긴요해졌음을 뜻한다. 그런데 오늘날 정체성이란 건 단순히 그냥 주어진 것이 아니다. 그보다는 자아 스스로 자신을 지속적으로 성찰하는 가운데 발견되는 것이다. 동시에 이 성찰은 선택이라는 행위와 무관하지 않다. 가령, 섹스와 출산(재생산)의 필연적 연관성이 점차 분리되고 성과 관련된 지식과 경험 및 의학적 기술이 비약적으로 발전하면서, 또 여러 사람의 다채로운 성적인 경험들이 조사되고 기록되고 분석되면서 성에 대한 지식과 담론이 대폭 확장되었다. 사랑과 성, 재생산의 다양한 요소들이 분리되고 결합되면서 섹슈얼

15 성찰이라는 것이 왜 그토록 중요한 것이었느냐는 기든스의 질문에, 푸코의 분석을 감안해 대신 답해보자면 17세기에 더욱 활발해진 가톨릭의 고해성사 제도, 진정한 속죄를 위해 스스로를 "성찰"을 통해 죄를 낱낱이 찾아내야만 했던 그 행위의 습속이 종교라는 틀을 벗어나서도 지속됐기 때문은 아닐까? 즉 "성찰"이라는 행위 자체가 본래의 맥락을 벗어나서도 여전히 중요한 습관이나 습속으로 남아버렸고, 그것이 심리학과 정신분석을 만나면서 새로운 의미를 획득한 것이 아니었을까?

16 위의 책, 64쪽.

리티의 형식과 선택지가 다양해지고 이에 맞는 라이프스타일도 다채롭게 출현한다. 즉, 현대적 자아는 자신의 신체적 경험과 감정을 자세하게 분석하고 따지면서 자신의 성적인 정체성과 지향을 발견하게 되는 것이다. 이런 맥락에서 볼 때 "정신분석학의 특별한 의미는 바로 그것이 매우 풍부한 이론적 개념적 자원들을 제공함으로써 자아에 대한 성찰적 서사를 창출하는 환경을 만들어낸다는 것"[17]에 있다. 그러니까 최근 성적 지향과 정체성과 관련한 문제가 정치적 이슈가 되는 것은 이러한 '제도적 성찰성'을 핵심 특성으로 갖는 현대적 현상이며, 이는 동시에 문화적 현상이기도 하다.

② 에바 일루즈, 소비자본주의와 프리섹스의 그늘

한편, 일루즈는《사랑은 왜 아픈가》에서 성해방과 섹스의 자유가 실제로 어떤 효과를 만들어냈는지 자세히 추적한다. 성정치 담론은 노동을 규율화하는 자본주의와 억압적인 관료제의 틀을 깨뜨릴 수 있을 것이라고 기대했지만 현대 자본주의는 이제 더 이상 금욕적이고 규율적인 노동을 강요하지 않는다. 오히려 과잉생산이 더욱 문제가 되어 이를 감당할 수 있는 소비수요가 훨씬 중요해졌고, 이렇게 자본주의를 추동하는 힘이 생산에서 소비로 넘어가면서 이제 성해방의 테제는 다른 국면을 맞게 되었다. 쏟아지는 상품들은 소비자의 감각적 만족을 선사해야 했고, 이를 위해 광고들은 상품의 종류를 막론하고 무의식적으로 소비의 쾌락을 성적인 쾌락과 연결시켰다. 이러한 감각

17 위의 책, 66쪽.

적 만족의 추구는 몸을 섹스중심의 관점으로만 보게 하는 사회적 분위기를 만들었다. 그녀는 특히, 20세기를 지나며—다른 모든 영역과 마찬가지로—이성애와 낭만적 사랑의 영역에도 자본주의 문화의 문법이 깊게 침투했다고 말한다. 칼 폴라니(Karl Polanyi, 1886~1964)가 말한 "거대한 전환" 같은 것이 사랑의 영역에서도 일어났다는 것이다. 이게 무슨 말인가?

본래 전통사회에서 시장이나 경제적 교환행위와 같은 것들은 보다 더 근원적인 토대인 사회라는 틀 위에 뿌리내리고 embeded 있기에, 그것은 어디까지나 사회가 지니고 있는 고유의 의례와 규범 등에 의해 규제되는 부분적인 영역이었다. 그러나 산업혁명과 대규모 기계공업의 출현 이후 기계(자본)가 중심이 되고 인간과 자연이 전부 자본의 이윤을 위한 투입요소로 전락하면서 이윤증식의 메커니즘과 모순되거나 갈등을 일으키는 모든 요소들은 억압되거나 제거되어야 했다. 사회를 안정적으로 유지해왔던 전통과 도덕, 갖가지 문화적 생활양식들은 맷돌에 갈려나가듯 분쇄되었다. 폴라니가 《거대한 전환》을 통해 말한 "사탄의 맷돌"은 바로 이러한 "자기조정적 시장경제"를 일컫는 것이다(이 거대한 전환에 맞서 사회가 자기보호와 방어를 위해 선택한 것이 뉴딜, 파시즘, 사회주의와 같은 것들이었다고 폴라니는 말한다). 일루즈는 바로 이와 같은 현상이 오늘날의 사랑과 섹스, 결혼을 둘러싼 낭만적 선택의 영역에서도 일어났다고 이야기한다. 전통적으로 사랑과 결혼은 단지 두 사람의 감정의 문제로 끝나지 않았으며 공동체의 도덕적 규범과 의례, 관계의 네트워크의 영향하에서 이루어졌지만, 오늘날의 사랑은 이런 것들로부터 완전히 뿌리가 뽑혔다는 것이다.

일루즈는 제인 오스틴(Jane Austen, 1775~1817)의 소설을 통해 19세기의 연애와 결혼의 풍속을 스케치한다. 19세기에는 누군가와 사랑에 빠지는 감정보다 그 감정에 선행하는 의례적 형식과 약속이 더욱 중시되었다. 예컨대, 처녀들은 일정한 나이가 되면 무도회 등 사교계의 행사에 참석하여 자신이 이제 혼인할 신랑을 찾고 있음을 공적으로 알릴 수 있었다. 또 청년 남성의 공식적인 구애나 청혼에 대해 답함으로써 자신의 감정을 드러내고 그 과정을 통해 감정은 더욱 깊어질 수 있었다. 이러한 의례적 절차 이전에 특정한 상대를 향한 진실한 사랑의 감정이 확실히 존재해야만 했던 것은 아니었으며, 오히려 없던 감정을 그러한 의례가 촉발시키기도 했다. 이런 시대적 배경 속에서 오스틴의 소설 속 인물들은 자신의 솔직한 감정에 따라 어떻게든 상대를 소유하려는 욕구가 아니라, 그러한 감정을 지양하면서 신의와 약속을 지키는 도덕적 기준에 따라 행동한다. 가령 어떤 사람에게 호감이 있고, 상대 역시 자신을 원하더라도 그가 다른 사람과 약혼했을 경우엔 자신이 아니라 그 사람에 대한 신의를 지키기를 원하며 그런 모습을 오히려 기뻐한다. 일루즈의 관점으로는 이러한 사회에서 개인들의 자존감은 자신과 상대의 변덕스러운 감정에 휘둘리지 않을 수 있었다. 또 설령 배신을 당한다 하더라도 그것에 의해 평판과 명예를 잃는 것은 배신한 쪽이었지, 배신당한 쪽은 아니었다. 쉽게 말해 연애관계에서 상대에게 차인 것으로 인해 부끄러워할 일은 없었다는 것이다. 또 그런 실연으로 인해 감정적인 안정감 자체가 위협을 받지도 않았다.

반면, 섹스자유주의와 소비자본주의가 결합한 사회에서 진정한 감정과 그 감정에 따라 행할 자유가 자아에게 더욱 중시되면 될수록 약속에 기초한 관계의 견고함은 약해질 수밖에 없다. 오늘날 사랑의 관계에서 "약속"은 부정적인 의미를 지니게 되었다. 그것은 불확실한 미래를 보증해야 하는 일이고, 상황에 따라 변할 수 있는 가능성을 제한하는 것이며 자아가 자신의 자유로운 감정에 따라 행하는 것을 억압하는 기제에 불과하다. 즉, 약속은 '진정성'의 장애물이다. 게다가 정신분석으로 대표되는 현대의 심리학은 먼저 감정적으로 건강한 자아를 좋은 섹스에 기초하게 하면서 사랑의 아픔과 불안을 증폭시켰다. 사랑하고 있다는 느낌으로서의 감정의 변화(변덕)뿐 아니라 섹스에서의 불만족이나 성적 매력의 저하를 이유로 언제든지 사랑의 관계는 깨질 수 있게 되었으며, 이를 비난하던 전통의 도덕적 컨센서스마저 사라졌기 때문이다.

결국 1950년대 이후 일어난 성해방의 흐름은 가부장적 질서의 완고함은 해체했을지 모르지만 섹스에 있어서는 새로운 형태의 남녀 불평등을 낳았다. 프리섹스는 여성의 성을 가부장제의 종속에서 벗어나게 한 것 이상으로 남성들에게는 더욱 크나큰 선물이었는데, 과거에는 특권계급의 남성만 누릴 수 있었던 다수 여성과의 섹스기회가 이제 평범한 남성들에게도 열렸기 때문이다. 게다가 남자에게 있어 성관계를 행한 상대의 숫자는 일종의 섹스자본이 되었고, 남성들의 사회에서 인정의 원천이 되기도 한다. 이런 상황에서 성혁명의 이데올로기에 힘입어 남성들은 일부일처제가 요구하는 정절의 의무마저 쉽게 벗어던질 수 있었다. 약속에 기초한 관계는 구속이 되고, 전통적 관계의 틀에 구속됐던 섹스는 점점 캐주얼해지면서 남성들은 성적 자유와 쾌락을 만끽할 수 있었다. 반면, 여성들은 사랑에서 지속적으로 감정적 어려움과 자존감의 저하를 경험하게 되었다. 현대 자본주의의 낭만적 사랑에서 섹스는 여성에게 일종의 화폐처럼 기능하게 됐다. 즉, 여성에게서 성적매력은 일종의 자산이 되었고, 자신의 매력 있는 몸을 제공하면서 남성에게 원하는 것을 얻을 수 있게 됐다는 면에서 여성의 몸과 섹스는 일종의 화폐가 된 것이다. 그러나 성해방과 성혁명의 인플레이션—쉽고 캐주얼한 성의 범람—은 이 화폐가치마저 하락시켰다. 심지어 섹스어필한 매력을 누릴 수 있는 시간조차 여성들에게는 한시적이다.

이런 구조와 제도적 조건하에서 감정적 어려움을 겪는 사람들에게 오늘날의 심리학은 그저 자신의 건강한 자존감을 되찾으라고 권할 뿐이다. 상대를 탓하거나 상대에게 집착하는 행위는 잘못된 것이며, 관계가 깨진 이유를 다른 데서 찾지 말고 자신의 부족한 내면에서 찾아야 한다는 것이 최근 심리학의 메시지인 것이다. 이를 두고 일루즈는 현대의 심리학이 엥겔스(Friedrich Engels, 1820~1895)가 말한 '허위의식'과 같은 것을 주입시키고 있다고 비판한다. 마르크스주의 용어로서 '허위의식'은 자본주의 사회에서 현실을 올바로 인식하지 못하고 착각이나 오인에 빠져 있는 것을 일컫는다. 쉽게 말해 빈곤한 노동자가 자신의 비참을 단순히 자신의 게으름 탓으로 돌린다면 이 사람은 자본주의가 이데올로기를 통해 주입한 허위의식에 빠져 있다고 할 수 있다. 마찬가지다. 그녀에 따르면 섹스의 자유는 미시적으로는 연인이나 부부관계에 있는 두 사람은 물론이거니와 거시적으로는 남성과 여성, 성적 매력이 넘치는 사람과 그렇지 못한 사람의 차이에서 감정적 정서적 불평등을 낳고 있다.

상대의 인정이 자존감의 원천이 되고, 상대에 비해 사랑을 덜 할수록 감정자아의 안정을 확보할 수 있게 된 세태는 지극히 현대적 현상이다. 낭만적 사랑의 관계에서 상대를 덜 사랑하는 쪽이 권력을 갖게 된 현상 역시 약속을 억압으로 인식하고 감정의 변덕에 따른 무책임을 자유라고 착각하게 만드는 왜곡된 자유주의의 결과인 것이다. 문제가 이러한데 현대의 심리학은 이 문제를 그저 개인감정의 문제로 다루고, 스스로의 자존감을 회복하라고 주문한다. 그렇지만 일루즈는 경제적 빈곤이 단지 개인의 책임일 수 없듯, 이러한 박탈감과 심리적 상처 역시 개인의 문제이기 이전에 사회의 문제라고 말한다.

③ 분석적 환원주의를 지양하고 성이 지닌 복잡성을 직시해야

푸코는 라이히와 마르쿠제의 "억압가설"을 피상적인 것으로 규정했고, 성해방과 정치적 해방이 필연적으로 연관된다는 라이히의 주장을 부정했다. 푸코는 오히려 성에 관해 끊임없이 생각하게 하고, 더 방대하고 자세하게 성에 대한 지식을 축적하게 된 과정 자체를 꿰뚫어 보아야 하며, 여기에서 지식의 의지를 따라 작동하는 권력을 간파할 수 있어야 한다고 강조했다. 한편, 기든스는 오늘날 자아의 서사에서 성적 지향과 정체성이 중시되는 것은 섹스 자체가 중요하기 때문이 아니라 "성찰하는 행위" 자체가 사회를 구조화하는 근본적인 요소로 제도화되었기 때문이라고 역설했다. 기든스는 푸코의 분석을 비판적으로 접근하기는 하지만, 우리는 두 사람의 견해를 통합적으로 이해할 필요가 있다. "성찰" 자체가 오늘날 에센스가 되어버린 것은 푸코에 의하면 17세기에 한층 강화된 가톨릭의 고해성사 제도로부터 그 틀을 그대로 유지한 채 사제의 포지션을 정신분석의가 이어받아 지속된 것에 기인한다. 그런데 그러한 자기성찰의 매개는 다른 무엇보다 육신의 쾌락, 성적인 행위에 대한 꼼꼼한 자기관찰과 고백과 보고였다.

어쨌든 푸코와 기든스의 시각에서 '성적 정체성'이란 것 자체가 자아에게 있어 핵심적인 요소가 된 것은 그것이 진짜로 중요하기 때문이 아니라 "진짜로 중요하다고 생각하게 하는" 사회적 조건 때문이다. 이를 통해 우리는 '성 정체성'이나 '성적 지향' 자체를 성역화하고 이를 비판적으로 논의하는 것 자체를 터부화하는 현상 자체도 권력과 관련된 것임을 알 수 있다.

우리는 성의 복잡성을 인정할 필요가 있다. 억압으로부터의 해방을 촉구하며 성에 대한 자기결정권을 주장하는 것은 미시적 차원에서 분명히 정의롭다. 그러나 이런 분석적이고 환원론적인 접근에서는 성문제의 복잡성과 모순들을 간과하게 된다. 가령, 근검절약은 좋은 것이지만 사회전체가 근검절약하면 경제는 침체된다. 이런 게 분석적 환원주의의 문제다. 따라서 일루즈의 분석은 섹스의 자유와 성해방 담론의 분석적 환원론의 오류를 드러낸 것이라고 할 수 있다. 자유의 확대는 언제나 불평등을 낳게 마련인데, 섹스도 예외가 아니라는 것이다. 일부일처 가부장제의 해체와 성해방의 대의는 실제로 남성들보다 여성들에게 오히려 불리하게 작용했다. 가정의 울타리 안에 국한된 성을 해방한 것이 그 울타리 밖에서 일어나는 성 착취 문제를 해결하는 것은 아니었기 때문이다. 어떤 경우엔 자발적으로 합의한 섹스일

지라도 그것은 이후의 상황과 맥락의 전개에 따라 착취와 폭력으로 재규정될 수도 있다.

특히, 최근 한국사회의 페미니즘은 성해방과 자유로운 섹스의 주장보다는 성희롱과 성착취에 대한 미투운동에서 촉발되고 활발해졌다. 앞의 2부에서도 잠시 언급했던 TERF 그룹은 현재 포르노 반대운동과 성매매의 근본적인 근절을 강력히 추진하고 있다. "버닝썬 사건", "텔레그램 N번방 사건" 등으로 한국 여성들은 남성들의 성희롱과 성폭력에 대한 민감도가 상당히 높아졌기 때문에, 보통 여성들은 TERF 그룹의 트랜스젠더 배제 주장 자체에는 동의하지 않지만 여성의 안전과 관련된 다른 이슈들에서는 대체로 이들 터프의 주장에 동의하고 있는 편이다. 이런 상황에서 BDSM을 포함하는 자유로운 섹스나 주체적 성노동과 성매매의 허용을 주장하는 페미니즘—퀴어 페미니즘도 넓게는 여기에 속한다—은 일반여성들에게 광범위한 지지를 얻지 못하고 있는 상황이다. 현재 PC(정치적 올바름; Political Correctness)주의의 이념은 프리섹스와 성해방이 아니라 반(反)성폭력과 반(反)성착취의 맥락에서 작동하고 있는 것이다. 결국 머지않아 성해방과 성적 자유주의의 문제를 둘러싼 두 계열의 페미니즘의 갈등과 대립은 앞으로 더욱 격화될 가능성이 있다.

종합해보자. 성은 생각보다 복잡하다. 우리는 우선적으로 성을 "억압으로부터의 해방"이라는 틀과 "자발적 의사에 따른 합의"라는 틀을 넘어서 생각해야 한다. 게다가 타인과 관계하는 측면에서 자유와 평등만을 고려하는 분석적 환원론으로는 성과 관련해 우리가 직면하는 다양한 문제들을 제대로 다룰 수가 없다. 따라서 타인과의 관계가 아닌 자기 자신과의 관계, 자신의 욕망을 비판적으로 고찰하는 보다 근원적인 성윤리가 필요하다. 이에 대한 고민에서 참고할 만한 자료가 다시 푸코의 텍스트이다.

(4) 푸코, "고대 현인들, 성에 대한 금욕적 절제가 윤리적 주체화의 핵심"

푸코는 1975년에 《감시와 처벌》을, 1976년에 《성의 역사 1: 지식의 의지》를 출간한 후, 8년의 공백 후에 1984년에 《성의 역사 2: 쾌락의 활용》과 《성의 역사 3: 자기배려》를 연달아 출간했다. 푸코 연구자들은 이 8년의 시간을 푸코에게 있어 중요한 전환기로 보는데, 이 기간 동안 푸코가 '권력'과 '통치성'으로부터 벗어나 '주체', 혹은 '주체화'의 문제에 몰두했기 때문이다. 그는 《지식의 의지》를 출간하고 나서 우선 AD 4세기경 기독교 교부들이 체계적으로 신학이론을 확립하던 시대에 기독교의 성도덕은 어떤 과정을 통해 확립되었는지 확인하고자 연구에 착수하여 《육체의 고백》이라는 책의 집필을 마쳤다. 그런데 막상 이 시대를 분석하고 책을 집필하면서 보수적인 성도덕이 기독교로부터 기원한 게 아니었음을, 기독교보다 훨씬 이전에 고대 그리스와 로마에서 이미 그러한 움직임이 강조되고 있음을 알게 되었다.

나아가 푸코는 고대의 철학자들이 윤리적 주체를 확립하는 매개를 다른 무엇보다 우선적으로 성적인 것과 연관시키고 있음을 발견한다. 게다가 심신이원론에 입각해 인식주관의 '이성'만을 중시한 데카르트 이후의 근대 계몽주의 철학과 달리, 고대의 철학자들은 진리를 알기 위해서는 이성과 더불어 주체가 그 진리를 인식할 만한 태도와 인격, 나아가 그에 걸맞는 몸과 영혼을 갖는 것을 중시했다. 푸코에게 있어 이러한 발견은 매우 의미심장한 일이었으며 이후 '주체', '영성'과 같은 중요한 주제가 그의 사유의 중심이 된다. 이 연구를 위해서 먼저 그는 중세 기독교의 계율적 성도덕이 확립되기 약 1000년 전인 BC 5~4세기까지 거슬러 올라가야만 했다.

① BC 5~4세기, 소크라테스와 그 제자들

우선 푸코는 고대 그리스인들에게 오늘날 우리가 생각하는 '성', '섹스' 또는 '섹슈얼리티'의 범주를 명확히 지시하는 개념을 찾기 어렵다고 말한다. 물론 성과 관련된 세부적이고 구체적인 행위를 가리키는 말이 없는 것은 아니지만, 이 일련의 행위를 포괄하는 범주적 개념이 없다는 것이다. 그래서 푸코는 '아프로디지아to aphrodisia'라는 그리스어를 불어로 번역하지 않고 그대로 사용한다. 이 아프로디지아는 성적인 것과 관련이 있긴 하지만 우리들이 '성/섹스'라는 말로 별도의 범주를 정하면서 그와 연관된 도덕을 생각하는 방식과 아프로디지아에 대한 그리스인들의 도덕적 접근은 분명히 다르다. 이 차이를 유념하는 건 매우 중요하다. 왜냐면 우리는 성도덕을 별도의 범주로 생각하는 경향이 있는데, 그런 우리의 사고방식을 고대인들에게 그대로 투영할 수 있기 때문이다. 그들에게는 성에 관한 별도의 도덕률이 존재하지 않았다. 오히려 유교에서 말하는 '수기치인(修己治人)'과 같은 원리가 고대 그리스에도 동일하게 존재했기에 타자를 배려하고 환대하는 윤리는 자기수양(자기배려)의 윤리와 따로 떼어 생각할 수 없었다. 성행위에 있어서의 윤리 역시 바로 이러한 넓은 윤리관에 포함되어 있다. 타인과 완전히 구별되는 별개의 개인, 원자적 인간관에 입각한 현대의 자유주의적 윤리는 이 시대에는 전혀 생소하고 이질적인 것이었다.

또한 아프로디지아가 도덕적 문제로 설정된다고 할 때, 이를 어떤 것은 허용되고 어떤 것은 금지된다는 '계율'의 틀로 봐서는 안 된다. 여기서 경계하는 것은 '지나침/과도함'과 '수동성'의 문제였다. 성적 활동 자체가 악한 것은 아니지만, 이 활동 안에는 통제하기 힘든 쾌락에 대한 강렬한 끌림이 존재하기에 인간은 자칫 그러한 정념과 충동의 노예로 전락할 위험이 있다. 이러한 무절제는 자기 자신에 대한 지배력을 잃어버리는 것과 같다. 플라톤은《법률》I권에서 생식과 출산을 목적으로 남자와 여자가 결합하는 자연에 부합하는 관계와 이러한 자연에 반하는 남자와 남자, 혹은 여자와 여자의 관계를 명확히 대립시키며, 이러한 관계를 부정적으로 인식한다. 그렇지만 이러한 '동성 간 성관계'를 오늘날처럼 "비정상적인 본성 혹은 특별한 형태의 욕망에서 비롯된 것으로 설명하지 않는"[18]다. 쉽게 말해, 현대 의학의 분류에 따라 '정체성'이나 '성적 지향' 같은 것을 상정하지 않았다는 것이다. 그것은 본질적으로 무절제의 문제였다. 이러한 플라톤의 시각은 크세노폰(Xneophon, BC 450~354)이나 아리스토텔레스는 물론, 사실상 플라톤과 대립하는 소피스트 계열의 수사학자 이소크라테스(Isocrates, BC 436~338)에게서도 동일하게 나타나고 있다.

남자는 여자와 달리 수동적인 존재가 되어서는 안 된다. 고대의 남성에게 있어 삽입당하는 행위는 지배당하는 행위와 동일했다. 이로 인해 소년애가 문제되기 이전에 우선 시민계급인

18 미셸 푸코,《성의 역사 2: 쾌락의 활용》(문경자·신은영 옮김, 나남, 2018), 65쪽.

두 성인 남성 간의 관계부터 불명예스러운 것으로 여겨졌다. 두 사람 중 어느 한쪽은 수동적인(삽입을 당하는) 존재로 만들기 때문이었다. 고대 그리스에서는 노예계급 남성 혹은 소년들이 주로 시민계급의 성인 남성의 성관계 상대가 되곤 했는데, 향후에는 노예남성이든 소년이 되었든 남자와 성관계하는 것 자체를 불명예스러운 일로 간주하고자 하는 경향도 강해진다. 소년의 경우, 장차 폴리스 시민의 일원이자 지배자로서 활동할 사람이므로 그에게 수동적 역할을 맡겨 수치를 주는 일은 부도덕한 일이다. 게다가 결혼과 관련해 더욱 중시하게 될 "정절"의 가치에 있어서, 이제는 남편도 아내 외에 애인을 갖는 일이나 아내를 제외한 노예나 소년과 관계를 맺는 행위는 수치스러운 행위로 여겨져야 한다는 담론이 힘을 얻게 된다.

위와 같은 생각에는 그리스 현인들의 자유와 진리에 대한 독특한 사고방식과 관점이 전제되어 있다. 자유는 우선 타인으로부터의 자유이기 이전에 자아의 욕망과 쾌락에 대한 강렬한 집착으로부터의 자유이다. 여기서 '소프로쉬네sōphrosunē'의 덕이 중요해진다. 소프로쉬네는 흔히 '절제'라는 의미로 사용되는데, 아리스토텔레스는《니코마코스 윤리학》에서 이를 무관심과 과도함 사이에서 중용(中庸)을 지키며 기쁨을 느끼는 상태로 정의했다. 이 소프로쉬네에 대립되는 단어는 '아크라시아akolasia'로서 무절제를 뜻한다. 아리스토텔레스에 의하면 아크라시아는 "훌륭한 법률을 갖고 있으면서도 그것을 시행하지 못하는 도시들"[19]에 비유할 수 있는데, 이는 합당하고 올바른 원칙들을 알고

19 위의 책, 91쪽.

있으나 그릇된 원칙에 자기도 모르게 휩쓸려버리는 나약함을 뜻한다. 또한 소프로쉬네는 거저 얻는 것이 아니라 부단한 엔크라테이아enkrateia, 즉 자제하고 금욕하며 쾌락에의 끌림을 이겨내기 위한 투쟁과 극기의 행위로부터 얻을 수 있는 것이다. 즉, 올바른 이성에 따라 쾌락의 욕망을 절제하는 자는 곧 자유인이며 지배자다.

그런데 이러한 자유-지배력이 '진리와의 관계'라는 측면을 반영하고 있다는 점에서 독특하다. 아리스토텔레스는 "절제하는 자는 '올바른 이성이 명하는 것orthos logos'만을 욕망한다"고 말한다. 이 '올바른 이성'이란 우리가 흔히 이해하는 도구적-수학적 이성에 국한되는 것이 아니라 더 근본적으로 참되고 바른 이치, 즉 진리를 의미한다. 소크라테스는 기본적으로 사람들이 무지하기 때문에 무절제(악)를 행한다고 생각했다. 자유주의적인 현대인들은 '절제'의 덕을 '자기개발' 혹은 '행복/성공'의 담론과 연결시키며, 이를 어디까지나 모럴(moral, 공적인 도덕규범)이 아닌 에토스(ethos, 개인적 윤리신념과 인격/태도)의 문제로 생각한다. 게다가 우리는 로고스와 에토스를 별개의 영역으로 구분하는 경향이 강하다. 하지만 소크라테스 계열의 철학자들에게서 로고스와 에토스는 분리되지 않는다. "무절제한 자에게서는 욕망의 힘이 최고의 자리를 빼앗아 전제tyranny를 행하는 반면에, 절제하는 자에게서는 이성이 인간 존재의 구조에 맞게 명령하고 규정한다."[20] 즉, 절제하는 자만이 참된 진리를 인식할 수 있고 진리를 인식할 때 절제할 수 있다. 또 비유에서 알 수 있듯, 개인의

20 위의 책, 120쪽.

자유-지배력은 정치공동체로서의 폴리스에 대한 바람직한 통치능력과 연결된다. 아프로디지아에서의 절제의 윤리는 자아에 대한 통치와 지배 나아가 폴리스의 정치와 진리의 문제와 다 연결되어 어느 것 하나 따로 떼어놓고 설명할 수 없게 된다.

또 푸코는 여기서 한 가지를 더 강조한다. 진리와의 관계가 자기 자신의 해독, 자기 욕망의 해석학이란 형태를 취하지 않는다는 점이다. 오늘날 자기 자신의 욕망을 성찰하면서 자신의 성정체성과 성적 지향을 진정한 자아로 인식하는 것은 고대 철학자들이 강조한 참된 자기에 대한 인식과 성격이 전혀 다르다. 쉽게 말해, 이 고대 철학자들에게 있어서 자기의 성욕과 성정체성 같은 것이 무엇인지 발견하는 것은 진리와 자기 자신과의 관계에 있어 어떠한 관련성도 없는 것이다. "진리와의 관계는 개인을 절제하는 주체, 절제적 삶을 영위해 가는 주체로 세우기 위한 구조적/도구적/존재론적 조건이다."[21]

② AD 1~2세기의 스토아주의 철학자들

푸코에 의하면 이러한 절제의 태도는 AD 1~2세기의 제정(帝政) 로마시대의 스토아철학자들에게도 거의 동일하게 이어진다. 성적인 쾌락에 대한 경멸, 그것이 육체와 영혼에 끼치는 부정적 영향, 소년애에 대한 가치절하, 혼인한 두 배우자의 양자관계 자체에 대한 중요한 가치부여 등이 스토아주의에서 강화되거나 새롭게 생겨난다. BC 4세기 전후로 소크라테스와 그의 제자들은 성적 욕망의 절제를 진리와의 관계에서 파악했다. 과도

21 위의 책, 123쪽.

함은 곧 그릇됨으로 이어지고, 수동성은 나약함이었다. 스토아주의자들은 여기서 한발 더 나아가 성행위를 단지 과도함이나 소모를 넘어 인간의 몸과 그 기능에 전반적인 허약함을 야기하는 측면에서도 위험한 것으로 파악한다. 이러한 의학적인 판단은 육체만이 아니라 영혼의 문제이기도 하다. "육체로 하여금 그 고유한 역학과 기본적 필요들을 넘어서게 하는 것은, 또 적합하지 않은 때를 선택하게 하고, 위험한 상황에서 움직이게 하며, 자연적 경향을 거역하도록 부추기는 것은 바로 영혼이기 때문이다. 이는 인간이 상상력과 정념과 사랑 때문에 거기서 끊임없이 일탈하려는 경향을 가지고 있기 때문이다."[22] 여기서 말하는 영혼은 심리철학/뇌과학에서 말하는 것과 같은 것으로 이해해서는 안 될 것이다. 그보다는 어떤 마음의 반응과 정념이 누적되어 일정한 패턴으로 형성된 일종의 정신적 나이테, 사람의 인격적 됨됨이 같은 것이라고 봐야 한다. 스토아주의자들은 성행위와 성적 쾌락에 대한 금욕의 정도를 강화하는데, 이는 '진리와의 관계'를 넘어 건강한 '자기배려의 행위'이며 자연 질서와 그런 자연을 창조한 조물주의 섭리에 순응하는 행위이고, 그것이 좋은(선한) 행위이다.

스토아주의자들의 사고에서 눈여겨봐야 할 또 하나의 테마는 '결혼'에 대한 관념이다. 현대의 비평가들은 고대의 결혼을 가부장제의 이미지에 종속시켜 이해하는 경향이 있지만, 푸코에 따르면 BC 1세기 즈음에 결혼은 오히려 그때까지의 전통적 오이코스(oikos, 가부장적 가문)의 틀을 벗어나고 있었다. 그 이전에

22 미셸 푸코,《성의 역사 3: 자기배려》(이혜숙·이영목 옮김, 나남, 2004), 157쪽.

는 결혼이 국가 공동체의 승인이 아닌 가족과 친지가 보증하는 지엽적인 관계 혹은 가문을 구성하는 요소나 부분집합 정도로만 여겨졌고, 부부관계보다 부모와 자식 간의 혈연관계가 더욱 중시되었다. 하지만 1세기 이후의 제정 로마에서 결혼은 이제 오이코스의 틀에서 독립된 두 배우자의 공적인 결합이다. 그리고 이러한 결합을 국가 공동체가 승인하는 제도로 탈바꿈한다. 이에 더해 스토아철학자들은 친구관계나 형제관계는 물론, 부모와 자식의 관계보다 더 강하게 결합된 고귀한 관계가 결혼한 배우자 두 사람의 관계라고 강조하기 시작한다. 가령, 무소니우스는 어떤 아버지, 어머니도 자신의 배우자에게 기울이는 것보다 더 큰 애정을 자식에게 기울일 수 없다고 말한다.[23]

이와 더불어 '정절'의 가치가 남편에게도 요구되기 시작한다. 이제는 아내도 남편을 성적으로 독점할 수 있으며, 심지어 남편은 집안의 노예와도 성관계를 맺지 않아야 한다. 무소니우스에 의하면 "아내에게 노예와 행하지 말라고 요구한 것을 남편에게는 하녀와 하도록 허용한다면, 그것은 여자가 남자보다 더 강하게 자신을 지배하고 자기의 욕망들을 통제할 수 있다고 전제하는 것"이며, "가정 안에서 관리되어야 할 여자가 그녀를 관리할 남자보다 더 강해지는 것"이다.[24] 이러한 정절의 의미를 에픽테토스는 이웃, 친구, 국가와의 관계에까지 확장시켰다. "만일 우리가 정절을 위해서 태어나 그것을 팽개치고 우리 이웃의 여인에게 덫을 놓는다면 도대체 이 무슨 짓인가? 좋은 이웃관계

23 위의 책, 184쪽.

24 위의 책, 199쪽.

들, 우정, 국가를 파괴하는 것이 아닌가? 간통이 침해하는 것은 바로 자기 자신과 인간 존재로서의 다른 남자들이다."[25] 즉, 배우자에 대한 정절을 지키지 않는 사람은 부부관계를 넘어 친구와 이웃과 국가와의 관계에서도 신의를 지키지 않는 것과 같다는 이야기다.

나아가 스토아철학자들은 간통의 금지와 배우자 상호간의 성적인 독점을 넘어 이제는 아예 혼인 이전의 순결함까지 요구한다. 에픽테토스에 의하면 사람은 신의 단편이므로, 자기 육체 안에 거주하는 원칙을 경외하고 자기 자신에 대한 의무를 지켜야 한다. 그렇다면 혼인관계로 맺어지지 않은 자유로운 두 사람 사이에서 이루어지는 성관계도 문제일까? 무소니우스는 그것도 문제라고 본다. 그는 타인의 어떤 권리도 침해하지 않으면서도 사람은 과오를 범할 수 있다고 답한다. 이러한 답변은 무소니우스가 마치 오늘날 자유주의의 주장을 미리 예상하여 예방하는 답변을 내놓은 것으로 느껴질 정도다.

한편, 스토아주의자들에게 남녀관계와 달리 상호 간에 쾌락을 공유할 수 없고, 생식과 출산도 불가능하며 일방의 쾌락과 다른 일방의 고통만 존재하는 소년애를 비롯하여 동성 간의 성애는 이제 그 가치를 완전히 상실한다. 푸코가 연구한 AD 2세기의 수사학자 루키아노스(Lucianus, 125~180?)의 문헌에는 스토아주의의 성의 본질에 대한 자연주의적 관점이 나와 있다. 즉, 생물은 유한하기 때문에 자연은 생물로 하여금 자신의 씨를 남겨 영원히 살 수 있게 만들었으며, 하나는 씨를 퍼뜨리고 다른 하나는

25 위의 책, 197쪽.

씨를 받아들이도록 양성을 구분했다는 것이다. 따라서 이런 자연의 목적에 부합하지 않은 성관계는 부정적인 것으로 간주된다. 이처럼 스토아주의가 내세우는 성도덕은 내용에 있어서 기독교의 그것과 매우 유사하며, 어떤 면에서는 더 엄격해보이기도 한다. 왜냐면 이들은 부부의 성관계에서조차 쾌락에 도취되면 안 되며, 수태하는 과정에서 문란할 경우 그 흔적이 자손에게 나타날 수 있다고 경계하기 때문이다.

스토아주의자들이 이토록 성에 대해 한층 엄격한 입장을 가지게 된 것은 고대 철학자들의 자제와 지배력의 가르침을 넘어 영혼과 육체의 건강을 위해서도 성적 활동을 멀리하는 것이 좋다고 판단했기 때문이다. 그와 더불어 이들은 자연의 질서에 맞는 삶이 순리라고 보았고, 그에 따라 아프로디지아는 생식과 출산을 위한 것으로 규정되었다. 이들에게 자연과 윤리, 진리와 정치는 밀접하게 연결되어 있었고, 오늘날 우리가 전문화된 영역이나 분과학문으로 자연과학, 윤리학, 사회과학을 별개의 영역으로 구분하는 관점과는 사뭇 다른 시각을 지니고 있었다. 따라서 자기 아내에 대한 정절을 지키는 자는 자신의 친구와 공동체, 국가에 대한 신의를 지키는 자요, 나아가 자기 자신을 존중하는 자였다.

③ 새로운 성찰, '욕망의 해석'으로부터 '욕망으로부터의 자유'로

《쾌락의 활용》과 《자기배려》를 통해 푸코는 성에 대한 고대 현인들의 관점, 그것과 관련지어 자아가 스스로를 도덕적 주체로 확립해가는 과정을 그 특유의 계보학적 접근을 통해 자세히 추적했다. 푸코는 이 두 권의 책에서 고대 현인들의 성에 대한 금욕적 관점을 조명하면서도 이것이 법적이고 도덕적인 규약이 아니었음을 계속 강조한다. 즉, 권면되는 성도덕의 내용이 기독교와 유사하더라도 기독교처럼 그것을 법적인 계율로서 모든 이들에게 강요한 것은 아니라는 것이다. 우리는 앞에서 윤리와 도덕의 개념을 체계적으로 구분한 철학자가 푸코였음을 확인한 바 있다. 아무리 좋은 덕일지라도 그것이 당사자의 자발적 의지를 거슬러 강요될 경우 그것은 억압적일 수밖에 없을 것이다. 누구보다 억압에 민감한 철학자 푸코는 고대 현인들의 성에 대한 보수적인 가르침이 그런 성격이 아님을 분명히 한다.

그렇다면 푸코는 지금 이 고대 현인들의 가르침을 긍정하는 것인가? 다시 말해 성적인 금욕과 부부간의 정절을 강조하며 남성 동성애를 부정적으로 바라보는 이들의 시각에도 동의하는 것인가? 그것을 표준적 도덕규범으로 정립해 모든 이들에게 강제하는 것은 문제이겠지만, 권장되는 내용 자체는 바람직하다고 보는 것인가? 사실 이런 질문은 누구도 하지 않았던 것 같다. 왜냐하면 푸코 그 자신이 성소수자였기 때문이고 이런 질문 자체가 자칫 푸코의 본질적인 문제의식과 연구를 피상적으로 이해하는 것처럼 오해될 수 있기 때문이다. 실제로 푸코의 문제의식은 성 자체가 아니라 성이 어떻게 윤리적 주체화의 매개가 되었는가 하는 것이었다. 따라서 방점은 '성'이 아니라 '주체'에 찍힌다. 나 역시 푸코가 고대 현인들이 권장하는 성도덕의 세세한 내용들을 긍정한다고 생각하지 않는다. 그럼에도 불구하고 위의 질문은 던져봄직하다.

푸코는 최소한 '성'이 자유주의적 성해방론자들이 생각하듯 그렇게 단순하지 않다고 생각했음이 틀림없다. 가령, 푸코는 책 곳곳에서 "오늘날보다 고대 그리스에서 성이 훨씬 자유로웠다"며 그 시대를 예찬하는 사람들의 견해를 성급한 단견(短見)이라고 지적한다. 폴리스의 평범한 시민계급 남성들이 자유롭게 성적 쾌락을 누린 것과 달리, 올바른 이성의 명령에 따라 행하고 진리를 발견하고자 한 성숙하고 고귀한 사람들은 절제를 통해 자신을 다스리고자 했고, 그러한 자기지배는 우선적으로 성적인 영역에서 이루어졌다. 그리고 이들은 '성'이라는 범주를 별개의 영역으로 생각하지 않았으며, 성적인 것과 관련된 행위는 성관계의 상대방뿐 아니라 이웃과 타인, 친구, 공동체, 국가, 자연 그리고 나아가 신과 관계된 행위였다. 푸코는 아마도 현대인들이 위와 같은 고대인의 전체론적이고 초월적인 관점과 지혜를 상실하고 있다고 보았을 것이다.

우리는 이번 장의 서두를 김은희 교수의 "정의론으로서의 성윤리"를 살펴보는 것으로 시작했다. 이 정의론 모델은 타자와의 관계에서 기만과 강제 없는 정의롭고 올바른 성행위가 무엇인지 분별하는 데 효과적이었으나 개인적 목적론을 도입하면서, 그러한 목적 자체를 비판적으로 성찰하게 해주는 윤리적 토대와 기제를 규명할 수 없었다. 즉, 자기 자신과의 관계 또는 자기수양의 측면에서 무엇이 바른 윤리적 태도인지는 말해줄 수 없었다. 푸코의 연구는 바로 이 공백을 채워줄 수 있는 좋은 내용이 될 수 있지 않을까?

잠시 앞에서 논의했던 내용을 복기해보자. 기든스는 현대를 제도적 성찰성의 시대라고 말했다. 이 성찰의 행위는 정신분석학의 논의와 함께 우선적으로 자신의 성을 돌아보는 것에서 시작했고, 무언가에 억압된 자신의 진정한 성욕을 발견하는 양상으로 확산되었다. 푸코라면 이러한 현대인의 성찰을 '욕망의 해석학'이라 불렀을 것이다. 한편, 일루즈는 섹스자유주의와 소비자본주의가 결합하면서 개인들은 자기 감정의 변화를 지속적으로 캐치해야 하고, 그 감정에 따라 행할 자유를 중시하게 되었다고 진단한다. 이에 따라 섹스는 점차 캐주얼해지지만 사랑의 결속력은 약화되었는데, 이는 약속에 기초한 관계가 자유로운 감정을 억압하는 것으로 나타나기 때문이다. 여기서 자유로운 감정이란 때와 상황에 따라 얼마든지 변할 수 있는 감정을 의미한다. 즉, 일루즈가 보기에는 변덕과 변절이 자유라는 명분으로 포장되었다. 자유와 책임은 언제나 함께 가야 하는 것인데, 책임을 억압과 구속으로 보는 시각이 강화되면서 점점 무책임이 자유의 이미지를 갖게 된 것이다. 결국 자존감에 상처를 입고 심리적 박탈감을 호소하는 개인들이 늘어나는 것은 그들의 건강하지 못한 감정자아 때문이 아니다. 오히려 변덕과 변절을 정당화하고 상대를 바꿔가며 캐주얼한 섹스를 즐기는 것을 부추기는 현대의 가치관, 그리고 성해방과 쾌락적 소비주의가 결합한 자본주의적 조건에서 비롯되는 것이다. 이런 상황에서 성적인 자유와 쾌락, 금기의 철폐만을 주장하는 성해방론은 공허할 뿐이다.

또한 이는 우리가 3부 초반에 다루었던 '진정성'의 개념을 다시 생각하게 한다. 현대인들의 진정성은 자신의 내면의 목소리를 듣고 오직 자신에게 진실할 것을 요구하는 심성인데, 이것은 우선 "억압된 욕망의 해방"이라는 옷을 입고 등장한다. 그러나 한병철은 이러한 진정성이 결국은 자아를 허용과 긍정의

나르시시즘에 익사시키는 것으로 귀결되는 양상을 비판적으로 진단하였다. 찰스 테일러 역시 진정성의 테제가 처음 등장했던 18~19세기의 낭만주의적 맥락을 상기시키며, 오늘날의 진정성이 본래 근거하고 있었던 '공적 지평'의 회복이 필요함을 강조하였다. 그런 의미에서 푸코가 추적한 고대 현인들의 윤리적 주체화의 양식과 이를 통해 그가 회복하고자 한 윤리적 진정성은 진정한 욕망의 발견과 쾌락추구의 자유를 주장하는 오늘날의 범속한 진정성과는 분명히 대조된다고 할 수 있다.

푸코 연구의 권위자인 서울대 오생근 교수는 푸코는 왜 스토아주의자들만 언급하고 동시대 에피쿠로스 학파의 윤리를 말하지 않았을까 질문하면서, 아마도 "진정한 쾌락이란 자연과 보편적 이성의 규범을 따르는 것이고, 자유로운 성의 차원을 넘어서서 주체로서의 올바른 자기형성의 도덕성을 기반으로 삼아야 한다는 것이 스토아학파의 윤리"[26]라고 생각한 것은 아니었을까 추측한다. 그 자신이 동성애자이고 퀴어 이론의 선구자로까지 평가받는 푸코가 말년에 고대 현인들이 성에 대한 금욕적인 태도 정립을 통해 스스로를 윤리적 주체로 세워나가는 모습에 이토록 천착한 것은 어떻게 보더라도 단순한 일은 아니다. 푸코는 분명히 성에 대한 기독교적 계율과 금기를 다시 긍정하려 한 것이 아니었다. 그는 오히려 바람직한 것을 향한 자발적인 자기실천의 양식의 확립을 보고자 한 것이었다. 분명한 건 그 양식 한가운데를 성과 관련한 윤리와 도덕적 태도가 가로지르고 있다는 것이고 푸코는 이를 그냥 지나치지 않았다는 점이다.

26 오생근, 《미셸 푸코와 현대성》, 344쪽.

지금 나는 단지 푸코의 권위에 호소하고자 하는 것이 아니다. 앞서 말한 것처럼, 그는 차라리 퀴어 이론의 선구자라고 보는 것이 더 정확할 것이다. 그럼에도 그는 성이 억압되었다고 쉽게 말하지 않았다. 또 고대 그리스에서는 동성 간의 사랑과 섹스가 자유로웠다며, 고대에 미치지 못하는 현대의 꽉 막힌 보수성을 비판하지도 않았고, 그러한 일반적인 성해방의 관점에서 섹슈얼리티의 역사학을 쓰지도 않았다. 그는 외려 냉정하게 자신의 선호와 편향성에 거리를 두고 성급한 판단을 자제하며 당대 사람들의 성에 대한 관점과 태도를 진지하게 읽었다. 그 귀결이 자신의 포지션과 배치될 수 있음에도 그는 매우 공정하게 접근한 것이다. 이 점에 있어서 푸코의 텍스트는 신뢰할 수 있다고 본다. 따라서 푸코 연구의 냉정한 거리두기와 공정성을 인정하고 그의 연구결과를 신뢰한다면, 우리는 성에 대해 다음과 같은 함의들을 도출할 수 있을 것이다.

성은 단순하지 않다. 그것은 쾌락을 위한 단순한 스포츠 같은 것이 아니다. 따라서 성적인 관계를 갖는 사람이 테니스를 함께 플레이하는 사람과 같을 수 없다. 남녀의 성행위는 생명을 출산하는 계기이며, 유한한 인간이 불멸하고자 하는 욕망과 연결되어 있다. 그렇기에 성은 매우 민감하고, 자칫하면 폭력이 된다. 성은 경험적으로 입증할 수는 없지만 일정한 형이상학적인 질서를 반영하고 있는 듯하다. 그리고 고대의 현인들은 이를 감지했던 것 같다. 따라서 현대인인 우리 역시 성을 고귀한 것으로 여기고 조심스럽게 접근할 필요가 있다. 자기 욕망을 있는 그대로 긍정하고 그 욕망을 따르는 행위는 자유롭기만 한 것이 아니다. 오히려 한편으로는 탐닉이며 중독일 수 있고 욕망의 노예화이자 자기 파괴일 수도 있다. 또한 오늘날 성욕은 더욱 부추겨지지만 성폭력에 대한 민감성도 한층 높아지고 있다는 사실을 생각해보자. 우려스러운 것은, 성욕에 대한 자극은 증가하지만 충족하는 것에 대해서는 엄격해짐에 따라 폭력적 충동의 리비도가 더욱 누적되고 있다는 점이다. 그런 점에서 우리는 행위 이전에 욕망을 지배하고자 했던 스토아주의의 절제 중심 성윤리의 장점을 인정하고 "욕망의 발견과 억압으로부터의 해방"이 아닌 "욕망의 절제와 욕망으로부터의 해방"을 통해 스스로를 윤리적 주체로 세우고자 했던 고대 현인들의 지혜를 재조명해볼 필요가 있다고 하겠다.

4

희생양의 전체주의

(1) 이데올로기에 관하여

'이데올로기'라는 말은 우리가 흔하게 사용하는 단어이고, 그 뜻도 대략 알고 있다. 특히, 동족상잔의 전쟁을 겪은 우리로서는 이 단어가 곧장 '공산주의' 혹은 '자본주의'와 같은 이념으로 연상되는 편이다. 그렇지만 지금부터 다루려고 하는 이데올로기의 문제는 이보다 조금 더 구체적이다. 이데올로기는 단순히 어떤 이념의 체계만을 가리지 않는다. 이것은 우리를 실질적으로 지배하고 휘두르며 소외시킨다. 따라서 우리는 이 이데올로기를 잘 들여다볼 필요가 있는데, 우선 명확한 사전적 정의부터 알아보는 것으로 시작하자.

먼저, 구글에서 검색한 옥스퍼드의 사전적 정의에 따르면, 이데올로기란 "사회 집단에 있어서 사상·행동이나 생활방법을 근본적으로 제약하고 있는 관념·신조의 체계, 또는 역사적 · 사회적 입장을 반영한 사상·의식의 체계(로서), 순화어는 '이념'이다." 이 옥스퍼드 정의에서 눈에 띄는 부분이 바로 "생활방법을 근본적으로 제약"한다는 내용이다. 이 말을 좀 더 풀어본다면, 이데올로기가 현상을 보는 하나의 인식틀이 되고, 가치관을 규정하는 신념이 되면, 정상적인 인지기능과 가치판단 기능이 무력화되어 그 이데올로기에 끌려 다니게 된다는 걸 의미한다. 예컨대, 마르크스주의에 따르면 프롤레타리아는 부르주아 계급의 지배 이데올로기에 휘둘려 일종의 '허위의식'에 빠져 있기 때문에 혁명이 더디 일어난다.

사람들이 처음부터 이데올로기를 맹신하는 건 아니다. 어떤 자연적/사회적 사건과 현상을 경험하거나 인식했을 때, 사람들은 그 경험과 인식을 의미 있게 설명해주는 앞뒤가 맞는 인과관계의 이야기에 귀를 기울이게 마련이다. 거칠게 말해 멀리 떨어진 점점의 별들을 선으로 이어 우리가 이해할 수 있는 모양의 별자리로 인식하는 것도 인간의 그러한 성향을 반영한다. 어쨌든 이러한 설득력 있는 인과관계를 제공해주는 설명체계를 보통 '이론theory'이라고 한다. 그런데 이론도 그 영역에 따라 성격이 달라진다.

자연과학에서 이론은 명확한 검증이 이루어지기 전까지는 아직 가설의 상태에 있다. 반면 인문/사회과학에서는 이론이 단순히 가설에 머물지 않는 경우가 많다. 이는 일정한 가치지향이 이론에 강하게 결합되기 때문이다. 믿고 싶은 이론은 가설수준이 아니라 반드시 진실이어야만 한다는 강박이 생기는 것이다. 이렇게 하나의 이론에 대한 믿음은 점차 하나의 신념과 사상이 되고, 그 사상은 결국 사람을 지배하고 통제하게 된다. 신념과 사상을 형성한 주체는 사람이지만, 나중에는 이러한 신념과 사상의 노예가 되고 마는 것이다. 그리고 이제 모든 경험과 인식은 그 이론의 틀에서 해석되고 조명되며 의미를 얻게 되고, 반응과 행동 또한 이에 기초하여 이루어진다. 심지어 포스트 구조주의적 관점에 따르면 이제 자연과학의 이론조차도 그 정치적 함의에 따라 의심의 대상이 된다. 가령 생물학에서 진화론의 경우 오랜 기간 기독교와 대립했는데, 최근에 진화론은 페미니즘/퀴어

이론과 대립하고 있다. 진화론이 남녀의 생물학적 성의 차이를 말하고 이성애 패러다임을 문화가 아닌 종의 번식과 관련된 자연적인 것으로 규정하기 때문이다. 퀴어이론은 그것이 자연과학이라 하더라도 자기들의 이념을 훼손할 가능성이 있는 경우 이를 쉽사리 받아들이지 않고 이에 대한 대안적인 설명을 찾아내려고 애쓴다. 때로는 공격하기도 한다. 이처럼 어떤 이론에 일정한 가치적 지향이 결합될 경우 이론은 이데올로기의 성격을 갖게 된다.

문제는 이론으로 설명되지 않는 상황이 발생한다는 데 있다. 자연현상이라면 그래도 큰 문제가 없다. 관찰과 실험의 데이터가 이론과 괴리될 때, 관찰/실험방법의 오류를 검증해보고, 여기서 오류가 없다면 이론에 결함이 있다고 판단하고 새로운 이론을 찾으면 된다. 하지만 사회현상은 다르다. 이론이 이데올로기적 성격을 갖게 되면 사람들은 새롭게 마주한 현상을 있는 그대로 인식하지 못하게 된다. 즉, 이데올로기가 잘못될 수 없기에 나, 즉 인식주관의 착각이거나 아니면 이데올로기로 여전히 설명이 가능한 현상으로 재규정된다. 때로는 현상 자체가 아예 무시되기도 한다. 여기서 "인지부조화" 문제, 속된 말로 "정신승리"[1]라는 문제가 발생한다. 현실 사회주의 국가의 몰락에도 불구하고 마르크스-레닌주의[2]가 실패하지 않았다고 주장하거나 정상국가로서 사실상 실패한 북한을 보면서도 김일성 주체사상을 여

1 나무위키에서는 "정신승리"를 "본인에게 치욕스럽거나 불리하거나 나쁜 상황을 좋은 상황이라고 왜곡하여 정신적 자기 위안을 하는 행위며 실상은 자신의 망상으로만 승리하고 있는 상황을 의미"한다고 정의하고 있다. https://namu.wiki/w/정신승리

전히 신봉하는 경우 보통 사람들은 이를 두고 "정신승리"라고 부른다. 게다가 있는 그대로 현상을 제대로 인식하는 사람들은 자칫 이데올로기를 신봉하는 사람들에게 박해를 당하기도 한다.

물론 이러한 이데올로기적 인식을 고집하는 사람들의 논리는 세련되어 보인다. 하지만 지나치게 똑똑한 사람들의 언어적 장난질이자 자기기만이라고 보는 편이 더 맞을 것이다. 나는 2부에서 이미 주디스 버틀러의 《젠더트러블》에 대해서도 비슷한 비판을 한 바 있다. 사회문화적 관념으로서의 젠더가 형성되기 이전에 자연적인 생물학적 성별 같은 건 없다는 주장은 굉장히 세련된 담론이지만 사실 대표적인 인지부조화에 해당한다는 내용이었다. 물론 이것이 그냥 자신들의 "인지부조화"와 "정신승리", 그리고 자기만족으로 그친다면 문제될 게 없을 것이다. 그렇지만 그게 그리 간단하지가 않다는 것이 문제다.

(2) 기만과 폭력의 드라마: 일본 연합적군 사건

미국의 사회학자 퍼트리샤 스테인호프Patricia Steinhoff는 1970년대 일본 연합적군의 잔혹한 폭력과 자기모순을 묘사하고 그 원인이 무엇으로부터 비롯되었는지 심층적으로 분석한 책 《적군파》를 펴낸 바 있다. 이 책은 이데올로기에 의한 인지부조화와 집단사고가 어떤 문제를 일으키는지 잘 보여주는 대표적인 사례로서 참고할 만하다.

일단, 적군파(赤軍派)가 도대체 어떤 조직인지 알 필요가

2 물론 자본주의의 문제점을 분석하는 마르크스의 시각은 여전히 유효한 면이 있다. 그러나 문제점을 분석하는 것과 대안의 체계 또는 체제를 디자인하고 운영하는 것은 별개의 문제다.

있겠다. 이 조직은 68혁명을 주도했던 신좌파 세력 내에서 극단적이고 급진적인 일부 분파가 무장투쟁을 통한 세계동시혁명을 기치로 내걸면서 테러집단으로 진화한 조직으로서 서독과 이탈리아, 그리고 일본에서 각기 출현하였다. 이들은 팔레스타인에 가서 군사훈련을 받는가 하면, 비행기를 납치하기도 하고 백화점이나 은행에서 민간인을 상대로 무차별 테러를 일삼기도 해서 그 악명이 높았다. 그렇지만 이중에서 가장 충격적이었던 것은 '아사마 산장 사건'[3]을 통해 드러난 일본 '연합적군'의 폭력적인 내부숙청 사건이었다.

'연합적군'은 1969년 조직된 일본의 공산주의 무장단체 일본적군파(JRA; Japanese Red Army)의 극소수 잔류세력과 일본공산당 내의 좌파 가나가와 현 위원회(통칭 '혁명좌파')가 연합[4]해서 탄생한 단체였다. 적군파 출신의 27세의 남성 모리 츠네오(森恒夫)는 이론투쟁에 능했기에 연합적군의 최고지도자의 자리를 차지하게 되었고, 혁명좌파의 지도자로서 언변과 연설에 능하고,

3 1972년 2월 19일부터 2월 28일까지의 열흘간 일본 나가노 현의 휴양시설인 아사마 산장에서 산장 관리인의 아내를 인질로 잡고 연합적군 약 10여 명이 일본의 경찰과 대치했던 사건이다. 당시의 진압작전은 일본 전역에 TV로 생중계되었고 역사상 가장 높은 시청률을 기록할 정도로 일본 전국민의 관심을 받았다. 결국 이들을 진압하고 난 후, 사건의 경위를 조사하면서 이들의 끔찍한 내부숙청의 전모가 드러났다.

4 혁명좌파는 일본 공산당 주류가 소련에 동조적인 것과 달리, 마오쩌둥에 상당히 기울어 있었고 반미 민족주의적 성격도 갖고 있었다. 한편, 적군파는 1970년에 이미 설립자인 시오미 다카야를 비롯해 200명에 달하는 조직원 대다수가 일본 경찰에 검거된 상태였다. 이렇게 해서 소수만 남은 적군파의 잔류세력은 자금이 있었고, 혁명좌파는 경찰서 등에서 탈취한 무기가 있었다 뿐만 아니라 두 조직은 이데올로기와 조직형태가 서로 달랐지만 무장투쟁을 추구한다는 노선에 공감대가 있었다. 이런 이유로 1971년 이들은 '연합적군'이라는 이름으로 두 단체를 통합하였고 12월 초순 적군파가 확보했던 일본의 남알프스 아라쿠라 근처의 산속 기지에 합숙하며 공동군사훈련을 시작하였다.

이론분야에도 강했던 27세의 여성 나가타 히로코(永田洋子)는 부지도자가 되었다. 연합적군은 일사불란한 조직운영을 위해—게다가 일본적인 조직의 특성도 함께 지니고 있었기에—지도자와 멤버 간의 위계를 분명히 했고 절대적인 상명하복의 분위기를 만들었다. 두 조직의 통합 후 이들은 무장투쟁에 대비한 군사훈련을 실시하기로 하고 아라쿠라 산으로 들어갔는데, 결과적으로 이 산에 머물렀던 6주 동안 31명의 조직원 중 12명이 결국 끔찍한 내부숙청으로 목숨을 잃게 되었다. 스테인호프는 바로 이들의 행적을 조사하고 검거 후 구속된 멤버들과의 인터뷰를 재구성하면서 왜 이런 비극이 벌어지게 되었는지 분석했다.

먼저 분위기와 성격이 다른 두 조직이 통합되다보니 사소한 언행이 서로에게 거슬리는 경우가 많았다. 특히, 혁명좌파의 지도자였던 나가타는 적군파 출신의 여성멤버들이 화장을 하거나 조직내에서 남녀가 연애하고 성관계를 갖는 것에 극도의 혐오감과 분노를 드러냈다. 적군파는 혁명좌파보다 남녀의 연애와 성관계에 있어서 보다 관용적인 편이었는데, 나가타가 보기에 이런 행동들은 혁명을 위해 산으로 들어온 이들의 사상무장이 제대로 안 되어 있는 것을 뜻했다. 이런 문제제기들이 나오자 지도자 모리는 멤버 전원의 "완전한 공산주의화"를 명령한다. 즉, 임박한 혁명전쟁에 대비해 각자 자신의 약점을 극복하고 변혁할 것을 주문한 것이다. 그리고 여기에 미달할 경우 이른바 '총괄'을 하기로 했는데, 여기서 '총괄'이란 본래 일본의 운동권에서 널리 쓰이던 용어로서, 조직이 당면한 문제를 다 함께 반성하고 검증과 논의를 거쳐 다음 단계의 실행방안을 정하는 일련의 집단적 토의 과정을 일컫는 말이다. 그런데 모리는 이 말에 새로운 의미를 부여한다. 각 멤버가 상호 비판을 통해 사고방식과 행동을 수정하여 진정한 공산주의적 자기변혁을 추구하는 행위로 정의한 것이다. 말은 그럴 듯하지만 쉽게 말해, 총괄의 대상으로 지목되면 집단의 무자비한 린치를 받게 되었다. 이는 향후 혁명의 과정에서 온갖 폭력적 고문에 굴복할지도 모를 상황에 대비한 것이기도 했다.

이렇게 처음 몇몇 조직원의 상대적으로 가벼운 총괄을 거쳐 오자키 미치오가 총괄대상이 되었을 때 문제가 발생했다. 모리는 평소의 총괄만으로는 부족하다고 생각했는지 상대적으로 체구가 작고 몸이 약한 오자키에게 키가 크고 힘이 센 사카구치 히로시와의 결투를 명한다. 오자키는 물론 사카구치도 그런 결투를 원하지 않았지만 지도자 모리의 명령이었고, 총괄을 기피하는 것은 사상을 의심받는 행동이었기에 둘은 결투를 피할 수 없었다. 여기서 흠씬 두들겨 맞아 피투성이가 된 오자키는 일어나 선 채로 '총괄'을 조금 더 하라는 지시가 내려졌다. 이를 마친 후 오자키는 때려줘서 고맙다고 모리에게 인사했는데, 이 행동이 문제였다. 모리와 나가타 모두 이런 행동은 일본 특유의 아마에(甘え), 즉 어리광이자 아첨하는 자세라고 생각한 것이다. 이에 다시 총괄을 명령받은 오자키는 다시 죽도록 얻어맞고 문간에 선 채로 꽁꽁 묶인다. 오자키는 완전히 녹초가 되어 고통스러운 가운데 다른 멤버에게 도움을 구했지만, 총괄이 진행되는 과정에서는 총괄대상과 절대 말을 섞지 말라는 모리의 명령 때문에 멤버들은 그를 철저히 외면할 수밖에 없었다. 이 과정에서 완전히 쇠약해진 오자키를 보면서 모리는 오히려 총괄의 의지가 없

다고 판단하고 다시 멤버들을 명령해 오자키의 배를 집중적으로 때리게 했고, 얼마 지나지 않아 결국 오자키는 죽은 채로 발견되었다. 이는 조직 전원 모두에게 충격을 준 예상 밖의 일이었다.

그런데 이 돌발적인 상황을 정리한 한 마디 말이 있으니 그것이 '패배사(敗北死)'였다. 모리는 오자키가 자신이 완전한 공산주의화를 달성할 수 없음을 깨닫고 그 충격과 절망감으로 죽은 것, 즉 이 총괄의 과정을 이겨낼 의지가 없어 패배해 죽은 것이라고 설명했다. 놀라운 것은 이 말도 안 되는 논리가 먹혀들었다는 것이다. 부지도자 나가타는 본래 약사였고, 멤버들 중에는 간호사도 있었다. 그 정도의 폭행을 당하고 제대로 먹지도 못한 채 묶여 있으면 쇠약해져 의학적인 이유로 죽는 것은 자명하다. 하지만 멤버들은 이런 합리적인 사고를 하지 못하고 일말의 의심 없이 오자키의 죽음이 '패배사'라는 모리의 설명을 받아들였다. 스테인호프는 여기서 모리가 하나의 이데올로기를 성공적으로 발명했다고 설명한다.[5] 결국, 오자키의 죽음 이후에도 9명의 멤버가 총괄을 진행하는 과정에서 사망하고, 2명의 멤버는 처형을 당했다. 여기서 "패배사"는 그 죽음의 책임을 희생자에게 전

5 위의 책, 191쪽. 이에 더해 나는 이들이 일본인이었기에 이런 식의 이데올로기에 더욱 취약했다고 생각한다. 본래 일본군이 몽골의 노몬한 전투에서 소련 탱크에 육탄으로 '돌격(突擊, 도츠케키)'했던 것이나 오키나와에서 전원이 항복하지 않고 미군에게 죽을 때까지 저항했던 '옥쇄(玉碎, 교쿠사이)' 자체가 비이성적인 광기였다. 일본의 황군은 절망적인 상황에서 비합리적인 명령이 내려졌다 하더라도 정신력과 의지로 그 명령을 받들어 목숨을 초개같이 버렸고, 그러한 정신을 위대한 것으로 떠받들었다. 이런 일본인 특유의 멘탈리티가 공산주의자라고 해서 비껴갈 리 없는 것이다. 이 광기와 죽음에 친화적인 멘탈리티가 있었기에 '패배사'라는 그럴 듯한 이데올로기는 멤버 모두를 설득시킬 수 있었던 것은 아니었을까?

가하는 손쉬운 논리였다. 이들은 나중에 체포된 후 "왜 동료를 살해했느냐?"라는 경찰의 질문을 듣고서 눈이 휘둥그래지면서 처음으로 자신들이 동료를 살해했다는 사실을 깨달았다고 한다.

더더욱 문제는 목표한 총괄을 달성했다고 판단할 수 있는 명확한 기준이 없었다는 점, 그리고 그 판단은 오직 지도자 모리의 몫이었다는 점이다. 아니 그 이전에 총괄의 대상으로 지목되는 기준조차도 불명확했다. 누구든 모리나 나가타의 맘에 들지 않으면 총괄대상으로 지목될 수 있었다. 가령, 혁명좌파의 부지도자였던 데라오카가 총괄대상으로 지목되었을 때, 멤버들은 영문도 모른 채 데라오카에 대한 비판발언을 재촉 당했다. 말문이 막혀버린 멤버들에게 지도부가 고함을 지르자, 멤버들은 데라오카가 관료주의적이라느니 말투가 권위적이라느니 하는 비판을 늘어놓았다. 일단 시작된 비판은 수위가 높아졌고, 금새 멤버들 모두 데라오카에 대한 증오심을 불태우기 시작했다. 하지만 데라오카의 문제는 사실 모리와 나가타를 비롯해 지도부 임원들 모두가 갖고 있는 문제이기도 했다. 결국 데라오카는 있지도 않은 잘못을 거짓으로 꾸며 고백했고, 모리는 이 고백을 듣더니 데라오카의 총괄이 원천불가능하다고 판결한 후 처형을 명했다.

이처럼 폐쇄적인 공간에서 모리와 나가타는 멤버들이 스스로의 나약함이나 과오를 고백하게 만들었고, 끔찍한 폭력을 당할 게 뻔함에도 불구하고, 총괄의 대상으로 일단 지목된 멤버는 자기 잘못이 무엇인지도 모른 채 자기 내면에 대한 혹독한 성찰을 통해 나약함이나 과오를 스스로 발명해서 고백해야만 했다. 한편, 이들은 동료에 대한 극단의 폭력을 자행하면서 나타나는 내면의 거부감과 망설임도 부르주아적 휴머니즘에 빠진 나약함으로 생각했고, 대의 앞에 자기 자신을 철저히 던지려면 그런 인간적 측은지심은 단호하게 버릴 수 있는 결단력을 갖춰야 한다고 생각했다.

심지어 이들은 폭력에 참가할 것을 강요당하면서 갖게 되는 심적인 압박감과 고뇌를 희생자에 대한 짜증과 분노로 바꾸어 갔다. "왜 폭력을 휘두르지 않아도 되도록 올바른 태도를 갖추지 않은 거지?"라고 생각하며 희생자에게 그 모든 책임을 전가했던 것이다. 그렇지만 그런 폭력을 명하는 지도부와 그 폭력을 정당화하는 이데올로기를 향해서는 분노는커녕 합리적인 의심조차 갖지 못했다. 머뭇거리면 자신의 나약함을 증명하는 것이고 자칫 총괄의 대상이 될 수 있었기에 이들은 내면에서 터져나오는 정상적인 의문과 불만을 이를 악물고 억눌러야 했다. 이렇게 그들은 폭력의 블랙홀로 빠져들었는데, 그러면서도 그들은 오히려 동료의 총괄적 공산주의화를 돕고 있다고 생각했다. 또한 그런 총괄을 요구받으며 린치를 당하는 대원 스스로도 자신의 정신이 나약하므로 그런 폭력은 자기를 훈련시키기 위한 필연적 과정이라고 믿었다.

이처럼 모리의 지도자로서의 권위는 절대적이었고, 연합적군의 나머지 멤버들은 사태를 자신들의 정상적인 사고로 판단하지 못했다. 생각하고 판단하는 모든 행위는 지도자에게 일임되었고, 지도자의 말은 강력한 이데올로기로 이들을 지배했다. 모리의 가스라이팅이 제대로 먹혀든 것이다. 동시에 이들은 내면으로부터 이 거짓을 진실로 믿어버렸다. 여기엔 두려움이 작용했지만, 두려워하는 감정조차 이들은 정직하게 자각할 수 없었다. 창문 틈새로 빛이 비치듯 희미하게 스며드는 양심의 가책과 합리적 의심들마저 이데올로기의 두꺼운 커튼으로 완전히 덮어버린 것이다.

그렇다면 혹시 이들이 약물중독이나 환각상태였던 건 아니었을까? 스테인호프는 일부러 미리 일러둔다. 연합적군이 마약을 한 흔적은 없으며 술이나 담배조차 주의 깊게 지급했다고.[6] 스테인호프가 뛰어난 점은 이 비극과 광기를 단지 유난히 남달랐던 특정한 사람들의 문제로 보지 않았다는 점이다. 그녀는 "올바른 선택을 진지하게 행한 극히 평범한 사람이라도 벗어날 수 없는 사회적 경로에 무의식적으로 휘말릴 수 있다"[7] 고 경고한다. 이 경고가 이 책의 핵심주제라고 봐도 된다.

일본 연합적군의 내부숙청 사건은 이데올로기가 어떻게 거짓과 선동으로 사람을 기만하고 폭력을 부추기는지 가장 드라마틱하게 드러난 사례이다. 어떤 이론이나 신념이 이데올로기로 변하는 순간, 그것은 이미 사람을 소외시킨다. 혹자는 내가 '도그마dogma' 혹은 '교조주의dogmatism'와 이데올로기의 개념을 마구 뒤섞어 쓰는 것 아니냐고 의구심을 가질 수 있을 것 같다. 그도 그럴 것이 이데올로기의 교조주의적 성격은 문제이지만, 이데올로기 그 자체를 부정할 수는 없지 않은가? 이에 대해 결론부터 짧게 말하면 다음과 같다. 여기서 이데올로기의 부정적 성격을 언급할 때, 교조주의의 문제도 분명히 포함되기는 한다. 그러나 그것이 결정적인 문제인 것은 아니다. 교조주의는 특정한 이론이

6 퍼트리샤 스테인호프, 《적군파》(임정은 옮김, 교양인, 2013), 155쪽.

7 위의 책, 328쪽.

나 사상의 문자적 의미를 기계적으로 이해하거나 상황을 고려하지 않은 채 무비판적으로 수용하는 태도라고 할 수 있는데, 당장 소련과 중국, 북한 같은 현실 사회주의 국가에서도 마르크스주의에 대한 교조주의적 해석의 문제는 발견되지 않는다. 심지어 때로는 교조주의는 이데올로기의 힘을 약화시킨다고도 할 수 있다. 연합적군 사건의 문제 역시 교조주의 같은 것이 아니다. 그러므로 이제부터 이데올로기적 사고의 문제점과 위험을 조금 더 집중적으로 살펴보고자 한다.

(3) 이데올로기가 유발하는 인지기능의 오류

먼저, 이데올로기는 사람의 기본적 인지기능과 정상적인 판단능력을 무력화시킨다. 물론 이데올로기에 휘둘리는 사람들이 대놓고 이런 태도를 드러내지는 않을 것이다. 하지만 이론이 설명하지 못하는 새로운 현상을 마주할 때, 이들은 이데올로기에 대한 자신의 믿음을 수정하기보다는 그 현상 자체에 대한 자신의 지각을 불신하고 합리적인 의심을 억누르는 경향이 있다. 앞에서 언급했던 "인지부조화"나 "정신승리" 같은 것이 이에 해당한다. 가령, 진보진영 내 일부 NL계열의 반미 민족주의자들은 숱한 문서적 증거가 새롭게 발굴되었음에도 불구하고 1950년의 한국전쟁이 북한의 남침이 아니라 남한의 북침 혹은 미국의 남침유도 전쟁이었다고 주장한다. 또, 북한의 남한 점령 당시 인민재판이나 민간인 학살 같은 건 전혀 없었다고 억지를 부리거나 이 모든 정보가 조작되었다고 밑도 끝도 없는 음모론을 제기하기도 한다. 지만원 씨의 5.18 광주민주항쟁에 대한 북한연루설이나 최순실 씨의 태블릿PC 조작설 등은 그냥 가짜뉴스에 근거한 엉터리 낭설이라는 것이 명백히 드러나기에 차라리 덜 위험하다. 이보다 위험한 것은 지적이고 세련된 이데올로기에 근거한 인지적 오류들이다. 김우창 교수는 《깊은 마음의 생태학》에서 이런 오류에 빠지는 이데올로기적 사고의 문제를 다음과 같이 지적한다.

> 나는 군국주의 시대를 살았던 일본 지식인 그리고 모택동 시대를 살았던 중국의 지식인이 자신들의 경험을 말하면서, 어떻게 자신들이 당대의 전체주의적 사고를 절대적인 것으로 받아들이다가 그 권력 체계가 붕괴하면서 하루아침에 그로부터 깨어났는가를 고백하는 것을 듣고 큰 감명을 받은 일이 있다. 사람의 생각은 밖에서 힘을 휘두르는 이념들에 사로잡혀 포로가 되고 사정이 바뀌면 금방 그곳을 벗어져 나온다. 그러한 체제하에 살지 않아도 우리의 생각은 쉽게 이데올로기적 사고에 강제 수용된다.[8]

이런 오류는 단순히 팩트를 인정하거나 말거나 하는 문제가 아니며 김우창 교수의 말처럼 지식인이라고 해서 예외가 아니다. 가령, 프랑스의 철학자 사르트르(Jean-Paul Sartre, 1905~1980)는 명성 있는 실존주의자로서 그 누구보다 자유와 비폭력을 중시할 것 같지만 "진보적 폭력"이란 말로 공산주의의 전체주의적 폭력을 용인하였다. 그의 친구 카뮈(Albert Camus, 1913~1960)와 메를로-퐁티(Maurice Merleau-Ponty, 1908~1961)가 북한의 남침을 비난했을

8 김우창, 《깊은 마음의 생태학》, 16쪽, 김영사, 2014

때, 사르트르는 오히려 이를 옹호하였다. 심지어 사르트르는 냉전 초기 굴라크(소련의 정치범수용소) 문제가 알려졌을 때도 소련정부의 만행을 정의로운 폭력이라고 옹호하기도 했다. 1956년의 헝가리혁명이 소련에 의해 무자비하게 진압될 때 비로소 조금 비판적인 의견을 제시하기는 했지만 그는 소위 "진보적 폭력"이나 "대의를 위한 어쩔 수 없는 희생" 따위의 논리를 내세우곤 했다. 이런 오류들은 에릭 홉스봄(Eric Hobsbawm, 1917~2012)이나 에른스트 블로흐(Ernst Bloch, 1885~1977)와 같은 지식인에게서도 동일하게 발견된다.

이처럼 이데올로기에 경도되면 현상 자체에 대한 건전한 가치판단은 물론 기본적이고 합리적인 인식이 불가능해지는 문제가 발생한다. 이는 미국의 사회심리학자 어빙 재니스(Irving Janis, 1918~1990)가 정의한 '집단사고'의 심리적 상태의 한 유형이라 할 수 있다. 재니스는 집단사고를 "응집력이 높은 집단의 사람들이 만장일치를 추진하기 위해 노력하며 다른 사람들이 내놓은 생각들을 뒤엎지 않으려 하는 일종의 상태"[9]라고 규정하였다. 재니스가 정리한 집단사고의 유형에는 "만장일치의 환상", "동조압력" 등 8가지의 증상이 있다. 일본 연합적군은 폐쇄적인 집단이었기에 이런 일이 가능했을까? 하지만 우리는 이미 나치 독일의 전체주의와 중국 문화대혁명의 끔찍함을 잘 알고 있지 않은가? 대규모의 사회에서도 이데올로기는 사람들을 집단사고의 소용돌이로 몰아넣을 수 있다.

특히, "동조압력"의 일종으로 "정상화" 효과가 있는데, 이

9 위키백과, https://ko.wikipedia.org/wiki/집단사고

는 부적절하고 잘못된 행동이라도 많은 사람이 하고 있으면 그 것을 정상적인 것이라고 생각하는 심리이다. 나는 앞에서 무라타 사야카의 소설《살인출산》을 통해, 작가가 현대인들이 겪는 도덕적 불안을 근본적인 지점에서 포착하고 있음을 소개하였다. 작가는 미래의 일본에서 인구감소문제를 해결하기 위해 내놓은 살인출산 정책, 즉 출산자가 되어 10명의 아이를 낳으면 1명을 죽일 수 있는 권리를 부여한다는 기괴한 법이 제정된 후의 모습을 묘사했다. 이런 상상 자체가 개연성이 있는가 없는가 하는 문제가 중요한 것이 아니라, 그런 극단적인 상황에서도 집단사고에 빠져 '정상화' 현상이 일어나면 전체주의적 광기가 차분한 모습으로 나타날 수 있다는 것을 작가는 경고하고 싶었던 것이다. 이처럼 이데올로기는 "집단사고" 현상을 쉽게 유발하고, 사람의 독립적이고 이성적인 인지기능과 건전한 가치판단능력을 무력화시킨다. 이는 지식인이라고 해서 예외가 아니다.

문제는 여기에 그치지 않는다. 특정한 이데올로기를 반대하는 사람들도 동일하게 이데올로기적으로 사고하기 시작한다. 즉, 비판하고자 하는 이데올로기를 전면 부정해버리는 또 하나의 이데올로기적 사고에 빠지는 것이다. 특정 이데올로기를 둘러싸고 지지 - 반대의 대립적인 이항구도가 형성되면서 이 양상이 결국 이데올로기 간의 전쟁으로 변질되고 만다. 가령, A가 특정 이데올로기에 사로잡혀 경험적으로 명백한 어떤 현실이나 현상에 대한 바른 인식을 회피하거나 거부할 경우, 이를 비판하는 B는 A의 오류를 비판하다가 아예 A의 이데올로기가 드러내는 일말의 진실마저 전면적으로 부정하는 방향으로 나아간다. 이런 이데올로기적 갈등 구도 속에서 양쪽 모두 상대 쪽의 추악한 면만 골라 집중적으로 들춰내고, 극대화한다. 그러면서도 자기 이데올로기의 부정적인 면은 인정하기를 회피/거부하거나 문제를 사소한 것으로 축소한다.

가령, 퀴어-앨라이 진영과 진보적인 뉴스매체는 반동성애 입장을 지닌 사람들을 늘 폭력적인 사람들로 묘사한다. 퀴어집회에 몰려와 폭력적 행동을 저지르는 몰지각한 사람들을 부각시켜 이들을 악마화하고 퀴어를 비판하는 사람들 전부를 이들과 동일한 수준으로 호도하는 것이다. 이런 행동은 반동성애 진영에서도 마찬가지로 발견된다. 퀴어의 가장 자극적인 이미지들을 들고 와서 이들을 전부 성욕과 쾌락에 혈안이 된 음란마귀로 악마화한다.

퀴어가 기독교와 진보진영을 가르는 갈등의 축으로 작용하고 있다면 20대를 중심으로 격화되는 젠더갈등은 페미니즘을 둘러싸고 벌어지고 있다. 최근의 페미니즘은 남성들을 '잠재적 가해자'로 간주하거나 사소한 말이나 행동조차도 전부 '여성혐오'로 환원해서 비난하는 경향이 있다. 한편, 이를 비판하는 논리가 다시 안티-페미니즘이라는 새로운 이데올로기로 진화되어 페미니스트의 주장은 그냥 무조건 거르거나, 페미니즘의 정당한 주장까지도 왜곡하거나 전면 부정하는 방향으로 흘러간다. 일찍이 길 위의 철학자 에릭 호퍼(Eric Hoffer, 1902~1983)는 《맹신자들》이란 책에서 이를 간파하여 이렇게 말했다. "대중운동이 일어나고 확산되는 데에 신에 대한 믿음은 없어도 상관없다. 하지만 악마에 대한 믿음이 없으면 절대 안 된다."

그런데 우리가 다시금 기억해야 할 것이 있다. 이데올로기라는 것이 완전히 틀릴 수는 없다는 것이다. 오히려 상당히 일리가 있는 말이어야만 이데올로기가 될 수 있다. 심지어 일본 연합적군의 내부숙청 사건에서 발생한 "패배사" 논리조차도 그렇다. 패배해서 죽었다는 말은 정말 완전히 틀렸을까? 총괄 과정에서 처음으로 사망한 희생자 오자키의 경우 극한의 폭력 속에서 철저하게 동료들의 외면을 받았다. 그렇게 되면 육체만 무너지는 게 아니라 정신적으로도 무너지게 되어 있다. 더구나 그가 칼에 찔려서 출혈이 심했다거나 목이 졸려 질식했다거나 하는 직접적인 살해행위로 죽은 것은 아니었다. 동료들은 그의 총괄을 돕고자 한 것이었지 죽일 의도는 없었다. 그럼에도 오자키가 결국 죽은 것은 극한의 폭력 속에서 육체가 쇠약해지고 절망감이 엄습했기 때문일 것이다. 이를 보고 '의지'가 부족하다고 여기고 결국 고난에 굴복해 '패배'했다고 보는 시각 자체가 이들 입장에서 설득력이 전혀 없다고 할 수 있을까? 사실 우리도 누군가 아파서 힘들어할 때 때로는 엄살을 부리거나 나약하다고 생각하지 않는가? 이런 생각 자체가 전면적으로 잘못된 것이고 오류라고는 할 수 없을 것이다. 다시 말하면, 어떤 이데올로기가 됐든 부분적으로는 진실을 담고 있기 마련이다. 특히 호소력과 설득력이 강한 이데올로기는 실제로 상당히 설득력 있게 현실을 설명해낸다. 그래서 스테인호프는 이렇게 말했다.

> 우리 모두가 연합적군 사건 같은 비극의 피해자도 가해자도 될 수 있다. 그런 비극은 혁명 이후에도, 이전에도 똑같이 일어난다. 이데올로기적 신념이 우리의 눈과 귀와 마음으로

인식한 것보다 더욱 진실에 가깝다고 여겨지는 한, 그리고 조직의 결속과 지도자의 권위가 개개인이 '아니오'라고 말할 가능성을 짓밟는 한 몇 번이고 거듭 일어날 것이다.[10]

따라서 우리는 이데올로기에 경도되는 것에 지극히 주의를 기울여야 한다. 특별히 기억할 점은 이데올로기에 경도되는 특별한 유형의 사람들이 따로 있는 것이 아니라는 점이다. 지극히 평범한 사람도 주의를 기울이지 않으면, 자신도 모르게 이데올로기에 물들게 된다. 따라서 우리는 반대하는 주장이나 이데올로기라 하더라도 그것이 드러내는 진실이 있다면 인정해야 하고 내가 믿는 가치관과 신념이 이데올로기가 되고 있는 것은 아닌지 반성하고 의심하는 태도를 지녀야 할 것이다. 이 책의 마지막 부분을 쓰고 있는 지금, 나는 지금 퀴어이론의 이데올로기적 성격을 염두에 두고 이데올로기 전반의 문제를 개략적으로 짚어보았다. 이를 본격적으로 다루기 전에 하나 더 생각해야 할 주제가 있다. 그것은 "권력"이다.

(4) 이데올로기, 권력의 매개

앞에서 이데올로기의 문제들을 살펴보았는데, 여러 이데올로기의 각축 가운데 더 많은 힘을 지니는 것이 분명히 있게 마련이다. 그리고 이렇게 힘을 지닌 이데올로기는 권력관계의 매개로 기능할 수 있다. 다소 추상적으로 들릴 수 있는 이 말을 이해하기 쉽게 잘 풀어낸 이가 있는데, 그는 체코의 자유화와 민주

10 퍼트리샤 스테인호프, 《적군파》, 329쪽.

화를 주도했던 극작가이자, 사회주의 붕괴 후 체코공화국의 초대 대통령을 지낸 바츨라프 하벨(Václav Havel, 1936~2011)이다. 하벨은《힘없는 자들의 힘》이라는 책에서 이데올로기에 굴종하는 거짓된 삶이 어떤 것인지 구체적으로 풀어낸다.

하벨은 이 책에서 "만국의 노동자들이여 단결하라!"는 표어의 포스터를 붙여놓은 체코의 어느 야채상을 등장시킨다. 그리고 이 표어가 담고 있는 문장 그 자체의 의미와 상관없이, 야채상은 그저 당면한 사회와 조화를 이루어 살아가고자 하는 바람을 나타내기 위해 포스터를 붙인 것이라고 설명한다. 곧 그것은 "나는 당과 공산주의 이념에 복종하는 사람입니다"를 표현하는 포스터인 것이다. 사실 이 야채상은 당의 허울 좋은 사회주의 이념을 믿지 않고, 만국의 노동자들이 단결하는 데 별 관심도 없다. 하지만 만일 이 야채상이 저 표어 대신에 "나는 두렵다. 그러므로 절대 복종한다"라는 표어를 부착하도록 지시받았다면, 그는 이 말이 사실일지언정 결코 그 내용에 무심할 수 없을 것이라고 하벨은 말한다. "그도 그럴 것이 그는 하나의 인간이며, 따라서 자기의 존엄성에 대한 의식이 있기 때문이다."[11] 따라서 비겁한 굴복에 대한 합리화와 변명, 자기기만을 달성할 수 있게 해주는 적절한 추상성을 지닌 간접적인 상징이 그것을 명시적으로 표현하는 문장보다는 나은 것이다. 적어도 이 표어는 야채상 스스로 "만국의 노동자들이 단결하는 게 나쁠 것은 없잖아?"라고 말하며 자신의 비겁함과 굴욕을 감출 수 있게 해주기 때문이다. 이것은 우리가 앞에서 매킨타이어가 도덕의 정의주의적 성격을 비판하

11 바츨라프 하벨,《힘없는 자들의 힘》(이원석·서민아 옮김, 필로소픽, 2019), 22쪽.

면서 지적했던 "명제의 의미와 사용의 간극"을 다시금 떠올리게 한다. 즉, 이 야채상은 "만국의 노동자들이여 단결하라!"는 표어를 게시할 때, 노동자의 단결 같은 것에 별 관심이 없고 실제로는 "나는 당에 충성합니다!"라는 의미로 사용하는 것이다.

그런데 사실 사람들 또한 이 야채상이 붙인 포스터의 내용에 별 관심이 없다. 야채를 사러 온 사람들은 이 표어에 눈길조차 주지 않는다. 그들이 이 표어를 무시하는 이유는 이 표어가 도시 곳곳에 붙어 있기 때문이다. 수많은 가게들은 물론, 아파트의 창문, 담벼락, 거리의 가로등과 게시판을 동일한 표어가 뒤덮고 있다. 이 거대한 파노라마는 "다른 이들이 무엇을 하는지 알려주며, 그들이 소외되는 것을 바라지 않으며 사회로부터 떨어져서 체제의 규칙을 거스르고, 평화와 안정을 잃게 되는 위험을 초래하지 않기 위해 그들이 무엇을 해야 하는지 암시한다."[12] 하지만 만일 이 야채상이 자기 내면을 정직하게 직면하며 더 이상 스스로를 기만하지 않기로 결단하고, 표어를 게시하는 일을 멈추게 된다면 머잖아 청구서가 날아들게 된다.

이제 사람들은 이 야채상의 가게에서 더 이상 야채를 구입하지 않을 것이다. 야채상은 결과적으로 가게문을 닫아야 할 수도 있고, 자녀들이 고등교육을 받지 못할 수도 있다. 그의 이웃들은 그를 따돌릴 것이다. "이러한 제재를 가하는 이들 다수는 굳건한 내적 확신을 따라 그렇게 하는 것이 아니라 상황, 즉 야채상으로 하여금 공식적 표어를 내걸게 만들었던 그 동일한 상황으로부터 압력을 받아 그렇게 하는 것이다."[13] 그렇게 행함으로써 사

12 위의 책, 35쪽.

람들은 당과 체제에 자신의 충성심을 보여줄 수 있고 의심을 받지 않을 수 있다. 다수의 사람들이 당과 권력의 부패와 모순을 알면서도 생존의 공포 때문에 순순히 묵묵히 그 파노라마의 일부로서 참여하고 있는데, 용기 있게 이를 거부하는 사람을 마주치는 것은 서로의 비겁한 굴종에 대해 눈감아주기로 한 암묵적인 협약을 깨는 사람을 만나는 것과 같다. 이는 자신의 비겁함마저 드러내기에 모멸감과 분노를 유발한다. 따라서 당이 공권력으로 야채상을 제재하기 이전에, 사람들이 자발적으로 이 야채상을 배제함으로써 제재한다. 하벨은 이와 같이 한 야채상의 상황을 통해 후기 전체주의 사회에서 이데올로기가 어떤 식으로 기능하는지 보여준다. 그는 이렇게 말한다.

> 그것은 인간으로서 자기를 실현하도록 도와주는 것이 아니라 체제를 위해 인간적 본질을 포기하도록, 즉 인간을 체제의 자동 작용을 위한 도구로 사용하고 체제의 목표를 위한 하수인으로 만들기 위한 것이다. 그리고 인간이 체제에 대한 공통 책임을 받아들이고, 메피스토펠레스 앞의 파우스트처럼 체제 속으로 휘말려들게 하려는 것이다. 이게 다가 아니다. 사람을 끌어들임으로써 하나의 일반적 규범을 만들고, 이로써 같은 시민에게 압력을 끼치게 하는 것이다. 그리고 더 나아가 그들이 자기가 연루된 데에 편안함을 느끼고, 그것을 마치 당연하고 피할 수 없는 일인 것처럼 받아들이도록, 여기에 연루되지 않으면 비정상적이고

13 위의 책, 42쪽.

> 교만한 것으로, 그들에 대한 공격인 동시에 사회로부터 떨어져 나가는 것을 뜻하는 것으로 받아들이게 하는 것이다. 후기 전체주의 체제는 자기 권력 구조 안에 모든 사람을 끌어들임으로써 모든 이들을 사회의 자동적 전체성의 도구로 만든다.[14]

앞에서 어빙 재니스가 "집단사고"현상을 심리학적으로 분석한 것과 동일한 것을 하벨은 말하고 있다. 이를 통해 그는 냉전시기 소련과 동유럽 사회주의 국가를 후기 전체주의 체제로 규정하고 그 국가의 국민 구성원들이 어떻게 이데올로기에 휘둘리고 제약되는지 제대로 묘사한다. 하지만 이렇게만 보면 권력의 이데올로기를 그저 사람들을 억압하고 굴종시키기만 하는 것으로, 그리고 그 '비겁한 굴종'에 대한 정직한 인식과 자각을 회피하며 자기를 기만하게 만드는 것으로만 오해할 수 있다. 실제로 당시의 사회주의권 국가들은 그들의 체제를 정면으로 비판하게 해주는 서방의 자유주의 체제가 존재하고 있었기에 자기들의 이데올로기를 상대화하는 것이 어려웠다고만 할 수는 없다. 그러므로 우리는 하벨의 통찰을 단지 사회주의 이데올로기에 대한 비판이 아니라 이데올로기와 권력 전반에 대한 비판이라는 보다 큰 맥락에서 근본적으로 이해할 필요가 있다. 이를 위해서 일단 하벨이 "후기 전체주의 체제"라고 규정하고 있는 것의 성격은 무엇인지 알아보고, 오늘날의 사회는 "후기 전체주의 체제"와 어떤 면에서 유사하고 다른지를 구별한 다음, 체제 그 자체보다 그 근원

14 위의 책, 37쪽.

에서 체제를 작동시키는 이데올로기와 권력의 속성을 추려낼 필요가 있다. 차례로 살펴보자.

하벨은 후기 전체주의를 인격화된 권력이 아닌 '비인격적 권력'의 전체주의로 규정한다. 독재 체제의 규모가 작고 근대화가 덜 된 사회에서는 독재자의 의지가 직접적으로 행사된다. 이런 성격의 체제에서는 독재자가 이데올로기를 통해 자기 정당화를 꾀할 필요가 없고, 복잡한 관료주의적 절차에 의존할 필요도 없다.[15] 반면, 체제의 규모가 크고 관료적 권력기구가 체제의 공간을 빈틈없이 메우고 있는 사회에서는 시스템의 자율적인 메커니즘이 작동한다. 이런 곳에서는 "집권자들이 아무리 무한한 권력을 가지고 있더라도 이들은 체제 자체의 국내법을 맹목적으로 집행하는 자에 불과"[16]하다. 즉, 이들은 이데올로기의 자동작용의 도구로 존재한다. "고전적 독재체제에서는 갈등의 선을 사회계급에 따라 그을 수 있다. 후기 전체주의 체제에서는 이 선이 각 개인들 사이에 있는데, 이는 모두가 희생되는 동시에 체제를 지탱하고 있기 때문이다."[17] 즉, 이런 사회의 이데올로기는 법과 제도, 관료제 시스템 전반을 꿰뚫고 지나가며, 이에 근거한 체제는 자율적 메커니즘에 따라 피라미드 구조의 사회조직 곳곳에 그에 맞는

15 하벨의 정의에 비춰보면, 역설적으로 북한은 후기 전체주의가 아닌 전근대적 전체주의 체제에 속한다. 북한은 이미 1970년대에 김정일의 주도 하에 사실상 마르크스-레닌주의를 버리고 김일성 주체사상의 길을 택했다. 오늘날 북한이 의존하는 실제 서사는 "반자본주의"가 아니라 "반미"와 "민족자주", 그리고 "장군님의 유훈통치"의 이데올로기이다.

16 위의 책, 32쪽.

17 위의 책, 38쪽.

사람들을 채워 넣는다. 그리고 이렇게 채용된 사람들은 지위와 계급의 고하를 막론하고 체제가 부과한 직무와 역할을 수행해야만 한다. 지위가 높다고 해서 마냥 자유를 누리는 것은 아닌데 이 체제는 얼마든지 그 자리를 대신할 다른 사람을 채워 넣을 수 있고, 기존의 인물을 강제수용소로 보내버릴 수도 있기 때문이다.

(5) 새로운 전체주의를 형성하는 이데올로기

그렇다면 동구권 사회주의 붕괴 후 30년이 지난 오늘날, 하벨이 분석했던 후기 전체주의 체제는 과연 붕괴했는가? 이는 관점에 따라 다를 수 있지만, 이 체제가 오늘날 새로운 모습으로 진화했다는 것이 나의 의견이다. 오늘날 대세가 된 이데올로기는 "피해자/희생양 이데올로기"와 이에 맞춰 대두한 "정치적 올바름", 즉 PC 이데올로기인데, 이것은 한편으로는 진부하면서도 한편으로는 새로운 방식으로 전체주의를 형성하고 있다. 이 이데올로기는 기존의 사회주의 이데올로기와 어떤 차이가 있을까?

먼저 우리는 기존 사회주의 이데올로기도 이미 나름의 "정치적 올바름"을 주장하면서 나온 것임을 기억해야 한다. 생산수단의 사적 소유에서 발생하는 자본의 노동착취와 극심한 빈부격차, 여기서 발생하는 인간소외에 대한 문제의식에서 프롤레타리아의 혁명이 추진되었으며, 부르주아 계급은 물론이거니와 이 혁명에 걸림돌이 되는 많은 사람들이 정의를 향한 역사의 도도한 흐름을 거스르는 "반동"으로 규정되어 희생되었다. 이러한 이데올로기는 당과 관료제를 관통하며 위에서 아래로 흐르는 수직적 위계와 주민들의 상호감시와 고발이라는 수평적인 제도를 매개로 관철된다. 그 과정에서 긴장과 갈등은 지배엘리트와 피지배민중 사이에서만 발생하는 것이 아니라, 체제에 굴종하는 다수와 이에 저항하는 소수 사이에서 더욱 발생한다. 이 체제에 자발적인 시민의 결사는 없으며, 가장 하위단위의 풀뿌리 조직도 이미 비대해진 당-관료제 시스템의 일부로 존재하기에 시스템으로부터 독립된 개인의 존재 자체가 불가능하다. 따라서 "반동"은 지배권력에 대한 도전이기 이전에 "인민에 대한 배신"인 것이다. 이런 프레임으로 체제를 지속적으로 유지하게 한 것이 곧 "모든 인민의 평등"을 명분으로 내세운 사회주의 이데올로기였다.

반면, 오늘날의 PC주의는 관료제나 권력기구가 아니라 시민사회의 수평적이고 광범위한 커뮤니케이션을 매개로 관철된다는 점에서 하벨이 후기 전체주의 체제의 특성으로 내세운 점과 분명히 차이가 있다. 그럼에도 PC주의는 여전히 전체주의적 성격을 띠는데, 아이러니하게도 이것이 내세우는 명분은 반(反)전체주의이다. 즉 반전체주의적 이념을 전체주의적 방식으로 관철시킨다. 실제로 이 이데올로기는 그 구체적 적용에서 발생할 수 있는 문제점을 언급하거나 다른 의견을 제시할 경우, 지배권력을 옹호하는 '차별주의자' 혹은 '혐오주의자'라고 낙인을 찍는다. 또한 사람들의 권력에 대한 상투적 이미지를 활용하여 스스로 "권력비판과 전체주의 비판"이라는 전능한 당위의 옷을 입고 나타난다. 즉, "모든 차별에 대한 반대"라는 도덕적 명분과 "모든 억압에 대한 저항과 전복"이라는 그럴 듯한 레토릭을 갖게 되는 것이다. 하지만 그들이 바람직하게 생각하는 정의를 관철시키기 위한 정치적인 말과 행위들이 실제로 전체주의적 모습을 띠는 것에 대해서는 자각하지 못하거나 인식을 회피한다. 실제로 미국에서는 안티파(Antifa, 안티 파시스트의 줄임말)의 폭력 또한 심각한 문제가 되고 있다.

한편, 이 이데올로기가 고도화되어 광범위한 정치적 지지를 받는 지역은 미국과 서유럽의 자유주의 국가들이며, 여기에 동의하지 않는 국가들은 과거 사회주의권 혹은 이슬람권 등 아직 아래로부터의 민주주의가 성숙하지 못한 국가들이라는 점이 더욱 비판을 어렵게 만든다. 적어도 20세기 사회주의권 국가들에서 나타난 전체주의에 대한 비판은 더 민주적이고 인권이 존중되는 서방의 자유주의 국가들이 존재한다는 것 자체로 인해 가능했다. 상반되는 체제의 자유와 번영이 가장 강력한 비판의 근거가 된 것이다. 반면 이 PC 이데올로기에 대한 변증법적 비판이 가능한 경쟁적 체제는 아직 존재하지 않는다.

게다가 이 PC 이데올로기는 각종 정체성에 근거한 '차이에 대한 인정recognintion'을 도덕적 의제로 부각시켜, 기업과 자본마저 자기편으로 끌어들이고 있는데, 이는 마르크스주의도 해내지 못한 일이었다. 현재 다수의 글로벌 기업은 LGBTQ에 대한 지지를 표명하고 있는데 심지어 스웨덴에서는 HBT 인증제, 즉 성소수자 친화기업임을 공식적으로 인증해주는 제도까지 만들었을 정도다.[18] 앞으로 이러한 종류의 인증서가 존재하는 한, 이 인증서가 없는 기업은 정의롭지 못한 기업 혹은 아직 성차별

18 연구모임 사회비판과 대안 엮음, 《호모포비아—베스텐트 한국판 6호》(사월의책, 2019), 41쪽, "HBT 증명서는 '동성애-양성애-성전환'에 대한 지지를 표현하며, 2008년 이후로 스웨덴의 게이와 레즈비언 연합에서 발급하고 있다. 이 증명서는 해당 회사가 게이, 레즈비언, 양성애자 및 성전환자들의 권리를 존중하고 그들을 통합하기 위해서, 동등한 노동환경을 제공하려 노력하고 있다는 사실을 증명한다. 지금까지는 먼저 사회적 조직의 영역에서 150개 이상의 기업과 기관들이 이러한 인증을 받았다."

주의에서 벗어나지 못한 기업이라는 이미지를 갖게 될 것이다. 결국 어느 순간 다수의 기업들은 하벨이 예로 든 체코의 야채상과 같은 처지가 될 수도 있는데, 그렇다면 이것 또한 색다른 형태의 후기 전체주의적 권력이라 부를 수 있을 것이다. 이제 "만국의 노동자여 단결하라!"는 표어는 퀴어를 상징하는 무지개 이미지와 함께 "모든 차별에 반대합니다!"라는 훨씬 더 정의로운 문장으로 대체되어 곳곳에서 파노라마를 이루기 시작할 것이다.

그런데 PC주의는 권력의 측면에서 고찰할 때 다소 색다르다. 일단, PC는 보통 정부나 공적기구가 아닌 시민사회로부터 요청된다. 이러한 요구에 따라 정부를 비롯한 제도적인 권력기구는 관련한 법을 제정하고 정책을 추진하며, 소비자 캠페인과 보이콧 운동 등을 통해 기업과 시장질서에도 영향을 미친다. 즉, PC주의는 아래로부터의 민주주의 실현이라는 이상적인 그림에 들어맞는 방식으로 관철되기에 정의롭다는 이미지와 함께 정치적 효능감을 부여한다. 게다가 사람들은 권력을 지배와 피지배라는 이항적 대립구도 속에서 생각하는 것이 익숙하기 때문에 PC주의 역시 권력의 매개로 기능하고 있다는 사실을 쉽게 인지하지 못한다. 우리는 여기서 권력의 속성을 좀 더 진지하게 고찰해 볼 필요가 있다.

(6) 권력의 속성

볼테르(Voltaire, 1694~1778)는 "누가 지배하는지 알려면, 비판이 허락되지 않는 것을 찾아보라"고 말했다. 이 말은 '권력'을 고찰하는 데 중요한 실마리가 된다. 그렇다. 권력은 특정한 사람과 사물, 어떤 대상에 성스러움을 부여한다. 가령, 사회학자 랜들 콜린스는《사회적 삶의 에너지》에서 상호작용의 상황 속에서 지배자가 '성스러운 대상'이 되는 메커니즘을 설명한다.[19] 물론 여기서 말하는 '성스러움'이란 단순히 원시적 토템이나 종교적 상징, 종교학/신학적 차원에서 이야기하는 '누미노제(numinose, 영적인 체험)'와 같은 좁은 의미의 개념에 국한되지 않는다. 그것이 무엇이든 어떤 명확한 '차이'의 경계를 설정한 후 도전을 허락하지 않는 것을 말한다. 한마디로 성역(聖域)이다. 교실에서 수업하는 선생님, 조직원을 집합시킨 마피아의 두목 등이 그 예다. 여기서 선생님과 두목은 특정한 상호작용의 상황 속에서 성스러운 존재가 된다. 지배자 자체가 성스러운 것이 아니라 지배자의 역할을 부여하는 권력관계와 특정한 상호작용의 공간과 상황이 지배자를 성스럽게 만드는 것이다.

사람이나 사물만이 아니다. 특정한 이데올로기도 성스러울 수 있다. 다수가 특정한 이데올로기와 가치를 지지할 때, 또 어떤 특정한 가치나 이데올로기를 싫어하고 폄하할 때 전자는 '성스러움'의 후광을 입고, 후자는 '반역' 혹은 '부도덕'이라는 낙인이 찍힌다. 따라서 어떤 집단이나 사회가 특정한 가치를 내세울 때, 여기에 이의가 있는 사람은 침묵할 수밖에 없게 된다. 지배적인 가치관이나 신념에 이의를 표현하는 사람은 성스러운 것을 모독한 죄인으로 여겨지고 집단의 가치에 독실한 (유사)신앙인들은 이 죄인을 정의의 이름으로 응징한다. 현대사회가 종교의 울타리를 벗어난 세속사회라고 하지만, 정치를 비롯해 특정한 가치를 중심으로 사람을 움직이는 정동(情動)은 거의 필연적

19 랜들 콜린스,《사회적 삶의 에너지》(진수미 옮김, 한울아카데미, 2009), 180쪽.

으로 성/속을 구분하는 종교적 성격을 띠는 것이다.

한편, 권력은 관계적 개념으로서 소유하고 교환하는 실체 같은 것이 아니다. 그것은 상호작용의 상황에서 관계의 특정한 양상으로 출현한다. 물리학적 개념에 비유하면 권력은 일종의 열(熱)이다. 열은 '뜨거움'을 나타내지만 열 자체가 물질은 아니다. 그렇지만 열은 에너지를 내며 물질 자체를 뜨겁게 한다. 사회학자 루만(Niklas Luhmann, 1927~1998)도 권력을 촉매 같은 것으로 비유했는데,[20] 화학에서 촉매가 되는 물질은 스스로는 변하지 않지만 어떤 화학작용을 촉진한다는 특징이 권력과 유사하다는 점에 착안한 것이다. 그렇지만 촉매 역시 물질이라는 점에서 일종의 '실체substance'의 느낌을 주기 때문에, 내 생각엔 '열'의 비유가 더 적절하지 않나 싶다.

2부에서 우리는 버틀러가 푸코의 권력관을 전유하면서 젠더 패러디를 통해 권력관계의 재배치와 전복을 꾀하는 내용을 살펴본 바 있다. 거기서 푸코의 권력관의 특성을 어느 정도 상술한 바 있는데, 일단 여기서 중요하게 기억해야 할 점은 권력은 항상 권력관계라는 계기를 이미 수반하고 있다는 점이다. 푸코는 말한다. "권력은 도처에 있는데, 이는 권력이 모든 것을 포괄하기 때문이 아니라 권력이 도처에서 발생하기 때문이다. 권력은 어느 주어진 사회의 복잡한 전략적 상황에 부여되는 이름이다."[21] 그렇다고 이러한 권력관계가 미시적 집단 내에서만 존재하는 건 아니다. 당연한 이야기지만 거시적 차원의 사회에서 총체적인

20 한병철, 《권력이란 무엇인가》(김남시 옮김, 문학과지성사, 2016), 24쪽.

21 미셸 푸코, 《성의 역사 1: 지식의 의지》(이규현 옮김, 나남, 2010), 109쪽.

양상으로서의 권력관계 역시 존재하기 마련이다.

한편, 한병철은 금지하고 억압하는 방식으로 작용하는 권력은 오히려 위협당하는 권력, 약한 권력임을 강조한다. 강한 권력은 자발적 동의와 열광적인 지지를 받는다. "매개수준이 높은 권력은 타자가 하려는 행동에 맞서는 권력이 아니라 그 타자로부터 솟아나 작용하는 권력이다."[22] 이에 더해 한병철은 사회학자 루만을 인용하며 권력이 커뮤니케이션 매체임을 강조한다. "권력은 권력자와 복종하는 자 사이에 존재하는 행위선택의 편차를 없앰으로써 커뮤니케이션을 특정한 방향으로 이끌거나 조정한다." 회사에서 회의를 한다고 해보자. 회의에 참여하는 사람들은 각자 의견을 말하지만, 그들이 진정 자유로운 것은 아니다. 권력자는 특정한 방향으로 논의가 진행되도록 힘을 행사할 수 있다. 하지만 이것이 꼭 자율성을 억압하는 방식으로 나타나는 것은 아니다. 억압과 강제가 없는 자유로운 분위기 속에서도 커뮤니케이션은 특정한 방향으로 흐를 수 있다. 취미로 하는 독서모임이나 학생들의 스터디모임, 심지어 아이들의 놀이에서도 그러한 현상은 나타날 수 있다.

푸코 역시 《성의 역사 1: 지식의 의지》를 통해 권력이 억압적이지만은 않다는 것을 강조했다. "성은 권력에 의해 억압되었다"는 것이 라이히와 마르쿠제의 견해라면, 푸코의 견해는 "권력은 성이 억압되었다는 생각을 갖게 했다"고 요약할 수 있다. 《광기의 역사》나 《감시와 처벌》을 읽으면, 푸코가 권력을 온통 규율하고 감시하고 배제하는 부정적 성격의 것으로 묘사하는

22　한병철, 《권력이란 무엇인가》, 18쪽.

것처럼 느껴진다. 그래서 사람들은 지금도 푸코의 '권력분석'을 "미시적 차원에서 교묘하게 작동하는 억압"과 같은 부정적인 것으로 여기는 경향이 있다. 이런 인식 자체가 틀린 것은 아니지만 보완이 필요하다. 권력은 외부에서 욕망을 억압하기만 하는 것이 아니라 내면으로부터 욕망을 생산하기 때문이다. 따라서 권력은 개인에게 해방감과 자유의 감정을 선사하기도 한다. 한마디로 개인의 욕망은 이미 권력의 책략에 사로잡혀 있는 것이다. 따라서 권력은 억압하기만 하는 것이 아니라 억압과 저항의 길항작용 자체를 생산한다. 푸코에 의하면 권력은 이러한 상호작용을 특정한 방향으로 배치하고 생산하는 것이다. 앞에서 한병철이 권력이 커뮤니케이션을 특정한 방향으로 이끌거나 조정한다고 했을 때, 이 커뮤니케이션은 당연히 갈등과 대립도 표현하는 개념이다. 권력이란 단지 타자의 뜻을 거슬러 에고의 의지를 관철하기만 하는 게 아니라 에고와 타자가 갈등하는 축, 대립의 장 자체를 결정한다고 볼 수 있다. 예컨대, 노조가 사용자 측과 임금협상을 하는 상황을 생각해보자. 마르크스주의적 시각에 의하면 프롤레타리아가 생산수단의 사적소유 자체를 문제 삼지 않고 임금을 높이는데 주력하는 것은 단지 자본주의를 영속시킬 뿐이다. 복지논쟁도 마찬가지다. 진보진영은 전반적으로 최근의 '기본소득' 논의 자체를 마땅치 않게 여기는 경향이 있다. 이 모든 것이 결국 자유주의가 깔아놓은 판에서의 논쟁이라고 보는 것이다. 실제로 오늘날 권력은 자유주의 이데올로기를 매개로 커뮤니케이션의 양상 자체를 결정한다. 대립과 갈등은 자유주의의 한도 내에서 이루어진다.

그럼에도 나는 강조하고 싶은 점이 있는데, 그래도 권력은 결국에는 누군가를 억압한다는 점이다. 그 방식과 대상이 다를 뿐이다. 물론 푸코와 한병철의 날카로운 분석처럼 권력은 타자의 지지와 동의 속에서 더욱 강하게 솟아난다. 그것은 해방과 자유의 감정을 선사하며, 훨씬 더 민주적인 분위기 속에서 커뮤니케이션을 조정한다. 그러나 동시에 이렇게 고도화된 권력은 더욱 교묘한 방법으로 억압한다. 그것은 이의제기와 반대를 비가시화하고 저항의 시도 자체를 무력화한다. 강제로 입을 틀어막지 않고 스스로 입을 막을 수밖에 없는 분위기를 만든다. 특히 이데올로기적인 권력은 특정한 조직이나 집단의 힘으로 환원되지 않는다는 사실을 기억해야 한다. 도처에서 형성된 권력의 분위기로 인해 압력을 가하는 주체를 특정하기가 어렵다. 앞에서 나는 권력을 열에 비유했다. 열은 어떤 물체를 뜨겁게 할 뿐 아니라 그 주변으로 열을 확산시키는데, 권력이 만들어내는 분위기도 이와 비슷하다고 할 수 있다. 하벨 역시 후기 전체주의 체제의 권력을 분석하며 이렇게 말한다. "이 특별한 권력은 확고한 사회정치적 집단의 힘에 있는 것이 아니라, 주로 사회의 공적 권력구조를 포함해 사회 전체에 숨어 있는 잠재적 힘에 있다. (중략) 이 권력은 어떠한 직접적인 투쟁에도 참여하지 않으며, 오히려 존재 자체의 모호한 무대에서 그 영향력을 느끼게 만든다."[23] 하벨의 이러한 분석은 오늘날의 권력을 말할 때에도 크게 틀리지 않는데 PC주의, 그중에서도 특히 퀴어 이데올로기가 그러한 억압을 만들어낸다.

23 바츨라프 하벨, 《힘없는 자들의 힘》, 47쪽.

(7) 권력의 매개가 된 PC와 퀴어 이데올로기

하지만 PC 이데올로기의 전체주의적 속성은 하벨이 소련과 동유럽의 사회주의를 후기 전체주의 체제로 규정하면서 분석한 속성만으로는 정확히 파악하기가 힘들다. 왜인가? 사회주의가 자본주의의 착취와 불평등을 극복한다는 명분으로 자유를 억압하고 당-국가를 우선했던 것과 달리 PC주의는 평등을 소홀히 하는 자유주의의 문제와 개인의 자유를 훼손한 사회주의의 문제, 둘 다 지양하면서 '인권'과 '정의'의 대의를 들고 나오는 이데올로기이기 때문이다. 다시 말해 이것은 시장도 국가도 아닌 시민사회의 층위에서 활성화된 이데올로기이며, 나름의 정치적 운동을 통해 시장과 국가를 견제하고 영향을 미친다. 즉, PC 이데올로기는 시민사회의 공론장에서 활성화되어 시장과 국가의 영역으로 확장되어 스며드는 특성이 있다.

게다가 PC 이데올로기의 핵심에 자리하는 가치는 '인권'이다. 오늘날 '인권'은 모든 가치의 왕좌에 앉아 경배를 받는다. 그것은 무조건적으로 보장되어야 하기에 논쟁에 부치는 것 자체가 금기로 여겨지는데, PC주의는 오늘날 이러한 인권의 성역을 지키는 경계병의 역할을 하고 있다. 따라서 이러한 PC주의를 비판적으로 고찰하는 것은 어려울 수밖에 없다. 하지만 앞서 말했듯, PC주의 역시 이데올로기이며, 권력의 매개로 기능한다. 그리고 권력은 지배자 혹은 지배적 이데올로기를 성스럽게 하는 한편, 커뮤니케이션을 특정한 방향으로 이끌거나 조정한다. 여기서 푸코의 계보학적 탐색을 인권담론과 PC주의에 적용해보자. 오늘날 어떤 조건에서 PC주의는 지배적 이데올로기로 대두되고 있는 것일까?

① PC는 자본주의에 최적화된 진보적 이념이다

《사도바울》에서 현대철학의 상대주의적 경향에 반기를 들며 진리와 보편성의 주제를 다시 꺼내들었던 알랭 바디우는 책의 서두에서 오늘날의 '인권' 개념을 비판한다. 혁명을 통해 쟁취한 인권의 본래적 개념과 달리, 오늘날 '인권'은 안전safety 담론과 연결되어 있어 사회의 근본적인 변혁을 추동하는 동력이 될 수 없다는 것이다. 바디우에 따르면 오늘날 인권은 주로 타인의 혐오, 차별, 모욕과 같은 폭력으로부터 안전할 권리로서 주장되는데, 이는 근본적으로 인간이란 존재를 나약한 희생자로 파악하는 관점에서 비롯된다. 이런 관점으로부터 '공동체적 특수주의', 즉 억압받는 부분집합(인종적, 종교적, 민족적, 성적인 소수자 그룹)의 문화적 미덕을 찬양하고 차이를 인정하라는 요구가 나온다.

이러한 주장이 바로 PC주의의 근간인데, 이러한 차이의 철학/정치에 대한 바디우의 비판은 앞에서 이미 다룬 바 있다.[24] 핵심만 말하자면, 특수주의/상대주의에 근거한 차이의 다양성은 자본주의의 상품의 다양성과 성공적으로 호환된다는 것. 즉, PC주의에 근거한 다문화주의와 정체성 정치는 궁극적으로 화폐적 보편성에 포섭된다는 것이다. 그런데 코뮤니즘을 꿈꾸는 바디우에게 화폐적 보편성은 거짓 보편성이다. 결국 바디우는 모든 차이를 상대화하는 진리의 보편성을 강조하는데, 그는 자신에게 주어진 모든 정체성을 벗어던지고 진리를 위해 모든 것을 걸었던 혁명적 투사의 전형을 사도바울에게서 찾는다. 즉, 기독교적 회심의 본질은 바디우에게 진리 앞에서의 탈정체화 같은

24 이는 3부 336쪽 이하를 참고하라.

것으로 인식된다고 할 수 있다.

바디우가 철학의 언어로 PC주의적 인정의 정치와 인권 담론을 비판한다면, 낸시 프레이저는 보다 분석적인 사회과학의 언어로 오늘날의 좌파가 인정의 이슈에 과도하게 몰두하여, 경제적 불평등의 문제와 분배정의를 상대적으로 소홀하게 다루고 있다고 진단한다.[25] 프레이저는 인정의 요구를 무시하지 않지만, 오직 '인정'만이 중요하다고 목소리를 높이는 좌파들을 비판하는데, 여기에는 인정 중심의 정체성 정치가 생각보다 시장질서와 별다른 갈등을 일으키지 않는다고 보는 프레이저의 시각이 전제되어 있다. 바디우와 비슷한 시각인 것이다. 이외에도 컬럼비아 대학교의 마크 릴라(Mark Lilla, 1956~) 교수를 비롯한 미국의 일부 좌파 학자들은 PC주의와 정체성 정치가 진정한 진보를 가로막을 수 있다며 우려하고 있는 상황이다.

사실, PC주의는 진보적 이데올로기이지만 앞에서도 말했듯이 자유주의와 시장질서가 고도화된 국가를 중심으로 강한 영향력을 지니고 있다. 68혁명에서 신좌파는 자본주의만 비판한 것이 아니라 당시의 마르크스주의에 대해서도 경제적 계급문제만 중시할 뿐 젠더, 인종, 민족적 정체성을 비롯한 갖가지 억압과 차별의 문제를 도외시하고 있다고 신랄하게 비판하였다. 68혁명을 전후하여 전개된 유럽의 철학은 자본주의든 사회주의든 역

25 프레이저는 진정한 정의를 위해서는 삼차원적 정의론이 필요하다고 말하는데, 그것은 첫째, 주류로부터 배제되는 소수자들에게 동등한 참여를 보장하면서 적절한 신분을 부여하는 '인정' 차원에서의 정의, 둘째, 경제적 불평등을 시정하는 '재분배'에서의 정의, 마지막으로 의회민주주의의 틀에서 배제된 이들의 정치적 목소리가 제대로 반영되게 해주는 '대표'에서의 정의이다. 프레이저의 논문집을 모은《불평등과 모욕을 넘어》(그린비, 2016)을 참고하라.

사의 궁극적 방향을 논하는 거대서사 자체를 억압으로 규정했고, 역사나 사회보다 진정으로 중요한 존재는 개인임을 강조하였다. 따라서 개인은 더 이상 이데올로기의 도구가 아니었다. 이들은 도처에서 억압을 발견했고, 어떤 이념이나 제도도 개인의 자유를 억압해서는 안 된다는 것이 가장 강력한 도덕률이 되었다.

그런데 개인의 자유를 중시하면 할수록 "차이"와 "다양성"은 더욱 중요해지고, 어떤 기준이나 규범, 혹은 동질성을 강조하는 국가나 전통적 공동체는 개인의 자유를 억압하는 것으로 이미지화되기 마련이다. 따라서 이것은 의도치 않게 시장의 힘을 더욱 키우는데, 바디우가 통찰했듯이 시장은 차이와 다양성을 좋아하기 때문이다. 특히 90년대 초 소련과 동유럽 사회주의의 붕괴는 이 흐름을 더욱 촉진하여 진보적 이념을 아예 마르크스주의적 계급정치가 아니라 PC적 인정정치의 영역에서 추구하게 만들었다고 볼 수 있다.

② 비판의 성역이 된 PC와 퀴어 이데올로기

바디우 등 위에 언급한 학자들이 PC주의와 인권의 정치를 직간접적으로 자본주의와 불평등을 영속시키는 기제로 파악하며 비판했다면, 지라르는 본질적으로 "희생양에 대한 근심" 자체가 절대적인 이데올로기가 되었다고 본다. 지라르에 의하면 "가장 흥미를 끄는 희생양은 항상 우리 이웃을 비난할 수 있게 해주는 희생양이다."[26] 그는 인류역사의 모든 사회가 1인에 대한 만

26 르네 지라르, 《나는 사탄이 번개처럼 떨어지는 것을 본다》(김진식 옮김, 문학과지성사, 2004), 206쪽.

인의 반대, 즉 희생양에 대한 만장일치적 박해를 통해 질서를 유지해왔음을 폭로하고 이에 기초해 수립된 평화를 거짓된 평화라고 일갈하였다. 동시에 기독교의 핵심에는 무고한 희생양을 변호하고, 그에 대한 가해자의 만장일치적 폭력을 비판하는 메시지가 있다며 현대철학자로서는 드물게 기독교를 옹호한 바 있다. 이러한 지라르의 이론에 따르면 오늘날 소수자의 인권을 강조하는 PC주의 혹은 퀴어 이데올로기는 기독교의 본질에 더욱 부합하다고 볼 수 있지 않을까? 아닌 게 아니라 기독교 진보진영 내에는 퀴어 앨라이 그룹이 존재하며, 이들은 예수님의 참사랑을 역설하며 교회가 성소수자를 혐오하고 있다고 앞장서 비판하고 있지 않은가?[27]

그렇지만 지라르는 이러한 현상을 우려 섞인 시선으로 바라본다. 지라르에 따르면 "우리는 모두 사도바울이나 베드로같이 이웃들보다 우리 자신에게 죄가 있다고 인정하고 또 스스로 박해에 대한 책임이 있다고 인정하는 사람들이 아니"[28]라는 것이다. 즉, 기독교의 회심은 자신이 박해자라는 걸 깨닫고 참회하는 데 있다면, PC 이데올로기는 이웃과 타인을 박해자로 고발하며 심판하는 데 주력하고 자신의 PC함을 인증하려는 경향이 있다. 즉, PC 이데올로기에 사로잡힌 사람들(PC주의에 극도로 경도된 사람들을 SJW라고 부르기도 하는데, Social Justice Warrior의 줄임말이다)이 희생양에 대한 근심을 명분삼아 또 다른 희생제의를 하고 있다

27 다시 강조하건대, 구체적인 성소수자 개인을 정죄하지 않으면서 복음 안에서 그들을 포용하는 것과 퀴어 이데올로기를 옹호하는 것은 분명히 다르다. 이 차이를 뒤섞어 교회를 일방적으로 혐오세력이라고 비난하는 점이 이 퀴어 앨라이 그룹의 문제이다.

28 위의 책, 207쪽.

는 것이 지라르의 날카로운 통찰이다.[29]

조너선 하이트는《나쁜 교육》에서—지라르를 전혀 인용하지 않지만—지라르의 통찰과 우려가 현실이 된 미국사회의 민낯을 디테일하게 파고든다. 우리는 앞서 바디우와 지라르 모두 오늘날의 인권담론이 인간을 나약한 희생자로 보는 관념과 더불어 안전담론과 연결되어 있다고 지적하는 것을 확인했다. 하이트는 사례조사와 인터뷰, 실증적인 데이터 분석을 통해 바디우와 지라르의 주장을 뒷받침한다. 그는 미국사회, 특히 미국의 대학들이 안전제일주의를 내세우며 실제가 됐든 상상이든 잠재적으로 위협이 될 요소들을 제거하는 것에 대한 강박과 조바심이 심화되고 있는 현실을 지적한다 .하이트는 먼저, 안전주의 담론이 학생들에게 늘 자신의 느낌과 감정을 믿으라고 종용하고 있다며, 이러한 감정적 추론을 진실로 여기는 풍조에 대한 문제점을 지적한다. 이로 인해 학생들이 누군가의 말과 행동에 어떤 의도intention가 있느냐 하는 것보다, 그 말과 행동이 자신의 감정에 어떤 영향impact을 주었는가에 더 우선적인 관심을 둔다는 것이다. 그러므로 공격적인 의도가 전혀 없다 하더라도 그것이 누군가에게 감정적인 불편함과 고통을 초래한다면 그것은 공격이자 폭력으로 간주될 수 있다. 누군가의 사소한 말실수가 큰 스캔들이 되어 비난과 규탄의 대상으로 쉽게 전락하는 사태가 최근 두드러지고 있는 것 역시, PC주의가 의도와 영향을 구분하지 않고 맥

29 《마음의 사회학》의 저자 김홍중 교수는 진정성이란 "언제나 타인에게 부족한 것이자 나에게만 주어져 있는 것으로서 주장"되며 "진정성을 발화하는 자는 대개 '나의 진정성'과 '타인의 비진정성'을 불균등하게 전제하고 타인의 진정성을 추궁"하는 경향이 있기 때문에, 어느 정도의 폭력적인 요소를 내포한다고 했는데, 이 견해는 지라르의 통찰과도 겹친다.

락에 대한 고려 없이 특정한 말이나 표현 자체를 폭력으로 규정하고 있기 때문이다. PC주의가 일종의 "언어경찰"의 역할을 하고 있다는 말이 나오는 이유도 바로 그 때문이다.

또한, 하이트는 최근 미국의 대학가에서 보수적 연사의 초청강연 자체가 줄줄이 취소되는 사태의 문제점을 지적한다. 초청연사가 강연을 했을 때, 거기에 이의를 제기하고 토론하는 게 아니라 아예 강연의 기회, 발언의 기회 자체를 빼앗는 게 늘고 있다는 것이다. 자신들이 추구하는 가치가 절대적으로 옳은 것이라는 종교적 신앙에 가까운 신념을 갖고 있기에 이를 비판하는 견해는 이견이나 반론이 아니라 제거해야 할 악이며, 그런 견해를 들으면 학생들이 상처를 받기에 명백한 폭력으로 간주된다. 과거 '표현의 자유'나 '다양성', '다른 의견에 대한 관용' 등은 본래 진보진영이 주장하던 가치였는데, 이제 PC 이데올로기에 경도된 진보주의자들은 보수적 견해에 관해서는 '표현의 자유'나 '다양성'의 가치가 허락될 필요가 없다고 주장하고 있을 정도다. 그런데 이런 견해는 헤르베르트 마르쿠제가 이미 주장했던 것이라고 한다.[30] 마르쿠제는 1965년, "억압적 관용"이란 제목의 글에서 자유주의의 동등한 무차별적 관용의 원칙은 사실 억압적이라고 주장했는데, 우파는 막강한 힘을 가졌고 이들은 억압을 일삼는 반면 좌파는 힘이 약하고 억압당하기 때문에 이를 고려하지 않고 무차별적 관용을 보이는 것은 정의롭지 않다는 내용이었다. 즉, 진정으로 해방적인 관용은 "우파에서 전개하는 운동은 용납하

30 하이트, 루키아노프, 《나쁜 교육》, 120~121쪽에 소개된 내용을 요약

지 않고 좌파에서 전개하는 운동만을 용인한다는 뜻"[31]이 된다.

이쯤에서 우리는 다시금 바로 앞 절에서 분석했던 권력의 속성을 되새길 필요가 있다. 볼테르의 리트머스는 "비판이 허락되지 않는 것을 찾아보라"는 것이었다. 랜들 콜린스는 상호작용의 상황에서 권력이 성스럽게 되는 현상을 설명했다. 이에 따르면 진보좌파, 특히 희생양/소수자를 옹호한다는 PC 이데올로기는 권력을 담지하고 있다고 볼 수 있는데, 이것은 공론장에서 이슈에 대한 커뮤니케이션을 특정한 방향으로 조정하는 힘도 지니고 있다. 당장 사회적 의제를 만들고 여론을 주도하는 대학의 강단, 언론계, 지식계를 살펴보더라도 진보좌파가 다수이다. 이들이 만들어내는 지적담론은 공론장에서 상당히 큰 힘을 발휘하며, 문학과 영화를 포함한 예술계 역시 마찬가지다.[32]

그런 측면에서 보자면 PC주의에서도 특히 퀴어 이데올로기는 성스럽다. 이 이데올로기가 무서운 것은 퀴어 이론에 대한 비판을 곧바로 성소수자에 대한 차별과 혐오로 등치시킨다는 점이다. 퀴어 이데올로기는 마치 그것이 성소수자의 모든 경험과 그들의 존엄성을 대변하는 것처럼 스스로를 포장한다. 가령, 2021년 4월 21일 천주교 서울대교구장을 맡고 있는 염수정 추기경이 성소수자에 대한 차별과 폭력에 분명한 반대를 표하는 동시에 동성혼 등 가족의 범위 확대에 대해서 우려한다는 의견을 표했는데, 이에 대해 장혜영 정의당 의원은 성소수자들의 상

31 위의 책, 121쪽에서 재인용

32 페미니즘과 LGBTQ는 영화와 드라마의 단골소재가 되었으며, 각종 영화제에서는 PC한 작품들에 상을 수여한다. 수상소감으로 PC한 발언을 하는 데에는 어떤 용기도 필요하지 않다.

처에 소금을 뿌리는 행위라며 강도 높게 비판했고 이러한 비판을 언론들은 대서특필했다. 염수정 추기경은 분명히 차분하게 온건한 의견을 이야기했고, 성소수자 개개인의 존엄성 자체를 무시하지도 않았다. 게다가 가톨릭은 개신교에 비해 사회적 신뢰도가 높고, 추기경의 직임 역시 가톨릭이라는 종교적 울타리를 넘어 사회적으로도 존경을 받는 편이다. 그럼에도 단지 동성 간의 결혼에 대한 반대의견을 표명했다는 이유로 혐오발언으로 지적당하며 주류언론의 비난과 질타를 받았다. 실제로 최근 주요 신문과 방송 등 레거시 미디어들은 내부에 젠더 데스크 등을 설치하고 지속적으로 관련 뉴스와 이슈를 퀴어의 시각에서 검열하며 보도하고 있는 상황이다. 퀴어의 시각은 소수자의 시각이고, 그것은 정의로운 관점이라는 등식이 이미 성립되어 있는 것이다. 심지어 페미니즘조차도 그것이 퀴어의 비위를 거스를 때는 비난과 타도의 대상이 된다.[33]

물론 성소수자들이 일상에서 차별과 혐오에 노출된다는 사실 자체는 부정할 수 없다. 만성적인 우울증과 낮은 자존감, 약물중독과 자해, 빈번한 자살충동 등 이들이 상시적으로 정서적/신체적

33 일반적인 페미니즘도 비판의 성역은 아니다. 만일 페미니즘이 남녀갈등의 구도를 고수하는 한 상당한 반발을 받게 된다. 또 어떤 말이나 행위가 '여성혐오'라는 지적을 받을 때 이는 상당한 논쟁을 불러일으킨다. 하지만 퀴어는 다르다. 만일 페미니즘이 생물학적 여성 중심, 시스젠더 여성 중심의 페미니즘을 주장하면 "트랜스젠더 혐오"와 "게이 혐오", TERF의 혐의를 받게 되는데 이는 반페미니즘 진영과 퀴어 진영 모두에게 타깃이 된다. 숙명여대 학생들의 트랜스젠더 입학반대에 대한 전사회적 비난이 대표적이다. 페미니즘과 달리 퀴어에 대한 공론장에서의 공식적인 비판과 반대를 표하는 주체는 보수 개신교와 일부 가톨릭을 제외하고는 없는 편이다.

으로 위기를 겪는다는 것 역시 분명한 사실이다. 그러므로 이들을 차별하거나 혐오해서는 안 되며, 곁에서 이들의 존재 자체를 지지해주고 응원해주고 격려하는 것은 절실히 필요한 일이다. 하지만 그 유일한 방법이 성소수자들의 성적 지향과 욕망을 무조건적으로 그저 인정하고 긍정하는 것이라는 단정은 이데올로기적 사고이다. 나는 앞에서 이에 대한 기독교의 전통적 관점에 대해 수차례 이야기했지만 한 번 더 짚어보겠다.

기독교는 성에 대한 성경적 교리를 바탕으로 성소수자의 성적인 욕망을 왜곡된 욕망으로 보며, 욕망에 휘둘리는 자아가 아닌 욕망으로부터 자유로운 주체가 되도록 격려하는 것이 진정한 존중의 길이라고 보는 입장이다. 그런데 이러한 기독교의 입장은 그 자체로 성소수자에 대한 억압이고, 퀴어 이데올로기의 입장은 성소수자에 대한 진정한 존중이라는 세간의 견해는 그 자체로 진실이 아니라 말 그대로 하나의 의견일 뿐이다. 만일 어떤 사람이 청소년이나 어린이를 향한 성적 욕망, 즉 소아성애적 성향이 있다고 할 때 상식적인 시민 다수는 그런 욕망은 왜곡된 욕망이므로 그 욕망으로부터 벗어나야 한다고 말할 것이다. 물론 소아성애와 성인의 동성애는 자발적 의사에 따른 합의의 가능성에 차이가 있으므로 둘을 동일하다고 말할 수 없다. 하지만 기독교의 윤리는 타자에게 해를 입히지 않는 것에 국한되지 않는다. 기독교 안에는 자기와의 관계에 대한 윤리, 즉 자아윤리도 있는 것이다. 타자에게 아무런 해를 입히지 않고, 서로가 자발적으로 합의하여 성관계를 갖는다 하더라도 기독교 윤리의 체계에서는 그것이 바람직한 성의 범주를 벗어난 것일 수 있다. 혼외(혼전) 성관계가 그 대표적인 예이며, 성인 간의 동성 성관계도 마찬가지다. 상식적 다수가 소아성애는 잘못된 것이며 그런 욕망을 지닌 사람은 그 욕망으로부터 벗어나는 게 옳다고 생각하는 것과 동일하다. 기독교는 여기서 한발 더 나아가 동성애자도, 혼외 성관계에 탐닉하는 자도 그런 욕망으로부터 벗어나야 하며, 그럴 때 참된 자유를 누릴 수 있다고 말한다.

다시 말해, 성소수자들의 인권을 존중하는 유일한 길은 그들의 성적 지향과 욕망을 긍정하고 지지하는 것이라는 단정은 가치중립적인 견해가 아니라 일정한 가치관을 이미 내포하고 있는 이데올로기적 견해인 것이다. 이 이데올로기는 근원적으로 "욕망은 그 자체로 좋은 것"이며, "전통의 도덕과 규범은 억압일 뿐"이고, "진정성의 윤리는 무엇보다 자기 욕망을 긍정하는 것"에 있다는 현대의 문화적 사조를 전제하고 있다.

따라서 기독교의 동성애 행위에 대한 윤리적 입장을 성소수자(동성애자)의 존재에 대한 혐오로 환원하는 것은 명백한 호도와 왜곡이다. 뿐만 아니라 이런 왜곡은 퀴어 이데올로기가 내포하는 특정한 문화적 세계관/가치관을 모든 이가 따라야 할 가치관의 표준으로 삼고자 하는 것이다. 다시 말해 이 이데올로기가 지닌 근본적인 전제를 기독교는 물론 사회구성원 모두가 받아들여야 한다고 부당하게 강요하는 것에 해당한다.

나는 개인적으로 기독교적 성윤리가 옳다고 믿는 사람이지만, 내가 방금 서술한 내용이 단지 기독교적 관점을 강요하기 위한 것이 아님을 분명히 하고 싶다. 다만 퀴어 이데올로기와 기독교 성윤리의 기본전제와 가치관의 차이가 있음을 이야기한 것이며, 그런 전제의 차이가 있는 상황에서 상대에게 자기 전제만을 받아들이라고 강요하는 것은 부당한 일이라는 것을 일반적인 논리적 룰에 근거해 말하는 것이다. 만일, 퀴어 앨라이들이 말하듯이 "행위에 대한 반대가 곧 존재에 대한 혐오"라는 논리를 일관되게 밀고 나가면 기독교의 전통윤리가 혼전 동거나 성관계를 옳지 못한 행위로 규정한다면 그것은 수많은 비혼 동거 커플을 혐오하는 것이 될 것이다. 나아가 기독교가 그리스도 십자가 구원의 유일성을 주장하며 타종교에 구원이 없다고 말하는 것은 기독교 신학 자체의 구원론에 그치는 것이 아니라 타종교/타종교인에 대한 혐오로 규정될 수 있고, 동일한 원리에 의해 무신론자의 신념 역시 종교를 비판하는 것에 그치는 것이 아니라 종교인 개개인에 대한 혐오로 규정될 수 있다. 이런 논리가 과연 온당한가?

종합하자. 성소수자 개개인은 분명히 취약한 존재이다. 그러나 공론장에서 이들을 대변한다는 퀴어 담론은 이미 권력이다. 따라서 이 둘을 구분해서 보아야 하고, 이 이데올로기가 소수자성을 대표하면서 성역의 울타리를 치는 것에 대해서는 이의를 제기할 수 있어야 한다. 그러한 이의제기 자체를 틀어막는 것 또한 권력의 횡포이며 억압임을 분명히 인식해야 할 것이다.

(8) 희생양의 전체주의

이제까지 우리는 긴 지면에 걸쳐 이데올로기에 관해 이야기해왔다. 그 핵심을 두 가지 특성으로 간추리면 다음과 같이 요약할 수 있다. 첫째, 이데올로기는 사람을 휘두르고 지배하는 사상과 신념의 체계이다. 둘째, 이데올로기는 사람들을 하나로 응집시키면서 동의하지 않는 사람을 찾아내 억압하는 집단적 폭력의 매개로 종종 기능한다. 이 두 가지 특성을 푸코의 방식으로 관찰할 경우 권력은 이데올로기를 활용하는데, 최근에는 PC주의나 퀴어 이데올로기가 권력의 도구로 기능한다고 볼 수 있다. 그렇지만 이게 결정적인 것은 아니다. 왜냐면 이에 반대하는 이데올로기도 강하기 때문이다. 즉, 오늘날 상반되는 이데올로기의 각축과 갈등을 관통하며 근본적으로 권력관계의 분포를 결정하는 더 강력한 도덕원리 같은 것이 있는데, 그것은 바로 "희생양에 대한 근심"이다. 이를 설득력 있게 주장한 사람이 르네 지라르인데, 여기서 잠시 그의 주장의 얼개를 대략적으로 살펴보자.

① 희생양에 대한 근심을 혐오했던 니체와 나치

1부에서 우리는 '언더도그마의 오류'를 살펴보았다.[34] 짧게 정리하면 '언더도그마underdogma'란 '언더독underdog'과 '도그마dogma'의 합성어로서 힘의 차이를 근거로 선악을 판단하는 오류인데, 약자/피지배자는 선하고 강자/지배자는 악하다는 관점이다. 최근 이런 식의 사고가 도처에 만연한데, 이를 정교하게 이론적으로 뒷받침하는 것이 바로 앞에서 자주 이야기해왔던 포스트구조주의 계열의 '차이'의 철학이라 할 수 있다. 한편, 지라르는 이렇게 약자/피지배자/소수자의 안녕에 대해 끝없이 염려하는 것을 두고 '희생양에 대한 근심'이라고 표현했다. 여기서 '근심'이란 단어는 지라르가 하이데거(M. Heidegger, 1889~1976)가 쓴 독일어 '조르게sorge'를 그대로 살린 것으로써, 이 말은 '마음 씀', '우려', '근심' 정도의 뜻이라고 볼 수 있다. 그런데 지라르가 이

34 이 책 1부, 52쪽을 참고하라.

말을 사용할 때, 그는 오늘의 사회가 희생양을 염려하는 정도가 좀 지나쳐 거의 실존주의적 근심의 수준이라고 비판적으로 풍자하는 뉘앙스가 배어 있다.

그런데 아이러니한 것이 있다. 차이의 철학/정치가 이론적 지주로 삼고 있는 스승이 바로 프리드리히 니체라는 점이다. 사실 니체는 그 누구보다도 19세기 유럽사회를 휩쓸고 있는 언더도그마의 오류를 포착하고 이를 강하게 혐오했던 사람이었다. 그가 기독교를 혹독하게 비판했던 근본적인 이유도 무엇보다 기독교가 약자/천민을 동정하면서 이들이 강자/귀족들보다 도덕적으로 우월하다는 오해를 심어주고 있다고 생각했기 때문이었다. 니체가 "노예의 도덕"이라고 말한 것이 바로 이것이었다. 이 노예의 도덕이 유럽을 지배하면서, 건강하고 강인했던 전사귀족의 이미지는 퇴색하고 귀족들은 자존감을 상실했으며 유럽은 쇠락했다. 한마디로 니체에게 기독교는 곧 언더도그마의 총체를 뜻했고, 그것은 유럽을 병질과 약골의 세계로 만드는 근본원인이었다. 실제로 니체는 자유주의, 민주주의, 사회주의, 무정부주의 모두를 혐오했는데 이 모든 사조들이 근본적으로 기독교적 평등의 이념을 깔고 있다고 봤기 때문이다. 그러니까 니체에게 있어 모든 문제의 근원은 기독교에 있었다. 실제로 니체가 완전히 광기에 잠식당하기 직전인 '1888년 초부터 1889년 1월'의 수기를 모은 유고집에는 이런 글이 나온다.

> 기독교에 의해 개인은 아주 대단하게 취급되어지고 하나의 절대인 양 제시되어왔다. 그 결과 사람은 더 이상 '희생'될 수 없는 것으로 되었다. 하지만 인류는 인간 희생

> 덕분에 살아남을 수 있는 것이다. 진정한 박애는 인류의 행복을 위해 희생을 요구하고 있다. 이 박애는 인류가 스스로에 의해 지배받기를 요청하고 있다. 왜냐하면 이것은 인간 희생을 필요로 하기 때문이다. 그런데 기독교라는 이름이 붙은 이 가짜 인류는 '아무도 희생되어서는 안 된다'고 명확하게 주장하고 있다.[35]

니체 이전에도 그 이후에도 니체만큼 기독교를 증오하며 이렇게 철저하고도 처절하게 싸우려 한 사람은 없었다. 왜냐면 방금 읽었듯이 니체는 포이어바흐나 마르크스와 같은 계몽주의적 무신론자들과 다르게 기독교적 색채를 띠는 자유와 평등의 휴머니즘조차 거부했기 때문이다. 니체에게 대다수의 인간은 근본적으로 노예나 짐승 같은 존재들이었으며, 충분한 자질과 자격도 갖추지 않은 채 무턱대고 평등과 권리를 주장하는 어이없는 존재들이었다. 그런 그가 "최후의 인간"을 언급하면서 "초인übermensch"의 도래를 간절히 고대했던 것은 당연한 일일 것이다. 거칠게 말해, 니체에게 있어 인간은 평등하지 않으며, 각 개인은 그에게 맞는 격(格)과 급(級)이 있는 법이다. 이걸 억지로 평등하게 하는 것은 자연의 질서 나아가 운명의 섭리에도 맞지 않았다. 실제로 니체가 다윈에게 잘못된 방식으로 열광하면서 사회진화론적 세계관을 가졌던 것은 주지의 사실이다. 그렇다. 니체는 분명 히틀러의 스승이었다. 포스트모던 좌파가 니체를 스승으로 경배할 때, 이들은 니체의 이런 부정적인 면들을 일부러 감추는 경향이 있

35 르네 지라르, 《나는 사탄이 번개처럼 떨어지는 것을 본다》, 218쪽에서 재인용.

는데, 우리는 니체가 여전히 미국의 네오콘을 비롯해 시장자유주의자들의 숭배를 받는 인물이기도 하다는 사실을 상기할 필요가 있다.[36]

그런데 니체는 어떻게 오늘날 인권을 경배하는 PC주의자들에게도 영감을 주는 인물이 되었을까? 니체는 모든 가치의 전도를 주장했던 '망치'였고 '다이너마이트'였다. 니체는 그 유명한《도덕의 계보》에서 관점주의perspectivism를 주장했다. 관점주의는 한 마디로 관점을 초월한 절대지식은 없다는 견해로서 일종의 상대주의와 유사하다. 쉽게 말해 누구의 관점으로 보느냐에 따라 선악의 판단은 달라질 수 있다는 것이다. 그렇다고 해도 니체가 객관적인 진리의 존재 자체를 완전히 부정하는 것은 아니다. 그보다는 전통적 진리, 즉 기독교적 진리를 부정한다.[37] 이러한 관점주의에 근거해 니체는 선/악의 구분은 노예의 도덕적 사고이고 좋음/나쁨의 구분은 귀족적 사고라고 주장하면서, 전자의 구분을 버리고 후자의 구분을 택해야 한다고 강조한다. 그러니까 니체는 그 특유의 귀족적 개인주의를 천명하는 것이다. 귀족은 선악의 도덕에 얽매이지 않고, 그것을 초월하여 자신에게 진정으로 좋은 것을 추구하는 사람이다. 우리는 여기서 "현대적 진정성"[38]의 맹아를 발견할 수 있다.

36 그렇다고 니체를 일방적으로 부정할 필요는 없다. 니체는 인정하기 싫은 현실을 직시하며, 자아로 하여금 낙타와 사자와 어린아이의 단계를 거쳐 자기 스스로를 단련하고 재창조하도록 자극하는 철학자다. 기독교에 대한 오해와 원한에 사로잡혀 있기는 하지만 '권력의지'를 비롯해, 인간의 실존과 세계에 대한 니체의 통찰은 상당히 적확하다고 봐야 한다. 아울러 개인보다 구조의 책임을 강조하며, 전복과 혁명을 주장했던 사람은 마르크스지 니체가 아니었다.

37 고명섭,《니체극장》(김영사, 2012), 642~643쪽.

그런데 후기구조주의 철학의 핵심에 자리한 차이의 철학은 PC주의 정치의 이론적 기반이며, 오늘날 차이는 "진정성"의 이름으로(그리고 권리는 "인권"의 이름으로) 강조된다. 그러므로 보수적 전통과 지배질서는 진정성을 억압하는 장애물이므로 해체되어야 한다. 이 점에서 니체의 사상은 PC주의에 확실히 닿아 있다. 다만 지배규범의 내용에 대한 견해는 거의 180도 다르다. PC주의는 기독교의 위선을 비난하는데, 기독교가 소수자/약자/희생양을 보호하는데 충분한 관심을 기울이지 않았다면서 그 본질에서 벗어났다고 공격한다. 반면, 니체는 "희생양을 옹호"하라는 기독교의 본질 자체를 공격한다. 그런 하찮은 동정심과 양심에 휘둘리는 것은 귀족에게 어울리지 않는다는 것이 니체의 견해인 것이다. 니체는 당대의 기독교가 위선적이라고 비난한 게 아니었다. 그는 기독교의 약자배려, 평등주의 정신이 노예의 도덕을 확산시키며 귀족의 발목을 잡는다고 비난한 것이다. 이 선명한 차이를 분명히 인식해야 한다.

그러니까 후기구조주의자들도 니체가 명령하는 "희생양에 대한 근심(연민) 끊기"는 부담스러울 수밖에 없다. 그렇기에 니체의 관점주의를 차용하여 "희생양에 대한 근심"을 자기 것으로 삼고서는 그동안 기독교가 충분히 희생양을 보호하지 못했다면서 그 위선을 공격하는 전략을 채택한다. 게다가 니체의 반민주

38 앞에서 진정성을 논의한 부분에서, 찰스 테일러가 진정성의 낭만주의적 기원을 규명하면서 오늘날의 진정성이 잊고 있는 것이 공적지평임을 설명했었다. 낭만주의 시대에 진정성은 오히려 도덕의 타락에 대한 반발로 나온 것이었다. 니체의 진정성은 이것과 다르다. 니체의 세계 속 귀족은 노예의 도덕이 만들어놓은 "공적 지평" 따위는 고려할 필요가 없을 것이다. 이런 점에서 볼 때, 니체의 사상에서는 "현대적 진정성"의 맹아를 발견할 수 있다.

주의, 반자유주의는 후기구조주의자들에게 상당히 부담스러운 주장이다. 하지만 니체의 관점주의에 따른 '가치전복', '권력의지'의 추구는 여전히 활용가치가 높은 이론적 자원이다. 그래서 이들은 부담스러운 것은 버리고, 매력적인 것은 활용한다. 사실상 니체의 일부분만 들고 오는 것이다. 그러고는 니체의 해석을 현대적으로 각색한다. 니체는 파시즘에 책임이 없으며 니체가 말하는 귀족은 혈통과는 상관없는 "정신적 귀족"을 가리키는 말이고, "동일한 것의 영원회귀"는 "차이의 영원회귀"[39]이라는 식으로 슬쩍 바꿔놓는 것이다. 왜 그래야 할까? 왜 니체의 반민주주의적 면모를 솔직하게 인정하는 학자가 드문 걸까?

내 생각에는 다음과 같은 이유가 아닐까 한다. 니체는 반기독교 이데올로기의 창안자이자 진정한 가치의 전도(顚倒)를 꾀한 혁명가이다. 그런 그에게 끔찍한 전체주의와 파시즘의 흠결이 남으면 반기독교적 무신론 자체가 결함이 있는 것으로 오해될 수 있다. 또한 한 사람의 철학자가 고대 그리스로부터 자기 당대에 이르기까지의 서구 형이상학을 다 뒤집어보겠다는 학문적 야심을 지니고 모든 것을 비판에 부치는 한편, 새로운 가치의 세계를 창조하고자 전력한 것은 결코 단순한 일이 아니다. 그 과정

39 들뢰즈의 해석인데, 들뢰즈는 철학적으로 동일성의 근원에 안정된 정적 상태가 아니라 끝없는 차이생성과 운동이 있다고 본다. 이러한 원리는 정적인 현상을 미시적이고 미세한 차원으로 관찰할 때 어느 정도 사실이겠지만 이러한 개념을 끌어와 다른 철학자의 개념에 단순히 대입할 때는 오류가 발생할 수 있다. 니체가 말한 동일한 것의 영원회귀가 과연 들뢰즈의 차이의 영원회귀, 즉 차이의 반복으로 귀결되는가? 니체가 그런 의미로 말했는가에 대해서는 연구자들마다 다른 듯하다. 들뢰즈의 차이의 영원회귀는 긍정적인 것만을 체로 거르듯 선택하게 되는 영원회귀가 되어 버리는데, 이런 의미를 강조하면 니체가 영원회귀를 말하면서 끔찍하고 부정적인 것조차도 의연하게 감당할 것을 요구했던 맥락이 사라져 버린다.

에 특별한 전회(轉回, turn)나 변화 없이 평생에 걸쳐 자신의 사상을 일관되게 전개했다면, 이 사람의 메인 아이디어들은 최소한의 체계적인 정합성을 지녀야 한다. 따라서 하나하나의 주장은 별개의 독립된 주장으로 존재하는 것이 아니라 다른 주장과의 연관관계 속에서 진짜 의미를 득한다. 그런 의미에서 니체의 반민주주의, 반자유주의, 반인권적인 주장은 니체의 관점주의, 반기독교주의, 디오니소스적 색채 등과 무관할 수 없다. 그렇기에 PC주의의 이론적 기초가 되는 후기구조주의의 입장에서는 니체의 반민주주의적, 반인권적 색채를 탈색하는 것이 중요하다.

본론으로 다시 되돌아오자. 지라르에 따르면 이제 "희생양에 대한 근심"이라는 원칙은 도전이 불가능한 성스러운 이데올로기가 되었다. 그런데 무엇이 이런 현상을 낳았다는 말인가? 지라르는 그것을 나치독일의 유대인 학살에서 찾는다. 나치는 진정으로 니체의 가르침을 실천하려 했는데, 이들은 근대 시민혁명 이래 진행되어 온 유럽의 자유주의, 민주주의, 사회주의의 흐름을 근본부터 말살하고자 했다. 그러자면 유대 기독교의 유산인 "희생양에 대한 근심"을 끊어내야 했고, 그러기 위한 가장 쉬운 방법은 유럽인에게 질투와 박해의 대상이었던 유대인에게 모든 증오를 쏟아내는 것이었다. 그것은 결국 홀로코스트였다. 그런데 이 대학살은 우연한 계기에 의한 분노의 격발에서 비롯된 것이 아니라, 체계적이고 합리적인 계산과 계획을 통해서 점진적으로 이루어졌다. 나치 수용소의 가스실은 그렇게 고안된 것이었는데, 여기서 중요한 것은 이 과정에서 또 하나의 새로운 이데올로기가 발명됐다는 점이다. 즉, 나치는 유대인 대량학살을 "최종해결Endlösung"이라고 지칭했다. 이는 연합적군의 "패배사"를 뛰어넘는 극단적 집단사고의 사례라 할 만하다. "유대인을 멸절시키는 것이 최종해결책"이라는 신념이 집단사고의 "정상화" 효과를 통해 전 독일인들에게 받아들여진 것이다. 여기서 다시 한 번 유념할 것은 유대인 학살이 갑작스럽게 추진된 것은 아니었다는 점이다. 처음 시작은 유대인에 대한 증오의 선동에서 시작되었고 이민 권고와 경제 제재를 비롯한 각종 사회적 차별정책, 그리고 폭력적 추방 등을 거쳐 최종적으로 수용소와 가스실에서의 체계적인 대량학살로 귀결된 것이다.

지라르는 나치가 전쟁 중일 때에는 상황의 필요에 의해 이러한 학살을 감추었지만, 전쟁에서 승리했다면 이 학살을 절대 감추지 않았을 것[40]이라고 말한다. 히틀러는 수백만의 유대인 시체들을 보여주면서 "희생양에 대한 근심"이라는 원리가 더 이상 지고의 가치가 아니라는 것을 사람들에게 알리고 싶었을 거라는 이야기다. 나치는 이런 종류의 근심은 쓸데없는 것이며, 아리아인과 독일, 나아가 유럽의 부흥을 위해서는 더 이상 이런 유대 기독교적 가치에 발목 잡혀서는 안 된다는 것을 공공연하게 알리고 싶었을 것이기 때문이다. 이 같은 나치의 계획은 당시에 이미 어느 정도는 효과를 보고 있었다. 독일뿐 아니라 독일이 점령한 지역에서 나치에 협조했던 많은 유럽인들은 이미 유대인을 증오하고 있었기에 자발적으로 유대인을 고발했고, 그들이 수용소에서 어떤 운명에 처하게 되는지 소문을 통해 익히 알고 있었다고 한다. 그럼에도 상당수의 유럽인들은 이웃한 유대인을 나치에 고발해 넘기는 것을 망설이지 않았다.

40 르네 지라르, 《나는 사탄이 번개처럼 떨어지는 것을 본다》, 215쪽.

② "희생양에 대한 근심"을 명분으로 한 새로운 희생제의

그러나 나치의 기획은 실패했다. 그들은 패배했고, 세계는 나치의 끔찍한 만행에 경악했다. 이를 계기로 "희생양에 대한 근심"은 오히려 더욱 강해졌다. 물론 이것 자체는 바람직하다. 하지만 희생양 근심이 지배적이 되었다고 해서 희생제의와 희생양이 사라지는 것은 아니다. 이제는 "희생양에 대한 근심" 그 자체가 명분이 되어 새로운 희생제의를 하게 된 것이다. 지라르는 말한다.

> 우리는 스스로의 폭력을 끊임없이, 전면적이고도 제의적으로 자책하는 세상에 살고 있다. 우리는 우리의 모든 갈등을 심지어는 전혀 적합하지 않은 것조차 무고한 희생양이라는 말로 떠넘길 준비가 되어 있다.[41]

본래 희생양으로 지목되기 쉬운 존재들이 있다. 흔히들 가장 약한 존재가 희생양이 되기 쉽다고 생각하는 경향이 있는데, 꼭 그렇지만은 않다. 엄밀히 따지고 들어가면 특정집단 내에서 소수자이지만 그 소수자가 그 집단 외부(혹은 적대집단)의 주류와 동질적이거나 한패라고 여겨질 때 희생양이 되기 쉽다. 프랑스 혁명 당시, 온갖 가짜뉴스와 오명을 뒤집어쓰고 단두대에서 억울하게 처형당한 루이 16세의 왕비 마리 앙투아네트(Marie Antoinette d'Autriche, 1755~1793)가 대표적인 예다. 당시 프랑스는 오스트리아와 앙숙관계에 있었기에 더욱 이 오스트리아 출신의 왕비는

41 위의 책, 221쪽.

군중의 분노에 의한 집단린치에 노출될 위험이 컸던 것이다. 실제로 사회에서 너무 약해서 존재감 없는 사람들은 집단과 권력의 질서에 위협이 되지 않기에 무관심 속에 방치된다. 오히려 권력의 질서를 잠재적으로 위협할 수 있으나, 지배자보다 아직 힘이 약한 존재가 온갖 루머를 뒤집어쓰고 희생양이 되기가 쉽다.

가령, 아랍의 반미 이슬람권 국가들이나 중국에서는 기독교인들이 주로 박해를 받는다. 이들은 잠재적 적국인 미국과 동질적이며 한패라고 인식되기 쉽다. 북한에서도 역시 당연히 소수의 기독교인들이 적국인 미국 혹은 대한민국과 동질적이며 한패라고 여겨진다. 그렇기에 더더욱 박해와 증오의 대상이 된다. 때로는 심지어 내집단의 응집력을 높이기 위해 의도적으로 적을 상정하고 누군가를 그 적과 내통한다고 조작하여 그 집단의 희생양으로 만들기도 한다. 조봉암과 박헌영이 남과 북에서 각각 그런 식으로 숙청당했다. 특히, 박헌영은 미제간첩으로 몰려 처형을 당했는데, 당시 김일성 일당의 선동에 의하면 한국전쟁에서 미국의 폭격을 받은 북조선의 주민들은 미 제국주의의 무고한 희생양이었고, 박헌영은 미 제국주의에 협조한 배신자였다. 물론 이것 역시 날조된 정보이다. 결국 정의로운 처벌을 요구하는 "자칭 희생양"들에 의해 숙청을 당한 것이다. 가히 희생양의 전체주의라 할 만하다.

다시 말해, 희생양은 익숙하게 알려진 소수자적 정체성에 고정된 기표가 아니다. 단지 소수자적 정체성이 있다고 해서 그가 '무고한 희생양'이 되는 것은 아닌 것이다. 그러므로 희생양 메커니즘 룰렛의 바늘이 누구를 향하는지, 다시 말해 어떤 상황과 맥락 속에서 실제 누가 희생될 위험이 있는지, 누가 폭력에 노출되며 린치를 당하는 상대적 약자인지 지속적으로 민감하게 살필 필요가 있다.

니체는 정말로 무고하고 억울한 희생양을 변호하는 것조차도 "언더도그마"로 봤다는 점에서 오류를 저질렀다. 반면, 이제는 아예 힘 있는 이데올로기가 되어버린 "희생양에 대한 과도한 근심"은 소수자의 문제, 나아가 소수자를 옹호한다는 이데올로기—페미니즘이나 퀴어이론 등을 아우르는 각종 정체성 정치와 PC주의—그 자체를 희생양의 프레임으로 바꿔치기한다. 이런 것은 진짜로 "언더도그마의 오류"에 해당한다. 하지만 이 이데올로기는 반(反)희생과 소수자 옹호를 명분으로 다시 새로운 희생양을 만들어 조리돌림을 한다. 이 새로운 희생양의 이름은 "가해자" 혹은 "혐오자"이다. 가히, 희생양의 이름으로 새로운 희생양을 찾아내는 온통 희생제의의 판인데, 이 제의가 온오프라인의 여론과 사법적 방식으로 이루어지기에 이것이 희생제의인지 아닌지 제대로 파악하기도 사실 어려워진다.

그런데 지라르는 희생양 메커니즘이 진행될 때 "인지불능 méconnaissance"이 핵심적인 역할을 한다고 했다. 이 무지 때문에 "사람들은 그들의 희생양이 정말로 유죄이며, 그래서 벌을 받아 마땅하다는 환상을 품게 된다는 것"[42]이다. 즉, 희생양 메커니즘에서 진행되는 폭력을 폭력으로 인식하지 못하거나, 그것을 지극히 정당한 것으로 오해하는 것을 말한다. 그래서 예수는 십자가 위에서 "아버지, 저 사람들을 용서해주십시오! 그들은 자기가 하는 일을 모르고 있습니다"(눅 23:34)라고 말했던 것이다. 이

42 위의 책, 94쪽.

것은 원수를 사랑하는 예수님의 자비를 보여주는 아름다운 말씀이기 이전에, 본질적으로 있는 그대로의 사실을 말하는 것이기도 하다. 그런데 특히, PC 이데올로기에서 인지불능의 형태는 아예 왜곡된 인식을 통해 일어난다. 바로 앞 절 "권력을 얻은 PC와 퀴어 이데올로기" 부분에서 언급했듯이, 현재 PC주의에 경도된 미국의 대학들에서는 보수적 연사의 초청강연 자체가 취소되는 일이 자주 일어나고 있다. 뿐만 아니라 어떤 이슈에 대한 보수적인 견해 자체가 이제는 아예 폭력으로 간주된다. 이제 폭력은 신체적/물리적 위해나 의도적이고 직접적인 모욕과 멸시라는 개념을 넘어, "마음에 안 드는 주장이 내 귀에 들리는 것" 혹은 "내 감정을 불편하게 하는 것"이란 뜻까지 포함하게 된다. 하이트는 이를 "은밀한 개념의 확장"이라고 명명하는데, 지라르도 이를 다음과 같이 지적한다.

> 희생을 극단적으로 운운하는 오늘날의 풍조가 가져다준 것은 사실상 낙태, 안락사, 유니섹스, 엄청나게 많은 곡마단 놀이들과 같은 예전 이교도의 온갖 풍습으로의 회귀다. 이 새로운 이교(異教)는 유대 기독교의 모든 모럴을 참을 수 없는 폭력으로 추정하고 이런 계명을 완전히 없애는 것을 제일 목표로 삼는다. 이들은 또 도덕률을 충실히 지키는 것을 본질적으로 종교적인 박해의 세력과 같다고 간주한다.[43]

43 위의 책, 226쪽.

다시 말해, 기독교가 강조하는 성적인 순결은 자유로운 성적 쾌락과 행복의 추구를 억압하는 것을 넘어 아예 폭력으로 개념화된다. 태아의 생명도 하나님으로부터 온 것이므로 낙태를 해서는 안 된다는 기존의 도덕률은 이제 임신과 출산에 대한 여성의 자기결정권을 침해하고 여성의 몸을 도구화하는 폭력이다. 이처럼 인권의 정치는 폭력의 개념이 적용되는 범위를 넓게 확장하고, 더 많은 사람들을 희생양의 범주에 포함시킨다. 가령, 최근 희생양의 범주에 추가된 그룹으로 트랜스젠더를 들 수 있는데, 이와 관련해 해리포터의 작가 조앤 롤링이 최근 겪었던 논란을 짧게 짚어보자.

2019년 조앤 롤링(Joanne Rowling, 1965~)은 어느 국제기구에서 일하는 영국의 마야 포스테이터Maya Forstater라는 여성이 "생물학적 성을 바꾸기는 불가능하다"는 트윗으로 인해 혐오자/가해자 비난을 받으며 고초를 겪는 상황을 보고는, 마야에게 공감을 표시하고 그를 지지했었다. 마야는 자신의 트윗으로 인해 직장에서 해고되었고[44], 이 조치가 부당하다며 영국 법원에 소송을 걸었지만 패소했다. 영국 법원은 마야의 견해가 인권을 강조하는 민주주의 사회에서 소수자에 대한 심각한 위협이라고 판단했던 것이다. 롤링은 법원의 이 같은 판결이 부당하다고 보았다. 단지, 성에 대한 자신의 견해를 표명한 것만으로 직장에서 해고당하는 것은 지나치다고 본 것이다. 롤링은 볼테르나 밀이 천명한 자유

44 최근 뉴스에 의하면 2021년 6월 항소심에서 영국법원은 마야의 손을 들어주었고 복직판결을 받았다고 한다.

주의적 관용의 원칙, 표현의 자유라는 가치를 강조하고자 했다. 하지만 롤링이 마야의 편에 서자 전세계적인 비난이 쏟아졌다. 심지어 해리포터 시리즈에 출연한 배우들도 롤링의 견해가 잘못되었다고 공개적으로 비난했다.

그러나 롤링은 자신의 신념을 굽히지 않았고 이로 인해 지금은 터프라는 낙인이 찍힌 상태이다. 그렇다고 롤링이 직접적으로 트랜스젠더에 대한 혐오의견을 내비친 것은 아니었다. 롤링은 "원하는 대로 옷을 입고, (남자든 여자든) 자신이 원하는 대로 스스로를 부르라"고 트윗을 했기 때문이다. 롤링의 시각에서 보면, 마야는 단지 여성으로서 트랜스젠더리즘에 대한 자신의 반대의견을 표명했고, 그로 인해 직장을 잃었다. 그러한 마야에 대한 연민과 공감을 표하면서 이 조치의 부당함을 말했다가 롤링도 덩달아 터프로 몰렸다. 하지만 여기서 누가 진짜로 희생되고 있는가? 누군가가 자기 견해를 표출한 트윗은 참을 수 없는 폭력이고, 그 폭력에 대한 응징은 한 사람의 해고와 한 작가에 대한 세계적 비난으로 이어졌다. 여기서 진짜 희생되는 소수자는 누구인가? 그런데 지라르는 이런 모든 현상이 바로 적그리스도의 전략이라며 다음과 같이 말한다.

> 가장 강력한 기독교 반대 운동은 희생양 근심을 자신의 것으로 떠안고서 이를 '극단적으로 밀고 나감'으로써 이를 타종교의 것으로 만들어버리는 운동이다. 이때부터 권능과 권세는 항상 스스로 '혁명적'이길 바라면서 기독교가 충분한 성의를 갖고 희생양을 보호하지 못했다고 비난한다. 이들은 과거의 기독교에서 오로지 박해와 억압과 심문만을

본다. (중략) 갈수록 사탄은 그리스도를 더 잘 모방하면서 그리스도를 능가하려 한다. 이런 적반하장의 모방은 기독교 사회에서 오래전부터 있어왔지만 그 힘이 이렇게 세어진 것은 최근에 와서다. 신약이 적그리스도라고 지칭하는 것은 바로 이 과정이다.[45]

기독교는 희생양을 옹호하면서 박해군중에게 죄가 있다고 말하지만 그 과정에서도 새로운 조리돌림이나 정의로운 복수를 정당화하지 않는다. 용서가 매우 중요한 기독교적 덕이기 때문이고, 그 이전에 기독교적 회심이란 것은 사실상 "나 역시 누군가를 박해하던 군중의 일원"이었다는 자각이기 때문이다. 동시에 원수를 사랑하라는 것 또한 기독교의 중요한 도덕률이다. 기독교는 죄를 분별하는 것과 죄인을 비난하는 것은 다른 문제로 보는데, 성경 곳곳에서는 죄인을 비난하고 허물을 들춰내는 것을 금하고 있다. 그런 면에서 예컨대, 이문열의 소설 《우리들의 일그러진 영웅》에 나오는 주인공 한병태는 그리스도인이 가져야 할 윤리적 자세를 어느 정도 보여주고 있다고 할 수 있다.[46]

이제 종합하자. 희생양에 대한 근심은 분명 바람직하다. 그러나

45 위의 책, 225쪽.

46 한병태는 교실의 독재자인 반장 엄석대의 부당한 횡포에 저항했지만 엄석대를 중심으로 똘똘 뭉친 반 아이들의 집단적인 따돌림과 폭력에 굴복하고 말았다. 하지만 나중에 담임선생님이 바뀌고 엄석대의 악행들이 드러나자 엄석대를 따랐던 아이들은 일제히 엄석대를 비난하는데, 주인공 한병태는 자기 차례가 되었을 때 침묵하고 엄석대에 대한 비난행렬에 가담하지 않았다. 이에 반 아이들은 한병태를 엄석대의 "꼬붕"이라며 비난하는데, 그 비난을 감수하면서도 한병태는 말을 참는다.

그것을 명분으로 가해자를 지목해 새로운 희생제의를 만들어내는 것은 옳지 못하다. 그것이 누구라고 해도, 심지어 조두순 같은 아동 성범죄자를 대상으로 한다고 해도 그를 향한 분노의 소용돌이와 폭력적 린치가 가해진다면 예수님은 분명히 이에 반대할 것이다. 그렇기에 퀴어 앨라이 그룹의 주장은 어떤 면에서는 옳다. 세리와 창녀의 친구가 되셨던 예수님이 LGBT의 친구가 되시지 않을 리가 없다. 그들을 품어주실 것이 분명하며, 이들을 혐오하는 다수의 시선을 꾸짖을 것이다. 예수님은 그 무엇보다 전체주의적 소용돌이를 경계하실 것이다. 퀴어를 우려하는 기독교인들은 이 점을 결코 간과해서는 안 된다. 그러나 지금 그러한 소용돌이가 어디에서 더 강하게 일어나고 있는가도 살펴볼 필요가 있다. "희생양에 대한 근심"을 자기 것으로 끌어안은 PC 주의와 퀴어 이데올로기, 퀴어 앨라이 그룹 역시 그러한 전체주의적인 모습에서 자유롭지만은 않다.

한편, "자기를 부인하고 자기 십자가를 지라"고 요구하는 예수님은 성소수자들이 자신의 욕망을 있는 그대로 긍정해달라는 요청을 거부하실 것이다. 복음서에서 예수를 진실로 만나고 영접한 이들 중에서 자신의 욕망을 있는 그대로 긍정해달라는 요청을 한 사람은 없었다. 오히려 어느 부자 청년은 재산을 다 버리고 따르라는 예수님의 명령에 근심하며 본래 자기 길로 돌아가기도 했다. 자기 소유에 대한 욕망을 접을 수 없었기 때문이다. 다시 말해 주님은 죄인을 구원하러 오신 것이지, 율법을 폐하러 오신 것은 아니었으며, 제자의 길은 자기 욕망과 자기의 의, 자기의 주장을 접는 것으로 시작되었다. 다시 말해, 바울이 "나는 날마다 죽노라"(고전 15:31)라고 고백한 것처럼 십자가의 제자도는 강한 에고의 죽음을 요구한다. 앨라이 크리스천은 이 점을 명심해야 할 것이다.

그렇지만 결국 어떤 신념이 되었든, 심지어 그 신념이 옳다 하더라도 그를 근거로 죄인을 특정해 비난의 조리돌림을 가하는 것을 가장 경계해야 한다. 다른 무엇보다 그것이 가장 사탄적인 것이기 때문이다.

[보론]
차별금지법인가
동성결혼 합법화인가

포괄적 차별금지법과 동성결혼 합법화 문제에 대해서 좀 더 생각해보려고 한다. 이 부분을 쓰는 와중에 차별금지법 제정을 요구하는 국회 청원에 10만 명이 동의하여 국회는 이제 어떤 식으로든 이 문제에 대해 책임 있는 대답을 하지 않을 수 없는 상황이 되었다. 사회적 인식 등을 핑계로 이리저리 회피할 수 없게 된 것이다. 이렇게 된 이상, 차별금지법에 대한 신중하고 충분한 논의가 이루어지고, 이 법의 부작용을 최대한 완화할 수 있는 방향으로 다듬어지길 바랄 수밖에 없는 상황이 됐다. 그럼에도 차별금지법에 대한 나의 기본적인 입장은 변함이 없다. 그러므로 이 논의가 유효하든 그렇지 않든 차별금지법의 문제를 한 번 짚고 넘어갈 필요는 있을 듯하다. 동성애를 신앙적으로 긍정하지 않더라도 차별금지법을 지지하는 기독교인이 있듯, 동성애 자체에 대해 반감이 없고 차별금지법을 지지한다 하더라도 동성결혼 자체만큼은 반대하는 비기독교인도 있을 것이다. 게다가 동성결혼 합법화라니, 차별금지법보다 더 나아간 것 아닌가 이렇게 생각할 수도 있겠다. 하지만 차별금지법과 동성결혼 합법화는 그 성격이 크게 다르다. 결론부터 말하면 동성결혼 합법화가 차별금지법 제정보다 더 나은 선택이다. 왜 그러한지 찬찬히 살펴보자.

(1) 차별금지법의 문제들

차별금지법 제정에 관한 문제는 퀴어를 옹호하는 진보진

영과 기독교가 현재 가장 뜨겁게 맞부딪치는 이슈이다. 특히, 정의당은 21대 국회에서 가장 시급하게 추진할 제1호 법안을 차별금지법으로 정했다. 하지만 차별금지법은 그 좋은 취지와 별개로, 입법을 둘러싼 갈등의 형세가 타협이 불가능한 제로섬 게임이 되어버렸다. 이 법을 지지하면 진보적이고 정의로운 입장이며 반대하면 차별과 혐오를 옹호하는 입장이라는 왜곡된 인식의 프레임이 형성되어 있는 것이다. 이런 상황에서 이 법안에 반대하는 보수 개신교는 그저 논리 없이 생떼를 쓰는 집단이다. 개신교 내부로 들어가면 상황은 정반대가 된다. 신앙적으로 동성애를 긍정하지 않지만 차별금지법 제정에 동의하는 기독교인들의 경우, 악에 내통하는 자들로 여겨진다. 개신교 안에서는 차별금지법은 인권을 빙자한 악법이자 교회를 박해하고 가정을 무너뜨리고자 하는 사탄의 법이다. 하지만 특정한 이슈가 이렇게 선명한 선악의 프레임에 갇히면 주의 깊고 차분한 논의가 어려울 수밖에 없다. 따라서 일단 성급한 판단을 자제하고 차별금지법을 좀 깊게 생각할 필요가 있는데, 여기서 나는 차별금지법의 맹점과 예상되는 부작용을 중심으로 서술해보려고 한다.

첫째, 차별금지법은 '차별'의 기준을 명확히 하기가 어렵다는 문제가 있다. "누구든지 인종, 장애, 종교, 학력, 성별과 성적 지향을 이유로 차별되지 아니한다"는 원칙은 쉽게 이야기할 수 있다. 그러나 이것은 어디까지나 원론적 선언이다. 인권헌장이나 헌법 등에서 평등을 추구하는 기본적 철학을 담은 상징적 문장으로는 훌륭하지만 실제로 저 원칙을 구체적 상황에 적용할 때는 고려해야 할 것이 너무나 많다. 가령, 스포츠대회의 여성종목에 트랜스젠더 여성이 출전을 신청했다고 해보자. 이 트랜스젠더 선수의 출전을 막는 것은 차별금지법 위반인가 아닌가? 실제로 국제 스포츠대회의 역도나 사이클 등의 여성종목에서 트랜스젠더 여성이 출전해서 메달을 따는 일이 있었고, 이를 불공정하다고 항의하는 여성선수들의 목소리가 있었는데, 이것이 과연 트랜스젠더에 대한 차별일까?

[이에 대해, 비온뒤무지개재단의 한채윤 씨는 트랜스젠더의 스포츠 출전에 대한 이러한 불공정시비가 차별이라고 말한다.[1] 그는 수영선수 마이클 펠프스의 신체조건도 뛰어나게 우월하지만, 그런 신체조건에 대한 불공정함은 따지지 않는 모순을 지적한다. 실제로 트랜스젠더 여성이라고 해서 무조건 경기를 이기는 것은 아니다. 그런데 이런 논리라면 호날두나 메시 같은 축구선수가 뒤늦게 자신의 성별을 바꾸고 트랜스젠더로서 자국의 여자축구 대표팀에 출전하는 것도 원칙적으로 반대할 수 없을 것이다. 이에 대해 다른 여성선수들이 불만의 감정을 갖는 것을 온당치 못하다고 비판할 수 있을까?

더 근본적으로 퀴어가 성별이분법을 비판하는 입장이 일관되려면 스포츠에서도 종목을 성별이분법으로 나누는 것 자체에 반대해야 한다. 성별을 가리지 말고 오직 실력으로 승부하게끔 하는 것이다. 실제로 스스로를 남자도 여자도 아닌 논바이너리로 정체화하는 트랜스젠더가 경기에 출전할 때는 어떤 성별로서 출전해야 하는가? 이런 난점을 해결하려면 트랜스젠더 여성이 시스젠더 여성과만 경쟁하는 것이 아니라 시스젠더 남성과도 경쟁할 수 있도록 성별의 경계를 해체해야 할 것이다. 어차피 모든 운동경기가 인종의 차이는 전혀 고려하지 않고 있잖은가? 가령, 흑인은 육상종목에 강하고, 백

1 〈한겨레〉, 한채윤 칼럼, "트랜스젠더와 올림픽, 그리고 공정함", 2021.07.08. https://www.hani.co.kr/arti/opinion/column/1002726.html

인은 수영종목에 강하지만 이런 종목들에서 흑인과 백인으로 나누어 경기를 치르지는 않는다. 따라서 퀴어 이데올로기의 입장이 일관되려면 경기에서 성별을 나누는 것도 바꾸자고 해야 할 것이다. 실제로 베니스 영화제에서는 2021년부터 남우주(조)연상과 여우주(조)연상 항목을 없애고 최우수주(조)연상으로 통합하기로 했다.[2] 그러므로 모든 스포츠 경기도 성중립으로 하는 것이다. 하지만 이런 주장이 현실적으로 받아들여질 수 있을까?]

또 여자교도소의 교도관으로 트랜스젠더를 채용할 수 있는가? 트랜스젠더 교도관이 여성 재소자들의 알몸 신체검사를 할 수 있는가? 또는 여성 성폭력 상담소에서 트랜스젠더 여성이 성폭력 피해여성을 상담할 수 있는가? 이런 문제는 생각보다 복잡하다. 그냥 누군가를 차별하지 않고 동등하게 대하며 그 사람의 존엄을 인정하는 것과 실제 성적인 구별이 중요한 요소로 작용하는 현장에서 그러한 구별요소를 고려하는 것은 문제가 다르다. 그렇지만 현재 논의되는 차별금지법이 이를 충분히 고려하고 있는 것 같지는 않다.

둘째, 차별금지법은 종교 및 양심의 자유와 표현의 자유를 침해하기 쉽다. 가령, '여호와의 증인'의 신도를 생각해보자. 한국사회에서 오랜 기간 이들은 자신들의 종교적 신념에 근거해 병역을 거부했고, 그 때문에 감옥에 가곤 했다. 그러다가 병역법 개정에 의해 여호와의 증인 신도들은 내면의 종교적 신념이 어느 정도 객관적으로 입증될 경우 양심적 병역거부를 존중받았고, 대

2 〈백세시대〉, 배성호 기자, "예술에는 남녀 차이가 없다", 2020.08.28. https://www.100ssd.co.kr/news/articleView.html?idxno=71008

체복무 등을 할 수 있었다. 그렇다면 여호와의 증인 신도가 운영하는 빵집 주인이 동성결혼 웨딩 케이크 주문을 받는다면 어찌해야 하는가? 실제로 여호와의 증인 교단 역시 기독교와 마찬가지로 동성애를 금하고 있다. 여호와의 증인 교단만이 아니다. 한국에 온 어느 무슬림이 빵집을 운영한다고 하자. 그 무슬림이 동성결혼 웨딩 케이크 제작을 거부한다면 그 무슬림 역시 차별금지법을 위반했다고 봐야 하나? 양심적 병역거부의 원리와 마찬가지로 그들이 자신의 종교적 신념과 양심에 따라 동성결혼 케이크 제작을 거부할 수 있는가?

굳이 이 예를 드는 데는 이유가 있다. 차별금지법과 관련해 기독교 안팎에 동성결혼 케이크 제작 거부에 관한 에피소드가 넘쳐나고 있어서다. 예컨대, 2012년 콜로라도 주에서 성소수자 커플이 동성결혼 축하 파티용 웨딩 케이크를 주문했는데, 잭 필립스라는 기독교인 제과점 주인은 이들에게 케이크 제작 판매를 거부했고, 이로 인해 오랜 기간 법정공방을 거친 바 있다.

[그보다 일단 내가 저 제과점 주인이었다면 나는 별 말 없이 케이크를 만들어주었을 것 같다. 동성결혼 축하용 케이크를 만드는 것 자체가 신앙양심에 거리끼는 일이라고는 생각지 않는다. 하지만 만일 케이크를 만들면서 동성결혼 자체를 긍정하고 축하하는 특정한 문구를 새기게 했다면 조금 망설여지긴 할 것 같다. 거기까지는 그래도 괜찮다. 하지만 그런 케이크를 만들면서 제과점 이름이나 제빵사인 내 이름으로 동성결혼 축하메시지를 케이크에 새기게 했다면 나는 그건 분명히 거부할 것 같다. 이렇게 동일한 상업적 거래의 상황에서도 그 구체적인 상황에 따라 당사자가 느끼는 감정도 다를 것이다. 그렇지만 중요한 건 당사자가 내면의 신앙양심에 대해 거리끼는 정도일 것이다.]

이 사건을 거친 장본인 잭 필립스는 최근 책을 펴냈는데, 그는 당시 케이크 제작을 의뢰한 남성 동성애자 커플에게 "저는 당신에게 생일 케이크, 샤워 케이크, 쿠키나 브라우니는 팔겠습니다. 단지 저는 동성결혼식을 위한 케이크는 만들지 않습니다"라고 말했으며, 이 말을 하는 데 단지 "19개 단어, 약 20초 그게 걸린 전부였다"고 책에서 밝혔다.[3]

그의 말이 사실인지 아닌지는 일단 차치하고, 저 말이 사실이라고 가정할 때 저 말 자체는 혐오발언인가? 이는 차별금지법에서 규제할 대상인가? 차별금지법 제정의 필요성을 앞장서 전하고 있는 숙명여대 홍성수 교수 역시 이 사건을 예로 들면서, 이런 행위가 차별금지법에 의해 금지되는 행위인 것은 사실이라고 이야기한다. 동시에 홍성수 교수는 다음과 같이 부연한다.

> 그래도 제과점 주인의 '자유'가 우선한다는 사람이 있다면 이렇게 되묻고 싶다. 불교도가 설립한 회사에 불교도 사원만 뽑고 다른 종교로 개종한 사원은 해고한다면? 음식점에서 '첫 손님이 여자라면 장사가 안 된다'는 이유로 여성 손님을 돌려보낸다면? 택시회사가 가톨릭 신자인 손님만 골라 태운다면? 집을 세놓을 때 '외국인 노동자에게는 세를 주지 않는다'고 광고한다면? 대학에서 장애인 편의시설을 갖추기 어렵다며 장애인 학생의 입학을 거절한다면? 이런 세상에서 살아가도 괜찮다고 여기는 사람은 별로 없을

3 〈기독일보〉, 김유진 기자, "동성결혼 케이크 거부 제빵사, 새 책 '내 믿음의 대가' 출간", https://www.christiandaily.co.kr/news/104149

것이다. 자유의 가치는 소중하지만
'차별해도 되는 자유'가 만드는 세상은 끔찍하다.[4]

일단, 홍성수 교수의 생각과 다르게 2018년 6월 미 연방대법원은 이 소송에서 7대 2로 잭 필립스의 손을 들어주었다. 이와 별개로 홍성수 교수는 저 케이크 사건의 본질을 완전히 왜곡하고 있다. 분명히 하자. 잭 필립스는 손님이 동성애자라는 이유로 거부한 것이 아니다. 구체적으로 동성결혼을 축하하는 케이크 제작을 거부한 것이다. 필립스가 동성애자라는 이유로 일반 케이크나 빵, 과자를 팔지 않았다면 그것은 분명히 차별일 것이다. 그렇지만 이 사건의 본질은 사람을 차별한 것이 아니라 사실상 특정한 신념에 대한 동의의 표현을 요구받은 것이었다. 홍 교수는 불교도 사원만 뽑는 불교도의 회사, 여성 손님을 돌려보내는 여성혐오의 회사, 가톨릭 신자만 골라 태우는 택시회사 등을 열거하고 있는데, 이는 완전히 본질을 과장하고 왜곡하는 것이다. 잭 필립스의 사례는 차라리 동상이나 청동 조각상을 제작하는 어느 그리스도인 업자가 새로 생긴 사찰에 들어갈 불상 제작을 요구받은 사례와 같다고 봐야 한다. 물론 동성결혼 자체가 곧 종교나 정치의 문제는 아니지만, 이 문제가 종교적 신념과 깊은 관계가 있기 때문이다.[5]

게다가 차별금지법이 없는 지금도 상식적으로 홍 교수가

4 〈시사IN〉, 홍성수, "동성커플에게 케이크를 안 판다면?", 2020.08.08, 통권 672호 https://www.sisain.co.kr/news/articleView.html?idxno=42508

5 이 부분에 대한 설명이 납득되지 않으면, 1부 168쪽의 마사 누스바움과 170쪽의 베른트 지몬의 논의를 참고하기 바란다.

예로 든 것과 같은 행동을 하는 사람은 거의 없다. 즉, 개연성이 떨어지는 극단적 사례를 상상해서 열거하고 잭 필립스의 행동을 이와 동일한 범주에 우겨넣고 있는 것이다. 물론 홍 교수는 "차별금지법이 제정된다고 해서 각자의 신념을 강제로 바꿔야 하는 것은 아니"[6]며 무슨 신념을 가지건 차별행위 자체를 해선 안 된다는 것을 천명할 뿐이라고 말한다. 홍 교수는 현실에서 내면의 생각/신념과 외면의 행위가 정말 그렇게 깔끔하게 구분되고, 위에서 언급한 원론에 맞게 돌아간다고 믿는 걸까? 만일 그런 순진한 믿음으로 차별금지법을 제정한다면 이는 정말로 더더욱 경계해야 한다.

한편, 진중권 교수는 포괄적 차별금지법의 적극적 옹호자이고, 오래 전부터 동성애자에 대한 차별을 반대해왔지만 얼마 전 정부가 북한에 전단을 날리는 보수단체를 제재하기 위해 '대북전단살포금지법'을 제정하려는 것에 대해 이를 민족보안법이라며 강력히 비판한 바 있다. 또 '5.18 왜곡 처벌법'에 대해서도 특정한 역사관을 강제하는 것이 될 수 있다며 이를 비판했다. 그렇다면 '포괄적 차별금지법' 또한 일종의 '퀴어보안법'이 될 소지는 없을까? 현재 분위기에서 이 문제를 그렇게 연결해서 생각하는 것은 거의 불가능한 것 같다. 예컨대, 한겨레는 홍성수 교수의 견해를 인용한 뒤, '5.18 왜곡 처벌법'이 '표현의 자유'의 논란을 뛰어넘으려면 '올바른 역사관'이 아니라 '차별과 혐오 문제'에서 논의를 시작해야 한다고 강조했다.[7] 만일 '올바른 역사관'을 강조하면 6.25 전쟁의 (남한의) 북침설을 펴거나 공산주의 계열 독

6 〈시사IN〉, 홍성수, 위의 글.

립운동가를 옹호하는 행위도 처벌하자는 주장이 나올 수 있다는 것이다. 게다가 유럽에서도 홀로코스트 부정을 '역사왜곡'이 아니라 유대인에 대한 '차별과 혐오'의 문제로 보고 있으므로, 이러한 시각에서 5.18 왜곡의 문제를 대할 필요가 있다고 강조한다.

역설적으로 여기서 우리가 알 수 있는 것은 차별과 혐오의 프레임이 거의 만능에 가까울 정도로 강력하다는 것이다. 이 말은 반대하는 주장이나 마음에 안 드는 주장도 '차별과 혐오'의 문제로 전환할 수만 있다면 얼마든지 '표현의 자유'를 제재할 수 있는 명분을 갖게 된다는 사고를 전제하고 있다. 그렇다면 '6.25 북침설'은 당시 북한의 전쟁개시로 희생된 군과 민간인에 대한 차별과 혐오로 볼 수는 없는 걸까? 6.25 북침설을 주장하는 사람들은 심지어 북한은 남쪽 인민들을 해방했을 뿐, 인민재판으로 많은 양민들이 죽었다는 사실마저 전적으로 부정한다.[8] 이런 언행을 북한 공산군에 희생된 사람들과 그 유족에 대한 명예의 훼손이자 차별과 혐오로 볼 수 없는 걸까? 하지만 민족주의에 경도된 진보진영은 이와 같은 명백한 팩트의 오류와 왜곡조차도 표현의 자유를 어떻게든 인정해주려고 한다.

그러나 나는 지금 이들의 표현의 자유를 빼앗아야 한다거나 처벌해야 한다고 주장하는 것이 아니다. 오히려 어떤 문제를 차별과 혐오의 프레임으로 전환할 때, 그 판단이 특정한 정치적 입장에 따라 자의적으로 이루어질 수 있다는 것이다. 진중권 교

7 〈한겨레〉, 이지혜 기자, "5.18 왜곡처벌법은 5.18 왜곡을 막을 수 있을까?", 2020.11.05. https://www.hani.co.kr/arti/politics/assembly/968646.html

8 〈코리아프레스〉, 박귀성 기자, "안학섭, "6.25 전쟁은 북침, 증거는 많다!"", 2018.06.27. http://m.korea-press.com/news/articleView.html?idxno=91228

수의 논리를 따른다면 특정한 성소수자를 모욕하거나 명예를 훼손하는 것이 아니라, 퀴어 앨라이의 주장에 동의하지 않거나 비판적인 의견을 내는 것 자체를 "차별과 혐오"로 몰아가는 것은 오버이며, 이 법이 오히려 '퀴어보안법'으로 기능할 수 있다는 것이다. 퀴어 이데올로기 혹은 그와 관련한 정부의 성평등 정책에 대한 비판과 성소수자 존재에 대한 혐오를 분리하지 않은 채 모든 것을 차별과 혐오의 프레임으로 묶어버리는 것은 매우 부당한 일이 되어버린다. 이런 경우 심지어 성소수자 자녀는 자신의 성적 지향을 인정하지 않고 사랑으로 설득하려는 부모조차도 차별금지법에 근거해 고소하는 것이 가능해진다.

셋째, 차별이 금지되는 4개 영역은 엄격하게 분리되는 별개의 영역이 아니라 다른 영역과 겹쳐 모호성의 문제를 낳는다. 차별금지법을 옹호하는 사람들은 이 법에서 차별이 금지되는 영역이 4개의 영역뿐이며, 실제로 종교의 자유나 표현의 자유를 훼손하지 않는다고 이야기한다. 국가인권위원회가 마련한 법안의 초안에 따르면 차별이 금지되는 4개의 영역은 ① 고용, ② 재화·서비스의 공급이나 이용, ③ 교육기관의 교육 및 직업훈련 ④ 행정·사법절차 및 서비스의 제공·이용 등이다. 그러니까 교회에서 동성애가 죄라고 설교하거나, 심지어 길거리에서 그런 표현을 한다고 해도 이런 행위를 차별금지법이 제재할 수 없다는 것이다. 하지만 한 겹만 더 들어가도 상황이 복잡해진다. 앞에서 재화 · 서비스의 공급과 이용은 케이크 에피소드로 이야기를 했으니, 교육의 측면에서 생각해보자. 만일 기독교적 이념과 가치관에 입각해 교육하는 학교에서 만일 동성애적 지향과 동성 성관계는 바람직하지 않다고 가르칠 경우엔 어떻게 될까? 이는 특정한 성 정체성에 대한 차별적 인식을 심어주는 것이므로 차별금지법에 근거해서 학교와 해당 교사는 제재를 받게 될 것이다. 정부의 공적 재정의 지원을 받지 않고 독립적인 학교로 운영한다고 해도 같은 문제는 반복될 수 있다. 1부에서도 잠시 예를 들었지만, 만일 이슬람에서 세운 학교라면 어떻게 될까? 그 학교 역시 차별금지법 위반으로 제재를 가할 수 있을까? 물론 동성애자라고 해서 식당 주인이 음식을 팔지 않거나 옷가게 주인이 옷을 팔지 않는 것이 명백한 차별이듯, 동성애적 성향을 지니고 있는 학생이라고 해서 진학지도 등을 하지 않으면 분명히 차별일 것이다. 그러나 성윤리 등 특정한 이슈와 관련해서 특정 종교계열의 학교가 그 종교적 가치관에 맞는 방향으로 교육할 경우 이건 또 다른 문제를 낳을 것이다.

넷째, 차별적 발언/행위나 혐오발언/행위가 약자와 피해자의 감정을 중심으로만 돌아가는 문제가 있다. 여기에는 심지어 "기울어진 운동장"의 문제까지 겹쳐진다. 홍 교수를 비롯한 많은 지식인들이 사회적 신분이나 권력의 측면에서 약자가 강자를 조롱하는 멸칭을 쓰는 것은 혐오가 아니라고 한다. 실제로 페미니즘 일부에서도 "남성혐오"라는 개념은 성립될 수 없다고 말한다. 권력을 가진 사람/성별/집단에 대해서는 애당초 혐오가 불가능하다는 이야기다. 따라서 지배기득권 집단을 향한 혐오의 미러링은 혐오가 아니다. 곧 "한남충" 같은 말은 혐오표현이 아니다. 이것이 메갈리아 논쟁의 핵심이었다. 마찬가지로 "개독교"라는 표현도 혐오가 아니다. 기독교는 우리 사회의 주류세력이기 때문이다. 반면, 여성을 비하하는 "김치녀"나 게이 남성을 비하하는 "XX충"같은 표현은 당장 혐오발언으로 법적인 처벌을 받을 수 있다. 하지만 기독교 내부에도 가난하고 연약한 소수자/약자는 있게 마련이다. 또 어떤 여성들은 부유하고 권력이 있는 반면, 어떤 남성들은 가난하고 억압받을 수도 있다. 모든 집단을 가로지르며 강자와 약자, 주류와 비주류가 혼재되어 있는 상황에서 특정한 정체성만으로 "기울어진 운동장"을 운운하는 건 지나치게 단순하고 일차원적이다.

특히, 예측하기 어려운 복잡한 상황이나 약자들끼리 갈등할 경우 더욱 그렇다. 가령 생물학적 여성성을 중시하는 흑인 레즈비언과 백인 MTF 트랜스젠더 상호 간에 혐오발언이 오고 가며 문제가 복잡하게 꼬여 있는 경우, 차별금지법은 무력할 수밖에 없기 때문이다. 흑인 레즈비언은 인종범주에서 약자(+1), 여성이라는 점에서 약자(+1), 성적지향의 범주에서 동성애자이므로 약자(+1)이다. 약자 포인트를 3점 획득했다. 반면, 백인 MTF 트랜스젠더는 인종범주에서 강자(-1), 성적지향과 성 정체성의 범주에서 트랜스젠더이므로 가중치를 지닌 약자(+2)라고 해보자. 억압의 교차성을 고려하여 약자 포인트를 종합하면 흑인 레즈비언은 +3점이고, 백인 MTF 트랜스젠더는 +1점이다. 그러니까 흑인 레즈비언이 백인 MTF 트랜스젠더보다 더 많은 억압을 받으므로 더 많이 배려해야 하는 존재가 된다. 그럼 이 흑인이 백인 트랜스젠더를 향해 차별이나 혐오발언을 하는 건 차별과 혐오라고 볼 수 없는 것일까? 교차성과 위계를 고려한 '혐오발언' 여부의 판단이나 '차별금지법' 적용은 이런 난센스를 초래하게 된다.

하지만 그러한 공정성에 대한 시비는 일단 접어놓는다 치

자. 그리고 일단 불가능하긴 하지만, 권력이 있든 없든 특정한 대상을 비하하거나 멸시하면서 사용하는 비속어나 멸칭 자체를 규제한다고 치자. 그렇다고 해도 문제가 사라지는 것은 아니다. "동성애적 성향은 신경증이다"라거나 "MTF 트랜스젠더는 여성이 아니다"와 같은 문장처럼—특정한 비속어를 동반한 멸칭이 아니더라도—사안이나 이슈에 대한 특정한 견해를 표명한 이런 발화 자체만으로도 사회적 약자에게 심리적 상처를 줄 수 있다면 이러한 발언은 곧 혐오표현이자 폭력으로 여겨지고 있다. 차별금지법에서 이걸 직접적으로 규제하지 않는다 하더라도 이런 발화가 나왔다는 것만으로 논란이 될 것이 분명하다. 이럴 때 나는 궁금해지는데, 기독교인과 대화하다가 면전에서 "하나님은 없고, 기독교는 진리가 아니다"라고 말한다면 이것이 기독교인에 대한 혐오/모욕 표현으로 성립될까? 또, 무슬림 면전에서 "알라는 없고, 이슬람은 진리가 아니다"라고 말한다면 어떻게 될까? 만일 기독교인 앞에서는 해도 되고, 무슬림 앞에서는 해서 안 된다면 그건 왜 그런가? 무슬림이 이 사회의 소수이기 때문일까? 그렇다면 열심히 포교하는 신천지 신도에게 "이만희는 신이 아니며, 신천지 신도들은 다 속고 있다"고 말하면 어떻게 될까? 이것 역시 혐오/모욕에 해당할까? 신천지 역시 우리 사회에서 소외된 소수자들이며, 멸시받는 집단인 것은 분명하다. 이런 문제는 끝도 없이 이어진다. 2015년 파리의 주간지 〈샤를리 애브도〉가 무함마드를 조롱하는 만평을 실은 사건은 어떻게 봐야 하는가?

위와 같은 복잡한 상황들은 얼마든지 가정할 수 있다. 문제는 차별금지법 제정을 주장하는 이들이 차별/혐오적 발언과 행위의 여부를 쉽게 가릴 수 있는 것처럼 가정한다는 점에 있다.

그들은 그저 여성, 장애인, 성소수자, 유색인종, 외국인 노동자와 같은 사회의 비주류를 상정하고, 교차성의 축을 중심으로 차별/혐오 발언을 가릴 수 있다고 생각한다. 동시에 이들은 특정한 말 자체를 행위와 동일선상에 놓고 말을 곧 폭력으로 간주한다. 이런 문제에 대해 인하대 김진석 교수는 주디스 버틀러의 견해를 참고하면서 "사회제도를 통해 구성되는 권력관계와 불평등을 유발하는 다양한 문제들 대신에, 발언과 표현에 과도한 책임이 돌려진다"[9]고 말한다. 버틀러에 따르면 이로 인해 "인종차별주의뿐 아니라 성차별주의의 정교한 제도적 구조들은 갑자기 발언의 장면으로 축소"[10]되는 것이다. 또 차별행위와 혐오발언을 법으로 규제하고 금지하고자 하는 행위는 언어의 수행성을 과도하게 법률적이고 사법적인 코드에 근거시킨다는 문제가 있다.[11] 김진석 교수는 그러므로 가능한 한 효과적인 법안을 만들고 사회적 동의와 합의가 되는 수준에서 법안을 만들 필요가 있다고 이야기한다. 이게 무슨 말인가? 다소 추상적이고 이론적인 설명인데, 쉽게 말해 혐오/차별/모욕에 해당하는 말과 행위들이 어떤 것들인지, 단지 소수자/약자의 견해만 들을 것이 아니라 시민사회 일반의 컨센서스를 찾아가는 것이 필요하다는 뜻이다. 피해자 중심주의를 기본으로 한다고 해도, 소수자/약자가 지나치게 피해자 행세를 할 가능성이 있으며 그로 인해 가해자로 지목된 사람이 도리어 더욱 큰 희생과 피해를 입을 수도 있기 때문이다.

위에서 열거한 점들 외에도 문제는 많다. 차별금지법은 차

9 김진석, 《진보는 차별을 없앨 수 있을까》(개마고원, 2020), 125쪽.

10 위의 책, 125쪽에서 재인용.

11 위의 책, 134쪽.

별이 생산되는 구조의 복잡한 문제를 도외시하기가 쉽다. 실제로 사회의 평등의 수준이 증가할수록 사람들이 차별받았다고 느낄 계기는 더욱 많아진다. 평등의 수준이 높아질수록 경쟁도 심화되며, 공정성에 대한 민감도가 높아지고, 불평등에 대한 감수성 또한 예민해지기 때문이다. 차별금지법은 사회의 질적 변화에 의해 형성되는 이런 복잡한 갈등의 맥락을 건너뛰고 발화/행위에만 초점을 맞추게 될 것이다. 하지만 사회적 행위에 대한 갈등이 꼭 법으로만 해결되는 것은 아니다. 실제로 어떤 갈등을 법으로 해결하고자 할 경우 법은 그 갈등을 법적 언어로 번역할 수밖에 없고, 그 과정에서 갈등이 본래 위치했던 복잡다단한 맥락은 단순화되거나 아예 사라질 수도 있다. 이는 "정치의 사법화" 못지않게 "사회적 상호작용의 사법화" 혹은 "커뮤니케이션의 공동화(空洞化)"를 초래하기도 한다.

물론 차별금지법 제정을 요구하는 취지와 의도 자체가 좋은 것임을 부정하지 않는다. 혐오발언과 모욕이 난무하는 현실에서, 강제력이 있는 법규정은 폭력적인 발언을 일삼는 사람들로 하여금 스스로 자제하게 만들 수 있을 것이다. 또 피해자들의 호소에 실질적인 구제도 할 수 있을 것이다. 그렇다 하더라도 이 법이 가져올 부작용에 대해선 심도 있게 검토될 필요가 있다. 현재의 차별금지법은 인권이라는 보편적 가치를 실현하기 위해서는 양보할 수 없는 가장 기본적인 수단인 것처럼 간주되고 있다. 그러나 특정한 법이나 제도가 어떤 가치를 두드러지게 대표할 경우, 본래 목적했던 가치는 간과되거나 왜곡되기 쉽다. 게다가 차별금지법이 선악의 프레임에 갇히다 보니, 이 법에 대한 반대 입장의 논리가 충분히 개진되지 못하고 있는 것이 현실이다. 이런 이유로 이 글에서 나는 차별금지법의 그 긍정적 취지보다 허점과 예상되는 부작용을 중심으로 서술하였다. 차별금지법 제정의 필요성을 역설하는 글은 이미 넘쳐나고 있기 때문이기도 하다. 그렇다면 차별금지법보다 나은 방법이 있을까? 나는 생활동반자법 내지 동성결혼의 합법화가 그 대안이라고 생각한다. 이제 그에 대해 살펴보자.

(2) 동성결혼 합법화 또는 생활동반자법 제정

이 부분에 대해 이야기하기 전에 먼저 일러두고 싶은 점이 있다. 나는 기독교인으로서 동성결혼이 성경에 입각한 하나님의 뜻에 어긋남을 확실하게 인정한다. 그러나 이 책 2부와 3부에서 나는 기독교적 관점에 근거해 논증을 시도하지 않았다. 기독교적 관점과 입장을 이야기할 때도, 그것을 하나의 입장으로서만 제시했을 뿐이다. 마찬가지로 동성결혼에 관한 문제도 그것의 옳고 그름을 기독교적 입장에 근거해 이야기하는 것이 아니라, 서로 생각과 성적 지향이 다른 사람들이 평화롭게 공존할 수 있는 세속적 룰이 무엇인지를 말하고자 한다. 이에 대해 기독교인이든 비기독교인이든 오해가 없기를 바란다.

기독교인들은 진리가 다수결의 문제가 아님을 안다. 사실 차별금지법이나 동성결혼의 합법화가 시기상조라거나, 사회적 인식의 성숙과 광범위한 시민적 동의가 필요하다는 정치인들의 말은 난감한 문제를 단지 회피하고 지연하기 위한 책략에 불과하다. 당장 동성결혼의 합법화를 요구하는 청원이 등장하거나, 이 문제가 헌법재판소로 넘어갈 경우에는 국민 다수의 인식과 상관없이 헌법에 입각해 동성결혼의 합법화 요구는 법적 합리성이 인정될 가능성이 높다. 진리가 다수결의 문제가 아님을 기독교인들 스스로 잘 알고 그렇게 말하면서도, 단지 동성결혼 합법화 혹은 차별금지법을 막기 위해 "국민다수의 의견"과 같은 다수결의 원칙에 임시방편으로 호소하는 것은 정직하지 못하며 도리어 부메랑으로 돌아올 수 있음을 기억해야 한다. 그러므로 기독교인은 어떤 목적을 추구하든지 그 절차와 방법도 기독교인다운 정직함과 논리적 일관성을 유지해야 한다. 그런 의미에서 기독교인은 스스로 강력하게 주장하는 "자유민주주의"의 참뜻이 무엇인지, "자유"의 개념은 무엇인지 깊이 숙고할 필요가 있다.

현실적으로 세속적인 현대 시민사회 궁극의 이념과 가치관은 자유주의이며, 그 자유주의의 토대 위에서 다양한 가치와 종교가 공존하고 있다. 물론 자유주의라고 해서 완벽한 것은 아님은 내가 이 책에서 줄곧 강조해 왔다. 단적으로 자유주의는 모두가 바람직하게 추구해야 하는 좋음goodness이 무엇인지 특정하지 않는다. 단지 절차적 정당성이나 공정성의 차원에서 올바름righteousness이 무엇인지만 따질 뿐이다. 동시에 자유주의는 어떤 특정한 종교의 진리를 궁극적인 가치로 내세우지도 않고 강제하지도 않는다. 다만 종교를 선택할 자유를 준다. "종교의 자유"라는 개념은 16~17세기의 유럽 각국이 종교개혁과 종교전쟁을 거치면서 확립된 개념이며, 이는 전적으로 기독교적인 개념이기도 하다. "종교의 자유"를 요구한 주체는 다름 아닌 신교도들이었으며, 이들은 종교적 이유로 박해를 받지 않을 권리를 주장하였다. 그리고 초기 아메리카의 개척자들은 신앙의 자유를 찾아 고국을 떠난 청교도들이었지만, 미국을 건국할 때 이들은 유럽과 달리 국교를 정하지 않았다. 가장 독실한 신앙인들이었으나, 타인에게 자신들의 신앙을 강제해서는 안 된다는 기본적인 자유주의 원칙을 인지했기 때문이었다.

나는 자유주의의 이념을 대할 때면 이 이념의 기본적 원리가 내가 믿는 하나님이 인간을 창조하시며 자유의지를 주신 것과 동일한 원리라는 것을 명백히 깨닫는다. 하나님은 인간을 로봇으로 만들지 않으셨다. 자의식과 자유의지를 지닌 인간이 자발적으로 하나님을 믿고 경배하게 하셨다. 하나님이 인간에게 자발성과 자율성을 부여하지 않았다면, 인간은 책임을 질 필요가 없는 존재가 된다. 예수님이 문 밖에 서서 두드린다는 비유는 인간이 자기 영혼의 문을 스스로 열지 않는 한 문을 강제로 부수고 들어가지 않는다는 것을 의미한다. 마찬가지로 인간 역시 자신이 생각하는 좋은 것을 타인에게 강요하거나 강제할 수 없다. 물론 표현의 자유 원칙에 근거해 좋은 것이 무엇인지 말할 수 있고, 권장할 수도 있다. 하지만 최종적인 선택과 그에 따른 책임은 당사자 개인이 감당하는 것이다. 동일한 원리에 의해 자유주의는 어떤 특정한 형태의 섹스가 좋은 것이라고 정의하지 않는다. 따라서 개인은 자신의 성향에 따라 자유롭게 섹스의 형태와 성관계의 상대를 선택할 수 있다. 결혼을 할 자유와 결혼하지 않을 자유도 있다. 이런 원리에 입각하면 동성애자들에게도 결혼할 권리는 주어질 수 있다.

물론 보통 사람들은 즉각적으로 이에 대한 거부감이 들 것이다. 하지만 잘 생각해보자. 그리스도인 입장에서 불교와 이슬람교는 진리가 아니며 이 종교들은 사실상 우상을 숭배하고 있다. 그렇지만 석가탄신일은 크리스마스와 마찬가지로 국가가 공식적으로 공휴일로 지정한 기념일이지 않은가? 그리스도인들은 길거리에 연등이 달린다고 해서 그 연등을 치우라고 청원하지 않는다. 불교도들은 시청 앞 광장에 대형 크리스마스 트리를 장식하고 점등한다고 해서 이를 치우라고 청원하지 않는다. 각자의 신앙의 자유를 존중해야 함을 잘 알고 있기 때문이다. 이런 기본적 상식이 있기 때문에 대한민국은 다종교사회이지만 종교 간 갈등이 거의 없는 평화로운 자유주의 국가로 존재할 수 있는 것이다. 동시에 타인의 신앙을 존중한다고 해서 내 신앙의 포교가 금지되는 것은 아니며, 타인의 종교적 신앙을 나의 신앙에 비춰 비판하는 것 또한 자유롭다. 불교도는 기독교가 배타적이라고 말할 자유가 있고, 기독교도 역시 불교가 진리에 미치지 못한다 말할 자유를 누린다. 더 나아가보자. 헌법상 종교의 자유에 근거해 '신천지'나 '구원파' 같은 기독교의 이단종파도 자유로운 종교적 활동이 가능하다. 구약성경에서는 심지어 박수무당을 죽이라고 명령하지만 오늘날 무당은 자유롭게 직업적으로 무속활동을 할 수 있다. 오늘날 어떤 기독교인도 무당이 이 사회에서 사라져야 한다거나 무당이 무속활동을 못하게 해야 한다고 주장하지 않는다.

동성결혼도 마찬가지다. 동성결혼을 합법화한다고 해서 남녀의 결혼이 사라지는 것은 아니다. 또 동성결혼이 합법화된다 해서 그것이 표면적으로 기독교인들의 신앙을 위협하는 것도 아니다. 이건 차별금지법과 같은 제로섬 게임이 아니다. 이 혼인의 합법화 자체가 표현의 자유를 해치는 것도 아니다. 게다가 차별금지법에 비해 성소수자들의 권익을 실질적으로 증진시킨다. 혐오를 그만두라고, 차별하지 말라고 백 마디 말을 하는 것보다 사회가 공식적으로 성소수자들의 혼인을 승인하는 것이야말로 보통사람들이 이들을 우리 사회의 정상적인 일원이자 이웃으로 받아들이게 하는 것이 훨씬 쉬워질 것이다.

동성결혼 합법화는 절대 안 된다는 사람들의 사고구조는 그들 스스로 자각을 못하지만, 조선 후기 천주교는 절대 안 된다는 노론벽파의 사고구조와 동일하다. 그들은 유교의 가르침을 절대적 진리로 믿고 있었고, 따라서 백성들이 사교(邪敎)인 천주교를 받아들이면 조선사회의 질서가 뿌리부터 무너질 수 있다고 생각했다. 즉, 조상에 대한 제사를 지내지 않을 것이고, 그렇게 되면 조상과 웃어른에 대한 공경의식도 사라질 것이며 충효의 도덕도 땅에 떨어질 수 있다고 생각했다. 왜냐면 천주교도들은 군주나 부모보다 '천주' 하느님과 '야소(耶蘇, 예수의 한자식 표현)'라는 사람을 더 높은 권위자로 믿기 때문이다. 한마디로 조선사회의 전통과 정신문화를 지탱해왔던 근본토대가 무너지는 것이다. 유교적 도덕은 나라의 근본을 정립하는 진리이므로, 이 진리의 체계를 받아들일 것인가 말 것인가를 백성들이 스스로 생각하고 선택할 자유는 허락되지 않는 게 당연했다. 물론 더 복잡한 정치적인 이해관계가 있었겠지만, 기본적으로 이런 신념에 근거해 천주교를 박해한 것이다.

종교개혁 이후 유럽의 개신교가 만일 위와 같은 논리를 고집했다면 "종교의 자유"라는 중요한 가치는 생겨나지 못했을 것이다. 특정 지역은 개신교가 가톨릭을 박해하고, 다른 지역에서는 가톨릭이 개신교를 박해했을 것이다. 하지만 그들은 다름을 인정하고 존중하며 서로 평화롭게 공존하는 방법을 "종교의 자유"라는 원칙에서 찾았다. 다만, 현대 시민사회를 살아가는 기독교인들은 "종교의 자유"와 "정교분리의 원칙"을 당연한 것이라고 생각하기 때문에 이 개념이 형성된 구체적인 맥락을 간과하는 것이다.

반면, 동성결혼은 우리가 한 번도 당연하게 생각한 적이 없다. 세계 곳곳에서 결혼은 남녀 사이의 일이기 때문에 이것 자체가 굉장히 생소한 것이다. 하지만 일부일처제도 생각하기에 따라서는 생소하다. 심지어 성경에서도 일부다처제가 자연스럽다. 노예제가 자연스러운 것과 마찬가지다. 하지만 그리스도인 선교사들은 복음을 전하는 지역 곳곳에서 일부일처제가 바람직한 결혼이며, 남자들에게 축첩을 하지 말 것을 요구했다. 영국의 복음주의자들은 앞장서서 영국의 노예제를 폐지했으며, 조선에 들어온 개신교는 교회 안에서 양반과 노비, 남자와 여자가 하나님 앞에서 동등한 존재임을 가르쳤다. 정경 전체를 아우르는 하나님의 뜻이 거기에 있다고 생각했기 때문이다. 동시에 일부일처제는 남녀의 평등한 결혼이라는 세속의 보편적 원리와 맞고 노예제 폐지는 모든 인간이 평등하다는 보편적 원리에 맞기 때문에 사회적으로도 올바른 것으로 받아들여진 것이다. 즉 기독교적 가르침으로부터 출발하더라도 그것이 사회가 인정하는 보편적 가치인 자유와 평등의 원리에 합당할 때 그것은 세속 사회에서도 합당한 것으로 받아들여질 수 있다. 하지만 모든 이들이 예수를 구세주로 믿어야 한다는 요청은 종교의 자유라는 기본적 가치와 충돌하기 때문에 이는 받아들여지지 않는다. 반면, 특정한 문화/가치관/제도가 기독교의 신앙 및 교리와 맞지 않는다 하더라도, 그것이 자유주의 원리와 헌법에 근거한 보편적 가치와 충돌하지 않는다면 그것은 받아들여지기 마련이다. 동성결혼이 이에 해당될 수 있다.

물론 동성결혼에 대해 이견이 있을 수 있다. 가톨릭에서도 동성결혼은 결혼의 개념과 정의를 바꾸는 것이라며 기본적으로 이에 대한 반대 입장을 표명하고 있다. 동방정교도 다르지 않다. 또 종교적인 믿음에 근거하지 않더라도 많은 이들이 '저출산'과 '전통적 가정의 해체' 등의 이유로 반대할 것이다. 당장 아들이 남자를 며느리로 데리고 왔을 경우, 부모는 이를 쉽게 받아들이기 어려울 것이다. 그런 사회적 부작용은 있을 수 있다. 하지만 가정 안에서 일어날 수 있는 그런 갈등의 우려 때문에 국가가 동성결혼 자체를 틀어막을 수는 없는 일이다. 1990년대만 하더라도(아니 어쩌면 지금도) 기독교인 며느리가 들어와 아들을 전도하더니 부모의 제사를 챙기지 않게 되면, 기독교를 믿지 않는 기존 가족의 입장에서는 화가 나는 일이었을 것이다. 그렇다고 국가가 법으로 기독교를 금지할 수 있었겠는가? 마찬가지다. 그런 수준의 불화와 갈등이 염려된다고 해서 국가가 동성 간의 결혼 자체를 원천적으로 틀어막는 것은 불가능하다. 부모가 반대하더라도 19세 이상의 남녀가 자유롭게 결혼할 수 있는 것도 마찬가지 원리다. 가정 내 갈등상황에서도, 필요하면 법에 근거해 국가는 개인을 보호하기 위해 가정 내의 문제에 개입할 수 있는 것이다.

위와 같은 자유주의 원리에 입각한다면 일부다처 혹은 다부다처와 같은 폴리가미polygamy도 가능한 것 아닌가? 맞다. 가능하다. 일부일처제는 과거 남녀의 불평등 및 사회의 신분과 계급의 불평등 상황에서 특정계층의 남자가 누리는 특권을 박탈하면서 정립된 제도였다. 반면, 오늘날 일부일처가 완전히 정착된 사회에서는 세 사람 이상이 자발적인 합의에 근거해 결혼하겠다는 사람들이 있다면 이제 자유주의는 이를 규제할 근거가 없다. 여기에는 남녀의 위계나 남성들의 축첩과 같은 봉건적 위계질서의 문제가 더 이상은 없기 때문이다. 뿐만 아니라 부부가 배우자를 교환하여 성행위를 하는 스와핑 클럽과 같은 것도 자유주의는 그 자체의 원리에 근거해서는 규제할 수 없다. 화폐를 매개로 한 성매매는 규제대상이지만, 수평적인 친교와 자발적 합의에 근거한 성의 자유로운 교환을 무엇에 근거해서 규제할 수 있겠는가? 앞에서 말한 대로 자유주의는 무엇이 좋은 것인지 정의하지 않는다.

그렇다면 나는 지금 이런 것도 다 허용해야 한다고 주장하는 것인가? 결코 아니다. 다시 강조하건대, 나는 나의 신앙에 근거해 동성결혼이 옳지 않다고 생각할 뿐 아니라, 사회적으로도 많은 혼란을 몰고 올 수 있다고 생각한다. 그럼에도 시민사회의 층위에서 우리가 가장 중요하게 지켜야 할 원론적 가치는 자유주의라고 믿는 것이다. 그것은 하나님이 피조물인 사람을 대하는 방식이기도 했다. 처음부터 선악과를 두지 않으면 될 것을 굳이 동산 중앙에 두고서는 그것을 먹지 말라는 명령을 한 것은 어떤 의미인가? 이미 천지가 창조될 때부터 하나님은 인간에게 자유를 주시면서 죄를 지을 가능성 자체를 차단하지 않았다. 악행을 할 가능성이 처음부터 차단된 상황에서 선을 행하는 것은 본능일 뿐, 자유에 의한 것이 아니기 때문이다. 자기 욕망을 선택하든 하나님의 말씀을 선택하든, 선택가능성 자체가 주어져야 자유의지가 의미가 있는 것이고, 그 자유의지에 근거한 신앙이 참된 신앙이 되는 것이다. 동성결혼이라는 제도도 그런 차원에서 볼 수 있어야 한다고 본다.

나는 1부 끝부분에서 지혜로운 분리주의를 주장했고, 그것의 핵심은 신앙의 영역과 세속의 영역을 구분하는 것에 있다고 말했다. 그리스도인들은 세상에 있으나 세상에 속하지 않은 존재다. 따라서 그리스도인은 성경에 입각해 올바른 가치가 무엇인지 제대로 분별하고, 복음과 함께 바른 가치를 사람들에게 알리고 설득해야 한다. 그리고 바른 삶의 양식을 제시할 수 있어야 한다. 하지만 우리가 사회에서 신앙과 양심의 자유를 지키면서 그를 표현할 수 있는 권리를 누리는 것은 그 근간에 자유주의적 원리가 있기 때문이다. 우리가 그 자유를 누리려면 다른 생각을 하는 사람도 그 자유를 누릴 권리가 있음을 기본적으로 인정하는 수밖에 없다. 개인적으로는 생활동반자법의 제정이 동성결혼 합법화보다 더 낫다고 생각하며, 이 법에 대해 진영과 종교를 초월한 사회적 대타협이 이루어지기를 바라지만, LGBT 그룹에서 이성애 결혼만 '결혼'의 지위를 부여하는 것은 '차별'과 '배제'라고 주장할 경우 이를 반박하기가 쉽지 않다. 그렇기에 유럽의 많은 나라들이 동성 커플을 '시민결합'에서 '동성결혼'으로 다시금 지위를 높여주고 있는 것이다.

어쨌든 결론은 이렇다. 차별금지법은 제로섬 게임의 성격을 띠며 종교의 자유와 표현의 자유를 침해할 소지가 크다. 동성결혼 합법화는 이러한 자유를 침해하지 않는다. 각자에게 필요한 권리를 인정해주는 덧셈의 법이기 때문이다. 그렇기에 나는 동성결혼 합법화가 차악의 대안이라고 생각한다. 또 기독교는 동성 간 성행위를 신앙적으로 죄로 인식한다 하더라도, 시민사회 차원에서 동성결혼 합법화에 찬성할 수 있다. 이는 양립가능하다. 그러므로 자유주의와 기독교 신앙이 온전히 양립가능한 대안을 즉자적 반감으로 내치지 말고 이를 충분히 검토해보는 것은 어떨까? 그렇지만 동성결혼에 대한 이러한 나의 생각은 아직은 잠정적일 뿐이며, 앞으로 더 많은 고민의 여지가 남아 있다고 생각한다. 누군가 더 훌륭한 논리로 이러한 나의 입장을 반박해주기를 바라며, 그런 비판을 접한다면 나는 오히려 기쁠 것이다.

전투가 아니라 대화가 시급하다

오성민

유튜브 〈Damascus TV〉 운영자
On the road to Damascus 대표

2016년 6월 28일, 뉴욕의 한 일요일을 기억한다. 미국 연방 대법원이 모든 주의 동성결혼을 합법화한 지 이틀이 지난 후였다. 도심에서는 프라이드 퍼레이드(일종의 퀴어 축제)가 그 어느 때보다 성대하게 치러질 예정이었다. 대규모 인파도 예상되어 길목마다 경찰이 배치되었는데, 그들은 사람이 몰리는 걸 막기 위해 목적지를 말해야만 통과시켜 주었다. 차마 교회에 간다고 말 못하고 다른 이유를 둘러댔다. 주변에 무지개색 바람개비를 든 사람들이 너무 많았기 때문이다.

예배를 마치고 무언가에 홀린 듯 퍼레이드 장소로 발걸음을 옮겼다. 역대 최대 규모의 퍼레이드였다. 화려한 패션, 감정을 고취하는 춤과 음악, 그리고 감동적인 구호들까지 눈을 사로잡았다. 가장 흔한 구호는 'LOVE IS LOVE'였는데, 사랑은 어떤 모습이든 똑같이 사랑이라는 의미였다. 확신, 정당성, 그리고 반대자들에 대한 비판까지 겨우 세 단어에 압축시킨 천재적인 구호였다.

퍼레이드를 구경하러 온 사람들은 미리 나눠준 듯 보이는 무지개 바람개비를 들고 환호했다. 다른 이들은 무지개 깃발을 흔들고 있었다. 이성애자로 보이는 많은 커플들도 성 소수자들의 사랑이 드디어 인정받았음을 축하해 주었다. 그 자리의 모두가 승리에 취해 있었다. 전쟁 영웅의 개선문 입성을 봤다면 이런 모습이겠다 싶었다.

환희를 넘어 도취 가득한 축제 한복판에 서 있다 보니 이상한 상상이 불쑥 떠올랐다. “만약 여기 있는 사람들 전부가 내가 동성애를 죄로 본다는 사실을 알게 된다면 무슨 일이 일어날까?” 물론 참가자 대부분은 선량한 사람들이었을 것이다. 그들은 일반적인 상황에서라면 민주 시민의 상식을 벗어나지 않는다. ‘하지만 지금 이 열기의 한복판이라면?’

당장에라도 여러 명에게 봉변을 당하는 모습이 그려졌다. 물론 단순한 상상일 뿐 실제로 그런 일이 일어났을지는 알 수 없다. 하지만 서구권 대도시에서 퀴어 이슈에 공개적으로 반대 의견을 낸다면 사회적 자살행위인 것은 엄연한 사실이다. 대학가는 훨씬 심한데 퀴어 이론에 찬성하지 않는 이들이 자기 생각을 말했다가는 몰상식한 혐오자로 낙인찍히기 십상이다. 보수적 스탠스를 지닌 강연자들은 설령 전혀 다른 주제라 해도 섭외가 돌연 취소되곤 한다.

이후 나는 몇 가지 계기를 통해 근본주의 기독교 진영의 반동성애 운동을 비판하기 시작했다. 하지만 그 뿌리는 뉴욕에서 느꼈던 개인적인 두려움에 있었다. 반대로 말한 것이 아니다. 실제로 한국의 교계는 맨해튼 한복판과는 상황이 정반대이기 때문이다. 교회는 성소수자 혹은 이들을 지지하는 쪽에서 두려움을 느낄 만한 곳이다. 아무리 반동성애 운동 현장에 폭력이 드물다고 한들, 자신의 정체성을 적극 반대하는 이들이 모여 있는 현장에서 두려움을 느끼지 않을 사람은 없다.

그러나 한국도 곧 뉴욕처럼 상황이 뒤바뀌진 않을까? 반동성애 진영이 항상 강조하는 구호가 미국이나 유럽의 상황을 보라는 것이다. 이들이 상상하는 서구사회는 표현의 자유가 완전히 사라진 아포칼립스다. 그러나 이는 일부 잘못된 정보나 과장에 기반을 둔 경우가 많다. 서구권에서도 특정 의견을 냈다고 체포되거나 벌금을 무는 일은 거의 발생하지 않는다. 뉴욕 한복판에 있는 교회에서 동성애가 죄라는 설교를 해도 별로 문제 될 것이 없다. 혹시라도 퍼레이드 현장에서 봉변을 당했다면 당연히 가해자는 연행될 것이다.

동성애 이슈에 목소리를 내는 그리스도인들은 보수와 진보를 막론하고 자신을 소수 입장으로 간주한다. 그리고 양쪽 다 상대 진영에 억압적이라는 프레임을 씌운다. 이 현상에 대해《기독교와 퀴어, 제4의 답변》은 좋은 통찰을 보여준다. 정답은 무대 설정에 있다. 동성애를 강경하게 반대하는 그리스도인들은 세속 전체를 무대로 삼지만, 성 소수자들을 지지하는 이들은 교계만을 무대의 범위로 간주한다는 것이다. 자신을 핍박받는 위치에 놓음으로써, 정치적으로 유리한 고지를 점령하려는 속셈이다.

위의 통찰은 이 책 곳곳에 담긴 번뜩임 중 하나에 불과하다. 특별히 저자는 동성애를 죄라고 생각하는 것이 혐오는 아니라는 사실을 설득력 있게 주장한다. 앨라이 크리스천들은 하나님은 사랑이시니 모든 것을 용납하신다고 말한다. 말하자면, 하나님의 자비로움 앞에서 모두가 의인이나 마찬가지라는 것이다. 하지만 하나님의 사랑이 위대한 이유는 그분이 아직 죄인인 우리를 사랑하셨기 때문이다. 이 놀라운 사랑은 동의가 안 되는 상대라도 차별 없이 사랑할 수 있게 하는 가장 큰 원동력이다.

이 책의 1부에는 기독교와 퀴어에 관련된 흥미로운 분석이 담겨 있다. 하지만 몇몇 내용에는 선뜻 동의하기가 어려웠다. 예를 들어, 동성애를 죄로 여기는 그리스도인이 동성결혼에는 찬성할 수 있다는 내용은 너무 파격적으로 다가왔다. 하지만 논리를 따라가다 보니 일정 부분 이해가 되었다. 개인의 신념으로 무언가를 자유롭게 반대하더라도, 사회의 구성원으로서 타인의 자유를 법으로 제지하지 않아야 한다고 생각할 수 있다는 것이다.

성경이 이혼을 허용하지 않는다고 믿는 것과, 이혼을 법으로 금지해야 한다고 여기는 것은 별개의 문제다. 당연히 그리스도인 대부분은 이혼을 법으로 금지해야 한다는 생각에 반대할 것이다. 그런데 유독 동성결혼의 합법화에 대해서만 불편하게 느껴진다면, 아마도 논리적인 이유가 아니라 감정이나 환경에 의한 것일 확률이 높다.

2부와 3부에 들어서면 현대 학자들의 이름이 많이 등장해 다소 어렵게 느껴질 수도 있다. 하지만 결국 저자가 인용하는 가장 큰 뼈대는 르네 지라르의 차이소멸 이론이다. 우리는 흔히 도덕적 금기를 인간의 자유를 억압하는 낡은 가치라고 생각한다. 하지만 금기야말로 차이를 유지하여 사회를 지탱하는 안전핀이다. 차이가 완전히 소멸한 사회에는 반드시 폭력이 뒤따르기 때문이다.

저자의 비유를 인용하자면, 남자친구가 연예인의 외모를 칭찬하는 것은 괜찮지만 여자친구의 친구를 예쁘다고 말하는 일은 금기에 가깝다. 이런 말을 들을 때, 여자친구는 자기 친구와의 차이, 즉 애인의 지위가 소멸되는 것처럼 여기게 된다. 우리는 차이가 갈등을 일으킨다고 생각하지만 이처럼 오히려 차이의 소멸이 갈등을 일으킨다. 그리고 이 갈등은 쉽게 폭력으로 변모한다. 고대인들은 이 사실을 알고 있었고, 차이의 소멸을 막기 위해 종교나 신화의 형태를 빌려 금기를 세웠다. 이 금기에는 물론 성별의 엄격한 구분도 포함되었다.

또 다른 부분에서《기독교와 퀴어, 제4의 답변》은 퀴어 이론가들이 지식적 토대로 삼는 주디스 버틀러의《젠더 트러블》을 비판적으로 검토한다. 저자는 한국 기독교가 여태껏 버틀러에 대해 제대로 비판한 적이 없다는 사실을 우선 지적한다. 그저 악마로 취급했을 뿐, 정면으로 맞선 적이 없다. 저자는 우선 버틀러의 글을 진지하게 읽으려 노력한다. 일리 있는 부분을 인정하는 한편, 진지한 논증으로 볼 수 없는 부분은 조목조목 지적한다. 그리고 마침내 버틀러가 학자보단 정치적 선동가에 가깝다는 결론을 내리는데, 버틀러가 대안적 기획만을 나열할 뿐 아무런 근거를 제시하지 않기 때문이다.

《기독교와 퀴어, 제4의 답변》 후반부는 희생양에 대한 근심이 곧 이 시대의 우상이라고 경고한다. 이 또한 르네 지라르에게 빚을 진 통찰이다. 희생양이 될 사람들을 지나치게 걱정하는 마음은 결국 또 다른 희생양을 만드는 데 일조한다. '정치적 올바름'(PC)도 결국 이데올로기로서 성역화되어 또 다른 폭력을 일으킨다. 저자는 이들이 전체주의에 반대하는 내용을 전체주의적 방식으로 퍼뜨린다고 본다.

기독교 내부뿐 아니라 사회 전체에 퀴어와 젠더가 관련된 갈등이 만연해 있다. 특히 한쪽 입장으로 치우친 책이나 유튜브 영상들은 자신과 다른 생각을 하는 이들과 전쟁을 하도록 부추

겨왔다. 세상이 당장에라도 적의 손에 넘어가기 직전이라며, 보는 이들이 진리의 최후 수호자라도 된 듯한 느낌을 제공한다. 그러나 우리에게 시급한 것은 전투가 아니라 대화다. 자신의 견해만을 소수로 느끼는 것은 관점에 따른 착시에 불과하다. 급하게 상대방을 때려눕힐 이유는 어디에도 없다. 오히려 상대의 말을 차분히 듣고 이해한다면 더 효과적으로 대응할 수 있을 것이다.

보수적인 의견을 지녔다고 꼭 혐오자가 아니고, 진보적인 사람이 반드시 악마일 수는 없다. 아쉽게도 이 사실이 정착되려면 더 많은 시간이 필요할 듯하다. 이 책이 그 시간을 앞당기는 일에 요긴하게 쓰일 수 있으리라 믿는다.

기독교와 퀴어, 제4의 답변

Christianity and Queer, the 4th Answer

지은이 오지훈
펴낸곳 주식회사 홍성사
펴낸이 정애주
국효숙 김의연 김준표 박혜란 손상범
송민규 오민택 임영주 차길환 허은

2022. 3. 29. 초판 1쇄 인쇄 2022. 4. 8. 초판 1쇄 발행

등록번호 제1-499호 1977. 8. 1.
주소 (04084) 서울시 마포구 양화진4길 3 전화 02) 333-5161 팩스 02) 333-5165
홈페이지 hongsungsa.com 이메일 hsbooks@hongsungsa.com
페이스북 facebook.com/hongsungsa
양화진책방 02) 333-5161

ISBN 978-89-365-1521-8 (03230)